TESI GREGORIANA
Serie Diritto Canonico

———— 100 ————

JAN DOHNALIK

IL PRECETTO PASQUALE
La normativa sulla Comunione
e la confessione annuale (cann. 920 e 989)
alla luce della tradizione canonica

EDITRICE PONTIFICIA UNIVERSITÀ GREGORIANA
ROMA 2015

Vidimus et approbamus ad normam Statutorum Universitatis

Romae, Pontificia Universitate Gregoriana
Die 2 mensis Julii anni 2010

PROF. JANUSZ PIOTR KOWAL
PROF. JAMES J. CONN

© 2015 Pontificio Istituto Biblico
Gregorian & Biblical Press
Piazza della Pilotta, 35 00187 - Roma
books@biblicum.com - www.gbpress.net

ISBN 978-88-7839-**301**-1

INTRODUZIONE

La seconda delle *Regole per sentire con la Chiesa* di San Ignazio di Loyola raccomanda di «lodare il confessarsi al sacerdote e il ricevere il Santissimo Sacramento una volta l'anno»[1]. Infatti per lunghi secoli la pratica della confessione e della Comunione pasquale ha costituito una delle fondamentali usanze cattoliche. Il ritmo annuale ordinava il minimo della prassi sacramentale dei fedeli, i quali si presentavano nel periodo intorno alla Pasqua per confessarsi e per comunicarsi.

Purtroppo nel nostro tempo il doppio precetto della Comunione e della confessione annuale viene spesso sottovalutato oppure proprio dimenticato. Da un lato, la ricezione della Santa Comunione sembra essere legata nella mentalità odierna semplicemente con la presenza alla Santa Messa, e in questa prospettiva può sfuggire l'importanza di garantire il minimo del nutrimento sacramentale ad ogni fedele. Dall'altro lato, si parla poco dell'obbligo di confessarsi, limitandosi a raccomandare di tanto in tanto tale prassi sacramentale, come si trattasse di una pratica lasciata semplicemente alla scelta arbitraria di ogni fedele. Appare significativo il fatto che il Concilio Vaticano II, malgrado tutta la sua indole pastorale, non ha neanche accennato al precetto pasquale.

Un segno di simile disinteresse verso l'obbligo di comunicarsi e di confessarsi è percepibile negli ultimi decenni anche dalla scarsità di studi e ricerche al riguardo. Dopo la promulgazione del Codice del 1917, è apparso soltanto uno studio giuridico abbastanza completo sulla normativa di allora, la tesi dottorale di C. Clinton, *The paschal precept*, del 1932. Un'altra dissertazione — riguardante soltanto la confessione annuale in Corea e purtroppo non pubblicata — è stata difesa nel 1979 da A. Park Yang-Ung. Il XX secolo abbondava però di studi storici di grande rilievo circa la normativa medievale. Anzitutto l'edizione critica

---

[1] IGNAZIO DI LOYOLA, *Esercizi Spirituali*, 216.

delle costituzioni del Concilio Lateranense IV *una cum Commentariis glossatorum*, fatta da A. García y García nel 1981 permette un'analisi approfondita del precetto pasquale basandosi sulle fonti genuine. Nella stessa corrente si collocano gli articoli di P.A. Kirsch sul sacerdote proprio, la polemica tra F. Gillmann e J. Ernst sull'età della discrezione, la tesi dottorale di Ericus ab Hoszufalu circa gli obblighi sacramentali prima del Concilio Lateranense IV, infine gli importanti studi sintetici di P. Browe sul precetto della confessione e su quello della Comunione nel medioevo. Negli ultimi anni anche la dissertazione di M. Ohst, *Pflichtbeichte*, tratta il tema della confessione annuale nel medioevo sotto una angolazione storico-teologica. Tuttavia nel campo del diritto canonico, dopo la promulgazione del Codice del 1983 fino al 2010 (quando fu difesa questa tesi), gli studi scientifici sulla normativa dei due precetti annuali sono stati ancora più rari. I brevi accenni presenti in commentari, dizionari o riviste, nonché due importanti articoli di M. Pastuszko, sono stati accuratamente raccolti dall'autore di questo studio. Va comunque notato che nel periodo trascorso dalla difesa della tesi fino alla sua pubblicazione integrale[2], sono apparsi alcuni contributi interessanti, come l'articolo di M. del Pozzo circa i precetti della Chiesa sui sacramenti o la ricerca storica di J. Gręźlikowski circa la recezione del precetto pasquale in Polonia.

Viste queste lacune, si è voluto approfondire la tematica, svolgendo una ricerca centrata sul tema: «Il precetto pasquale. La normativa sulla Comunione e la confessione annuale (cann. 920 e 989) alla luce della tradizione canonica».

Il concetto chiave di questo studio sarebbe "il precetto pasquale", inteso nel suo senso più ampio, contenuto anche nell'espressione "fare Pasqua". In fondo, però, va circoscritto alla normativa sulla Comunione e confessione annuale. Si tratta precisamente dei due obblighi annuali, di cui quello di comunicarsi è da adempiere nel tempo pasquale, mentre quello di confessarsi è stabilito nel diritto soltanto come annuale. I due doveri sacramentali, distinti nelle loro formulazioni giuridiche — rispettivamente nei canoni 920 e 989 del Codice di Giovanni Paolo II — «ex ipsa rei natura quodammodo connectatur»[3], uniti dalla loro storia, dalle consuetudini e dalla prassi del popolo cristiano.

---

[2] Si tratta della presente pubblicazione. Nell'anno 2011 l'autore aveva infatti già pubblicato un estratto di questo studio (di 78 pagine), che conteneva, però, — a parte l'introduzione, la conclusione, la bibliografia e gli indici — soltanto la parte centrale del capitolo V della tesi.

[3] F.M. CAPPELLO, *De sacramentis*, II/1, 279, n. 354.

Infatti dietro alle leggi vigenti, sia generalmente parlando, sia riguardo il precetto pasquale in particolare, esiste una lunga storia del diritto canonico formulato e vissuto nella Chiesa. La tradizione canonica è offerta dal Codice stesso come un'importante regola ermeneutica (cf. can. 6 §2), e per capire bene la portata della normativa attuale ci sembra non solo opportuno, ma anche fondamentale approfondire la conoscenza della sua dimensione storica[4]. Infatti la ermeneutica «di novità nella continuità»[5] voluta da Papa Benedetto XVI nell'interpretazione del Concilio Vaticano II risulta indispensabile anche per la lettura del Codice del 1983[6]. Di conseguenza, il metodo adoperato sarà quello storico-analitico, il quale sembra adatto per affrontare l'oggetto dello studio sotto l'angolazione formulata nel titolo.

I risultati della ricerca saranno raggruppati in cinque capitoli: i primi quattro saranno dedicati allo studio dello sviluppo storico del duplice precetto pasquale e annuale, mentre l'ultimo si concentrerà sull'analisi della normativa attualmente in vigore.

Nel primo capitolo saranno messi in rilievo le principali tappe dell'evoluzione della prassi di ricevere i sacramenti dell'Eucaristia e della penitenza, nonché i punti nodali dello sviluppo delle norme giuridiche al riguardo nei primi dodici secoli della Chiesa. Prenderemo in esame ambedue i sacramenti in modo distinto, analizzando per ciascuno di essi i fondamenti biblici, le origini nei primi secoli e la successiva maturazione della normativa, fino agli inizi del XIII secolo. Così si cerca il vasto sfondo storico-giuridico del futuro precetto pasquale, costituito da un mosaico di leggi, usanze e idee.

Il secondo capitolo inizierà con lo studio della normativa del Concilio Lateranense IV, la prima legge universale che ha formulato il duplice precetto della Confessione annuale e della Comunione pasquale. Questa costituzione conciliare sarà esaminata seguendo il pensiero dei commentatori quasi contemporanei, per ricercare il senso originario della legislazione lateranense. In seguito si cercherà di

---

[4] Cf. BENEDETTO XVI, allocuzione, 7 marzo 2008: «È indubbio infatti, che la Chiesa possa trarre ispirazione nelle sue scelte attingendo al suo plurisecolare tesoro di esperienze e di memorie», 376.
[5] BENEDETTO XVI, allocuzione, 22 dic. 2005, 49.
[6] Cf. GIOVANNI PAOLO II, cost. ap. *Sacrae disciplinae leges*, 25 gen. 1983, XII: «Si igitur Concilium Vaticanum II ex Traditionis thesauro vetera et nova protulit, eiusque novitas hisce aliisque elementis continetur, manifesto patet Codicem eandem notam fidelitatis in novitate et novitatis in fidelitate in se recipere, eique conformari pro materia sibi propria suaque peculiari loquendi ratione».

scoprire la ricezione della medesima costituzione dai sinodi particolari, soprattutto del XIII secolo, di ritrovare importanti interventi in materia dei papi e infine di investigare su alcuni punti discussi allora da celebri teologi e canonisti. Mentre si proverà a fare un'analisi assai più approfondita della costituzione conciliare *Omnis utriusque sexus*, quanto alla recezione di essa si tenterà di scegliere i più importanti correnti da un materiale molto vasto e ricco. Questa tappa terminerà con il richiamo del Concilio Lateranense V conclusosi nel 1517, l'anno nel quale Lutero ha attaccato le sue 95 tesi al portone della Chiesa di Wittenberg.

Nel terzo capitolo, dopo una investigazione circa la contestazione protestante del precetto pasquale, si cercherà di rintracciare anche la reazione cattolica e la preparazione delle rispettive decisioni del Concilio di Trento. In seguito sarà analizzata la normativa tridentina sia sull'obbligo della Comunione pasquale, sia su quello della confessione annuale e quaresimale, prendendo in considerazione anche la storia di simili formulazioni. Dato che si tratta di un momento cruciale, nel quale la difesa del precetto pasquale faceva parte della salvaguardia dello stesso deposito della fede, sarà necessario dedicare uno spazio congruente allo studio abbastanza dettagliato della normativa tridentina al riguardo. In seguito si tenterà di indagare sulla recezione dei documenti tridentini soprattutto nelle fondamentali opere catechistiche e liturgiche. Infine studieremo le successive precisazioni, in particolare dei Pontefici e dei vari dicasteri della Curia Romana, fino al pontificato di Leone XIII. In questa ultima parte si proverà di limitare le osservazioni ai più importanti interventi e documenti, riservando un posto speciale alla legislazione e al pensiero di Benedetto XIV, prima e dopo la sua elezione a successore di Pietro. Data sia l'autorità, sia l'autorevolezza dei suoi scritti, l'approfondita analisi delle sue opere ci permetterà di raccogliere i dati necessari per descrivere la dottrina più completa circa il precetto pasquale.

Il quarto capitolo sarà centrato sullo studio della legislazione al riguardo nel Codice Pio-Benedettino. In primo luogo sarà analizzata la redazione dei canoni riguardanti sia la Comunione pasquale, sia la confessione annuale. A questa indagine dedicheremo uno spazio relativamente ampio, visto che si tratta della prima riformulazione della normativa lateranense dopo 700 anni di vigenza di quell'ultima. In secondo luogo proveremo a studiare la norma promulgata sui due obblighi sacramentali nel Codice del 1917, commentata dagli illustri canonisti della prima metà del ventesimo secolo. Infine tenteremo di individuare le più importanti leggi e indulti al riguardo promulgati nel periodo intercodiciale, fino all'epoca del Concilio Vaticano II.

L'ultimo capitolo tratterà della legislazione attuale circa il precetto pasquale. Anzitutto saranno analizzati i documenti postconciliari correlati con l'obbligo di confessarsi, nel contesto delle discussioni sull'età della prima confessione e sull'assoluzione generale. Poi scruteremo i lavori della revisione del Codice, riguardanti la normativa sul precetto pasquale, svoltisi dal 1965 al 1982. Nella parte centrale del capitolo sarà presa in esame la normativa vigente sulla Comunione e sulla confessione annuale (cf. cann. 920 e 989), senza trascurare una ricerca sul loro rapporto vicendevole nel Codice di Giovanni Paolo II. Inoltre non ometteremo di riportare due altre formulazioni del precetto pasquale posteriori al Codice del 1983. Indagheremo fino a che punto la normativa al riguardo nel Codice dei Canoni delle Chiese Orientali possa arricchire la nostra riflessione con una visione più teologica. Infine va studiata la formulazione universale dei "precetti della Chiesa" contenuta nel Catechismo della Chiesa Cattolica, la quale sarà confrontata con la normativa codiciale.

Spero che la ricerca svolta sul tema in parte trascurato dalla scienza canonica odierna, possa fornire un modesto apporto per ritrovare i fondamenti storici e teologici di un importante elemento della legislazione ecclesiale sui sacramenti. Potrebbe inoltre dare un impulso alla riflessione circa la dimensione pastorale della normativa canonica, e delle sue importanti conseguenze sia per la vita della Chiesa, sia per la vita spirituale di ogni fedele.

Vorrei ringraziare cordialmente tutte le persone che mi hanno sostenuto sia durante il periodo della stesura della dissertazione sia al momento della sua pubblicazione. Esprimo la mia gratitudine sopratutto a padre Janusz Kowal SI, promotore della tesi, per la grande competenza e l'immensa pazienza nell'assistere il giovane dottorando in una ricerca tanto appassionante quanto laboriosa. Ringrazio anche padre James Conn SI, il censore della tesi per i suoi suggerimenti preziosi. Sono grato ai miei compagni del Pontificio Istituto Ecclesiastico Polacco, sopratutto a don Stanisław Adamiak per la prospettiva storica e i consigli metodologici, a don Paweł Pielka per le discussioni sulla teologia che mi hanno permesso di capire la profondità della rottura luterana e le sue conseguenze per il diritto canonico, a don Arek Chwastyk e don Tomasz Smalcerz per l'abilità canonica e la capacità informatica, a don Krzysztof Sordyl per il suo amore verso i padri della Chiesa. Ringrazio anche tutto il personale della biblioteca della Pontificia Università Gregoriana sulle mani della direttrice dottoressa Marta Giorgi Debanne e del signore Vincenzo Varchetta, che si è sempre messo a disposizione per fare conoscere i tesori della *Riserva*. Sono grato ai direttori e lavoratori dei due archivi che mi hanno aperto le loro porte: l'Archivio Segreto Vaticano e l'Archivio Storico della PUG. I miei cordiali ringraziamenti vanno inoltre a Magdalena Żurawska, mia sorella, che con la sua profonda conoscenza della lingua tedesca è stata un aiuto di grande valore; alla signora Maria Banach, la mia professoressa di latino dal seminario, che ha contribuito tantissimo alla correzione delle parti latine della dissertazione; al signore Carlo Valentino, per il suo appoggio nell'adattare il testo alle minuziose norme della collana Tesi Gregoriana. Infine ringrazio la mia correttrice principale, la signorina Germana Ceccon per il perseverante sostegno e inestimabile lavoro grazie al quale questo testo è leggibile nella lingua di Dante e di Manzoni.

Dedico la presente dissertazione alla memoria dei 96 membri della delegazione guidata dal presidente della Polonia Lech Kaczyński a Katyń, morti il 10 aprile 2010 nella catastrofe aerea presso l'areoporto di Smoleńsk. Stavo terminando la stesura di questa tesi quando avvenne il tragico evento, che si verificò il giorno di sabato nell'ottava di Pasqua. Molti tra le vittime avevano in precedenza adempiuto il precetto pasquale. In tal modo la Comunione pasquale fu per loro il viatico per la vita eterna.

Capitolo I

Le norme circa la Comunione e la confessione prima del Concilio Lateranense IV

Dagli inizi della Chiesa, la celebrazione dell'Eucaristia e la ricezione di Essa costituiva il cuore del culto cristiano. I discepoli di Cristo erano comunque coscienti della triste possibilità della ricaduta nel peccato mortale di un cristiano, il quale per questa ragione poteva essere escluso dalla comunità eucaristica. La Chiesa era anche consapevole di poter rimettere i peccati anche dopo il battesimo e in tal modo riaccogliere il peccatore nella piena comunione con Cristo e con la Chiesa stessa.

La ricerca sulle consuetudini e le norme che disciplinavano la ricezione dell'Eucaristia e della penitenza prima del Concilio Lateranense IV pare non solo utile, ma anche indispensabile per poter situare nella giusta prospettiva il precetto annuale e pasquale. Nel primo capitolo del nostro studio vorremmo presentare lo sviluppo della pratica e della codificazione circa l'obbligo di ricevere i due sopramenzionati sacramenti nei primi dodici secoli della cristianità. Dato che la storia del primo millennio presenta, quanto all'Eucaristia, una dinamica diversa da quella concernente la penitenza, le norme su questi rispettivi sacramenti saranno trattate separatamente: prima il dovere di comunicarsi, poi quello di confessare i propri peccati.

1. L'obbligo di comunicarsi dalle origini fino al XII secolo

Il ricevere Cristo sotto le forme del pane e del vino consacrati appariva, agli inizi della fede cristiana, più un privilegio che un dovere per un fedele, o ancor meno un'obbligazione giuridica. Tuttavia, dal dono nasce l'obbligo di custodirlo e la grazia richiede di essere accolta. Nella ricerca delle tracce e delle formulazioni più esplicite del precetto di comunicarsi, saranno presi in considerazione i fondamenti biblici, i Padri della Chiesa, ed infine i canoni conciliari, fino all'epoca del Decreto di Graziano. Nell'esposizione di questa normativa si arriverà alla vigilia del Concilio Lateranense IV, la cui legislazione sarà analizzata nel secondo capitolo.

1.1 *Il Nuovo Testamento circa la necessità di comunicarsi*

L'obbligo di ricevere la Comunione sacramentale ha le sue radici profonde negli insegnamenti del Signore trasmessi nei Vangeli. Al riguardo si possono individuare tre testi fondamentali: la parte finale del discorso eucaristico di Gesù, l'esortazione del Signore durante l'Ultima Cena ed infine la catechesi di San Paolo ai Corinzi circa la degna ricezione del Corpo del Signore.

1.1.1 L'insegnamento del Vangelo secondo Giovanni

Nella sinagoga di Cafarnaum il Signore annunciò solennemente l'importanza di ricevere il Pane del Cielo:

> Io sono il pane vivo, disceso dal cielo. Se uno mangia di questo pane vivrà in eterno e il pane che io darò è la mia carne per la vita del mondo. [...] In verità, in verità vi dico: se non mangiate la carne del Figlio dell'uomo e non bevete il suo sangue, non avrete in voi la vita. Chi mangia la mia carne e beve il mio sangue ha la vita eterna e io lo risusciterò nell'ultimo giorno. Perché la mia carne è vero cibo e il mio sangue vera bevanda. Chi mangia la mia carne e beve il mio sangue dimora in me e io in lui (Gv 6,51.53-56).

I più conosciuti commentatori del Vangelo secondo Giovanni concordano sul senso eucaristico di quel discorso di Gesù[1], ovvio per i primi

---

[1] Cf. R.E. BROWN, *The Gospel*, I, 284-285: «There are two impressive indications that the Eucharist is in mind. The first indication is the stress on eating (feeding on) Jesus' flesh and drinking his blood. This cannot possibly be a metaphor for accepting his revelation. To eat someone's flesh appears in the Bible as a metaphor for hostile action [...]. Thus, if Jesus' words in 6,53 are to have a favorable meaning, they must refer to the Eucharist. They simply reproduce the words we hear in the Synoptic account of the institution of the Eucharist [...]. The second indication of the Eucharist is the formula found in vs. 51: "The bread that I shall give is my flesh for the life of the word". If we consider that John does not report the Lord's words over the bread and the cup at the last Supper, it is possible that we have preserved in 6,51 the Johannine form of institution». Cf. anche C.H. DODD, *L'interprétation*, 430-431; C.K. BARRET, *The Gospel*, 283; P. GRELOT, *Corps et sang*, 64-65.

lettori cristiani². Il Signore sottolinea la necessità di ricevere il suo Corpo e il suo Sangue con parole forti ed univoche³. Secondo la dottrina cattolica si tratta di un precetto divino che la Chiesa dovrà precisare e concretizzare⁴. Alcuni vedono in esso anche un mezzo di salvezza necessario⁵. Dal punto di vista canonico basta affermare, con R. Schnackenburg, che il discorso di Gesù fa della partecipazione al Cibo eucaristico un obbligo per i fedeli⁶. Quella normativa divina è introdotta dalle solenni parole di autorità *Amen, Amen lego hymin*⁷, che chiamano all'obbedienza della fede. Poi il Signore formula una regola generale: «se non mangiate la carne del Figlio dell'uomo e non bevete il suo sangue, non avrete in voi la vita» (*Gv* 6, 53), seguita dall'esplicitazione degli effetti salvifici dell'Eucaristia in colui che la riceve: «Chi mangia la mia carne e beve il mio sangue dimora in me e io in lui. [...] Colui che mangia di me vivrà per me. [...] Chi mangia questo pane vivrà in eterno» (*Gv* 6, 56-58). Si deve partecipare alla Comunione Eucaristica, proprio perché la ricezione sacramentale del Corpo e del Sangue di Cristo è una forma speciale di unione con Lui stesso⁸. Il Concilio di Trento cita il brano del Vangelo giovanneo nel contesto di questa intima comunione: «[Salvator noster]

---

² Cf. R. SCHNACKENBURG, *The Gospel*, II, 61: «For Christian hearers there could be no doubt of the reference to the eucharistic meal». Cf. anche F.J. MOLONEY, *The Gospel*, 223-224.

³ Cf. R.E. BROWN, *The Gospel*, I, 282: «All that can be decided from this text is that it is necessary to receive the whole Christ»; R. SCHNACKENBURG, *The Gospel*, II, 61: «Anyone who wants to have life in themselves must eat the flesh of the Son of man and drink his blood».

⁴ Cf. CONCILIO TRIDENTINO, Sess. 21, de communione sub utraque specie et parvulorum, in *DSP*, IV, 606-612.

⁵ Cf. J. DE BACIOCCHI, *L'Eucharistie*, 108. L'autore parla della "necessità del mezzo" evocando San Tommaso: «Tel est le principe général. Les termes dans lesquels il est énoncé indiquent, plutôt qu'une simple nécessité de précepte, une véritable *nécessité de moyen*: étant donné ce que sont, d'une part, la vie éternelle et, d'autre part, l'aliment eucharistique, on ne peut recevoir la première indépendamment du second. Tout le "discours du Pain de Vie" développe cette affirmation, qui s'enracine profondement dans la doctrine johannique (cf. I Jn, I, 1-3)».

⁶ Cf. R. SCHNACKENBURG, *The Gospel*, II, 68: «When the earthly Jesus tells those who believe to keep and carry out his word (Jn 8:51), his words in Jn 6 include the institution of the Eucharist, and make participation in the eucharistic meal a duty for believers».

⁷ *Gv* 6, 53 nell'originale greco; la traduzione italiana suona «In verità, in verità vi dico».

⁸ Cf. R. SCHNACKENBURG, *The Gospel*, II, 68. «The sacramental reception of his flesh and blood is willed by him as a particular form of union with himself, the incarnate, crucified and exalted Son of God».

voluit sacramentum hoc tanquam spiritalem animarum cibum, quo alantur et confortentur viventes vita illius, qui dixit: Qui manducat me, et ipse vivet propter me»[9].

1.1.2 «Fate questo in memoria di me» (*Lc* 22,19; *1 Cor* 11, 24-25)

Le versioni di Paolo e di Luca delle parole dell'Ultima Cena contengono un'importante frase[10], in un certo senso un ordine di Gesù, così formulato nell'originale greco: *touto poieite eis ten emen anamnēsin* (*Lc* 22,19; *1 Cor* 11, 24-25). Questa disposizione di Nostro Signore[11], presente probabilmente nella più antica tradizione cristiana ancor prima della redazione dei testi biblici di Paolo e di Luca[12], ha un senso ricco e pieno di significato[13]. Va sottolineata una dimensione molto semplice e fondamentale: Gesù ha ordinato di ripetere[14] il rito

---

[9] Concilio Tridentino, Sess. 13, De sanctissimo eucharistiae sacramento, cap. 2, in *DSP*, IV, 446.

[10] Si potrebbe precisare che l'Evangelista Luca riporta la frase «Fate questo in memoria di me» solo dopo le parole sul pane, mentre nel racconto paolino l'ordine di reiterazione è citato due volte: dopo le parole sul pane e dopo quelle sul vino.

[11] Cf. J. Jeremias, *La dernière Cène*, 283-284. L'autore scrive così circa l'autenticità dell'ordine di reiterazione: «Il n'appartient sans doute pas à la rédaction primitive du récit de la Cène. Il ne foudrait pas conclure sans plus qu'il n'est pas historique, car l'ordre de réitération du rite ne fait pas nécessairement partie de la formule liturgique, vu que la célébration elle-même en est exécution [...]. Il pourrait donc s'agir d'une ancienne tradition particulière qui n'a trouvé sa place que dans la branche antiochienne de la tradition. Après tout, Jésus a dit beaucoup plus à la dernière Cène que les quelques paroles rapportées par les formules liturgiques».

[12] Cf. J.A. Fitzmyer, *The Gospel*, 1401: «The directive is undoubtedly both pre-Lucan and pre-Pauline, even though it stems immediately from a liturgical tradition different from that in the Marcan and Matthean accounts. It may well have *not* been part of the liturgical tradition at first, when the celebration was actually carrying out the rubric-like direction. In time, the rubric became part of the formula to be recited, and so it was inherited independently by both Paul and Luke». Cf. anche J. Jeremias, *La dernière Cène*, 116-117.283-284.

[13] Cf. O. Casel, *Faites ceci*, 165-175. L'autore scopre il senso di quella frase di Gesù attraverso i testi liturgici e i Padri che l'hanno ricepita. Cf. anche J. Jeremias, *La dernière Cène*, 283-305. Nell'ultimo libro menzionato troviamo un'idea molto originale dell'interpretazione di questo testo. L'autore fa tradurre le parole in questione: "afin que Dieu se souvienne de Moi", partendo dallo sfondo aramaico e mettendo l'accento sulla prospettiva escatologica della celebrazione eucaristica, sottolineata da San Paolo in 1 *Cor* 11,26.

[14] Cf. L.T. Johnson, *The Gospel of Luke*, 338. L'autore traduce la parola greca *poieō*, come *keep doing* per ragioni grammaticali, come spiega: «the present imperative [...] is traduced strictly as a command to continue practice» (*Ibid.*). La

della Sua Ultima Cena[15]. Siccome tra le parole essenziali di questo rito, citate da Matteo, ci sono: *Labete, fagete* (*Mt* 26,26)[16], possiamo affermare che prendere e mangiare di quel pane consacrato fa parte essenziale di quello che i cristiani devono *fare in memoria* del Signore[17]. Se Gesù ci ha ordinato di rappresentare nel modo sacramentale la Sua morte *donec veniat*[18], l'ha fatto affinché assumessimo il Suo Corpo e il Suo Sangue sotto le sacre specie[19]. Così le parole di Gesù «fate questo in memoria di me» sono state interpretate dal Concilio di Trento anche come precetto del Signore di comunicarsi sacramentalmente: «in illius sumptione colere nos sui memoriam praecepit»[20].

---

spiegazione grammaticale porta qui con sé delle ricche conseguenze teologiche e liturgiche.

[15] Cf. J.A. FITZMYER, *The Gospel*, 1391-1392: «Just as the Passover meal was for Palestinian Jews a yearly *anamnēsis,* so Jesus too now gives a directive to repeat such a meal with bread and wine as a mode of re-presenting to themselves their experience of him (especially at this Last Supper). [...] Thus Jesus gives himself, his "body" and his "blood", as a new mode of celebrating Israel's feast of deliverance. His own body and blood will replace the Passover lamb as the sign of the way God's kingdom will be realized from now on, even though its fullness will not be achieved until the eschaton».

[16] La traduzione italiana di *Mt* 26,26 suona: *prendete e mangiate.* Il Vangelo secondo Marco riporta solo la parola *labete* (*Mc* 14,22), mentre l'ordine di mangiare rimane sottinteso.

[17] Cf. F. CHENDERLIN, *"Do this as my memorial"*, 217: «The combination of the two ideas, feast and sacrifical offering, is strongly indicated in Eucharistic celebration: the sacrifice finding its analogue in the crucifiction, the feast including that and the recurrent communion that refers to it. Another specially evident „memorial", associated in the LXX with the relatively infrequent word „anamnesis" itself, was the institution of the showbread. At the Last Supper the twelve loaves would be seen as serving as memorials before God reminding him of the specially dedicated group who by particular privilege would consume them».

[18] Sulla prospettiva escatologica dell'*anamnēsis* eucaristica cf. J. JEREMIAS, *La dernière Cène*, 302-304.

[19] Anche il concetto dell'Eucaristia come *kyriakon deipnon*, che usa San Paolo nello stesso brano della prima lettera ai Corinzi (cf. *1 Cor* 11,20) sottolinea l'aspetto del convito del Signore Risorto, il quale non nega ovviamente la dimensione sacrificale.

[20] CONCILIO TRIDENTINO, Sess. 13, De sanctissimo eucharistiae sacramento, cap. 2, in *DSP*, IV, 446. Ecco il brano dello stesso capitolo del decreto sull'eucaristia che si riferisce direttamente alla prima lettera ai Corinzi: «Ergo Salvator noster discessurus ex hoc mundo ad Patrem sacramentum hoc instituit, in quo divitias divini sui erga homines amoris velut effudit *memoriam facies mirabilium suorum* (Ps 110,4), et illius sumptione colere nos sui memoriam praecepit, suamque *annuntiare mortem, donec* ipse ad iudicandum mundum *veniat* (*1 Cor* 11,24)».

1.1.3 San Paolo circa la degna ricezione della Comunione

San Paolo, nella prima lettera ai Corinzi, dopo aver riferito la tradizione sull'Ultima Cena, espone il profondo significato dell'Eucaristia nell'annunciare la morte del Signore[21]. Nelle frasi seguenti ritroviamo severe parole di ammonimento per coloro che disprezzano il Pane e il Calice eucaristico:

> Perciò chiunque in modo indegno (*anaxiōs*) mangia il pane o beve il calice del Signore, sarà reo (*enechos*) del corpo e del sangue del Signore. Ciascuno, pertanto, esamini (*dokimatzetō*) se stesso e poi mangi di questo pane e beva di questo calice; perché chi mangia e beve senza riconoscere il corpo (*mē diakrinōn to sōma*) [del Signore], mangia e beve la propria condanna (*krima*). Per questo tra voi ci sono molti ammalati e infermi e un buon numero sono morti. Se però ci esaminiamo attentamente da noi stessi (*heautous diekrinomen*), non saremo giudicati (*ouk an ekrinometha*); quando però siamo giudicati (*krinomenoi*) dal Signore, veniamo ammoniti per non esser condannati (*katakrithōmen*) insieme con questo mondo (*1 Cor* 11, 27-32).

Nel contesto escatologico del verso precedente San Paolo in un certo senso promulga una legge sacra[22]. Infatti le due parole *anaxiōs* e *enochos* «appartengono al campo semantico del diritto e del tribunale»[23]. Il primo avverbio tradotto sopra "in modo indegno" esprime «un comportamento non conforme a ciò che è la cena del Signore, di uno squilibrio tra quello e questa»[24]. Nel contesto immediato si trova l'atteggiamento verso la comunità durante la cena e specialmente il disprezzo verso i fratelli poveri che rende la persona *anaxiōs* di partecipare all'Eucaristia[25]. Tuttavia non dobbiamo dimenticare che si tratta qui di «un caso generale, un principio universale»[26], aperto ad interpretazioni più estese. In ogni caso se qualcuno pur essendo "indegno" partecipasse comunque al sacramento, diventerebbe *enochos*, vale a dire «giuridicamente soggetto, debitore [...] del

---

[21] Cf. *1 Cor* 11, 26.

[22] Cf. R.F. COLLINS, *First Corintians*, 436: «Paul begins his strongly worded parenesis with a sentence of holy law (v.27), a kind of eschatological *quid pro quo*».

[23] R.F. COLLINS, *First Corintians*, 436: «belong to the semantic domain of the law and the courtroom». Cf. anche E.-B. ALLO, *Saint Paul. Première épître aux Corinthiens*, 282: «tout en soulignant l'idée essentielle et certaine de responsabilité devant un juge».

[24] G. BARBAGLIO, *La prima lettera ai Corinzi*, 598.

[25] Cf. W.F. ORR – J.A. WALTHER, *I Corinthians*, 273-274.

[26] G. BARBAGLIO, *La prima lettera ai Corinzi*, 598.

corpo e del sangue del Signore; cioè dovrà renderne conto»[27]. Questa sentenza negativa è succeduta dalla regola positiva: ci si deve esaminare, e, come leggiamo più in avanti, giudicare se stessi[28] per non essere giudicati. In tutto il brano sono state usate sei volte parole con la radice *krin*, costituendo così un gruppo di termini la cui connotazione è sempre legata al giudizio[29]. Queste parole sono poste in gradazione — dalla *krima* (giudizio) fino al *katakrithōmen* (essere condannati) — per dimostrare sempre di più la grandezza del pericolo che corre un uomo che non si esamini e non giudichi se stesso prima di accedere alla mensa del Signore[30].

La pericope comincia e finisce con la menzione del Signore: è il suo Corpo e Sangue che dobbiamo riconoscere ed è Lui che ci può giudicare. Il Signore appare allora come la persona che giudica e la misura del nostro giudizio[31]. L'azione giudiziaria che il fedele deve compiere è personale e coinvolge il suo interno; nello stesso tempo è svolta davanti al Signore ed a causa della sua reale presenza[32]. Esiste una realtà nella Chiesa che unisce il giudizio che l'uomo compie su se stesso con il giudizio del Signore: è la confessione sacramentale dei peccati[33]. Non troviamo quest'interpretazione nel senso letterario del brano di San

---

[27] G. BARBAGLIO, *La prima lettera ai Corinzi*, 599.
[28] Cf. R.F. COLLINS, *First Corinthians*, 439: «The intensive "really judge" (*diekrinomen*) implies a process of discrimination, making the necessary distinctions».
[29] Cf. R.F. COLLINS, *First Corinthians*, 436: «Paul's use of this word group, whose radical connotation is judgment, means that there can be no doubt about the principal theme of the pericope. [...] Eating the bread and drinking the cup is the action to be judged». Cf. anche J.A. FITZMYER, *First Corinthians*, 446-447.
[30] Cf. R.F. COLLINS, *First Corinthians*, 43.
[31] Cf. R.F. COLLINS, *First Corintians*, 437.
[32] Cf. J.A. FITZMYER, *First Corinthians*, 446-447: «If Christians were in habit of scrutinizing themselves and their actions rightly in reference to the bread and cup of the Lord in which they would share, they would not find themselves "being judged" or suffering such things as weakness, illness, and death».
[33] Cf. *Didachē*, 14,1b: «frangite panem et gratias agite, postquam delicta vestra confessi estis (*prosexomologēsamenoi ta paraptōmata hymon*), ut sit mundum sacrificium (*kathara thysia*) vestrum» (Funk I, 32-33; SC 248, 192-193). *Didachē* usa qui il verbo *proseksomologeisthai* che descrive la confessione dei peccati, da compiere prima della partecipazione all'Eucaristia. Anche se non si trattasse qui della confessione sacramentale, questa testo costituisce una testimonianza importante, come il giudizio richiesto da San Paolo era legato dagli inizi della Chiesa con la confessione dei peccati. Sembra anche significativo che questo invito all'*exomologesi* dei peccati è seguito dal sostantivo che suggerisce il carattere sacrificale dell'Eucaristia (*thysia*), cf. K. NIEDERWIMMER, *The Didache*, 196-197.

Paolo, ma il testo è aperto ad essa, visto che è stato sempre letto alla luce della prassi penitenziale vigente nella Chiesa[34]. Si può dunque ricercare "l'interpretazione ecclesiale"[35] del brano analizzato, la cui sintesi ritroviamo, forse anche come esposizione del *sensus plenior*[36] del testo, nel decreto del Concilio di Trento sulla santissima Eucaristia. Il decreto appena menzionato chiama *praeceptum* l'ordine del *1 Cor* 11,28 ed esige la confessione sacramentale per tutti coloro che si riconoscono essere in peccato mortale[37].

Dopo essersi soffermato sul precetto dello stesso Signore circa l'assumere il Suo Corpo, il testo di san Paolo ci offre un importante ammonimento non tanto sull'obbligo di ricevere l'Eucaristia ma sulla necessità di una retta preparazione ad essa. Così — alla luce della prassi penitenziale della Chiesa e della tradizione interpretativa del brano paolino — il frammento della lettera ai Corinzi ci apre il tema del legame tra l'Eucaristia e la penitenza, che sarà uno dei fili conduttori di questo lavoro.

1.2 *La prassi della Comunione eucaristica nei primi secoli*

La Chiesa ha accolto il precetto del Signore di mangiare il Suo Corpo e bere il Suo Sangue, cosicché nei primi secoli offriva con generosità l'Eucaristia ai suoi figli. Infatti alla mensa del Signore partecipavano tutti i battezzati[38], anche i bambini[39]. Erano esclusi soltanto i

---

[34] Cf. J.M. SÁNCHEZ CARO, «"Probet autem seipsum homo"», 299ss.

[35] Cf. J.M. SÁNCHEZ CARO, «"Probet autem seipsum homo"», 333: «Es lo que podriamos llamar la interpretación eclesial de un texto en su nuevo contesto vivo. No hay desviación real del sentido basico original, como se ha podido ver a lo largo del estudio; ni tampoco pura acomodación, sino interpretación concreta en un nuevo contesto, manteniendo el significado basico original y adaptandolo a a situación nueva».

[36] Cf. PONTIFICIA COMMISSIONE BIBLICA, *L'interprétation de la Bible*, in *EB*, 1280. Secondo la Pontificia Commissione Biblica, il *senus plenior* è «un sens plus profond du texte, voulu par Dieu, mais non clairement exprimé par l'auteur humain.[...] Il s'agit donc [...] de la signification qu'une tradition doctrinale autentique ou une définition conciliaire donne à un texte de la Bible» (*Ibid.*).

[37] CONCILIO TRIDENTINO, Sess. 13, De sanctissimo eucharistiae sacramento, cap. 7: «Quare communicare volenti revocandum est in memoriam eius praeceptum: *probet autem se ipsum homo*. Ecclesiastica autem consuetudo declarat eam probationem necessariam esse, ut nullus sibi conscius peccati mortalis, quantumvis sibi contritus videatur, absque praemissa sacramentali confessione ad sacram eucharistiam accedere debeat» (*DSP*, IV,452).

[38] Cf. J. BILCZEWSKI, *Eucharystia*, 335; C. CLINTON, *The paschal precept*, 9.

[39] Cf. *Constitutiones Apostolorum,* VIII, cap. 13, 14: «Post hoc sumat et communicet episcopus, deinde presbyteri, diaconi, subdiaconi, lectores, cantores et ascetae, et in feminis diaconissae, virgines et vidue; postea pueri (*paidia*), tuncque omnis

penitenti⁴⁰. Quanto a quest'ultimi, non potevano accedere alla Comunione prima della fine del periodo di penitenza. Tuttavia, in caso di pericolo di morte, esisteva il diritto di ricevere il Corpo del Signore come viatico, accordato ai penitenti già dal can. 6 del Concilio di Ancira (314)[41], e riaffermato come una *palaios kai kanonikos nomos*[42] dal primo Concilio Ecumenico di Nicea[43]. L'importanza di ricevere il viatico, essendo il Cibo eucaristico realmente necessario per il moribondo, viene sottolineata anche nella lettera canonica di San Gregorio di Nissa († 395 ca)[44] e di San Cirillo di Alessandria († 444)[45]. All'Occidente il tema del diritto e dell'obbligo di ricevere la Comunione per i moribondi è stato ripreso dalle lettere di papa Innocenzo I (401-417), dove chiedeva di dare il viatico ai moribondi[46], affinché nessuno «de

---

populus ordine cum pudore et reverentia absque strepitu» (*Didascalia et constitutiones*, I, 516-517). Cf. anche L. ANDRIEUX, *La Première Communion*, 1.

[40] Cf. *Didachē*, 10,6: «Si quis sanctus (*hagios*) est, accedat; si quis non est, paenitentiam agat (*ei tis ouk estin, metanoeitō*). Maranatha, Amen» (Funk I, 24-25; SC 248, 179-182). Anche se per alcuni studiosi questo testo si riferisce rispettivamente al battezzato (*hagios*) e al non battezzato (*tis ouk estin*), sembra più probabile che la frase parli in ambedue i casi dei cristiani già battezzati. Secondo il testo parallelo di *1 Cor* 16, 22 si tratterebbe di un'esclusione del peccatore dalla Comunione eucaristica, con la chiamata alla penitenza (*metanoeitō*), nel contesto escatologico (*maranatha*). Cf. K. NIEDERWIMMER, *The Didache*, 161-164; BENEDETTO XVI (J. RATZINGER), «De paenitentia et de prima Comunione puerorum», 606.

[41] Cf. CONCILIO DI ANCIRA (314), can. 6: «Si quod autem periculum vel mortis exspectatio aut ex infirmitate aut ex aliquo eis casu contigerit, his sub definitione statuta communio non negetur, ut si convaluerunt sexennium tempus expleant paenitendi» (Joannou, I/2, p. 62).

[42] Cf. CONCILIO DI NICEA, can. 13, in *COD*, 12.

[43] Cf. CONCILIO DI NICEA, can. 13: «De his qui ad exitum vitae veniunt, etiam nunc lex antiqua regularisque servabitur ita, ut, si quis egreditur e corpore, ultimo e necessario viatico minime privetur. [...] Generaliter autem omni cuilibet in exitu posito et poscenti sibi communionis gratiam tribui, episcopus probabiliter ex oblatione dare debebit» (*COD*, 12).

[44] Cf. GREGORIO NISSENO, *Epistola canonica*, can. 2 (β'), in Pitra, I, 622. L'autore parla dei penitenti apostati, rimanenti in penitenza per tutta la vita cosicché «a sacramentorum autem communione omnino erit alienus, sed in hora sui e vita excessus sacramenti communionis erit particeps» (*Ibid.*).

[45] Cf. CIRILLO DI ALESSANDRIA, *Epistola canonica*, can. 5 (ε'): «Sin autem segregationem aliqui sustinuerint, propter lapsus puniti, deinde sint morituri, existentes catechumeni baptizentur, et ne ab humanis excedant gratiae non participes, scilicet communione carentes. Videtur enim hoc quoque Ecclesiae consuetudini adhaerere» (Pitra, I, 653).

[46] Cf. INNOCENZO I, lett. 6, *Consulenti tibi*, 20 febr. 405, cap. 2, p. 67: «communionem dari abeuntibus placuit, et propter Domini misericordiam quasi viaticum

saeculo absque communione discedat»⁴⁷.

Siccome i fedeli che non erano soggetti alla penitenza canonica partecipavano alla Comunione sacramentale ad ogni Eucaristia, allora la questione sul ricevere il Corpo e il Sangue del Signore è in relazione stretta con la frequenza alla celebrazione eucaristica. Sappiamo dai primi scritti della cristianità che la domenica è sempre stata il giorno della liturgia cristiana. Ce lo attestano gli Atti degli Apostoli⁴⁸, la prima lettera ai Corinzi⁴⁹ e il *Didachē*, che invita i fedeli a raccogliersi nel giorno del Signore per rompere il pane e rendere grazie⁵⁰. Dalla fine del secondo secolo abbiamo testimonianze di una partecipazione ancora più frequente: così Tertulliano († 220 ca) parla della liturgia nei giorni delle stazioni⁵¹ e accenna più volte alla Comunione quotidiana⁵². Tale prassi è suggerita anche da Clemente Alessandrino († 215 ca)⁵³ e da Origene († 254)⁵⁴. La Comunione frequente è favorita anche da una pratica conosciuta in alcuni territori dove l'Eucaristia si celebrava più raramente: si permetteva ai

---

profecturis, et ne Novatiani haeretici negantis veniam asperitatem et duritiam sequi videamur. Tribuitur ergo cum poenitentia extrema communio: ut homines huiusmodi vel in supremis suis, permittente Salvatore nostro, a perpetuo exitio vindicentur». Cf. anche M. PASTUSZKO, *Najświętsza Eucharystia*, 201-205.

⁴⁷ INNOCENZO I, lett. 25 «Ad Docentium», 19 marzo 416, ed. R. Cabié, p. 30.
⁴⁸ Cf. *Atti* 20,7.
⁴⁹ Cf. *1 Cor* 16,2.
⁵⁰ Cf. *Didachē*, 14,1a: «Die dominica (*kyriaken de kyriou*) autem convenientes frangite panem et gratias agite (*klasate arton kai eucharistēsate*)» (Funk I, 32-33; SC 248, 192). Cf. Anche K. NIEDERWIMMER, *The Didache*, 194-196.
⁵¹ Cf. TERTULLIANO, *De Oratione*, cap. 19: «Similiter et stationum diebus non putant plerique sacrificiorum orationibus interveniendum, quod statio solvenda sit accepto corpore Domini. Ergo devotum Deo obsequium eucharistia resolvit an magis Deo obligat? Nonne sollemnior erit statio tua, si et ad aram Dei steteris? Accepto corpore Domini, et reservato utrumque salvum est, et participatio sacrificii, et executio officii» (CCSL 1, 267-268).
⁵² Cf. TERTULLIANO, *De Oratione*, cap. 6, in CCSL 1, 261; ID., *De idolatria*, cap. 7, in CCSL 2, 1106.
⁵³ Cf. CLEMENTE D'ALESSANDRIA, *Quis dives salvetur*, cap. 22, in PG 9, 627.
⁵⁴ Cf. ORIGENE, *Hom. in Gen.*, X, n. 3: «Dicite mihi vos qui tantummodo festis diebus ad ecclesiam convenitis, caeteri dies non sunt festi? Non sunt dies Domini? Iudaeorum est dies certos et raros observare sollemnes; et ideo ad eos dicit Deus quia *neomenias vestras et sabbata et diem magnum non sustineo. Ieiunium et ferias et dies festos vestros odit anima mea.* Odit ergo Deus eos qui una die putant festum diem esse Domini. Christiani omni die carnes agni comedunt, id est carnes verbi Dei quotidie sumunt» (SC 7 bis, 264). Anche se queste omelie sono state conservate soltanto nella traduzione latina di Rufino, esse rimangono una testimonianza attendibile del pensiero di Origene. Cf. L. DOUTRELEAU, «Introduction», in SC 7 bis, 22.

fedeli di prendere il Pane consacrato a casa per comunicarsi nei giorni feriali[55].

Qualche decennio più tardi, San Cipriano († 258) tratta della Comunione quotidiana applicando ad essa le parole della preghiera del Signore:

> Nam panis vitae Christus est et panis hic omnium non est, sed noster est. Et quomodo dicimus *pater noster*, quia intelligentium et credentium pater est, sic et *panem nostrum* vocamus, quia Christus eorum, qui corpus eius contingimus panis est. Hunc autem panem dari nobis cotidie postulamus, ne qui in Christo sumus et eucharistiam eius cotidie ad cibum salutis accipimus[56].

Alla fine del quarto secolo il comunicarsi ogni giorno è già una prassi consuetudinaria nella Chiesa di Roma e di Spagna[57]. La Comunione nelle diverse regioni della Chiesa è regolata dai costumi locali, descritti da San Agostino († 430):

> Alia vero quae per loca terrarum regionesque variantur, sicuti est quod alii ieiunant sabbato, alii non, alii cotidie communicant corpori et sanguini dominico, alii certis diebus accipiunt, alibi nullus dies intermittitur, quo non offerantur, alibi sabbato tantum et dominico, alibi tantum dominico et si quid aliud huius modi animadverti potest, totum hoc genus rerum liberas habet observationes nec disciplina ulla est in his melior gravi prudentique Christiano, nisi ut eo modo agat, quo agere viderit ecclesiam, ad quamcumque forte devenerit[58].

Il grande dottore di Ippona chiede di rispettare tutte le usanze adottandosi a quelle della propria Chiesa locale. Tra le consuetudini elencate la Comunione *tantum dominico* costituisce ancora il minimo nella Chiesa occidentale.

Nello stesso tempo l'Oriente cristiano vede il declino della pratica della Comunione frequente. Possiamo vederne un indizio già nella legislazione del Concilio di Antiochia (341), che condanna la prassi di uscire dalla chiesa prima della preghiera finale e di non partecipare al sacramento dell'altare[59].

---

[55] Cf. J. BILCZEWSKI, *Eucharystia*, 335-336.

[56] CIPRIANO, *De Dominica Oratione*, n.18, in CCSL 3 A, 101.

[57] Cf. GIROLAMO, lett. 71, «Ad Lucinum», n. 6, in CSEL 55, 6-7; ID., lett. 49 (48), «Apologeticum ad Pammachium», n. 15: «scio Romae hanc esse consuetudinem, ut fideles semper Christi corpus accipiant, quod nec reprehendo nec probo» (CSEL 54, 377).

[58] AGOSTINO, lett. 54, cap. 2, in CSEL 34, 160.

[59] Cf. CONCILIO DI ANTIOCHIA, can. 2: «Omnes qui ingrediuntur eccelsiam dei et scripturas sacratissimas audiunt nec communicant in oratione cum populo, sed pro quadam intemperantia se a perceptione sanctae communionis avertunt, hi pellantur ecclesia, quamdiu per confessionem paenitentiae fructus ostendunt et precibus indulgentiam consequantur» (Joannou, I/2, p. 105-106).

San Basilio († 379) loda ancora la Comunione frequente nella lettera ad una nobile di Cappadocia[60], ma vent'anni dopo, nella capitale dell'Impero le usanze sono già ben diverse. Infatti Giovanni Crisostomo († 407) denuncia il costume che si andava radicando sempre di più a Costantinopoli, di comunicarsi una o due volte all'anno:

> Multos video qui Christi corporis sunt participes inconsiderate et temere, et magis ex consuetudine et ex praescripto, quam ex cogitatione et consideratione. Si advenerit, inquit tempus sanctae Quadragesimae, qualiscumque fuerit, quispiam fit particeps sacramentorum, si advenerit dies Epiphaniorum. Atque illud tempus accedendi non est: non Epiphania, neque Quadragesima facit dignos qui accedant, sed animae sinceritas et puritas. Cum ea semper accede, absque ipsa numquam[61].

San Giovanni, come pastore della Chiesa di Costantinopoli, lotta contro la routine e gli abusi legati a tale prassi, tuttavia non ci sfugge il dato importante per il nostro tema, cioè che la Comunione nel tempo di Quaresima, come quella nel giorno dell'Epifania, è praticata *ex consuetudine et ex praescripto*.

Nell'altra omelia, il Crisostomo parla con ancora più forza e decisione contro il costume di comunicarsi soltanto una volta all'anno:

> Et quomodo, inquies, cum in anno semel accedamus? Hoc enim grave est, quod non munditia animae, sed intervallo temporis dignitatem accessus metiare, et hoc pietatem esse existimes, quod non saepius accedas: ignorans, quod indigne accedere, etsi semel tantum, notam inurat; digne autem accedere, etsi saepius, salutem pariat. Non est audaciae saepius accedere, sed indigne, etiamsi semel tantum in anno quis accedat. [...] Tempus accedendi sit nobis puritas conscientiae. Nihil plus habet mysterium in Paschate celebratum, eo quod nunc celebratur: unum et idem est, eadem Spiritus gratia: semper Pascha est. Illud nostis qui initiati estis. Et in Parasceve et in Sabbato et in die Dominico et in die Martyrum idem sacrificium consummatur: *Quotiescumque enim manducabitis panem hunc,* inquit, *et calicem bibetis, mortem Domini annuntiabitis* (1 Cor 11.26). Non temporis termino sacrificium circumscripsit. Cum ergo, inquies, tunc Pascha dicitur? Quia tunc passus est Christus pro nobis[62].

Come nell'omelia precedente, Giovanni invita alla degna ricezione del Santissimo Sacramento: non basta riceverlo raramente per esserne degni. Invece, chi ha la coscienza pura può e dovrebbe accedere ad esso

---

[60] Cf. BASILIO, lett. «Pros kaisarian patrikian», cap. 94, in Joannou, II, 191-192.
[61] GIOVANNI CRISOSTOMO, *In epistolam ad Ephesios,* III, 4, in PG 62,28.
[62] GIOVANNI CRISOSTOMO, *In epistolam I ad Timotheum*, V, 3, in PG 62, 529-530.

più spesso. Al di sopra delle intenzioni dell'autore, questo testo dimostra la diffusione della pratica di comunicarsi una volta all'anno, per la Pasqua. Nello stesso periodo ne scrive anche Ambrogio († 397):

> Si cotidianus est panis, cur post annum illum sumas, quemadmodum Graeci in oriente facere consuerunt? Accipe cotidie, quod cotidie tibi prosit! Sic vive, ut cotidie merearis accipere! Qui non meretur cotidie accipere, non meretur post annum accipere. [...]. Ergo tu audis, quod, quotienscumque offertur sacrificium, mors domini, resurrectio domini, elevatio domini significetur et remissio peccatorum, et panem istum vitae non cotidianum adsumis[63]?

Il vescovo di Milano confronta il costume orientale con la prassi della Comunione quotidiana, raccomandandola fortemente. Pur criticando aspramente il costume di comunicarsi raramente, il testo conferma la diffusione della Comunione annuale tra i greci (*facere consuerunt*) come pure l'influenza di questa usanza tra i fedeli dell'Italia del Nord.

Nel secolo quinto, con i grandi mutamenti della società dell'Europa dell'Ovest, si assiste, come triste conseguenza degli stessi, alla crisi della cultura e delle prassi religiose. Anche la prassi della Comunione frequente diventa sempre più rara ed i nuovi tempi pongono nuove esigenze alla legislazione canonica[64].

1.3 *L'obbligo di ricevere la Comunione dal VI al XII secolo*

Dall'inizio del sesto secolo l'obbligo di comunicarsi viene menzionato espressamente nella legislazione locale a diversi livelli. Il precetto di ricevere la Comunione tre volte all'anno, nelle più grandi feste liturgiche, formulato per la prima volta dal concilio di Adge nel 506, sembra aver grande influenza nei sette secoli successivi. L'analisi dei penitenziali, dei testi conciliari (sopratutto dall'epoca della riforma di Carlo Magno) e di alcuni autori importanti, ci permetterà di valutare la ricezione della normativa di Adge, riflettendo nello stesso tempo su altre norme e consuetudini locali.

1.3.1 Il Concilio di Adge (506) e la sua ricezione

Dopo la caduta dell'Impero romano d'Occidente e prima della nuova evangelizzazione promossa nel continente dai monaci irlandesi e scoz-

---

[63] AMBROGIO, *De Sacramentis*, V, 4, 25 in CSEL 73, 69.
[64] Cf. C. CLINTON, *The paschal precept*, 20.

zesi, la vita della Chiesa attraversa un momento particolarmente difficile. Anche il fervore della vita sacramentale sembra quasi appartenere al passato, visto che tantissimi fedeli vivono nel peccato aspettando soltanto la penitenza sul letto di morte e l'ultimo viatico[65].

San Cesare di Arles è uno degli uomini che affronta questa grave situazione con coraggio e decisione[66]. Sotto la sua presidenza viene convocato ad Adge, città della Francia meridionale, un concilio che si può considerare come un vero sinodo nazionale della Gallia di allora. Infatti al Concilio di Adge del 506 partecipano 35 vescovi e vengono prese molte decisioni importanti per la vita della Chiesa. I padri di Adge si pronunciano anche circa la minima frequenza obbligatoria di comunicarsi, formulando il canone 18 secondo il quale: «Saeculares vero qui Natale Domini, Pascha et Pentecosten non communicaverint, catholici non credantur, nec inter catholicos habeantur»[67].

Le conseguenze del non rispettare la norma sono formulate in modo molto forte, perché quelli che non si comunicano tre volte all'anno non possono considerarsi cattolici né devono essere considerati tra di loro. Tuttavia, il canone 18 di quel concilio è importante non tanto per la gravità dell'espressione usata, ma a causa del grande influsso che ha avuto sulla normativa posteriore per più di 700 anni. Il canone viene riportato nelle principali collezioni canoniche fino all'opera di Graziano: è citato alla lettera dall'Atto di Vercelli († 960 ca) nel suo *Capitulare*[68], dal Burcardo di Worms († 1025)[69], da Ivo di Chartres († 1115) nella seconda parte del suo *Decretum*[70] e infine anche da Graziano († 1150)[71].

All'inizio del secolo nono, l'obbligo di comunicarsi almeno tre volte all'anno è stato espresso dal concilio di Tours con una formulazione diversa da quelle di Adge: «Ut, si non frequentius, vel ter laici homines in anno communicent; nisi forte quis maioribus quibuslibet criminibus impediatur»[72]. Quel canone *Ut si non frequentius* è stato riportato nel *Capitularium* di Ansegiso († 877)[73] e poi, accanto alla norma di Adge,

---

[65] Cf. C. MUNIER, «La pastorale pénitentielle», 240-243.
[66] Cf. C. MUNIER, «La pastorale pénitentielle», 235ss.
[67] CONCILIO DI ADGE (506), can. 18, in CCSL 148, 202.
[68] Cf. ATTO DI VERCELLI, *Capitulare*, cap. 73, in PL 134,42.
[69] Cf. BURCARDO DI WORMS, *Decretum*, 5, 22, in PL 144,756.
[70] Cf. IVO DI CHARTRES, *Decretum* 2, 33, in PL 161,168.
[71] Cf. D. II, de cons., c. 19.
[72] Cf. CONCILIO DI TOURS (813), can. 50, in Mansi, 14,91.
[73] Cf. ANSEGISO, *Capitularium*, lib. II, cap. 43, in MGH Capit., I, 423.

nei tre *decreta* degli autori medievali, con la specificazione delle tre feste: «id est, in Pascha, et Pentecoste, et Natali Domini»[74].

Dato che si tratta di un precetto per i *saeculares* o *laici homines,* lo ritroviamo anche nella lettera pastorale che il vescovo Vulfado († 876 ca) scrive verso l'anno 870 ai parroci e ai parrocchiani della sua diocesi:

> In tribus etiam festivitatibus anni, Nativitate Domini, Pascha, Pentecoste unusquisque mundus ad ecclesiam veniens communicet, exceptis his qui in publica poenitentia sunt; quoniam nisi his tribus solemnitatibus communicaverit, non inter Christianos habitare debet. Videat ergo unusquisque ut digne et munde et devote communionem Christi percipat; etenim qui corpus Domini et sanguinem indigne sumit, iudicum sibi manducat et bibit[75].

Vulfado di Bourges unisce qui chiaramente le due formule: quella di Adge e quella posteriore di Tours. Allo stesso tempo egli non si limita soltanto a curare l'osservanza esterna del precetto di comunicarsi tre volte all'anno, ma esorta ognuno affinché riceva la Comunione *digne et munde et devote.*

L'obbligo di ricevere la Comunione sacramentale a Natale, Pasqua e Pentecoste giunge anche in Spagna, dato che il penitenziale di Cordoba, dell'inizio del XI secolo, prescrive una penitenza pubblica per aver omesso questo dovere: «Christianus qui in nativitate aut die pasce vel sanctam pentecosten non comunicaverit, publicam agat penitentiam menses VI et sic comunicet»[76]. Il precetto di comunicarsi tre volte all'anno era conosciuto anche ai limiti orientali della Chiesa latina medievale, come attesta, all'inizio del XII secolo, un concilio in Ungheria[77].

I teologi e i canonisti della seconda metà del secolo XII sono unanimi nel presentare le tre Comunioni annuali come normativa fondamentale riguardo all'obbligo di comunicarsi[78]. Papa Innocenzo III (1198-1216) ancora permette che ai peccatori penitenti si possa dare la Comunione nelle consuete feste[79], riferendosi probabilmente alla più diffusa consuetudine di comunicarsi tre volte all'anno[80]. Tuttavia più tardi, lo

---

[74] Cf. BURCARDO DI WORMS, *Decretum* 5,18, in PL 144, 756 = IVO DI CHARTRES, *Decretum* 2, 27, in PL 161, 167 = D. II, de cons., c.16.

[75] VULFADUS BITURICENSIS, *Epistola pastoralis*, in PL 121, 1140-1141.

[76] *Paenitentiale Cordubense*, can. 166, in CCSL 156 A, 68.

[77] CONCILIO DI ESTREGOM (1114), can. 4: «Ut omnis populus in Pascha et Pentecoste, et Natali Domini poenitentiam agat, et communicet» (Mansi, 21, 100).

[78] Cf. ERICUS AB HOSZUFALU, *De obligatione*, 8-9.

[79] Cf. X. 5, 38, 8.

[80] Innocenzo parla di lasciar comunicare i peccatori penitenti *consuetis festivitalibus.* Bernardo de Bottone nella sua glossa ordinaria accanto alla parola *consuetis* fa

stesso Pontefice convocherà il Concilio Lateranense IV, il quale vincolerà i fedeli alla Comunione sacramentale soltanto a Pasqua, legando questo obbligo a quello della confessione annuale.

1.3.2 Altre norme sull'obbligo di comunicarsi

La norma molto diffusa che vincola a comunicarsi tre volte all'anno non è l'unica legge al riguardo. Si può trovare nelle diverse fonti una normativa differente, di diversa importanza e influsso, la quale costituisce, insieme al precetto di ricevere la Comunione tre volte all'anno, un ricco mosaico di leggi e consuetudini riguardanti la pratica della Comunione sacramentale.

Prima di soffermarci sulla suggerita frequenza del comunicarsi, va esposto un testo esemplare quanto alle disposizioni impartite ai fedeli per una degna ricezione del Santissimo Sacramento. Nel suo *Capitularium* Abate Ansegiso dichiara:

> In perceptione corporis et sanguinis Dominici magna discretio adhibenda est. Cavendum est enim, ne, si nimium in longum differatur, ad perniciem animae pertineat, dicente Domino: "Nisi manducaveritis carnem filii hominis et sanguinem eius biberitis, non habebitis vitam in vobis". Si vero indiscrete accipiatur, timendum est illud, quod ait Apostolus: "Qui manducat et bibit indigne, iudicium sibi manducat et bibit". Iuxta eiusdem ergo Apostoli documentum probare se debet homo, et sic de pane illo manducare, et de calice bibere; ut videlicet, abstinens aliquot diebus ab operibus carnis, et purificans corpus animamque suam, praeparet se ad percipiendum tantum sacramentum[81].

Nel testo riferito sopra l'autore ammonisce di ricevere l'Eucaristia dopo un'adeguata preparazione raggiunta con le opere penitenziali[82], chiedendo al tempo stesso di non astenersi troppo dall'assumere il Corpo e Sangue del Signore. Per evitare tale pericolo, alcuni concili locali

---

riferimento al canone s*aeculares* del Decreto, il quale parla delle tre comunioni annuali. Cf. X. 5, 38, 8; *Glossa Ordinaria* ad *loc. cit.*, v. consuetis; M. PASTUSZKO, *Najświętsza Eucharystia*, 191.

[81] ANSEGISO, *Capitularium*, lib. II, cap. 38, in MGH Capit., I, 422.

[82] San Colombano, nella parte del suo penitenziale diretta ai monaci, sottolinea il ruolo principale della confessione nella preparazione alla Comunione cf. COLOMBANO, *Paenitentiale*, can. 30: «Confessiones autem dari diligentius praecipitur, maxime de commotionibus animi, antequam ad Missam eatur, ne forte quis accedat indignus ad altare, id est, si cor mundum non habuerit: melius est enim expectare donec cor sanum fuerit, et alienum a scandalo ac invidia fuerit, quam accedere audacter ad iudicium tribunalis: Tribunal enim Christi, altare, et corpus suum inibi cum sanguine iudicat indignos accedentes» (*IP* 107).

dell'epoca di Carlo Magno vincolano i fedeli alla Comunione più frequente. Così esorta il Concilio di Ratisbona del 799:

> Ut sanctum sacrificium sumere non tardent, sed ante aliquantos dies se ad hoc praeparare conentur, abstinentes a fornicatione nec non et licentia coniugali, ut dignos se exhibeant per poenitentiam et confessionem ipsius Domini Nostri Iesu Christi corpus et sanguinem percipere, et non sicut, pro dolor! A multis solet fieri, ut aliquando spatium anni pertransit, quo non percepit suae sacramenta salutis, qui nunquam unam septimanam progredi debuit. Attamen ita vos ammonemus ut infra tertiam et quartam dominicam a nobis non neglegatur, cum etiam et Greci et Romani seu et Franci omni dominico communicent[83].

Il canone appena citato richiede di prepararsi alla Comunione con diverse pratiche, soprattutto *per poenitentiam et confessionem*. La frequenza ideale è quella di comunicarsi sempre la domenica, ma la pratica denunciata è di astenersi per anni. Perciò il Concilio esorta a ricevere la Comunione almeno una volta ogni tre o quattro domeniche. Quasi quarant'anni dopo, il sinodo di Aquisgrana vuole ancora vincolare alla Comunione ogni domenica[84]. Qualche autore posteriore si limita ad aggiungere le domeniche di Quaresima alle altre feste, nelle quali già vige l'obbligo di comunicarsi:

> Singulis diebus Dominicis in Quadragesima, praeter hos qui excommunicati sunt, et praeter illos in publica poenitentia sunt, sacramenta corporis et sanguinis Christi sumenda sunt: et in coena Domini, in vigilia Paschae, et in die Resurrectionis Domini, et Pentecostes et in Natali Domini, penitus ab omnibus communicandum est[85].

Oltre le domeniche di Quaresima e le tre feste indicate dal Concilio di Adge, appaiono qui altre importanti occasioni per comunicarsi. Risultano qui nominati due giorni vicini alla domenica della Risurrezione: la vigilia della Pasqua, cioè il Sabato Santo e il Giovedì Santo, nel quale ricordiamo in modo speciale l'Ultima Cena di Nostro Signore. L'obbligo di ricevere la Comunione *in coena Domini* è stato formulato espressamente nell'813 dal Concilio di Châlon-sur-Saône:

---

[83] CONCILIO DI RATISBONA (799 ca), can. 6, in Mansi, 13, 1027.

[84] Cf. CONCILIO DI AQUISGRANA (836), cap. 21 (22): «Sane communicatio corporis Domini omni die dominico debuit celebrari. Ideoque necesse est, quantum ratio permittit, ut moderna corrigatur consuetudo, ne forte qui longe est a sacramentis, quibus est redemptus, longe sit a salute, quam fuerat consecuturus» (MGH Conc., II/1, 722).

[85] BURCARDO DI WORMS, *Decretum*, 5, 19, in PL 144,755 = IVO DI CHARTRES, *Decretum* 2, 29, in PL 161, 167.

In caena Domini a quibusdam perceptio eucharistiae neglegitur. Quae quoniam in eadem die ab omnibus fidelibus, exceptis his quibus pro gravibus criminibus inhibitum est, percipienda sit, ecclesiasticus usus demonstrat, cum etiam paenitentes eadem die ad percipienda corporis et sanguinis dominici sacramenta reconciliat[86].

Molto importante per il tema in studio è il ragionamento, contenuto nel canone conciliare, per motivare il precetto di comunicarsi proprio il Giovedì Santo. Infatti esso è, secondo l'usanza ecclesiale, il giorno dell'assoluzione dei penitenti, i quali sono riconciliati affinché possano assumere il Corpo e il Sangue del Signore. Il legame tra la degna ricezione dell'Eucaristia e la penitenza risulta quindi profondamente radicato nell'antica prassi sacramentale della Chiesa e legato alla vicinanza della Pasqua.

Il precetto della Comunione nella *Coena Domini* viene recepito dai compilatori[87], i quali cercano di unire questa normativa con quella del Concilio di Adge. Per questa ragione Burcardo ed Ivo, nelle loro compilazioni, pongono i due precetti uno accanto all'altro, mentre Graziano aggiunge al canone sulla *Coena Domini* una significativa congiunzione *etiam*[88]. Alcuni autori della fine del X secolo parlano chiaramente delle quattro Comunioni annuali, tra i quali Ratiero di Verona († 974 ca)[89] e Udalrico, il Vescovo di Augsburg († 973)[90]. Entrambi nei loro sermoni sinodali chiedono ai sacerdoti di ammonire i fedeli affinché quest'ultimi ricevano la Comunione quattro volte all'anno[91]. Burcardo di Worms nel *Corrector* (come chiama il diciannovesimo libro del suo decreto), chiede venti giorni di penitenza a pane e acqua per quelli che omettono la Comunione in queste quattro feste[92].

---

[86] Concilio di Châlon-sur-Saône (813), can. 47, in MGH Conc., II/1, 283.

[87] Cf. Burcardo di Worms, *Decretum*, 5, 20, in PL 144, 756; Ivo di Chartres, *Decretum* 2, 30, in PL 161,167.

[88] Cf. D. II, de cons., c. 17, dove troviamo il titolo: *Etiam in cena Domini sacram communionem debemus accipere*.

[89] F. López-Illana, *Il sacramento dell'Eucaristia*, 176-177.

[90] A. Villien, *Histoire des Commandements*, 152-154.

[91] Udalrico di Augsburg, *Sermo Synodalis*: «Quater in anno, id est, Natale domini, et Coena domini, Pascha et Pentecoste, omnes fideles ad communionem corporis et sanguinis Domini accedere admonete» (PL 135,1072-73) = Ratherius Veronensis, «Epistula 25», 133.

[92] Cf. Burcardo di Worms, *Decretum*, lib. 19: «*De irreligiositate*. Neglegisti ut non acciperes corpus et sanguinem Domini, istis quatuor temporibus, id est in coena Domini, et in Pascha, et in Pentecoste, et in Natali Domini [...]? Si ita neglegisti, XX dies in pane et aqua debes poenitere» (PL 144,963).

Nel primo penitenziale di Oxford si trova una lista ancora più ricca delle feste per la ricezione della Comunione:

> Communione vero tempore penitentiae suae excepto, quod absit, terminum finem aut periculum mortis habuerit, non communicet, nisi iuxta canonicam institutionem die nativitatis domini, ephiphania, caena domini, vigilia paschae, ad ascensionem domini, pentecosten et ad missa sancti Iohannis communionem accipiat[93].

La lista delle feste è quindi ancora più lunga: alle quattro feste di Udalrico e alle collezioni giuridiche, l'autore del penitenziale aggiunge l'Epifania, l'Ascensione del Signore e la Messa di San Giovanni. La Comunione in questi giorni (e nella notte della vigilia della Pasqua) dovrebbe essere fatta *iuxta canonicam institutionem* e vincola anche quelli che stanno ancora compiendo la loro penitenza.

Simili norme hanno un impatto solamente locale, visto che nei secoli XI e XII molti fedeli ricevono la Comunione solo con scadenza annuale, intorno alla festa di Pasqua[94]. Neanche il precetto di comunicarsi *in coena domini* risulta universale e non viene nominato dalla maggioranza degli importanti autori della seconda metà del XII secolo[95].

Sulle isole britanniche la normativa che sceglie proprio la Pasqua come il giorno più adatto e obbligatorio per comunicarsi appare molto presto. Già il cosiddetto "secondo Concilio di San Patrizio", che gli studiosi collocano nell'Irlanda del settimo secolo[96], intende la Comunione pasquale come il minimo della vita sacramentale:

> *De sumenda Eucharistia post lapsum.* Post examinationem carceris sumenda est, maxime autem in nocte Pasche, in qua qui non communicat, fidelis non est. Ideo brevia sunt et stricta apud eos spatia, ne anima fidelis intereat tanto tempore ieiunia medicinae, Domino dicente: *Nisi manducaveritis carnem filii hominis, non habebitis vitam in vobis (Ioan. 6,54)*[97].

Il ricevere la Comunione nel giorno di Pasqua diventa un obbligo importante, fino alla conclusione simile a quella di Adge sul precetto di comunicarsi tre volte all'anno. Infatti, per il canone di san Patrizio, chi non si comunica nella festa di Pasqua *fidelis non est*. La forza di questo precetto risulta così grande che la Comunione pasquale non dovrebbe

---

[93] *Paenitentiale Oxoniense I*, can.46, in CCSL 156, 92-93.
[94] Cf. C. CLINTON, *The paschal precept*, 28-29; M. PASTUSZKO, *Sakrament pokuty i pojednania*, 501.
[95] Cf. ERICUS AB HOSZUFALU, *De obligatione*, 10.
[96] Cf. C. VOGEL, *Il peccatore e la penitenza nel medioevo*, 71.
[97] CONCILIO II DI SAN PATRIZIO, can. 22, in *IP*, 192.

essere negata neanche ai penitenti. Questa norma insulare sembra avere un impatto sulla pratica dell'Europa Occidentale, visto che anche san Colombano († 615) autorizza i penitenti, dopo un certo tempo, ad accostarsi alla Comunione *in Pascha*[98].

Dopo alcuni secoli, in Gran Bretagna si svolge un sinodo nel quale viene sottolineata la centralità della Pasqua come giorno in cui vige l'obbligo di comunicarsi, insieme all'esigenza della penitenza per una degna ricezione del Sacramento dell'Altare. Si tratta del Concilio di Scozia, che ha luogo intorno al 1076, alla presenza della santa regina Margherita. Riportiamo qui tutto il brano che concerne il precetto per ricevere la Comunione:

> Aliud quoque ponens regina iussit, ut ostenderent, qua ratione die sanctae paschae secundum morem sanctae et apostolicae ecclesiae sacramenta corporis et sanguinis Cristi sumere negligerent. Respondentes illi, Apostolus, iniquiunt, de his loquens ait: Qui manducat et bibit indigne, iudicium sibi manducat et bibit. Unde quia nos peccatores recognoscimus, ne iudicium nobis manducemus et bibamus, ad illud mysterium accedere formidamus. Quibus regina: Quid igitur, inquit, omnes qui peccatores sunt, sacrosanctum mysterium non gustabunt? Nemo ergo illud sumere debet, quia nemo sine sorde peccati, nec infans, cuius est unius diei vita super terram. Si autem nemo illud percipere debet, cur Domino dicente clamat evangelium: nisi manducaveritis carnem filli hominis et biberitis eius sanguinem, non habebitis vitam in vobis. Sed plane sententiam, quam de apostolo profertis, secundum patrum intellectum aliter necesse est intelligatis. Non enim omnes peccatores sacramenta salutis indigne sumere deputat. Cum enim dixisset, iudicium sibi manducat et bibit, addidit, non diiudicans corpus Domini; hoc est, non separans illud in fide ab escis corporalibus, iudicium sibi manducat et bibit. Sed et illi, qui absque confessione et poenitentia castigamur, ieiuniis attenuamur, eleemosynis, et lacrymis a peccatorum sordibus abluimur, in die resurrectionis Dominicae ad eius mensam in catholica fide accedentes, carnem et sanguinem agni immaculati Iesu Christi, nan ad iudicium, sed ad peccatorum sumimus remissionem et salutarem percipiendae beatitudinis aeternae praeparationem. His ab ea perceptis, respondere nihil potuerunt, atque agnita deinceps ecclesiae instituta in mysterii salutaris perceptione observaverunt[99].

Va dunque notato che la ricezione della Comunione nel giorno di Pasqua è considerata una prassi da osservare *secundum morem sanctae et*

---

[98] Cf. COLOMBANO, *Paenitentiale*, versione B, can. 19: «et sic in Pascha alterius anni communicet» (*IP*, 104).

[99] CONCILIO DI SCOZIA (1076 ca.), in Mansi, 20, 480.

apostolicae ecclesiae. Non si tratta quindi soltanto di una legge particolare formulata da un concilio locale, ma sembra che ci troviamo davanti ad un'anteriore consuetudine presente in quest'area della Chiesa. Per non essere condannati ricevendo indegnamente il Corpo e il Sangue del Signore risulta necessario, prima di comunicarsi, entrare nella via della penitenza, dove la confessione ha un posto preminente. In questo modo il Concilio della santa regina Margherita sembra essere il primo a formulare il precetto della Comunione pasquale unito alla richiesta di una preparazione penitenziale ad essa.

Prima del Concilio Lateranense IV non esiste una legge universale che verta sull'obbligo della partecipazione alla Comunione sacramentale, tuttavia la legislazione dei concili locali e le usanze della tradizione liturgica e popolare indicano le più importanti feste nelle quali si dovrebbe ricevere la Comunione. La normativa più diffusa riguarda l'obbligo di comunicarsi nelle tre grandi solennità: il Natale, la Pasqua e la Pentecoste, anche se esistono pure altre norme differenti. In alcune regioni della Chiesa troviamo una legislazione che considera la Comunione nel giorno di Pasqua come il vero minimo della vita sacramentale del cristiano: tale idea sembra anticipare la costituzione 21 del Concilio Lateranense IV.

2. Il dovere di confessarsi prima del Concilio Laterano IV

La Chiesa era consapevole fin dall'inizio di essere custode delle sorgenti della misericordia. Dispensatrice della grazia della remissione dei peccati, Essa adattava il modo di esercitare il potere sul peccato alla comprensione più approfondita del Vangelo, alle concrete condizioni storiche, infine ai bisogni del peccatore. Per seguire questo evolversi della prassi penitenziale e della riflessione sul perdono sacramentale vanno analizzati le fonti patristiche, i canoni conciliari, i libri penitenziali insulari e continentali, fino agli scritti degli autori medievali del XII secolo. Nel ricavare da queste fonti le principali tappe dello sviluppo storico della disciplina della *poenitentia*[100], vanno messe in rilievo le

---

[100] La parola latina che designa la penitenza, nel nostro caso sopratutto la penitenza canonica e sacramentale, si ritrova nelle tre forme diverse nei manoscritti e nelle edizioni delle opere antiche e medievali. Si tratta delle parole: «poenitentia», «paenitentia» e «penitentia». Mentre le prime due sono le forme corrette seppur diverse, la terza è una semplificazione medievale di tale parola. In ogni caso si è deciso di seguire il testo della edizione che viene citata, lasciando questo sostantivo come è stato scritto nel suo contesto storico.

vere radici dell'obbligo della confessione. Tale obbligo era infatti legato ai periodi liturgici forti e ben radicato nelle consuetudini ecclesiali del popolo di Dio.

2.1 *I fondamenti biblici*

Il Vangelo di Matteo riferisce le parole di Gesù sul potere delle chiavi conferito ai discepoli (come è stato dato prima a Pietro[101]): «In verità vi dico: tutto quello che legherete sopra la terra sarà legato anche in cielo e tutto quello che scioglierete sopra la terra sarà sciolto anche in cielo» (*Mt* 18,18). Quella frase, collocata già nel Vangelo nel contesto del peccato e della correzione fraterna[102], è stata vista nei primi secoli come la conferma della potestà della Chiesa sul peccato e della sua competenza circa il cammino penitenziale da intraprendere[103].

Il Vangelo di Giovanni riporta una simile disposizione di Gesù[104], il quale, dopo la Sua risurrezione, trasmette alla Sua Chiesa il potere di rimettere o di ritenere i peccati[105]: «Ricevete lo Spirito Santo; a chi rimetterete i peccati saranno rimessi e a chi non li rimetterete, resteranno non rimessi» (*Gv* 20, 22-23).

Il testo giovanneo appartiene ad un nucleo molto antico della prima tradizione cristiana[106] ed è molto probabile che trasmetta fedelmente un autorevole detto del Risorto[107]. Il Signore conferisce ai discepoli il do-

---

[101] Cf. *Mt* 16,19.
[102] Cf. *Mt* 18, 15-17.
[103] Cf. CIPRIANO, lett. 57, 1: «Nec enim fas erat aut permittebat paterna pietas et divina clementia Ecclesiam pulsantibus cludi, et dolentibus ac deprecantibus spei salutaris subsidium denegari, ut de seaculo recedentes sine communicatione et pace ad Dominum dimitterentur, quando permiserit ipse et legem dederit ut ligata in terris et in coelis ligata essent, solvi autem possent illic, quae prius in Ecclesia solverentur» (CCSL 3B, 301).
[104] Quanto alla relazione tra il detto di *Mt* 18,18 e quello di *Gv* 20, 23 cf. R.E. BROWN, *The Gospel*, II, 1039-1040.
[105] Cf. R. E. BROWN, *The Gospel*, II, 1044: «the power to isolate, repel, and negate evil and sin, a power given to Jesus in his mission by his Father and given in turn by Jesus through the Spirit to those whom he commissions. It is an effective, not merely a declaratory, power against sin, a power that touches new and old followers of Christ, a power that chalanges those who refuse to believe».
[106] Cf. R. E. BROWN, *The Gospel*, II, 1040-1041; R. SCHNACKENBURG, *The Gospel*, III, 326.
[107] Cf. R. SCHNACKENBURG, *The Gospel*, III, 326: «Through Jn 20, 23 it turns out to be an authoritative saying of the risen one».

no dello Spirito per rimettere i peccati[108]: tale dono diventerà effettivo prima nel battesimo[109] ed anche dopo di esso. La Chiesa è quindi dispensatrice della vera potestà sul peccato, e rimane l'unica a possedere l'autorità per definire il modo di esercitarla[110]. L'esercizio peculiare di questa potestà si svolge tramite la penitenza sacramentale. Nella lettura della Chiesa, questa dimensione del brano evangelico diventa la prima e fondamentale, come conferma molto più tardi la solenne formula del Concilio di Trento, che vede nel gesto e nelle parole di Gesù l'istituzione del sacramento della penitenza[111].

Il brano del Vangelo di Giovanni, letto così alla luce della tradizione e del magistero della Chiesa, attesta che il dono della remissione dei peccati è stato conferito dal Signore agli apostoli e ai loro successori.

---

[108] Cf. F. J. MOLONEY, *The Gospel*, 533: «Through their ministry sins are to be forgiven and retained. Another use to the passive (cf. vv. 1, 6-7) makes it clear that the disciples are missioned to do God's work, not their own. They are to bring the peace and joy received on the evening of that first day of the week form the risen Jesus (see v.19) to later generations of frightened disciples of Jesus».

[109] Nei primi tre secoli della Chiesa la lettura battesimale di questo testo era predominante, cf. R. SCHNACKENBURG, *The Gospel*, III, 326.

[110] Cf. R. SCHNACKENBURG, *The Gospel*, III, 327: «However it was thought in the johannine community that forgiveness of sins was mediated (through baptism, confession of sins, supplication, intercession, cf. on 1 Jn 1:9), it happens through the blood of Jesus (1 Jn 1:7) in the bosom of the Church. The authoritative saying of the risen one which the evangelist found is for him the fundamental and axiomatic promise, that forgiveness of sins occurs and will continue to occur within the Church. [...] The consciousness of having received from the risen Lord commission and authority to forgive and not to forgive sins, possesses the Johannine church too. It has to decide who belongs to it and who separates himself from it by his behavior. Like Jesus himself (cf. 8:21; 9:41) it can and must determine that certain people are gripped by sin (cf. 1 Jn 5:16). The establishment of a practice of penance in the Church belongs to a later time; but the striving towards freedom from sin and the maintenance of the Church's purity, is there from the beginning. For John, the taking away of sins is the gift and commission of the risen Lord».

[111] Cf. CONCILIO TRIDENTINO, Sess. 14, De sacramento poenitentiae, cap. 1: «Dominus autem sacramentum poenitentiae tunc praecipue instituit, cum a mortuis excitatus insufflavit in discipulos suos, dicens: *Accipite Spiritum sanctum; quorum remiseritis peccata, remittuntur eis, et quorum retinueritis, retenta sunt*. Quo tam insigni facto et verbis tam perspicuis potestatem remittendi et retinendi peccata, ad reconciliandos fideles post baptismum lapsos, apostolis et eorum legitimis successoribus fuisse communicatam, universorum patrum consensus semper intellixit [...]. Quare verissimum hunc illorum verborum Domini sensum sancta haec synodus probans et recipiens, damnat eorum commentitias interpretationes, qui verba illa ad potestatem praedicandi verbum Dei et Christi evangelium annuntiandi contro huiusmodi sacramenti institutionem falso detorquent» (*DSP*, IV, 484).

Per quanto concerne l'uso di questo dono o la sua necessità per i fedeli, dobbiamo citare altri due testi del Nuovo Testamento che sembrano trattarne.

San Giovanni Apostolo dice: «Se riconosciamo i nostri peccati (*homologōmen tas hamartias hēmon*), egli che è fedele e giusto ci perdonerà i peccati e ci purificherà da ogni colpa. Se diciamo che non abbiamo peccato, facciamo di lui un bugiardo e la sua parola non è in noi» (1 Gv 1, 9-10). Il testo sottolinea dunque l'importanza del riconoscimento dei propri peccati, prima davanti a Dio, come sottolineava già Agostino[112]. Ma il verbo *homologein* ha in generale il senso di "riconoscere in maniera esterna", o addirittura quello di "dare testimonianza pubblica"[113]. Giovanni parla quindi di una confessione fatta a Dio e allo stesso tempo agli uomini. Anche se l'apostolo non nomina esplicitamente il ruolo degli anziani o dei capi della comunità, non sfugge agli esegeti[114] l'uso della stessa espressione nel brano della lettera di Giovanni e nella sopramenzionata frase del suo vangelo: «ci rimetterà i peccati (*afē hēmin tas hamartias*)» — «a chi rimetterete i peccati (*tinon afēte tas hamartias*), saranno rimessi» (1 Gv 1,9b; Gv 20, 23)[115]. Di conseguenza si può presumere che nella comunità giovannea è stato esercitato il potere di rimettere i peccati, conferito agli Apostoli nel giorno della Risurrezione, potere che presuppone il riconoscimento e la confessione delle proprie colpe.

L'apostolo Giacomo, dopo aver descritto il rito dell'unzione degli infermi[116], esorta i fedeli: «Confessate perciò i vostri peccati gli uni agli altri (*exomologeisthe oun allēlois tas hamartias*) e pregate gli uni per gli altri per essere guariti» (Gc 5,16a). Il senso della frase pare abbastanza chiaro: i fedeli dovrebbero confessare i propri peccati, non solo a Dio, ma anche ai fratelli, "gli uni agli altri". Quel rito di "exomologesi" avviene nella comunità[117], che deve pregare per la guarigione, anche spiri-

---

[112] Cf. AGOSTINO, *In Epistolam Ioannis*, I, n. 6, in PL 35, 1982-1983.

[113] Cf. R.E. BROWN, *The Epistles of John*, 208; J. CHAINE, *Les êpitres catholiques*, 149-150.

[114] Cf. J. CHAINE, *Les êpitres catholiques*, 150.

[115] Abbiamo cambiato la traduzione della lettera da «perdonerà» a «rimetterà» per sottolineare la somiglianza dei due testi chiaramente percepibile nell'originale greco.

[116] Cf. Gc 5, 14-15: «Chi è malato, chiami a sé i presbiteri della Chiesa e preghino su di lui, dopo averlo unto con olio, nel nome del Signore. E la preghiera fatta con fede salverà il malato, il Signore lo rialzerà e se ha commesso i peccati, gli saranno perdonati». Per la definizione del senso sacramentale di questo brano cf. CONCILIO TRIDENTINO, Sess. 14, De sacramento extremae unctionis, cap. 1, in *DSP*, IV, 502.

[117] Cf. *Didachē*, 4, 14: «In ecclesia confiteberis peccata tua (*exomologēsē ta paraptōmata sou*), neque accedes ad orationem tuam in conscientia mala (*en syneidēsei*

tuale, del peccatore[118]. Nello stesso tempo non è da sottovalutare il ruolo dei presbiteri, che sono stati menzionati nel precedente contesto dell'unzione degli infermi, allorché i due brani sono legati dalla congiunzione *oun* (perciò)[119]. Questa relazione logica si potrebbe spiegare così: come al malato sono rimessi i peccati tramite l'unzione e le preghiere dei presbiteri, così agli altri fedeli saranno rimessi i peccati per mezzo della confessione e della preghiera della comunità, non escludendo una speciale preghiera dei presbiteri[120]. Per San Tommaso d'Aquino († 1274), l'Apostolo Giacomo ha promulgato con queste parole il sacramento della penitenza, precedentemente istituito da Cristo stesso[121].

Sul piano dei testi biblici va quindi preso in considerazione l'insegnamento circa la potestà sacramentale sul peccato conferita agli Apostoli. Va notata inoltre un'esortazione a confessare i propri peccati nell'ambito della comunità guidata dai successori degli Apostoli. Spetterà alle Chiesa, nei secoli a venire, sviluppare delle modalità per svolgere questo ministero di riconciliazione[122] e stabilire delle regole precise al riguardo.

2.2 Lo sviluppo della penitenza sacramentale

I successori degli Apostoli sono consapevoli che possono riammettere nella Chiesa grandi peccatori come gli scismatici e gli eretici, se quelli si convertono e fanno penitenza[123]. Da questa consapevolezza nasce un'istituzione ecclesiale della penitenza, detta pubblica, o cano-

---

ponēra)» (Funk I, 14-15; Cf. SC 248, 164-165). Il Didaché parla della confessione nella comunità cristiana (*en ekklēsia*) usando lo stesso verbo *exomologesthai* che troviamo nella lettera dell'apostolo Giacomo.

[118] Cf. J. CHAINE, *Épitre de saint Jacques*, 131; L.T. JOHNSON, *The letter of James*, 334-335.

[119] Cf. R. BELLARMINUS, *De poenitentia*, lib.III, cap. 4, in *Opera Omnia* III, 685. Il cardinale deduce la prova del carattere sacramentale della penitenza dalla vicinanza della frase sulla confessione al brano precedente che parla dell'unzione degli infermi.

[120] Cf. J. CHAINE, *Épitre de saint Jacques*, 131-132.

[121] Cf. THOMAS AQUINATIS, *S. Th.*, III, *Suppl.*, q. VI, art. 6, ad 2: «praeceptum de confessione non ab homine primo institutum, quamvis sit a Iacobo promulgatum: sed a Deo institutionem habuit, quamvis expressa ipsius institutio non legatur».

[122] Cf. *2 Cor* 5, 19-20.

[123] Cf. CLEMENTE ROMANO, *I Epistula ad Corinthios*, cap. 57, in Funk I, 170-173; POLICARPO, *Epistula ad Philippenses*, cap. 11, n. 4, in Funk I, 310-311; IRENEO DI LIONE, *Adversus Haereses* III, 4, 3, in SC 211, 50-53. Per trovare di più sulla pratica della penitenza nella Chiesa primitiva cf. M. PASTUSZKO, *Sakrament pokuty i pojednania*, 490-491; E. BOURQUE, *Histoire de la Pénitence-Sacrament*, 71-72.

nica. Dal VI secolo inizia a diffondersi sul continente un'altra prassi penitenziale, quella della penitenza tariffata. La riforma dei tempi di Carlo Magno porta ulteriori approfondimenti e dal IX secolo si va verso una sintesi definitiva, che sarà elaborata dalla teologia medievale.

2.2.1 La penitenza antica: tappe principali ed elementi importanti

Nel secondo secolo del cristianesimo appare l'opera di Erma († II sec.), *Il Pastore*, dove la tesi principale sulla penitenza è la seguente: la remissione del grave peccato dopo il battesimo è possibile, ma solo una volta[124]. Questa regola dell'unicità e irripetibilità della penitenza, riassunta da Tertulliano nella frase «sed iam semel quia iam secundo, sed amplius numquam quia proxime frustra»[125], è stata accolta e accettata durante tutta l'antichità cristiana[126] fino al VI secolo, quando una nuova forma di penitenza cominciò a diffondersi nella Chiesa.

Tertulliano è uno dei primi a designare un'immagine assai completa della prassi penitenziale della sua epoca. Nel trattato «De paenitentia» scrive:

> Huius igitur paenitentiae secundae et unius quanto in arto negotium est tanto operosior probatio ut non conscientia sola praeferatur, sed aliquo etiam actu administretur. Is actus, qui magis Greco vocabulo et exprimitur et frequentatur, exomologesis est, qua delictum nostrum domino confitemur, non quidem ut ignaro, sed quatenus satisfactio confessione disponitur, confessione paenitentia nascitur, paenitentia Deus mitigatur. Itaque exomologesis prosternendi et humilificandi hominis disciplina est conversationem iniungens misericordiae invicem, de ipso quoque habitu atque victu[127].

Per il Padre africano, la parola tecnica per descrivere la prassi penitenziale della Chiesa è il sostantivo d'origine greca *exomologesis*, già

---

[124] Cf. ERMA, *Pastor*, mandatum IV, 3, 6: «At ego tibi dico, inquit: post vocationem illam magnam et sanctam si quis tentatus a diabolo peccaverit, unam paenitentiam habet (*mian metanoian echei*)» (Funk I, 480-481). Per un commento più dettagliato sulla penitenza nell'opera di Erma cf. R. LORIA, «La penitenza nei secoli», 185-188; E. BOURQUE, *Histoire de la Pénitence-Sacrament*, 68-70.

[125] TERTULLIANO, *De paenitentia*, 7, in CCSL 1, 334.

[126] Anche se troviamo bellissime eccezioni nell'Oriente cristiano: le «Costituzioni Apostoliche» chiedono al Vescovo di non rigettare i caduti *una o due volte,* cf. *Constitutiones Apostolorum*, II, cap. 40, 1, in *Didascalia et constitutiones*, I, 129 (SC 320, 268-271 [con una lunga e interessante nota alle pagine 268-269]). Secondo lo storico Socrate Giovanni Crisostomo è andato ancora più lontano, dichiarando durante un sinodo: «Licet millies poenitentiam egeris, accede» (SOCRATE SCOLASTICO, *Historia Ecclesiastica*, VI, cap. 21, in PG 67, 727). Cf. anche M. METZGER, «La pénitence», 233-34.

[127] TERTULLIANO, *De paenitentia*, 9, in CCSL 1, 336.

usato da san Giacomo nella sua lettera precedentemente commentata. Quel termine

> indica una realtà abbastanza complessa. L'esomologesi implica prima di tutto il fatto di riconoscersi colpevoli dinanzi a Dio, di ammettere la propria colpa per cambiare vita. Questo atteggiamento interno deve manifestarsi anche esternamente, non con una confessione pubblica nel senso di una confessione dettagliata di fronte alla comunità, ma con un insieme di atti di mortificazione destinati a umiliare il penitente [...]. Dopo un tempo di espiazione più o meno lungo ed assolutamente indispensabile, interviene la riconciliazione nella Chiesa e attraverso la Chiesa [...]. Praticamente, è il vescovo che riconcilia il penitente, e che concede il perdono[128].

Una prassi penitenziale da applicare in tempi molto difficili la ritroviamo nelle opere San Cipriano. Il Vescovo di Cartagine deve decidere sulla questione dei *lapsi* che dopo la persecuzione di Decio vogliono essere riconciliati con la Chiesa[129]. Cipriano non vuole riconciliarli troppo in fretta e senza una debita penitenza[130]. Il Concilio di Cartagine del 251 distingue fra diversi livelli di apostasia ai quali corrispondono relative soluzioni penitenziali[131]. Un anno più tardi, nel 252, sotto la minaccia di una nuova persecuzione, il concilio accorda di perdonare tutti i *lapsi* entrati precedentemente in penitenza. Devono essere fortificati con la pace della riconciliazione, affinché testimonino adesso fedelmente il Signore[132].

Nel trattato «De lapsis» Cipriano parla dell'*exomologesin conscientiae,* da compiere *apud sacerdotes Dei dolenter et simpliciter confiden-*

---

[128] C. VOGEL, *Il peccatore e la penitenza,* 19-20.

[129] Quanto alla trasformazione della prassi penitenziale nella Chiesa causata da questi drammatici eventi cf. anche K. SORDYL, «Kryzys nowacjański», 301-331.

[130] Cf. CIPRIANO, lett. 17, in CCSL 3B, 96-99.

[131] Quelli che hanno rinnegato la fede dopo aver resistito alle torture per un certo tempo possono essere riconciliati dopo tre anni di penitenza, gli altri che hanno rinnegato la fede ma sono sinceramente pentiti, potranno ottenere la riconciliazione prima della morte. Invece quelli che rifiutano di passare par l'esomologesi non possono aspettarsi niente dalla Chiesa, che dovrebbe chiudersi a loro ed essere verso di loro forte e invincibile. Cf. CIPRIANO, lett. 56, cap. 2, in CCSL 3B, 297-298; ID., lett. 55, cap. 17, in CCSL 3B, 275-276. Per approfondire la questione Cf. R. LORIA, «La penitenza nei secoli», 196-198; E. BOURQUE, *Histoire de la Pénitence-Sacrament,* 68-70.

[132] Cf. CIPRIANO, lett. 57, cap. 1: «necessitate cogente censuimus, eis qui de ecclesia domini non recesserunt, sed paenitentiam agere et lamentari ac dominum deprecari a primo lapsus sui die non destiterunt, pacem danda esse et eos ad proelium quod inminet armari et instrui oportere» (CCSL 3B, 302). Cf. anche E. BOURQUE, *Histoire de la Pénitence-Sacrament,* 104-105.

tes[133]. Qui *exomologesis* sembra indicare piuttosto il momento della confessione semplice e dolente del peccato davanti al sacerdote, che l'insieme della prassi penitenziale. Una tale confessione, l'esistenza della quale è presunta per entrare in penitenza, è un atto da svolgersi tra il futuro penitente e il sacerdote e non è mai richiesta la sua pubblicità[134]. Il *sacerdos* davanti al quale si deve riconoscere il proprio peccato è di regola il vescovo, tranne le situazioni eccezionali, nelle quali può essere un presbitero o anche il diacono con il mandato del vescovo, ma non un laico, neanche confessore sopravvissuto alle persecuzioni[135].

Dopo la pace costantina, la penitenza canonica[136] diventa un'istituzione sempre più stabile e organizzata, custodendo le principali caratteristiche del tempo di Tertulliano e di Cipriano. È necessaria[137] per peccati gravi o capitali[138], che sono quelli che vanno contro il Decalogo, che rientrano nei vizi capitali e altri *maiora scelera*[139]. Dopo una con-

---

[133] Cf. CIPRIANO, *De Lapsis*, n. 28: «Denique quanto et fide maiore et timore meliore sunt qui, quamvis nullo sacrificii aut libelli facinore constricti, quoniam tamen de hoc vel cogitaverunt, hoc ipsum aput sacerdotes Dei dolenter et simpliciter confitentes, exomologesin conscientiae faciunt, animi sui pondus exponunt, salutarem medellam parvis licet et modicis vulneribus exquirunt, scientes scriptum esse: *Deus non deridetur*».(CCSL 3, 236-237).

[134] Ciò non esclude la possibilità che la colpa sia conosciuta e pubblica oppure che la confessione avvenga solo dopo una denuncia fatta seguendo la *correctio* fraterna di Mt 18,15-17. Tuttavia anche in questo caso, le Costituzioni Apostoliche sottolineano l'importanza della prima tappa dell'ammonimento, fatto solo con il Vescovo, senza testimoni. Cf. *Constitutiones Apostolorum*, II, cap. 38, 1, in *Didascalia et constitutiones*, I, 125. Cf. anche M. METZGER, «La pénitence», 231; C. VOGEL, *Il peccatore e la penitenza*, 33-34; E. BOURQUE, *Histoire de la Pénitence-Sacrament*, 111-112.

[135] Con le sue decisioni San Cipriano pone fine alla tradizionale *prerogativa martyrium*, che prima erano ritenuti capaci di perdonare i lapsi e di riconciliarli con la Chiesa senza il permesso del Vescovo. Cf. E. BOURQUE, *Histoire de la Pénitence-Sacrament*, 104-105; C. VOGEL, *Il peccatore e la penitenza*, 24, nota 27.

[136] Non è senza rilievo quel nome, che sottolinea che la penitenza si svolge secondo i *sacri canones*. Vale la pena menzionare qui il primo Concilio Ecumenico di Nicea, che prende decisioni legate con la penitenza pubblica in quattro dei venti canoni pubblicati. Cf. CONCILIO DI NICEA (325), cann. 11-14, in *COD*, 11-13.

[137] Tuttavia sorgono due istituzioni che potranno sostituire la penitenza canonica: la professione monastica e lo stato della *conversio*. Cf. C. VOGEL, *Il peccatore e la penitenza*, 47-48.

[138] Per cancellare i peccati minori bastano le opere di penitenza, come il pregare, digiunare, fare elemosina, visitare i malati e i sofferenti, portare la pace e la concordia. Cf. C. VOGEL, *Il peccatore e la penitenza*, 27. Per una lista dei *peccata minuta* nell'insegnamento di San Cesare d'Arles cf. C. VOGEL, *La discipline*, 91-96.

[139] L'espressione è di San Agostino cf. AGOSTINO, *Sermo IX*, n. 18, in CCSL 41,143. Per una lista abbastanza dettagliata dei peccati soggetti alla penitenza canonica cf. R.

fessione preliminare, ci sono tre tappe della penitenza[140]. Prima un fedele deve riconoscersi peccatore davanti a Dio e davanti alla Chiesa, alla quale chiede la penitenza. Poi per un certo periodo, stabilito dal vescovo, deve fare opere di penitenza e prendere parte ai rituali penitenziali con una speciale benedizione del Vescovo[141]. Al di là di queste esigenze limitate nel tempo, l'entrata nell'*ordo poenitentium* comporta obblighi e proibizioni che vincolano per tutta la vita[142]. Alla fine il penitente viene riconciliato con la Chiesa per mano del Vescovo, durante una speciale e solenne liturgia[143].

Nel secolo IV, al fine di facilitare una confessione più discreta e tranquilla, vengono istituiti i presbiteri penitenzieri[144]. San Girolamo († 420) scrive che spetta ai sacerdoti discernere i peccati da quanto hanno udito compiendo il loro ufficio[145]. Lo stesso afferma anche papa Innocenzo I nella sulla lettera indirizzata al vescovo di Gubbio: «Caeterum de pondere aestimando delictorum, sacerdotis est iudicare, ut attendat ad confessionem paenitentis, et ad fletus atque lacrymas corrigentis, ac tum iubere dimitti, cum viderit congruam satisfactionem»[146]. Il Pontefice parla dei *sacerdoti*, probabilmente includendo in tal modo i vescovi

---

LORIA, «La penitenza nei secoli», 195-196. Quanto alla morale di Tertulliano cf. *Ibid.*, 201-203 per l'elenco ricavato dagli autori posteriori cf. C. VOGEL, *La discipline*, 88-91.

[140] Cf. J.A. JUNGMANN, *La liturgie*, 372-374; C. VOGEL, *Il peccatore e la penitenza*, 32-39.

[141] Cf. J.A. JUNGMANN, *La liturgie*, 373-374.

[142] I cosiddetti «interdetti» che proibiscono al penitente — anche dopo la riconciliazione ottenuta — di prestare il servizio militare, di esercitare le cariche pubbliche e di avere relazioni matrimoniali. Si può dunque capire quali difficoltà deve affrontare un cristiano che decide di entrare in penitenza. Cf. R. LORIA, *La penitenza nei secoli*, 205-211.

[143] Cf. J.A. JUNGMANN, *La liturgie*, 374-376.

[144] Cf. SOZOMENO, *Historia Ecclesiastica*, VII, cap. 16: «grave ac molestum ab initio iure merito visum est sacerdotibus, tanquam in theatro, circumstante totius Ecclesiae multitudine, crimina sua evulgare. Itaque ex presbyteris aliquem qui vitae integritate spectatissimus esset, et taciturnitate ac prudentia polleret, huic officio praefecerunt: ad quem accedentes ii qui deliquerant, actus suos confitebantur» (PG 67, 1459). Cf. anche E. BOURQUE, *Histoire de la Pénitence-Sacrament*, 112, nt. 1.

[145] GIROLAMO, *Commentariorum in Mattheum*, III, 16: «Legimus in Levitico de leprosis, ubi iubentur, ut ostendant se sacerdotibus, et si lepram habuerint, tunc a sacerdote immundi fiant, non quo sacerdotes leprosos faciant et inmundos, sed quo habeant notitiam leprosi, et non leprosi, et possint discernere qui mundus, quive inmundus sit. Quomodo ergo ibi leprosum sacerdos inmundum facit, sic et hic alligat vel solvit episcopus et presbiter, non eos qui insontes sunt vel noxii, sed pro officio suo, cum peccatorum audierit varietates, scit qui ligandus sit, qui solvendus» (CCSL 77, 142).

[146] Cf. INNOCENZO I, lett. 25, «Ad Decentium», 19 marzo 416, 28.

ed i presbiteri[147]. Le parole *pondere* et *aestimare*, sono usate in relazione al giudizio del sacerdote sulla confessione del penitente; il sacerdote stesso non deve neanche trascurare i segni di una vera contrizione e deve assolvere il penitente solo dopo aver assistito ad un'adeguata penitenza.

Anche papa Leone Magno (440-461) parla del ministero penitenziale dei sacerdoti, sottolineando la necessità della riservatezza legata ad esso. Il grande Pontefice ammonisce fortemente i vescovi di Campania, dove non si rispetta il segreto della confessione. Il Papa afferma che «reatus conscientiarum sufficiat solis sacerdotibus indicari confessione secreta»[148]. Il costume di leggere il *libellus* con la lista dettagliata dei peccati viene definito da Leone una *improbabilis consuetudo* da rimuovere, perché basta confessare i peccati prima a Dio, poi al sacerdote[149].

Tutto il rito della penitenza antica è in relazione con la Comunione. L'iscrizione nell'*Ordo* dei penitenti, quando il fedele viene simbolicamente scomunicato[150], esprime non solo l'allontanamento dalla comunità della Chiesa, ma anche dalla Comunione sacramentale[151]. Prima di finire la penitenza nessuno può partecipare all'Altare[152] e neanche offri-

---

[147] Cf. R. CABIÉ, *La lettre*, 56.

[148] LEONE MAGNO, lett.168, *Magna indignatione*, cap. 2, in PL 54, 1211.

[149] Cf. LEONE MAGNO, lett. 168, *Magna indignatione*, cap. 2: «Illam etiam contra apostolicam regulam praesumptionem, quam nuper agnovi a quibusdam illicita usurpatione committi, modis omnibus constituto submoveri. De poenitentia scilicet quae a fidelibus postulatur, ne de singulorum peccatorum genere, libello scripta professio publice recitetur [...]. Quamvis enim plenitudo fidei videatur esse laudabilis, quae propter Dei timorem apud homines erubescere non veretur, tamen quia non omnium huiusmodi sunt peccata, ut ea, qui poenitentiam poscunt, non timeant publicare, removeatur tam improbabilis consuetudo, ne multi a poenitentiae remediis arceantur, dum aut erubescunt aut metuunt inimicis suis sua facta reserari, quibus possint legum constitutione percelli. Sufficit enim illa confessio quae primum Deo offertur, tum etiam sacerdoti, qui pro delictis poenitentium precator accedit. Tunc enim demum plures ad poenitentiam poterunt provocari, si populi auribus non publicetur conscientia confitentis» (PL 54,1210-1211). Per un commento a questa lettera cf. M. PASTUSZKO, *Sakrament pokuty*, 493.

[150] Cf. *Constitutiones Apostolorum*, II, cap. 16, in *Didascalia et constitutiones*, I, 60-63.

[151] Cf. C. VOGEL, *Il peccatore e la penitenza*, 45.

[152] L'Oriente applica molte forme intermedie nella partecipazione all'Eucaristia, simili a quelle dei catecumeni. Il Concilio di Nicea nel canone 11 menziona tre gruppi di penitenti: gli *audientes*, cioè coloro che vengono istruiti; i *substrati*, cioè coloro che si prosternano; infine coloro che pregano col popolo senza partecipare all'offerta. Cf. CONCILIO DI NICEA (325), can. 11, in *COD*, 11. L'Occidente non ha sviluppato questa fase della penitenza in maniera così dettagliata.

re i doni per il Sacrificio. Con il rito della riconciliazione il penitente ristabilisce la piena comunione con i fratelli, ma riceve anche il diritto di accostarsi al Corpo e Sangue del Signore[153].

Questa relazione tra la penitenza canonica e l'Eucaristia non sempre risulta così chiara, soprattutto a causa del peso e delle difficoltà nel compiere la penitenza pubblica. Alla fine del IV secolo, in Oriente, il patriarca Nectario († 397) permette di comunicarsi secondo il giudizio della propria coscienza, senza chiedere la penitenza canonica[154]. Si è dunque arrivati alla situazione nella quale molti, ritenendosi indegni, non ricevono ordinariamente l'Eucaristia; tuttavia per le grandi feste si accostano all'altare pur senza essere entrati in penitenza. Il successore di Nectario sulla sede di Costantinopoli, San Giovanni Crisostomo, descrive questa usanza nel modo seguente:

> Multam video rei inaequalitatem. In aliis quidem temporibus, cum ne mundi quidem saepe sitis, acceditis; in Paschate autem etiamsi aliquod scelus a vobis sit admissum, acceditis. O consuetudinem, o praesumptionem! Frustra est quotidianum sacrificium, frustra adstamus altari: nemo est qui participet. Haec dico, non ut temere participetis, sed ut vos dignos reddatis. Non es dignus sacrificio, neque participatione? Ergo nec prece. Audis praeconem stantem et dicentem: *Quicumque estis in poenitentia, abite*. Omnes qui non participiant, sunt in poenitentia. Si es ex iis qui sunt in poenitentia, non debes participare: nam qui non participat, est in poenitentia. Cur ergo dicit, *Abite, qui non potestis precari*; tu autem stas impudenter? At non es ex his, sed ex iis qui possunt participare, et nihil curas? Rem nihil esse putas[155]?

Il santo vescovo condanna quindi la mentalità di tanti fedeli e chiede di scegliere: se uno si ritiene indegno di partecipare alla Comunione a

---

[153] Cf. CIPRIANO, lett. 57, cap. 2 in CCSL 3B, 303. Il Padre africano parla della Comunione al Corpo e Sangue di Cristo come conseguenza immediata della riconciliazione: «At vero nunc non infirmis sed fortibus pax necessaria est nec morientibus sed viventibus communicatio a nobis danda est, ut quos excitamus et hortamur ad proelium, non inermes et nudos relinquamus, sed protectione sanguinis et corporis Christi muniamus, et cum ad hoc fiat eucharistia, ut possit accipientibus esse tutela, quos tutos esse contra adversarium volumus, munimento dominicae saturitatis armemus» (*Ibid.*) Per la generale descrizione della relazione tra la penitenza antica e l'Eucaristia cf. K. KELER, «Praktyka pokuty i pojedania», 109; C. VOGEL, *Il peccatore e la penitenza*, 45-46.

[154] Cf. SOZOMENO, *Historia Ecclesiastica* VII, cap. 16: «Cumque nonnulli consilium ei dedissent, ut unicuique, prout sibi conscius esset, ac fiduciam sui haberet, ad sacrorum mysteriorum communionem accedendi liberam faceret potestatem, presbyterum qui agendae poenitentiae praepositus erat abolevit» (PG 67, 1462).

[155] GIOVANNI CRISOSTOMO, *In epistolam Ad Ephesios*, III, 4, in PG 62, 29.

causa di un grave peccato, allora dovrebbe essere *in poenitentia*, oppure se uno si ritiene degno di comunicarsi, di conseguenza dovrebbe partecipare più spesso al sacramento dell'altare. Possiamo supporre che l'ammonimento del Crisostomo non ebbe grande efficacia, se qualche tempo più tardi egli ritorna sull'argomento in un altro sermone, ammonendo quelli che non rompono con il peccato e non si purificano fino in fondo con la penitenza è ciononostante accedono alla Comunione alla fine della Quaresima[156].

I problemi simili sorgono nello stesso periodo anche nell'altra parte dell'Impero. In Spagna il primo Concilio di Toledo (400) formula il canone seguente: «De his qui intrant in ecclesiam et deprehenduntur nunquam communicare, admoneantur, ut qui non communicant, ad paenitentiam accedant: si communicant, non semper abstineant; si non fecerint abstineantur»[157]. C'erano dunque i fedeli che non si accostavano alla Comunione e non volevano fare penitenza. Il Concilio esorta ancora all'antica disciplina nella quale i battezzati oppure erano penitenti, oppure partecipavano sempre alla mensa del Signore.

All'Occidente la penitenza pubblica è rimasta dominante fino al sesto secolo[158], ma alla fine del quinto era già un'istituzione in piena crisi. Dopo la caduta dell'Impero Romano, al peso e alle difficoltà della penitenza canonica e alla sua generale irripetibilità, si è unito il crollo della cultura antica e dei buoni costumi nell'Europa Occidentale[159]. Al tempo di Cesario di Arles († 543), la maggioranza dei peccatori evita la via della penitenza canonica, aspettando quella ricevuta *in extremis*[160]. La

---

[156] Cf. GIOVANNI CRISOSTOMO, *In epistolam I ad Timotheum*, V, 3: «Tu vero ad cibum sensilem accedens, manus et os abluis: cum autem ad spiritualem escam accessurus es, animam non abluis, sed immunditia plenus accedis? At quid? Dicis: annon satis sunt quadraginta ieiunii dies ad peccatorum congeriem expurgendam? Ecqua utilitas? Dic mihi; si quis unguentum condere volens, emundet locum, deindeque paulo postquam iniecerit, stercus adiiciat: nonne bonus odor evolavit? Hoc etiam nobis accidit: digni pro viribus nostris facti sumus cum accederemus; deinde rursum nos inquinamus. Quae ergo utilitas? Hic dicimus etiam de iis, qui quadraginta dierum spatio sese abluere et mundare possunt. Ne salutem nostram negligamus, rogo, ne labor noster sit inutilis. Homo enim, inquit, qui adversus fuerit a peccato suo, et rursus pergens, eademque ipsa faciens, *quasi canis est ad proprium vomitum reversus* (Prov. 26, 11)» (PG 62, 530).

[157] CONCILIO I DI TOLEDO (400), can. 13, in *Col. Hispana*, IV, 334.

[158] Cf. K. KELER, «Praktyka Pokuty i pojednania», 107-109; B. KOSECKI, «Wyznanie grzechów», 67-70.

[159] Cf. B. KOSECKI, «Wyznanie grzechów», 72; C. MUNIER, «La pastorale pénitentielle», 238-240.

[160] Cf. C. MUNIER, «La pastorale pénitentielle», 240.

penitenza sul letto di morte permette così di accedere all'ultimo viatico, già dal Concilio di Nicea accordato ad ogni peccatore pentito, anche prima della fine del periodo di penitenza[161]. Al tempo di San Cesario vengono anche formulate — come abbiamo visto sopra[162] — le prime norme che obbligano tutti i fedeli alla Comunione sacramentale tre volte all'anno[163]. Confrontando quella normativa con la degradazione anche morale della società e la scarsa pratica della penitenza canonica[164], si potrebbe dubitare se il nesso tra la riconciliazione canonica e la Comunione sacramentale sia ancora rispettato. Infatti sembra che ai fedeli che si preparano, con le opere di espiazione, a ricevere solo la penitenza *in extremis,* venga permesso di accedere alla Comunione nelle situazioni prescritte[165]. Tale è la situazione in Spagna, dove la penitenza pubblica ha resistito più a lungo[166]. Infatti Sant'Isidoro di Siviglia († 636) formula la regola seguente: «Qui iam peccare quievit, communicare non desinat»[167].

La penitenza antica, difficile e irripetibile, dalla fine dell'antichità è sempre meno praticata dai cattolici, i quali, d'altra parte, non hanno meno motivi per sentirsi peccatori di quelli delle generazioni precedenti. Si avverte comunque il bisogno di rendere visibile, nel rito penitenziale, l'insegnamento del Vangelo sul perdono illimitato di Dio, al quale si potrebbe ricorrere molte volte nella vita[168], senza entrare nello stato canonico del penitente, quasi insopportabile. Nelle lontane isole nasce una prassi che potrà colmare questa necessità[169].

---

[161] Cf. CONCILIO DI NICEA (325), can. 13, in *COD*, 12.
[162] Cf. sopra, cap. I, 1.3.1.
[163] Il concilio di Adge, che funge da modello per questa normativa è stato presieduto proprio da Cesare di Arles.
[164] Cf. C. MUNIER, «La pastorale pénitentielle», 235-240; M. PASTUSZKO, *Sakrament pokuty,* 495-497.
[165] Cf. E. BOURQUE, *Histoire de la Pénitence-Sacrament,* 148-149; R. LORIA, *La penitenza nei secoli,* 211-212.
[166] Sulla situazione in Spagna alla fine del VI secolo cf. J. FONTAINE, *Pénitence publique,* 140-145.
[167] ISIDORO, *De ecclesiasticis officiis* lib. I, cap. 18, n. 8, in CCSL 113, 22. Anche se qualche verso prima Isidoro parla della penitenza, limitando tuttavia l'esigenza di essa ai «peccata, ut excommunicandus quisque iudicetur», cf. *Ibid.*, in CCSL 113, 21. Cf. anche E. BOURQUE, *Histoire de la Pénitence-Sacrament,* 149 nt. 2. L'autore spiega che la frase sopramenzionata è stata citata in relazione all'insegnamento di Sant'Agostino, ma il suo riferimento alla penitenza è stato tolto appositamente.
[168] Cf. Mt 18, 21-22; Lc 17,4.
[169] Anche in Oriente assistiamo ad uno sviluppo parallelo della confessione individuale, sotto l'influsso dei monaci. Cf. L. LIGIER, «Il sacramento», 161-164.

2.2.2 Dalla penitenza tariffata alla confessione-sacramento

Alle esigenze del tempo e forse del Vangelo[170] corrisponde meglio la penitenza privata e reiterabile, introdotta nel continente europeo dai monaci irlandesi dal VI secolo[171]. Le isole britanniche, probabilmente, non conoscevano affatto la penitenza pubblica canonica[172]. Dopo la caduta dell'Impero Romano, la Chiesa insulare si sviluppa intorno ai monasteri, dove si pratica la penitenza privata. La prassi si differenzia dalla penitenza continentale per l'aspetto privato non solo della confessione, ma anche delle pratiche penitenziali, e soprattutto per la possibilità di ripetere la penitenza stessa[173]. All'inizio tale pratica viene giudicata in Spagna come un abuso e una consuetudine contro i canoni[174]. Nel VII secolo, con San Colombano e i suoi discepoli[175], questa prassi comincia a prevalere sul continente europeo[176]. È chiamata anche con il nome di "penitenza tariffata", perché le opere penitenziali da compiere sono indicate dai libri penitenziali, che prevedono una certa tariffa secondo il genere e il numero dei peccati[177]. Questi libri si diffondono

---

[170] Cf. Lc 5, 17-26; Mt 18,21-22; Gv 20, 22-23.

[171] Cf. M. PASTUSZKO, *Sakrament pokuty,* 497; B. KOSECKI, „Wyznanie grzechów", 73-74.

[172] Cf. J. GAUDEMET, *Storia del diritto canonico*, 308.

[173] Cf. R. LORIA, *La penitenza nei secoli,* 215-216; F. LÓPEZ-ILLANA, *Il sacramento dell'Eucaristia*, 148.

[174] Cf. CONCILIO III DI TOLEDO (589), can. 11, in *Col. Hispana*, V, 117-118. In questo canone la nuova consuetudine penitenziale è considerata come *execrabilis praesumptio*.

[175] Nel penitenziale del Colombano troviamo una riflessione teologica, ascetica e morale che sta alla base della nuova prassi. Cf. COLOMBANO, *Poenitentiale*, versione B: «Diversitas culparum diversitatem facit paenitentiarum. Nam et corporum medici diversi medicamenta generis conponunt. Aliter enim vulnera, aliter morbos, aliter tumores, aliter livores, aliter putredines, aliter caligines, aliter confractiones, aliter conbustiones curant. Ita igitur etiam spiritales medici diversis curationum generibus animarum vulnera morbos culpas dolores aegritudines infirmitates sanare debent» (*IP*, 98).

[176] Cf. CONCILIO DI CHÂLON-SUR-SAÔNE (650 circa), can. 8: «De poenitentia vero peccatorum, quae est medella animae, utilem omnibus hominibus esse censemus; et ut poenitentibus a sacerdotibus data confessione indicatur poenitentia, universitas sacerdotum nascetur consentire» (CCSL 148 A, 304).

[177] A titolo di esempio cf. *Paenitentiale Merseburgense,* versione "b", can. 28: «Si quis inhonorificaverit patrem aut matrem, III annos peniteat in pane et aqua. Quodsi manum lavaverit aut ferita fecerit, VII annos exul in pane et aqua peniteat. Quodsi per voluntate parentum redierit, suscipiatur ad communionem» (CCSL 156, 176). L'altra versione del penitenziale della stessa città contiene un importante richiamo ai sacerdoti: «Si quis sacerdos abnegat querenti penitentiam, reus erit animam eius» (*Paenitentiale Merseburgense*, versione "a", can. 101, in CCSL 156, 159).

sempre di più in Gallia, in Italia e infine anche in Spagna[178]. La varietà è grande, ma ci sono alcune caratteristiche comuni, come quella di consentire l'accesso alla Comunione sacramentale prima della fine della penitenza[179].

Al tempo di Carlo Magno († 814), dopo la morte di Alcuino († 804), promotore della penitenza privata[180], nella seconda generazione di vescovi e preti responsabili della riforma, cresce una certa diffidenza verso la penitenza tariffata e soprattutto verso i libri penitenziali[181], dei quali «sunt certi errores, incerti auctores»[182]. Sarebbe quindi necessaria una ricerca accurata per poter decidere quali degli «antiquorum liber paenitentialis potissimum sit sequendus»[183]. Ogni sacerdote deve conoscere in maniera precisa come ricevere le confessioni e come imporre le penitenze secondo le regole canoniche[184]. I riformatori, invitando

---

[178] La Spagna ha conservato più a lungo la pratica della penitenza canonica e pertanto lo sviluppo della penitenza tariffata è stato ritardato. Lo stesso avviene anche a Roma, dove, fino all'epoca dei papi germanici (alla fine del X secolo), vi è una certa diffidenza verso la nuova prassi, anche se la stessa non era proibita. Cf. E. BOURQUE, *Histoire de la Pénitence-Sacrament*, 179. 205ss.

[179] Cf. *Paenitentiale pseudo-Theodori*, cap. 39, n. 4: «Paenitentes secundum canones non debent communicare ante consumationem paenitentiae. Nos autem pro misericordia post annos II vel I aut post menses VI licentiam damus communicandi, ne forte absque communione de hac vita discedant» (CCSL 156 B, 100). Cf. anche *Paenitentiale Cordubense*, can. 47, in CCSL 156 A, 56.

[180] Cf. ALCUINUS, «Epistula 138», 217-218: «Quid solvit sacerdotalis potestas, si vincula non considerat ligati? Cessabunt opera medici, si vulnera non ostenduntur egroti. Si vulnera corporis carnalis medici manus expectant, quanto magis vulnera animae spiritualis medici solacia deposcunt? Deo vis, o homo, confiteri, quem nolens volens latere non poteris; ecclesiae Christi, in qua peccasti, satisfacere neglegis. [...] Si peccata sacerdotibus non sunt prodenda, quare in sacramentario reconciliationis orationes scriptae sunt? Quomodo sacerdos reconciliet quem peccare non novit?». Per un'ulteriore analisi della dottrina di Alcuino cf. E. BOURQUE, *Histoire de la Pénitence-Sacrament*, 199.

[181] Cf. E. BOURQUE, *Histoire de la Pénitence-Sacrament*, 194.

[182] CONCILIO DI CHÂLON-SUR-SAÔNE (813), can. 38, in MGH Conc., II/1, 281. Cf. anche CONCILIO DI PARIGI (829), cap. 32: «Quoniam multi sacerdotum partim incuria, partim ignorantia modum paenitentiae reatum suum confitentibus secus, quam iura canonica decernant, imponunt, utentes scilicet quibusdam codicellis contra canonicam auctoritatem scriptis, quos paenitentiales vocant, et ob id non vulnera peccatorum curant, sed potius foventes palpant [...], omnibus nobis salubriter in commune visum est, ut unusquisque episcoporum in sua parroechia eosdem erroneos codicellos diligenter perquirat et inventos igni tradat, ne per eos ulterius sacerdotes imperiti homines despiciant» (MGH Conc., II/1, 633).

[183] CONCILIO DI TOURS (813), can. 22, in MGH Conc., II/1, 289.

[184] Cf.CONCILIO DI REIMS (813), can. 31, in MGH Conc., II/1, 256.

all'integrità della confessione privata e confermandone la legittimità, vogliono far rinascere nello stesso tempo quella pubblica, secondo gli antichi canoni[185]. Questo porta alla regola formulata in quell'epoca, secondo la quale ai peccati occulti si applica la penitenza privata, mentre al peccato manifesto la penitenza pubblica[186].

Così la penitenza privata si conferma una prassi ben radicata nell'Occidente cristiano[187] e, liberata al tempo di Carlo Magno dalle esagerazioni insulari, può infine essere riconosciuta ufficialmente[188]. Così le basi teoriche della confessione vengono rinforzate, mentre a livello pratico, proprio in questo periodo, si diffonde la consuetudine della confessione annuale[189].

Un ulteriore cambiamento molto importante è quello di riconciliare il penitente subito dopo aver amministrato la confessione. Questa prassi era da tempo applicata all'assoluzione dei malati, mentre per gli altri era necessario aspettare la riconciliazione in Chiesa[190]. Negli *Statuta*

---

[185] Cf. I concili dell' 813: CONCILIO DI ARLES, can. 26, in MGH Conc., II/1, 253; CONCILIO DI CHÂLON-SUR-SAÔNE, can. 25, in MGH Conc., II/1, 278. Con i concili di Tours e di Reims dello stesso anno, menzionati prima, abbiamo l'elenco dei Concili riformatori. Per l'interpretazione della legislazione elencata cf. J. GAUDEMET, *Storia del diritto canonico*, 307-308.

[186] Cf. E. BOURQUE, *Histoire de la Pénitence-Sacrament*, 195. L'autore suggerisce che con tale divisione tra peccatori privati e pubblici la condizione del penitente pubblico diventa più grave. Questa osservazione sembra fondata, vista, per esempio, la normativa del Concilio di Châlon-sur-Saône che prevede nel canone 25 l'aiuto dell'imperatore per costringere il peccatore pubblico alla penitenza. Cf. CONCILIO DI CHÂLON-SUR-SAÔNE (813), can. 25, in MGH Conc., II/1, 278.

[187] Come pure in Oriente, sotto l'influsso dei monaci si sviluppa la prassi della confessione individuale. L'Oriente ha saputo unire in cerimonie uniche la confessione privata e la riconciliazione solenne e pubblica. Dall'altro lato le due prassi si sono sviluppate in parallelo, con un contatto vicendevole sempre minore. Di conseguenza la pratica orientale non sembra influire sulla formulazione del precetto della confessione annuale, e quindi in questo studio non si descriverà più dettagliatamente la prassi orientale. Per saperne di più cf. L. LIGIER, «Il sacramento», 160-171.

[188] Cf. E. BOURQUE, *Histoire de la Pénitence-Sacrament*, 203: «Les Scots avaient le tort d'agir quasi à la manière des anciens prophètes: leur hardiesse de langage, leur liberté d'allure, leur mépris presque systématique des règles établies étonnaient les populations et surtout indisposaient fortement la hiérarchie locale, soucieuse d'ordre et de paix. Malgré tout, à cause de ses qualités intrinsèques, le système de la pénitence privée, dès avant le IXe siècle, avait été accueilli favorablement ici et là, en Gaule, en Suisse et en Italie. Succès remarquable, mais précaire, s'il n'eût été consolidé par la propagande "officielle" de la première génération carolingienne sous la direction d'Alcuin».

[189] Cf. A. VILLIEN, *Histoire des Commandements*, 152-154.

[190] Cf. M. PASTUSZKO, *Sakrament pokuty*, 501.

attribuiti a San Bonifacio († 754), ma in realtà provenienti dal secolo IX[191], viene accettata la prassi di dare l'assoluzione subito dopo la confessione[192]. Quest'abitudine diventa comune nel X secolo[193].

All'inizio del nuovo millennio la confessione dei peccati diventa per molti il più importante atto del penitente, un'opera fondamentale da compiere, la quale esprime il pentimento e costituisce una buona parte della penitenza[194]. In tal modo la parola "confessione" comincia a descrivere tutta la realtà della penitenza sacramentale, e non solo l'atto stesso di confessare i peccati. I penitenziali sono pian piano sostituiti dalle vere summe per i confessori[195], che devono non solo indicare la penitenza giusta per il peccato determinato, ma prendere in considerazione le circostanze del peccato ed il pentimento del fedele. Anche se il *Decretum* di Graziano è ancora ambiguo sulla necessità della confessione[196], nella dottrina prevale la convinzione che la Chiesa abbia il diritto di obbligare a confessare i peccati gravi[197] e che questo atto, in

---

[191] Cf. C. VOGEL, Il peccatore e la penitenza nel medioevo, 129.

[192] Cf. *Statuta quaedam sanctii Bonifacii*, cap. 31: «Curet unusquisque presbyter statim post acceptam confessionem poenitentium, singulos data oratione reconciliari» (Mansi, 12, 386).

[193] Cf. M. PASTUSZKO, *Sakrament pokuty*, 501.

[194] Cf. *De vera et falsa poenitentia*, cap. X: «Erubescentia enim ipsa partem habet remissionis: ex misericordia enim hoc praecepit Dominus, ut neminem poeniteret in occulto. In hoc enim quod per se ipsum dicit sacerdoti, et erubescentiam vincit timore Dei offensi, fit venia criminis: fit enim per confessionem veniale, quod criminale erat in operatione» (PL 40,1122).
L'autore anonimo di quest'opera parla ampiamente della necessità di confessarsi e della dimensione penitenziale della confessione stessa. Dato che questo libro fu falsamente attribuito a San Agostino, esso ha goduto di una grande autorità ed è stato citato ampiamente da Graziano e da Pietro Lombardo. Per una chiara e sintetica esposizione della dottrina di questo importante scritto cf. C. VOGEL, *Il peccatore e la penitenza nel medioevo*, 251-252.

[195] Il sopramenzionato diciannovesimo capitolo del decreto di Burcardo di Worms, conosciuto sotto il nome di *Corrector et Medicus*, è stato l'ultimo dei penitenziali e nello stesso tempo il primo dei grandi manuali per i confessori, con grandissima influenza sulle opere posteriori. Cf. C. VOGEL *Il peccatore e la penitenza nel medioevo*,140-142; E. BOURQUE, *Histoire de la Pénitence-Sacrament*, 209.

[196] Cf. De poenit, D. 1. c. 89, d. p.: «Quibus auctoritatibus, vel quibus rationum firmamentis utraque sententia confessionis et satisfactionis nitatur, in medium breviter proposuimus. Cui autem harum potius adherendum sit lectoris iudicio reservatur. Utraque enim fautores habet sapientes et religios viros». Per un commento più approfondito della dottrina di Graziano riguardante la Confessione cf. J. GAUDEMET, «Un débat sur la confession», 246-248.

[197] Cf. J. GAUDEMET, *Storia del diritto canonico*, 622-623.

circostanze normali, sia necessario per la loro remissione[198]. Nelle *Sententiae* di Pietro Lombardo († 1160 ca) la penitenza è dichiarata uno dei sette sacramenti[199], riconoscendo il sacerdote non come un distributore di penitenze secondo le tariffe, ma come un vero ed efficace ministro del perdono divino[200]. L'approfondimento teorico circa la confessione sacramentale influisce sulla prassi di confessarsi, la quale, già radicata nelle consuetudini del popolo di Dio[201], conoscerà uno straordinario sviluppo nel XIII secolo, rafforzata anche dal diritto universale del Concilio Laterano IV[202].

2.3 *Dalle disposizioni liturgiche all'obbligo della confessione annuale*

Il momento della riconciliazione dei peccatori e la loro riammissione alla Comunione sacramentale è per secoli celebrato qualche giorno prima della Pasqua[203]. Il legame tra la remissione dei peccati e le feste pasquali non solo risulta fortissimo, ma sembra sopravvivere in differenti tappe dello sviluppo della disciplina penitenziale. La tradizione liturgica secolare precede in tal modo la formulazione del "precetto pasquale" a livello consuetudinario e poi a quello legislativo.

---

[198] Cf. PAUCAPALEA, *Summa*, in C. 33, q. 3 (de poen.): «Sola cordis contritione dimittuntur peccata, si confitendi ore tempus non habuerint [...]. His consonantes dicimus etiam, quod peccata non dimittuntur sola cordis contritione, si tempus poenitendi et satisfaciendi habet».

[199] Cf. PETRUS LOMBARDUS, *Libri IV Sent.*, dist. 2, cap.1: «Iam ad sacramenta novae Legis accedamus: quae sunt baptismus, confirmatio, panis benedictionis, id est eucharistia, *poenitentia*, unctio extrema, ordo, coniugium».

[200] Cf. E. BOURQUE, *Histoire de la Pénitence-Sacrament*, 225; J.C. PAYEN, «La pénitence». 407.

[201] Cf. J.C. PAYEN, «La pénitence», 413: «on se confesse, au XIIe et au XIIIe siècles, de façon assez regulière». Cf. anche A. VILLIEN, *Histoire des Commandements*, 158-159.

[202] Cf. J.C. PAYEN, «La pénitence», 413: «Toute l'évolution pénitentielle tend à l'institutionalisation d'une obligation désormais universellement admise. Elle s'inscrit dans un contexte historique déterminé qui contribue à la rendre nécessaire; elle s'accompagne d'une élaboration conceptuelle par laquelle les théologiens la justifient et l'affermissent en raison». Cf. anche P.-M. GY, «Le précepte de la confession annuelle et la nécessité», 529-531.

[203] Cf. J. GAUDEMET, *Storia del diritto canonico*, 307: «Alla fine del periodo di penitenza, il penitente viene solennemente riconciliato nell'ambito di una cerimonia che ha luogo, generalmente, il giovedì santo. Inizialmente presieduta dal vescovo, a partire dal VII secolo essa può essere affidata a un semplice prete. È in questa occasione che il penitente riceveva l'assoluzione dei suoi peccati».

2.3.1 L'amministrazione della penitenza prima della Pasqua

Il giorno della riconciliazione, a Roma e poi in Gallia, era il Giovedì Santo. Infatti papa Innocenzo I scrive nel 416: «De poenitentibus autem, qui sive ex gravioribus commissis, sive ex levioribus paenitentiam gerunt, si nulla intervenit aegritudo, quinta feria ante Pascha eis remittendum Romanae Ecclesiae consuetudo demonstrat»[204]. Siamo all'inizio del V secolo e il Papa parla della *consuetudine* della Chiesa romana: tale espressione indica una prassi ancora più antica e già ben radicata, quella di riconciliare i penitenti nel giorno di Giovedì Santo[205]. Nel secolo IV e V questo rito si svolge durante una messa speciale, la *Reconciliatio poenitentis*[206]. La riconciliazione avviene prima dell'offertorio, per permettere ai penitenti di offrire i doni all'altare e di comunicarsi poi al Corpo e al Sangue del Signore[207]. Al tempo di Gregorio Magno, però, la messa per la riconciliazione dei penitenti probabilmente non si celebra più, vista l'assenza di quel rito nel rituale gregoriano[208].

In Spagna la riconciliazione avviene il Venerdì Santo. Nella metà del VII secolo questa cerimonia, in certe zone, è in crisi, perciò il quarto Concilio di Toledo ammonisce:

> Comperimus quod per nonnullas ecclesias in die sextae feriae passionis Domini, clausis basilicarum foribus, nec celebratur officium, nec passio Domini populus praedicatur; dum idem Salvator noster apostolis suis praecipiat, dicens: «Passionem et mortem et resurrectionem meam omnibus

---

[204] INNOCENZO I, lett. 25, «Ad Decentium», 19 marzo 416, p. 28. Vale la pena osservare che già all'inizio del primo secolo abbiamo due categorie di penitenti: quelli *ex gravioribus commissis* e quelli *ex levioribus poenitentim gerunt*. Vediamo dunque che la penitenza canonica non è riservata solo agli *scelera*, ma ci sono alcuni fedeli che vi entrano per pietà e devozione, o forse spinti dalla convinzione che molti peccati quotidiani abbiano un peso simile a quello di un peccato grave.

[205] Anche se l'inciso *si nulla interveniat aegritudo* dimostra che per i gravemente malati ci sia la possibilità della riconciliazione prima del tempo previsto, per poter ricevere il viatico. Il Papa Innocenzo ne parla esplicitamente più avanti. Questa prassi era molto frequente, a causa delle dure e in alcuni casi irreversibili regole della penitenza antica. Cf. INNOCENZO I, lett. 25, «Ad Decentium», 19 marzo 416: «Vel si quis aegritudinem inciderit, atque usque ad desperationem devenerit, ei est ante tempus Paschae relaxandum, ne de seculo absque Comunione discendat» (ed. R. Cabié, pp. 28-30). Cf. anche R. CABIÉ, ed., *La lettre*, 55.

[206] Cf E. BOURQUE, *Étude sur les sacramentaires romains*, I, 209.

[207] Cf. J.A. JUNGMANN, *La liturgie des premiers siècles*, 375.

[208] Questo fatto è probabilmente dovuto alla crisi della penitenza antica arrivata anche a Roma, che limita la riconciliazione, soprattutto a quella sul letto di morte. Cf. E. BOURQUE, *Étude sur les sacramentaires romains*, I, 213.

praedicate». Ideo oportet eodem die mysterium crucis quod ipse Dominus cunctis nuntiandum voluit, praedicari, atque indulgentiam criminum clara voce omnem populum postulare: ut paenitentiae compunctione mundati, venerabilem diem dominicae resurrectionis, remissis inquietatibus suscipere mereamur; corporisque eius, et sanguinis sacramentum mundi a peccato sumamus[209].

Il legislatore locale mette in evidenza lo scopo della riconciliazione nei giorni prima della Pasqua: poter celebrare la festa della Risurrezione del Signore purificati dal peccato, ricevendo con cuore puro il Corpo e il Sangue del Risorto. La stessa motivazione è presente anche nei riti romani del Giovedì Santo, che si praticano ancora in Gallia nel VII e nell'VIII secolo[210].

Vediamo quindi una continuità quanto al periodo giusto per la riconciliazione; c'è invece un'evoluzione circa il giorno del rito d'ingresso alla penitenza. Dapprima si entrava nella penitenza il lunedì dopo la Pentecoste, con il rito solenne della genuflessione[211]. Poi viene indicata la Quaresima come il tempo più idoneo per la penitenza, e i riti per presentarsi come penitente erano celebrati il lunedì o il martedì della prima settimana di Quaresima[212]. Infine il mercoledì delle Ceneri diventa il giorno più adatto per entrare in penitenza[213]. Dopo la riforma al tempo di Carlo Magno, il quarto giorno *in caput Quaresimae* continua ad essere considerato opportuno per entrare in penitenza pubblica, ma è anche il giorno propizio per incoraggiare alla confessione privata[214].

---

[209] CONCILIO IV DI TOLEDO (633), can. 7, in *Col. Hispana*, V, 193-194.

[210] Cf. *Liber Sacramentorum Gellonensis*, nn. 588-596b, in CCSL 159, 76-78. Cf. anche C. VOGEL, *La discipline pénitencielle en Gaule*, 186.

[211] Cf. J.A. JUNGMANN, *La liturgie des premiers siècles*, 376-377. La ragione dello scegliere questo giorno è la proibizione di compiere le opere di penitenza durante il tempo pasquale, con il divieto della genuflessione in quel tempo liturgico, confermato dal primo Concilio di Nicea, cf. CONCILIO DI NICEA, can. 20, in *COD*, 16, *DSP*, I, 46-47. Sullo sviluppo del rito della genuflessione nella Chiesa d'Oriente cf. L. LIGIER, «Il sacramento della penitenza», 171-172.

[212] Cf. J.A. JUNGMANN, *La liturgie des premiers siècles*, 377-78.

[213] Cf. *Liber Sacramentorum Gellonensis*, nn. 265-271, in CCSL 159, 33. Vi troviamo l'*Ordo* per la pubblica penitenza, che comincia con le parole seguenti: «Suscipes eos quarta feria mane infra quinquagesimam et cooperis eos cilicio, oras pro eis et inclaudis usque ad coena domini» (*Ibid.*, n. 265). Dopo seguono le preghiere, per l'analisi delle quali cf. A. NOCENT, «La riconciliazione», 228-230. Per spiegare l'incarcerazione dei penitenti nel tempo della Quaresima cf. *Ibid.*, 227; C. VOGEL *La discipline pénitencielle en Gaule*, 194.

[214] Cf. M. PASTUSZKO, *Sakrament pokuty*, 500-501.

CAP. I: PRIMA DEL CONCILIO LATERANENSE IV

Questo duplice volto della penitenza sacramentale è ben documentato nel sacramentario di Fulda, redatto nel X secolo in Germania. Vi sono collocati insieme, nella sezione sull'inizio della Quaresima, gli articoli che trattano dei due tipi di penitenza: per primo della penitenza privata[215] e in seguito anche di quella pubblica[216]. Nella parte sulla Settimana Santa troviamo invece un solo rito di *reconciliatio poenitentis in caena Domini*[217] seguito dall'ufficio della Messa[218] con le speciali preghiere per i penitenti[219].

Il precetto della Comunione nel Giovedì Santo, formulato nel canone 47 del Concilio di Châlon-sur-Saône (813) si fonda anche sulla prassi della riconciliazione dei penitenti proprio in quel giorno: «cum etiam poenitentes eadem die ad percipienda corporis et sanguinis dominici sacramenta reconciliat»[220]. Graziano, riportando questo canone nel suo *Decretum* conferma il nesso profondo che esiste tra la riconciliazione sacramentale e la mensa dell'Ultima Cena[221]. In tal modo, l'immemorabile consuetudine della Chiesa di Roma entra nella compilazione del Maestro di Bologna e si ritrova alla base della futura legislazione ecclesiale.

---

[215] Cf. *Sacramentarium Fuldense*, p. 42, n. 55: «Ordo Privatae seu annualis poenitentiae ita prosequendus est. Praemonere debet omnis sacerdos eos, qui sibi confiteri solent, ut in capite ieiunii concurrere incipiant ad renovandam confessionem. Et tunc suscepta secundum prolatam rationem confessione indicat singulis congruam poenitentiam sive observantiam usque ad coenam domini magnopere intimans illis in presenti, ut tunc ad reconciliandum festinare nullatenus parvi pendant. Si vero interest causa aut itineris aut cuiuslibet occupationis aut ita forte hebes est, ut ei hoc sacerdos persuadere nequeat, iniungat ei tam quadragesimalem quamque annualem poenitentiam et reconciliet eum statim».

Il sacramentario elenca così i due tempi per l'assoluzione già menzionati sopra: il Giovedì Santo, come giorno fissato per la riconciliazione dei penitenti e *statim*, per i penitenti che, per diverse cause, dovrebbero essere riconciliati subito.

[216] Cf. *Sacramentarium Fuldense*, p. 46, n. 56: «Incipit ordo agentis publicam paenitentiam».

[217] Cf. *Sacramentarium Fuldense*, 76-78, n. 101.

[218] Cf. *Sacramentarium Fuldense*, 78-79, n. 102. Circa la *Missa post confessionem* cf. A. NOCENT, «La riconciliazione», 231-233.

[219] Cf. Va citato al modo di esempio: *Oratio super penitentes, postquam communicaverunt*: «Deus qui confitentium tibi corda purificas et accusantes suas conscientias ab omni vinculo iniquitatis absolvis, da indulgentiam reis et medicinam tribue vulneratis, ut percepta remissione omnium peccatorum in sacramentis tuis sincera deinceps devotione permaneant et nullum damnationis aeternae sustineant detrimentum» (*Sacramentarium Fuldense*, p. 79, n. 102).

[220] CONCILIO DI CHÂLON-SUR-SAONE (813), can. 47, in MGH Conc., II/1, 283.

[221] Cf. D. II, de cons., c. 17; M. PASTUSZKO, *Sakrament pokuty*, 494.

2.3.2 Lo sviluppo dell'obbligo di confessarsi

Il diffondersi della prassi della penitenza privata porta alcuni autori a formulare i primi obblighi circa una confessione regolare. Già nell'VIII secolo Crodegango, vescovo di Metz († 766), nelle sue *Regulae canonicorum,* esorta i fedeli a confessare i peccati gravi almeno tre volte all'anno, prima delle principali feste: «Haec est oratio poenitentiae et confessionis nostrae, quae coram Deo et sacerdotibus eius a nobis pariter agendae sunt, id est in unoquoque anno tribus vicibus, id est in tribus Quadragesimis populus fidelis suam confessionem suo sacerdoti faciat, et qui plus fecerit, melius facit»[222].

Forse quell'onere risulta troppo pesante, perché gli autori successivi vincolano solo ad una confessione all'anno, collocandola ovviamente all'inizio della Quaresima. Così Teodulfo, il vescovo di Orleano († 821), all'inizio del secolo scrive:

> Hebdomada prima ante initium quadragesimae confessiones sacerdotibus dandae sunt, paenitentia accipienda, discordantes reconciliandi et omnia iurgia sedanda. Et dimittere debent debita invicem de cordibus suis, ut liberius dicant: *Dimitte nobis debita nostra, sicut et nos dimittimus debitoribus nostris.* Et sic ingredientes in beate quadragesimae tempus mundis et purificatis mentibus ad sanctum pascha paraccedant, et per paenitentiam se renovent, quae est secundus baptismus[223].

Entrando mondi nel tempo di Quaresima e rinnovati attraverso la penitenza, i fedeli potranno accedere puri alla Santa Pasqua. Ancora una volta la confessione ha come scopo la preparazione del penitente alla più importante solennità dell'anno liturgico.

San Udalrico, già menzionato vescovo del X secolo, durante un concilio diocesano esorta i preti parrocchiali a far imparare ai parrocchiani il *Pater* e il *Credo,* a curare l'osservanza dei digiuni e ad ammonire i fedeli a comunicarsi quattro volte l'anno[224]. In mezzo a queste esortazioni pastorali, egli richiama alla confessione nel Mercoledì delle Ceneri: «feria quarta ante Quadragesimam plebem ad confessionem invitate, et ei, iuxta qualitatem delicti, poenitentiam iniugite, non ex corde vestro, sed sicut Poenitentiali scriptum est»[225].

---

[222] CRODEGANGO DI METZ, *Regulae canonicorum,* can.32, in PL 89, 1072.

[223] TEODULFO DI ORLEANO, *I Capitulare,* cap. 36, in MGH Capit. Episc., I, 133-134.

[224] Cf. UDALRICO DI AUGSBURG, *Sermo Synodalis,* in PL 135, 1072-73.

[225] UDALRICO DI AUGSBURG, *Sermo Synodalis,* in PL 135, 1072-73 = RATHERIUS VERONENSIS, «Epistula 25», 133.

Questi autori sono testimoni della consuetudine che comincia a svilupparsi dopo la riforma di Carlo Magno[226]. Alla fine del IX secolo osserviamo già un certo precetto consuetudinario, che vincola i fedeli alla confessione annuale dei peccati gravi[227]. Sembra anche che la maggioranza dei fedeli, malgrado gli appelli alla Comunione tre o quattro volte all'anno, si comunicassero solo una volta all'anno[228], dopo una vera preparazione penitenziale. La forza di tale consuetudine penitenziale risulta anche da una domanda dell'interrogatorio che il vescovo dovrebbe fare ai parroci al sinodo: «Est aliquis qui ad confessionem non veniret, vel una vice in anno, in capite Quadragesimae, et poenitentiam pro peccatis suis non susciperet»[229]?

Anche nella legislazione locale dell'XI e XII secolo troviamo qualche allusione alla confessione regolare nei concili sopracitati[230]: nel Concilio della regina Margherita, svoltosi in Scozia intorno al 1076[231] e nel Concilio di Ungheria del 1114[232]. All'inizio del secolo XIII troviamo un concilio anonimo che richiama espressamente la normativa sulla confessione annuale. Questo sinodo statuisce: «Moneantur laici statim in principio quadragesime, vel plures in anno cito post lapsum confiteri, et ut ter in anno, scilicet in Pascha, Natali, Pentecoste communicent: prius tamen praeparari per aliquantam abstinentiam de consilio sacerdotis faciendam per confessionem»[233]. Si nota l'incoraggiamento ad una confessione più frequente, tuttavia quella all'inizio della Quaresima viene sempre collocata al primo posto.

---

[226] Cf. E. BOURQUE, *Histoire de la Pénitence-Sacrament*, 197-198.

[227] Cf. J. GAUDEMET, *Storia del diritto canonico*, 621: «A partire dal IX secolo dottrina e legislazione erano quasi unanimi nel considerare obbligatoria la confessione dei peccati gravi (perlomeno una volta all'anno) e nel consigliare la confessione dei peccati veniali». Cf. anche A. VILLIEN, *Histoire des Commandements*, 158-159.

[228] Cf. M. PASTUSZKO, *Sakrament pokuty*, 501; C. CLINTON, *The Paschal Precept*, 28-29.

[229] BURCARDO DI WORMS, *Decretum*, lib. 1, cap. 94, interrogatio 64, in PL 140, 577-578.

[230] Cf. cap I.1.3.

[231] Cf. CONCILIO DI SCOZIA (1076 circa), in Mansi, 20, 480.

[232] Si esorta a fare la penitenza (*poenitentiam agat*) prima di ricevere la Comunione: se si tratta della penitenza sacramentale, il sinodo la impone prima delle tre comunioni annuali. Cf. CONCILIO DI ESTREGOM (1114), can. 4, in Mansi, 21, 100. Regole simili sono state stabilite anche da San Otto di Bamberg († 1139) per i Pomerani convertiti. Cf. A. VILLIEN, *Histoire des Commandements*, 157-158; M. PASTUSZKO, *Sakrament pokuty*, 501.

[233] CONCILIO ANONIMO, can. 16, Mansi, 22, 725; Cf. A. CARPIN, *La confessione*, 29-33.

Alla fine del XII secolo, in special modo i teologi legati alla città di Parigi sottolineano la necessità della confessione. In primo luogo Roberto di Flamborough, penitenziere a San Vittore di Parigi all'inizio del duecento[234], nel suo *Liber Poenitentialis,* scritto prima del Concilio Lateranense IV[235], esorta alla confessione frequente[236]. In secondo luogo si potrebbe nominare Odone di Sully, arcivescovo di Parigi († 1208), il quale nelle sue costituzioni sinodali chiede ai presbiteri di incoraggiare frequentemente i fedeli alla confessione sacramentale, sopratutto all'inizio della Quaresima, quando tutti dovrebbero andare a confessarsi[237]. Infine nell'opera di Alano di Lilla († 1202) sempre legato alla città di Parigi[238], leggiamo le seguenti parole:

> Specialiter autem in initio quadragesimae, quod dicitur caput ieiunii, parochianos convocet sacerdos, eisque specialiter de poenitentia proponat sermonem eosque ad poenitentiam invitet, monens ne eam differant sed per totum tempus ieiunii poeniteant, ut sic ad recipiendum corpus Christi se dignos praeparent, ne indigne sumentes, iudicium sibi manducent[239].

I sacerdoti dovrebbero ammonire ed indurre i fedeli alla penitenza sacramentale, specialmente nel *caput ieiunii*. Risulta significativo lo scopo di questo invito alla penitenza: affinché i fedeli si preparino a ricevere il Corpo di Cristo, altrimenti rischiano di comunicarsi indegnamente. Tale invito alla confessione e alla penitenza, intrapresa per prepararsi alla Comunione pasquale, ci avvicina alla logica interna della costituzione 21 del Laterano IV, forse influenzata anche dall'opera di Alano[240].

---

[234] Cf. ROBERT OF FLAMBOROUGH, *Liber Poenitentialis*, 3-5. Conosciamo alcuni fatti della vita di Robert all'inizio del secolo XIII, ma non possiamo stabilire neanche un'approssimativa data della sua morte (*Ibid.*, 5-6).

[235] Cf. ROBERT OF FLAMBOROUGH, *Liber Poenitentialis*, 8-9.

[236] Cf. ROBERT OF FLAMBOROUGH, *Liber Poenitentialis*, 60-61: «Frequenter confitere et statim quando opus est; quia, quanto plus et plus differs confiteri, tanto peior et peior efficieris. Licet non nisi in uno solo mortali fueris peccato, libenter confitere et in hac vita puniaris, alioquin in futuro vel in perpetuum damnaberis vel per purgatorium transibis, cuius acerbitas in hac vita excogitari non potest». Per un'analisi più dettagliata del penitenziale di Roberto da Flamborough cf. M. OHST, *Pflichtbeichte*, 85-101.

[237] Cf. ODONE DI SULLY, *Constitutiones Synodales* cap. 6, n. 13: «Frequenter moneant presbyteri ad confessionem, et praecipue ab initio quadragesimae instanter praecipiant venire generaliter ad confessionem» (PL 212, 62). Quel brano di Odone è citato qualche decennio dopo dal concilio anonimo diverso da quello sopramenzionato. Cf. CONCILIO ANONIMO, can. 24, in Mansi, 22, 732-33.

[238] Cf. A. CARPIN, *La confessione*, 19-26.

[239] ALAIN DE LILLE, *Liber Penitentialis*, II, lib. III, cap. 50, p. 158.

[240] Cf. J. LONGÈRE, ed., *Alain de Lille. Liber Poenitentialis*, I, 230: «La parallèle

Uno o due anni prima del Concilio Lateranense IV, negli statuta di Stefano Langton per l'arcidiocesi di Canterbury, ritroviamo tale decisione: «Moneantur laici statim in principio Quadragesime, vel plures in anno cito post lapsum confiteri, et ut ter in anno, scilicet in Pascha, Natali, Pentecoste communicent, prius tamen praeparari per aliquantam abstinentiam de consilio sacerdotis faciendam et per confessionem»[241]. Anche se l'arcivescovo vorrebbe incoraggiare ad una confessione più frequente, al primo posto parla di accedervi all'inizio della Quaresima. Inoltre Stefano Langton presenta la confessione come mezzo per prepararsi alla Comunione sacramentale.

Il Concilio Lateranense IV sancisce quindi al livello universale la consuetudine della confessione annuale già presente a livello locale. Dall'antichità l'assoluzione sacramentale era legata con la fine della Quaresima. Dal secolo ottavo e nono l'usanza di confessarsi nella quaresima si sviluppa in numerose zone della cristianità[242] e porta ad una convinzione sempre crescente fra i maestri medievali della necessità di questa prassi. Così la normativa lateranense risulta ben fondata nella prassi secolare e nella dottrina sempre più concorde dei canonisti e dei teologi.

Sono state percorse, in rapida sintesi, le diverse tappe dello sviluppo della disciplina penitenziale nella Chiesa. Nell'antichità cristiana la penitenza è pubblica e irripetibile, con il previo riconoscimento dei propri peccati, ritenuto sempre più confidenziale. Con l'arrivo della penitenza tariffata e reiterabile l'accusa dei propri peccati davanti al ministro sacro diventa più importante. La confessione al sacerdote è messa ancora più in risalto dalla riforma di Carlo Magno e presentata come fondamentale dai primi scolastici.

In queste tappe dello sviluppo storico si potrebbero distinguere alcuni tratti di continuità. Il primo di essi è il legame profondo tra la penitenza e la confessione ed il tempo di Quaresima, visto che la riconciliazione dei penitenti viene celebrata sin dall'antichità qualche giorno prima della Pasqua. L'altro elemento importante è costituito dalla prassi della

---

ainsi mené entre le canon 21 de Latran IV et le *Liber Poenitentialis* aura montré que l'ouvrage d'Alain s'insère dans un contexte donné et répond à une situation précise puisqu'à quelque vingt ans d'intervalle plusieurs prescriptions se retrouveront, mais avec une autre autorité évidemment, dans les mesures portées par un concile œcuménique». Per studiare più ampiamente il parallelismo sopramenzionato cf. *Ibid.*, 225-231; M. OHST, *Pflichtbeichte*, 63-84.

[241] STEFANO LANGTON, *Statuta dioecesana* (1213-1214), can. 43, p. 32. Cf. CONCILIO ANONIMO (1200 ca.), can. 45, in Mansi, 22, 728; A. CARPIN, *La confessione*, 29-33.

[242] Cf. A. VILLIEN, *Histoire des Commandements*, 152-155.

confessione annuale, che a partire dal IX secolo risulta presente in zone sempre più vaste della cristianità. Quel precetto di confessarsi sorge all'inizio come una norma consuetudinaria, legata con la prassi quaresimale poi viene formulato come una norma particolare della legislazione dei concili locali.

La Chiesa, dai Suoi inizi, ha trasmesso ai Suoi fedeli i doni dell'Eucaristia e della penitenza sacramentale. Dalla grandezza del dono dei sacramenti nasce l'obbligo di riceverli. Infatti, dall'inizio del VI secolo, diversi concili hanno cominciato ad obbligare a comunicarsi in prescritti periodi di tempo. Nello stesso tempo, la pratica della penitenza sacramentale è passata attraverso molti cambiamenti, che hanno semplificato il rito penitenziale e hanno permesso la sua ripetizione. I fedeli hanno quindi un accesso sempre più facile alla penitenza, e di conseguenza si sentono sempre più vincolati a praticarla, soprattutto dopo aver commesso peccati gravi. Infine, la connessione tra il sacramento della penitenza e quello dell'Eucaristia, presente dagli inizi della Chiesa, si è fortemente riscoperta nel tempo medievale, aprendo ai nuovi sviluppi teologici, canonici e pastorali.

CAPITOLO II

L'obbligo di comunicarsi e di confessarsi
dal Concilio Lateranense IV al Lateranense V

I due obblighi — della Comunione pasquale e della confessione annuale — si sono trovati uniti in una sola costituzione del Concilio Lateranense IV, che ha avuto un impatto decisivo sulla successiva legislazione canonica. L'importanza della costituzione *Omnis utriusque sexus* (chiamata così dal suo *incipit*) è dovuta anche al fatto che è stata la prima legge universale in questa materia. La costituzione 21 del Laterano IV dapprima verrà presentata nel quadro più vasto di questo grande evento ecclesiale e dell'insieme della sua legislazione; poi, con l'aiuto delle glosse dei primi commentatori medievali, si cercherà di fare l'esegesi del testo della medesima normativa lateranense; successivamente verrà osservata la recezione del precetto annuale e pasquale da parte dei concili locali e dei diversi autori del periodo susseguente ed infine sarà riportato il grande dibattito medievale sul problema del sacerdote proprio, presente nella legislazione universale posteriore al Laterano IV, fino alla normativa del Concilio Lateranense V.

1. Il contesto della costituzione 21 del Concilio Lateranense IV

Per valutare adeguatamente la portata della normativa conciliare circa la confessione annuale e la Comunione pasquale risulta necessario prendere in esame la storia del Concilio Lateranense IV e della redazione delle sue costituzioni per poi presentare il testo di alcune costituzioni che ci permetteranno di designare un quadro teologico e giuridico nel quale è stata formulata anche la normativa che ci interessa. Alla fine di questo breve percorso verrà esposto l'obbligo di confessarsi e di ricevere la Comunione, contenuto nella prima parte della costituzione *Omnis utriusque sexus*.

1.1 *Le circostanze storiche delle decisioni conciliari*

La *generalissima synodus*, che poi prenderà il nome di quarto Concilio Lateranense, è stata annunciata dal Innocenzo III nella lettera *Vineam Domini Sabaoth* inviata il 19 aprile 1213, nella quale il Pontefice invitava vescovi, abati, canonici capitolari e rappresentanti dei poteri civili a prender parte al futuro concilio[1]. Il concilio convocato per il 1° novembre 1215 aveva secondo questa lettera due scopi principali: la riconquista della terra Santa e la riforma della Chiesa universale[2].

Il desiderio di Papa Innocenzo III, di realizzare l'evento destinato a superare l'esperienza dei primi Concili Lateranensi, «se non, addirittura misurandosi con la tradizione antica ed interrotta dei concili ecumenici»[3] si è attuato nel novembre del 1215, con la partecipazione di 404 vescovi, tra i quali i rappresentati delle terre relativamente nuove della *Christianitas* medievale, come Polonia, Ungheria, Livonia, Estonia[4]. Nell'omelia tenuta nella prima sessione solenne del Concilio, il giorno 11 novembre[5], il Papa parlò delle tre Pasque che si sarebbero dovute attraversare: quella terrena, cioè la crociata, quella spirituale, cioè la riforma della Chiesa; infine quella eterna, che celebreremo alla fine del pellegrinaggio terreno, accolti nella gioia nel cielo[6]. Innocenzo III parlò dei sacramenti della penitenza e dell'Eucaristia solo alla fine del suo discorso, proprio nel contesto della via

---

[1] Cf. INNOCENZO III, lett. *Vineam Domini* Sabaoth, 19 aprile 1213; Potthast, I, n. 4706. In una lettera inviata contemporaneamente (19-29 aprile 1213) *Quia maior nunc* (Potthast, I, n. 4725) il Papa ha chiesto agli invitati al Concilio di indagare sulle cose da riformare nelle rispettive Chiese e di inviare per scritto al Concilio i frutti di tale investigazione. Purtroppo nessun documento di questi preparativi conciliari è stato conservato fino ai nostri giorni. Cf. A. GARCÍA Y GARCÍA, *Historia*, 19. 60-61.

[2] Cf. INNOCENZO III, lett. *Vineam Domini* Sabaoth, 19 aprile 1213*:* «Illius ergo testimonium invocamus qui testis est in coelo fidelis quod inter omnia desiderabilia cordis nostri duo in hoc saeculo principaliter affectamus, ut ad recuperationem videlicet terrae sanctae ac reformationem universalis Ecclesiae valeamus intendere cum effectu: quorum utrumque tantam requirit provisionis instantiam ut absque gravi et grandi periculo ultra dissimulari nequeat vel differi» (*DSP* ,II, 214).

[3] Cf. A. MELLONI, «I sette concili», 200.

[4] Cf. A. MELLONI, «I sette concili», 201.

[5] Per il calendario del Concilio Lateranense IV cf. A. GARCÍA Y GARCÍA, *Historia*, 35.

[6] Cf. INNOCENZO III, «Sermo de diversis VI»; R. FOREVILLE, *Lateran*, 261-263.

verso la Pasqua eterna[7]. Le leggi sulla ricezione dei sacramenti facevano parte della riforma della Chiesa, ma nello stesso tempo erano più direttamente ordinate verso la salvezza eterna dei fedeli.

Alcune decisioni politiche[8] come pure quelle concernenti il governo del momento nella Chiesa a livello nazionale e locale[9] sono state dibattute fortemente dai Padri Conciliari e hanno attirato grande attenzione dei cronisti[10]. Malgrado tutta questa attività, la prima finalità terrena del Concilio, cioè la liberazione della Terra Santa, non è stata mai raggiunta e le decisioni politiche prese in vista di quello scopo sono risultate effimere o semplicemente sbagliate[11]. Invece i decreti riformatori costi-

---

[7] Cf. INNOCENZO III, «Sermo de diversis VI»: «Hoc pascha prae caeteris desiderio manducare vobiscum in regno Dei. Est autem manducatio corporalis et spiritualis. De illa dicitur: "Date illis manducare (*Matth. XIV*)". De ista dicitur: "Mastica, et manduca" (*Act. X*)". Item manducatio culpae, et manducatio poenae; de illa dicitur: "Manducaverunt sacrificia mortuorum (*Psal. CV*)": de ista legitur: "Gladius meus manducabit carnes (*Deut. XXXII*)". Rursus est manducatio doctrinalis, et est manducatio poenitentialis. De illa dicitur: "Ego cibum habeo manducare, quem vos necessitis (*Ioan. IV*)": de ista legitur: "Cinerem sicut panem manducaverunt (*Psal. CI*)". Est praetera manducatio eucharistiae, et manducatio gloriae. De illa dicitur: "Qui manducat me, vita vivet propter me (*Ioan, VI*)": de ista legitur: "Beatus qui manducabit panem in regno Dei *(Luc. XIV)*". Hac ultima manducatione praecipue desidero manducare vobiscum hoc pascha, ut transeamus de labore ad requiem, de dolore ad gaudium, de infelicitate ad gloriam, de morte ad vitam, de corruptione ad aeternitatem; praestante Domino nostro Iesu Christo, cui est honor et gloria in saecula saeculorum. Amen» (PL 217, 678-680).

Abbiamo citato tutto il finale dell'omelia, per mantenere e rilevare tutto il contesto. Concentrandosi sui sacramenti possiamo osservare che la *manducatio penitentialis* precede proprio la *manducatio eucharistiae*. Quell'ultima viene poi associata direttamente con la *manducatio gloriae*. La ricezione del sacramento della penitenza e poi dell'eucaristia sembrano essere per Innocenzo III le tappe indispensabili per entrare nella Pasqua eterna.

[8] Tra i quali: la deposizione dell'Imperatore Ottone e il riconoscimento dell'elezione di Federico, il conflitto tra i baroni inglesi e il re Giovanni senza Terra, oppure il problema della signoria di Tolosa. Cf. R. FOREVILLE, *Lateran*, 259-260. 265-269. 273-274; A. GARCÍA Y GARCÍA, *Historia*, 147-225.

[9] Qui a titolo di esempio si potrebbe nominare il problema della giurisdizione della primazia di Toledo. Cf. R. FOREVILLE, *Lateran*, 263-265; A. GARCÍA Y GARCÍA, *Historia*, 87-147.

[10] Per la lista dettagliata delle fonti storiche sullo svolgimento del Concilio Lateranense IV cf. A. GARCÍA Y GARCÍA, *Historia*, 33-34.

[11] Cf. R. FOREVILLE, *Lateran*, 307-309. Su queste tre pagine l'autore ci offre la descrizione concisa e precisa degli avvenimenti che hanno seguito le principali decisioni del Concilio nel campo della «Pasqua terrena». La storia dell'Imperatore Federico, solennemente confermato come il nuovo Imperatore dal Concilio Lateranense e depo-

tuenti la parte più grande delle costituzioni conciliari, probabilmente redatti dallo stesso Papa forse con l'aiuto della sua curia[12], sono stati accettati dai Padri durante l'ultima sessione del Concilio[13]. Tuttavia queste decisioni non solo hanno contribuito al rinnovamento della Chiesa del duecento, ma hanno costituito una fonte importantissima della legislazione ecclesiale[14], un vero tesoro del diritto canonico[15].

1.2 *La* Omnis utriusque sexus *nell'insieme delle norme lateranensi*

La penitenza e l'Eucaristia sono nominate già nella prima costituzione del Laterano IV sulla fede della Chiesa. È per la prima volta che nel *Credo* di un Concilio ecumenico troviamo questi sacramenti[16]. L'Eucaristia viene menzionata nell'accapo sulla Chiesa[17], mentre la

---

sto trenta anni dopo dal succesivo concilio generale convocato a Lione, è il migliore esempio delle scelte politiche non troppo felici del Laterano IV.

[12] Cf. A. GARCÍA Y GARCÍA, *Historia*, 51-63. L'autore scrive: «las constituciones del C4L no son obra del Concilio como tal, sino que fueron redactadas con anterioridad a dicha asamblea, por el Pontefice canonista y teólogo Inocencio III, con o sin ayuda de la Curia y algunas fueron retrocadas en el lapso de tiempo que corre entre la clausura del Concilio y la fecha de distribución de copias escritas, fecha que non podemos precisar ulteriormente» (*Ibid.*, 52).

[13] Cf. A. GARCÍA Y GARCÍA, *Historia*, 49: «Sobre la promulgación del otro bloque (c.3-70) los dos cronistas que venimos siguiendo nos dan las lacónicas referencias siguientes: "Después se leyeron las constituciones del señor Papa" y esta otra "Y el santo Sínodo promulgó setenta capítulos". El cuerpo legislativo de reforma más importante de la Iglesia medieval es despachado de modo tan lacónico por nuestros dos cronistas».

[14] Cf. R. FOREVILLE, *Lateran*, 317. L'autore offre una statistica molto interessante: 59 canoni del Concilio Lateranense IV sono entrati tra le fonti del Codice di Diritto Canonico del 1917. Il Laterano IV è così al secondo posto — dopo il concilio di Trento — tra i concili dei quali si è ispirato il legislatore del 1917. Il presente lavoro fornisce una prova ulteriore dell'inesauribile forza della legislazione del 1215.

[15] Cf. R. FOREVILLE, *Lateran*, 307. L'autore parla de «l'importance et la pérennité de l'oevre canonique parachevée en 1215» in contrasto con il carattere transitorio delle decisioni concernenti il governo immediato degli Stati e delle Chiese.

[16] Cf. R. FOREVILLE, *Lateran*, 276-279. Su queste quattro pagine l'autore ci offre un paragone molto interessante tra i simboli di fede di Nicea, Costantinopoli e Laterano IV.

[17] Cf. CONCILIO LATERANENSE IV, cost. 1: «Una verum est fidelium universalis ecclesia, extra quam nullus omnino salvatur, in qua idem ipse sacerdos et sacrificium Iesus Christus, cuius corpus et sanguis in sacramento altaris sub speciebus panis et vini veraciter continentur, transsubstantiatis pane in corpus et vino in sanguinem potestate divina, ut ad perficiendum mysterium unitatis accipiamus ipsi de suo, quod accepit ipse de nostro» (*CCQL*, 42-43).

CAP. II: DAL CONCILIO LATERANENSE IV AL LATERANENSE V 61

penitenza in quello sul battesimo[18]. Queste definizioni costituiscono la base dogmatica per le leggi disciplinari che le seguiranno[19].

Per lo sviluppo del sacramento della penitenza diventa molto importante il canone 10, che affida ad ogni vescovo il compito di introdurre nelle cattedrali e nelle altre chiese conventuali sacerdoti idonei per ascoltare le confessioni e prescrivere le penitenze[20]. Nella costituzione 22 troviamo le norme sollecitate dalla cura per la salvezza dei malati[21].

Dopo aver delineato così il contesto[22], va messa in rilievo la costituzione 21, la quale riguarda i fedeli sani di corpo, con la cura anche per la sanità dell'anima. La costituzione conosciuta dal suo incipit come *Omnis utriusque sexus,* parla non solo degli obblighi dei fedeli di ambedue sessi circa la ricezione dei sacramenti, ma anche dei doveri del confessore, tra i quali il vincolo assoluto del sigillo sacramentale. Risulta necessario a questo punto citare la prima parte della costituzione conciliare[23]:

> Omnis utriusque sexus fidelis, postquam ad annos discretionis pervenerit, omnia sua solus peccata confiteatur fideliter, saltem semel in anno proprio sacerdoti, et iniunctam sibi poenitentiam studeat pro viribus adimplere, suscipiens reverenter ad minus in Pascha eucharistiae sacramentum, nisi forte de consilio proprii sacerdotis ob aliquam rationabilem causam ad

---

[18] Cf. CONCILIO LATERANENSE IV, cost. 1: «Et si post susceptionem baptismi quisquam prolapsus fuerit in peccatum, per veram poenitentiam semper potest reparari». (*CCQL* 43).

[19] La costituzione *De fide* ritiene qui per scontato che i cattolici devono ricevere l'Eucaristia, quando dice *accipiamus ipsi de suo*. Spetterà alla costituzione 21 delimitare la frequenza con la quale i fedeli sono vincolati ad accedere al Santissimo Sacramento.

[20] Cf. CONCILIO LATERANENSE IV, cost. 10: «Unde praecipimus tam in cathedralibus quam in aliis conventualibus ecclesis viros idoneos ordinari, quos episcopi possint coadiutores et cooperatores habere, non solum in praedicationis officio verum etiam in audiendis confessionibus et poenitentiis iniungendis ac caeteris, quae ad salutem pertinent animarum» (*CCQL*, 58-59).

[21] Cf. CONCILIO LATERANENSE IV, cost. 22, in *CCQL* 68-69.

[22] Per un'altra descrizione del contesto primario nel quale si trova il canone *Omnis utriusque sexus* cf. M. OHST, *Pflichtbeichte*, 41-50.

[23] Nell'edizione di *DSP*, dalla quale va ripresa la sottodivisione della costituzione 21, questa parte è costituita dai primi tre numeri interni.

L'edizione critica del Concilio Lateranense IV (*CCQL*) varia poco dalla *Editio Romana* ripresa nel *DSP* (e prima nel *COD*). Più grandi appaiono le differenze che troviamo nell'interpunzione, nella mancanza nei manoscritti medievali della lettera "v" e nel non uso dei vocali composti "ae" e "oe". Va seguito, quindi, il testo critico della *CCQL* ma per facilità di lettura sarà usata la scrittura più moderna usata dalla *DSP*.

tempus ab eius perceptione duxerit abstinendum. Alioquin et vivens ab ingressu ecclesiae arceatur et moriens christiana careat sepultura. Unde hoc salutare statutum frequenter in ecclesiis publicetur, ne quisquam ignorantiae caecitate velamen excusationis assumat. Si quis autem alieno sacerdoti voluerit iusta de causa sua confiteri peccata, licentiam prius postulet et obtineat a proprio sacerdote, cum aliter ille ipsum non possit solvere vel ligare[24].

Questa prima parte della costituzione 21, la quale contiene il duplice precetto sacramentale, sarà oggetto di questo studio, tuttavia la seconda parte ne costituisce un contesto prossimo che si dovrebbe tener presente nell'analisi della prima[25]. Infatti si potrebbe osservare una certa simmetria tra le due parti della costituzione: se la prima vincola alla confessione annuale ogni fedele, la seconda descrive i doveri che deve compiere il sacerdote per facilitare al penitente l'adempimento del suo obbligo. Soprattutto la legge sul sigillo sacramentale, accompagnata nel caso di trasgressione da pene severissime e perpetue[26], offre al fedele le garanzie delle quali ha bisogno[27] per confessarsi sinceramente al proprio sacerdote.

Quanto all'obbligo della Comunione pasquale, il legislatore si limita alla prescrizione di una sola Comunione all'anno, benché nella lettera ai Maroniti riproponga la prassi delle tre Comunioni annuali[28]. La limi-

---

[24] CONCILIO LATERANENSE IV, cost. 21, 1-3, in *CCQL* 67-68. Le varianti riportate da A. García nelle note delle pagine 67 e 68 del *CCQL* sono presenti in pochi codici e non sembrano cambiare il significato della costituzione.

[25] Cf. CONCILIO LATERANENSE IV, cost. 21, 4-5: «Sacerdos autem sit discretus et cautus, ut more periti medici superinfundat vinum et oleum vulneribus sauciati, diligenter inquirens et peccatoris circumstantias et peccati, per quas prudenter intelligat, quale illi consilium debeat exhibere et cuiusmodi remedium adhibere, diversis experimentis utendo ad sanandum aegrotum. Caveat autem omnino, ne verbo vel signo vel alio quovis modo prodat aliquatenus peccatorem, sed si prudentiori consilio indiguerit, illud absque ulla expressione personae caute requirat, quoniam qui peccatum in poenitentiali iudicio sibi detectum praesumpserit revelare, non solum a sacerdotali officio deponendum decernimus, verum etiam ad agendam perpetuam poenitentiam in arctum monasterium detrudendum» (*CCQL*, 68).

[26] Che dimostrano anche una giustizia a livello penale: il fedele incorre nelle pene ecclesiastiche se non compie il precetto pasquale, il sacerdote deve essere punito se non custodisce il segreto della confessione. Vale la pena osservare che la pena del sacerdote, almeno quella durante la vita, è più drastica e perpetua.

[27] Cf. P.-M. GY, «Le précepte de la confession annuelle et la détection», 444-446.

[28] Cf. *Bullarium Maronitarum*, n. 2, p. 3: «ut quilibet vestrum saltem semel in anno sua confiteatur peccata proprio sacerdoti, et ter ad minus in anno devote suscipiatis Eucharistiae sacramentum».

tazione dell'obbligo generale soltanto alla Comunione pasquale non sembra essere dovuta solo alla scarsa prassi sacramentale del popolo cristiano[29]. Probabilmente c'è anche un'altra ragione: siccome il Concilio stabilisce per la ricezione del Santissimo Sacramento la prima norma di carattere universale, tale legge non dovrebbe essere troppo esigente affinché possa essere rispettata dappertutto[30]. Inoltre esiste un ulteriore motivo: unendo in una costituzione l'obbligo della Comunione pasquale con quello della confessione annuale si vuole assicurare una degna ricezione dell'Eucaristia[31], in un certo senso garantita dalla previa confessione[32].

La confessione annuale, radicata già nella consuetudine del popolo di Dio[33] e proposta da molte leggi particolari[34], diventa con la costituzione 21 del Laterano IV un obbligo per tutti i fedeli che hanno raggiunto l'età della discrezione. Così il Concilio offre un fondamentale criterio di identificazione dei cristiani[35] come peccatori penitenti e vincola anche i fedeli meno ferventi ad accostarsi al sacramento della confessione con una frequenza almeno annuale[36]. Con questa normativa il Concilio

---

[29] Per Iung questa è la motivazione principale del Concilio: «La négligence des fidèles avait pratiquement, en effet, supprimé la réception de la sainte eucharistie à Noël et à Pentecôte. En 1215, Innocent III au IVe concile du Lateran uniformise le minimum requis » (N. IUNG, «Communion», 1154).

[30] Cf. M. PASTUSZKO, Najświętsza Eucharystia, 192-193; R. FOREVILLE, Lateran, 299: «Toute prescription de caractère universel doit, en effet, pour éviter que la norme soit violée, prendre en considération les situations les moins favorables».

[31] Cf. A. MIGLIAVACCA, La «confessione frequente», 276: «Gli atti conciliari pongono in relazione la comunione e la confessione, rafforzando questo legame nella coscienza dei fedeli. In questo modo si è favorita la comunione frequente, ma, nello stesso tempo, l'attenzione è stata posta anche sulla retta disposizione per accostarsi alla mensa eucaristica».

[32] Cf. J.C. PAYEN, «La pénitence», 414: «La confession annuelle obligatoire est dans l'ordre des choses au debut du XIIIe siècle. Elle est étroitement liée à une autre contrainte: celle de la communion pascale. Il s'agit d'éviter que les pécheurs n'absorbent indignement le corps du Christ». Cf. P.-M. GY, «Le précepte de la confession annuelle et la necéssité», 532.

[33] Cf. P.-M. GY, «Le précepte de la confession annuelle et la détection», 445: «Celui [le précepte] de la confession annuelle est le point d'aboutissement et la consécration de la pratique de l'Église latine depuis deux ou trois siècles». Cf. anche J. C. PAYEN, «La pénitence»,408.

[34] Cf. sopra, cap. I, 2.3.2.

[35] Cf. A. MELLONI, «I sette concili», 201.

[36] Cf. P.-M. GY,, «Latran IV e la confession», 472: «Peut-être conviendrait-il, pour bien comprendre le canon de Latran IV, de le situer entre une place plus forte faite par la mentalité du XIIe s. à la conscience pécheresse, et la convinction, chez les théolo-

sancisce l'obbligatorietà della confessione a livello legislativo[37], non senza un contributo alla convinzione sulla necessità della confessione a livello dottrinale[38].

Il Concilio Lateranense IV fu uno dei più gloriosi momenti della *Christianitas* medievale. Le sue costituzioni hanno avuto un impatto enorme sulla legislazione della Chiesa Cattolica. Nella costituzione 21 è stata formulata la normativa giuridica basilare sulle due realtà sacramentali della Chiesa: la penitenza e l'Eucaristia. Così la *Omnis utriusque sexus* definiva il minimo per la prassi del popolo cristiano, rinforzando nello stesso tempo la relazione reciproca nella ricezione dei due sacramenti in questione.

2. La costituzione *Omnis utriusque sexus* alla luce dei primi commenti

Le costituzioni del Concilio Lateranense IV furono presto commentate dai glossatori contemporanei[39]. Le costituzioni conciliari sono entrate nella *Compilatio IV Antiqua*, redatta pochi mesi dopo il Concilio ed usata come ufficiale dal 1220[40]. Famoso canonista della prima metà del duecento Giovanni Teutonico († 1246)[41], il redattore della stessa *Compilatio Quarta*, è stato inoltre l'autore del *apparatus* alle costituzioni conciliari[42], scritto poco tempo dopo la chiusura del Concilio[43]. Disponiamo per di più di due altre glosse[44] dei canonisti di Bologna,

---

giens du milieu du XIIIe, que l'obligation de la confession n'est pas un précepte surajouté au sacrement qui remet les pechés, mais lui est en quelque sort intrinsèque».

[37] Cf. P.-M. GY, «Le précepte de la confession annuelle et la necéssité», 535-541.

[38] Cf. R. FOREVILLE, *Lateran*, 299: «La substance même de la legislation sacramentelle de Latran IV demeure et conditionne l'enseignement du dogme».

[39] Una reazione simile è avvenuta per la prima volta per un concilio generale medievale, ma si spiega facilmente per la fioritura delle scuole di diritto canonico Cf. A. GARCÍA Y GARCÍA, *Historia*, 283; R. FOREVILLE, *Lateran*, 287ss.

[40] Cf. R. FOREVILLE, *Lateran*, 312-313; P. ERDÖ, *Storia*, 118-119.

[41] Il suo vero nome era Zemeke (Semeka), è stato nominato Teutonico a causa della sua provenienza. Il più famoso era il suo commentario al *Decretum* di Graziano, pure citato in questo lavoro. Cf. S. STELLING-MICHAUD, «Jean le Teutonique», 120-121.

[42] L'*apparatus* al Concilio Lateranense IV è stato poi usato dallo stesso Giovanni per redigere anche la Glossa Ordinaria alla sua *Compilatio IV Antiqua*. Cf. A. GARCÍA Y GARCÍA, «Introducción. Joannis Teutonici Apparatus», 179-181.

[43] Cf. R. FOREVILLE, *Lateran*, 312; A. GARCÍA Y GARCÍA, *Historia*, 283.

[44] I tre apparati delle glosse alle costituzioni del Concilio sono state raccolte da Antonio García y García nella sua edizione critica del Concilio Lateranense IV, edita nella serie A dei *Monumenta Iuris Canonici* e citata in questo lavoro con la sigla *CCQL*. Dato

quasi contemporanee al testo conciliare: quella del insigne canonista[45] Vincenzo Ispano († 1248)[46] e l'altra di Damaso[47], posteriore da quella di Vincenzo ma sempre proveniente dai primi anni dopo il Concilio[48]. Questi commentatori, con l'aiuto di alcune altre testimonianze provenienti dai primi anni postconciliari[49] e dei lavori moderni in merito, ci permetteranno di vedere come era capita e interpretata dagli autori contemporanei la prima parte della costituzione *Omnis utriusque sexus*. In molti punti sarà inoltre fatto riferimento alla legislazione ecclesiastica e civile precedente, conosciuta dai primi commentatori del Laterano IV e ampiamente citata nelle loro glosse. Quest'analisi è stata divisa in cinque parti, intitolati con le espressioni chiavi della costituzione conciliare.

2.1 «*fidelis, postquam ad annos discretionis pervenerit*»

L'incipit *Omnis utriusque sexus* non pone di per se problemi interpretativi e i primi glossatori non si sforzano neanche a spiegarlo. L'espressione «Omnis utriusque sexus fidelis» dice semplicemente che

---

che l'autore spagnolo ci offre anche due *Casus* al Concilio e la lista completa dei manoscritti del testo conciliare con le loro rubriche e infine introduzioni esaurienti ad ognuno di questi testi, il contributo del *CCQL* al nostro lavoro è inestimabile.

[45] Cf. X. OCHOA, *Vincentius Hispanus*, 41-75.

[46] L'*apparatus* di Vincenzo Ispano ha infatti due versioni: una più breve e l'altra più lunga un poco posteriore. Secondo Antonio García y García le due recensioni di Vincenzo Ispano sono state redatte tra la chiusura del Concilio (30 novembre 1215) e il ritorno di Vincenzo nella sua patria (che era il Portogallo!) nel 1217. Gillmann ha dimostrato che l'apparato di Vincenzo era usato nella redazione della *Compilatio IV Antiqua*, cioè conosciuto da Giovanni Teutonico. Cf. A. GARCÍA Y GARCÍA, *Historia*, 283; ID., «Introducción. Vincentii Hispani Apparatus», 278-281; F. GILLMANN, «Der Kommentar», 266-267.

[47] Damaso, pure maestro a Bologna, fu chiamato Ungaro dalla maggioranza dei manoscritti, ma la sua origine rimane dubbia. Sappiamo poco anche della storia della sua vita e rimane incerta la data della sua morte. Cf. CH. LEFEBVRE, «Damasus», 1014.

[48] L'*apparatus* di Damaso è posteriore a quello di Vincenzo, perché il primo conosce e usa la seconda recensione dell'Ispano. Nello stesso tempo l'opera di Damaso sembra essere contemporanea a quella del Teutonico e potrebbe forse provenire dal 1216. Rimane comunque più che probabile, che la glossa di Damaso è anteriore al 1220, quando la *Compilatio IV Antica* è stata recepita a Bologna. Cf. A. GARCÍA Y GARCÍA, *Historia*, 283-84; ID., «Introducción. Damasi Apparatus», 411-412.

[49] Tra questi troviamo: due *casus*, che «consisitían en ofrecer en forma abreviada un resumen del contenido de un determinado capítulo del texto legal» (A. GARCÍA Y GARCÍA, *Historia*, 284); i testi dei due importanti teologi che hanno scritto le loro opere poco tempo dopo il Concilio: Alessandro di Halès e Guglielmo di Auxerre; le *Summae* per i confessori di Tommaso di Chobham e di San Raimondo de Peñaforte. Cf. A. GARCÍA Y GARCÍA, *Historia*, 288-289.

l'obbligo descritto nel testo susseguente vincola tutti i fedeli dell'uno e dell'altro sesso[50]. L'anonimo *Casus in Concilium Lateranense* scritto probabilmente prima del 1220[51] e custodito a Fulda[52] usa la parola *unusquisque* riassumendo la prima parte della costituzione 21[53]. Ai due sacramenti deve accostarci dunque ogni fedele senza eccezioni. Tuttavia nel testo conciliare troviamo una determinazione ulteriore: la norma concerne tutti quelli che hanno raggiunto l'età della discrezione. Nello spiegare questo termine, seguiremo le indicazioni offerteci dai nostri glossatori e da alcuni canonisti anteriori.

Giovanni Teutonico nel suo *apparatus* inizia a commentare la costituzione 21 con l'esegesi della formula «postquam ad annos discretionis pervenerit». Il commentatore scrive a tale proposito: «Idest cum est capax doli, quia etas per malitiam suppletur, ut extra i. de despons. Impub. De illis, extra i. de delict. Pueror. c. i. et C. si adversus delictum. Arg. Contrarium de cons di. Iiii. Eos, C. de falsa monet. l. i.»[54]. Per capire bene il significato dell'espressione chiave *capax doli*, è necessario cercare i testi della legislazione precedente ai quali si riferisce il nostro glossatore.

Il primo riferimento è fatto al capitolo *De illis* del titolo *De dispensatione impuberum*, il quale al epoca di Giovanni Teutonico faceva parte della *Compilatio I* (citata con le sigla *extra i.*), per essere recepita al tempo di Gregorio IX nei suoi decretali[55]. Si tratta di un problema

---

[50] Anche se a livello logico l'espressione "utriusque sexus fidelis" non è troppo felice. Ci basta però un poco di buon senso per capire che la costituzione conciliare si indirizza agli uomini e alle donne, e non alle persone che portano le caratteristiche di ambedue i sessi. Quel buon senso è mancato purtroppo a quelli che hanno condannato il commento di un domenicano inglese, il quale ha osservato con un caratteristico umorismo insulare che visto le prime parole della costituzione, essa si deve applicare solo agli ermafroditi. Cf. N. TANNER, *I Concili della Chiesa*, 68.

[51] Cf. A. GARCÍA Y GARCÍA, «Introducción. Casus Anonymi Fuldenses», 480. Alcuni pensavano che si trattasse di un riassunto della *Compilatio IV*, ma ci sono ragioni valide per sostenere che si tratta di un *casus* delle costituzioni lateranensi. Così quella ricapitolazione delle decisioni del Laterano IV sarebbe il frutto dei primi anni post-conciliari, prima della ricezione della Compilazione quarta antica a Bologna dopo il 1220. Cf. *Ibid.*, 479-80.

[52] Da questa città l'opera è stata nominata il *Casus Fuldenses*. Cf. A. GARCÍA Y GARCÍA, «Introducción. Casus Anonymi Fuldenses», 479.

[53] Cf. *Casus Anonymi Fuldense*, in cost. 21: «Ad minus semel in anno unusquisque debet confiteri peccata sua et sumere Eucharistiam».

[54] JOHANNES TEUTONICUS, *Apparatus*, in cost. 21, v. postquam ad annos.

[55] Citeremo dapprima i riferimenti alle compilazioni antiche, secondo i cenni dei glossatori, rimandando poi per motivi pratici ai rispettivi testi contenuti nella *Liber Extra*.

delle persone sposatesi (*desponsantur, traduntur et coniunguntur*) quando erano ancora minori d'età che postulano il divorzio a causa della età non sufficiente nel momento del contratto matrimoniale. Essi «si ita fuerit aetati proximi, quod potuerit copula carnali coniungi, minoris aetatis intuitu *ab invicem* separari non debent, si unus alium visus fuerit consensisse, quum in eis aetatem supplevisse malitia videatur»[56]. Giovanni Teutonico ha menzionato questo capitolo forse perché faceva riferimento all'ultima espressione: *etatem supplevisse malitia videatur*. Questo testo sembra riferirsi alla possibilità della relazione carnale prima dell'età della pubertà legale[57]. Anche se nel nostro testo tratta solo delle persone *aetati proximi, quod potuerint copula carnali coniungi*, otteniamo un'indicazione preziosa, cioè che una persona può essere *capax doli* pur essendo minore d'età.

Il secondo testo dalla *Compilatio I* citato da Giovanni Teutonico con il titolo *De delictis puerorum* ci permette di allargare la prospettiva verso gli altri peccati che possono compiere i ragazzi[58]:

> Pueris grandiusculis peccatum nolunt attribuere quidam, nisi ab annis XIV, quum pubescere coeperint. Quod merito crederemus, si nulla essent peccata, nisi quae membris genitalibus admittuntur. Quis vero audeat affirmare, furta, mendacia, et periuria non esse peccata? At his plena est puerilis aetas; quamvis in eis non ita, ut in maioribus, punienda videantur[59].

Il testo, attribuito dal compilatore e dai autori moderni al Papa Gregorio Magno[60], afferma chiaramente, che il ragazzo prima dei quattordici anni, anche se non colpevole di peccati carnali, è capace di compiere altri peccati, come i furti, le menzogne ed gli spergiuri. Siccome l'età puerile è piena di questi peccati, un ragazzo deve essere riconosciuto come *capax doli*. La legislazione canonica è comunque indulgente

---

[56] 1 Comp. 4, 2, 1. = X. 4, 2, 9.

[57] Secondo il diritto romano l'età *proximae pubertatis* era presunta a nove anni e mezzo per le ragazze e a dieci anni e mezzo per i ragazzi. Non si può escludere che l'autore di questo testo canonico usasse l'espressione in questo senso tecnico, ma nel caso sarebbe difficile spiegare le ragioni per la proibizione della separazione. Per il nostro teme rimane fondamentale un dato certo, cioè che Giovanni Teutonico ammette la possibilità di peccare al di sotto della pubertà. Per approfondire il concetto di *proximae pubertatis* nel diritto romano cf. G.E. KELLY, *The years of discretion*, 18.

[58] Si tratta qui dei *pueri*, non dei bambini. Cf. *Summa parisiensis*, in C. 20, q. 1: «Impuberum autem alii sunt infra annos infantiae, alii infra annum pueritiae sunt. Alii sunt proximi infantiae, alii pueritiae».

[59] 1 Comp. 5, 20, 1. = X. 5, 23, 1.

[60] Cf. G.E. KELLY, *The years of discretion*, 27.

chiedendo una punizione minore per il fanciullo che per una persona maggiorenne, mentre il Codice di Giustiniano[61] — citato al terzo posto da Giovanni Teutonico — dichiara seccamente: «In criminibus quidem aetatis suffragio minores non iuvantur: etenim malorum mores infirmitas animi non excusat»[62]. Si dovrebbe distinguere il delitto *ex animo*, da quello *ex contractu*. In questo secondo caso, al minore non si attribuisce un delitto di diritto privato (*noxa non comittuntur*), ma rimane soltanto l'obbligo della restituzione[63]. Con questa restrizione[64], la regola del *Codex* rimane chiara: «Licet in delictis aetate neminem excusari constet»[65].

Dopo aver riferito i testi scelti per illustrare la sua concezione degli *annos discretionis*, ai quali sono arrivati anche gli impuberi che hanno una discrezione sufficiente per poter compiere un peccato, Giovanni Teutonico presenta secondo il frequente metodo medievale l'*argumentum contrarium*, menzionando gli testi contrastanti alla tesi esposta in precedenza. I riferimenti sono fatti non solo al diritto ecclesiastico, ma anche a quello civile[66].

Il primo testo, che Graziano attribuisce al Papa Felice, parla delle persone che sono state battezzate la seconda volta dagli eretici. Mentre all'adulto, che *ex corde peniteat* è imposta una lunga penitenza[67], per i

---

[61] Al inizio del secolo XIII la recezione del diritto romano da parte dei canonisti è diventata massiva. Diverse *glossae* e *summae* fanno moltissimi riferimenti all'opera Giustinanea. Nel caso della costituzione in analisi, i glossatori devono molto al diritto romano proprio nel commento circa l'età di discrezione. Cf. P. LEGENDRE, *La pénétration du droit romain*, 108-111; G.E. KELLY, *The years of discretion*, 5-8.

[62] C. 2, 34, 1.

[63] Cf. C. 2, 34, 1.

[64] Kelly aggiunge ancora una precisazione, che nel testo si tratti dei minori già *doli capaces*, capaci di volere ed attuare il cattivo proposito con la consapevolezza del male che stanno facendo. Cf. G.E. KELLY, *The years of discretion*, 19.

[65] C. 2, 34, 2.

[66] Cf. P. LEGENDRE, *La pénétration du droit romain*, 83: «On sait que les exposés dogmatiques en toutes les branches du savoir reposent à partir du XIIe siècle sur les principes de la dialectique déterminés par Abelard. En d'autres termes, le raisonnement progresse par la mise en présence des éléments contraires et leur conciliation (*solutio contrariorum*). Le décret de Gratien lui-même n'est au sens propre du terme qu'une "synthèse". Les glossateurs ne procédèrent pas autrement. Chaque texte représente l'élément d'une solution possible. En cas de contrariété des textes les docteurs classent selon la décision qu'ils contiennent et parfois établissent de véritables listes des *argumenta*. Le résultat d'une telle méthode est de comparer les textes. L'analogie des situations devait peremttre aux canonistes d'appliquer en Droit ecclésiastique certain principes contenus dans les solutions romaines».

[67] Cf. D. 4 de cons., c. 118 §1.

minori il Papa è molto più indulgente: «Pueris autem, quibus, quod adhuc inberbes sunt, a pubertate vocabulum est, seu clericis seu laicis, aut etiam similibus puellis, quibus *ignorantia suffragatur etatis*, aliquamdiu sub manus impositione detentis reddenda est conmunio, nec eorum expectanda penitencia, quos excipit ad cohercionem censura»[68]. Abbiamo sottolineato le parole *ignorantia suffragatur etatis* perché dimostrano proprio una logica diversa dalla espressione *etas per malitiam suppletur* presente nell'apparato del Teutonico. Qui gli impuberi sono ritenuti ignoranti ai quali non è giusto applicare la penitenza per il loro errore. Tuttavia vale la pena osservare che si tratta qui di una possibile colpa di scisma, che richiede una certa conoscenza del contenuto della fede e un ragionamento teologico sul valore del battesimo e sull'unicità della Chiesa non del tutto facile. In questo caso la presunta ignoranza del minore offre una vera ragione a favore della sua impunibilità, ma non deve essere necessariamente così per le colpe più semplici. Inoltre si riconosce comunque che con il secondo battesimo i giovani hanno infranto la comunione ecclesiale, dato che dovrebbero essere riammessi in essa (*reddenda est conmunio*). Dunque l'impubere è soltanto esente dalla penitenza molto grave e protratta per anni, ma non è dichiarato *incapax doli*.

Il secondo testo riferito da Giovanni Teutonico contro la lettura dell'età della discrezione come *capax doli* in un'età molto giovane è tratto dal Codice di Giustiniano[69]. Troviamo il brano che ci interessa sotto il titolo *De falsa moneta* che prevede la pena capitale per tutti coloro che hanno collaborato al crimine di produrre denaro falso: «actore videlicet fundi vel servis vel incolis vel colonis, qui hoc ministerium praebuerunt, cum eo qui fecit supplicio capitali plectendis»[70]. Tuttavia i fanciulli sono ritenuti degni di una speciale indulgenza[71] e perciò «impuberes vero, etiamsi conscii fuerint nullum sustineat detrimentum, quia aetas eorum quid videat ignorat»[72]. Si tratta di una grazia

---

[68] D. 4 de cons., c. 118 §2.

[69] È interessante notare, che il *Codex* di Giustiniano è stato menzionato 71 volte nell'*Apparatus* di Giovanni Teutonico e costituisce più di 7 % di tutti i riferimenti contenuti nella sua opera. Aggiungendo i riferimenti alle altre parti del *Corpus Iuris Civilis* arriviamo alle 228 citazioni con la statistica di più di 23 % dei riferimenti. Cf. A. GARCÍA Y GARCÍA, «Introducción. Joannis Teutonici Apparatus», 180-181.

[70] C. 9, 24, 1.

[71] Cf. C. 9, 24, 1: «Viduas autem ac pupillos speciali dignos indulgentia credidimus».

[72] C. 9, 24, 1.

per i minori, offerta a causa della ignoranza unita alla giovane età: *aetas eorum quid videat ignorat*. Giovanni Teutonico cita queste parole come contrarie alla sua tesi esposta precedentemente, perché esso parla dell'ignoranza del fanciullo come causa esimente della pena. Tuttavia guardando attentamente il contesto si può ridimensionare la forza di questo passaggio nella discussione sull'età della discrezione per confessarsi. Si tratta di un delitto assai complesso e il fanciullo rimane salvo dalla pena capitale, che non è certo una punizione leggera. Questo non vuol dire però che un l'impubere è incapace di compiere una grave trasgressione, ma semplicemente che non sarà punito per il crimine di falsificare la moneta.

Il glossatore spiega dunque l'espressione *postquam ad annos discretionis pervenerit*, con un'altra formula non meno tecnica, cioè *capax doli*. Egli non ci offre la definizione di questa locuzione, ma la chiarisce attraverso i testi giuridici citati. Sappiamo ormai dall'analisi delle leggi riferite nel suo apparato al Concilio Lateranense IV, che già prima della pubertà uno diventa capace di compiere un peccato. Anche se un fanciullo non è capace di compiere tutti i multiformi delitti degli adulti e si deve ammettere anche una certa indulgenza nelle punizioni, bisogna comunque riconoscere che già nell'età puerile diventa realmente colpevole di alcuni atti cattivi. I civilisti presumevano quest'età quando uno diventava *proximus pubertatis*, cioè all'età di nove anni e mezza per le ragazze ed a dieci e mezza per i ragazzi[73]. Quanto alla presunzione simile dai canonisti, non troviamo in questo *apparatus* del Teutonico nessuna indicazione che determinerebbe quando un fanciullo comincia ad essere *capax doli*[74]. Per circoscrivere l'età alla quale uno può presumersi pervenuto ad *annos discretionis*, ci vengono in aiuto i canonisti precedenti al Laterano IV, come pure i glossatori contemporanei a Giovanni.

L'autore della summa *Elegantius in iure divino*, chiamata anche *Coloniensis*, che è stata redatta verso il 1169 nell'ambiente della scuola

---

[73] Cf. G.E. KELLY, *The years of discretion*, 19: «For sake of convenience, rather than as an attempt to formulate a law, the beginning of the developmental stage of proximus pubertati was set at nine and a half for girls and ten and a half for boys. At that age the child was considered to be capax doli».

[74] Infatti Giovanni Teutonico stesso ci offre tale indicazione circa l'età esatta di *capax doli*, come l'autore della glossa al Decreto di Graziano. Siccome a questo suo testo fa riferimento Vincenzo Ispano, ne parleremo un po' più avanti. Cf. VINCENTIUS HISPANUS, *Apparatus*, in cost. 21, v. postquam ad annos; *Glossa Ordinaria*, D.4. de cons., c. 74, v. loqui.

francese[75], commentando la XX causa del Decreto ci offre un'idea concreta dell'età della *capacitas doli*: «Hec autem capacitas [doli] sive mentis sagacia in aliis post septimum, in aliis post nonum annum se aperit, prout nature munere magis minusve prediti sint»[76]. Va notato che accanto alla formula *capacitas doli* l'autore della Summa pone un'altra espressione, cioè la *mentis sagacia*. Questa lucidità della mente si dischiude dai sette ai nove anni. La stessa idea è presente nella *Summa* di Rufino (scritta verso 1158) nel commento allo stesso brano del Decreto: «capax autem doli esse potest a septennio et deinceps»[77].

F. Gillmann offre nel suo articolo un'analisi dei più numerosi testi canonici antecedenti al Laterano IV, proprio per rintracciare il significato degli *annorum discretionis* nella costituzione 21[78]. Egli riporta per primo i testi concentrati sul problema dell'entrata dei minori in monastero, dopo esser stati offerti alla vita monastica dai loro genitori[79]. In questi casi l'età della *capax doli* aveva una rilevanza giuridica importante ed era circoscritta ai sette anni[80]. La stessa età era richiesta per il fidanzamento e i ragionamenti dei decretisti sono molto chiari: l'età in cui uno diventa *capax doli* è uguale all'età della discrezione[81] sufficiente per contrarre i *sponsalia*[82] e viene presunta *ad septennium*[83].

---

[75] Cf. G. FRANSEN – S. KUTTNER, «Avant-Propos», XI.
[76] *Summa "Elegantius in iure divino"*, pars 11, cap. 94.
[77] RUFINUS, *Summa,* in C. 20, q. 1.
[78] Cf. F. GILLMANN, «Die "anni discretionis"», 557-617.
[79] Anche se il problema della libertà dei *pueri oblati* è presente lungo tutto l'articolo, l'analisi si concentra su di questo problema soprattutto nella prima parte del suo lavoro F. GILLMANN, «Die "anni discretionis"», 557-577.
[80] A parte le due summe appena menzionate, possiamo a titolo di esempio citare il commento di Uguccio (la citazione dietro Gillmann, con le sue sottolineature): «*Inpubes* ergo si non habet patrem vel tutorem et est *capax doli, qui a septennio solet esse,* idem per omnia quo ad hoc est dicendum de eo, sicut diximus de *adulto.* [...]. Non enim credo, quod puer possit esse monachus vel conversus, *antequam sit capax doli.* Sicut enim in matrimonio carnali duo exiguntur ad hoc, ut contrahatur, s.[cil.] ut sciat et consentire possit conmisceri [...] in spirituali exigitur unum, s.[cil.] etas discreta, s.[cil.] ut sciat se obligare deo. Item non credo, quo pater vel tutor possit extrahere puerum, *qui in annis discretionis se obligat deo sponte*» (UGUCCIO, in C. 20, q. 1). Possiamo osservare nel testo sopracitato come un ponte tra tre formule: *capax doli, a septennio, in annis discretionis,* che parlano dei diversi aspetti della stessa età. Cf. F. GILLMANN., «Die "anni discretionis"», 585, nt. 1.
[81] Circa l'ugualianza fondamentale tra *doli non capax* e *aetas rationis non capax* cf. S. KUTTNER, *Kanonistische Schuldlehre,* 125-126.
[82] Cf. ROLANDUS, *Summa,* in C. 30, q. 2: «queritur, utrum sponsalia ante septennium contrahi possint. Legibus sponsalia septennio licite contrahuntur, ante non;

Con questi ragionamenti dei canonisti del secolo XII concordano pienamente anche i rimanenti glossatori delle costituzioni del Concilio Lateranense. Infatti nella glossa di Vincenzo Ispano alle parole *postquam annos discretionis pervenerit* troviamo una spiegazione concisa e chiara, senza mezzi termini: «Idest ad septennium»[84]. Dopo questa affermazione Vincenzo indica quattro riferimenti al diritto canonico e civile a favore della sua tesi[85]. Due di essi, con gli incipit *Pueris* e *De illis autem*, che provengono dalla *Compilatio I*, sono stati menzionati pure da Giovanni Teutonico e già citati nel nostro lavoro[86]. Vincenzo aggiunge alla nostra analisi altri due nuovi testi: uno tratto dal *Corpus Iuris Civilis*, introdotto con l'affermazione «Doli capax puer licet non pervenerit ad etatem tenetur»[87], l'altro dalla glossa ordinaria del Decreto[88].

Il brano delle *Digesta*[89] riferito da Vincenzo Ispano, fa parte del capitolo che tratta dei depositi e del possibile danno che può succedere alla cosa depositata da qualcuno. Se uno si sente danneggiato dall'altro che doveva custodire la sua cosa, gli è concessa la *depositi actio*[90]. L'incipit *An in pupillum* introduce domanda circa la responsabilità del fanciullo, nella quale qualcuno chiede se si concede una *depositi actio in pupillum* al quale è stata affidata qualche cosa senza l'autorità del tutore[91].

---

canonibus vero ante tempus consentiendi sponsalia minime contrahenda iubetur». L'età di sette anni è qui descritta come il *tempus consentiendi*.

[83] Cf. BERNARDUS PAPIENSIS, *Summa Decretalium*, lib. IV, tit. 1, §3: «Possunt autem contrahi post septennium [...]; *tempus enim discretionis est post septennium, tam in femina quam in viro* [...]. Haec est aetas contrahendi sponsalia» (sottolineatura nostra).

[84] VINCENTIUS HISPANUS, *Apparatus*, in cost. 21, v. postquam ad annos.

[85] Infatti nel tardo diritto romano si è stabilità la presunzione di sette anni per la fine della infanzia e l'inizio dell'uso dell'intelletto. Cf. G.E. KELLY, *The years of discretion*, 14-15.

[86] Cf. sopra, pp. 66-67.

[87] VINCENTIUS HISPANUS, *Apparatus*, in cost., 21, v. postquam ad annos.

[88] Cf. VINCENTIUS HISPANUS, *Apparatus*, in cost. 21, v. postquam ad annos:«Hec glosa colligitur per Augustinum in glossa que est de cons. di. Iiii. Paruuli. vinc.».

[89] Vincenzo menziona *Digesta* 145 volte, che fa due riferimenti di più in paragone con Giovanni Teutonico. Cf. A. GARCÍA Y GARCÍA, «Introducción. Vincentii Hispani Apparatus», 281.

[90] Cf. D. 16,3,1.

[91] Il concetto della *tutela* e le prerogative del *tutor* sui beni amministrati, sempre più limitate nelle successive tappe della vita dell'erede, hanno contribuito molto allo sviluppo della dottrina circa la responsabilità del minore nei suoi atti. I concetti e le presunzioni giuridiche circa l'uso dell'intelletto nei diversi periodi dell'età minore si sono chiariti all'interno della dottrina circa la tutela. Cf. G.E. KELLY, *The years of discretion*, 8-18.

Ci interessa soprattutto la prima parte della risposta[92]: «Sed probari oportet, si apud doli mali iam capacem deposueris, agi posse, si dolum commissit»[93]. Il legislatore civile riconosce la possibilità della *capacitas doli mali* nel minore, e condiziona la concessione della *actio* giudiziaria ad una effettiva presenza di quel dolo[94].

Il testo del Decreto parla invece del battesimo dei bambini: «Parvuli alio profitente baptizantur, quia adhuc loqui vel credere nesciunt, sicut etiam egri, muti, et surdi, quorum vice alius profitetur, ut pro eis respondeat, dum baptizantur»[95]. Laddove il bambino non sa parlare né credere, gli altri dovrebbero professare la fede al suo posto. Qualora invece «pro se respondere valent, alienae professiones eis non prosunt»[96]. Ma quando il fanciullo è capace di professarla da solo? Troviamo la risposta a questa domanda nella glossa di Giovanni Teutonico al *Decretum* dove si cita Sant'Agostino, che permette di professare la fede ai «septennis etatis pueri»[97]. Anche il ragionamento del santo dottore ripreso dalla glossa è semplice: siccome i ragazzi di sette anni possono già mentire, possono anche parlare e professare la verità[98]. I fanciulli dunque «maxime postquam fuerint septennes»[99] hanno la discrezione sufficiente affinché possano professare la fede consapevolmente.

Damaso, il terzo glossatore delle costituzioni conciliari, facendo riferimento solo ai due testi tra quelli già menzionati, afferma la stessa età della discrezione: «idest, ad septennium, ut dicit Augustinus in glosa de cons. di.iiii. Parvuli alio profitente. Postquam enim discreti sunt parvuli, omnia crimina perpetrare possunt que praeter genitalia committuntur, ut supra de delict. pueror. Pueris lib. i. Dic ut tibi»[100].

La costituzione *Omnis utriusque sexus* doveva dunque obbligare tutti i fedeli dell'uno e dell'altro sesso dal momento in cui arrivano agli anni

---

[92] Cf. D. 16, 3, 1, 15. La seconda parla dell'eventualità dell'arricchimento da parte del ragazzo; in questo caso l'azione viene concessa anche senza il dolo.
[93] D. 16, 3, 1, 15.
[94] Cf. anche BERNARDUS PAPIENSIS, *Summa Decretalium*, lib. V, tit. 20, §1: «Sciendum est igitur, quod delicta in minoribus sunt punienda, licet non adeo graviter, uti in maioribus [...] sed distingue, an sit doli capax vel non; nam doli capax aliquatenus punitur, infans autem nequaquam».
[95] D. 4 de cons., c. 74.
[96] PAUCAPALEA, *Summa*, in D. 4 de cons.
[97] JOHANNES TEUTONICUS, in D. 4. de cons., c. 74, v. loqui.
[98] Cf. *Glossa Ordinaria*, D. 4. de cons., c. 74, v. loqui.
[99] RUFINUS, *Summa*, in D. 4. de cons., c. 74.
[100] DAMASUS, *Apparatus*, in cost. 21, v. ad annos discetionis.

della discrezione, cioè dai sette anni[101]. Quell'età, confermata da molti commentatori di Graziano e da tutti e tre gli importanti glossatori del Laterano IV, sembra essere voluta dal canonista Innocenzo III nella costituzione da lui presentata al medesimo Concilio.

2.2 «saltem semel in anno...ad minus in Pascha»

La costituzione 21 del Concilio Lateranense impone come minimo di comunicarsi una volta all'anno, nella festa di Pasqua. Tuttavia i primi glossatori vorrebbero allargare l'obbligo, prendendo come riferimento la norma circa le tre Comunioni all'anno recepita dal decreto di Graziano. Giovanni Teutonico si limita a riferire il sopramenzionato canone del Decreto senza ulteriori commenti[102]. Invece Vincenzo Ispano, vicino alle parole *ad minus in Pascha*, mette una spiegazione sorprendente: «quia pluries debet»[103] e solo dopo cita il canone di Graziano sull'obbligo delle tre Comunioni annuali[104]. Damaso segue in questo caso letteralmente il commentario di Vincenzo[105]. I primi tre glossatori del Concilio Lateranense IV volevano in tale modo interpretare la costituzione conciliare alla luce del precetto delle tre Comunioni annuali, profondamente radicato nella tradizione canonica e comunemente ritenuto obbligatorio negli anni precedenti al Concilio[106]. Questa lettura della *Omnis utriusque sexus* risulta comunque forzata, e gli altri autori del periodo immediatamente postconciliare cercheranno di mettere in rilievo la novità della normativa lateranense ridimensionando la prassi delle tre Comunioni annuali, che diventerà raccomandata ma non obbligatoria. Già Tommaso di Chobham († 1235 ca.) nella *Summa confessorum*, pubblicata verso il 1216, poco tempo dopo la chiusura del Concilio[107], scrive:

---

[101] Cf. S. KUTTNER, *Kanonistische Schuldlehre*, 127-128.

[102] Cf. JOHANNES TEUTONICUS, *Apparatus*, in cost. 21, v. ad minus ad Pascha: «de cons. di.ii. Etsi non».

[103] VINCENTIUS HISPANUS, *Apparatus*, in cost. 21, v. ad minus in Pascha.

[104] Cf. VINCENTIUS HISPANUS, *Apparatus*, in cost. 21, v. ad minus in Pascha.

[105] Cf. DAMASUS, *Apparatus*, in cost. 21, v. ad minus in Pascha.

[106] Cf. ERICUS AB HOSZUFALU, *De obligatione*, 8: «omnes, tam Theologi quam Canonistae, qui de hac obligatione mentionem faciunt, communi et unanimi consensu asserunt, omnes fideles strictam obligationem habere, saltem ter in anno, in Nativitate Domini scilicet, in Pascha et Pentecoste, communicandi. [...] quoad assertionem ante Conc. Lat. IV. omnes conveniunt».

[107] Cf. L. BRAECKMANS, *Confession et communion*, 66-67; P. MICHAUD-QUANTIN, *Sommes de casuistique*, 21.

Laicis autem consuetudo est tantum semel in anno sumere. Si tamen honeste conversationis sint laici et puras habeant conscientias, consulendum est eis quod saltem quater in anno communicent, quia communio valet eis ad augmentum gratie et ad remissionem pene peccati[108].

Siccome Tommaso parla della consuetudine di ricevere la Comunione una volta all'anno, possiamo presumere che almeno sulle isole britanniche la prassi della Comunione annuale era diffusa e duratura già prima del Concilio Lateranense IV. Il teologo inglese conosce tuttavia la prassi della Comunione più frequente e anche consiglia di comunicarsi quattro volte all'anno, sempre con le disposizioni richieste per la degna ricezione.

Guglielmo di Auxerre († 1231 ca.), nel suo commentario alle Sentenze di Pietro Lombardo intitolato *Summa Aurea* risponde alla domanda su quando una persona potrebbe differire la confessione. La risposta dell'autore si basa sulla costatazione del fatto che i fedeli sono tenuti a ricevere la Comunione nel giorno di Pasqua, e di conseguenza basta confessarsi in Quaresima[109]. Ma il teologo francese non si limita ad indicare il minimo: «Unde usque ad tempus quadragesime licet differre fidelibus confessionem. Consilium autem perfectionis est sepius confiteri, saltem ter in anno, in tribus magnis festis que celebrantur in novo testamento»[110]. Guglielmo conosce bene la tradizionale prassi sacramentale nelle tre feste e la raccomanda come consiglio di perfezione. L'autore parla qui della confessione tre volte all'anno; visto il suo ragionamento sulla confessione prima della Comunione pasquale, si potrebbe pensare che anche nelle tre grandi feste del Nuovo Testamento la confessione precede la Comunione sacramentale.

Infine Alessandro di Halès († 1245) nella sua glossa alle Sentenze di Pietro Lombardo, creata tra il 1223 e il 1227[111], cerca di conciliare la tradizione, che suggerisce le tre Comunioni, con l'obbligo lateranense. Parlando della confessione, l'autore distingue tre categorie di gente: «Aliter est apud perfectissimos, aliter apud perfectiores, aliter apud incipientes. Perfectissimis est quolibet die confiteri quo est opportunitas, minus perfectis ter convenit in anno; incipientibus tempore quadragesimae est necessarium et ad hoc tenetur»[112]. Il teologo consiglia

---

[108] THOMAS DE CHOBHAM, *Summa confessorum*, art. VI, dist. V, q. 8.
[109] Cf. GUILLELMUS ALTISSIODORENSIS, *Summa Aurea*, lib. IV, tract. X, cap. IV.
[110] GUILLELMUS ALTISSIODORENSIS, *Summa Aurea*, lib. IV, tract. X, cap. IV, solutio.
[111] Cf. L. BRAECKMANS, *Confession et communion*, 40.
[112] ALEXANDER HALENSIS, *In IV Sent.*, dist. 17, q. 2, a. 13.

dunque ai *perfectiores* di accedere ai sacramenti tre volte all'anno, tuttavia riconosce che il vero obbligo giuridico universale rimane soltanto annuale. Vale la pena osservare che Alessandro parla della confessione, implicando il dovere di confessarsi prima della Comunione — sia che quest'ultima venga ricevuta tre volte all'anno, sia solo *in Pascha*.

La vicinanza molto stretta della normativa sulla Comunione con quella della confessione è stata messa in rilievo anche dai due *casus* che ci offrono dei riassunti sintetici delle costituzioni lateranensi. Il *Casus Parisiensis*, forse redatto da Vincenzo di Spagna o dalla sua scuola, sempre nei primi anni dopo la chiusura del Concilio[113], descrive i due obblighi del Laterano in modo congiunto: «Confiteatur quilibet peccata sua, et saltem in Pascha communicet»[114]. Il sopramenzionato *Casus Fuldense*[115], proveniente dallo stesso periodo, ricapitola la prima parte della costituzione 21: «Ad minus semel in anno unusquisque debet confiteri peccata sua et sumere Eucharistiam, nisi a sacerdotem prohibeatur»[116]. In questo modo è stata omessa l'indicazione del tempo speciale per la Comunione (*in Pascha*) ed i due obblighi devono essere compiuti congiuntamente con frequenza almeno annuale. L'unicità della normativa sui due sacramenti è sottolineata anche dalla nuova formula *ad minus semel in anno,* che è stata composta dalle due espressioni conciliari: *ad minus in Pascha* e *saltem semel in anno*. Nella costituzione conciliare questi due concetti sono ancora attribuiti a due realtà diverse (anche se unite in un'unica costituzione), ma già per il redattore anonimo del *Casus Fuldense*, il Concilio mira proprio a fortificare il legame tra i due sacramenti.

Infatti non sarà per niente esagerato sottolineare l'unità del precetto di ricevere l'Eucaristia come minimo nel tempo di Pasqua con quello che esige la confessione almeno annuale. Il Concilio giustapponendo i due obblighi nella prima frase della costituzione 21 voleva probabilmente rafforzare ancor più il vincolo tra i due sacramenti. D'altra parte neanche la sintassi di questa frase pare casuale[117]. La confessione annuale è stata nominata dal Concilio al primo posto e trattata probabil-

---

[113] Cf. A. GARCÍA Y GARCÍA, «Introducción. Casus Parisenses», 462-463.
[114] *Casus Parisienses,* in cost. 21.
[115] Cf. sopra, p. 66.
[116] *Casus Anonymi Fuldense,* in cost. 21.
[117] Infatti il legislatore ha impiegato il participio presente *suscipiens*, e non la semplice congiunzione *et.* Cf. L. BRAECKMANS, *Confession e communion*, 107.

CAP. II: DAL CONCILIO LATERANENSE IV AL LATERANENSE V 77

mente come la condizione per ricevere *reverenter*[118] la Comunione pasquale[119].

Questa lettura della costituzione *Omnis utriusque sexus* è confermata dal Papa Innocenzo III nell'omelia per il Venerdì Santo, dove il Pontefice identifica il tempo della confessione con quello della Comunione: «Reducite ad memoriam tempus vestrae confessionis; mementote quid dicatis tempore communionis»[120]. Nello seguente brano di quest'omelia la confessione unita con lo proposito di emendazione risulta chiaramente una condizione fondamentale per la degna recezione della Comunione:

> Nisi hoc peccatum sicut et alia confessus fueris, et nisi de isto sicut de aliis emendationem promiseris, scias pro certo quod nec communionem Christi digne percipias, nec post istam temporalem vitam, ad aeternam vitam pervenies. Fac igitur et de isto peccato confessionem, promitte emendationem, et sic accipe communionem[121].

L'ordine della pratica cristiana è quindi ben definito: una confessione integra con un ravvedimento sincero e poi la ricezione della Comunione. Anche la possibilità di differire la Comunione sembra essere legata alla sollecitudine di riceverla degnamente[122]. Infatti, il fedele dovrebbe ricevere la Comunione pasquale «nisi forte de consilio proprii sacerdotis ob aliquam rationabilem causam ad tempus ab eius perceptione duxerit abstinendum»[123]. Siccome il proprio sacerdote svolge anche il ruolo del confessore[124], sembra che questo consiglio può avvenire du-

---

[118] I dizionari ed i vocabolari disponibili traducono la parola *reverenter* come *con reverenza, rispettosamente*. Cf. L. CASTIGLIONI – S. MARIOTTI, *Vocabolario della lingua latina*, v. reverenter; J. SONDEL, *Słownik łacińsko-pol*ski, v. reverenter. Il rispetto verso l'Eucaristia dovrebbe tradursi nel comportamento esteriore, ma ricevere il corpo di Cristo con reverenza include anche la preparazione interiore, alla quale il Concilio intende arrivare con la confessione sacramentale.

[119] Cf. ALEXANDER HALENSIS, *In IV Sent.*, dist. 9, q. 4, a. 4: «cum non habeat conscientiam mortalis, sumpta Poenitentia, cum devotione et reverentia post accedere». Vale la pena osservare l'uso della parola *reverentia* nel contesto della previa confessione e delle dovute disposizioni interiori.

[120] INNOCENZO III, «Sermo de sanctis XV», in PL 217, 528.

[121] INNOCENZO III, «Sermo de sanctis XV», in PL 217, 528.

[122] Cf. INNOCENZO III, «Sermo de sanctis XV»: «Si, inquit, aliter communicare nequeo, nisi castitatem promittam, melius volo differre communionem, quam ultra meam posse ferre promissionem» (PL 217, 530). Questa frase dell'ipotetico penitente descritto da Innocenzo III indica che la prassi di differire la Comunione era conosciuta agli ascoltatori del Papa.

[123] CONCILIO LATERANENSE IV, cost. 21, 1, in *CCQL*, 67.

[124] Cf. sotto, cap.II, 1.2.4.

rante la confessione e la causa ragionevole può essere quella di non poter ricevere la Comunione fino a quando mancano le disposizioni dovute per la valida confessione[125]. La normativa del Laterano IV parla soltanto della confessione annuale e non esige espressamente di confessarsi prima della Pasqua. Tuttavia se il Concilio prescrive la confessione in vista del comunicarsi nella festa di Pasqua, risulta chiaro che il fedele dovrebbe confessarsi prima di ricevere la Comunione pasquale. Quel tempo preciso per compiere il precetto è suggerito quindi dalla logica interna della costituzione conciliare. Guglielmo di Auxerre afferma nella *Summa Aurea* che si può differire la confessione «usque ad tempus determinatum ab ecclesia, scilicet usque ad tempus quadragesime»[126]. Dal tempo definito per la Comunione, l'autore deduce la determinazione ecclesiale del tempo della confessione, visto che quest'ultima «praecipue instituta est, quia fideles debent comedere panem angelorum in die Pasche. Unde prius se debent probare et purgare per confessionem»[127]. Anche Alessandro di Halès parla della confessione obbligatoria *tempore quadragesimae*[128]. Sembra tuttavia che questa prassi non è dovuta soltanto alla nuova normativa lateranense, ma anche alla consuetudine secolare della riconciliazione nel tempo di Quaresima[129]. Lo dice espressamente Tommaso di Chobham, rispondendo alla domanda su quale sia il tempo in cui uno si dovrebbe confessare:

> Et dicunt quidam quod sufficit tantum semel in anno confiteri, scilicet in quadragesima sicut constitutum et consuetudo est in ecclesia, nisi infirmitas prius evenerit. [...] Debet tamen quilibet christianus statim cum peccat penitere in corde suo et habere in certo proposito quod veniet ad confessionem in quadragesima. Bonum tamen esset si statim post peccatum curret ad sacerdotem. Si tamen peniteat in corde bene potest expectare usque ad quadragesimam[130].

---

[125] L. BRAECKMANS, *Confession e communion*, 107.
[126] GUILLELMUS ALTISSIODORENSIS, *Summa Aurea*, lib. IV, tract. X, cap. IV, solutio.
[127] GUILLELMUS ALTISSIODORENSIS, *Summa Aurea*, lib. IV, tract. X, cap. IV, solutio.
[128] Cf. ALEXANDER HALENSIS, *In IV Sent.*, dist. 17, q. 2, a. 13.
[129] Cf. P. BROWE, *Die Pflichtkommunion im Mittelalter*, 24-26. L'autore sostiene che la ragione per la quale il Concilio Lateranense non parla della confessione pasquale, ma della confessione annuale è quella che in questo tempo la confessione si faceva all'inizio della Quaresima. Alla fine del medioevo esigevano in alcuni luoghi due confessioni, una all'inizio della Quaresima, l'altra prima della Pasqua. Tuttavia la maggioranza dei fedeli sceglieva di confessarsi solamente nella settimana santa, per prepararsi alla Comunione pasquale.
[130] THOMAS DE CHOBHAM, *Summa confessorum*, art. V, dist. II, q. 2.

Vediamo dunque che il tempo di quaresima diventa comunemente accettato come propizio per compiere il precetto della confessione annuale. Siccome questa confessione è ritenuta la condizione per potersi degnamente accostare alla mensa eucaristica, il legame tra la confessione annuale e la Comunione pasquale diventa sempre più forte. Così la *Omnis utriusque sexus* è letta in conformità con le consuetudini del popolo di Dio, incidendo a sua volta sullo sviluppo ulteriore della prassi sacramentale dei fedeli.

2.3 *«Omnia sua solus peccata confiteatur fideliter»*

Dopo aver dimostrato l'inseparabilità dei due precetti nella normativa conciliare, verrà studiato l'obbligo della confessione, trattato ampiamente dalla costituzione e dai glossatori. Della frase della costituzione 21 citata nel titolo si dovrebbe sottolineare la sua prima parte, ricercando anche la possibile spiegazione del aggettivo *fideliter*. Alla fine sarà trattato anche il tema delle penitenze sacramentali, che ognuno dovrebbe adempiere secondo le proprie forze.

Per arricchire la prospettiva dello studio sarà ampiamente citata la *Summa de Paenitentia* di Raimondo de Peñaforte († 1275). Questa opera del santo canonista da un lato lascia percepire i problemi legati con la confessione al tempo immediatamente postconciliare, dato che la sua prima redazione risale all'inizio degli anni venti del duecento; dall'altro lato il suo insegnamento ha avuto un influsso duraturo sugli autori posteriori, vista l'autorità di Raimondo nel medioevo e l'importanza attribuita all'epoca in modo particolare al suo scritto sulla penitenza[131].

Giovanni Teutonico commenta in tal modo la norma conciliare riguardante la confessione di tutti i peccati: «non tamen venialia, quia illa tolluntur per orationem dominicam, vel per aquam benedictam»[132]. Quindi secondo il glossatore l'obbligo conciliare di confessare tutti i peccati non contempla i peccati veniali, perché essi possono essere cancellati in un altro modo. Per illustrare la remissione dei peccati non gravi con la preghiera del Signore Giovanni riporta il testo di Giovanni Crisostomo, citato da Graziano, che inizia così: «««De cottidianis, brevibus, levibusque peccatis, sine quibus haec vita non ducitur, cottidiana oratio fidelium satisfacit. Eorum enim est dicere: "Pater noster, qui es in coelis" qui iam patri taliter sunt regenerati ex aqua et Spiritu sancto. Delet omnino haec oratio minima cottidiana

---

[131] Cf. P. MICHAUD-QUANTIN, *Sommes de casuistique*, 34-43.
[132] JOHANNES TEUTONICUS, *Apparatus*, in cost. 21, v. omnia sua solus peccata.

peccata»[133]. Parlando dell'acqua benedetta, il Teutonico si riferisce probabilmente a una frase di Graziano: «Nam venialia semper remittebantur per ceremonias»[134]. Raimondo de Peñaforte aggiunge altre cerimonie e opere buone a quelle elencate dal Teutonico: la degna recezione dell'Eucaristia, l'elemosina, la confessione generale, la benedizione episcopale o sacerdotale[135]. Raimondo finisce quest'elenco con una costatazione incoraggiante: «Item videtur quod non solum per ista specialiter numerata, sed etiam per quodlibet bonum opus deleantur»[136].

Dopo aver mostrato come cancellare i peccati veniali fuori dalla confessione Giovanni Teutonico fa una svolta sorprendente: «Tamen si recolit, tenetur confiteri ea saltem laico»[137]. La glossa si riferisce qui a una frase riportata dal Graziano: «Unde Beda super epistolam Iacobi: "Peccata quae ex ignorantia vel infirmitate humana committuntur, dicit et praecipit alterutrum confiteri, quia facile dimittuntur: quaecumque vero fiunt ex deliberatione, non nisi per penitentiam"»[138].

Giovanni Teutonico non vorrebbe dunque obbligare alla confessione annuale dei peccati veniali in forza della costituzione 21, ma comunque chiede di confessare quelli che si ricordano almeno a un laico, secondo l'interpretazione della lettera di Giacomo esposta da Beda. Nel commento del Teutonico osserviamo una tensione tra l'opportunità e un certo dovere (*tenetur confiteri ea*) di confessare i peccati veniali e la possibilità di trovare altre vie per la remissione di essi. In ogni caso per il Teutonico basta la confessione dei *venialia* a un laico, mentre per Raimondo de Peñafort la cosa non è così chiara. Raimondo pone la domanda «Quid de venialibus, numquid et illa tenetur quis confiteri sacerdoti?»[139] e inizia la risposta citando ampiamente il commento di Beda sulla lettera di Giacomo, secondo il quale è sufficiente confessare i peccati veniali al *coaequalis*[140]. Dopo aver riferito la dottrina di Beda

---

[133] D. 3. de poen., c. 20.
[134] D. 6 de poen., c. 1, 2. Il testo del canone è lungo, ma solo questa frase si riferisce alla remissione dei peccati veniali.
[135] Cf. RAIMUNDUS DE PENNAFORTE, *Summa de Paenitentia,* lib. 3, tit. 34, n. 60.
[136] RAIMUNDUS DE PENNAFORTE, *Summa de Paenitentia,* lib. 3, tit. 34, n. 60.
[137] JOHANNES TEUTONICUS, *Apparatus,* in cost. 21, v. omnia sua solus peccata.
[138] D. 25 c. 3, d.p. §4.
[139] RAIMUNDUS DE PENNAFORTE, *Summa de Paenitentia,* lib. 3, tit. 34, n. 21.
[140] Cf. RAIMUNDUS DE PENNAFORTE, *Summa de Paenitentia,* lib. 3, tit. 34, n. 21:«Ad hoc dicit Beda quod non, exponens illum locum: "Confitemini alterutrum peccata vestra". Ait enim: "Coaequalibus cotidiana et levia, graviora vero sacerdoti pandamus" etc. Et infra: "Sed et graviora coaequalibus pandenda sunt, cum deest sacerdos et urget periculum; venialia vero, etiam sacerdotis oblata copia, licet confiteri coaequali"».

sull'adeguatezza della confessione ai laici in questo caso, Raimondo aggiunge: «Et hoc sufficit, ut dicunt plerique doctores, si tamen ex contemptu non praetermittatur sacerdos. Alii vero dicunt, et credo tutius, quod utriusque generis peccata sacerdotibus sunt pandenda, quibus est concessa potestas ligandi et solvendi, si habeantur eorum copia»[141]. L'opinione secondo la quale si dovrebbero rivelare i peccati dei due generi al sacerdote, essendo nella prima metà del duecento ancora minoritaria, è già giudicata da Raimondo come più sicura (*tutius*). Inoltre lo stesso Raimondo formula una definizione della confessione, che include la presenza del sacerdote: «Confessio est legitima *coram sacerdote* peccatorum declaratio»[142]. Anche il precetto lateranense, obbligando a confessarsi dal proprio pastore almeno una volta all'anno, contribuirà alla convinzione sul ruolo insostituibile del sacerdote nella prassi della confessione.

Troviamo una sfumatura diversa nella *Summa Aurea* di Guglielmo di Auxerre, redatta pure negli anni venti del XIII secolo[143]. Alla domanda se siamo tenuti a confessare i peccati veniali, l'autore risponde secondo il metodo scholastico *videtur quod sic* e dona molte ragioni a favore della risposta positiva[144], ultima delle quali è la seguente:

> Item, esto quod instet dies Pasche, ante quem quilibet tenetur confiteri; et ponatur quod iste non habeat nisi venialia, et hoc sciat [...]. *Si enim dixerimus quod peccatum non habemus, non ipsos seducimus, et veritas in nobis non est*, sicut dicit beatus Iohannes. Tenetur ergo iste confiteri peccata quae habet. Sed non habet nisi venialia, et hoc scit. Ergo tenetur scienter confiteri venialia[145].

Siccome questo ragionamento molto chiaro trova il suo posto nella parte della *questio* che comincia con il *videtur*, si potrebbe aspettare che nella seconda parte l'autore presentasse una prova convincente della tesi contraria. Invece Guglielmo non ha nessuna intenzione di contrastare quell'ultimo ragionamento che semplicemente ritiene vero. Sebbene nella risposta generale alla domanda del titolo l'autore risponde: «simpliciter enim et absolute non tenemur confiteri venialia», aggiunge subito dopo le parole: «sed in casu tenemur»[146]. Alla fine del

---

[141] RAIMUNDUS DE PENNAFORTE, *Summa de Paenitentia,* lib. 3, tit. 34, n. 21.
[142] RAIMUNDUS DE PENNAFORTE, *Summa de Paenitentia,* lib. 3, tit. 34, n. 14. La sottolineatura è nostra.
[143] Cf. sopra, p. 75.
[144] Cf. GUILLELMUS ALTISSIODORENSIS, *Summa Aurea,* lib. IV, tract. X, cap. 5.
[145] GUILLELMUS ALTISSIODORENSIS, *Summa Aurea,* lib. IV, tract. X, cap. 5.
[146] GUILLELMUS ALTISSIODORENSIS, *Summa Aurea,* lib. IV, tract. X, cap. 5.

capitolo vediamo che il *casus* nel quale siamo tenuti a confessare i peccati veniali è proprio questo della confessione annuale: «Ad ultimo obiectum dicimus quod in illo casu tenetur ille qui non habet nisi venialia confiteri illa»[147]. Per il teologo di Auxerre l'obbligo della confessione pasquale è così forte, che obbliga anche quelli che hanno solo i peccati veniali.

Ritornando ai commentatori canonisti, Damaso glossa in modo seguente le parole o*mnia sua solus peccata confiteatur*:

> mortalia. Secus videtur de venialibus, de pen. di.ii.c.i. Quid si non recolit omnibus? Numquid remittuntur omnia? Numquid infunditur gratia ? Videtur quod non, quia ait Apostolus: "Nihil mihi conscius sum nec tamen in hoc iustificatus sum". Dico quod illa non impediunt gratiam, Vasis enim ire etc. xxiii. q.iiii. Nabuchodonosor, nisi forte illa de quibus non recolit sint talia quae, etiam si recoleret, nullo modo peniteret, vī[148].

Per Damaso risulta chiaro che solo i peccati mortali devono essere confessati una volta all'anno; quanto ai *venialia* il glossatore si riferisce a un testo che propone l'umiltà come il miglior metodo per lottare contro i diversi vizi[149]. La parte seguente della glossa è stata ripresa dall'apparato di Vincenzo Ispano[150] (lo testimonia il simbolo «vī»), con alcuni cambiamenti che contribuiscono alla chiarezza dell'esposizione[151].

---

[147] GUILLELMUS ALTISSIODORENSIS, *Summa Aurea*, lib. IV, tract. X, cap. 5.
[148] DAMASUS, *Apparatus*, in cost. 21, v. omnia sua solus peccata.
[149] Cf. D. 2 de poen., c. 1: «Si quis semel notatus fuerit invidiae vel contentionis vitio, et rursum in hoc ipsum inciderit, sciat, se primam causam, ex qua invidia vel contentio nascitur, in interioribus medullis habere reconditam. Oportet ergo eum per contraria atque adversa curari, id est per humilitatis exercitium».
[150] Cf. VINCENTIUS HISPANUS, *Apparatus*, in cost. 21, v. omnia sua: «Quid si non recolit? Numquid remittuntur? Et numquid infunditur gratia? Videtur quod non, quia ait Apostolus: "Nihil mihi conscius sum" etc. Dico quod illa non impediunt gratiam, alias Vasis ire etc. xxiii. q.iiii. Nabuchodonosor, nisi illa forte de quibus non recolit sint talia quae si recoleret nullo modo peniteret».
[151] A causa di questa chiarezza di Damaso abbiamo deciso di citare il testo posteriore, riferendo solo nelle note l'anteriore commento di Vincenzo. Osserviamo la fedeltà al merito, con alcuni cambiamenti stilistici da parte di Damaso, tra i quali possiamo elencare: l'aggiunta di "omnibus" e di "omnia" nelle prime domande e di "etiam" nell'ultima frase e la più completa citazione della lettera ai Corinzi. Il testo di Vincenzo diventa anche più lineare nell'apparato di Damaso grazie al suo contesto: dopo aver affermato che si trattasse solo dei peccati mortali, il problema se la dimenticanza di uno di loro non chiude al perdono e alla grazia presenta una logica interna che non è così manifesta nell'*apparatus* dello Ispano.

Le domande ivi contenute sono importanti e pratiche: se uno dimentica di confessare qualche peccato, tutti i peccati gli sono comunque rimessi e la grazia versata? Il glossatore cita il testo biblico della prima lettera ai Corinzi: «Anche se non sono consapevole di colpa alcuna non per questo sono giustificato» (1 Cor 4, 4a), che sembra porre in dubbio la giustificazione nel caso della dimenticanza del peccato. Tuttavia il testo dell'Apostolo non contempla affatto il caso della mancata confessione di qualche peccato, ma è la difesa contro i giudizi frettolosi dei Corinzi, come appare chiaramente dal contesto[152]. Nello stesso versetto San Paolo aggiunge: «Il mio giudice è il Signore!» (1 Cor 4,4b) e queste parole indicano la fiducia nel perdono divino. Forse il glossatore vorrebbe suggerire un atteggiamento simile al fedele che ha dimenticato di confessare di qualche peccato. Infatti Damaso dichiara — contro il senso apparente della frase del Apostolo — che l'oblio di alcuni peccati non impedisce alla grazia di agire. La tesi è illustrata con il riferimento al lungo testo di Agostino tratto dal libro sulla predestinazione e la grazia, ripreso e commentato da Graziano[153]. Visto che il richiamo a queste pagine del *Decretum* lo troviamo proprio dopo le parole *illa non impediunt gratiam*, lo scopo di mettere quel accenno era forse quello di illustrare la gratuità e la potenza della grazia di Dio che non potrebbe essere impedita dalla semplice dimenticanza di alcuni peccati[154]. La sola possibilità per la quale uno con l'oblio dei peccati potrebbe essersi chiuso alla grazia del perdono, potrebbe essere la mancanza della disponibilità al dolore dell'anima per i peccati dimenticati: *etiam si recoleret, nullo modo peniteret*. In questo caso sarebbe stata la carenza della vera contrizione[155] che potrebbe aver causato una preclusione alla grazia di Dio[156].

---

[152] Cf. *1 Cor* 4, 3. 5-6.

[153] Cf. C. 23, q. 4, c. 22-23.

[154] Cf. C. 23, q. 4, c. 22-23: «Nabuchodonosor penitentiam meruit fructuosam. Nonne post innumeras inpietates flagellatus penituit, et regnum, quod perdiderat, rursus accepit? [...]. Dei manum sentiens in recordatione propriae iniquitatis ingemuit [...].Cum in bonis voluntas sit intelligenda non sine gratia [...]. Misericordiae Eius gratias agimus, qua liberat non meritos liberari».
Sono solo alcune frasi tratte dal testo citato, rimane difficile dire con certezza a quale brano di questi due capitoli è dovuto il riferimento nell'*Apparatus* dello Ispano.

[155] Che secondo Raimondo di Peñafort deve essere *universalis* et *continua*. Nel caso contemplato sopra, la condizione non sarebbe universale. Cf. RAIMUNDUS DE PENNAFORTE, *Summa de Paenitentia*, lib. 3, tit. 34, n. 14-16.

[156] Raimondo dimostra che la contrizione stessa è già l'opera della grazia. Cf. RAIMUNDUS DE PENNAFORTE, *Summa de Paenitentia*, lib. 3, tit. 34, n. 13.

Oltre alla glossa appena commentata, Vincenzo offre una annotazione alle parole *confiteatur fideliter*. Lo Ispano è l'unico a glossare queste parole, con due corti commenti. Il primo suona: «non per nuncium»[157] e si riferisce ad un testo presente nella distinzione prima della *De poenitentia* del Graziano:

> Quem penitet omnino peniteat, et dolorem lacrimis ostendat, representet vitam suam Deo per sacerdotem, preveniat iudicium Dei per confessionem. Precepit enim Dominus mundandis, ut ostenderent ora sacerdotibus, docens corporali presentia confitenda peccata, non per nuncium, non per scriptum manifestanda. Dixit enim: "Ora monstrate" et "Omnes", non unus pro omnibus: non alium statuatis nuncium, qui pro vobis offerat munus a Moyse statutum, sed qui per vos peccastis per vos erubescatis. Erubescentia enim ipsa partem habet remissionis[158].

L'invio di un messaggero che possa trasmettere al sacerdote i peccati degli altri andrebbe contro la imprescindibile dimensione personale della confessione. La confessione individuale include la vergogna, la quale giova tuttavia alla remissione dei peccati. Tale prassi garantisce anche la discrezione e la riservatezza, che sembrano essere suggerite dalla parola *solus* nel testo della costituzione.

Dopo aver dichiarato la proibizione di confessare i peccati *per nuncium* il glossatore fa una concessione: «Et si simplex, confiteri potest presens per scripturam»[159]. Vincenzo è indulgente per le persone semplici, chiedendo comunque la loro presenza al momento di consegnare lo scritto. Per sostenere il suo permesso della confessione *per scripturam* lo Ispano riporta il testo attribuito a Papa Leone che parla delle regole da osservarsi nel contrarre il matrimonio e nel separarsi dei coniugi. Alla fine del brano, parlando della moglie adultera, si dice che «penitencia illius per scripturam recipienda»[160].

Tuttavia questa possibilità va contro il testo del *Decretum* citato prima, il quale chiedeva che la confessione non sia manifestata per mezzo di un messaggero e neppure di uno scritto[161]. Anche Raimondo de Peñaforte opta per la proibizione di tale prassi: «non debet confiteri per nuntium, nec per epistolam, sed viva voce et ore proprio et praesentialiter, ut qui per se peccavit, per seipsum erubescat»[162].

---

[157] VINCENTIUS HISPANUS, *Apparatus*, in cost. 21, v. confiteatur fideliter.
[158] D. 1 de poen., c. 88.
[159] VINCENTIUS HISPANUS, *Apparatus*, in cost. 21, v. confiteatur fideliter.
[160] C. 30, q. 5, c. 4.
[161] Cf. D.1. De poen., c. 88.
[162] RAIMUNDUS DE PENNAFORTE, *Summa de Paenitentia*, lib. 3, tit. 34, n. 26.

Raimondo nella sua *Summa de paenitentia* non usa l'avverbio *fideliter,* ma si serve di un aggettivo con la stessa radice, affermando che la confessione deve essere *fidelis*, «scilicet, ut tam ipse confitens quam sacerdos, cui confitetur, sint in fide catholica, et fiat confessio secundum doctrinam Ecclesiae, non secundum doctrinam haereticorum»[163]. Infatti i latinisti confermano che nel latino ecclesiastico l'avverbio *fideliter* può acquisire anche il senso di "cristianamente" oppure "con fede"[164]. Tuttavia visto il contesto immediato nella stessa costituzione conciliare (*omnia peccata sua confiteatur*) e la direzione nella quale ci guida la glossa dello Ispano, sembra che l'avverbio *fideliter* può avere qui il significato più fondamentale di "fedelmente, onestamente, sinceramente"[165].

Raimondo de Peñaforte può ancora illuminarci nella spiegazione dei rispettivi elementi dell'espressione *omnia sua solus peccata confiteatur fideliter* con l'esigenza della confessione integra, cioè «ut peccata omnia dicat, non dividendo etiam ea inter diversos sacerdotes, sed uni»[166]. Questa frase citata può illustrare bene il compito di confessare *omnia peccata*, ma è solo la prima delineazione della confessione *integra*. Infatti per avere il quadro completo e pieno della sua *integritas*, sono richieste nove proprietà della confessione, che deve essere: «voluntaria, fidelis, propria, accusatoria, vera, nuda, discreta, pura, morosa»[167]. Abbiamo appena citato la spiegazione dell'aggettivo *fidelis*. Tutte le altre caratteristiche sono importanti per una buona pratica della confessione annuale[168], ma ci fermeremo qui solo su due dei aggettivi rimanenti. La confessione secondo Raimondo deve essere «propria, ut seipsum tantum accuset, et non alium» e inoltre «accusatoria, ut dicat se commisse peccatum ex propria malitia, accusando se fortiter, non praetendens excusationes in peccatis, sicut primi parentes»[169]. Infatti queste due proprietà della confessione propria e accusatoria, sono quelle che spiegano meglio il significato delle parole conciliari: *sua solus peccata confiteatur*.

---

[163] RAIMUNDUS DE PENNAFORTE, *Summa de Paenitentia*, lib. 3, tit. 34, n. 25.

[164] Cf. L. CASTIGLIONI – S. MARIOTTI, *Vocabolario della lingua latina*, v. fideliter; J. SONDEL, *Słownik łacińsko-polski*, v. fideliter.

[165] Cf. L. CASTIGLIONI – S. MARIOTTI, *Vocabolario della lingua latina*, v. fideliter; J. SONDEL, *Słownik łacińsko-polski*, v. fideliter. Questo senso diventa probabile se si ha in mente a qual punto la confessione sincera e integrale è stata sottolineata dai canonisti e dai teologi medievali. Cf. J. GAUDEMET, *Storia del diritto canonico*, 622-623.

[166] RAIMUNDUS DE PENNAFORTE, *Summa de Paenitentia*, lib. 3, tit. 34, n. 25.

[167] RAIMUNDUS DE PENNAFORTE, *Summa de Paenitentia*, lib. 3, tit. 34, n. 25.

[168] Per la loro descrizione cf. RAIMUNDUS DE PENNAFORTE, *Summa de Paenitentia*, lib. 3, tit. 34, n. 25-27.

[169] RAIMUNDUS DE PENNAFORTE, *Summa de Paenitentia*, lib. 3., tit.34, n. 25-26.

La costituzione 21 non parla solo della confessione dei peccati, ma anche del compiere la penitenza imposta dal sacerdote. Tra i glossatori solo nell'apparato del Vincenzo troviamo una corta glossa alle parole del Concilio *poenitentiam studeat pro viribus adimplere*, formulata così: «per se vel per alium»[170]. Questo commento è stato forse suggerito anche dall'inciso *pro viribus*, che potrebbe indurre a pensare che a qualcuno manchino le forze necessarie per adempiere la penitenza e potrebbe delegare un altro a questo compito. Però il testo della costituzione conciliare parla soltanto del penitente stesso che dovrebbe dedicarsi (*studeat*) secondo le sue forze di adempiere *iniunctam sibi poenitentiam*. Raimondo de Peñaforte, dopo aver elencato diversi tipi di penitenza[171] da imporre ai diversi peccatori secondo le circostanze[172], contempla il caso del penitente che non vuole sottoporsi al peso della penitenza dichiarandosi delicato, malato o dicendo qualcosa di simile[173]. In questo caso

> si dicit se paenitere de peccatis, et proponit de caetero abstinere, tamen allegans fragilitatem, recusat satisfactionis asperitatem, debet sacerdos, paratum ad omnem satisfactionem, ostendendo sibi magnitudinem peccatorum, quod et quanta bona amisit propter ista peccata, quae omnia recuperabit per paenitentiam. [...]. Si non potest eum ad hoc inducere, imponat ei talem satisfactionem cum voluntate sua quam utiliter possit portare, ne forte postea frangendo deterius peccet. Invitant nos ad hoc multa. Primo, exemplum Domini, qui numquam legitur gravem paenitentiam iniunxisse, nisi «Vade et amplius noli peccare». Item de Evangelio: «Nolite mittere vinum novum in utres veteres» [...]. Ad hoc autem praecise laboret, ut peccatorum causas et radices removeat, et omnem occasionem peccandi pro posse tollat[174].

Il peccatore pentito dovrebbe quindi adempiere da solo la penitenza prescritta, che sarebbe comunque da misurare secondo le sue forze e

---

[170] VINCENTIUS HISPANUS, *Apparatus*, in cost. 21, v. penitentiam studeat.

[171] In generale ci sono due specie di soddisfazione: l'elemosina e la mortificazione della carne. Quest'ultima si divide in quattro categorie: la preghiera, le vigilie, i digiuni e infine le fruste di diverso tipo. Cf. RAIMUNDUS DE PENNAFORTE, *Summa de Paenitentia*, lib.3, tit. 34, n. 36-40.

[172] Cf. RAIMUNDUS DE PENNAFORTE, *Summa de Paenitentia*, lib.3, tit. 34, n. 43: «Videtur per multas auctoritates dicendum, quod arbitrio sacerdotis poenae omnes taxentur, consideratis criminis quantitate et qualitate; item personae dignitate, officio, paupertate, infirmitate sive debilitate, complexione, consuetudine, societate, lacrimis et devotione; item regionis et temporis qualitate, necnon et aliis circumstantiis supra positis».

[173] Cf. RAIMUNDUS DE PENNAFORTE, *Summa de Paenitentia*, lib. 3, tit. 34, n. 51: «dicens se tenerum, valetudinarium, vel male complexionatum, vel simile».

[174] RAIMUNDUS DE PENNAFORTE, *Summa de Paenitentia*, lib. 3, tit. 34, n. 51.

secondo il suo stato di salute[175], avendo come scopo soprattutto lo sradicamento del peccato e la piena conversione del penitente.

Seguendo i tre glossatori delle costituzioni lateranensi, si è potuto analizzarne molte locuzioni e diversi riferimenti al precetto di confessare fedelmente tutti i peccati, mentre solo uno di loro consacra una mezza frase al problema della penitenza da adempiere. Questa sproporzione dimostra l'interesse sempre crescente all'atto stesso di confessare i propri peccati nel percorso penitenziale del cristiano. La confessione richiede certo una vera contrizione e deve essere seguita dalla soddisfazione[176]. È tuttavia significativo che la parola *confessione* viene spesso usata per descrivere l'intero sacramento della penitenza[177], probabilmente non senza l'influsso della prassi derivante dalla costituzione *Omnis utriusque sexus* del Concilio Lateranense IV.

2.4 «*proprio sacerdoti*»

L'obbligo annuale di confessare i propri peccati deve essere adempiuto davanti al sacerdote proprio (*proprio sacerdoti*). Il concetto e il ruolo del sacerdote proprio pare una chiave per capire bene tutta la costituzione Omnis utriusque sexus, visto che questa espressione è usata tre volte nelle tre diverse frasi della norma conciliare. Infatti il *sacerdos proprius* ascolta e rimette i peccati dei suoi fedeli, spetta a lui dispensare *ad tempus* e per una causa ragionevole dall'obbligo della Comunione pasquale[178], se solo lo ritiene opportuno, e infine senza il con-

---

[175] Cf. BERNARDUS PAPIENSIS, *Summa Decretalium*, lib. V, tit. 33 §6. L'autore descrive la regola generale secondo la quale solo quel sacerdote che ha imposto la penitenza potrebbe rimetterla, diminuirla, renderla più mite. Tuttavia nello stesso brano Bernardo dice: «Consuetudo tamen ecclesiae admisit, ut ab aliis sacerdotibus poenitentia relaxetur vel mitigetur» (*Ibid.*).

[176] Cf. BERNARDUS PAPIENSIS, *Summa Decretalium*, lib. V, tit. 33 §2: «In poenitentia vero tria considerantur, scilicet cordis contritio, oris confessio, operis satisfactio». Cf. anche RAIMUNDUS DE PENNAFORTE, *Summa de Paenitentia*, lib. 3, tit. 34, n. 7.

[177] Cf. RAIMUNDUS DE PENNAFORTE, *Summa de Paenitentia*, lib. 3, tit. 34, n. 13: «Item circa ista nota quare confessio sive penitentia dicitur sacramentum».

[178] Secondo Browe, tali cause appartenevano a tre gruppi principali: l'impurità corporale, lo scandalo legato con la Comunione dei peccatori pubblici (anche pentiti) senza un congruo tempo vissuto con segni esterni di conversione, infine i rimorsi di coscienza legati con l'eventuale recezione della Comunione in assenza di qualche elemento per una buona confessione (poco tempo per prepararsi o per confessarsi in modo adeguato, l'assenza della contrizione o del buon proposito). Cf. P. BROWE, *Die Pflichtkommunion im Mittelalter*, 88-91.

senso del sacerdote proprio nessun altro prete potrebbe rimettere i peccati al penitente[179].

Il significato dell'espressione *sacerdos proprius* nel Concilio Lateranense IV è stato chiarito dal Peter Anton Kirsch[180]. Secondo quell'autore nel tempo dell'alto medioevo il titolo di *sacerdos proprius* era usato per la persona del vescovo diocesano[181]. Dall'ottavo e nono secolo si comincia ad usare questa espressione per il sacerdote parrocchiale, al quale gli autori attribuiscono il compito di confessare i suoi fedeli[182]. Nel secolo dodicesimo la formula *sacerdos proprius* era chiaramente attribuita dal Concilio Lateranenese II al sacerdote che ha responsabilità per una concreta chiesa[183]. Anche nella costituzione 32 del Laterano IV il *sacerdos proprius* indica quello che ha la chiesa parrocchiale, cioè il parroco[184]. Visto il senso della formula prima del Concilio Lateranense IV, ma soprattutto il suo uso con questo contenuto semantico da parte del medesimo Concilio, appare logico attribuire lo stesso significato del *proprio parroco* anche all'espressione *sacerdos proprius* della costituzione 21.

Per i glossatori della costituzione il senso del concetto del sacerdote proprio risulta essere ovvio, dal momento che non lo spiegano, ma passano subito alle situazioni problematiche. Giovanni Teutonico pone

---

[179] Cf. CONCILIO LATERANENSE IV, cost. 21, 1. 3: «confiteatur fideliter, saltem semel in anno *proprio sacerdoti* [...] suscipiens reverenter ad minus in Pascha eucharistiae sacramentum, nisi forte de consilio *proprii sacerdotis* ob aliquam rationabilem causam ad tempus ab eius perceptione duxerit abstinendum [...]. Si quis autem alieno sacerdoti voluerit iusta de causa sua confiteri peccata, licentiam prius postulet et obtineat a *proprio sacerdote*»(*CCQL* 67). Le sottolineature sono nostre.
[180] Cf. P.A. KIRSCH, «Der sacerdos proprius», 527-537.
[181] Cf. P.A. KIRSCH, «Der sacerdos proprius», 532-534.
[182] Cf. P.A. KIRSCH, «Der sacerdos proprius», 534-535.
[183] Cf. CONCILIO LATERANENSE II, can. 10: «Praecipimus etiam ne conductitiis presbyteris ecclesiae committantur, et unaquaeque ecclesia, cui facultas suppetit, proprium habeat sacerdotem» (*DSP*, II, 148).
[184] Cf. CONCILIO LATERANENSE IV, cost. 32*: «Qui vero parochialem habet ecclesiam*, non per vicarium, sed per se ipsum illi deserviat in ordine, quem ipsius ecclesiae cura requirit, nisi forte Praebendae vel dignitati parochialis ecclesia sit annexa; in quo casu concedimus, ut qui talem habet Praebendam vel Dignitatem, cum oporteat eum in maiori ecclesia deservire, in ipsa parochiali ecclesia idoneum et perpetuum studeat habere Vicarium canonice institutum [...]. Illud autem penitus interdicimus, ne quis in fraudem de proventibus ecclesiae, quae curam *proprii sacerdotis* debet habere, pensionem alii, quasi pro beneficio conferre praesumat» (*CCQL*, 76-77). Cf. P.A. KIRSCH, «Der sacerdos proprius», 528. Le sottolineature sono state riprese da quest'ultimo articolo.

dopo le parole *proprio sacerdoti* una eccezione dalla regola: «nisi ille sit imperitus»[185]. Questa clausola è stata ripresa dalla seconda parte del Decreto di Graziano: «Placuit, ut deinceps nulli sacerdoti liceat quemlibet conmissum alteri sacerdoti ad penitentiam suscipere sine eius consensu, cui se prius conmisit, nis pro ignorantia illius, cui penitens prius confessus est»[186]. La somiglianza della prima parte del canone con le disposizioni della costituzione lateranense è grandissima. Quanto alla restrizione aggiunta con il *nisi*, non si dovrebbe trascurare che la possibilità di confessarsi da un altro sacerdote per un penitente sottomesso ad un sacerdote ignorante diventa accettabile solo dopo la confessione precedentemente fatta dal proprio sacerdote (*cui penitens prius confessus est*).

Vincenzo Ispano contempla un altro caso, commentando le parole *proprio sacerdoti* con tale glossa: «Et si non habet, proximo»[187]. Questa breve affermazione viene spiegata da Vincenzo[188] con due testi ripresi dal *Decretum*[189]. Il primo è ripreso dal canone *Quem penitet*, e vale la pena citarne il brano che ci interessa:

> Tanta itaque vis confessionis est, ut, si deest sacerdos, confiteatur proximo. Saepe enim contingit, quod penitens non potens verecundari coram sacerdote, quem desideranti nec locus, nec tempus offert. Et si ille, cum confitebitur, potestatem solvendi non habeat, tamen fit dignus venia ex desiderio sacerdotis, qui confitetur socio turpitudinem criminis. Mundati enim sunt leprosi, dum ibant ostendere ora sacerdotibus ante, quam ad eos pervenirent. Unde patet, Deum ad cor respicere, dum ex necessitate prohibentur ad sacerdotes pervenire. Saepe quidem eos quaerunt sed sani et leti; dum quaerunt ante, quam perveniant moriuntur. Sed misericordia est Dei ubique, qui et iustis novit parcere, etsi non tam cito, sicut solverentur a sacerdote[190].

La confessione al prossimo ha dunque la sua forza, che trae dal desiderio di confessarsi davanti al sacerdote e dalla fiducia nella misericordia di Dio. Si deve però osservare che questa prassi è prevista nel caso di una vera necessità. Tale urgenza accade innanzitutto nel pericolo di morte. Un esempio di situazione simile lo troviamo nell'altro testo citato da Vincenzo: quando durante un naufragio un uomo nello stato della

---

[185] JOHANNES TEUTONICUS, *Apparatus,* in cost. 21, v. proprio sacerdoti.
[186] D. 6. de poen., c. 3.
[187] VINCENTIUS HISPANUS, *Apparatus*, in cost. 21, v. proprio sacerdoti.
[188] E da Damaso, che riprende quasi letteralmente la glossa di Vincenzo. Cf. DAMASUS, *Apparatus*, in cost. 21, v. proprio sacerdoti.
[189] Cf. VINCENTIUS HISPANUS, *Apparatus*, in cost. 21, v. proprio sacerdoti.
[190] D. 1 de poen., c. 88 §2.

penitenza canonica chiede la riconciliazione ad uno appena battezzato da egli stesso[191], dopo esser sopravvissuto, il penitente deve essere trattato come riconciliato con Dio, dato che «motus enim animus religiosus et supplex ab homine exegit sacramentum, a Deo inpetrat sanctitatem»[192].

Raimondo de Peñaforte consiglia di confessarsi ad un laico solo in casi molto precisi, quando c'è una vera e propria necessità: «si immineat articulus necessitatis, ut quia infirmatur ad mortem qui confiteri vult, vel debet intrare bellum iustum, et deest sacerdos, confiteatur proximo, et ita non solum clerico, sed etiam laico vel socio posset tunc confiteri»[193]. L'autore conosce già il precetto della confessione annuale[194], ma non la elenca tra gli esempi dell'*articulus necessitatis*. Così Raimondo risulta fedele alla lettera della costituzione 21. Invece Vincenzo (seguito da Damaso) ha estrapolato forse troppo facilmente il caso della grave necessità al precetto della confessione annuale.

I glossatori hanno anche offerto un commento abbondante alla regola contenuta nella costituzione 21 dopo la formulazione del precetto stesso che prevedeva, per potersi confessare da un altro prete, l'obbligo di chiedere al proprio sacerdote la licenza senza la quale l'altro sacerdote non potrà esercitare il suo potere sacramentale verso il penitente[195]. Giovanni Teutonico si sofferma sulle parole *licentiam postulet et obtineat a proprio sacerdote* ponendo accanto una domanda: «Quid si malitiose ille recusat?»[196]. Il glossatore risponde subito «Eat propria auctoritate»[197] e aggiunge il riferimento a un testo della Compilazione Terza nel quale si parla dei monaci o dei canonici che vorrebbero entrare nel monastero con una regola religiosa più stretta di quella che stanno vivendo. In questo caso, anche se uno è obbligato a chiedere la licenza al suo prelato, non è da essa limitato e «libere potest sanctioris vitae propositum adimplere, non obstante proterva indiscreti contradictione praelati, quia privilegium meretur amittere qui concessa sibi abutitur potestate»[198]. Vediamo qui una analogia con la situazione del fedele che vuole per una ragionevole causa confessarsi da un altro prete. Dato

---

[191] Cf. D. 4 de cons., c.36.
[192] Cf. D. 4. de cons., c. 36.
[193] RAIMUNDUS DE PENNAFORTE, *Summa de Paenitentia*, lib. 3, tit. 34, n. 16.
[194] Cf. RAIMUNDUS DE PENNAFORTE, *Summa de Paenitentia*, lib. 3, tit. 34, n. 29.
[195] Cf. CONCILIO LATERANENSE IV, cost. 21, 3, in *CCQL* 67.
[196] JOHANNES TEUTONICUS, *Apparatus*, in cost. 21, v. licentiam.
[197] JOHANNES TEUTONICUS, *Apparatus*, in cost. 21, v. licentiam.
[198] 3 Comp. 3, 24, 4 = X. 3, 31, 18.

che anche in quest'ultima situazione la negazione maliziosa del permesso sarebbe un abuso del potere concesso, il penitente è libero di andare all'altro confessore *propria auctoritate*.

Inoltre il Teutonico commenta il brano che parla della situazione quando l'altro sacerdote *non possit absolvere vel ligare*. La glossa inizia con il riferimento a un testo della *Compilatio I*, dove nella risposta ad una domanda sulle indulgenze conferite ai sudditi degli altri è già stata formulata una regola simile a quella conciliare : «quum a non suo iudice ligari nullus valeat vel absolvi, remissiones praedictas prodesse illis tantummodo arbitramur, quibus, ut prosint, proprii iudices specialiter indulserunt»[199]. Dopo aver fatto cenno al testo sopracitato, Giovanni pone la domanda «Set quare hoc cum potuerit se subicere ei?»[200]. Infatti non è difficile immaginare un prelato che secondo la costituzione 21 dovrebbe chiedere il permesso al parroco che dipende da lui a livello gerarchico, per poter assolvere il suddito di questo parroco. Il perché del dover fare la richiesta anche a uno che è sottomesso al richiedente, viene spiegato con la citazione del testo *Nos si incompetenter* del decreto di Graziano. Il Papa Leone IV dona un esempio di umiltà, indirizzando una lettera all'Imperatore Ludovico, nella quale si considera in certa maniera incompetente nel campo civile e promette di correggere gli errori e le colpe dei suoi sudditi se hanno commesso qualcosa di ingiusto[201]. Probabilmente l'analogia è questa: come il Papa riconosce la competenza del giudizio imperiale benché l'imperatore sia suo suddito, così anche un prelato dovrebbe riconoscere la competenza del semplice sacerdote quanto alla confessione dei suoi fedeli.

Vincenzo Ispano offre tale glossa alle parole *cum aliter ille ipsum non possit solvere*: «Id est si contemnitur suus, quia si non requiritur, contemnitur. Quod si non vult ei dare licentiam, adeat superiorem et eius auctoritate procedat [...] vel eat auctoritate sua»[202]. Il commentatore spiega la possibile *ratio legis* della normativa, che rende impossibile la confessione all'altro sacerdote senza la richiesta al *sacerdos proprius*: il legislatore vuole evitare il disprezzo del proprio pastore da parte dei fedeli.

Poi l'Ispano offre al penitente due rimedi nel caso della licenza negata. Il primo provvedimento possibile è quello di andare dal superiore e procedere secondo la sua autorità. Il testo citato a favore di questa tesi pro-

---

[199] Cf. 1 Comp. 5, 33, 3 = X. 5, 38, 4.
[200] JOHANNES TEUTONICUS, *Apparatus,* in cost. 21, v. non possit absolvere.
[201] Cf. C. 2, q. 7, c. 41.
[202] VINCENTIUS HISPANUS, *Apparatus*, in cost. 21, v. cum aliter.

viene dal decreto di Graziano e parla del potere dei metropoliti sui vescovi, che può andare fino alla costituzione degli economi (richiesta dalle regole canoniche) da parte dei metropoliti nelle diocesi dove i rispettivi vescovi hanno trascurato di farlo[203]. Analogicamente il superiore del parroco proprio potrebbe esercitare il suo potere dando all'altro sacerdote le facoltà necessarie per confessare validamente il penitente.

La seconda soluzione è quella già contemplata da Giovanni Teutonico, cioè agire con la propria autorità. Per sostenere questa possibilità, Vincenzo menziona il testo preso dalla Compilazione Terza[204] già riferito da Giovanni e analizzato sopra[205], ma inoltre fa cenno a un brano dal *Decretum*, riguardante lo stesso tema. In questo ultimo canone si parla delle due leggi: pubblica e privata. La seconda è scritta dallo Spirito Santo nel cuore dell'uomo e per questo è più vincolante dalla pubblica. Si tratta qui concretamente di un sacerdote secolare, che sente la vocazione divina alla vita monastica o regolare, e al quale non si può proibire di seguire la sua vocazione[206]. Infatti

> Spiritus quidem Dei lex est, et qui Spiritu Dei aguntur lege Dei dicuntur; et quis est, qui possit sancto Spiritui resistere? Quisquis igitur hoc Spiritu ducitur, etiam episcopo suo contradicente, eat liber nostra auctoritate. Iusto enim lex non est posita, sed ubi Spiritus Dei, ibi libertas, et si Spiritu Dei ducimini, non estis sub lege[207].

Secondo i due glossatori, la stessa logica può e dovrebbe essere seguita dal penitente nella scelta del confessore: dopo la richiesta della licenza negata, prevale la libertà evangelica, più forte dalla legge scritta.

Vincenzo fa una commento a parte per le parole *vel ligare*, alle quale aggiunge la glossa seguente: «Quia non est suus iudex»[208]. Per sostenere la sua affermazione il glossatore menziona due canoni raccolti nella *Compilatio I*: uno già citato da Giovanni Teutonico[209], l'altro riferito solo dall'Ispano. Quest'ultimo testo, attribuito al Papa Adriano, inizia con la frase: «Nullus episcopus alterius parochianum iudicare praesumat»[210], e poi tratta pure della proibizione di ordinare il suddito dell'altro senza il consenso del proprio superiore. Alla fine tira una chiara

---

[203] Cf. C. 9, q. 3, c. 3.
[204] Cf. 3 Comp. 3, 24, 4 = X. 3, 31, 18.
[205] Cf. sopra, p. 90.
[206] Cf. C. 19, q. 2, c. 2.
[207] C. 19, q. 2, c. 2, §1.
[208] VINCENTIUS HISPANUS, *Apparatus*, in cost. 21, v. vel ligare.
[209] Cf. 1 Comp. 3, 33, 3 = X. 5, 38, 4.
[210] 1 Comp. 3, 25, 3 = X. 3, 29, 3.

CAP. II: DAL CONCILIO LATERANENSE IV AL LATERANENSE V   93

conclusione: «Nam qui eum ordinare non potuit, nec iudicare ullatenus potest»[211]. Dunque solo il sacerdote proprio è il giudice nel foro della confessione, l'altro senza la richiesta della licenza manca proprio di competenza per poter rimettere i peccati.

Damaso questa volta non riprende il commento dello Ispano, ma ci offre un suo ragionamento:

> Ergo si sacerdos meus sit imperitus, licet eo casu habeam iustam causam eundi ad alium, si tamen non det licentiam proprius sacerdos, nullo modo potest ire ad alium, ut hic dicit. Sed secundum hoc contra de pen. vi. Placuit, de pen. di.i. Quem penitet. Debemus enim querere sacerdotem scientem ligare et solvere; et quicquid hic dicat, illis standum videtur esse in casu illo. Item si iusta causa interveniente parochianus petat licentiam et sacerdos non det, petat superiorem[212].

Il glossatore vede chiaramente la radicalità della legge formulata nel Concilio Lateranense IV, confrontandola con le disposizioni contenute nei due diversi canoni della distinzione *De poenitentia*[213]. Mentre Giovanni Teutonico e Vincenzo Ispano si sono riferiti a questi canoni cercando di conciliare con loro la costituzione *Omnis utriusque sexus*, Damaso osserva semplicemente che essa è contraria alle norme precedenti. Il commentatore non segue neanche i due altri glossatori nell'appellarsi alla legge non scritta dello Spirito Santo per indebolire la forza della norma scritta. Al contrario, egli rispetta il senso letterale della normativa lateranense. Damaso usa le espressioni *ut hic dicit* e *illis standum videtur esse in casu illo* per dimostrare la forza della legge conciliare alla quale dobbiamo attenerci. Allora secondo questa stretta interpretazione della costituzione, se la licenza è negata dal proprio sacerdote, *nullo modo potest ire ad alium*. La sola possibilità che rimane al parrocchiano *causa iusta interveniente* è quella di chiedere al superiore la licenza precedentemente rifiutata.

Alcuni anni dopo il Concilio Lateranense IV il concetto del *sacerdos proprius* viene spiegato nell'opera del Raimondo de Peñaforte[214]. Egli prima espone la norma e spiega le sue ragioni: «Tenetur ergo paenitens confiteri proprio sacerdoti. Et est ratio, quia ipse qui est praelatus suus tenetur reddere rationem de anima eius, et tradere sibi Eucharistiam, et alia sacramenta, in quorum collatione vetitur sibi perciulum, nisi faciat

---

[211] 1 Comp. 3, 25, 3 = X.3, 29, 3.
[212] DAMASUS, *Apparatus*, in cost. 21, v. non possit solvere vel ligare.
[213] Cf. D. 6 de poen., c. 3; D. 1. De poen., c. 88.
[214] Cf. RAIMUNDUS DE PENNAFORTE, *Summa de Paenitentia*, lib. 3, tit. 34, n. 15-20.

posse suum, ut sciat cui det»[215]. Raimondo presenta espressamente alcuni motivi del provvedimento che nel testo conciliare rimangono esplicite (quello della responsabilità per la salvezza delle pecore) o esposte solo in modo implicito (il *sacerdos proprius* può dare il consiglio di astenersi dalla Comunione pasquale e il penitente dovrebbe ascoltarlo, si potrebbe presumere che questo consiglio dato durante la confessione fosse suggerito con le disposizioni del penitente presentate nella confessione stessa). Tuttavia subito dopo aver presentato la regola generale, Raimondo elenca le eccezioni:

> Fallit regula supra dicta in quinque casibus, in quibus potest, cui est data potestas imponendi penitentias in aliqua parochia ab episcopo, audire confessionem alterius parochiani, videlicet: cum ille extraneus peccavit in parochia sua; item si mutavit ibi domicilium; item si est vagabundus; item si petit et obtinuit licentiam a sacerdote suo quem videbat imperitum et insufficentem, volens ire ad alium discretum, vel quia arripiebat longum iter, petebat licentiam ut posset in itinere confiteri; item in articulo necessitatis[216].

Dalle cinque possibilità esposte sopra, solo la quarta è presente nella costituzione *Omnis utriusque sexus*. In essa Raimondo offre una interpretazione stretta, esigendo che la licenza sia non solo richiesta ma anche ottenuta. Gli altri casi, non contemplati dalla costituzione conciliare, entrano nello sviluppo dell'idea di sacerdote proprio come giudice competente nel giudizio della confessione (prima, seconda e terza eccezione) oppure nella logica tipica di tutta la legge canonica[217] (l'eccezione quinta). Va notato che il sacerdote al quale si possono riferire i propri peccati nelle sopramenzionate situazioni particolari deve avere comunque la potestà di imporre le penitenze, concessa dal vescovo. Tale potestà è indispensabile anche quando quella del sacerdote proprio diventa sostituibile[218].

Il sacerdote proprio, cioè il parroco oppure un altro prete con la responsabilità per una concreta comunità dei fedeli, è costituito dal Concilio quale personaggio insostituibile per l'attuazione del precetto della confessione annuale. Infatti la legge deve essere adempiuta sia tramite di lui, sia altrove sempre con il suo permesso. Questa disposizione,

---

[215] RAIMUNDUS DE PENNAFORTE, *Summa de Paenitentia*, lib. 3, tit. 34, n. 15.

[216] RAIMUNDUS DE PENNAFORTE, *Summa de Paenitentia*, lib. 3, tit. 34, n. 16.

[217] Cf. BERNARDUS PAPIENSIS, *Summa Decretalium*, lib. V, tit. 33, §5: «quia necessitas legem non habet».

[218] Eccetto il caso della necessità. Cf. RAIMUNDUS DE PENNAFORTE, *Summa de Paenitentia*, lib. 3, tit. 34, n. 15.

anche se radicata nella tradizione canonica e motivata da valide ragioni, porta in sé un pericolo del quale erano consapevoli già i primi glossatori. Infatti se dal sacramento della confessione fa parte anche un vero atto giudiziale, è un giudizio peculiare e particolarmente delicato. La legge della grazia, scritta nel cuore dell'uomo, messa in evidenza da San Paolo ed esposta anche dai glossatori, dovrà guidare la ricerca della giusta interpretazione della norma. La legge canonica infatti dovrebbe rispettare non solo i confini parrocchiali e il compito del sacerdote, ma il grande dono offerto dal Signore *omnibus fidelibus*: la libertà di figli di Dio[219].

2.5 «Christiana careat sepultura»

Le pene previste per la non osservanza della costituzione *Omnis utriusque sexus* erano gravissime: la proibizione di entrare in Chiesa durante la vita e la privazione della sepoltura cristiana. Siccome la Comunione pasquale poteva essere differita sul giudizio del proprio sacerdote, fondamentalmente punibile sembra l'inosservanza del precetto della confessione annuale. Infatti Raimondo de Peñaforte chiama la *Omnis utriusque sexus* «constitutionem [...] contra neglegentes confiteri peccata»[220].

Giovanni Teutonico vede nelle punizioni previste dalla *Omnis utriusque sexus* una eccezione alla norma generale finora osservata: «Nota contra regulam generalem quod communicamus vivo et tamen non mortuo»[221]. Deduciamo da questa asserzione che per il glossatore la pena di non poter entrare in Chiesa da vivo non sia uguale a una scomunica[222]. Se è così, la pena applicata dopo la morte diventa sproporzionata rispetto a quella adottata durante la vita. Tra i quattro testi citati da Giovanni[223], solo due presentano una certa corrispondenza fra l'esclusione dall'altare e la privazione della sepoltura. Nel primo caso

---

[219] Cf. C. 19, q. 2, c. 2.

[220] RAIMUNDUS DE PENNAFORTE, *Summa de Paenitentia*, lib. 3, tit. 34, n. 29.

[221] JOHANNES TEUTONICUS, *Apparatus,* in cost. 21, v. christiana careat sepultura. Cf. P.-M. GY, «Le précepte de la confession annuelle et la détection», 446.

[222] Anche M. Sguerzo nel suo libro sull'evoluzione dell'istituzione della sepoltora ecclesiastica sostiene che il fedele che non compie il precetto pasquale e annuale dovrà essere escluso dalla sepoltura ecclesiastica *ratione publici peccati*, e non come scomunicato. Invece N. Iung sostiene una tesi contraria definiendo il trasgressore del precetto con il termine dello scomunicato. Cf. M. E. SGUERZO, *Evoluzione*, 155. 160; Cf. N. IUNG, «Communion», 1154.

[223] Cf. JOHANNES TEUTONICUS, *Apparatus,* in cost. 21, v. christiana careat sepultura.

si tratta di un monaco che possiede qualcosa senza il permesso dell'abate: durante la vita «a communione removeatur altaris»[224] e se conserva qualcosa *in extremis* e muore senza una degna penitenza «nec oblatio pro eo fiat, nec inter fratres accipiat sepulturam»[225]. Lo stesso ragionamento troviamo nel canone 25 del concilio Lateranense III, raccolto nella Compilazione I, che stabilisce: «ut usurarii manifesti nec ad communionem admittantur altaris nec christianam, si in hoc peccato decesserit, accipiant sepulturam»[226].

Le due ultimi riferimenti riportati nel commento di Giovanni trattano soltanto sulla pena della privazione della sepoltura cristiana[227]. Un canone del *Decretum* presenta le pene per i suicidi, applicabili ovviamente solo dopo la morte: «Placuit, ut hii qui sui ipsis voluntarie [...] inferunt mortem, nulla pro illis in oblatione conmemoratio fiat, neque cum psalmis ad sepulturam eorum cadavera deducantur»[228]. Nel testo menzionato come ultimo troviamo un caso di un manifesto *raptor et ecclesiae violator*, il quale non ha voluto riparare il danno quando poteva e si pente solo *in extremis* quando non ha più possibilità di restituzione. A tale peccatore «de peccato contrito viaticum non negetur, ita tamen, ut nullus clericorum sepulturae illus intersit»[229]. A questo brano seguono le pene ecclesiastiche previste per il sacerdote che assistesse comunque al funerale di un rapinatore[230]. Va sottolineato, che in questi due ultimi casi la privazione della sepoltura ecclesiastica non era sempre legata con l'esclusione dalla Comunione ecclesiale e sacramentale, anche se tale era la regola generale riportata da Giovanni Teutonico.

Anche Vincenzo Ispano affronta nel suo apparato il tema della negazione della sepoltura[231] e giudica che la soluzione del Laterano IV «speciale est in hoc casu»[232]. Questo commento risulta simile a quello di Giovanni Teutonico, tuttavia Ispano riporta poi testi diversi. Il primo brano menzionato parla dei partecipanti ai tornei: i feriti in essi hanno ancora una possibilità di ricevere la penitenza, ma se muoiono

---

[224] 1 Comp. 3, 30, 2 = X. 3, 35, 2.
[225] 1 Comp. 3, 30, 2 = X. 3, 35, 2.
[226] CONCILIO LATERANENSE III, can. 25 = 1 Comp. 5, 15, 2 = X. 5, 19, 3.
[227] Circa questa pena nella normativa lateranense cf. A. CHWASTYK, *Diritto e negazione*, 9-10.
[228] C. 23, q. 5, c.12.
[229] 1 Comp. 5, 14, 1 = X. 5, 17, 2.
[230] Cf. 1 Comp. 5, 14, 1 = X. 5, 17, 2.
[231] Mentre nell'apparato di Damaso questo brano della costituzione non risulta commentato per niente. Cf. DAMASUS, *Apparatus*, in cost. 21.
[232] VINCENTIUS HISPANUS, *Apparatus*, in cost. 21, v. christiana careat.

dopo aver partecipato al torneo *animo pugnandi* «ecclesiastica tamen careat sepultura»[233]. L'altra severa norma è stata data per i religiosi che tengono per sé i soldi senza svelarlo durante la vita: «Si cum aliquo vestrum pecunia fuerit inventa et in vita sua non patefecerit, nec ad ecclesiam nec ad hospitale sepeliatur, sed extra civitatem in campis ponatur»[234].

Esposta la singolarità della norma della costituzione 21, abbondantemente illustrata con altri casi della privazione della sepoltura, Vincenzo pone una domanda interessante, alla quale risponde subito: «Et numquid si uno anno non penitet, de cetero numquam habebit ecclesiasticam sepulturam? Non minus habebit si non moriatur hoc vitio non purgato»[235]. La privazione della sepoltura non è quindi una pena nella quale si incorre automaticamente dopo aver trascurato in un anno la normativa lateranense, ma risulta come una conseguenza ulteriore della pertinacia nel trascurare il precetto della confessione annuale. Così la pena tocca il fedele che dimostra una durezza di cuore, una ostinazione definitiva al rifiuto del sacramento della penitenza.

Infine, dopo aver trattato le pene annesse al precetto pasquale e annuale va messa in rilievo anche la decisione circa la pubblicazione frequente del *salutare statutum* del Concilio nelle chiese. Il Legislatore voleva che la norma fosse conosciuta da tutti i fedeli, affinché nessuno «ignorantiae caecitate velamen excusationis assumat»[236]. Dei glossatori analizzati solo Vincenzo ci offre un corto commento a questa disposizione conciliare, mettendo come glossa alle parole *velamen excusationis*[237] il riferimento al lungo testo sui diversi modi di falsificare le lettere Papali[238]. Forse questa eventualità di avere un decreto Papale falsificato poteva fornire le scusanti per non osservare la costituzione 21. Con il rimedio previsto, il Concilio esclude questo pericolo, lottando contro l'ignoranza dei fedeli, anche quella crassa e colpevole. Così l'obbligo di pubblicare la decisione conciliare ci fa passare dall'analisi teorica dei giuristi al grande sforzo pastorale compiuto per assicurare l'osservanza del precetto pasquale in ogni comunità parrocchiale[239].

---

[233] 1 Comp. 5, 11, 1 = X. 5,13,1.
[234] 2 Comp. 3, 22, 1. Quel testo non è stato ripreso da *Liber Extra*.
[235] VINCENTIUS HISPANUS, *Apparatus*, in cost. 21, v. christiana careat.
[236] CONCILIO LATERANENSE IV, cost. 21, 2, in *CCQL*, 68.
[237] VINCENTIUS HISPANUS, *Apparatus*, in cost. 21, v. velamen excusationis.
[238] 3. Comp. 5, 11, 2 = X. 5, 20, 5.
[239] Cf. A. MIGLIAVACCA, «La "confessione frequente"», 13-14. L'autore sottolinea l'influsso del decreto conciliare sulla prassi più frequente della confessione sacramentale.

I primi giuristi di Bologna hanno accolto e interpretato la costituzione 21 con le chiavi disponibili all'epoca, cioè con le norme canoniche del *Decretum* e delle tre Compilazioni antiche, del diritto romano, del metodo scolastico e del sottile ragionamento non privo di riferimenti biblici. Le loro glosse non solo offrono la lettura del testo della costituzione delle persone che hanno vissuto al tempo del Concilio Lateranense, ma hanno influito anche sul pensiero di molti commentatori posteriori, come risulta dalle analisi svolte in seguito. Si può parlare di un impatto simile anche per gli altri autori citati, soprattutto per la *Summa de Paenitentia* di Raymondo de Peñaforte. Dall'altra parte l'impegno nella pubblicazione e nella divulgazione della normativa formulato dal Laterano IV è stato garantito in seguito non solo dagli autori, ma anche da molti concili provinciali e diocesani, come vedremo a breve nella parte successiva di questo capitolo.

3. La recezione della normativa lateranense

In questa sezione la ricerca va centrata sulla recezione del precetto della confessione annuale e della Comunione pasquale nell'epoca successiva al Concilio Lateranense IV. All'inizio si cercherà di valutare a quale punto l'obbligo sacramentale si è diffuso nella chiesa medievale, secondo le intenzioni dello stesso legislatore universale. Poi la ricerca proseguirà circa l'eventuale influenza delle anteriori norme consuetudinari o locali nella loro interazione con la legislazione universale. Si proverà di analizzare la connessione tra il precetto annuale e quello pasquale. Vanno notate anche le circostanze importanti dell'adempimento dell'obbligo sacramentale, come il tempo e il luogo della prassi annuale, nonché l'età alla quale i fedeli sono vincolati ad essa. Si proverà di approfondire il problema dell'eventuale confessione annuale dei peccati veniali. Infine studieremo la specificazione e l'applicazione delle sanzioni annesse alla legislazione universale. In questa analisi va presa in considerazione la legislazione dei concili locali e provinciali[240], il lavoro dei rubricisti alle costituzioni lateranensi[241], infine i

---

[240] Nello studio della normativa emanata dai Concili risulta imprescindibile l'opera di A. Carpin, concentrato proprio su questo tema. Si possono trovare anche interessanti indicazioni negli articoli di H. Moureau, e di N. Iung, nei dizionari francesi rispettivamente della teologia cattolica e del diritto canonico. Cf. A. CARPIN, *La confessione*, 57-237. H. MOUREAU, «Communion», 484-485; N. IUNG, «Communion», 1154.

[241] Antonio García y García descrive quattro tappe del lavoro dei rubricisti sulle costituzioni conciliari: 1. Il testo originale del Concilio Lateranense IV, conservato nei codici più antichi, non conteneva le rubriche per niente; 2. Dopo poco tempo

commenti dei canonisti e dei teologi. Saranno studiate più dettagliatamente le leggi e le opere del primo secolo dopo il Laterano IV, senza trascurare le posizioni rilevanti del periodo posteriore, fino all'inizio del XVI secolo.

3.1 *La divulgazione del precetto lateranense*

La costituzione *Omnis utriusque sexus* è stata all'inizio trattata insieme con le altre costituzioni del Concilio Lateranense IV, del quale le norme sono state ampiamente diffuse in tutta l'Europa di allora[242]. Poi la costituzione 21 è stata inserita nella *Compilatio Quarta*[243], composta nel 1216 e "ufficializzata" solo nel 1220[244]. In seguito la *Omnis utriusque sexus* iniziò a far parte delle Decretali di Gregorio IX[245], redatte da San Raimondo de Peñaforte e promulgate dal Papa il 5 settembre 1234[246]. Integrata così nel *Corpus* legislativo della Chiesa, è stata ampiamente commentata dai giuristi e dai teologi medievali. Nello stesso tempo la massiva divulgazione della costituzione conciliare è stata garantita soprattutto dallo sviluppo della legislazione locale. È stato proprio lo slancio della riforma lateranense, senza dubbio la più ampia e la più importante fra altri tentativi medievali, che ha portato come frutto anche la celebrazione di molti concili diocesani

---

comincia ad apparire all'inizio di ogni costituzione qualche rubrica, sommario o titolo. Quello stadio di sviluppo presenta una notevole libertà da parte dei rubricisti, che intitolano le differenti costituzioni secondo le interpretazioni e le necessità locali; 3. Alcuni codici presentano rubriche simili alle altre edizioni, cominciando a creare i modelli dei titoli o dei sommari; 4. Infine abbiamo una serie di rubriche che si ispirano chiaramente alla *Compilazione quarta* o al *Liber Extra*. Cf. A. GARCÍA Y GARCÍA, «Introducción. Rubricae», 121-135.

[242] Per Antonio García y García il primo sintomo della recezione delle costituzioni del Concilio è il numero dei manoscritti con le stesse costituzioni, che sono 64 conservati, senza contare quelli persi dei quali abbiamo notizie. È un numero elevatissimo di codici, considerando che il testo conciliare fu rapidamente incorporato nella *Compilatio IV Antiqua* (1217) e poi nel *Liber Extra* (1234). Vale la pena osservare anche l'estensione geografica dei luoghi di conservazione dei rispettivi manoscritti (nominiamo solo alcune città): da Lisbona e Toledo, tra Londra, Oxford, Parigi, Roma, Zurich, Graz, fino a Vienna, Praga e Budapest. Cf. A. GARCÍA Y GARCÍA, *Historia*, 282. Per una lista dei codici conservati con una descrizione dettagliata cf. A. GARCÍA Y GARCÍA, «Introducción. Rubricae»,127-135.

[243] Cf. 4 Comp. 5, 14, 2.

[244] Cf. P. ERDÖ, *Storia*, 118-119; B.E. FERME, «*Quinque Compilationes Antiquae*», 49-50.

[245] Cf. X. 5, 38, 12.

[246] Cf. P. ERDÖ, *Storia*, 120-121.

e provinciali[247]. Questi concili a loro volta hanno contribuito alla propagazione della normativa nelle più piccole comunità dei fedeli, soprattutto nelle parrocchie.

Le costituzioni sinodali di Riccardo Povero († 1237)[248], composte verso il 1217, già sottolineano l'importanza dell'insegnamento e dell'istruzione circa il precetto della confessione annuale. Il brano comincia con l'espressione «moneantur etiam laici, qui statim in primo quadragesime confiteatur» e finisce con la frase: «Et hoc frequenter eis dicatur»[249]. Con questa introduzione e conclusione vediamo quale era lo scopo principale dell'autore degli statuti sinodali: istruire i sacerdoti affinché potessero insegnare a loro volta ai laici l'importanza dell'obbligo di avvicinarsi ai sacramenti.

Uno stimolo più elaborato affinché i pastori esortino i fedeli a compiere l'obbligo sacramentale almeno una volta all'anno troviamo negli statuti sinodali di Gerona:

> Praedicatio valde necessaria est habenti curam animarum, ut subditis suis frequenter dicat, quid secundum faciendum sit, quid cavendum. Id est ut exerceant se secundum apostolum ad opera pietatis, et peccata caveant et vitent, quantum humana fragilitas nosse sinit, praecipue moneant eos ad penitentiam salutarem instruentes eos, ut si aliquando peccarent, diabolo insignante, ad confessionem venire non tardent, et eis exprimant diligenter quod cuicumque semel in anno peccata sua confessus non fuerit, et corpus Dominicum non receperit, nisi de concilio sacerdotis sui propter causam ad tempus dimiserit, si sic decederet, careat ecclesiastica sepultura[250].

Il *habens curam animarum*, cioè il parroco, deve dunque impegnarsi a dire, istruire e riferire spesso il precetto annuale ai propri sudditi. Il Concilio di Magonza del 1261 chiede ai sacerdoti di ammonire frequentemente il loro popolo circa l'obbligo di confessarsi e di comunicarsi se vogliono essere considerati cattolici[251]. Guido de la Tour, il vescovo di Clermont, negli statuti promulgati per la sua diocesi nel

---

[247] Cf. A. CARPIN, *La confessione*, 57; P. ERDÖ, *Storia*, 131-133 Quest'ultimo autore spiega il concetto del libro sinodale, distinguendo tra le opere dei concili provinciali e quelli diocesani.

[248] Riccardo Povero (Richard Poore) era vescovo rispettivamente di tre città in Inghilterra: Chicester, Salisbury e Durham e per questo si può presupporre che le norme da lui redatte potevano avere una vasta influenza. Cf. A. CARPIN, *La confessione*, 58.

[249] RICCARDO POVERO, *Statuta synodalia* (1217-1219), cap. 38, p. 73.

[250] *Statuta synodalia Ecclesiae Gerundensis* (1257 ca.), n. 5, in Mansi, 23, 929.

[251] CONCILIO DI MAGONZA (1261), can. 26: «Sacerdotes frequenter moneant plebem suam» (Mansi, 23,1090).

CAP. II: DAL CONCILIO LATERANENSE IV AL LATERANENSE V

1268[252] invita ad istruire su questi precetti tutti i fedeli di ambedue i sessi, soprattutto prima della Quaresima[253]. Poi il Concilio di Münster del 1279 chiede di ammonire i fedeli frequentemente e diligentemente sul merito[254] e il Concilio di Colonia dell'anno successivo ripete lo stesso ammonimento[255]. Nel 1287 i statuti sinodali di Exeter puntano sulla responsabilità del parroco della salvezza eterna dei suoi fedeli, la quale responsabilità dovrebbe spingerlo alla predicazione circa gli obblighi sacramentali[256]. Infine all'inizio del trecento il concilio di Lucca fa un elenco delle feste nelle quali si deve ricordare al popolo l'obbligo della confessione annuale:

> Ad hoc universis ecclesiarum praelatis et rectoribus curam animarum habentibus districte praecipimus, ut hanc nostram constitutionem primo die lunae quadragesimae, die paschatis resurrectionis Dominicae, die sabbati omnium Sanctorum, et die festi nativitatis Christi coram populo in ecclesiis singulis annis diligenter studeant publicare[257].

I sinodi locali tenutisi dopo il Laterano IV trattano il tema dell'obbligo di ricevere i sacramenti sul loro terreno e così contribuiscono alla conoscenza della nuova normativa. Va messa in rilievo anche la costante preoccupazione di fare insegnare il precetto lateranense a livello parrocchiale. Così i concili provinciali e diocesani hanno svolto un ruolo insostituibile nella propagazione del precetto sacramentale, voluta già dallo stesso Laterano IV, che definiva la stessa costituzione 21 come «salutare statutum»[258] e non era solo un termine retorico. Giovanni d'Andrea († 1348) spiega questa espressione, glossando in tal

---

[252] Cf. *Répertoire des statuts synodaux*, 205.

[253] Cf. GUIDO DE LA TOUR, *Statuta synodalia* (1268): «Item doceant, et maxime ante Quadragesimam, quod omnis utriusque sexus fidelis, postquam ad annos discretionis pervenerit» (Mansi, 23, 1193). Una formula simile è stata usata più tardi dal sinodo di Wurzburg, cf. CONCILIO DI WURZBURG (1298), cap. 21: «Doceatur maxime ante quadragesimam omnis utriusque sexus fidelis» (Mansi, 24, 1195).

[254] Cf. CONCILIO DI MÜNSTER (1279), cap. 17: «Item praecipimus, quod omnes Sacerdotes parochialium Ecclesiarum frequenter, et diligenter subditos suos utriusque sexus admoneant» (Mansi, 24, 318).

[255] Cf. CONCILIO DI COLONIA (1280), cap. 8, in Mansi, 24, 355.

[256] Cf. PIETRO QUIVEL (QUINEL), *Statuta Synodalia* (1287), cap. 5, p. 992 : «Et quia praelatis ecclesiarum, quibus animarum cura incumbit, in se bonos existere non sufficit ad salutem, nisi subditorum mores et vitam corrigant et reforment, quorum sanguis de eorum manibus requiretur: moneant parochianos suos et crebris praedicationibus inducant».

[257] CONCILIO DI LUCCA (1308 ca.), can. 57, in Mansi, 25, 189.

[258] CONCILIO LATERANENSE IV, cost. 21, 2, in *CCQL*, 68.

modo il verbo *salutare*: «inductum scilicet pro salute animarum»[259]. Tale decisione del Concilio Lateranense IV doveva essere spesso ricordata[260], affinché fosse conosciuta bene da tutti i fedeli nella loro via verso la salvezza.

Un altro segno della diffusione del precetto pasquale e annuale proviene dalle testimonianze circa la sua traduzione nelle lingue volgari. Il Concilio di Bourges del 1286 chiede ai parroci e ai cappellani di possedere una copia della normativa lateranense anche in lingua volgare, di intenderla in modo esatto e di esporla ai fedeli sotto pena della scomunica[261]. La richiesta di possedere tale esemplare ha come scopo di far conoscere il precetto lateranense non solo alle persone dote ed educate, ma anche alla gente che non conosceva il latino. Due secoli più tardi, nell'opera di Enrico di Odendorp intitolata *Repetitio Capituli Omnis utriusque sexus*, edita nel 1490 a Memmingen, troviamo non più l'esortazione alla traduzione, ma la traduzione stessa nella lingua tedesca. L'autore di questa traduzione della costituzione *Omnis utriusque sexus* è il vescovo di Frisinga Sisto[262]. Inoltre va notato, che l'esistenza stessa di tali ripetitori — il plurale non è casuale, perché disponiamo dell'altra opera con lo stesso titolo, proveniente da Leipzig del 1493[263] — è già l'indizio dell'interesse che suscita la costituzione 21 del Laterano IV alla fine del quattrocento.

Nella seconda metà del secolo XV appaiono anche i primi elenchi dei cosiddetti "precetti della Chiesa", cioè delle norme canoniche basilari, che gli autori volevano far conoscere al popolo di Dio in forma sinteti-

---

[259] IOANNES ANDREAE, in X. 5, 38, 12, v. salutare.

[260] Cf. C. CLINTON, *The paschal precept*, 34. L'autore ci offre numerosi esempi dei termini della pubblicazione della costituzione 21 nelle varie parti della Cristianità, tra l'altro: quattro volte all'anno, tutte le domeniche di Quaresima, durante i sermoni dell'Avvento.

[261] Cf. CONCILIO DI BOURGES (1286), cap. 14: «Praecipimus etiam sub poena excommunicationis, universis ecclesiarum cappellanis curatis, quod habeant in vulgari et Latino, constitutionem Innocentii III, editam in concilio generali [...] et eas [la costituzione lateranense e due altre costituzioni pontificie elencate dal Concilio] diligenter intelligant et populo exponant: quod ipsis praedicantibus districte praecipimus observare. Tenores autem dictarum constitutionum hic per ordinem inferuntur» (Mansi, 24, 632).

[262] Cf. HENRICUS DE OLDENDORP, *Repetitio capituli*, Expositio capituli in vulgari, pp.1v-2r. Questa opera è stata messa a disposizione sulla rete, dal *Münchener DigitalisierungsZentrum*, al quale vanno i nostri sinceri ringraziamenti.

[263] Cf. JOHANNES DE BREITENBACH, *Repetitio capituli*, 1-49. Abbiamo trovato questa opera nella edizione electronica della *Wolfenbütteler Digitale Bibliothek*, che ringraziamo in questa nota.

ca e semplice[264]. San Antonino di Firenze nella sua Somma Teologica propone la lista dei precetti della Chiesa, «quae obligant ad mortale. Et aliquae quidem universalia sunt, quae extenduntur ad omnes fideles»[265]. Tra questi comandamenti ecclesiali universali ritroviamo il precetto di confessarsi una volta all'anno, e quello della Comunione almeno a Pasqua[266]. Più tardi un importante manuale per i confessori della fine del quattrocento, la *Summa Angelica*, fa includere gli stessi obblighi nell'elenco dei precetti universali della Chiesa[267], circa l'adempimento dei quali il confessore dovrebbe fare al penitente le seguenti interrogazioni: «Si confessus est semel in anno [...] Si suscepit sacramentum corporis Christi semel in anno»[268].

Così il *salutare statutum* poteva essere sempre più conosciuto e osservato dal popolo di Dio, assicurando ad esso la recezione degna dell'eucaristia e l'accesso al perdono sacramentale nella cadenza almeno annuale.

3.2 *L'obbligo annuale in relazione con la legislazione precedente*

Dato che la norma sulle tre Comunioni annuali fu presente nell'Occidente cristiano per più di 700 anni[269], non c'è da meravigliarsi che anche dopo il Concilio Lateranense IV essa ha continuato ad esercitare un certo influsso nella recezione della costituzione *Omnis utriusque sexus*. Troviamo tale influsso nel canone 13 del Concilio celebrato a Tolosa nel 1229:

> Omnes autem utriusque sexus postquam ad annos discretionis advenerint, confessionem peccatorum faciant ter in anno proprio sacerdoti, vel alii de voluntate ipsius, vel mandato, iniunctam poenitentiam et humiliter et pro viribus impleturi, et ter anno, in Natali Domini, Pascha, et Pentecoste, sacramentum Eucharistiae cum omni reverentia suscepturi; ita quod confessio communionem praecedat: nisi forte, ob aliquam

---

[264] Cf. A. VILLIEN, *Histoire des Commandements*, 5-12.

[265] ANTONINUS FLORENTINUS, *Summa Theologice*, pars I, tit. 17, §12, col. 805.

[266] Cf. ANTONINUS FLORENTINUS, *Summa Theologiae*, pars I, tit. 17, §12, praeceptum V -VI, col. 806. Cf. anche E. DUBLANCHY, *Commendements de l'Église*, 389.

[267] Cf. ANGELUS DE CLAVASIO, *Summa angelica*, v. praeceptum, n. 18, f. 270: «Sunt et alia praecepta ab ecclesia indita generaliter omnes ligantia quae sunt: [...] quartum de confessione, quintum de communione».

[268] ANGELUS DE CLAVASIO, *Summa angelica*, v. interrogatio, n. 14, f. 684. Per uno studio più approfondito del precetto pasquale nella *Summa Angelica* cf. M. OHST, *Pflichtbeichte*, 221-295.

[269] Cf. sopra, cap. I, 1.3.1.

causam rationabilem, ad tempus [...] abstinuerint, de concilio proprii sacerdotis[270].

Il redattore di questo canone usa l'incipit *Omnis utriusque sexus* e altre espressioni lateranensi, obbligando però alle tre confessioni e alle tre comunioni annuali. Il canone di Tolosa rispecchia così la costituzione lateranense nel sottolineare la relazione tra la confessione e la Comunione, ma nella frequenza richiesta rimane fedele alla normativa che vincolava a comunicarsi a Pasqua, a Pentecoste e a Natale. Il Concilio celebrato nella stessa regione 25 anni più tardi ripete quasi letteralmente il canone di Tolosa, ma al posto di imporre subito tre confessioni, cita all'inizio la legge annuale del Laterano IV:

> Omnes autem utriusque sexus postquam ad annos discretionis pervenerint, confessionem peccatorum faciant in anno proprio sacerdoti, similiter alii de voluntate illius iniunctam sibi pro viribus poenitentiam humiliter impleturi. Ter quoque in anno, in natali Domini, Pascha, et Pentecoste, suscipiant eucharistiae cum omni reverentia sacramentum. Ita quod confessio communionem praecedat: nisi si, ob aliquam causam rationabilem, ad tempus ab eius receptione abstinuerint de consilio proprii sacerdotis[271].

Va notato che la costituzione lateranense è riportata solo quanto alla confessione annuale, senza riportare quella della Comunione pasquale. Quest'ultima normativa è sostituita dalla legge di comunicarsi tre volte all'anno. Mentre per la Comunione il legislatore locale preferisce soffermarsi alla norma di Adge, quanto alla confessione esige prima una e poi tre confessioni annuali. Manca ancora una chiarezza nell'armonizzare le due norme: l'antichissima legge delle tre comunioni pasquali con la legislazione universale del Laterano IV. Neanche l'autore della *Glossa ordinaria* al *Liber Extra* propone una chiara interpretazione della nuova normativa alla luce dell'antica. Bernardo di Bottone pone accanto all'espressione *ad minus in Pascha* soltanto le parole «de ipse di. 2. et si non frequentius»[272], senza ulteriori commenti. Questa menzione si riferisce al brano del Decreto, dove è citata la normativa delle tre Comunioni annuali emanata dal Concilio di Tours (813)[273]. Più lineare nell'equilibrare le due norme è invece il vescovo di Ostia Enrico da Segusio († 1271), conosciuto con il nome di *Hostiensis*, che scrive

---

[270] CONCILIO DI TOLOSA (1229), can. 13, in Mansi, 23, 197.
[271] CONCILIO DI ALBI (1254), can. 29, in Mansi, 23, 840.
[272] Cf. *Glossa Ordinaria*, X. 5, 38, 12, v. ad minus in Pascha.
[273] Cf. D. II, de cons., c.19. Va notato che anche i tre primi glossatori alle costituzioni conciliari menzionano lo stesso canone di Graziano. Cf. sopra, cap. II, 2.2.

CAP. II: DAL CONCILIO LATERANENSE IV AL LATERANENSE V   105

nei suoi *Commentaria*: «Et hoc ideo dicit: quia et in aliis festivitatibus consuetis hoc fieri debet [...]. Sed ad minus in Pascha hoc necesse est [...]. Quod si contempserit, fidelem se non ostendit»[274].

Sulle isole britanniche la normativa lateranense è stata recepita già verso il 1217, nei sopramenzionati Statuti sinodali di Riccardo Povero. Anche questi statuti riportano il precetto del Laterano IV accanto a quello tradizionale, ma subito in modo adeguato:

> Confessiones tres in anno audiantur. Ter communicare moneantur; in Pascha, in Pentecoste, et in natali Domini. Prius tamen praeparent se per aliquam abstinentiam de consilio sacerdotum faciendam. Quicunque autem semel in anno, ad minus, proprio non confessus fuerit sacerdoti, et ad minus ad Pascha Eucharistiae sacramentum non acceperit nisi consilio sui sacerdoti duxerit abstinendum: et vivens ab ingressu ecclesie arceatur et mortuus, christiana careat sepultura[275].

Riccardo invita i sacerdoti ad ascoltare le confessioni tre volte all'anno e di ammonire i fedeli affinché si comunichino nelle tre grandi feste. Accanto a questa normativa il vescovo di Salisbury pone quella del Laterano IV, con l'esposizione delle pene previste nella costituzione 21. Così il precetto lateranense è inteso come il vero minimo giuridico, mentre la via suggerita ed incoraggiata sarebbe quella di accostarsi tre volte ai sacramenti della penitenza e dell'Eucaristia. Nel 1240 i statuti di Walter da Cantilupe, vescovo di Worcester mettono di nuovo in armonia le due norme:

> Praecepimus igitur, iuxta nostrorum statuta maiorum ut semel ad minus per annum studeat quisque fidelis omnia peccata sua districta et dilucida confessione detegere ne, quod absit, in examinatione extrema iudicio coram angelis et archangelis durius plectantur. Moneantur tamen fideles, per annum pluries confiteri, ut videlicet saltem in tribus solemnitatibus precipuis, Nativitatis Domini, Paschae Resurrectionis et Pentecostes[276].

La confessione deve essere severa e lucida[277] per affrontare il giudizio sacramentale ed evitare la severità di quello finale. La bella e forte immagine dell'ultimo giudizio ci permette di osservare meglio la logica ascendente delle due norme: la confessione annuale è obbligatoria per la salvezza, mentre sarebbe meglio confessarsi più volte all'anno. Il testo conciliare non parla per niente della Comunione sacramentale, che

---

[274] Cf. HOSTIENSIS, in X. 5, 38, 12, v. ad minus in Pascha.
[275] RICCARDO POVERO, *Statuta synodalia*, cap. 38, p. 72-73.
[276] WALTER DA CANTILUPE, *Statuta synodalia* (1240), n. 31, p. 303-304.
[277] A. Carpin traduce «precisa» e «chiara». Cf. A. CARPIN, *La confessione*, 134.

pare comunque sottintesa nelle espressioni prese dalle costituzioni lateranensi e nell'elenco consuetudinario delle tre feste per comunicarsi.

Alla fine del secolo XIII le due normative si presentano come un insieme abbastanza omogeneo, con due livelli diversi: quello annuale indispensabile e basilare, e l'altro delle tre Comunioni consuetudinarie, al quale si dovrebbe esortare e guidare i fedeli. Ad Exeter, il vescovo Pietro Quivel (o Quinel)[278] ha chiesto ai parroci di predicare ai propri sudditi «quod quilibet eorum ter in anno, scilicet ante Natale Domini, Pascha, et Pentecosten, vel ad minus in Quadragesima [...] peccata sua integre proprio sacerdoti, vel alteri de ipsius licentia, confiteantur»[279]. Anche se le tre confessioni sono oggetto della predicazione, solo quella in Quaresima è richiesta come un vero minimo.

Nell'ultimo decennio del secolo Guglielmo Durand († 1296) detto lo Speculatore, canonista e vescovo di Mende, redige le costituzioni indirizzate al clero della sua diocesi[280], dove dice al riguardo:

> Quamvis omnes fideles in tribus anni temporibus, videlicet in Natali, in Pascha et Penthecosten, ad communionem corporis et sanguinis Domini sint monendi, precepimus tamen ut clerici saltem bis, laici vero semel in anno, capellano seu rectorii in cuius parrochia degunt vel alii, de eius licentia, sua confiteantur peccata et saltem in Paschate eucharistiam recipiant, nisi de licentia sui abstinere confessoris. Alioquin [...] viventes ab ingressu ecclesie [...] et morientibus sepultura ecclesiastica denegetur[281].

Anche se la prassi delle tre Comunioni viene nominata per prima, la norma del Laterano IV sembra più fondamentale, dato l'uso di *precipimus* al posto di *sint monendi* e la menzione delle sanzioni canoniche nel caso del non adempimento di essa. Forse la formulazione contenuta negli statuti sinodali del 1289, promulgati da Raimondo di Calmont d'Olt per la diocesi di Rodez[282], è ancora più ordinata e chiara:

> Volumus et mandamus ut quilibet fidelis postquam confessus fuerit, ad minus ad Pascha reverenter suscipiat singulis annis Eucharistiae sacramentum, nisi forte de proprii concilio sacerdotis ex aliqua causa rationabili duxerit absti-

---

[278] Cf. *Council and Synods*, II/2, 982, nt. 1.
[279] PIETRO QUIVEL (QUINEL), *Statuta synodalia* (1287), cap. 5, p. 992
[280] Cf. GUILLAUME DURAND, *Instructions et constitutions*, 1-5.
[281] GUILLAUME DURAND, *Instructions et constitutions*, 120.
[282] Cf. A. CARPIN, *La confessione*, 211: «Particolare rilievo meritano gli Statuti sinodali di Cahors, di Rodez e di Tulle, diocesi suffraganee della chiesa metropolitana di Bourges. Questi Statuti, promulgati nel 1289 da Raimondo, vescovo di Rodez, furono in seguito ripresi con delle aggiunte del sinodo di Cahors del 1320, presieduto dal vescovo domenicano Guglielmo, come pure dal sinodo di Tulle».

nendam. Alioquin vivens ab ingressu ecclesiae arceatur, et moriens careat ecclesiastica sepultura. Et esset honestum ac pium communionem recipi in festis Nativitatis Domini et Pentecostes, quocumque fideli, et ad hoc populus inducatur[283].

Nel documento appena citato è stata esposta dapprima la normativa del Laterano IV, seguita dall'incoraggiamento alla prassi di comunicarsi nelle tre grandi feste dell'anno liturgico. Così il minimo richiesto ad ogni fedele *singulis annis* è ribadito con trasparenza, pur invitando alla Comunione più frequente dato che ricevere l'Eucaristia nelle tre grandi feste è *honestum et pium*.

Dopo aver provato qualche tensione tra la normativa presente da secoli al livello locale e la legge universale proposta dal Concilio Lateranense IV, i concili locali trovano una misura giusta, presentando il precetto lateranense come la norma di base[284], mentre la norma delle tre comunioni annuali diventa solo una prassi consigliata ed incoraggiata per cristiani i più ferventi[285].

Dato che questa interpretazione è diventata comune anche tra i decretalisti, a mo' di conclusione possiamo citare un commento di Nicolò di Tudeuschi, abate benedettino e poi vescovo di Palermo, detto *Panormitanus* († 1453), il quale sintetizza così lo sviluppo della dottrina al riguardo:

> quod hodie de necessitate non est recipiendum pluries Corpus Christi in anno. nam ante hanc constitutionem tenebatur [...] ter in anno recipere Corpus Christi, videlicet in festo Paschali, in Nativitate Domini, et in festo Pentecostes [...]. Relaxatum est ergo istud praeceptum, et remansit solum in festo Paschatis, ideo dicit ad minus. [...] bonum est pluries recipere, sed ad minus in festo Paschatis[286].

3.3 *Due obblighi e un unico precetto*

Nell'analisi del testo del Concilio Lateranense abbiamo già visto una delle più grandi novità e cioè il mettere insieme nella legislazione universale la legge sulla ricezione dei due sacramenti. Così il Concilio

---

[283] RAIMONDO DI CALMONT D'OLT, *Statuta synodalia* (1289), cap. 16, Mansi, 24, 1003.
[284] Cf. N. IUNG, «Communion», 1154: «ce n'est pas que dans la deuxième partie du XIIIe siècle les lois particulières et les sanctions y annexées tombèrent peu à peu en désuétude et que le canon 21 de Lateran demeura seul en vigueur».
[285] Cf. C. CLINTON, *The paschal precept*, 33.
[286] PANORMITANUS, in X. 5, 38, 12, n. 2.

Lateranense ha creato a livello giuridico un legame molto forte tra i due sacramenti, collegando la prassi tradizionale della confessione nella Quaresima con l'obbligo di ricevere la Comunione pasquale[287]. La glossa ordinaria al *Liber Extra* unisce pure i due obblighi in modo sintetico: «Quilibet fidelis semel in anno penitentiam accipere debet et comunionem»[288].

Tale lettura della costituzione 21 risulta prevalente per i rubricisti, inclusi gli autori delle più antiche rubriche[289]. Molti titoli dei vari manoscritti del duecento[290] mettono insieme i due obblighi sacramentali. Il titolo «De confessione facienda et non revelanda a sacerdote et saltem in Pascha communicandum»[291] racchiude in poche parole due norme circa la confessione — da parte del fedele e del sacerdote — e il precetto della Comunione pasquale. Questa rubrica è presente in uno dei più antichi codici contenenti le costituzioni conciliari custodito nella British Library a Londra[292] e in un altro che si trova nella stessa città. Titoli quasi identici li troviamo in alcuni altri manoscritti[293]. Tra le altre rubriche che uniscono i due obblighi in modo interessante vale la pena ricordare la «De confessionibus faciendis et per-

---

[287] Cf. sopra, cap. II, 2.2.

[288] *Glossa ordinaria*, X. 5, 38, 12.

[289] Dai 64 codici delle costituzioni conciliari conservati Antonio García y García ha individuato i venti più antichi manoscritti, tutti della prima metà del secolo XIII. Dato che si tratta dei codici più antichi, nove tra i venti mancano di rubriche: cinque in assoluto, in quattro altri esse sono aggiunte posteriormente. Le altre undici offrono un materiale preziosissimo per la nostra analisi del testo conciliare. Per i criteri della selezione e la lista dei più antichi manoscritti cf. A. GARCÍA Y GARCÍA, «Introducción. Concilium IV Lateranense», 20-21.

[290] Tutti i 64 manoscritti citati e descritti da Antonio García y García nella sua edizione critica del Concilio Lateranense IV sono del secolo XIII (a meno che l'editore non segnali espressamente contrario). Siccome non citeremo qui le rubriche aggiunte successivamente da altri rubricisti, siamo sicuri di limitarci a quelle del duecento. Cf. A. GARCÍA Y GARCÍA, «Introducción. Rubricae»,125-135.

[291] *Concilii Quarti Lateranensi Rubricae,* in cost. 21.

[292] Cf. A. GARCÍA Y GARCÍA, «Introducción. Concilium IV Lateranense», 20-21.

[293] La rubrica «De confessione facienda et non revelanda a sacerdote et saltem in Pascha communicando» è presente nei codici conservati a Parigi ed in Vaticano ed è stata ripresa dalle edizioni moderne, cominciando da quella di Petro Crabbe (1538). Cf. A. GARCÍA Y GARCÍA, «Introducción. Rubricae», 138. Gli altri due: «De confessione facienda et non revelanda a sacerdote et sacra in Pascha communicatione» e «De confessione facienda et non revelanda a sacerdote in Pascha communicando» sono presi rispettivamente dai codici di Bamberg e un altro dal Vaticano. Cf. *Concilii Quarti Lateransi Rubricae,* in cost. 21; A. GARCÍA Y GARCÍA, «Introducción. Rubricae»,130-133.

ceptione eucharistie»²⁹⁴ (nei due diversi manoscritti conservati nella Biblioteca Vaticana), che non descrive la frequenza richiesta, ma mette i due sacramenti sullo stesso livello. L'altro titolo: «Semel saltem in anno quilibet confiteatur peccata sua et eucharistiam accipiat»²⁹⁵ espone solo l'obbligo annuale per i due sacramenti, senza esplicitare che per comunicarsi la costituzione prevede anche il tempo preciso della festa di Pasqua²⁹⁶. L'unità dei due obblighi da compiere annualmente sembra qui più importante delle disposizioni distinte per i rispettivi sacramenti.

Questa interpretazione del duplice precetto trova inoltre supporto in molte rubriche ai testi conciliari, anche quelle tratte dai più antichi manoscritti. Il titolo presente in tre tra i più antichi codici, conservati ad Ann Arbor, a Londra ed a Zurigo²⁹⁷, suona così: «De confessione facienda saltem in Pascha»²⁹⁸. I primi rubricisti presumevano l'interpretazione della costituzione 21 vincolante alla confessione pasquale, vedendola implicitamente contenuta nel testo conciliare. Infatti la più diffusa rubrica, presente in nove manoscritti del duecento, riprende il testo citato sopra aggiungendo l'obbligo del sacerdote: «De confessione facienda saltem in Pascha et non revelanda a sacerdote»²⁹⁹. Vale la pena osservare che la sopramenzionata rubrica si trova già in uno dei più antichi codici, custodito ad Oxford³⁰⁰. I testi rimanenti della rubrica, provenienti da manoscritti sparsi in tutta l'Europa, sono sempre di prima mano³⁰¹. Possiamo dedurre dall'antichità e dalla frequenza di queste intestazioni che la lettura della costituzione *Omnis utriusque sexus* co-

---

²⁹⁴ *Concilii Quarti Lateranensi Rubricae*, in cost. 21.

²⁹⁵ *Concilii Quarti Lateranensi Rubricae*, in cost. 21. Troviamo anche una rubrica simile: «semel in anno quilibet confiteatur peccata sua et eucharistiam accipiat» (*Ibid.*).

²⁹⁶ Cf. *Concilii Quarti Lateranensi Rubricae*, in cost. 21: «Quilibet catholicus saltem semel in anno communicet». Le parole *saltem semel in anno* nella costituzione conciliare sono riferite alla confessione, tuttavia nella rubrica di Montecassino appena citata sono applicate espressamente alla Comunione. Il rubricista mette in rilievo l'obbligo annuale della Comunione di Pasqua, forse deducendolo dalla convergenza dei due precetti.

²⁹⁷ Cf. A. GARCÍA Y GARCÍA, «Introducción. Concilium IV Lateranense», 21. La stessa rubrica è presente anche in due altri codici più recenti. Cf. *Concilii Quarti Lateranensi Rubricae*, in cost. 21.

²⁹⁸ *Concilii Quarti Lateranensi Rubricae*, in cost. 21.

²⁹⁹ *Concilii Quarti Lateranensi Rubricae*, in cost. 21.

³⁰⁰ Cf. A. GARCÍA Y GARCÍA, «Introducción. Concilium IV Lateranense», 21.

³⁰¹ Si tratta dei codici di Cambridge, Charleville, Escorial, Lisbona, Parigi, Praga, Rouen, Vaticano. Cf. *Concilii Quarti Lateranensi Rubricae*, in cost. 21. C'è anche un'altra rubrica molto simile, che proviene da Bordeaux: «De confessione in Pascha et non revelanda a sacerdote» (*Ibid.*).

me obbligante alla confessione prima della Pasqua era comune all'epoca immediatamente postconciliare.

Anche i legislatori locali del duecento vedono la norma lateranense nella stessa ottica, molte volte esplicitando ciò che nella legge universale rimane contenuto solo implicitamente. Nel 1227 si è tenuto un Concilio provinciale a Treviri, che ripropone le normativa lateranense con alcuni accenti e specificazioni interessanti:

> Sacramentum Eucharistiae ad minus semel in anno suscipiant laici prius contriti, et pure confessi suo proprio sacerdoti, vel viris literatis habentibus authoritatem delegatam, et habentibus licentiam a Sacerdote loci ubi volunt, et debent audire confessionem [...]. Item ex relatione multorum audivimus, quod quidam Sacerdotes sunt, qui in Pascha Domini licentiant suos subditos ad communicandum non confessos in mortalibus peccatis, ut propter Pascha Domini non confiteatur, eo quod ipsi Sacerdotes nimis tarde incoeperunt audire confessiones suorum subditorum, et ideo non possunt eos audire, quod ne de caetero fiat sub poena suspensionis, et excommunicationis firmiter praecipimus, et districte inhibemus[302].

Il brano citato parla soltanto dei laici e non di tutti i fedeli come la costituzione lateranense. Gli statuti di Treviri nominano per primo il sacramento dell'Eucaristia e l'obbligo annuale di riceverla, al quale è legato però strettamente il precetto della confessione. Infatti non è strettamente proibito dare il permesso di comunicarsi a Pasqua senza la previa confessione. Il legame forte tra la Comunione e la confessione è inoltre presente nel Concilio di Tolosa del 1229. Anche se il canone 13 di quel sinodo parla delle tre comunioni annuali, prevede per di più di confessarsi prima, formulando la regola: «ita quod confessio communionem praecedat»[303]. Quella norma, che pare essere ispirata dalla costituzione 21, è stata ripetuta anche dal Concilio di Albi del 1254[304].

I statuti sinodali di Pietro da Sampson — apparse per la prima volta a Nîmes nel 1252, riprese poi anche a Béziers, Lodève e altri posti[305] — richiede espressamente che la confessione preceda la Comunione pasquale: «Volumus etiam et mandamus, ut quilibet fidelis postquam confessus fuerit, ad minus in Pascha reverenter suscipiat singulis annis Eukaristiae sacramentum»[306]. Anche i statuti sinodali di Gerona

---

[302] CONCILIO DI TREVIRI (1227), cap. 3, in Mansi, 23, 27.
[303] CONCILIO DI TOLOSA (1229), can. 13, in Mansi, 23, 197.
[304] Cf. CONCILIO DI ALBI (1254), can. 29, in Mansi, 23, 840
[305] Cf. O. PONTAL, ed., *Les statuts synodaux français*, 237.
[306] PIETRO DA SAMPSON, *Statuta synodalia* (1252), n. 70, p. 324. Cf. anche RAIMONDO DI CALMONT D'OLT, *Statuta synodalia* (1289), cap. 16, in Mansi, 24,1003.

parlano nella stessa frase della ricezione dei due sacramenti[307]. Il Concilio di Magonza del 1261 fa della pratica sacramentale richiesta la condizione per poter ritenersi cattolico: «in initio quadragesimae ad confessionem veniat, et saltem in Resurrectione Domini recipiat Corpus Christi si velit inter catholicos reputari»[308]. Mentre il sinodo di Treviri del 1277 ripete la norma formulata nello stesso luogo nel 1227[309], quello di Pont-Audmer del 1279 ripropone al riguardo la norma del Laterano IV[310]. Il Concilio di Colonia del 1280 dopo aver riferito la normativa lateranense decreta che ai fedeli non confessati nel corso dell'anno sia negata la Comunione nella Pasqua: «Si qui autem proprio sacerdoti parochiali ad minus semel in anno plene et integre confessus non fuerit, praecipimus quod sacerdos in Pascha ei sacramentum minime administret»[311]. Per il Concilio di Bourges del 1286 la presenza sulla lista dei confessati diventa una condizione importante per poter ricevere la Comunione nella Pasqua: «Item statuimus quod presbyteri parochiales admoneant parochianos suos proprios, ut saltem semel in anno de omnibus peccatis suis confiteantur eisdem; et quod nomina sic confitentium in scriptis redigant. quibus in festo Paschae viaticum dent»[312].

Vediamo dunque che sia per i rubricisti sia per molti concili locali la relazione confessione-Comunione del Laterano IV non è una semplice giustapposizione, ma un legame forte, che obbliga a confessarsi per poter ricevere degnamente la Comunione pasquale. In tale prospettiva leggeva la costituzione 21 anche San Tommaso d'Aquino:

> si debeat eucharistiam percipere, ad quam nullus post peccatum mortale, nisi confessus, accedere debet, copia sacerdotis oblata et necessitate non urgente. Et inde venit obligatio qua Ecclesia omnes obligat ad semel in anno confitendum, quia instituit ut semel in anno, scilicet in Paschate, omnes sacram communionem accipiant. Et ideo ante tempus illud confiteri tenetur[313].

---

[307] Cf. *Statuta synodalia Ecclesiae Gerundensis* (1257 ca.), n. 5, in Mansi, 23, 929.
[308] CONCILIO DI MAGONZA(1261), can. 26, in Mansi, 23,1090.
[309] Cf. CONCILIO DI TREVIRI (1277), can. 18, in Mansi, 24, 194-195.
[310] Cf. CONCILIO DI PONT-AUDEMER (1279), can. 5: «ut secundum statuta concilii generalis, quilibet Christianus singulis annis ad minus semel confiteatur proprio sacerdoti, vel alii potestatem habenti audiendi confessionem eiusdem, et salutarem simul poenitentiam iniungendi: atque quod viaticum recipiat in Paschate, nisi rationabilis causa subsit quare a recipiendo viatico debeat abstinere» (Mansi, 24, 222).
[311] CONCILIO DI COLONIA (1280), cap. 8, in Mansi, 24, 355.
[312] CONCILIO DI BOURGES (1286), cap. 13, in Mansi, 24, 631.
[313] THOMAS AQUINATIS, *In IV Sent.*, d. 17, q. 3, art. 1, ad 4.

Dato che ognuno che abbia commesso un peccato mortale e vuole ricevere la Comunione deve prima confessarsi, il precetto della confessione annuale è stato introdotto secondo l'Aquinate in vista della Comunione pasquale[314], per assicurarne la recezione con le disposizioni adeguate.

3.4 Il luogo e il tempo dell'adempimento del duplice obbligo

Il Concilio Lateranense IV non parla espressamente del luogo della confessione e della Comunione annuale. Sembra comunque che quello della confessione sia suggerito implicitamente: dato che ci si doveva confessare al parroco proprio[315], la chiesa parrocchiale risultava la sede opportuna per compiere il precetto della confessione[316].

Quanto al posto della Comunione pasquale, disponiamo dei canoni di due concili locali che ci offrono una preziosa precisazione della normativa lateranense. Il Concilio dell'Avignone celebrato nel 1282 stabilisce:

> Insuper advertentes, quod parochiani ecclesiarum in plerisque locis parochiales ecclesias deserunt, et quasi contemnentes easdem, ad villas vel alias ecclesias accedunt: praesenti concilio statuimus, quod quibuslibet diebus Dominicis et sollemnibus, venire ad suas parochiales ecclesias, cessante impedimento canonico, tenentur: et in eis Missarum sollemnia Eucharistiae nostrae peregrinationis viaticum a propriis presbyteris, corde contrito, devotione et reverentia debitis, recipere, omni cunctatione postposita, studeant diligenter, praesertim in festis Resurrectionis Domini, Pentecostes: tunc contingat et alia sacramenta ecclesiastica ab eisdem[317].

Il canone appena citato è una risposta a una situazione difficile delle chiese parrocchiali, abbandonate dai fedeli che vanno nelle città e nelle altre chiese (forse si tratta delle chiese degli ordini mendicanti). Il legislatore richiede quindi di assistere alla Santa Messa nella propria chiesa parrocchiale e ricevere la Comunione dalle mani dal proprio presbitero. Delle due solennità nelle quali si dovrebbe accedere al sacramento dell'Eucaristia si nomina al primo posto la festa della Risurrezione del Signore. In tal modo questa norma locale determina il luogo dell'adempimento del precetto della Comunione pasquale.

---

[314] Cf. L. BRAECKMANS, *Confession e communion*, 22.

[315] Mi fermo qui sul senso originario del *sacerdos proprius*. Per seguire lo sviluppo del concetto e della legislazione cf. sotto, cap. II, 4.

[316] Nel caso in cui fosse stata chiesta la licenza per confessarsi ad un altro sacerdote cambiava ovviamente anche il posto della confessione.

[317] CONCILIO DI AVIGNONE (1282), cap. 5, in Mansi, 24, 442.

CAP. II: DAL CONCILIO LATERANENSE IV AL LATERANENSE V 113

Quasi trent'anni dopo, troviamo un'altra norma circa la ricezione della Comunione dal parroco proprio: «Statuimus item, ut nullus parochianus ab alio quam a suo vero plebano, communionem recipiat: nisi de hoc privilegiis authenticis fit munitus. Contrarium facientes a perceptione corporis Christi abstineant, quousque ipsi plebano satisfecerint de contemptu»[318]. La ricezione della Comunione da un sacerdote diverso dal proprio plebano è qui proibita, trattandosi del disprezzo che si dovrebbe riparare.

Il luogo preferibile per compiere il precetto della confessione e della Comunione è dunque la chiesa parrocchiale[319]. Tuttavia non si tratta di una norma assoluta e senza eccezioni, visto che già il canone 20 di Colonia parla delle possibilità di essere munito di un autentico privilegio. Analizzeremo più avanti se e come i diversi privilegi conferiti agli ordini mendicanti potevano aver influito sulla interpretazione della normativa lateranense[320].

Quanto al tempo prescritto per adempiere la normativa contenuta nella costituzione 21, il Concilio Lateranense IV non lo specifica circa la confessione, limitandosi ad obbligare ad essa *ad minus semel in anno*. Abbiamo già visto sopra che già i primi rubricisti hanno precisato quel tempo parlando della confessione prima della Pasqua[321]. Tra le rubriche meno frequenti ne troviamo una simile contenente un tempo liturgico diverso, ma forse più preciso: «De confessione facienda saltem in Quadragesima et non revelanda a sacerdote»[322]. La Quaresima non è stata nominata dal testo conciliare e questo titolo potrebbe essere frutto di una deduzione: se il Concilio in vista della Comunione nella festa di Pasqua prescrive la confessione, quest'ultima dovrebbe svolgersi nella Quaresima.

Anche molti concili locali del duecento hanno parlato della confessione nella Quaresima[323], o nella Pasqua[324]. Infine Giovanni, il vescovo

---

[318] CONCILIO DI COLONIA (1310), cap. 20, in Mansi, 25, 242.

[319] Per un'esaustiva analisi sulla Comunione nella chiesa parrocchiale cf. P. BROWE, «Die Kommunion in der Pfarrkirche», 477-544.

[320] Cf. sotto, cap. II, 4.

[321] Cf. sopra, cap. II, 3.3.

[322] *Concilii Quarti Lateranensi Rubricae*, in cost. 21. Il titolo è presente in un codice che apparteneva all'abbazia Saint-Germain-des-Près a Parigi e ripreso dalla seconda mano del XIII secolo in un altro manoscritto custodito in questa città. Cf. A. GARCÍA Y GARCÍA, «Introducción. Rubricae», 131-132.

[323] Cf. CONCILIO DI ARLES (1273), cap. 19, in Mansi, 24, 152; PIETRO QUIVEL (QUINEL), *Statuta synodalia*, cap. 5, p. 992

di Liège, nei suoi statuti sinodali ha precisato il tempo nel quale i suoi fedeli si sarebbero dovuti confessare:

> Item, presbyteri suos parochianos moneant frequenter, ut a festo Purificationis omnes [...] veniant ad confessionem ante dominicam in Ramis palmarum, et qui in hoc negligentes fuerint per octavam Paschae a carnibus abstineant et ieiunabunt sicut in quadragesima, nisi necessitate fuerint excusati, nec propter hoc ipsis confessio denegetur[325].

Il tempo previsto per adempiere il precetto della confessione annuale è dunque abbastanza lungo: comincia ancora prima della Quaresima, nella festa della Purificazione di Maria e finisce la Domenica delle Palme. Ai non osservanti non si nega la confessione più tardi, ma si impone una dovuta penitenza nell'ottava di Pasqua. Questa norma di carattere soltanto locale dimostra ancora una volta che il tempo della Quaresima era considerato il più adatto per soddisfare l'obbligo della confessione annuale[326]. Quel tempo della confessione è stabilito in funzione della Comunione pasquale, che ognuno dovrebbe ricevere *postquam confessus fuerit*[327].

Quanto al tempo della Comunione, il legislatore universale dice soltanto che dovrebbe essere ricevuta *in Pascha*[328]. Quando alcuni sinodi locali elencano le tre feste annuali nelle quali ci si dovrebbe comunicare, la Pasqua è considerata come il giorno preciso della festa di Risurrezione[329]. Il sinodo di Bourges parla esplicitamente della Comunione «in festo Paschae»[330]. Tra le ragioni per interpretare in modo più ampio l'indicazione di compiere l'obbligo *in Pascha*, troviamo il fatto appena menzionato di considerare la Quaresima — e soprattutto la sua prima parte — come il tempo consuetudinario della confessione. Visto il legame sempre più forte tra la confessione e la Comunione, nasce qui il ragionevole dubbio se i penitenti dovevano aspettare settimane dopo

---

[324] Cf. CONCILIO DI TREVIRI (1227), cap. 3, in Mansi, 23, 27; WALTER DA CANTILUPE, *Statuta synodalia* (1240), n. 31, pp. 303-304; CONCILIO DI MAGONZA (1261), can. 26, in Mansi, 23, 1090.

[325] GIOVANNI DI FLANDRIA, *Statuta synodalia* (1287 ca.), cap. IV, can. 23, in Mansi, 24, 893. Quanto alla datazione di questi statuti cf. *Répertoire des statuts synodaux*, 272, nt. 1.

[326] PANORMITANUS, in X. 5, 38, 12, n. 20. Il grande canonista del XV secolo parla anche del tempo determinato dalla Chiesa per adempiere il precetto della confessione annuale, ma non offre una descrizione più dettagliata del tempo prescritto.

[327] Cf. PIETRO DA SAMPSON, *Statuta synodalia* (1252), n. 70, p. 324; RAIMONDO DI CALMONT D'OLT, *Statuta synodalia* (1289), cap. 16, in Mansi, 24, 1003.

[328] Cf. CONCILIO LATERANENSE IV, cost. 21, 1, in *CCQL* 67.

[329] Cf. sopra, cap. II, 3.2.

[330] CONCILIO DI BOURGES (1286), cap. 13, in Mansi, 24, 631.

essersi confessati prima di ricevere la Comunione. Su questa scia troviamo la sopramenzionata omelia del Papa Innocenzo III del Venerdì Santo[331], nella quale Egli nomina insieme il tempo della confessione e quello della Comunione, parlando di esso come di un tempo già passato[332]. Nella piccola opera di Raimondo da Peñafort *Responsiones ad dubitabilia* troviamo un riferimento alla Comunione del popolo «in diebus paschalibus»[333]. Questo plurale suggerisce che i fedeli ricevono la Comunione pasquale in più giorni pasquali, la quale prassi per l'autore sembra ovvia e legittima[334].

Panormitanus nei suoi commenti sul *Liber Extra* espone tutta la controversia e prende chiaramente una posizione, preparando forse in tal modo la decisione pontificia in riguardo[335]. Il vescovo di Palermo scrive:

> Sed circa hod dubitatur, nunquid sufficit recipere corpus Christi in die Iovis sancta, an de necessitate teneatur quis recipere in die resurrectionis dominicae, vidi magnam contentionem de hic, inter valentes Theologos praedicantes. Nam quidam asserebant quod de necessitate debent recipi in die resurrectionis, quia illo die est pascha, et non die Iovis sancta, quia illud erat pascha Iudaeorum. Alii vero dicebant, quod sufficit recipere in die Iovis sancta, quia tunc Christus fecit pascha cum discipulis suis, et in illa contentione fui consultus. Circa hoc dubium advertendum, quod textus hic potest intelligi duobus modis. Primo capiendo pascha per solemnitate paschali; et tunc satis est recipere in die Iovis sancta [...]. Secundo potest intelligi in Pascha, id est in die resurrectionis, et tunc oportet de necessitate sumere illo die, et propter hoc quia appellatione Paschae intelligimus de proprio Paschate et non de die Iovis Sancta [...].Tamen puto satisfactum constitutioni, si recipiatur in die Iovis sancta, quia ut dixi in hoc ha-

---

[331] Cf. sopra, p. 77.

[332] Cf. INNOCENZO III, «Sermo de sanctis XV»: «Reducite ad memoriam tempus vestrae confessionis; mementote quid dicatis tempore communionis» (PL 217, 528).

[333] RAIMUNDUS DE PENNAFORTE, *Responsiones ad dubitabilia,* n. 16.

[334] Cf. RAIMUNDUS DE PENNAFORTE, *Responsiones ad dubitabilia,* n.16: «Item, utrum liceat nobis celebrare Missam ante auroram propter timorem in quo sunt isti quorum curam gerimus, et maxime in diebus paschalibus, in quibus nec aliter nobis commode sufficeret tempus ad celebrandum divina et ad populum communicandum».

La risposta non è per noi tanto rilevante quanto la domanda, nella quale troviamo la prova indiretta del grande numero di gente che si comunica *nei giorni pasquali.*

[335] Il testo del vescovo di Palermo deve essere anteriore alla sotto commentata costituzione *Fide digna* del Eugenio IV, dato che *Panormitanus* risolve nella dottrina una controversia che il Papa risolverà al livello della legge universale. Invece la possibilità del influsso dei *Commentaria* del Panormitanus non è da escludere, visto l'autorità di quel canonista all'epoca. Tuttavia questa intuizione richiede una approfondita ricerca nelle fonti storiche.

betur respectus ad solemnitatem paschalem, et recipiens die Iovis sancta, habet hunc respectum et praeparat se ad festum item quia tunc institutum fuit hoc sacramentum, ut supra dixi[336].

Possiamo osservare che la discussione presentata da Niccolò di Tedeuschis si concentra su Giovedì Santo, che era il giorno per ricevere la Comunione già secondo una antica norma recepita da Graziano[337]. Anche se secondo alcuni autori il canone ripreso da Graziano non aveva in questo periodo il carattere obbligatorio né universale[338], secondo non pochi storici proprio il Giovedì Santo era di fatto il giorno della Comunione annuale in molte regioni nel tempo di Concilio Lateranense IV[339]. Quest'ultima tesi pare probabile visto l'importanza che dà *Panormitanus* alla controversia circa Giovedì Santo e la sua difesa di quel giorno in vista della Comunione pasquale.

Nel 1440 il Papa Eugenio IV ha infine precisato con autorità del supremo legislatore la questione del periodo di tempo durante il quale il fedele può soddisfare l'obbligo della Comunione pasquale. L'Epistola pontificia *Fide digna* dell'8 luglio 1440 parla di alcuni religiosi, che hanno interpretato il precetto pasquale così strettamente da ritenere *sub gravi* l'obbligo di comunicarsi nel giorno stesso della Pasqua: «quod non communicantes actualiter in die resurrectionis Dominicae, mortaliter peccarent, etiamsi in die Iovii Sancti, et aliis quibuscumque diebus infra annum pluries et frequentatis vicibus communicassent»[340].

Per il Pontefice queste cose «piis auribus est audire molestum»[341]. Il Papa ricorda che già prima aveva inviato un *breve* nel quale aveva spiegato che il precetto «intelligamus satisfactum esse, si paulo ante, vel paulo post diem Resurrectionis Domini quis communicent»[342]. Per questo Eugenio IV è rimasto meravigliato del sorgere della nuova controversia, interpretandola come l'agire del nemico dell'uomo che semina la zizzania[343].

Per «inutilis contentionibus finem dare»[344] il Pontefice spiega più ampiamente il precetto lateranense, ponendo l'attenzione sull'insieme della

---

[336] PANORMITANUS, in X. 5,38,12, n. 13.
[337] Cf. D.II, de cons.,c.17.
[338] Cf. Ericus AB HOSZUFALU, *De obligatione*, 10.
[339] Cf. M. PASTUSZKO, *Sakrament pokuty i pojednania,* 501.
[340] EUGENIO IV, ep. *Fide digna*, 8 luglio 1440, in *Fontes,* I, 77, n. 53
[341] EUGENIO IV, ep. *Fide digna*, 8 luglio1440, in *Fonets*, I, 77, n. 53.
[342] EUGENIO IV, ep. *Fide digna*, 8 luglio 1440, §1, in *Fontes*, I, 77, n. 53,
[343] Cf. EUGENIO IV, ep. *Fide digna*, 8 luglio 1440, §1, in *Fontes*, I, 77, n.53.
[344] EUGENIO IV, ep. *Fide digna*, 8 luglio 1440, §2, in *Fontes*, I, 77, n. 53.

CAP. II: DAL CONCILIO LATERANENSE IV AL LATERANENSE V   117

prima parte della costituzione 21. Mettendo in rilievo il contesto dell'obbligo di comunicarsi a Pasqua si può osservare che esso si trova formulato tra l'obbligo della confessione annuale e la possibilità del fedele indicata dal confessore di rimandare la Comunione per una giusta causa[345]. Così ci troviamo davanti a un minimo *annuale* con la determinazione *pasquale*, la quale tuttavia non si limita alla festa stessa di Pasqua:

> dicimus espresse non intentionis legislatoris fuisse animas illa quaerere fidelium, sub culpa mortali ad communicandum precise in die Resurrectionis Dominicae; sed terminum statuisse a Pascha ad Pascham; cum dicit semel in anno, et infra minus in Pascha, etc. Mens enim magis, quam verborum sonus est attenda discrete. Intelligimus itaque optimo iure satisfactum esse Canoni, si in hebdomada Sancta, vel infra octavam Paschae resurrectionis Dominicae; secundum meliorem dispositionem conscientiae, et aptiorem mentis devotionem, fideles praeparatione debita sanctum Eucharistiae pignus accipiant, et cum Domino Pascha celebrent ad salutem, et huius sententiae omnes volumus acquiescere[346].

Il Pontefice non obbliga quindi a comunicarsi proprio il giorno di Pasqua, e inoltre spiega che l'intenzione del legislatore era quella di stabilire un termine che andasse dall'una all'altra Pasqua. Così dalla lettera *Fide digna* possiamo ricavare due indicazioni diverse circa il periodo in cui sussiste l'obbligo di comunicarsi: quello fondamentale che va *a Pascha ad Pascham* in relazione con il precetto della confessione annuale[347], e quello più determinato *per optimo iure satisfactum esse Canoni*, più ristretto al periodo pasquale, che il Papa fissa tra la Domenica delle Palme e la Seconda Domenica di Pasqua[348]. Il precetto pasquale appare allora duplice: la sua prima indicazione è quella di comunicarsi *semel in anno*, la seconda quella di farlo *infra minus in Pascha*, o piuttosto *in Paschalis*, e cioè tra la Domenica delle Palme e l'ottava di Pasqua.

3.5 *L'età della discrezione*

La normativa lateranense riguardava tutti i fedeli[349], senza distinzione di sesso (*omnis utriusque sexus*), dopo che hanno raggiunto l'età

---

[345] Cf. EUGENIO IV, ep. *Fide digna*, 8 luglio 1440, §2, in *Fontes*, I, 77, n. 53; CONCILIO LATERANENSE IV, cost. 21, 1, in *CCQL* 67.
[346] EUGENIO IV, ep. *Fide digna*, 8 luglio 1440, §2, in *Fontes*, I, 77, n. 53.
[347] Cf. N. IUNG, «Communion», 1159; H. MOUREAU, «Communion», 485.
[348] Cf. M. PASTUSZKO, *Najświętsza Eucharystia*, 193.
[349] Cf. IOANNES ANDREAE, in X. 5, 38, 12, v. fidelis: «praesumptio est de infidelitate contra non servantem»; JOHANNES DE BREITENBACH, *Repetitio capituli*, v. fidelis: «Hic

della discrezione (*postquam ad annos discretionis pervenerit*)[350]. Mentre la prima parte della frase era chiara[351], la seconda poneva un problema interpretativo: quanti anni ci vogliono per presumere l'età della discrezione? Come abbiamo visto prima, i primi commentatori hanno optato per lo più per i sette anni, anche se Giovanni Teutonico si riferiva inoltre ad alcuni testi che parlavano piuttosto dell'età prossima alla pubertà[352]. Nella generazione seguente di canonisti l'argomento è stato trattato da Bernardo di Bottone nella sua *Glossa Ordinaria* alle decretali di Gregorio IX e dal cardinale *Hostiensis*.

Bernardo spiega l'espressione *postquam ad annos discretionis pervenerit* con la frase: «idest, cum est doli capax: quia tunc potest peccare, supra de delict. pue. c. Pueris»[353]. Quando consultiamo il capitolo suggerito dall'autore, troviamo il commento dello stesso[354], che glossa così la parola *grandiusculis*: «Idest, doli capacibus, videlicet VII annorum. Tales enim et mentiri et verum dicere et confiteri et negare possunt, ut dicit Aug. in epistola ad Renatum episcopum [...]. Legitur in dialogo Gregorii de puero quinque annorum iurans et detestans seu blasphemans a diabolo raptus fuit»[355]. Vediamo quindi che l'autore della glossa al *Liber Extra* segue la tradizione canonica nel fissare a sette anni l'età della *capax doli* e della discrezione sufficiente ad essere obbligato a confessarsi.

Quanto all'*l'Hostiensis*, egli afferma nella sua *Summa Aurea* che l'età della discrezione avviene quando «quis discernit inter bonum et

---

autem dicit fidelis primo modo a fide baptismi quia non baptisati non ligantur hac constitutione».

[350] La sola rubrica che parla degli anni della discrezione proviene dal manoscritto custodito a Monaco e sintetizza così la costituzione lateranense: «Quod fideles cum ad annos discretionis pervenerint confiteantur et communicent» (*Concilii Quarti Lateranensi Rubricae*, in cost. 21).

[351] Cf. HOSTIENSIS, *Aurea Summa*, in X. 5, 38, n.7: «Omnis peccator quicumque sit ille quod actuale peccatum commisit. [...] Ergo si indignitate constitutus, sive privatus, clericus vel laicus, mulier vel masculus, pauper vel dives, nobilis vel ignobilis, iuvenis vel senex, ex quo ad annos discretionis pervenerit confiteri tenetur, ut dicit Concilium generale»; IOANNES ANDREAE, in X.5,38,12, v. sexus: «masculus sit, vel femina. Per quod patet idem in hermaphrodito, cum in sexu non sit haec disparitas, et cum sit ratio eadem».

[352] Cf. sopra, cap. II, 2.1.

[353] *Glossa ordinaria*, X. 5, 38, 12, v. discretionis.

[354] Questo approfondimento è stato suggerito da Gillmann, cf. F. GILLMANN, «Die "anni discretionis"», 614.

[355] *Glossa ordinaria*, X. 5, 23, 1, v. grandiusculis.

CAP. II: DAL CONCILIO LATERANENSE IV AL LATERANENSE V   119

malum»[356]. In seguito il cardinale Enrico da Segusio afferma che alcuni vedono l'età della *capax doli* nella prossimità della pubertà, mentre egli stesso preferisce accertarla nel caso concreto: «Item hoc intelligas de doli capace et intelligitur, quando est proximus pubertati secundum quosdam [...] hoc potius per exteriora bonus vir aestimabit»[357]. Nella glossa dello stesso *Hostiensis* al libro quinto del *Liber Extra* troviamo una descrizione più vasta dell'espressione *ad annos discretionis*: «s.[cilicet] minoris, nedum maioris, i.[d est] cum est doli capax: ex quo videlicet scit discernere inter bonum et malum, unde et iam peccare potest»[358]. Più avanti nella stessa glossa, l'autore offre una preziosa classificazione delle diversi età della discrezione: «Annorum igitur discretionis sunt tria genera: primum quoad confessionem faciendam et poenitentiam recipiendam ut hic. Secundum quoad votum emittendum vel matrimonium contrahendum [...]. Tertium quoad administrandum»[359]. Questa distinzione risulta di capitale importanza, soprattutto per non confondere l'età di discrezione dovuta per contrarre il matrimonio, cioè da dodici a quattordici anni, da quella sufficiente per doversi confessare, presunta comunemente dai canonisti a sette anni.

La tripartizione dell'*Hostiensis* era conosciuta e ripresa anche nei secoli seguenti dai canonisti, per esempio da Giovanni d'Andrea[360], dal *Panormitanus,* come pure dai due autori di ripetitori della fine del quattrocento[361]. *Panormitanus* glossa così le parole *ad annos discretionis* nel suo commento alla *Omnis utriusque sexus*:

> dicitur esse constitutus in discretionis annis, et dicitur doli capax proximus septennio, vel post septenni saltem; tunc [...] excedit infantiam et intrat pueritiam, in qua aetate peccata multa committuntur [...]. Dicit tamen Hostiensis hic opinionem tres sunt gradus annorum discretionis, primus, cum quis est doli capax et hoc quoad confessionem, ut hic dicitur[362].

Questa interpretazione dell'età della discrezione, fedele al pensiero dei commentatori contemporanei al Laterano IV[363] e accettata dalla

---

[356] HOSTIENSIS, *Aurea Summa*, in X. 5, 38, n.7.
[357] HOSTIENSIS, *Aurea Summa*, in X. 5, 38, n. 43.
[358] HOSTIENSIS, in X. 5, 38, 12, v. Ad annos discretionis.
[359] HOSTIENSIS, in X. 5, 38, 12, v. Ad annos discretionis.
[360] Cf. IOANNES ANDREAE, in X. 5, 38, 12, v. discretionis.
[361] Cf. HENRICUS DE OLDENDORP, *Repetitio Capituli*, particula I, v. Ad annos; JOHANNES DE BREITENBACH, *Repetitio capituli*, v. ad annos.
[362] PANORMITANUS, in X. 5, 38, 12, n. 9.
[363] Cf. sopra, cap. II, 2.1.

maggioranza dei canonisti[364], sembra aver influito sulla prassi e sulla legislazione locale soprattutto nei primi cento anni dopo il Concilio Lateranense IV[365]. Proprio lungo il secolo tredicesimo troviamo dei concili locali che proibiscono al sacerdote di dare la Comunione ai fanciulli troppo piccoli. Il Concilio di Treviri (1227) vieta l'accesso alla Comunione ai bambini (*parvulis*) e ai malati per paura che essi possano vomitarla[366]. Il Concilio di Bordeaux del 1255 non permette di dare ai fanciulli (*pueris*) la Comunione pasquale con le ostie consacrate, ma chiede di dar loro un semplice pane benedetto, come agli altri ai quali si proibisce la Comunione[367]. Il concilio di Rouen (1235) precisa l'età fino alla quale non si può fare la Comunione, inspirandosi al Concilio Lateranense[368]: «Prohibetur presbyteris ne hostias dent pueris ullo modo infra septennium constitutis»[369]. All'inizio del secolo XIV il Concilio di Bayeux (1300) riprende la norma del Concilio di Rouen con lo stesso limite di sette anni per poter comunicarsi[370]. È quindi da sette anni che si permette l'accesso alla Comunione sacramentale e di conseguenza solo da quest'età può sorgere l'obbligo di riceverla.

Infine negli sopracitati statuti sinodali del vescovo di Rodez troviamo una normativa più dettagliata sulla Comunione dei ragazzi:

---

[364] Cf. J.H. PROVOST, «The reception of first penance», 303: «Canonists prior to Trent normally distinguished three ages of discretion: when one was *capax doli*, at which time the obligations of annual confession and Communion began; the discretion necessary for marriage; and the discretion needed to administer one's own property. Most canonist followed Hostensis in fixing seven as when one normally became *capax doli*».

[365] Cf. L. ANDRIEUX, *La Première Communion*, 101-105. L'autore cita tra l'altro il manuale del 1245 rivolto ai sacerdoti parrocchiali ai quali si chiede di dare ai fanciulli *a septennio* la formazione di base alla preghiera e al contenuto della fede (insegnando loro il padre Nostro e il Credo). Poi i ragazzi dovrebbero essere introdotti nella piena partecipazione alla vita liturgica della Chiesa baciando la croce il Venerdì Santo e ricevendo la Comunione il giorno stesso della Pasqua di Risurrezione, dopo la confessione.

[366] Cf. CONCILIO DI TREVIRI (1227), cap. 3: «Item nullus sacerdos det corpus Domini parvulis vel infirmo, quia corpus Domini non cibum non valent retinere» (Mansi, 23, 28).

[367] Cf. CONCILIO DI BORDEAUX (1255), cap. 5: «Inhibetur presbyteris, ne hostias consacratas pueris dent ullo modo pro communione die Paschae, sed panem benedictum communem. Idem de aliis prohibitis communicare, praecipimus observari» (Mansi, 23, 858).

[368] Cf. M. M. CROTTY, *The Recipient*, 11.

[369] CONCILIO DI ROUEN (1235), can. 19, Mansi, 23,375.

[370] Cf. CONCILIO DI BAYEUX (1300), cap. 16: «Inhibemus presbyteris ne hostias sacras dent pueris ullo modo infra septennium constitutis» (Mansi, 25,63).

Parvulis autem qui tantae sunt innocentiae, quod peccato mortali non fuerint pergravati, et talis discretionis et compositionis fuerint, quod cum aliqua reverentia et timore sint sacramentum suscepturi, secure ministretur eisdem aliqua confessione praehabita, ut modum confitendi et communicandi assumant. In sacramentis enim, et maxime in isto, ubi caligat oculus rationis, instruendi sunt homines et mulieres, non solum per verba, immo et per actus exteriores, ad devotionem et fidem. Aliis vero parvulis nullatenus concedatur[371].

In quaesto caso si richiede l'esistenza di due qualità contemporaneamente nei fanciulli per poter ammetterli alla Comunione: l'innocenza tale da escludere il peccato mortale e la discrezione sufficiente per poter ricevere il Sacramento con reverenza e timore. Se il bambino è troppo piccolo per accostarsi alla mensa del Signore con devozione e fede, non si deve in nessun modo concedere la Comunione, dice esplicitamente la lettera sinodale. Invece in modo implicito c'è la richiesta che non sia superata l'età di *capax doli*, dopo di che non si può più presumere che un ragazzo non abbia mai commesso un peccato mortale. Vediamo che non è dato un lungo periodo per soddisfare le due condizioni alla volta. Anche se il momento giusto può variare un po' a seconda delle capacità di ogni bambino, sembra che il legislatore locale con i suoi due prerequisiti si aggiri intorno ai sette anni richiesti dai glossatori per l'età della discrezione.

Tuttavia nella Chiesa del duecento sono presenti anche opinioni molto diverse circa l'età richiesta perché una persona sia obbligata dalla normativa lateranense[372]. Già nel 1227 il Concilio di Narbonne prevede i quattordici anni come l'età per costringere a compiere il precetto lateranense[373]. Anche Giovanni, il vescovo di Liège, negli statuti sinodali del 1287 richiede che vengano a confessarsi tutte le persone dai quattordici in avanti, sotto la pena di dover digiunare nell'ottava della Pasqua[374]. Inoltre in una delle rubriche troviamo un'interpretazione originale della costituzione lateranense: «Omnes adultae aetatis penitentiam

---

[371] RAIMONDO DI CALMONT D'OLT, *Statuta synodalia* (1289), cap. 16, in Mansi, 24,1003.

[372] Cf. J. GAUDEMET, *Storia del diritto canonico*, 639; E. JOMBART, «Confession», 49.

[373] Cf. CONCILIO DI NARBONNE (1227), can. 7: «Illis vero qui confiteri contempserint saltem semel in anno a decimo quarto anno supra, vivis introitus ecclesiae usque ad satisfactionem condignam; mortuis vero, interdicatur ecclesiastica sepultura» (Mansi, 23, 23).

[374] Cf. GIOVANNI DI FLANDRIA, *Statuta synodalia* (1287 ca.), cap. IV, can. 23, in Mansi, 24, 893.

personaliter agant»³⁷⁵. Siccome l'età adulta inizia con la pubertà, assistiamo anche qui ad una lettura della normativa lateranense molto diversa da quella degli decretalisti.

Nel secolo seguente la soglia dell'età della pubertà per l'obbligo della confessione risulta sempre più prevalente nei diversi concili locali. Il Concilio di Lucca (1308 ca.) stabilisce:

> Item cum omnes christiani utriusque sexus annos discretionis habentes omnia sua confiteri peccata annis singulis teneantur, statuimus, et universos nostros subditos commonemus, ut quilibet homo utriusque sexus maior XIV annorum, semel saltem in anno, omnia sua solus peccata confiteatur suo proprio sacerdoti [...], alioquin ab ecclesiae repellatur ingressu vivens et moriens christiana careat sepultura³⁷⁶.

Il testo promulgato dal legislatore locale riporta abbastanza fedelmente la normativa del Concilio Lateranense IV, con una interpretazione significativa che traduce *annos discretionis habentes* come *maior XIV annorum*. Infatti secondo quel canone del Concilio di Lucca solo dopo aver compiuto quattordici anni uno diventa obbligato al precetto della confessione annuale. Il Concilio di Tarragona (1329) offre la stessa lettura della *Omnis utriusque sexus*, differenziando l'età tra i ragazzi e le ragazze, secondo la differenza nella pubertà fra i due sessi:

> iuxta statutum concilii generalis quilibet, ex quo ad annos discretionis, masculis videlicet ad XIV, femina vero ad XII pervenerint; tenentur semel saltem in anno omnia sua peccata fideliter confiteri, et recipere ad minus in festo paschae Eucharistiae sacramentum, nisi de licentia confessoris ad tempus duxerit abstinendum. Aliter vivens ab ingressu ecclesiae arceatur, et moriens sepultura ecclesiastica careat³⁷⁷.

Anche il Concilio di Béziers del 1351 richiama le punizioni previste dalla legge per quelli che avendo compiuto 14 anni, disprezzano il proprio sacerdote trascurando la confessione annuale da lui³⁷⁸. Sembra che la connessione tra la pena prevista e l'età di quattordici anni non è ca-

---

³⁷⁵ *Concilii Quarti Lateranensi Rubricae*, in cost. 21. La rubrica sopracitata proviene da un manoscritto custodito nella Biblioteca Nazionale a Parigi che si distingue per le rubriche differenti da quelle comuni. Cf. A. GARCÍA Y GARCÍA, «Introducción. Rubricae», 132.
³⁷⁶ CONCILIO DI LUCCA (1308 ca.), can. 57, in Mansi, 25, 189.
³⁷⁷ CONCILIO DI TARRAGONA (1329), can. 67, in Mansi, 25, 870.
³⁷⁸ CONCILIO DI BÉZIERS (1351), can. 12: «Illis vero qui proprio sacerdoti confiteri contempserint, saltem semel in anno a XIV. anno supra [...], vivis introitus ecclesiae usque ad satisfactionem condignam, mortuis vero interdicitur ecclesiastica sepultura» (Mansi, 26, 250).

CAP. II: DAL CONCILIO LATERANENSE IV AL LATERANENSE V   123

suale. Infatti questa relazione tra la punizione e l'età della pubertà era già sottolineata dal Concilio di Narbonne del 1227[379] e risulta presente in ogni altro testo conciliare sopracitato.

Infatti già nel diritto romano era richiesta un'età più avanzata rispetto a quella del semplice uso della ragione per ritenere un fanciullo punibile davanti a un tribunale[380] e i minori prima della pubertà potevano essere anche liberi dalla pena per delitti molto gravi, come la falsificazione della moneta[381]. Giovanni Teutonico nel suo apparato al Concilio ampiamente commentato sopra[382], anche se opta per un'età della discrezione al di sotto della pubertà, riporta pure ragioni contrarie provenienti non solo dal diritto romano appena menzionato, ma anche da quello ecclesiastico. In questo ultimo si tratta di liberare gli impuberi dalle severe pene ecclesiastiche[383]. Sembra quindi, che tra le principali ragioni per aumentare l'età dell'obbligo annuale fino alla pubertà era proprio la parte penale della costituzione[384]. I ragazzi sotto gli anni della pubertà non erano soggetti delle punizioni ecclesiastiche annesse al precetto della confessione annuale, e allora erano sempre più considerati esenti dell'obbligo stesso[385].

Si può anche osservare una tendenza fra i canonisti a definire l'età della discrezione del canone *Omnis utriusque sexus* in mezzo alle due età stabilite dalla tradizione canonica, cioè tra i sette anni e l'età della pubertà. Questa opinione si basa anche sull'interpretazione della legge romana circa l'età *proximae pubertatis,* che equivaleva all'età tra i nove anni e mezzo per le ragazze e dieci anni e mezzo per i ragazzi[386]. Da

---

[379] Cf. CONCILIO DI NARBONNE (1227), can. 7, in Mansi, 23, 23. Va notato che il Concilio di Béziers ha citato quasi letteralmente la normativa di Narbonne.

[380] Cf. G. KELLY, *The years of discretion*, 19-20; J. H. PROVOST, «The reception of first penance», 301.

[381] Cf. C. 9,24,1.

[382] Cf. sopra, cap. II, 2.1.

[383] Cf. D. 4 de cons., c.118 §2.

[384] Cf. C. CLINTON, *The paschal precept*, 37: «To use scholastic terminology, the obligations imposed by the canon were taken not *in sensu diviso*, but *in sensu composito*. The canon was considered as comprising, not various obligations, but one obligation which included both the precept of Communion and Confession, besides the penalties threatened by both. Because of this interpretation, the age was placed much higher than the Council ever intended it to be».

[385] Cf. L. ANDRIEUX, *La Première Communion*, 106-111. Anche se il ragionamento presentato dall'autore non è sempre preciso dal punto di vista delle distinzioni giuridiche, nelle sue grandi linee è logico e convincente.

[386] Cf. L. ANDRIEUX, *La Première Communion*, 126: J.H. PROVOST, «The reception of first penance», 301.

quest'età nel diritto romano si riteneva che il fanciullo era *capax doli* e questa presunzione influiva sul proseguimento nel giudizio dell'eventuale crimine commesso dal ragazzo in questione[387]. Ispirandosi probabilmente alle leggi romane appena descritte, alcuni canonisti fissavano "gli anni della discrezione" proprio all'età tra i nove anni e mezzo per le ragazze e i dieci anni e mezzo per i ragazzi. Secondo questi autori solo da quest'età sorgeva l'obbligo della confessione annuale[388].

Con questa ultima corrente si trova in sintonia il parere presente negli scritti di illustri teologi del duecento, circa l'età nella quale si dovrebbe dare la Comunione ai fanciulli. San Tommaso d'Aquino, che ha influito con il suo pensiero numerose generazioni di teologi medievali, aveva affermato al riguardo:

> Ad quartam quaestionem dicendum, quod pueris carentibus usu rationis, qui non possunt distinguere inter cibum spiritualem et corporalem, non debet Eucharistia dari, quamvis quidam Graeci contrarium teneant, irrationabiliter autem: quia ad Eucharistiae sumptionem exigitur actualis devotio, quam tales pueri habere non possunt. Pueris autem iam incipientibus habere discretionem, etiam ante perfectam aetatem, puta cum sint decem vel undecim annorum, aut circa hoc, potest dari, si in eis signa discretionis appareant et devotionis[389].

Il grande teologo non permette quindi di dare l'Eucaristia ai fanciulli che mancano del tutto dell'uso della ragione (*pueris carentibus usu rationis*) mentre consiglia di ammettere alla Comunione quelli che hanno cominciato ad avere la discrezione (*pueris autem iam incipientibus habere discretionem*), se ne presentano i segni (*si in eis signa discretionis appareant*). Questo ragionamento, che identifica l'età della discrezione con l'età dell'uso della ragione e agli inizi di esso permette di accedere al Sacramento, pare irreprensibile anche dal punto di vista canonico. Nello stesso tempo però San Tommaso fissa l'età dell'inizi dell'uso della ragione verso dieci o undici anni, superando di parecchio tempo l'età della discrezione indicata nella tradizione canonica, cioè i sette anni.

Tuttavia Tommaso d'Aquino non era il solo ad alzare l'età per la Comunione, ma è in sintonia con gli altri teologi, che esigono almeno i dieci anni per comunicarsi. Per esempio il cardinale Annibale da Annibaldi, nel suo commentario alle sentenze di Pietro Lombardo, per lungo

---

[387] Cf. G.E. KELLY, *The years of discretion*, 18-20.
[388] Cf. G.E. KELLY, *The years of discretion*, 69-70.
[389] THOMAS AQUINATIS, *In IV Sent.*, dist. 9, a. 5, ad 4.

tempo attribuito a San Tommaso[390], prescrive la Comunione a quelli che sono vicino all'età adulta, cioè agli undici o dodici anni[391].

L'opinione di San Tommaso, come pure quello di Annibaldi attribuito al Dottore Angelico, si trovano nei commenti alle *Sentenze* di Pietro Lombardo. Dato che i quattro libri delle *Sententiae* costituivano la base dell'insegnamento e il fondamento del pensiero medievale[392], possiamo presupporre senza nessuna forzatura che commenti così autorevoli hanno influito su numerose generazioni di teologi medievali. Dall'altro sono stati anche i nomi di grandi teologi medievali che hanno dato l'autorevolezza all'opinione sulla Comunione dei fanciulli appena presentata[393]. Questa convinzione di stabilire i dieci anni come l'età minima per la santa Comunione si è diffusa non solo nelle università, ma ha influenzato sempre di più la prassi ecclesiale[394]. Anche la legislazione locale ha rispecchiato l'insegnamento dei teologi, come si nota, per esempio, negli statuti sinodali di Liège: «Pueri non communicentur antequam discretioni fidei habere dinoscantur, ut circiter decennium»[395].

---

[390] Nell'edizione del 1570, usata nel presente lavoro, l'opera è intitolata: «Scriptum Secudum D. Thomae Aquinatis, doctoris angelici, in quatuor libros sententiarum, Ad Annibaldum Annibaldensem Romanum, Ordinis Praedicatorum S. R. Ecclesiae Cardinalem». Tuttavia già per gli autori della prima metà del secolo XX, la cosa è chiara e accettata pacificamente: l'autore è il cardinale Annibaldi. Seguendo questa opinione comune citerò più avanti questa opera come il commento di Annibaldi alle Sentenze di Pietro Lombardo. Cf. L. ANDRIEUX, *La Première Communion*, 113; J. ERNST, «Die Zeit», 438.

[391] Cf. ANNIBALDUS ANNIBALDENSIS, *In IV Sent.*, dist. 9, art. 4, ad 4: «Ad quartum de infantibus dicendum, quod, si sunt in aetate apta ad diiudicandum et reverendum corpus Domini, vel prope aetatem adultam, scilicet duodecim annorum vel undecim, tunc, si apparent signa reverentiae et discretionis, possunt sumere, alias non».

[392] Cf. L. BRAECKMANS, *Confession e communion*, 37.

[393] Cf. L. ANDRIEUX, *La Première Communion*, 113: «Ces différents textes des commentateurs de Pierre Lombard, surtout le texte de saint Thomas et celui de Alexandre de Alès, eurent, au point de vue disciplinaire qui nous occupe, une influence considerable. Ils n'exprimaient qu'une opinion d'école. Bientôt ils firent jurisprudence. Conciles particuliers, théologiens et canonistes, prédicateur, et confesseur du XIV et du XV siècles s'autorisent, à l'envi, de la décision des deux "Maîtres" pour reculer, aux environs de la dixième année, l'époque de l'admission des enfants à la sainte table».

[394] Basta pensare che alla fine del duecento questa dottrina è già passata alla poesia sul Santo Sacramento, nella quale l'autore sconosciuto proibiva la Comunione ai fanciulli *infra bis quinque manentibus annos*. Cf. L. ANDRIEUX, *La Première Communion*, 116.

[395] GIOVANNI DI FLANDRIA, *Statuta synodalia* (1287 ca.), cap. V, can. 44, in Mansi, 24, 899.

Con il canone degli statuti sinodali di Liège appena citato entriamo in un nuovo problema legato con l'età di ammissione ai sacramenti della Comunione e della confessione. Già abbiamo menzionato il canone 23 degli stessi statuti[396], che obbligava alla confessione annuale tutti quelli di almeno quattordici anni compiuti[397]. Per la prima volta incontriamo un'età per l'obbligo della confessione diversa da quella alla quale uno dovrebbe comunicarsi. Questa diversificazione dell'età richiesta sembra una conseguenza dell'argomentazione dei teologi circa l'età adatta per ammettere alla Comunione. Il loro ragionamento si concentra sulla discrezione sufficiente per distinguere il Pane Eucaristico da quello quotidiano, affinché ricevino il primo con devozione e reverenza. Quel discernimento è chiamato giustamente dal legislatore di Liège il *discretio fidei*. Nello stesso tempo, per la confessione è richiesto dai canonisti il discernimento sufficiente per distinguere tra il bene e il male, cioè l'età della *capax doli*. Nei canoni di Liège questi due discernimenti non costituiscono più due aspetti della stessa discrezione della ragione e della fede, ma sono considerati come due atteggiamenti diversi tra loro e senza relazione tra essi.

Lungo il secolo XV questa idea di concepire le due età richieste come differenti e non collegate diventa molto diffusa. Nello stesso tempo assistiamo ad una svolta ulteriore nello sviluppo della dottrina e della prassi. Mentre Giovanni, il Vescovo di Liège, ha voluto richiedere un'età maggiore per l'obbligo della confessione (forse mosso dalle ragioni del diritto penale sopraesposte), gli autori di rilievo del tardo medioevo preferiscono dimostrare le esigenze contrarie[398]. Il *Panormitanus*, dopo aver descritto la dottrina canonica comune circa l'età della *capax doli*, aggiunge queste parole: «Et adverte, quia respectu confessionis, bene observat haec opinio. Sed non respectu eucharistiae, et forte observantia non est mala, propter reverentiam tanti sacramenti, ut sic tamen puberibus exhibeatur»[399]. Il discorso tradizionale sull'età della discrezione sufficiente non vale più per la Comunione, a causa della reverenza dovuta a questo grande sacramento. Da

---

[396] Cf. sopra, pp. 114. 121.

[397] Cf. GIOVANNI DI FLANDRIA, *Statuta synodalia* (1287 ca.), cap. IV, can. 23, in Mansi, 24, 893.

[398] Cf. J.H. PROVOST, «The reception of first penance», 304: «Some theologians, such as Jean Gerson and Cajetan, distinguished an earlier age for confession, but a graver discretion and therefore an older age (puberty) for Communion».

[399] PANORMITANUS, in X. 5, 38, 12, n. 9.

parte dei teologi, Giovanni Gerson († 1429), cancelliere dell'Università di Parigi, afferma: «Illi pueri sunt idonei suscipere Eucharistiam et ad hoc ligari videntur semel in anno, qui secundum leges censentur habiles ad nubendum. Potest quoque devotio aetatem hanc praevenire, sicut in quibusdam aetatem supplet malitia»[400]. Quel famoso teologo fissa quindi l'età della pubertà legale come quella adatta a comunicarsi, anche se in certi casi accetta che la devotio potrebbe prevenire quell'età, come lo stesso Gerson stabilisce per gli ministranti di Parigi[401].

Abbiamo riportato molte opinioni medievali circa l'età nella quale sorge il dovere della Comunione pasquale e della confessione annuale, dovuta al fatto che «ad confessionem faciendam annorum numerum non est determinatum a iure»[402]. Per questo sarebbe stato forse meglio descrivere i criteri per giudicare se un ragazzo è arrivato all'età richiesta[403], siccome l'*Hostinensis* pensava che un *bonus vir* potrebbe definirla nel caso concreto[404]. Tuttavia i pareri dei *famosissimi viri* variano molto nel determinare la presunta età della discrezione: da sette-otto anni fino alla pubertà, con molte possibilità di un'età intermedia, e con la differenziazione sempre più rilevante tra l'età dell'obbligo della confessione e quello della prima Comunione.

In conclusione possiamo citare Sant'Antonino († 1459), che conosceva bene tutte le opinioni contraddittorie circa coloro che *ad annos discretionis pervenerint*[405]. Il santo Vescovo di Firenze ci ha lasciato queste parole di sintesi: «Sed quum est doli capax, quum scilicet potest mortaliter peccare, tunc obligatur ad praeceptum de confessione et per consequens de communione, quae simul dantur»[406].

---

[400] JEAN GERSON, *Regulae morales*, n. 434, p.124.

[401] JEAN GERSON, *Pro pueris Ecclesiae Parisiensis*, n. 478, p. 687: «Si autem sint sufficientis aetatis, ut, puta, duodecim aut tredecim annorum, inducantur recipere saltem semel in anno Eucharistiae sacramentum».

[402] HENRICUS DE OLDENDORP, *Repetitio capituli*, particula I, Ex hac enim. (Confessionis diffinitio).

[403] Cf. HENRICUS DE OLDENDORP, *Repetitio capituli*, Particula I, v. pervenerit: «Nec tamen requiritur discretio intensa sed sufficens [...] quid pervenerit et existat cum sufficiant dilucida intervalla».

[404] HOSTIENSIS, *Aurea Summa*, in X. 5, 38, n.43.

[405] Cf. ANTONINUS FLORENTINUS, *Summa Theologiae*, pars II, tit. 9, cap. 8, §2, col. 989-991. Cf. anche L. ANDRIEUX, *La Première Communion*, 124-134, dove l'autore sistematizza e approfondisce l'esposizione di Sant'Antonino.

[406] ANTONINUS FLORENTINUS, *Summa Theologiae*, pars III, tit. 14, cap. 12, §5, col. 702.

3.6 Quali peccati si devono confessare?

Il Concilio Lateranense IV ha stabilito che ogni fedele era tenuto a confessare fedelmente, da solo, tutti i suoi peccati (*omnia sua solus peccata confiteatur fideliter*). Non ci sono grandi discussioni circa l'interpretazione degli avverbi *solus*[407] e *fideliter*[408], e rimane pure chiaro il senso di confessare i suoi peccati, cioè che uno «seipsum accuset, non alium»[409].

La discussione si sviluppa invece sul tema di *tutti i peccati*. Bisogna confessare anche peccati veniali? I primi più famosi commentatori del duecento non sono unanimi nel rispondere a questa domanda. La *Glossa ordinaria* riprende le frasi di Giovanni Teutonico: «Non tamen venialia, quia illa tolluntur per orationem Dominicam, vel per aquam benedictam [...]. Qui vult tamen si recolit, confiteat illa»[410]. La soluzione di Innocenzo IV si pone pure sulla linea dei primi commentatori del Concilio[411]. Il Papa canonista dice infatti nella glossa alla parola *peccata*: «mortalia, sed etiam venialia si recolit, confiteri debet saltem laico»[412]. Goffredo da Trano († 1245) presenta una riflessione più sottile. Alla domanda posta nel suo commentario se non si è mai tenuto a confessare i peccati veniali[413], lui stesso risponde con il metodo scolastico:

---

[407] Cf. HOSTIENSIS, in X. 5, 38, 12, v. solus: «Solus peccator soli presbitero debet peccata sua confiteri, quod ideo dicitur, ut liberius confiteatur»; INNOCENTIUS IV, in X. 5, 38, 12, v. solus: «nisi esset surdus, vel mutus, vel ita aeger, quod sine periculo loqui non posset, vel nisi esset alterius linguae, quam confessor; quia tunc per scripturam vel alium confiteri potest»; IOANNES ANDREAE, in X. 5, 38, 12, v. solus: «non [...] pessima consuetudo, secundum quam plures simul ad poenitentiam accedebant».

[408] Questo avverbio non viene commentato da parte dei glossatori del duecento, mentre i due compilatori dalla fine del quattrocento offrono eleganti definizioni descrittive di questo attributo della confessione, cf. HENRICUS DE OLDENDORP, *Repetitio capituli*, v. fideliter: «Omnia detegendo unde nihil velando cum debitis circumstantiis quae peccatum aggravant non in genere»; JOHANNES DE BREITENBACH, *Repetitio capituli*, v. fideliter: «omnia detedendo unde nihil velando cum debitiis circumstantiis quae peccatum aggravant peccata fideliter sunt confitenda».

[409] HOSTIENSIS, in X. 5, 38, 12, v. sua. Più avanti nella stessa glossa *l'Hostiensis* spiega che si può nominare l'altro quando questo è necessario per confessare bene il proprio peccato e le sue circostanze.

[410] *Glossa ordinaria*, X. 5, 38, 12, v. sua solus peccata. Cf. JOHANNES TEUTONICUS, *Apparatus, in* cost. 21, v. omnia.

[411] Cf. sopra, cap. II, 2. 3.

[412] INNOCENTIUS IV, in X. 5, 38, 12, v. peccata.

[413] Cf. GOFFREDUS DE TRANO, *Summa,* in X. 5, 38, n. 15 : «Sed nunquid venialia confiteri tenetur?»

CAP. II: DAL CONCILIO LATERANENSE IV AL LATERANENSE V 129

Videtur quod non, nam illa delentur per orationem dominicam [...], nisi veniale aliquid foret in consuetudinem deductum, quia nullum est adeo veniale, quod non fiat mortale [...] unde ebrietas si assueta sit, in numero mortalium computatur [...] alias sit veniale peccatum. Sed et sermo quotidie otiosus [...], mortale inducit peccatum licet alias venialiter peccet, quid plus loqui quid oportet. [...] Puto tamen melius et perfectius esse, si tamen de venialibus, quoque de mortalibus quis confiteatur[414].

Sembrerebbe quindi che uno non sia tenuto a confessare i peccati veniali, però ci sono dei peccati veniali che a forza di diventare consuetudinari possono portare a compiere peccati mortali dello stesso genere. L'autore propone alcuni esempi di tali situazioni: l'ubriachezza che diventa peccato mortale con l'assiduità, oppure le chiacchiere quotidiane che possono condurre anche ad un peccato mortale. Visto simili situazioni, Goffredo sostiene che sia meglio e preferibile confessare sia i peccati veniali sia i mortali, senza parlare direttamente dell'obbligo.

Il cardinale *Hostiensis* offre una considerazione rilevante, più ampia nella sua *Summa*, più concisa nel suo *Commentario*. Cercheremo di mettere insieme la riflessione trasmessa nei due scritti per arrivare ad una possibile sintesi. Già all'inizio della glossa dell'*Hostiensis* alla parola *omnia*, troviamo l'asserzione: «non originale: quia illud in baptismo deletur, si infans sit indistincte, si adultus cum contritione»[415]. La costituzione lateranense non si deve quindi interpretare in modo talmente estensivo da includere il peccato originale[416], ma le parole *omnia peccata* contemplano solo i peccati attuali. I peccati attuali a loro volta si dividono in due categorie principali, cioè i *mortalia* ed i *venialia*[417]. Quanto ai peccati mortali, l'interpretazione della costituzione 21 è molto semplice: «sed mortalia confitenda sunt omnia»[418]. Invece è per i peccati veniali che l'interpretazione della normativa lateranense diventa più problematica.

---

[414] GOFFREDUS DE TRANO, *Summa*, in X. 5, 38, n.15.
[415] HOSTIENSIS, in X. 5, 38, 12, v. omnia.
[416] Cf. HOSTIENSIS, *Aurea Summa*, in X. 5, 38, n. 8: «Originale peccatum dicitur illud [...] omnes trahimus ab Adam, qui cum sine peccato creatus esset, per peccatum corruptus est [...]. Et a tali peccato, quod naturaliter inest a natura corrupta procedens, quis non potest purgare per paenitentiam, anima tamen, quae ex hoc detur [...], abluitur in baptismo».
[417] Cf. HOSTIENSIS, *Aurea Summa*, in X. 5, 38, n. 8 : «Hic notandum, quod omne peccatum aut originale est, aut actuale. Actualium autem aliud veniale, aliud mortale».
[418] Cf. HOSTIENSIS, in X. 5, 38, 12, v. omnia.

Per primo *l'Hostiensis* nella *Summa Aurea* risponde alla domanda del titolo *Quis debet confiteri*, con le parole seguenti: «Omnis peccator quicumque sit ille [...] actuale peccatum commisit»[419]. Basta quindi commettere un peccato attuale per cadere sotto il precetto della confessione, senza distinzione tra il peccato grave e quello veniale. Tuttavia nel titolo che segue, cioè *De quibus peccatis facienda est confessio*, il discorso del cardinale circa i peccati veniali diventa più complicato. All'inizio apprendiamo che il peccato veniale «dicitur illud, quod quotidie committimus, quod provenit ex originali peccato, cuius fomes remanet in homine, quantumcunque baptizetur, et ideo de facili labitur, quare sine veniali ista vita non ducitur»[420]. Basterebbe confessare questi peccati ad un *coaequali* secondo il consiglio attribuito dalla tradizione a San Beda e uno non sarebbe tenuto a confessarli sacramentalmente[421]. Dopo aver esposto questa opinione il cardinale di Ostia esita comunque sulla sua esattezza in tutti i casi e offre una ulteriore distinzione: «Tu dicas distinguendum esse inter venialia et venialia»[422]. I diversi tipi di peccati veniali sono tre: «ligna, foenum et stipulam»[423]. Queste tre immagini contengono tre atteggiamenti diversi, con diverse conseguenze anche per l'obbligo della confessione. Per *ligna* «maiora venialia intelliguntur, et quae nimis sunt inveterata, vel in consuetudine iam deducta, quae ex ipsa frequentatione, et contemptu mortalia reputantur, vel sequuntur»[424]. Dato che questi peccati si possono trasformare o indurre nel peccato mortale, si deve confessarli se questo è possibile[425]. Per *foenum* «intelligas minora, et haec confitenda sunt saltem in genere»[426]. Infine gli *stipula* significano «minima venialia, quae in sola cogitatione consistunt, et quae ad consensum non perveniunt»[427]. Sono i due ultimi tipi di peccati veniali quelli che si possono lavare e cancellare in diversi modi e non per forza nella confessione sacramentale. Se *l'Hostiensis* parla dei due generi che si possono togliere più facilmente[428], tacitamente conferma l'obbligo della confes-

---

[419] HOSTIENSIS, *Aurea Summa*, in X. 5, 38, n. 7.
[420] HOSTIENSIS, *Aurea Summa*, in X. 5, 38, n. 8.
[421] Cf. HOSTIENSIS, *Aurea Summa*, in X. 5, 38, n. 8.
[422] HOSTIENSIS, *Aurea Summa*, in X. 5, 38, n. 8.
[423] HOSTIENSIS, *Aurea Summa*, in X. 5, 38, n. 8.
[424] HOSTIENSIS, *Aurea Summa*, in X. 5, 38, n. 8.
[425] Cf. HOSTIENSIS, *Aurea Summa*, in X. 5, 38, n. 8: «et iste debet confiteri, si fieri possit».
[426] HOSTIENSIS, *Aurea Summa*, in X. 5, 38, n. 8.
[427] HOSTIENSIS, *Aurea Summa*, in X. 5, 38, n. 8.
[428] Cf. HOSTIENSIS, *Aurea Summa*, in X. 5, 38, n. 8: «Et de his duobus generibus

CAP. II: DAL CONCILIO LATERANENSE IV AL LATERANENSE V 131

sione per il primo genere dei peccati veniali, quelli *maiora, inveterata* o *in consuetudine deducta*.

Nella sua glossa al quinto libro delle Decretali *l'Hostiensis* ripropone la diversificazione del trattamento dei differenti tipi dei peccati veniali. Tuttavia qui l'autore semplifica la sua tripartizione della *Summa Aurea*, individuando solo due forme di peccato veniale. Dopo aver confermato che tutti i peccati mortali sono da confessare, l'autore dice:

> Necnon et venialia saltem consuetudinaria, vel inveterata confiteri oportet, si sacerdotis copia habeatur [...]. dicit beatus Aug[ustinus]. Nullum peccatum adeo est veniale, quod non fiat criminale, dum placet. Idem quid interest ad naufragium, utrum uno grandi fluctu navis operiatur, an paulatim subrepens aqua in sentinam per negligentiam derelicta impleat navem, atque submergat [...]. Alia vero minuta venialia, atque recentia multis modis delentur[429].

L'immagine usata per dimostrare come il peccato veniale può portare al mortale è chiara e bella: durante un naufragio nel fondo della nave entra pian piano acqua, la quale lasciata per negligenza, può fare affondare tutta la nave. Ancora una volta qui è ribadita la necessità di confessare questo tipo consuetudinario di peccati veniali[430], mentre i *minuta venialia*, piccoli peccati e imperfezioni di ogni giorno, si possono sempre far perdonare per le altre vie non sacramentali.

Anche i teologi del duecento che hanno commentato la normativa lateranense hanno cercato di rispondere a domande simili. Inizialmente la costituzione 21 era interpretata da loro come un precetto universale, considerando sottomessi alla legge della confessione pasquale anche i fedeli che avevano solo i peccati veniali[431]. Per San Bonaventura, dato che ogni fedele commette almeno qualche peccato veniale, di conseguenza risulta tenuto a confessarsi[432].

---

intelligas [...] multis modis mundantur et delentur». Poi segue l'elenco dei sette modi diversi con i quali si può ricevere il perdono dei peccati venali.

[429] HOSTIENSIS, in X. 5, 38, 12, v. omnia.

[430] Questa distinzione tra i diversi tipi di peccati veniali esposta così chiaramente dal cardinale di Ostia è stata ripresa anche dalle future generazioni di canonisti. Panormitanus consiglia di confessare soprattutto i peccati veniali consuetudinari o inveterati basandosi sulle opinioni precedenti. Cf. Panormitanus, in X. 5, 38, 12, n.10: «peccata mortalia indigent confessione speciali, venialia vero abolentur per generale confessionem, qua facit sacerdos dicendo, confiteor [...] Bonum est, ut quis ea confiteatur, et hoc secundum doct[rinam], praesertim si deducta sunt in consuetudine, seu inveterata».

[431] Cf. P. BERNARD, «Confession», 907-908: «La raison invoquée se déduit de la triple fin que se propose de la loi: soumettre tous les pécheurs à la pénitence, préparer dignement à la communion pascale, permettre au pasteur de reconnaître ses brebis».

[432] Cf. BONAVENTURA, *In IV Sent.*, dist.17, p. 2, art. 2. q. 2, respondeo: «Quidam

Nella *Summa Teologica* San Tommaso suggerisce che secondo la normativa del Concilio Lateranense IV anche il fedele che ha solo peccati veniali dovrebbe confessarsi almeno una volta al anno[433], ma ammette anche un'altra possibilità:

> Ad tertium dicendum, quod ex vi sacramenti non tenetur aliquis venialia confiteri, sed ex institutione Ecclesiae, quando non habet alia quae confiteatur. Vel potest dici secundum quosdam, quod ex decretali praedicta non obligantur nisi illi qui habent peccata mortalia: quod patet ex hoc quod dicit, quod debet *omnia peccata* confiteri; quod de venialibus intelligi non potest, quia nullus omnia confiteri potest. Et secundum hoc, ille qui non habet mortalia, non tenetur ad confessionem venialium, sed sufficit ad praeceptum Ecclesiae implendum, ut se sacerdoti rapraesentet, et se ostendat absque conscientia mortali esse: et hoc ei pro confessione reputatur[434].

Vediamo quindi due pareri: quello dell'estensione del precetto ecclesiastico anche a quelli che hanno solo peccati veniali, l'altro che prevede per l'adempimento dell'obbligo da parte di tale fedele solo il presentarsi davanti al sacerdote e dichiararsi libero dal peccato mortale. La seconda opinione sorge dall'analisi logica del testo conciliare. Infatti il Concilio parla della confessione di tutti i peccati (*omnia sua peccata*) e quindi letteralmente non potrebbe parlare dei peccati veniali, perché nessun uomo può confessarli o anche conoscerli tutti. San Tommaso comunque preferisce la posizione sull'obbligo della confessione per tutti, visto che ha ripreso la seconda opinione dagli altri (*secundum quosdam*) e non la formula come una semplice asserzione, ma come una mera possibilità (*potest dici*).

Queste posizioni sono state assunte anche da cardinale Annibaldo da Annibaldi nel suo commentario alle *Sentenze* (attribuito per molti secoli a San Tommaso), il quale ha pure sostenuto l'opinione sull'universalità dell'obbligo della confessione, riferendo l'altro parere circa il presentarsi davanti al sacerdote senza confessarsi, se la persona non avverte nessun grave peccato[435]. Questa ultima soluzione è sostenuta da un

---

enim ad confessionem obligantur non ex culpa commissa, sed ex institutione ecclesiastica, utpote illi qui non habent mortalia peccata. Tales differe possunt usque ad Pascha, quia mandatum illius decretalis non obligat, nisi sicut obligat ad Eucharistiam, ad quam praeparat confessio sacerdoti facta».

[433] Cf. J. ERNST, «Die Zeit», 449.
[434] THOMAS AQUINATIS, *S. Th.*, III, *Suppl.*, q. 6, art. 3, ad 3.
[435] Cf. ANNIBALDUS ANNIBALDENSIS, *In IV Sent.*, dist. 17, q. 3, art. 1, respondeo: «Ad confessione dupliciter obligamur. Uno modo, ex iure divino ex hoc ipso, quod est medicina, et secundum hoc non omnes tenetur ad confessionem, sed illi tantum,

CAP. II: DAL CONCILIO LATERANENSE IV AL LATERANENSE V 133

ragionamento preciso di Duns Scot. Secondo il grande dottore francescano se la Chiesa non obbliga un fedele che ha i peccati mortali a confessare i peccati veniali, logicamente non obbliga neanche coloro che non hanno commesso nessun peccato mortale a confessare i venialia[436]. I fedeli liberi dal peccato mortale non sarebbero dunque vincolati neanche dal precetto della confessione annuale e Duns Scot formula così la conclusione della sua esposizione:

> quantum capio ex statutis Ecclesiae generalibus nullus tenetur ad confessionem venalium in quocumque casu: nec in hoc Ecclesia specificavit praeceptum de confessione; et hoc rationabiliter, quia ipsa utitur Sacramento Paenitentiae tamquam tabula secunda contra naufragium, quod non est in venialibus[437].

Nessuno è quindi tenuto in nessun caso a confessare i peccati veniali, dato che la Chiesa ha solo specificato il precetto divino sulla penitenza sacramentale, vertente su quelli che hanno commesso qualche peccato mortale[438]. Questa opinione occuperà sempre un posto importante nella discussione medievale[439].

L'opinione preferita da Tommaso d'Aquino e da Annibaldo da Annibaldi sulla necessità di confessare i peccati veniali nel caso della confessione annuale sarà comunque giudicata più sicura e per questo raccomandata. Infatti la costituzione Omnis utriusque sexus conteneva

---

qui post baptismum peccatum mortale incurrunt. Alio modo, ex praecepto iuris positivi, et sic tenentur omnes ex praecepto ecclesiae edito in concilio generali sub Inno[centio], tertio: quia quamvis homo post baptismum naufragium mortale evadere possit, tamen veniale, quod est dispositio ad mortale non potest evadere, et contra illud etiam poenitentia ordinatur, et ideo manet poaenitentiae locus etiam in his qui non mortaliter peccant, et per consequens confessionis. Secundum tamen alios, non oportet quod de veniali quis confiteatur, sed ut se sacerdoti rapraesentet, et ostendat se esse absque conscientia mortali».

[436] Cf. J. DUNS SCOT, *Ordinatio*, lib. IV, dist. 17, n. 24, pp. 947-948: «Hoc non intelligo, quia in illo capitulo dicitur "omnia peccata sua"; aut sit ibi distributio de peccatis venialibus, aut non. Si sic, ergo habens mortalia per virtutem illius praecepti, tenetur ad confessionem venialium. Si non; ergo non habens mortalia, sed tantum venialia, non tenetur ad confessionem illorum, qui simpliciter non cadunt sub illo, quod dicitur ibi "omnia peccata sua". Unde videtur contradictio ponendo eundem intellectum vocabulorum istorum "omnia peccata sua", dicere istum obligari ad confessionem venialium et non istum».

[437] J. DUNS SCOT, *Ordinatio*, lib. IV, dist. 17, n. 25, p. 948.

[438] Cf. PIETRO DA SAMPSON, *Statuta synodalia* (1252), n. 20, p. 284: «Et quia post lapsum peccati necessaria penitentia vera est ad salutem, statutum est quod omnis utriusque sexus fidelis [...] confiteatur fideliter, saltem semel in anno».

[439] Cf. E. JOMBART, «Confession», 49, P. BERNARD, «Confession», 908.

anche leggi penali, nelle quali si poteva incorrere per la negligenza della confessione annuale, senza distinzione tra i fedeli con i peccati veniali e mortali. Nella maggioranza dei concili locali del duecento si parla semplicemente di confessare tutti i peccati, senza ulteriori distinzioni tra i veniali e i mortali. Il Concilio di Colonia chiede anzi di confessare i peccati veniali, anche se in modo sommario e generale: «venialia autem peccata sufficit summatim ac generaliter confiteri»[440]. Poi, ancora nel secolo seguente, Giovanni d'Andrea chiede esplicitamente di confessarsi annualmente anche a coloro che pensano di non aver commesso peccati gravi: «his, qui postquam poenitentiam egerunt, non peccaverunt mortaliter, quibus hic consulitur, opinio licet non sint in peccato, tamen semel confiteantur in anno, quia non debent se nimis assecurare»[441]. Il famoso canonista mette quindi in guardia coloro che non sarebbero in peccato, e consiglia ad essi di non assicurarsi troppo e di confessarsi comunque almeno una volta all'anno. La stessa esortazione a tutti di compiere la loro confessione annuale indipendentemente dalle loro convinzioni personali circa lo stato d'anima, la troviamo nello «Specchio della Vera penitenza» di Giacomo Passavanti di Firenze († 1357), un autore domenicano del XIV secolo. Anche se il suo libro non è un vero compendio giuridico, ma un'opera pastorale[442] scritta apposta in italiano[443], vale la pena citare un brano, sia per la chiarezza dell'esposizione, sia per la possibile influenza nella vita dei fedeli:

> Pogniamo il caso: egli è una persona che non ha veruno peccato mortale, ma solo veniali. Comandamento egli è della santa Chiesa che ogni fedel cristiano si confessi almeno una volta l'anno, e comunichisi; e ciò è tenuto fare per pasqua di Resuresso. Costui che non ha altro peccato che veniali, i quali non è tenuto di confessarli, sarà obbrigato al comandamento della Chiesa, da che non ha peccati mortali, i quali l'uomo è tenuto di confessare; ma solo veniali, i quali l'uomo non è tenuto di confessare? A questo dubio rispondono alcuni, e dicono: che in questo caso, per adempire il comandamento della Chiesa, è l'uomo tenuto a confessare i peccati veniali, almeno una volta l'anno. Alcuni altri dicono, che basta a questo cotale che una volta l'anno, quando si dee comunicare, si rappresenti al prete, e dica che non

---

[440] Cf. CONCILIO DI COLONIA (1280), cap. 8, in Mansi, 24, 354.

[441] IOANNES ANDREAE, in X. 5, 38, 12, v. semel.

[442] Cf. P. MICHAUD-QUANTIN, *Sommes de casuistique*, 66-67.

[443] Il testo di Giacomo Passavanti viene citato qui e in altri luoghi del nostro lavoro secondo l'edizione del 1863 nel italiano vecchio, senza aggiustarlo alla lingua italiana moderna. Una scelta simile è stata fatta anche quanto all'opera di Pallavicino, citato secondo l'edizione del 1833.

ha coscienza d'alcuno peccato mortale, del quale egli si debba confessare; e 'l prete gli dee credere e riceverlo alla Comunione. E dicono che l'intenzione della Chiesa non è d'obbrigare al comandamento, se non chi ha peccato mortale. Onde si trovasse, per ispeziale grazia di Dio, alcuna persona che non avesse peccato mortale né veniale, come fu la Vergine Maria, certa cosa è che non sarebbe tenuta a quel cotale comandamento. Avvenga che questo secondo detto, sia detto bene e sottilmente, tuttavia a me piace più il primo, come più sicuro; e specialmente per lo dubio che l'uomo puote avere s'egli è in peccato mortale o no: chè spesse volte crede l'uomo essere senza peccato mortale, ch'egli non sarà netto; e spezialmente di quegli che sono occulti nel quore, ne' desiderii e negli effetti mentali, dentro de' quali si truovano pochi buoni discernitori, che bene se ne sappiano guardare[444].

L'autore espone le due posizioni conosciute all'epoca: uno che non riconosce di aver compiuto il peccato grave deve sia semplicemente andare davanti al sacerdote proprio e dichiarare la sua innocenza, sia confessare i suoi peccati veniali. Seguendo le orme di San Tommaso l'autore preferisce la seconda posizione. Il ragionamento si basa sulla condizione comune di peccatori, con l'eccezione della Vergine Maria e sulla sicurezza di quella soluzione, soprattutto per i dubbi che possono sorgere circa la gravità dei peccati concreti. Se dunque Giacomo accetta la posizione di Duns Scot che nessuno è obbligato a confessare i peccati veniali[445], dall'altra parte il compimento del precetto annuale è sempre da preferire. Tale confessione ci porta ad essere sicuri di rimanere nella grazia di Dio ed all'ulteriore formazione della coscienza, che senza il giudizio oggetivo potrebbe non riconoscere i peccati gravi come tali.

Nel sopramenzionato *Repetitio* sul capitolo *Omnis utriusque sexus* proveniente della fine del quattrocento, Enrico di Odendorp si chiede se la confessione generale all'inizio della messa potrebbe essere sufficiente per adempiere il precetto della confessione annuale, trattandosi di persona che non avrebbe che peccati veniali. La domanda non pare insensata, visto la dottrina comune circa la sufficienza degli atti extrasacramentali per la remissione dei peccati veniali. Se il fedele si trovasse solo a messa, sembrerebbe adempiere tutti i requisiti, incluso quello di confessare i peccati *solus*, privatamente. Tuttavia l'autore risponde

---

[444] I. PASSAVANTI, *Lo specchio della vera penitenza*, 182-183.

[445] Cf. I. PASSAVANTI, *Lo specchio della vera penitenza*, 182: «Dove è da sapere, secondo dicono i Santi, ch'e' peccati veniali non sono propia materia della confessione; cioè a dire che non è necessità di confessargli, che è per sola la contrizione del quore dentro si possono perdonare. Tuttavia chi gli vuole confessare, è da lodare; e tale confessione è meritoria, e ha l'effetto suo».

negativamente, perché tale confessione non si svolgerebbe in segreto, non sarebbe data la penitenza da compiere né concessa l'assoluzione sacramentale[446]. In sintesi, in tale modo non si può soddisfare la costituzione conciliare la quale è interpretata con rigore: «tamen solum venialia habens semel in anno confiteri tenetur»[447]. Successivamente Enrico aggiunge altre ragioni positive che lo portano a fare tale raccomandazione alle persone che non abbiano nessun peccato grave: «Unde dico opinio? Talis in signum humilitatis [...] obediat ecclesie in hoc precepto debet se semel in anno coram deo exhibere confitendo sicut ceteri christiani. Sed sufficit [...] confiteat valde generaliter si nullum noverit sibi peccatum inesse»[448].

Giovanni da Breintenbach presenta un repetitio sintetico nella glossa alla parola *peccata*: «scilicet actualia etiam venialia si recordetur. Et maxime vera si sunt inveterata et in consuetudinem deducta [...]. Alia autem peccata venialia tolluntur per confessionem generalem»[449].

Mentre la confessione dei peccati veniali non è obbligatoria di per sé, la confessione annuale rimane un precetto per ogni fedele. Anche il fedele che ha solo peccati veniali dovrebbe andare dal sacerdote una volta all'anno. Rimangono tuttavia due opinioni circa gli atti da compiere in seguito: la prima prevede la dichiarazione davanti al sacerdote dell'assenza del peccato grave per poter ricevere la Comunione pasquale, mentre la seconda richiede in questo caso la confessione sacramentale dei peccati veniali. Questa seconda soluzione è vivamente raccomandata dagli autori perché più sicura, più umile, aiuta a formare le coscienze e a purificarsi dai peccati inveterati e consuetudinari. Così, pur rimanendo la controversia nella dottrina circa l'obbligatorietà di tale pratica, la recezione del precetto lateranense ha avuto un impatto decisivo sulla diffusione della pratica della cosiddetta "confessione di devozione", cioè la confessione, anche frequente, dei peccati veniali[450].

---

[446] Cf. HENRICUS DE OLDENDORP, *Repetitio capituli*, particula I, v. solus.

[447] HENRICUS DE OLDENDORP, *Repetitio capituli*, particula I, v. solus.

[448] HENRICUS DE OLDENDORP, *Repetitio capituli*, particula I, v. saltem semel in anno.

[449] JOHANNES DE BREITENBACH, *Repetitio capituli*, v. peccata.

[450] Cf. A. MIGLIAVACCA, La «confessione frequente», 276: «il concilio Lateranense IV del 1215 sancisce, nel can. 21, il precetto della confessione e della Comunione annuale e costituisce un punto nodale di sviluppo della prassi. [...] Tra le disposizioni richieste c'è la necessità di essere in grazia di Dio e, a questo proposito, si invita a confessare anche i peccati veniali, sebbene possano essere assolti con altri mezzi. Dalla comunione frequente viene, nella prassi, la confessione frequente. Risul-

3.7 La verifica e le sanzioni

Quanto alle pene nelle quali potrebbe incorrere il fedele rifiutandosi di confessarsi e di comunicarsi una volta al anno, molti sinodi si limitano a ripetere la normativa lateranense[451]. Altri invece prendendo cura dell'esecuzione pratica delle disposizioni lateranensi[452] fanno proposte pratiche circa la verifica della prassi sacramentale dei cristiani. Il Concilio di Treviri celebrato nel 1227 decreta la sospensione e la scomunica per i sacerdoti che non hanno confessato i sudditi prima della Pasqua[453]. Il sinodo di Narbonne, dello stesso anno, chiede ai cappellani di elaborare l'elenco di tutti i parrocchiani che si sono confessati da loro:

> Item statuit praesens syndous, quod nomina illorum omnium, qui peccata sua confessi fuerint, scribantur a capellanis, qui confessiones audiverunt eorundem: ut laudabile testimonium de confessionibus eorum valeant perhibere. Illis vero qui confiteri contempserint saltem semel in anno a decimo quarto anno supra, vivis, introitus ecclesiae usque ad satisfactionem condignam; mortuis vero, interdicatur ecclesiastica sepultura[454].

Lo scopo di annotare i nomi dei fedeli che si sono confessati era quello di offrir loro un *laudabile testimonium*[455], che poteva risultare utile sopratutto per accertare il diritto alla sepoltura ecclesiastica ai quei cristiani osservanti[456]. Quelli che disprezzano il precetto della confessione annuale non potranno entrare in chiesa fino a quando non avranno soddisfatto l'obbligo richiesto e se muoiono in questa triste condizione, si proibisce di concedere loro il funerale cristiano.

Il Concilio di Tolosa chiede di fare un elenco di quelli che non comunicano: «Solliciti sint itaque presbyteri circa ista, ut ex nominum inspectione cognoscant [...] utrum sint aliqui qui communicare subter-

---

ta così legittimata la frequenza illimitata del sacramento, come anche l'obbligo di confessarsi a scadenza settimanale o mensile negli ambienti monastici o religiosi».

[451] Cf. RICCARDO POVERO, *Statuta synodalia* (1217-1219), cap. 38, p. 72-73; CONCILIO DI SENS (1269), cap. 4, in Mansi, 24, 5; PIETRO QUIVIEL, *Statuta Synodalia* (1287), cap. 5, p. 992.

[452] Cf. CONCILIO DI ROUEN (1223), cap. 9: «De confessione vero facienda proprio sacerdoti, vel alicui alii de ipsius licentia, et de poena subditorum, qui haec neglexerit adimplere, de celanda confessione et de poena illius qui sigillum confessionis infregerit, sicut statutum est, exsecutioni diligenter mandetur» (Mansi, 22, 1199).

[453] Cf. CONCILIO DI TREVIRI (1227), cap. 3, in Mansi, 23, 27-28.

[454] CONCILIO DI NARBONNE (1227), can. 7, in Mansi, 23, 23.

[455] La stessa espressione sulla lista dei confessati la troviamo anche nel concilio di Béziers. Cf. CONCILIO DI BÉZIERS (1351), can. 12, in Mansi, 26, 250.

[456] Cf. M. E. SGUERZO, *Evoluzione*, 160, nt. 64.

fugiant. Nam si quis a communione, nisi de consilio proprii sacerdotis, abstinuerit, suspectus de haeresi habeatur»[457]. Questa norma molto severa è radicata forse nelle circostanze specifiche di Tolosa del 1229, segnata dalla lotta contro l'eresia dei catari[458]. Vale la pena comunque osservare che il sospetto dell'eresia nasce dalla omissione della Comunione pasquale, rispettando il segreto confessionale[459].

Quanto alla dottrina canonistica circa la dimensione penale dell'obbligo annuale, la *Glossa ordinaria* ripete l'osservazione del Teutonico che il divieto della sepoltura in questo caso va contro la regola generale secondo la quale al non scomunicato non si dovrebbe negare il funerale ecclesiastico[460]. *Hostiensis*, da parte sua, parla della proibizione di entrare in chiesa, come pena da infliggere durante la vita: «subaudi per sententiam, si monitus se non correxit, et si hac poena inflicta se adhuc non emendaverit, poterit excommunicari [...]. Et si sic excommunicatus per annum in contumacia sua permanserit, omnino reddet se suspectu de haeresi in hoc casu»[461]. Osserviamo quindi una gradazione penale nell'esposizione del cardinale Enrico: dal divieto di entrare in chiesa, dichiarato con la sentenza, si può andare verso la scomunica, e se lo scomunicato rimane nella contumacia per almeno un anno, questo comportamento lo rende sospetto di eresia.

Il Concilio di Arles del 1273 propone una normativa assai minuziosa e completa circa la sorveglianza della prassi della confessione annuale:

> Item statuimus, quod omnes sacerdotes curam animarum habentes, de bonis ipsarum ecclesiarum emant chartularia, in quibus quolibet anno, saltem in Quadragesima, conscribant nomina parochianorum, qui ad poenitentiam venerunt, ut dicta chartularia teneant et custodiant diligenter, ipsa, quando ab ecclesia recesserint, penes ecclesiasticam dimittentes. Nomina autem illorum, qui in Quadragesima non fuerint ad confessionem faciendam proprio sacerdoti, vel alii de licentia ipsius, in synodo post Pascha, per proprios sacerdotes in scriptis ad dioecesanum episcopum deferantur. Et si contigerit, quod religiosi, aut alii confessiones audiant, praesertim in

---

[457] CONCILIO DI TOLOSA (1229), can. 13, in Mansi, 23, 197.

[458] Cf. P.-M. GY, , «Le précepte de la confession annuelle et la détection»,445.

[459] Cf. P.-M. GY, , «Le précepte de la confession annuelle et la détection»,446-450. L'autore descrive una polemica circa la possibilità di denunciare un eretico nel caso dell'assoluzione negata che coinvolge Raimondo de Peñaforte contro Tommaso d'Aquino e Bonaventura, nella quale vince la posizione più rispettosa del segreto della confessione.

[460] Cf. *Glossa Ordinaria*, X. 5, 38, 12, v. sepultura: «hoc est contra regulam illam, cui communicamus vivo, communicare debemus et mortuo».

[461] HOSTIENSIS, in X. 5, 38, 12, v. arceatur.

CAP. II: DAL CONCILIO LATERANENSE IV AL LATERANENSE V 139

Quadragesima, de parochia alicuius: nomina sibi confitentium, infra octavam Paschae, in scriptis tradant proprio sacerdoti, ut sic parochialis sacerdos certitudinem habeat de confessionibus subditorum, ad fraudulentias quorumdam parochianum versutias evitandas, et animarum pericula evitanda[462].

Vediamo un vero e proprio controllo dell'osservanza del precetto, registrato negli elenchi (*chartularia*) dei parrocchiani confessati. Affinché i registri siano completi, i religiosi o altri sacerdoti che confessano i parrocchiani altrui dovevano comunicare questo fatto al parroco *prima* della fine dell'ottava di Pasqua. I nomi dei non penitenti erano da portare al vescovo diocesano. Infatti mentre il ruolo del parroco risulta indispensabile per la verifica dell'adempimento dell'obbligo, spetta al vescovo diocesano l'ultimo giudizio circa le pene da infliggere. Il Concilio aggiunge al riguardo nel capitolo seguente: «si parochianum alicuius mori contingat, de cuius confessione facta infra annum constat proprio sacerdoti, non tradatur ecclesiasticae sepulturae absque dioecesani episcopi licentia speciali»[463].

Tra gli altri sinodi anche quello di Point-Audmer del 1279 tratta dei fedeli che trascurano di compiere il precetto pasquale considerandogli come sospetti di eresia[464]. Questo modo di pensare sembra essere presente solo in Francia[465], visto che lo stesso anno il sinodo celebrato a Münster prevede di raccogliere i nomi dei trasgressori della norma, ma soltanto «ut debite puniatur»[466], senza nominare il problema dell'eresia. La stessa norma è ripetuta un anno dopo dal sinodo di Colonia: «Item sacerdotes diligenter attendant, quia parochiani eorum, saltem in anno semel ad confessionem non veniant: et nomina illorum ad nos, vel ad officialem nostrum, seu ad ordinarium loci referant, ut debite puniantur, ne ab ipsis sacerdotibus notam negligentiae requiramus»[467]. La puni-

---

[462] CONCILIO DI ARLES (1273), cap. 19, in Mansi, 24, 152-153.
[463] CONCILIO DI ARLES (1273), cap. 20, in Mansi, 24, 153.
[464] Cf. CONCILIO DI PONT-AUDEMER (1279), cap. 5: «Alioquin contra talem, tanquam suspectum de haeresi, procedatur. Adicientes, quod nomina talium per suos presbyteros ordinario eorum insinuentur» (Mansi, 24, 222).
[465] Cf. P.-M. GY,, «Le précepte de la confession annuelle et la détection», 445: «Dans les régions fortement contaminés par l'hérésie [...] les non pratiquants y seront ipso facto suspectés d'hérésie. Mais une telle situation n'était certainement pas générale, et il est même douteux qu'elle fût las plus fréquente».
Per uno studio più vasto sull'eventuale rapporto tra il precetto pasquale e la lotta contro l'eresia cf. M. OHST, *Pflichtbeichte*, 139-220.
[466] CONCILIO DI MÜNSTER (1279), cap. 17, in Mansi, 24, 318.
[467] CONCILIO DI COLONIA (1280), cap. 8, in Mansi, 24, 355.

zione prevista è descritta dal sinodo di Bourges dal 1286: «Et si anno quo decesserint, confessi non fuerint [...], eis sepultura ecclesiastica denegetur: nisi adeo morte praeventi fuerint, quod possint legitime excusari, et signa poenitentiae in ipsis apparverint evidenter»[468].

Alla fine del secolo XIII Guglielmo lo Speculatore, dopo aver riportato il precetto lateranense e le pene connesse con esso, scrive nelle sue costituzioni:

> Et insuper in virtute obedientiae precipimus rectoribus et capellanis curas regentibus ut clericos et laicos qui premissa facere non curaverint, sed in hoc peccato pertinaciter perstiterint, nobis vel officiali nostro notificent et eorum nomina in scriptis assignent, ut ex hoc canonice puniantur. Ut autem in his cautius procedere possint, praecipimus ut nomina omnium qui eis peccata sua confessi fuerint singulis annis scribant[469].

Possiamo cogliere nel testo sopracitato due procedimenti diversi, applicati a due categorie di fedeli: i nomi di coloro che persistono nel disprezzare l'obbligo annuale devono essere trasmessi al vescovo allo scopo di punirli canonicamente[470], mentre il parroco deve scrivere ogni anno anche l'elenco di quelli che si sono confessati. Così troviamo in sintesi i due metodi, già presenti nel Concilio di Arles (1273)[471], usati dai sinodi con scopo pedagogico: soprattutto elogiare quelli che adempiono fedelmente il precetto annuale, minacciando allo stesso tempo con le pene canoniche i trasgressori ostinati della norma[472].

Quanto ai commentatori dei secoli seguenti, essi non parlano molto delle pene canoniche annesse alla costituzione *Omnis utriusque sexus*. Infatti Giovanni d'Andrea non presenta un pensiero originale sul problema delle pene ecclesiastiche: quanto alla sepoltura segue Vincenzo Ispano nel applicare la pena solo se qualcuno perdurasse nel suo atteggiamento contrario al precetto, e quanto al divieto d'ingresso rimanda all'*Hostiensis* per affermare che esso dovrebbe essere dichiarato con una sentenza[473]. *Panormitanus* osserva solamente che il verbo *arcere*

---

[468] CONCILIO DI BOURGES (1286), cap. 13, in Mansi, 24, 631-632.

[469] GUILLAUME DURAND, *Instructions et constitutions*, 120.

[470] Infatti secondo l'*Hostiensis* la pena di proibire l'ingresso in Chiesa può essere inflitta solo *per sententiam*, cf. HOSTIENSIS, in X. 5, 38, 12, v. arceatur.

[471] Cf. sopra, pp. 138-139.

[472] Per uno studio più dettagliato circa il controllo dell'adempimento del precetto pasquale, le pene annesse e la loro applicazione cf. P. BROWE, *Die Pflichtbeichte*, 369-383.

[473] Cf. IOANNES ANDREAE, in X. 5, 38, 12, v. arceatur: «per sententiam. Ho.»; *Ibid.*, v. Careat: «nisi vicium purgaverit secundum Vin.».

porta con sé la violenza e che si potrebbe chiedere l'aiuto del braccio secolare. Il Vescovo di Palermo dedica al problema delle pene ecclesiastiche cinque righe delle tante pagine del commento alla *Omnis utriusque sexus*[474]. Da questi esempi sembra che le pene ecclesiastiche connesse con il precetto pasquale non erano applicate seguendo con severità la lettera della legge lateranense[475], ma contava sempre di più l'opinione di "buon" cristiano, che si poteva acquisire con l'assidua fedeltà alla prassi sacramentale annuale[476].

Finito il Concilio, le sue costituzioni sono rimaste come documenti da interpretare, specificare ed applicare nelle circostanze concrete delle regioni, province ecclesiastiche e diocesi della Chiesa cattolica. La recezione della normativa lateranense è stata facilitata dallo sviluppo della scienza del diritto canonico, nonché dalla fioritura dei concili locali, soprattutto nel primo secolo dopo il Concilio. Alcuni elementi della costituzione 21 sono stati interpretati in modo pacifico e si possono delineare dei tratti comuni alle diverse opinioni (almeno dopo un certo tempo), come per esempio il rivolgersi della norma ai battezzati, l'obbligatorietà della Comunione nell'avvicinarsi della festa di Pasqua o la segretezza e l'integrità della confessione. Su altri punti invece le opinioni dei teologi e dei canonisti erano diverse e molto dibattute, come per esempio sull'età in cui sorge l'obbligo sacramentale oppure circa l'obbligatorietà o meno della confessione per il fedele con peccati soltanto veniali. L'argomento più controverso della costituzione *Omnis utriusque sexus*, che ha diviso tra loro gli uomini del Medioevo, non escludendo i Papi, era comunque il problema del *sacerdos proprius*, sul quale verte il prossimo sottocapitolo.

4. Il sacerdote proprio e le facoltà dei religiosi tra i Concili Lateranensi

Secondo la costituzione *Omnis utriusque sexus* ogni fedele deve una volta all'anno confessarsi al suo sacerdote, cioè al proprio parroco, oppure a un altro sacerdote con il suo permesso. Anche se i primi

---

[474] Cf. PANORMITANUS, in X. 5, 38, 12, n.4.
[475] Cf. A. VILLIEN, *Histoire des Commandements*, 179: «Les sanctions prévues dans la troisième partie du décret, on se garda en général de les appliquer au pied de la lettre: on ne refusa presque nulle part la sépulture ecclésiastique à ceux qui avaient simplement omis leur confession annuelle, s'ils donnaient en mourant des marques de contrition». Cf. anche C. CLINTON, *The paschal precept*, 38-39.
[476] Cf. M.E. SGUERZO, *Evoluzione*, 160, nt. 64.

commentatori della legislazione lateranense sono consapevoli delle difficoltà legate con questa norma e vedono le possibili eccezioni da essa, la legge come tale è chiara e le facoltà del parroco incontestabili[477]. In poco tempo il concetto stesso del sacerdote proprio e soprattutto il suo posto unico nella prassi penitenziale dei suoi parrocchiani viene messo in discussione[478]. Questo dibattito circa il ruolo esclusivo o meno del sacerdote parrocchiale nella pratica della confessione annuale è stato alimentato da susseguenti leggi universali emanati dai Papi, soprattutto in materia dei privilegi dei religiosi circa il sacramento della confessione. Assistiamo qui ad una serie di interventi del legislatore universale, che non solo applica la normativa conciliare, ma la interpreta in modo creativo e innovatore. Dato il livello e la vastità di questa legislazione[479] abbiamo deciso di consacrare al problema del sacerdote proprio nella ricezione della costituzione *Omnis utriusque sexus* un sottocapitolo intero, a differenza degli altri punti rilevanti della normativa lateranense. Questa esposizione a sua volta sarà divisa in due parti: nella prima analizzeremo la legislazione universale e il dibattito durante il XIII secolo, nella seconda vedremo lo sviluppo della normativa al riguardo nei secoli successivi, fino al Concilio Lateranense V (1512-1517)[480].

4.1 *Il ruolo del parroco e i privilegi dei religiosi nel XIII secolo*

Nel tempo del Concilio Lateranense IV il ruolo del parroco nella confessione dei suoi fedeli era unico ed in un certo senso esclusivo. La costituzione 21 del Laterano IV ha ancora rafforzato queste prerogative del parroco confermandole con l'autorità del Concilio Ecumenico. Ma proprio all'epoca di quel Concilio sono sorti nella Chiesa i Mendicanti,

---

[477] Cf. sopra, cap. II, 2.4.

[478] Questa discussione era forse animata anche da motivazioni economiche Cf. S. ROSSO, «Eucaristia e precetti», 7: «L'occasione della confessione annuale e della comunione pasquale divenne il momento in cui i parrocchiani pagavano decima annuale alla parrocchia. Con la diffusione degli ordini mendicanti divenne possibile adempiere il precetto nelle loro chiese, di qui i conflitti perché i mezzi di sussistenza del clero secolare dipendeva da queste offerte». Cf. anche P. BROWE, *Die Pflichtbeichte*, 351-361.

[479] Per una ricca raccolta della legislazione universale e locale al riguardo Cf. I. LANOI, *Explicata Ecclesiae Traditio*, 3-306.

[480] Cf. I. LANOI, *Explicata Ecclesiae Traditio*, 3-241. Su queste pagine l'autore raccoglie dal periodo delineato sopra un materiale molto vasto delle leggi universali e particolari circa il problema del sacerdote proprio.

CAP. II: DAL CONCILIO LATERANENSE IV AL LATERANENSE V 143

che hanno cambiato tante usanze radicate della Chiesa medievale[481]. Il Papa Onorio III (1216-1227) approvò le regole dei due grandi ordini mendicanti: quella per l'Ordine dei Predicatori e quella di San Francesco e poi nel 1221 concedette i primi privilegi a quel primo ordine soprattutto in materia di predicazione[482]. Il suo successore Gregorio IX (1227-1241), già un mese dopo la sua elezione, nell'aprile 1227 inviò al vescovo di Olmütz una lettera raccomandando i frati Predicatori e concedendo ampi privilegi[483]. Questa lettera apostolica, conosciuta dall'incipit *Quoniam abundavit iniquitas*[484], è stata poi replicata e inviata a tutti i vescovi, abati, priori e prelati con la data del 10 maggio 1227[485], per essere redatta ancora nel 1237, ma questa volta in favore dei frati Minori[486]. Mentre circa il ministero della predicazione la lettera di Gregorio IX ripeteva in sostanza i privilegi dati già da Papa Onorio, una vera novità è stata decisa circa la confessione. Il Papa Gregorio chiedeva di accogliere i frati nelle rispettive diocesi, perché il popolo di Dio «ex ore ipsorum Verbi Dei semen devote suscipiant et confiteantur eisdem, cum ipsis auctoritate nostra liceat Confessiones audire, ac paenitentias iniungere»[487]. Nella frase appena citata è concesso il permesso di confessare, introdotto con la parola *liceat*. Va anche sottolineato il coinvolgimento della stessa autorità Papale: *ipsis auctoritate nostra*. In questo modo il Papa concede direttamente la facoltà ai frati, senza nessuna licenza del parroco o del vescovo. Anche se qui il legislatore non si occupa direttamente del caso della confessione annuale, tuttavia con la sua concessione passa oltre la giurisdizione territoriale e

---

[481] Cf. N. TANNER, *I Concili della Chiesa*, 68.
[482] Cf. ONORIO III, bolla *Quoniam abundavit iniquitas*, 18 gennaio 1221, in *BOP* 1, 11. Cf. anche A. CARPIN, *La confessione*, 84-88.
[483] Cf. GREGORIO IX, bolla *Quoniam abundavit iniquitas*, 21 aprile 1227, in *BOP* 1, 18.
[484] Il titolo è lo stesso della bolla di Onorio III menzionata sopra, però il contenuto della bolla di Gregorio IX è differente.
[485] Cf. GREGORIO IX, bolla *Quoniam abundavit iniquitas*, 10 maggio 1227, in *BOP* 1, 19.
[486] Cf. A. CARPIN, *La confessione*, 102-111. La concessione delle facoltà circa la confessione ai francescani solo 10 anni dopo i domenicani è spiegata così dal autore: «Questa concessione alquanto tardiva si spiega con il carattere prevalentemente laicale che aveva caratterizzato gli inizi del movimento francescano, a differenza del carattere prevalentemente clericale dell'Ordine domenicano. Mentre il ministero della predicazione non comporta necessariamente la recezione dell'ordine sacro, l'amministrazione della confessione esige come ministro del sacramento un presbitero» (*Ibid.*, 111).
[487] GREGORIO IX, bolla *Quoniam abundavit iniquitas*, 21 aprile 1227, in *BOP* 1, 19.

il sistema parrocchiale, sul quale era fondato il ruolo unico del sacerdote proprio nell'amministrazione del sacramento della penitenza[488].

Un futuro Papa, il cardinale Sinibaldo Fieschi di Genova, nel suo commentario alle decretali ha avuto la possibilità di glossare anche la costituzione *Omnis utriusque sexus* con la sua legislazione circa il *sacerdos proprius*[489]. Il famoso canonista concede in certi casi la possibilità di chiedere la licenza al vescovo al posto del parroco[490]. Tuttavia in altri brani difende fortemente la posizione del parroco e non accetta la validità dell'assoluzione ottenuta da un altro prete senza la licenza del proprio sacerdote se non in caso di una grave necessità, come nel pericolo imminente di morte[491].

Dopo due anni di sede vacante, in una situazione politica complicata, gli otto cardinali riuniti ad Anagni elessero nel mese di giugno del 1243 proprio il cardinale Sinibaldo, che prese il nome di Innocenzo IV (1243-1254). Già nell'anno seguente il Pontefice emanò la bolla *Quoniam habundavit iniquitas*, con il titolo e il contenuto ripreso dalla bolla di Gregorio IX, ma con un significativo cambiamento[492]. Mentre Gregorio parlava della licenza data ai Predicatori con l'autorità pontificia, il documento di Innocenzo IV omette quella frase, mettendo al posto di essa la richiesta di non impedire «illi qui ad eorum praedicationem

---

[488] Cf. A. CARPIN, *La confessione*, 104-105.

[489] Un grande paradosso è costituito dal fatto che mentre la legislazione pontificia di Innocenzo IV al riguardo fu rapidamente revocata dal suo successore (come vedremo in seguito), la sua opera di canonista è rimasta stimata, citata e usata da grandi canonisti anche nei secoli posteriori. A titolo di esempio cf. PANORMITANUS, in X. 5, 38, 12, n. 16.

[490] Cf. INNOCENZO IV (SINIBALDO FIESCHI), in X. 5, 38, 12, v. obtineat: «si autem non potest habere licentiam et iusta causa subesset, agat cum superiore, ut det licentiam confitendi alii».
Ibid., v. a sacerdote: «hanc licentiam etiam dabit episcopus».

[491] Cf. INNOCENZO IV (SINIBALDO FIESCHI), in X. 5, 38, 12, v. obtineat: «Et plus dicimus etiam, quod si immineret ei mortis necessitas, quod posset alii confiteri, licet non possit ab eo absolvi, quia ei non subesset, quamvis dici possit, quia ex quo casu necessitatis confitetur illi qui claves habet, quod ab eo absolvi potest».
Ibid., v. absolvere: «nisi in necessitate, tunc enim etiam non suus sacerdos poterit ipsum absolvere. Si autem sit in peregrinatione, et contingat eum novum peccatum incurrere, vel de veteri recordari, credimus quod si insignia peregrinationis accepit a proprio sacerdote, quod hoc ipso videtur dedisse licentiam et paenitentiam reliqua sacramenta recipiendi a quo maluerit. Si vero sine licentia sacerdotis proprii peregrinetur, tunc in casibus praedictis poterit confiteri cuique sacerdoti, licet absolvi non poterit ab eo; quia non est suus iudex nisi in necessitate».

[492] A. CARPIN, *La confessione*, 105-109.

accesserint, tunc eorum Sacerdotibus valeant confiteri»[493]. Dunque nella nuova redazione della bolla i Predicatori non dispongono più espressamente della facoltà speciale di confessare dalla Sede Apostolica. Il nuovo Papa chiede soltanto ai vescovi di non proibire ai fedeli che hanno ascoltato la predicazione dei domenicani di confessarsi a loro. Così la possibilità di confessarsi dai religiosi dipendeva alla fine della decisione del vescovo, e veniva limitata ai fedeli che avevano seguito la loro predicazione. Successivamente il Papa Innocenzo IV ha comunque riaffermato la possibilità di conferire concessioni generali ai concreti gruppi dei frati, come ha fatto per i domenicani impegnati nella terra di missioni con la bolla *Cum hora undecima* del 23 luglio del 1253[494].

Tuttavia nell'ultimo anno del suo Pontificato il Pontefice ha irrigidito la sua posizione contro gli ordini mendicanti, probabilmente sotto l'influenza dei maestri secolari di Parigi che con le loro pubblicazioni hanno cercato di indebolire la posizione dei frati. Il 21 novembre 1254 Innocenzo IV ha emanato la bolla *Etsi animarum*, nella quale ha tolto i privilegi loro accordati in precedenza. Il provvedimento preso consisteva soprattutto nella negazione del diritto di predicare e di confessare senza il permesso dei rispettivi parroci[495].

Siccome il Papa Innocenzo IV morì due settimane dopo aver emanato la bolla contro i mendicanti, le decisioni al riguardo spettavano al suo successore. Dopo pochi giorni i cardinali elessero il cardinale di Ostia, Rinaldo dei conti di Segni, che prese il nome di Alessandro IV[496]. Già alla fine del mese di dicembre 1254 il nuovo Pontefice ha inviato a tutti i responsabili nella Chiesa la bolla *Nec insolitum est*, nella quale dopo aver riassunto le disposizioni del suo predecessore[497],

---

[493] INNOCENZO IV, bolla *Quoniam abundavit iniquitas*, 24 marzo 1244, in *BOP* 1, 137.

[494] Cf. INNOCENZO IV, bolla *Cum hora undecima*, 23 luglio 1253, in *BOP* 1, 237.

[495] Cf. INNOCENZO IV, bolla *Etsi animarum*, 21 nov. 1254, in Potthast, II, n. 15562. Cf. anche LANOI, I., *Explicata Ecclesiae Traditio*, 24-25. Su queste pagine si può trovare lunghi brani della bolla dell'Innocenzo IV. Per una strana "coincidenza" i documenti del Innocenzo IV nel *Bullarium Praedicatorum* non vanno oltre il 15 settembre del 1254. (Cf. *BOP* 1, 255; A. CARPIN, *La confessione*, 142).

[496] Cf. A. CARPIN, *La confessione*, 142.

[497] Cf. ALESSANDRO IV, bolla *Non insolitum est,* 31 dic. 1254: «Sane quaedam ab Apostolica Sede tempore felicis recordationis Innocentii Papae quarti praedecessoris nostri litterae processerunt, in quibus ipse universis Religiosis cuiuscumque professionis, vel Ordinis, districte in virtute obedientiae iniungebat, ut parochianos alienos diebus dominicis et festivis non reciperent de cetero in suis ecclesiis, seu Oratoriis temere ad divina, nec ipsos ullatenus ad Paenitentiam admitterent, sine suorum licentia Sacerdotum» (*BR* 3, 595).

le annullava tutte fermamente: «mandata, seu praecepta facta in eis, vel earum auctoritate, duximus penitus revocanda [...] nullam deinceps efficaciam habeant, vel vigorem»[498]. Due anni dopo lo stesso Pontefice ha condannato decisamente gli errori di Guglielmo di Santo Amore, maestro secolare di Parigi, l'opera del quale ha probabilmente influito sull'ultima decisione di Innocenzo IV. Il Papa Alessandro IV ha giudicato il libro di Guglielmo sui mendicanti «iniquum, scelestum et execrabilem»[499], ha rigettato e condannato in perpetuo le sue tesi[500] e ordinato di bruciare e distruggere gli esemplari esistenti.

Le decisioni del Papa Alessandro IV facevano tornare alla legislazione anteriore al pontificato di Innocenzo IV, ma non estingueva la controversia tra i Mendicanti e i secolari. Per "sciogliere il nodo" e precisare le competenze, nel gennaio del 1259 il Pontefice scrisse:

> Nos ad [...] dilucidandum in talibus veritatem, dudum in quibusdam litteris nostris determinando expressimus, quod vos de licentia, vel commissione, aut concessione Legatorum Sedis Apostolicae, vel Ordinariorum locorum, libere possitis praedicare populis, audire Confessiones, et absolvere confitentes, ac Paenitentias iniungere salutares, aliorum inferiorum Praelatorum et Rectorum Ecclesiarum, ac Sacerdotum Parochialium assensu minime requisito. Volentes igitur, huiusmodi nostram determinationem irrefrangabiliter observari, auctoritate praesentium districtius inhibemus, ne quisquam super his, vel eorum aliquo, vos, vel aliquem vestrum, aut etiam confitentes vobis, contra praemissae determinationis formam aliquatenus molestare praesumat; decernentes nichilominus irritum et inane quicquid a quoquam contra inhibitionem huiusmodi contigerit attemptari[501].

Alessandro IV fa quindi un passo ulteriore nell'esprimere la novità giuridica introdotta con i privilegi concessi ai Mendicanti e nel spiegarne le conseguenze. La nuova procedura cerca di rispettare la normativa lateranense, ma va oltre essa nelle facoltà che conferisce ai mendicanti. Da questo momento basta che il religioso stesso chieda la licenza per confessare al Vescovo, senza che il fedele debba richiedere il consenso del parroco[502].

---

[498] ALESSANDRO IV, bolla *Non insolitum est,* 31 dic. 1254, in *BR* 3,595.

[499] ALESSANDRO IV, cost. *Romanus Pontifex*, 5 ott. 1256, in DH, n. 844.

[500] Cf. ALESSANDRO IV, cost. *Romanus Pontifex*, 5 ott. 1256: «institutiones ac documenta in eo tradita, utpote prava, falsa et nefaria, de Fratrum Nostrorum consilio, auctoritate Apostolica duximus reprobamus, et in perpetuum condemnamus».

[501] ALESSANDRO IV, bolla *Cum olim quidam,* 18 gen. 1259, in *BOP* 1, 369.

[502] Cf. A. CARPIN, *La confessione*, 156: «Per quanto riguarda il ministero della confessione il privilegio Papale si pone sostanzialmente sulla linea della normativa

Questo sviluppo della legislazione pontificia fu possibile anche grazie alla base teorica preparata da grandi teologi. San Tommaso d'Aquino ha risposto alle accuse di Guglielmo con l'opera intitolata «Contra impugnantes Dei cultum et religionem», indirizzata al Papa al tempo della controversia[503]. In questo scritto il Dottore Angelico presenta, tra l'altro, le ragioni per difendere il diritto dei Mendicanti di confessare con il permesso del vescovo diocesano. I religiosi possono aiutare i parroci che non sono in grado di confessare tutti i fedeli con diligenza e vogliono anche soccorrere i fedeli per i quali può risultare difficile confessarsi dal proprio parroco per diverse ragioni[504]. Nell'ambito del precetto della confessione annuale San Tommaso risponde così alla obiezione degli avversari:

> Ad illud quod postea obicitur quod quilibet tenetur semel in anno confiteri proprio sacerdoti, dicendum quod proprius sacerdos non solum est sacerdos parochialis sed etiam episcopus vel Papa, ad quos etiam magis pertinet cura eius quam ad sacerdotem, ut multipliciter ostensum est; [...] unde qui confessus est episcopo suo vel alicui habenti vices eius, confessus est proprio sacerdoti. Et praeterea per hoc non excluditur quod, semel in anno confiteatur proprio sacerdoti, scilicet parochiali — dato quod de eo tantum intelligantur —, quin possit aliis etiam confiteri qui habeant potestatem absolvendi[505].

San Tommaso riconosce quindi il diritto di confessarsi annualmente non solo dal parroco ma anche dal vescovo e da chi fa le sue veci. Il fedele che si confessa ad uno di loro, è come se si fosse confessato al sacerdote proprio. Tuttavia il domenicano conosce anche l'interpretazione stretta, secondo la quale il sacerdote proprio è solo il parroco. L'Aquinate non si oppone a questa opinione, ma si limita a ricordare che anche nel caso di averla accettata per la confessione annuale, il

---

lateranense, benché la superi. Sappiamo che il canone lateranense obbligava il penitente a chiedere la licenza al proprio sacerdote (parroco) per potersi confessare da un altro sacerdote. Ora il privilegio Papale concede ai frati la facoltà di confessare tutti i fedeli, ma con l'autorizzazione del vescovo locale. Sostanzialmente, quindi, c'è una dipendenza giurisdizionale; ed era questo il senso del canone lateranense. Nello stesso tempo, però [...] la licenza ai religiosi di confessare non è più di giurisdizione parrocchiale, ma episcopale (vale per tutta la diocesi). Inoltre, non è più il singolo fedele a chiederla al proprio parroco, ma è il religioso a chiederla al vescovo del luogo».

[503] Cf. A. CARPIN, *La confessione*, 149-150.
[504] Cf. THOMAS AQUINATIS, *Contra impugnantes,* cap. 4, §10-11; A. CARPIN, *La confessione*, 150-152.
[505] THOMAS AQUINATIS, *Contra impugnantes,* cap. IV, §13, n. 4.

fedele può andare da un sacerdote di sua scelta quando si confessa nelle altre occasioni.

Da parte sua anche San Bonaventura ha contribuito, con un scritto polemico, non solo a difendere i diritti dei loro rispettivi ordini, ma anche ad elaborare ulteriormente il concetto del sacerdote proprio. Tra le opere di San Bonaventura troviamo un piccolo trattato intitolato in modo significativo «Quare Fratres Minores praedicent et confessiones audiant». Troviamo lì una spiegazione e una difesa dei privilegi concessi dal Papa ai Mendicanti[506]. All'inizio dello scritto Bonaventura espone e sistematizza la nozione del *sacerdos proprius*, con una speciale attenzione rivolta verso il Sommo Pontefice come sacerdote proprio di ogni cristiano:

> *Proprius sacerdos* dicitur, cui quisque specialiter gubernandus est commissus ab Ecclesia vice Dei. Praetermissis igitur diversis distinctionibus, quattuor sunt cuiusque plebis parochialis *proprii sacerdotes*. Primus et praecipuus est Summus Pontifex, cui tota ecclesiastici gregis cura singularissime commissa est, ita quod omnes inferiores Ecclesiae rectores curam et totam potestatem, quam habent super subditos, ab ipso accipiunt, mediate vel immediate.– Secundus est dioecesanus episcopus, qui est ordinarius pastor omnium ecclesiarum sub ipso constitutarum, et sui inferiores praelati cura animarum et auctoritatem regendi habent ab ipso. – Tertius est specialis pastor cuiusque ecclesiae ibi canonice institutus. – Quartus est cui quisque praedictorum pro tempore vicem suam super commissos sibi ad ligandum et solvendum ex causa rationabili committit, cui tamen committere potest. Superiores autem liberius et largius possunt vices suas committere quam inferiores. Unde cum plebanus possit aliquibus committere, ut vice sui plebi suae praedicent et eorum confessiones audiant et absolvant poenitentes iniungant, ita quod sic absolutos non oporteat illo anno plebanis suis iterum confiteri, nisi velint; multo magis potest hoc episcopus et maxime Summus Pontifex, qui sicut ubique habet potestatis plenitudinem, ita et sibi Domino commissam gerit omnium ecclesiarum sollicitudinem, ita ut ea qui singulis necessaria probantur, illius providentia suppleantur[507].

Vediamo un allargamento del concetto del *sacerdos proprius* che sostanzialmente cambia l'interpretazione della costituzione *Omnis utriu-*

---

[506] Cf. BONAVENTURA, *Quare Fratres,* n.1: «Quia plerique dubitant et quaerunt cum non habeamus curam animarum ordinarie nobis commissam, qua ratione, vel qua auctoritate, vel qua forma praedicemus vel confessiones audiamus in populo; quod ut plenius et pianus intelligatur, rationis huius radicem altius inspiciamus, ab ipsa primaria Ecclesiae institutione originem breviter colligentes».

[507] BONAVENTURA, *Quare Fratres,* n. 8.

sque sexus. Il pastore proprio non è solo parrocchiale, ma anche universale o diocesano, e la legge lateranense permette di confessare i sudditi dell'altro con la sua licenza. La licenza del vescovo, quindi, ed a maggior ragione del Papa, basta ai Mendicanti per poter confessare i fedeli dei quali non hanno direttamente la cura parrocchiale. L'astuzia dell'esposizione di Bonaventura risiede inoltre nel trattare coloro che dispongono della licenza di confessare i sudditi altrui come una vera categoria di sacerdote proprio, solo di una specie diversa ma dello stesso genere del parroco. Con questo ragionamento il fedele non è più obbligato a chiedere il permesso di nessuno, perché i Mendicanti (in questo caso i Frati Minori) sono per tutti i fedeli i loro sacerdoti propri. In tale modo senza toccare la lettera del precetto lateranense cambia la prospettiva della sua comprensione e della prassi legata ad essa.

Rileggendo la costituzione lateranense con la chiave interpretativa sopraesposta risulta chiaro che il penitente confessatosi una volta dai Mendicanti non deve ripetere questa confessione dal sacerdote parrocchiale. Bonaventura è molto sottile nel presentare questo ragionamento. Dapprima distingue tra due ragioni per le quali si è tenuti a confessarsi, cioè fra l'obbligo *ex praecepto Dei* e quello *ex statuto Ecclesiae*[508]. Mentre è ovvio che il diritto divino non ci obbliga a riconfessare i peccati già assolti[509], rimane comunque il diritto positivo ecclesiale secondo il quale: «quisque semel ad minus in anno iubetur confiteri omnia peccata sua proprio sacerdoti, quod plerique referunt ad plebanos *specialiter*, debet ei, si velit, iterum confiteri, ne scandalizetur et ut melius agnoscant eum si dignus sit, cui corpus Christi debeat porrigere vel negare»[510]. L'autore riconosce quindi che il *sacerdos proprius* della normativa lateranense si riferisce nel modo speciale al parroco, e conosce le ragioni che spingono il fedele a confessarsi dal prete parrocchiale almeno una volta all'anno. Tuttavia Bonaventura accorda al fedele una grande libertà nell'adempiere questo suggerimento. Infatti il *Doctor Seraphicus* usa l'espressione «debet ei, *si velit*, iterum confiteri», condizionando l'adempimento del dovere alla volontà del fedele. In seguito l'autore spiega che questo precetto non costringe quando si tratta del parroco non idoneo[511]. Poi troviamo

---

[508] Cf. BONAVENTURA, *Quare Fratres*, n. 18.
[509] Cf. BONAVENTURA, *Quare Fratres*, n. 18: «Cum ergo poenitens confitetur nobis, et absolvimus eum auctoriate domini Papae vel episcopi, non tenetur iterum a plebano suo de eisdem absolvi, cum sit absolutus».
[510] BONAVENTURA, *Quare Fratres*, n. 18.
[511] BONAVENTURA, *Quare Fratres*, n. 18.

un lungo elenco delle situazioni che giustificano la confessione ai mendicanti, tra le quali Bonaventura menziona i casi del parroco non istruito (*cum sacerdos alicuius est idiota*), notorio fornicatore, uno che rivela il segreto della confessione, uno che sollecita al peccato, infine il caso del parroco sospeso, scomunicato, oppure incorso in altre pene o irregolarità[512].

Alla fine della sua breve opera San Bonaventura presenta la ragione più profonda della concessione più ampia della possibilità di scelta del confessore con i privilegi dati ai mendicanti:

> His in tanto periculo ex compassione est succurrendum potius, quam in disperationem ponantur; hoc tali modo apte fit, ut confiteantur talibus, quos non timent, ubi consulitur ipsorum verecundiae et saluti. Non enim leviter est praecipitandus in interitum, pro quo Christus Dominus potius voluit mortem crucis subire, quam permitteret, eum perire, quia rigor iuris positivi, ubi expedit, servandus est, ubi autem salutem impedit, remittendus est[513].

L'ultima *ratio* della libertà del fedele nella scelta del confessore è dunque motivata dalla compassione per i fedeli, per i quali il Signore è morto sulla croce. Dal momento che si tratta del *salutare statutum*, dato per assicurare la salvezza delle anime, questa motivazione non sembra per niente esagerata. Alla fine Bonaventura espone una regola generale sull'osservanza del diritto positivo, consonante con la sapienza evangelica al riguardo.

Annibaldo da Annibaldi nel suo commentario alle *Sententiae* attribuito a San Tommaso usa il concetto giuridico della giurisdizione delegata e così può includere nella definizione del sacerdos proprius ogni sacerdote che è stato delegato a confessare, con delega che è stata conferita sia dal parroco, sia dal vescovo, sia dal Papa stesso[514].

Per i canonisti dell'epoca la problematica rimane più complessa. Goffredo da Trano e il cardinale Enrico da Segusio sottolineano nelle loro *Summae* la potestà dei parroci sui peccati dei propri sudditi, che è

---

[512] BONAVENTURA, *Quare Fratres*, n. 19.
[513] BONAVENTURA, *Quare Fratres*, n. 20.
[514] ANNIBALDUS ANNIBALDENSIS, *In IV Sent.*, dist. 17, q. 3, art. 2: «Ad effectum aliquem duo requiritur, scilicet potentia activa in agente, et materia debita in suscipiente. Ideo, ad effectum ligandi et solvendi, requiritur et potestas clavium, quae datur in ordine, et materia debita scilicet subditus, qui habetur ex iurisdictione. Unde oportet confiteri sacerdoti, et non nisi proprio. Sed proprius sacerdos duplex est. Vel ex iurisdictione ordinaria, sicut parochialis sacerdos, vel episcopus, vel Papa, vel ex iurisdictione delegata, sicut ille cui committit potestatem audiendi aliquis horum trium, vel etiam delegatur Domini Papae».

CAP. II: DAL CONCILIO LATERANENSE IV AL LATERANENSE V 151

stata data loro *ipso iure*[515]. Secondo Bernardo di Bottone, il privilegio Papale concesso ai mendicanti non basta perché possano ascoltare le confessioni annuali senza la licenza del parroco. Questo privilegio può dare loro solo l'*executionem,* cioè il diritto di esercitare la loro potestà degli ordini, ma questo non toglie il bisogno di ottenere la licenza per assolvere i parrochiani altrui. Infatti Bernardo parla delle due dipendenze, delle quali solo una è eliminata per il privilegio, invece l'altra, verso il parroco rimane[516].

Infine l'*Hostienis* nel suo commento al *Liber Extra* si avvicina alla posizione dei teologi mendicanti. Il cardinale di Ostia afferma nella glossa alle parole *a proprio sacerdote* che sotto questo nome non si deve intendere solo il sacerdote parrocchiale, ma anche il Papa e il Vescovo. Uno potrebbe confessarsi da loro anche senza la licenza del sacerdote parochiale. In tal caso il fedele dovrebbe soltanto informare il proprio parroco, dichiarando la confessione avvenuta altrove e aggiungendo qualche prova alla sua dichiarazione[517]. C'è soltanto una situa-

---

[515] Cf. GOFFREDUS DE TRANO, *Summa*, in X. 5, 38, n.17: «Item unusquisque presbyter parochialis suis terminis sit contentus, et taliter sibi plebem commissam custodiat, ut ante tribunal aeterni iudicis ex omnibus sibi commissis rationem reddat, ut ibi dicitur. A iure igitur data est haec potestas sacerdotibus»; HOSTIENSIS, *Aurea Summa*, in X, 5, 38, n. 14: «Sacerdos parochialis ex quo sibi cura animarum commissa est ab aliquo episcopo sine alia licentia speciali potestatem habet audiendi confessiones parochianorum suorum, excommunicandi et absolvendi, exceptis prohibitis».

[516] *Glossa ordinaria*, X. 5, 38, 12, v. alieno sacerdoti: «executionem habenti. Hoc dico propter illos sacerdotes sive seculares sive regulares, qui non habent ordinis executionem sacerdotalis, ut sunt illi qui non sunt a populo electi, vel qui ab episcopo populo non praeficiuntur [...]. Sed ecce si Praedicatores et fratres minores vel alii religiosi non habentes populum, habent privilegium, ut alienos parochianos possint recipere ad poenitentiam, nunc quid sufficit privilegium, ut parochianum alterius possint recipere ad poenitentia sine licentia proprii sacerdotis? Dicas quod non sufficit privilegium sine licentia proprii sacerdotis: privilegium enim aequiparat eos illis, qui a populo sunt electi, vel illis, qui ab episcopis populo praeficiuntur, et dat eis solam executionem, et ita necessaria est adhuc licentia proprii sacerdotis, ut hic dicitur. Si enim de duabus servitutibus, una tollitur, remanet altera: quod bene probatur, supra [...]. Nec Papa per talem indulgentiam intendit praeiudicare proprio sacerdoti».

[517] Cf. HOSTIENSIS, in X. 5, 38, 12, v. a proprio sacerdote: «non solum est ergo intelligendum hoc de parochiali et incurato, sed est de Papa et episcopo, nam unusquisque istorum sacerdos proprius immediate dicitur [...]. Quid ergo, si aliquis confiteatur alicui istorum, vel licentia eorum alii absque conscientia parochialis proprii sacerdotis et quidem tenet confessio et absolutio, tanquam suo, et a suo iudice facta, ut patet ex praemissis. Verumtamen sacerdoti parochiali, quis specialiter habet oves suas cognoscere, facienda est inde fides, alioquin poterit non confitenti sibi, nec de sua licentia poenam infligere supradictam, nec enim sufficit dicere, nisi et probetur».

zione nella quale non si dovrebbe procedere in questo modo, cioè quella della confessione annuale[518]. Per l'*Hostiensis* non è lecito compiere l'obbligo della confessione annuale da un altro sacerdote senza la licenza del proprio parroco, perché:

> Et est multiplex ratio. Prima quia valde aequum et rationabile est, quod sacerdos parochialis cognoscat vultum pecoris sui, non tantum exterius, sed etiam interius, cum ei habeat eucharistiam ministrare [...]. Secuna, quia si sentiamus contrarium tali praetextu, poterunt omnes sibi subtrahi, quod non debet velle superior [...]. Ex hoc contingeret confundi ordinem ecclesiasticum, et disciplinam ecclesiasticam vilipendi. [...] Tertia, quia in generali licentia non praesumitur aliquis concedere, quod non esset specialiter concessurus[519].

Il cardinale Enrico da Segusio espone qui ragioni importanti a favore della confessione annuale dal proprio parroco, che influiranno molto sui canonisti successivi[520].

Anche il Papa Martino IV (1281-1285), pur concedendo ampi privilegi agli ordini mendicanti sulle orme dei suoi predecessori Allessandro IV e Clemente IV[521], cercherà di salvare il diritto del parroco circa la confessione annuale. Nel 1282 il nuovo Pontefice inviò ai superiori generali degli ordini mendicanti la bolla *Ad fructus uberes*, nella quale conferisce ai religiosi la libertà nell'amministrare il sacramento della penitenza. Nello stesso tempo però chiede di rispettare il senso letterale

---

[518] Cf. HOSTIENSIS, in X. 5, 38, 12, v. a proprio sacerdote: «saltem quantum ad confessionem sibi semel in anno faciendam huic statuto praeiudicari debeat, immo adhuc requirenda est licentia sacerdotis parochialis».

[519] HOSTIENSIS, in X. 5, 38,12, v. a proprio sacerdote.

[520] Cf. IOANNES ANDREAE, in X. 5, 38, 12, v. a proprio: «Host.[iensis] illius dicti has reddit hic rationes, quia valde aequum est, ut quis cognoscat vultum etiam interiorem pecoris sui, cui habet ministrare eucharistiam. [...] Unde prover.[bium] 27. in fine. Diligenter agnosce vultum pecoris tui, tuosque greges considera. Secuna, quia ex contrario sequeretur, quod omnes sui sibi subtrahi possent, quod non debet velle superior, sicut nec vellet sibi fieri.[...]. Item confunderetur ex hoc ecclesiasticus ordo et vilipenderetur disciplina»; PANORMITANUS, in X. 5, 38, 12, n. 15: «Et Host.[iensis] sequebantur dictum [...] ex generali licentia data a sacerdote peccatori, ut possit sibi eligere confessorem, non censetur derogatum dispositioni huius c.[ui] quominus semel in anno teneatur confiteri proprio sacerdoti, quia interest proprii sacerdotis audire confessionem sui parochiani semel in anno, cum habeat sibi exhibere eucharistiam. Item alias non potest exequi poenam huius c.[ui] ut arcere ab ingressu ecclesiae non confitentem».

[521] Nel 1265 il Papa Clemente inviò ai frati Predicatori la bolla *Quidam temere*, che sostanzialmente riprendeva la normativa di Allessandro IV al riguardo. Cf. CLEMENTE IV, bolla *Quidam temere*, 20 giugno 1265, in *BOP* 1, 455.

della *Omnis utriusque sexus*, cioè di confessarsi al proprio parroco una volta all'anno:

> committendi, auctoritate Apostolica fratribus eiusdem Ordinis in sacra pagina eruditis, examinatis et approbatis a vobis, praedicationis officium, audiendi vero confessiones, absolvendi confitentes, et iniungendi eisdem paenitentias salutares, etiam Fratribus, alias idoneis: [...] plenam damus et concedimus, auctoritate praesentium, facultatem. [...] Volumus autem, quod hii, qui Fratribus confitebuntur eisdem, suis Parochialibus, Presbyteris confiteri, saltem semel in anno, prout generale Concilium statuit, nihilominus teneantur, quodque iidem Fratres eos ad hoc diligenter et efficaciter secundum datam eis a Domino gratiam, exhortentur[522].

Il Pontefice concede quindi ampie facoltà ai Mendicanti circa la pastorale delle anime, tuttavia fa espressamente una eccezione, che verte proprio sul precetto della confessione annuale. Così il Papa Martino IV vuole rispettare la normativa del Concilio generale nel suo senso originario e riconciliare questa legislazione fondamentale con i privilegi concessi[523]. La sua soluzione è stata ricordata dai canonisti posteriori, visto che ancora il glossatore degli *Extravaganti Communes* nel commento alla legislazione posteriore menziona la sua decisione: «semel in anno confitetur proprio sacerdoti, quod est curato, sic est interpretatus Martinus Papa IIII, et si est de iure interpretandum, cum dictum concilium de iure communi loquatur»[524].

4.2 *Lo status quaestionis da Bonifacio VIII fino al Laterano V*

All'inizio del secolo XIV la controversia circa il sacerdote proprio e le competenze dei mendicanti non si era per niente alleggerita. Nel periodo relativamente breve dei primi quindici anni del trecento si sono susseguiti tre documenti importanti circa la questione tanto dibattuta. Nel 1300 Papa Bonifacio VIII (1294-1303) ha emanato la bolla *Super cathedram* nella quale poneva limiti abbastanza forti ad alcune opere pastorali svolte da parte dei religiosi. Quanto alla confessione, il Papa ha stabilito tutta una procedura, secondo la quale i superiori provinciali

---

[522] MARTINO IV, bolla *Ad fructus uberes*, 10 gen. 1282, in *BOP* 2, 1-2.

[523] Un tentativo interessante per armonizzare la normativa lateranense con i successivi privilegi Papali troviamo in un concilio locale di Bourges: esso cita alla lettera la costituzione *Omnis utriusque sexus* con i documenti di Clemente e di Martino. Cf. CONCILIO DI BOURGES (1286), cap. 14, in Mansi, 24, 632-634.

[524] *Glossa ordinaria*, Extrav. com. 3, 6, 2, v. concedimus. Cf. anche I. LANOI, *Explicata Ecclesiae Traditio*, 59-60.

dei Minori e dei Predicatori dovevano chiedere ai prelati responsabili per le rispettive città o diocesi che i frati scelti potessero confessare i fedeli, con «licentia, gratia et beneplacito»[525] dei superiori diocesani. Poi i responsabili dei due sopramenzionati Ordini avrebbero scelto le persone adatte per svolgere questo ministero, e li avrebbero presentati ai prelati. Il numero di questi ministri sacri da presentare doveva essere proporzionato al numero del clero e del popolo. Se i superiori diocesani avessero negato la loro licenza a uno dei frati, si sarebbe dovuto procedere a sostituirlo con un altro, che sarebbe stato poi anche da presentare[526].

Contemplando il caso di un rifiuto di permesso di confessare ai frati mendicanti, il Papa Bonifacio aggiunge:

> Si vero iisdem praelati praefatis fratribus, ad confessiones, ut praemittitur, audiendas electis, huiusmodi exhibere licentiam recusarint, non exnunc ipsis, ut confessiones sibi confiteri volentium libere liciteque audire valeant et eisdem poenitentias imponere salutares, atque eisdem beneficium absolutionis impertiri, gratiose concedimus de plenitudine apostolicae potestatis. Per huismodi autem concessionem nequaquam intendimus personis seu fratribus ipsis, ad id taliter deputatis, potestatem in hoc impendere ampliorem, quam in eo curatis vel parochialibus sacerdotibus est a iure concessa, nisi forsan eis ecclesiarum praelati uberiorem in hac parte gratiam specialiter ducerent faciendam[527].

Vediamo dunque che il Papa dona ai Mendicanti la concessione de *plenitude apostolicae potestatis* per confessare i fedeli anche senza la licenza dei diocesani[528]. Dopo aver *gratiose*[529] accordato questo privilegio, il Pontefice subito conferma la facoltà quanto alla confessione dei suoi fedeli concessa *ipso iure* ai parroci, e non vuole in questo campo ampliare la potestà dei frati, se non per una grazia speciale da prelati

---

[525] Extrav. com. 3, 6, 2. = CONCILIO DI VIENNE (1311-1312), decr. 10, 6, in *DSP*, II, 550.

[526] Cf. Extrav. com. 3, 6, 2. = CONCILIO DI VIENNE (1311-1312), decr. 10, 6-7, in *DSP*, II, 550.

[527] Extrav. com. 3, 6, 2. = CONCILIO DI VIENNE (1311-1312), decr. 10, 8ab, in *DSP*, II, 550-552.

[528] Solo se i religiosi osservano fedelmente la procedura descritta sopra. Cf. *Glossa ordinaria*, Extrav. com. 3, 6, 2, v. recusarint: «Unde gradibus praecedentibus diligenter non servatis, fratres non habent potestatem infra scriptam, nam primo gradu non expleto non est locus secundo».

[529] Cf. *Glossa ordinaria*, Extrav. com. 3, 6, 2, v. gratiose: «quae est arcte interpretanda, quatenus ius tertii tangit [...]. Alii dicunt large in odium praelati recusantis et in favorem animarum: haec tamen interpretatio verba statuti non excedat. [...] Et in re dubia melius est verbis edicti servire».

diocesani[530]. Questo significa per il glossatore degli *Extravagantes communes*, dove troviamo la bolla di Bonifacio, che l'obbligo di confessarsi al proprio sacerdote almeno una volta all'anno rimane, visto che la potestà legata con esso è stata concessa ai sacerdoti parrocchiali dal diritto stesso nel IV Concilio Lateranense[531]. La *Glossa ordinaria*, infatti, alla parola *concedimus* afferma tra altro: «Necessitate veniendi ad curatum remanente, quae non est hic expresse sublata. Item haec concessio gratiosa, ut haec quae est voluntaria, non tollit necessitatem»[532].

Nell'ottobre del 1303 il cardinale Niccolò Boccasino, già maestro generale dei domenicani negli anni 1296-1298 è stato eletto Papa con il nome di Benedetto XI (1303-1304). Durante il suo breve pontificato il nuovo Pontefice è riuscito ad emanare la bolla *Inter cunctas* con la quale ha cambiato alcune decisioni di Papa Bonifacio[533]. Dopo aver sottolineato le buone intenzioni del suo predecessore, Benedetto XI descrive nella sua bolla i frutti non desiderati portati dalla decisione di Bonifacio VIII, cioè turbamento, dissenso e inquietudini. Papa Benedetto non esita a paragonare le conseguenze della *Super cathedram* alla lotta con la mitica Idra[534], alla quale crescono sette teste al posto di una tagliata[535]. Per risolvere questi problemi e calmare le discordie il Papa

---

[530] Cf. Extrav. com. 3, 6, 2. = CONCILIO DI VIENNE (1311-1312), decr. 10,8ab, in *DSP*, II, 550-552.

[531] Cf. *Glossa ordinaria*, Extrav. com. 3, 6, 2, v. concedimus: «Sed haec concessio est gratiosa privilegialiter data, quae non tollit ius precedens, nisi de ipso fiat mentio spiritualis [...]. Item ut est dictum, generale et speciale hic non tendunt ad diversos fines [...]. Item si non haberet quandoque teneri subditus ad curatum, posset prorsus eius potestas in auditione confessionem exhauriri. Et privilegium non tenent, quod vergit in enormem alterius laesionem [...]. Item qualiter dabit curatus ecclesiastica sacramenta a subdito, quem non novit dispositum, maxime ubi subditi sunt aliqua notoria crimina, nec potest Frater revelare confessa: ut dicit dictum concilium [...]. Iste Frater de novo adveniens, qui dari praesumitur, ut potestas curati non tollatur, sed iuvetur. Vel ius commune quod est procurato est fortius iure privilegiato. Nec mirum, primum necessarium, secundum voluntarium licet sit aequalis potestas audiendi et absolvendi».

[532] *Glossa ordinaria*, Extrav. com. 3, 6, 2, v. concedimus.

[533] Cf. A. CARPIN, *La confessione*, 236.

[534] Cf. *Glossa ordinaria*, Extrav. com. 5, 7, 1, v. Hydrae: «Hydra est serpens aquaticus, dictu sub hydro quod est aqua, cui secundum fabulas uno capite abscisso plura nascebantur eisdem. Secundum sensum autem moralem unum male gestum plura mala generat: quia, uno principio illicito dato multa mala sequuntur».

[535] Extrav. com. 5, 7, 1: «Sed pro ea, quam intendebat, quiete turbatio nata est, pro concordia sunt suborta dissidia, et pullulatae inquietudines pro tranquillitate noscuntur, sicque, dum ansam solvisse se credidit, nondum ligasse videtur, et septem, uno Hydrae amputatio capite, suscitasse».

decide dunque di permettere ai mendicanti di esercitare il ministero della confessione senza le precedenti restrizioni:

> Electi igitur ab eisdem fratribus ad audiendas confessiones et poenitentias iniungendas libere auctoritate apostolica absque licentia dioecesanorum et aliorum praelatorum inferiorum exemptorum et non exemptorum quibus subsunt, qui ad confitendum accedunt, audiant eis peccata sua confiteri volentes [...]. Excommunicationis vero vel alias sententias, per praelatos latas contra hoc vel in eius fraudem, denunciamus irritas et inanes, nec confessi ipsis fratribus peccata illa, de quibus confessi sunt eis et absoluti poenitentes de illis sacerdotibus propriis teneantur (sicut etiam non tenentur,) iterum confiteri non obstante constitutione generalis concilii, quae sano intellectu, (ne sequatur absurdum, quod per poenitetiam dimessa peccata quis confiteri debeat, et quod liberatus debitor adhuc ad solvendum remaneat obligatus) intelligenda est (ut ex ea patet) de illis, qui peccata sua confiteri aliis neglexerunt[536].

Con questo provvedimento il Pontefice non solo concede ai Mendicanti *libere auctoritate apostolica* il diritto di confessare tutti i penitenti senza la previa licenza dei prelati diocesani ed altri, ma si oppone anche alla prassi che obbligava a confessare una seconda volta al proprio prete i peccati già assolti in una confessione fatta ad un religioso. Benedetto XI dichiara quindi nulle le scomuniche rivolte contro coloro che non confessano per la seconda volta gli stessi peccati già rimessi, e chiama letteralmente un assurdo (*absurdum*) l'interpretazione della costituzione del Laterano IV che obbligherebbe a tale pratica. La legge lateranense dovrebbe invece essere capita *sano intellectu*, come una norma riguardante i fedeli che per la loro negligenza trascurano l'obbligo della confessione.

Il Pontefice lascia ai parroci il compito di dare ai propri fedeli la Comunione e l'estrema unzione. Basta che i fedeli semplicemente dichiarino che la confessione è stata compiuta dai religiosi per poter ottenere i sopramenzionati sacramenti dal parroco (con l'eccezione degli scomunicati e dei peccatori notori)[537]. Inoltre per soddisfare ai diocesani *honor debitus*, il provinciale dei domenicani e i ministri dei francescani dovrebbero dichiarare davanti ai prelati del luogo di aver scelto i

---

[536] Cf. Extrav. com. 5, 7, 1, §1.

[537] Cf. Extrav. com. 5, 7, 1, §1: «Sed sacerdotes ipsis taliter confessis et absolutis adstricti sint ministrare eucharistiae, et extremae unctionis etiam sacramentum. Super confessione autem facta fratribus memoratis, quum de confitentis solius praeiudicio (si falsum dicat) agatur in iudicio animae seu poenitentiae foro, stabitur simplici verbo illius qui sacramenta petit praedicta, et dicit fratribus se confessum. Duos tamen casus excipimus, scilicet si sacerdos asserat eum excommunicatum, aut notorie peccatorem».

frati per amministrare il sacramento della confessione e chiedere umilmente la licenza di poter esercitare questo loro ufficio tra i confini della rispettiva diocesi. I superiori dei mendicanti non sono allo stesso tempo obbligati a conferire i nomi né il numero dei frati, al contrario delle disposizioni di Bonifacio VIII. Se la licenza fosse negata o non concessa entro la scadenza di tre giorni, i frati potevano comunque confessare con la stessa autorità; inoltre la licenza una volta concessa non veniva meno con la morte del prelato diocesano[538].

Alla fine del brano dedicato al sacramento della penitenza il Pontefice ritorna sul problema della confessione annuale, affermando:

> Ceterum licet (sicut praedictur) de necessitate non sit, iterum eadem confiteri peccata: tamen, quia propter erubescientiam, quae magna poenitentiae pars, ut eorundem peccatorum iteretur confessio, reputamus salubre, districte iniungimus, ut fratres ipsi confitentes attente moneant, et in suis praedicationibus exhortentur, quod suis sacerdotibus saltem semel confiteantur in anno, asserendo, id ad animarum profectum procul dubio pertinere[539].

Il Papa conferma quindi ancora una volta che non c'è una vera e propria necessità di confessare un'altra volta i peccati già assolti precedentemente. Nello stesso tempo Benedetto XI chiede ai frati di ammonire e di esortare i fedeli, sia nelle confessioni che nelle predicazioni, affinché si confessino almeno una volta all'anno dai propri sacerdoti. Con questo provvedimento finale il Pontefice sembra voler pacificare le possibili contese e conciliare la vastità del privilegio concesso ai mendicanti con le pretese dei parroci diocesani. Il Papa afferma pure che tale salutare prassi porterebbe anche del bene alle anime dei penitenti.

Vediamo dunque, che concedendo un privilegio importante ai Mendicanti, il Papa non è convinto di abolire la prassi tradizionale della confessione annuale al parroco proprio. Di conseguenza nella pratica del precetto pasquale il provvedimento non poteva avere un immediato impatto. L'influenza della bolla di Benedetto XI appare ancora più limitata se si considera la corta durata della vigenza del provvedimento, causata dalle decisioni del Concilio di Vienne (1311-1312) riportate sotto. Bisognerà aspettare la pubblicazione del documento nella collezione delle *Extravagantes communes*, sotto il significativo titolo *De privilegis*, affinché dagli anni 1500-1503 questo testo avesse la possibilità di influire la legislazione del XVI secolo[540].

---

[538] Cf. Extrav. com. 5, 7, 1, §1.
[539] Extrav. com. 5, 7, 1, §1.
[540] Cf. Extrav. com. 5, 7, 1, Rubrica in *Corpus Iuris Canonici*, ed. A. Friedberg, II,

Il Concilio di Vienne (1311-1312), ricordato nella storia soprattutto per la triste vicenda della soppressione dei Templari, ha dibattuto comunque anche su altri temi. In particolare è stato fortemente discusso il problema della esenzione dei religiosi. Nel Concilio erano molto attivi i vescovi che elencavano gli abusi legati con l'esenzione, fino ad attaccare il concetto stesso. Alcuni proponevano pure la rinnovazione delle leggi di Innocenzo IV, ma alla fine il Concilio è arrivato soltanto a rimettere in vigore la costituzione *Super cathedram* di Bonifacio VIII[541]. Papa Clemente V (1305-1314) dichiarò di voler addolcire alcune sue restrizioni, ma accettò la decisione dei vescovi di riportare la bolla di Bonifacio senza alcun cambiamento[542]. Nel decreto che è stato frutto di questa decisione Clemente V afferma che la revocazione della *Super cathedram* da parte di Benedetto XI non ha portato l'effetto desiderato, cioè la pace nella Chiesa, ma ha causato non pochi conflitti[543]. Il Pontefice decise quindi di annullare la bolla del suo immediato predecessore, e di rinnovare quella di Papa Bonifacio: «nos eam omnino cassantes, aliam a praefato Bonifacio editam sacro instante et approbante Concilio innovamus, subicientes tenorem illius»[544]. Abbiamo qui una totale abrogazione della decisione di Benedetto XI (*omnino cassantes*) e anche una integrale "riattivazione" della bolla di Bonifacio, citata poi alla lettera dal decreto conciliare[545]. Visto l'inciso significativo inserito nel testo del documento: «sacro instante et approbante concilio», si può ritenere che il decreto *Dudum a Bonifacio* sia il vero frutto del Concilio di Vienne[546], anche se redatto dal Papa posteriormente. Dopo la morte di Papa Clemente, il nuovo Pontefice fece integrare il decreto del suo predecessore nelle *Clemetinae*[547]. Così tramite questa collezione autentica ed ufficiale il decreto conciliare *Dudum a Bonifacio*, e di conse-

---

1296: «Haec extravagantes dat Praedicatoribus et Minoribus privilegia plurima circa tria, videlicet circa predicationes, confessionum auditiones, et sepulturas. [...]. Et licet sit revocata per Clem. 2 de sepult. Multa tamen notatu digna in ea reperiuntur, quae non sunt retractata».

[541] Cf. J. LECLER, *Vienne*, 120-126.
[542] Cf. J. LECLER, *Vienne*, 152.
[543] Cf. Clem. 3, 1, 2 = CONCILIO DI VIENNE (1311-1312), decr. 10,1, in *DSP*, II, 546.
[544] CONCILIO DI VIENNE (1311-1312), decr. 10, 1, in *DSP*, II, 546 = Clem. 3,7,2.
[545] Cf. *Glossa ordinaria*, Clem. 3, 7, 2., v. Dudum: «duae sunt principales partes, in prima proemium Clementis innovans in concilio constitutionem Bonifacii, et cassans revocatoriam Benedicti; in secunda constitutio».
[546] Cf. J. LECLER, *Vienne*, 152-153.
[547] Sulla redazione dei decreti conciliari e la pubblicazione delle *Clementinae*, cf. J. LECLER, *Vienne*, 146-148.152-153.

CAP. II: DAL CONCILIO LATERANENSE IV AL LATERANENSE V   159

guenza la bolla *Super cathedram* dello stesso Bonifacio, costituirono leggi di riferimento[548] per il problema dell'esenzione e del sacerdote proprio[549].

Nell'ultima collezione del *Corpus Iuris Canonici*, gli *Extravagantes Communes*, oltre alla bolla *Inter cunctas* di Benedetto XI, si trovano due altri documenti interessanti che riguardano il nostro tema. Il primo è stato emanato pochi anni dopo le tre bolle appena commentate, perché opera di Giovanni XXII (1315-1334), successore di Clemente VIII. Questo Pontefice nella bolla *Vas electionis* del 1321 si occupò delle tre asserzioni del dottore di Parigi Giovanni da Poliaco, accusate di essere *periculosos errores*. Ecco gli *articulos* presi in esame[550] dal Papa con i suoi consiglieri:

> Primo siquidem adstruens, quod confessi fratribus, habentibus licentiam generalem audiendi confessionem, tenentur eadem peccata, quae confessi fuerant, iterum confiteri proprio sacerdoti. Secundo, quod stante "Omnis utriusque sexus" edicto in concilio generali, Romanus Pontifex non potest facere, quod parochiani non teneantur omnia peccata sua semel in anno proprio sacerdoti confiteri, quem dicit esse parochialem curatum. Immo, nec Deus posset hoc facere, quia, ut dicebant, implicat contradictionem. Tertio, quod Papa non potest dare potestatem generalem audiendi confessionem, immo nec Deus, quin confessus habenti licentiam teneatur eadem confiteri proprio sacerdoti, quem dicit esse (ut praemittitur) proprium curatum[551].

Il Pontefice con il suo consiglio[552] condannò queste tesi come «falsos, eroneos et a doctrina sacra devios»[553], ordinò la loro ritrattazione[554]

---

[548] Al titolo di esempio citiamo il passo di Giacomo Passavanti: «In prima si può confessare ogni persona, laica e secolare, uomo e femmina, che sia di qualunche stato e condizione, a' frati Predicatori o Minori, i quali, per ispeziale privilegio e del Papa e della Chiesa di Roma, possono le confessioni udire, prosciogliere e imporre penitenze salutari, con certa rappresentazione e reverenza che si dee fare per gli prelati di detti Ordini agli vescovi e arcivescovi, nelle sue cittadi, diocesi e vescovadi debbiano le confessioni udire; sì come si contiene nelle Costituzioni Clementine: *De sepulturis dudum*» (I. PASSAVANTI, *Lo specchio della vera penitenza*, 117).
[549] Cf.I. LANOI, *Explicata Ecclesiae Traditio*, 69-70.
[550] Cf. Extrav. Com. 5, 3, 2.
[551] Extrav. com. 5, 3, 2.
[552] Cf. Extrav. com. 5, 3, 2: «ad sui defensionem plenam audientiam sibi praebuimus tam in nostra et fratrum nostrorum praesentia in consistoro, quam alias coram aliquibus ex ipsis fratribus, per nos ad huiusmodi officium deputatis».
[553] Cf. Extrav. com. 5, 3, 2.
[554] Cf. Extrav. com. 5, 3, 2: «Nos etiam eidem magistro Ioanni mandamus, quod in scholis et sermone Parisiis praedictos articulos et contenta in eis, tamquam veritati

e proibì di insegnarle in futuro[555]. Il documento di Giovanni XXII è una difesa del potere del Pontefice, il quale può autenticamente interpretare la legge conciliare, contrariamente a due delle tesi condannate. Tuttavia prima di tutto il Papa ha voluto difendere con questo provvedimento il diritto dei fedeli a confessarsi dai mendicanti, senza ripetere la confessione degli stessi peccati al sacerdote proprio. Tale è la tesi formulata positivamente nel documento pontificio: «illi, qui praedictis fratribus confitentur, non magis teneantur eadem peccata confiteri iterum, quam si ea alias confessi fuissent eorum proprio sacerdoti iuxta concilium generale»[556]. La formula *quam si* nella frase appena citata cerca di conciliare la prassi della confessione ai Mendicanti con l'anteriore costituzione lateranense. Il penitente che si è confessato dai fratelli minori o predicatori deve essere trattato come se avesse fatto la confessione al proprio parroco, e questa "finzione giuridica" è introdotta con l'autorità Papale. La *Vas electionis* riapre così la possibilità di compiere anche il precetto della confessione annuale da un religioso, e non per forza dal parroco proprio. Siccome Giovanni d'Andrea citò la costituzione di Giovanni XXII nella discussione sulla liceità di confessarsi a un altro prete[557], la *Vas electionis* ebbe il suo considerevole influsso tramite l'opera di questo grande giurista. Lo conferma un secolo più tardi il *Panormitanus*, quando menziona la posizione di Giovanni d'Andrea in contrasto con quella dell'*Hostiensis* sottolineando l'influsso dell'*extravagantium* di Giovanni XXII sulla convinzione di Giovanni d'Andrea[558]. Lo stesso arcivescovo di Palermo ci offre un'interessante conclusione alla fine di questo punto del suo *commentarium*: «confessus istis fratribus non tenetur confiteri proprio sacerdoti, ut ibi dicitur, et hanc opinionem

---

contraria, propriae vocis oraculo, asservatione constanti publice debeat revocare, quod se faturum dictus magister Ioannes efficaciter repromisit».

Infatti il dottore di Parigi ha ritrattato i suoi errori, come racconta Lanoi. Cf. LANOI, I., *Explicata Ecclesiae Traditio*, 74: «Ioannes verò Poliacus eas revocat, victus obiectus rationibus, quas nec repellere nec diluere potest».

[555] Cf. Extrav. com. 5, 3, 2: «universis et singulis districtus inhibemus, ne quisdam praemissos articulos, per nos (ut praemittitur) damnatos et reprobatos et contenta in eis vel aliquo ipsorum, utpote a catholicis mentibus respuenda, tenere audeat, seu defensare quomodolibet vel docere».

[556] Extrav. com. 5, 3, 2.

[557] Cf. IOANNES ANDREAE, in X. 5, 38, 12, v. a proprio: «hodie terminatum per constitutionem Io. Vas electionis».

[558] Cf. PANORMITANUS, in X. 5, 38, 12, n. 15: «sed Io. And. dicit contrarium determinatum per extravag. Io. Vas electionis».

CAP. II: DAL CONCILIO LATERANENSE IV AL LATERANENSE V 161

teneas, et sic communiter practicatur»⁵⁵⁹. Le ultime parole indicano la direzione nella quale va la pratica comune del popolo cristiano, almeno nella regione dove visse Niccolò di Tedeuschi. L'influsso sulla prassi, almeno in Italia, poteva avere già dal secolo XIV anche la sopramenzionata⁵⁶⁰ opera di Giacomo di Passavanti, che consiglia di confessarsi dal proprio prete a Pasqua, ma nello stesso tempo dichiara che nessuno è tenuto a farlo, essendo il parroco obbligato a conferire gli altri sacramenti sulla base della semplice dichiarazione del fedele circa l'avvenuta confessione⁵⁶¹.

L'ultimo documento raccolto nell'*Extravagantes communes* vertente sul tema dei privilegi dei religiosi si trova nel primo libro della collezione sotto un titolo significativo *e Treuga et Pace*. Si tratta del documento del Papa proveniente dall'ordine francescano, Sisto IV (1471-1484), intitolato *Vices illius*, con il quale voleva porre fine alla discordia e al conflitto continuo tra il clero diocesano e i religiosi mendicanti. Il Pontefice afferma che i dissensi e le contese tra i due gruppi di sacerdoti potevano essere causa di scandalo per i fedeli, visto che avvenivano tra uomini che si sarebbero dovuti amare di carità vicendevole⁵⁶². Per riportare la pace, il Papa ammonisce i due gruppi di non insegnare cose esagerate o false circa la frazione opposta⁵⁶³. Citiamo il brano riguardante la confessione annuale:

---

⁵⁵⁹ PANORMITANUS, in X. 5, 38, 12, n. 15.
⁵⁶⁰ Cf. sopra, pp. 134-135.
⁵⁶¹ Cf. I. PASSAVANTI, *Lo specchio della vera penitenza*, 118-119: «Per questa cagione è convenevole che almeno una volta l'anno, cioè per pasqua di Resuresso, quando è comandato a tutti i fedeli cristiani di comunicarsi, che ciascuno si confessi al proprio prete che 'l dee comunicare, e che dee conoscere le condizioni de' suoi sudditi come il pastore le pecore sue, e che gli dee dare in caso di morte la strema unzione, cioè l'Olio santo, e la ecclesiastica sepoltura, s'egli non la eleggesse già altrove. Tuttavia, se la persona non si volesse confessare dal proprio prete, e spezialmente se in lui fossono de' difetti che si pongono qui appresso, non è tenuta; ma degli si rappresentare al tempo della comunione, e dirgli nella sua fede, come la è confessata ad altro prete, religioso, o altro ch'ebbe sopra ciò [...] autorità. E 'l prete li dee credere, e dargli la comunione, se non fosse già in caso di scomunicazione».
⁵⁶² Cf. Extrav. com. 1, 9, 2: «suscitata sunt nonnulla dissensionum et scandalorum fomenta, ex certis causis, tunc nobis expressis, quae, nisi per vigilantiam pastoralis officii celeriter succidanur, possent ad scandalum non modicum Christi fidelium illarum partim faciliter pervenire. [...] non potuimus non nisi ab intimis cordis nostri dolere, quod inter tales viros, qui se mutua caritate diligere, et alter alterius iuxta Apostolum onera portare deberent, discordiae seminarium excitaretur».
⁵⁶³ Cf. Extrav. com. 1, 9, 2: «quod ipsi parochiani sacerdotes de cetero non dicant, a Mendicantibus haereses processisse, quum in veritate fides nostra sit illuminata, et

Quod etiam ipsi Mendicantes desistant praedicare, quod parochiani non sint obligati, saltem in Paschate proprio confiteri sacerdoti, quia de iure tenetur parochianus saltem in Paschate proprio confiteri sacerdoti. Per hoc tamen ipsi fratres Mendicantes non censeantur exclusi, quo minus secundum iuris communis et privilegiorum eisdem concessorum dispositionem confessiones audire, et poenitentias iniungere valeant[564].

Per portare la pace tra gli avversari, il Pontefice da un lato cerca di ricordare l'obbligo di confessarsi almeno a Pasqua al proprio sacerdote parrocchiale, ma dall'altra conferma chiaramente i privilegi dei religiosi mendicanti circa il sacramento della penitenza. Infine Sisto IV dichiara la pena della scomunica *latae sententiae* contro tutti quelli, sia secolari sia mendicanti, che avrebbero continuato a intervenire contro le regole della concordia ristabilita[565].

Tuttavia quel contrasto tra le due parti del clero non si estinse con il pontificato di Sisto IV, ma scoppiò con nuova forza nel succesivo Concilio ecumenico. Il Concilio Lateranense V è stato convocato da Papa Giulio II (1503-1513), poi continuato dal suo successore Leone X (1513-1521). Mentre lo scopo politico di indebolire i conciliaristi francesi riuniti contemporaneamente a Pisa è stato realizzato con successo, l'altra finalità dichiarata, cioè la riforma della Chiesa, è stata affrontata senza una chiara volontà di cambiamento[566]. Una delle poche vere controversie nel Concilio era il problema dell'esenzione dei religiosi, attaccata forte-

---

ecclesia exaltata per eosdem, et praesertim per ordines Praedicatorum et Minorum, ut iura testantur. Quodque fratres Mendicantes non praedicent, populos parochianos non teneri audire missam in eorum parochiis diebus festivis et dominicis, quum iure sit cautum, illis diebus parochianos teneri audire missam in eorum parochiali ecclesia, nisi forsan ex honesta causa ab ipsa ecclesia se absentarent».

[564] Extrav. com. 1, 9, 2.

[565] Cf. Extrav. com. 1, 9, 2: «si qui forsan intervenerunt in eisdem, iniungentes nihilominus archiepiscopis, episcopis, plebanis, rectoribus, curatis, nec non prioribus, guardianis, et singulis fratribus ordinum Mendicantium sub poena excommunicationis latae sententiae, quam contra facientes et quemlibet eorum contra facientem incurrere volumus eo ipso, a qua absolvi nequeant, nisi de expresso consensu partis laesae, et debita satisfactione praevia».

[566] O. DE LA BROSSE – *al.*, *Latran V et Trente*, 114: «Les textes de Latran V n'ont prévu que des réformes théoriques, irréelles, assorties de trop nombreuses exceptions, et surtout les hommes qui les édictèrent se soucièrent peu de les appliquer. Les papes, dont l'autorité personnelle se voyait renforcée par l'échec de conciliarisme, se sentirent d'autant moins disposés à se laisser lier, eux-mêmes et leur Curie, par des dispositions conciliaires. A la base de tout, un désir réel de réforme manquait aux pontifes de Renaissance, qu'il s'agisse du politique Jules II ou de l'humaniste Léon X».

mente da molti vescovi[567]. Dopo feroci e lunghi dibattiti, si è giunto ad un certo compromesso durante l'undicesima sessione del Concilio. Il 19 dicembre del 1516 i padri hanno approvato una costituzione sui religiosi e i loro privilegi intitolata *Dum intra mentis*, che cercava di conciliare i privilegi dei religiosi con i diritti dei vescovi[568]. In questo testo conciliare troviamo anche importanti accenni sul nostro tema. Circa la confessione, anche quella annuale, il Concilio ha dichiarato:

> superiores eorundem fratrum fratres, quos ad audiendas confessiones subditorum eorundem praelatorum pro tempore elegerint [...]. Possintque illi per eosdem episcopos et praelatos super sufficienti litteratura et aliqua saltem huiusmodi sacramenti peritia dumtaxat examinari: talibusque praesentatis admissis, vel etiam indebite recusatis, confitentes constitutioni, quae incipit: *Omnis utriusque sexus* quoad confessionem dumtaxat satisfecisse censeatur, ipsique fratres etiam forensium confessiones audire valeant[569].

Risultava quindi che i vescovi e i prelati avevano il diritto di farsi presentare ed esaminare i confessori religiosi, ma una volta ammessi o rigettati ingiustamente, i religiosi avevano diritto di confessare i fedeli che volevano adempiere la costituzione *Omnis utriusque sexus* anche se venivano da fuori. Così il Concilio ecumenico andava oltre le decisioni di Bonifacio VIII e di Sisto IV e ritornava allo spirito della bolla di Benedetto XI, permettendo di compiere il precetto della confessione annuale dai religiosi. La Comunione pasquale, secondo la decisione del Concilio, rimaneva un compito esclusivo del parroco[570]. Anche i membri dei Terzi Ordini, che potevano scegliere il luogo della sepoltura secondo la loro volontà[571], circa i sacramenti dovevano osservare quanto segue: «sed die paschatis tantum eucharistiam, nec non in extremam unctionem, ceteraque Eucharistiae sacramenta, poenitentiae sacramento dumtaxat excepto, a proprio sacerdote recipere [...] teneantur»[572].

Quel *dumtaxat excepto* a proposito della competenza del parroco nel sacramento della confessione costituisce una vera e grande novità della decisione del Concilio Lateranense V. Così non solo i frati mendicanti

---

[567] Cf. O. DE LA BROSSE – *al.*, *Latran V et Trente*, 70-74.
[568] Cf. O. DE LA BROSSE – *al.*, *Latran V et Trente*, 109-110.
[569] CONCILIO LATERANENSE V, sess. 11, cost. *Dum intra mentis*, nn. 7-8, in *DSP*, III, 160-162.
[570] Cf. O. DE LA BROSSE – *al.*, *Latran V et Trente*, 110.
[571] Cf. CONCILIO LATERANENSE V, sess. 11, cost. *Dum intra mentis*, n. 21, in *DSP*, III, 164.
[572] CONCILIO LATERANENSE V, sess. 11, cost. *Dum intra mentis*, n. 21, in *DSP*, III, 164.

ritrovavano il diritto di ricevere i penitenti anche per la loro confessione annuale, ma soprattutto i penitenti riacquistavano la libertà di scelta del confessore e l'obbligo della confessione annuale diventava più facile da compiere. Nello stesso tempo le prerogative del parroco circa il precetto pasquale diventavano centrati sulla Comunione di Pasqua, da ricevere sempre dal proprio sacerdote.

La normativa sul sacerdote proprio è stata fin dall'inizio oggetto di discussione e di controversie nell'interpretazione. Tuttavia l'autorità del Concilio Lateranense IV era talmente grande, che nessuno contestava apertamente la costituzione conciliare ma si cercava invece di percorrere la via dei privilegi e delle concessioni Papali, con una radicale reinterpretazione del concetto di *sacerdos proprius*. Nel contesto storico della rivalità aperta tra il clero secolare e gli ordini mendicanti i sottili compromessi delle leggi Papali e conciliari non estinguevano le contese. Il Concilio Lateranense V è entrato più decisamente sulla strada della libertà nella scelta del confessore, ma per le decisioni definitive al riguardo si dovrà aspettare l'epoca post-tridentina.

La costituzione 21 del Concilio Lateranense IV, diventata il capitolo *Omnis utriusque sexus* del *Liber Extra*, era sicuramente una norma giuridica importante, molto commentata e discussa. Non pochi elementi della costituzione sono stati approfonditi dalla riflessione canonistica, confrontati pure con altre norme e con la vita della Chiesa. Alcuni punti — e specialmente quello del sacerdote proprio — sono stati soggetti a forti discussioni e a nuove interpretazioni. Nello stesso tempo il concetto di base della normativa — cioè il minimo obbligatorio della ricezione dei due sacramenti e una certa relazione tra di essi — è stato accolto comunemente dai giuristi e dai teologi. Solo nella prima parte del secolo XVI l'essenza stessa del precetto pasquale e annuale sarà minacciata dalla contestazione protestante. La risposta del Concilio di Trento a questo nuovo pericolo sarà oggetto dell'analisi nel terzo capitolo della presente dissertazione.

CAPITOLO III

Il precetto pasquale ed annuale da Leone X a Leone XIII

L'obbligo della Comunione pasquale e della confessione annuale diventa nella prima metà del XVI secolo uno degli oggetti della contestazione protestante. La risposta del Concilio di Trento a queste discussioni merita la nostra particolare attenzione. Infatti essa costituirà — insieme con la costituzione 21 del Concilio Lateranense IV — la base dottrinale e giuridica della pratica del precetto pasquale fino all'inizio del secolo XX.

Nel primo sottocapitolo descriveremo la critica di Lutero — iniziata sotto il pontificato del Leone X — e di altri riformatori alla normativa lateranense, per soffermarsi poi sulla risposta degli scrittori cattolici. Nel secondo analizzeremo attentamente i lavori e i pronunciamenti finali del Concilio Tridentino sui precetti della Comunione pasquale e della confessione annuale. Nel terzo e ultimo sottocapitolo vedremo dapprima la legislazione nei primi ottant'anni dopo il Concilio, e in seguito i libri liturgici e i catechismi. Infine, nella seconda parte del sottocapitolo percorreremo le norme emanate in materia dai vari papi e dalle congregazioni romane dalla metà del seicento fino agli ultimi anni del pontificato di Leone XIII.

1. La controversia prima del Concilio di Trento

Dopo aver analizzato i scritti dello stesso Lutero circa il precetto pasquale, prenderemo in considerazione anche altri autori protestanti: Melantone, Calvino e Bucero. Poi studieremo i principali polemisti canonisti dell'epoca, terminando con il testo del rifiuto della *Confessio Augustana*.

1.1 *Martino Lutero e la sua contestazione del canone lateranense*

Martino Lutero († 1546), il monaco agostiniano di Wittenberg, dopo aver — nella prima parte della seconda decade del cinquecento — lottato contro i propri dubbi meditando sul mistero del peccato e della grazia, ha trovato, come pensava, la risposta alle sue domande. Tale risposta era presente nella propria visione della teologia paolina, basata sull'interpretazione radicale delle lettere ai Romani e ai Galati, e confermata dalla lettura di alcuni brani di Agostino e di Taulero. Le prime conseguenze pratiche delle sue idee teologiche ha manifestato nell'autunno del 1517 con la pubblicazione sulla porta della chiesa di Wittenberg delle famose 95 tesi sull'indulgenza[1]. Nelle opere di Martino Lutero dell'anno successivo troviamo la prima applicazione delle sue intuizioni sulla dottrina sacramentale, specialmente sulla penitenza.

La «Instructio pro confessione peccatorum» del 1518 pare ancora un'opera conforme alla pratica penitenziale della Chiesa, tuttavia si possono già osservare alcuni punti polemici che saranno sviluppati in futuro. Lutero elenca infatti i peccati che vanno contro i dieci comandamenti di Dio, e dopo aver compilato una lunga lista per i primi otto[2], sotto il nono e decimo precetto divino pone una riflessione sorprendente: «Haec duo praecepta exponunt praecedentia nec pertinent ad confessionem, Cum de peccato fomitis invincibili in hac vita praecipiant [...]. Nemo ergo sine concupiscentia et avaritia perfecte mundus est in hac vita»[3]. Lutero dichiara che i peccati contro i due ultimi comandamenti non appartengono alla confessione, non solo perché sono già inclusi nei precetti precedenti, ma soprattutto a causa della loro forza invincibile e insuperabile in questa vita. Così la visione del peccato di Lutero, quale una potenza permanente e operante nell'uomo anche dopo il battesimo[4], influisce già qui, anche se ancora in modo sottile, i suoi consigli

---

[1] Cf. H. JEDIN, *Storia del Concilio*, I, 193-196. In una sintesi il grande storico del Concilio di Trento espone le principali tappe dello sviluppo delle idee di Lutero, mette in luce i punti fondamentali della sua dottrina, e con una eccezionale abilità teologica ne trae le conseguenze per la visione della Chiesa e per la prassi sacramentale della Chiesa. Per un'altra pertinente analisi teologica cf. Y. CONGAR, «Comment Luther devint Luther», 77-86.

[2] Cf. M. LUTERO, *Instructio pro confessione peccatorum*, in WA 1, 259-262.

[3] M. LUTERO, *Instructio pro confessione peccatorum*, in WA 1, 262.

[4] Cf. P. KUBIAK, *L'assoluzione generale*, 17-18; G. EBELING, *Lutero*, 69: «In realtà quel che cambia fondamentalmente è la concezione del peccato. Quella che, secondo la tradizione, per il battezzato si è ridotta a una semplice inclinazione a peccare, la cosiddetta "colpa originale", viene intesa da Lutero (contro l'apparenza fuorviante di una sua derivazione storica o biologica dal primo uomo) come il peccato-base di tutti

pratici per la prassi penitenziale. Più avanti nella stessa opera troviamo un avvertimento radicato in un'altra idea molto cara a Lutero, quella di *sola fide*:

> Adverte, quod magnus est error eorum, qui ad Sacramentum Eucharistiae accedunt, arundini illi innixi, quod confessi sunt, quod non sibi conscii sint peccati mortalis vel praemiserint orationes suas et praeparationis. Omnes illi sibi iudicium mandunt et bibunt. Quia his omnibus non fiunt digni et puri, imo per eam fiduciam puritatis peius polluantur. Sed si credant et confidant sese gratiam ibi consecuturos, haec sola fides eos facit puros et dignos, quae nititur operibus illis, sed purissimo, piis imo, firmissimoque verbo Christi[5].

Lutero legge il testo paolino del capitolo undicesimo della prima lettera ai Corinzi[6] diversamente dalla lunga tradizione interpretativa che lo legava all'esame di coscienza e alla prassi penitenziale della Chiesa[7]. Per il dottore di Wittenberg colui che pone la fiducia nell'adempimento delle opere buone — dunque anche nella stessa confessione sacramentale — mangia e beve il giudizio, perché è soltanto la fede nella parola di Dio, che rende puri e degni. Nel sermone sulla degna preparazione del cuore alla recezione del sacramento dell'Eucaristia, dello stesso anno 1518, Lutero critica ancora più aspramente l'interpretazione tradizionale del testo paolino. Infatti molti intendono le parole del capitolo 11 della prima lettera ai Corinzi come la volontà dell'Apostolo di proibirci l'accesso alla Comunione fino a quando non ci troveremo degni e puri da ogni peccato. Secondo il maestro di Wittenberg, tale interpretazione conduce a preoccuparsi non solo dei peccati veniali, ma anche degli atti che non sono peccati. Nello stesso tempo gli uomini che fanno un esame di coscienza e una confessione minuziosa, non si preoccupano per niente della loro fede[8]. Tale atteggiamento fa del sacramento

---

gli uomini, come la realtà del peccato, che perdura anche dopo il battesimo. E ciò che veniva considerato come il peccato vero e proprio, cioè i singoli atti peccaminosi, i gravi peccati "mortali" o i peccati quotidiani "veniali", per Lutero, a rigore, sono solo conseguenze del peccato».

[5] M. LUTERO, *Instructio pro confessione peccatorum*, in WA 1, 264. Cf. M. LUTERO, *Sermo de digna praeparatione*, Corollarium 2, in WA 1, 330-331.

[6] Cf. *1 Cor* 11, 26-34.

[7] Cf. sopra cap. I, 1.1.3.

[8] Cf. M. LUTERO, *Sermo de digna praeparatione*, Corollarium: «Sed hic tractandum est illud Apostoli 1. Corin: 11. Probet autem seipsum homo etc. Hoc verbum multi sic intelligere videntur, ac si velit Apostolus nos non ante debere accedere quam donec invenerimus nos dignos et puros ab omni peccato. Ideo sibiipsis faciunt angustiam et carnificinam conscientie discutiendo, conterendo, confitendo non solum

della penitenza «angustiam et carnificinam conscientie» e «horrendum barathrum presumptionis»[9].

Nello stesso anno 1518 viene pubblicato il famoso «Sermo de poenitentia». In questa omelia il riformatore parla per la prima volta esplicitamente del precetto della confessione. Il penitente non dovrebbe confessarsi solamente a causa del timore del precetto oppure della consuetudine quaresimale, ma compie una vera penitenza se è mosso dall'amore della nuova vita[10]. Poi Lutero si esprime ancora una volta contro l'obbligo della integrità della confessione, perché la ritiene impossibile: «Primum, ut nullo modo praesumas confiteri peccata venialia, sed nec omnia mortalia, quia impossibile est ut omnia mortalia cognoscas. Ad impossibile autem nemo obligatur»[11]. Più avanti aggiungerà un'altra motivazione per non confessare tutti i peccati:

> Quocirca dum volumus omnia pure confiteri, nihil aliud facimus, quam quod misericordiae dei nihil volumus relinquere ignoscendum, nec confidere in eum sed in confessionem nostram cupimus, ac per hoc volumus securi esse nec iudicium eius timere, quum tamen ei sit beneplacitum super timentes eum et in eis qui sperant super misericordiam eius[12].

Ritorna qui il contrasto già messo in rilievo in precedenza tra la fiducia posta nel perdono divino e quella basata sulla confessione integrale dei peccati. Nel testo appena citato questo contrasto diventa una radicale antitesi: è proprio quando vogliamo confessare tutti i nostri peccati, quando non lasciamo niente alla misericordia di Dio.

Malgrado le espressioni polemiche molto forti si potrebbe forse interpretare la maggioranza di questi testi del 1518 secondo la dottrina cattolica, come l'appello alla necessità della fede nella pratica della vita sacramentale e la critica di una casistica eccessiva del tardo Medioe-

---

venialia, sed ea quae non sunt peccata. Et his factis [...] iam secure accedunt, nec de fide sua quicquam solliciti» (WA 1, 331-332).

[9] M. LUTERO, *Sermo de digna praeparatione*, Corollarium, in WA 1, 332.

[10] Cf. M. LUTERO, *Sermo de poenitentia*, Corollarium: «Proinde confessurus id potissimum et ante omnia tecum cogita, quid faceres, si non esset praeceptum confitendi, si nulla esset quadragesima, si nulli confiterentur, si nullus esset pudor, sed omnis omnium plenaque libertas. An etiam sic velles confiteri, conteri, poenitere? quod si te non ita invenis, iam scito te non ex amore iustitiae, sed consuetudine et timore praecepti poenitere, atque malle sequi turbam, si omnibus liceret non poenitere. Si autem velles, etiam si nullus poeniteret, confiteretur, contereretur, atque adeo si totus mundus aliter ageret, nec praecepti habita ratione poenitere, sed amore novae vitae et melioris, iam vere penites» (WA 1,321).

[11] M. LUTERO, *Sermo de poenitentia*, in WA 1, 322.

[12] M. LUTERO, *Sermo de poenitentia*, in WA 1,323.

vo[13]. Tuttavia la tesi della contrapposizione totale tra la falsa fiducia posta nel sacramento e la *sola fides* fondata sulla parola di Dio che purifica veramente delinea il quadro errato di Lutero[14] che porta già in germe le idee radicali del riformatore tedesco[15] le quali, quanto al sacramento della penitenza, saranno formulate durante l'anno 1520 e 1521.

Nella *Confitendi ratio*, uno scritto proveniente dalla primavera del 1520, il dottore di Wittenberg giudica con parole severissime la dottrina contenuta nel canone sulla confessione annuale:

> doctrinam illam, quae vulgatur in Ecclesia ex decretis, quod semel in anno omnium suorum peccatorum (sicut sonant verba) debere facere confessionem omnis Christianus, aut esse diabolicam et homicidissimam aut egentem multo et laxo interpretamento. Oportet, inquam, non omnia confiteri nec mortalia nec venialia: quin oportet nosse, quod post omnem diligentiam suam factam adhuc minorem partem peccatorum sit confessus [...]. Porro tantum abest, ut omnia mortalia possimus nosse, nedum confiteri, ut etiam bona opera nostra, si deus per rigorem iudicet et non misericordia ignoscente agnoscat, sint damnabilia et mortalia. [...]. Quin hoc est mortalium mortalissimum, non credere se esse damnabili et mortali peccato obnoxium coram deo[16].

Le forti parole polemiche sul canone *Omnis utriusque sexus* sono dettate, qui ancora più chiaramente che nei primi scritti di Lutero, dalla sua visione dell'uomo corrotto totalmente nella sua natura e giustificato senza un sostanziale cambiamento del suo essere[17]. Se anche le opere buone sono peccati mortali davanti alla giustizia divina, il precetto di

---

[13] Cf. L. BRAECKMANS, *Confession et communion*, 77-79. Sembra che l'autore, ispirato da S. Ignazio nel salvare l'affermazione del fratello, si concentra sul fatto che Lutero accettava la prassi della confessione, anzi, esortava ad essa. Nello stesso tempo l'autore non sembra valutare quale peso per l'ambito della teologia e della prassi della penitenza avranno le idee fondamentali di Lutero sul peccato, sulla fede e sulla grazia. È anche significativo che Braeckmans nel suo tentativo di riabilitare la dottrina del "giovane" Lutero di 1518 non prende in considerazione il *Sermo de poenitentia*, dal quale proviene la gran parte degli articoli sulla penitenza condannati dalla bolla Papale nel 1520.

[14] Al quale si può aggiungere la critica dell'ultima parte della penitenza sacramentale, cioè della soddisfazione personale, per la quale il dottore di Wittenberg non trova nessun fondamento biblico Cf. M. LUTERO, *Sermo de poenitentia*, in WA 1, 324.

[15] Cf. H. JEDIN, *Storia del Concilio*, I, 193-194: «Lutero era già fuori dalla chiesa, e non lo sapeva. Egli si rese conto della portata delle sue concezioni teologiche e ne trasse le conseguenze per il concetto della chiesa soltanto quando la discussione sulle indulgenze d'un tratto lo mise al centro d'interesse pubblico e lo fece capo di un potente movimento».

[16] M. LUTERO, *Confitendi ratio* (1520), Octavum, in WA 6, 162-163.

[17] Cf. H. JEDIN, *Storia del Concilio*, I, 193.

confessare tutti peccati gravi diventa realmente una tortura. Così il nostro precetto della confessione annuale — "diabolico" e "omicida" o almeno da interpretare in modo molto ampio — diventa negli scritti di Lutero una manifestazione sempre più palese dell'oppressione contro la vera libertà del cristiano compiuta dalla Chiesa papista.

L'attacco generale alla struttura gerarchica e sacramentale della Chiesa matura nell'estate dell'anno 1520. Nello scritto «De captivitate Babylonica ecclesiae praeludium» Lutero negò l'esistenza dei sette sacramenti, riconoscendone solo tre: il battesimo, la penitenza, il pane[18]. La penitenza non è un sacramento in senso proprio (costituito dal segno sacramentale congiunto con la parola di salvezza), ciò nonostante essa rimane una importante via di ritorno ai sentimenti del battesimo, basata unicamente sulla promessa divina della remissione dei peccati e sulla nostra fede[19]. Invece la Chiesa romana ha fatto anche dalla penitenza una tirannia con lo scopo di lucro[20]. Quanto alla prassi stessa della confessione segreta, Lutero loda la sua utilità per la consolazione del peccatore, descrivendola anche necessaria[21]. Ciò nonostante, nelle

---

[18] Cf. M. LUTERO, *De captivitate babylonica* (1520): «Principio, neganda mihi sunt, septem sacramenta, et tantum tria, pro tempore ponenda, Baptismus, Poenitentia, Panis» (*Opere scelte* 12, 74). Cf. anche H. JEDIN, *Storia del Concilio*, I, 208: «Lutero nel suo libro sulla cattività di Babilonia della chiesa, con un tratto di penna cancellava cinque dei sette sacramenti». Jedin tratta dei cinque sacramenti cancellati, probabilmente prendendo in considerazione la riflessione di Lutero della fine dell'opera, dove il riformatore elenca solo due sacramenti in senso stretto.

[19] Cf. M. LUTERO, *De captivitate babylonica* (1520): «Proprie tamen ea sacramenta vocari visum est, quae annexis signis promissa sunt. Caetera, quia signis alligata non sunt, nuda promissa sunt. Quo fit, ut si rigide loqui volumus, tantum duo sunt in Ecclesia dei sacramenta, Baptismus et panis, cum in his solis, et institutum divinitus signum et promissionem remissionis peccatorum videamus. Nam, poenitentiae sacramentum, quod ego his duobus accensui, signo visibili et divinitus instituto caret, et aliud non esse dixi, quam viam reditum ad baptismum» (*Opere scelte* 12, 344). Cf. P. KUBIAK, *L'assoluzione generale*, 16.

[20] Cf. M. LUTERO, *De captivitate babylonica* (1520): «Nunc breviter repetenda, pro tyrannide revelanda, quae non parcius hic grassatur, quam in sacramento panis. In his enim duobus sacramentis quia lucrum et quaestus locum habent, incredibili negotio insanivit avaritia pastorum in oves Christi» (*Opere scelte* 12, 236).

[21] Cf. M. LUTERO, *De captivitate babylonica* (1520): «Occulta autem confessio, quae modo celebratur, et si probari ex scriptura non possit, miro modo tamen placet, et utilis imo necessaria est, nec vellem eam non esse, immo gaudeo eam esse in Ecclesia Christi, cum sit ipsa afflictis conscientiis unicum remedium. Siquidem, detecta fratri nostro conscientia et malo quod latebat, familiariter revelato, verbum solacii recipimus ex ore fratris a deo prolatum, quod fide suscipientes, pacatos nos facimus in misericordia dei per fratrem nobis loquentis» (*Opere scelte* 12, 246).

frasi successive il dottore di Wittenberg inizia la polemica contro il modo "papista" di amministrare questo sacramento: comincia dal criticare il concetto dei peccati riservati al Papa o al vescovo, per arrivare all'abolizione di ogni principio gerarchico nell'amministrazione della confessione[22]. Infatti per Lutero ogni fedele sarà assolto dai suoi peccati segreti, se si confessa con fede al suo fratello[23]. Non si devono nemmeno confessare le circostanze dei peccati, perché «apud Christianos una est circumstantia, quae est, peccasse fratrem»[24]. Infine anche la soddisfazione sacramentale "soffriva oppressione" e il suo vero senso fu offuscato dai papisti: la moltiplicazione delle opere penitenziali fece dimenticare l'importanza della conversione stessa. Secondo Lutero i teologi scolastici sottolineavano troppo la necessità della soddisfazione, e trascuravano il primato della fede e del cuore contrito[25].

Questa critica dei diversi aspetti del sacramento della penitenza concerne la prassi contenuta nella costituzione 21 del Laterano IV. Dopo che Lutero bruciò il *Corpus Iuris Canonici*[26], l'assalto diretto all'ivi contenuto canone *Omnis utriusque sexus* (già in precedenza definito come la carneficina delle coscienze[27]) non si dovette aspettare. Infatti nel 1521 uscì in lingua tedesca un nuovo scritto sulla penitenza, nel quale Lutero consigliava ai fedeli di sfidare il precetto della

---

[22] Cf. M. LUTERO, *De captivitate babylonica* (1520), in *Opere scelte* 12, 246-252.

[23] Cf. M. LUTERO, *De captivitate babylonica* (1520): «Proinde, ego non dubito eum esse a peccatis suis occultis absolutum, quisquis sive sponte confessus, sive correptus, veniam petierit et emendaverit, coram quovis privatim fratre. Quicquid contra haec insanierit pontificum violentia, quando Christus et manifesta dedit absolvere cuilibet suo fedeli» (*Opere scelte* 12, 250).

[24] M. LUTERO, *De captivitate babylonica* (1520), in *Opere scelte* 12, 252.

[25] Cf. M. LUTERO, *De captivitate babylonica* (1520): «Primum eam sic docuerunt, ut populus veram satisfactionem non intelligeret unquam, quae est innovatio vitae. Deinde, sic instant, et necessariam faciunt, ut fidei in Christum non relinquant locum, miserrime significatis eo scrupulo conscientiis [...]. Quae monstrare tibi debemus, Romana sedes, et tuis homicidis legibus et ritibus, quibus mundum totum eo perdidisti, ut arbitrentur sese posse deo, per opera, pro peccatis satisfacere, cui sola fides cordis contriti satisfit» (*Opere scelte* 12, 254).

[26] Cf. G. EBELING, *Lutero*, 42-43.

[27] Cf. M. LUTERO, *Responsio ad condemnationem doctrinalem* (1520): «Ego tamen, ut magistros nostros eximios mendacii arguam, non improbavi examinationem conscientiae, nec hoc poterunt probare unquam a me factum, sed anxiam carnificinam, qua iuxta huius Canonis mortiferam sive constitutionem sive interpretationem ad impossibile ducuntur miseri Christiani, nihil daturi promittenti dei misericordiae nisi omnium peccatorum fecerint confessionem, id est, ut nunquam pacem habeant plusque confidant in suam infelicem confessionem quam dei misericoridam» (WA 6, 193-194).

confessione annuale e della Comunione pasquale contenuto nell'*Omnis utriusque sexus*.

Secondo il riformatore tedesco è meglio ricevere questi sacramenti in un altro momento, anche solo per sottolineare il proprio atteggiamento critico verso l'imposizione del Papa. Se uno vuole accostarsi al sacramento nel tempo tradizionale, può farlo di propria volontà, senza basarsi in alcun modo sulla disposizione ecclesiale[28]. In questo modo Lutero vuole manifestare la libertà del fedele non soltanto circa il tempo della confessione e della Comunione, ma anche nei confronti di ogni legislazione canonica in campo sacramentale[29]. La libertà del penitente si esprime in tre momenti fondamentali: il penitente è libero «nel confessare o meno tutti i peccati; nel confessare solo quelli che opprimono nella coscienza, senza preoccuparsi dei peccati dimenticati nell'accusa; nel potersi confessare a chiunque, anche a un laico»[30].

Quando nell'anno successivo Lutero torna dalla Warburg alla Wittenberg trova già soppressa la confessione auricolare e la celebrazione della santa Messa. Dopo il suo ritorno il riformatore fa molto per ristabilire la prassi di questi due sacramenti[31]. La pratica della confessione in vista della Comunione è talmente radicata nel suo pensiero che senza imporre la confessione auricolare inventa una nuova usanza: la "confessione-esame". Questa nuova prassi è un tipo di interrogatorio o di un colloquio annuale, con il quale ministro può decidere se ammettere o meno un fedele alla Comunione. Spesso segue anche la confessione con l'assoluzione, se tale è la volontà del fedele[32]. Nella istruzione per la visitazione delle Chiese di Sassonia il riformatore chiede ai suoi pastori di non ammettere alla Comunione i peccatori pubblici, nonché di porre alcune domande ai fedeli per sapere se siano preparati e possano prendere parte alla Santa Cena. Si dovrebbe anche annunciare come è grande il peccato di ricevere la

---

[28] Cf. M. LUTERO, *Von der Beichte*, n. 14, in WA 8, 172.

[29] Cf. L. BRAECKMANS, *Confession et communion*, 82.

[30] P. KUBIAK, *L'assoluzione generale*, 16. Cf. M. LUTERO, *Von der Beichte*, in WA 8, 182.

[31] Cf. L. BRAECKMANS, *Confession et communion*, 82.

[32] Cf. L. BRAECKMANS, *Confession et communion*, 83; Cf. M. LUTERO, *Il Grande Catechismo*, Breve esortazione, nt. 10, in *Opere scelte* 1, 331: «A partire dal 1523 Lutero ristabilisce, come condizione per accedere alla Cena del Signore, una sorta del colloquio annuale, in cui il membro di chiesa deve mostrare di conoscere le parole dell'istituzione e il loro significato, nonché di testimoniare con la vita tale fede; a questo piccolo esame si associa di solito una confessione volontaria, alla quale segue l'assoluzione».

CAP. III: DA LEONE X A LEONE XIII   173

Comunione indegna e di insistere sull'importanza della confessione prima della Comunione[33].

Lutero è consapevole che sta per creare una altra prassi vincolante, al posto del canone lateranense contro il quale lottava, e vuole evitare questo "pericolo". Per questo nella seconda redazione della stessa istruzione per le visitazioni permette di dispensare alcune persone dall'esame previsto prima della Comunione. Spiega di non avere intenzione di introdurre un nuovo obbligo circa la confessione e svela la sua prassi di omettere qualche volta la confessione, per non creare nuovo obbligo, anche consuetudinario. Anche se il riformatore sottolinea la massima utilità della confessione e il grande significato delle parole dell'assoluzione, chiede di non forzare nessuno a confessarsi dal pastore, rispettando la libertà della sua coscienza[34].

La tensione tra la negazione di ogni obbligo di confessarsi e la consapevolezza dell'inestimabile valore della confessione, presente già nel testamento di Lutero[35], è visibile anche nel suo *Grande Catechismo*, scritto nel 1529. La parte sulla confessione, collocata dopo i capitoli sui sacramenti del battesimo e dell'Eucaristia, è intitolata «Breve esortazione alla confessione»[36]. Si tratta di una elaborazione della predica di Lutero del Giovedì Santo del 1529, introdotta per la prima volta nella seconda edizione del Catechismo[37]. Già il titolo suggerisce il carattere volontario della confessione, alla quale si può esortare ed invitare, ma non si deve in nessun modo imporre di praticarla. Dalle prime righe del testo Lutero parla della liberazione della confessione dalla tirannia del Papa, il quale impose l'obbligo della confessione. Dopo aver giustificato l'abolizione del dannoso precetto[38], Lutero sollecita i suoi fedeli ad accostarsi liberamente alla confessione:

---

[33] Cf. M. LUTERO *Unterricht der Visitatoren* (1528), 216. 220; L. BRAECKMANS, *Confession et communion*, 85.

[34] Cf. M. LUTERO *Unterricht der Visitatoren* (1538), 216.220; L. BRAECKMANS, *Confession et communion*, 85.

[35] Cf. M. LUTERO, *Vom Abendmahl Christi Bekenntnis*, in WA 26, 507.

[36] Cf. M. LUTERO, *Il Grande Catechismo*, Breve esortazione, in *Opere scelte* 1, 324-332.

[37] Cf. M. LUTERO, *Il Grande Catechismo*, Breve esortazione, nt. 1 in *Opere scelte* 1, 324.

[38] Cf. M. LUTERO, *Il Grande Catechismo*, Breve esortazione: «A proposito della confessione, abbiamo sempre insegnato che dev'essere libera; abbiamo distrutto la tirannia del Papa, in modo da essere sciolti dai suoi legami e liberati dall'insopportabile fardello e peso imposto alla cristianità. Infatti, come tutti abbiamo sperimentato, nulla è stato fin qui più opprimente dell'obbligo imposto ad ognuno, sotto la

Noi insegniamo dunque quale realtà meravigliosa, preziosa e consolante sia la confessione, ed esortiamo, in considerazione della nostra distretta, a non disprezzare questo bene prezioso. Se sei un cristiano, non hai in alcuna cosa bisogno della mia costrizione, né del comando del Papa, ma ti obbligherai tu stesso, e mi chiederai di poterne aver parte. Ma se vuoi disprezzarla e procedere senza confessione, traine la conseguenza che non sei un cristiano, e dunque non devi gustare il sacramento; infatti tu disprezzi ciò che nessun cristiano può disprezzare, e così non puoi ottenere alcun perdono dei peccati. E questo è un segno certo che tu disprezzi anche il vangelo[39].

Leggendo le parole appena citate, possiamo meravigliarci di quanto è rimasto in Lutero dello spirito del canone *Omnis utriusque* contro il quale ha combattuto quasi tutta la vita. Infatti il pensiero di Lutero unisce una convinzione profonda circa il grande valore della confessione e la consapevolezza dell'obbligo morale di confessarsi («ti obbligherai tu stesso, e mi chiederai di poterne aver parte»). Il disprezzo della confessione da parte di un fedele è un segno della mancanza in esso dell'identità cristiana e della chiusura al perdono dei peccati.

Ritroviamo qui il legame profondo tra la confessione e l'Eucaristia. Un cristiano che disprezza la confessione, non dovrebbe «gustare il sacramento». La predica che stiamo commentando fu proclamata il Giovedì Santo. Sappiamo anche che Lutero ogni anno faceva una predica sulla confessione proprio nella Settimana Santa, in preparazione alla Pasqua[40]. A questa usanza possiamo collegare la prassi obbligatoria annuale dell'"esame" per ogni fedele che vuole essere ammesso al "sacramento del pane". In tal modo il riformatore, che lottava con convinzione contro la tirannia delle leggi Papali, introduceva pratiche ispirate alle consuetudini e alle leggi cattoliche.

Tuttavia il colpo dato da Lutero al canone lateranense fu decisivo — suo malgrado — per la prassi stessa della confessione sacramentale. Il diniego del compito unico del sacerdote, il rifiuto deciso dell'integrità della confessione, l'importanza negata agli atti del penitente, tranne la fede personale, hanno in pratica cancellato il vero sacramento della

---

pena del più grave peccato mortale, di confessarsi; inoltre, si è talmente appesantita la confessione e torturate le coscienze, con l'enumerazione di una moltitudine di peccati, che nessuno ha potuto confessarsi in modo sufficientemente puro» (*Opere scelte* 1, 324).

[39] M. LUTERO, *Il Grande Catechismo*, Breve esortazione, in *Opere scelte* 1, 331-332.

[40] Cf. M. LUTERO, *Il Grande Catechismo*, Breve esortazione, nt. 1 in *Opere scelte* 1, 324.

confessione dalle comunità protestanti⁴¹. La pratica rimasta, svuotata del suo profondo senso teologico, dopo il rifiuto del vincolo giuridico che obbligava ad essa, non poteva più attirare i fedeli della riforma⁴².

1.2 *La critica di altri riformatori all'obbligo di confessarsi*

Lutero non fu il solo riformatore che contestò il canone lateranense e i precetti ivi contenuti. Tra gli altri autori protestanti, analizzeremo per primo l'opera di Filippo Melantone († 1560), fedele amico di Lutero⁴³. Poi metteremo in rilievo alcune idee di Bucero († 1551) e di Calvino († 1564) ambedue provenienti da un ramo della riforma differente da quello luterano.

1.2.1 Melantone e la negazione della confessione integra

Filippo Melantone, grande allievo e cooperatore di Lutero, ci ha lasciato una chiara esposizione della propria dottrina circa il sacramento della penitenza. Nella sua più importante opera teologica, conosciuta come *Loci communes* o *Loci theologici*⁴⁴, apparsa in tre diverse versioni completamente rielaborate⁴⁵, Melantone parla della penitenza e della confessione. Già nella prima edizione dell'opera (curata dallo stesso Melantone nella seconda metà del 1521) l'autore definisce la penitenza come un vero sacramento, il quale ha lo stesso significato del battesimo: la morte al peccato e la rinascita alla vita nuova⁴⁶. Quanto alla con-

---

⁴¹ Sulle contraddizioni interne nell'insegnamento di Lutero circa il sacramento della penitenza, viste dalla prospettiva protestante cf. M. OHST, *Pflichtbeichte*, 2-8.

⁴² Cf. L. BRAECKMANS, *Confession et communion*, 82-88. Secondo l'autore una chiara tendenza indifferente o anche contraria alla prassi della confessione sacramentale nelle comunità protestanti si può osservare già nei documenti dei primi decenni della riforma.

⁴³ Per sapere di più della relazione tra Melantone e Lutero cf. H. SCHEIBLE, *Filippo Melantone*, 149-179.

⁴⁴ La prima versione portava il nome di *Loci communes rerum theologicarum seu hipoteses theologicae*, poi (nella terza versione) l'opera è stata intitolata: *Loci praecipui teologici*. Cf. H. SCHEIBLE, *Filippo Melantone*, 148.

⁴⁵ Nelle note del nostro lavoro citeremo le tre versioni dell'opera secondo il CR, come *Loci theologici B* (prima versione), *Loci theologici C* (seconda versione), *Loci theologici D* (terza versione). L'omissione della lettera A è dovuta al fatto che l'editore del CR l'ha riservata per la *Prima Adumbratio Locorum Theologicorum, ab ipso actore non edita*, la quale non ci interessa, dato che non contiene nessun capitolo sulla penitenza né sulla confessione. Nella bibliografia si potranno trovare i titoli pieni di ogni versione dei *Loci*. Cf. CR 21, X-XV; H. SCHEIBLE, *Filippo Melantone*, 148.

⁴⁶ F. MELANTONE, *Loci theologici B*, cap. De Poenitentia: «Poenitentiam non esse

fessione Melantone non nega la sua utilità, ma segue Lutero nel contestare molti punti della teologia e della prassi cattolica. La sua critica si rivolge in modo speciale al canone *Omnis utriusque sexus*. Nella prima versione dei *Loci* leggiamo:

> Neque vero absolvuntur, nisi qui et absolvi se optant et credunt, quare non absolvuntur ii qui coacti pontificia constitutione, quotannis confessionem et poentitentiam simulant. Immo ludibrio habent Christum, qui adacti lege pontificia non desiderio spiritus, absolutionem petunt[47].

Nelle due frasi citate Melantone critica tutti quelli che ogni anno chiedono di esser assolti perché costretti dalla legge pontificia. Essi simulano la confessione e deridono Cristo. L'autore non riconosce che una vera penitenza possa esser motivata dalla legge, ma soltanto dal desiderio dello spirito. Con questa contrapposizione radicale della legge e della pratica volontaria della confessione Melantone si dimostra fedele allievo di Lutero. Il primo segue le orme del maestro anche nella seconda versione dei *Loci*, dove critica la prassi di elencare i peccati:

> Non est necessaria, nec iure divino mandata enumeratio peccatorum. Nullum enim extat hac de re mandatum in scripturis. Praeterea talis enumeratio impossibilis est; iuxta illud [Ps. 18,13]: Delicta quis intelligit. Idem testantur et prudentiores Canonistae, hanc enumerationem non esse iuris divini. Postremo Graeca Ecclesia iam olim abolevit hunc morem propter stupratam a Diacono mulierculam, ut recitat historia tripartita. Non potuisset autem hic mos aboleri, si esset iuris divini. Cum autem constet, quanta carnificina conscientiarum fuerit illa acerba exactio enumerationis, prodest moneri pias mentes, ut sciant Canonem illum, qui praecipit de enumeratione, tantum traditionem humanam esse[48].

Dopo aver letto questo brano dei *Loci* si potrebbe dare ragione a Lutero, il quale scrisse ad un amico che Melantone lo superava in teologia[49]. Infatti Melantone costruisce il suo ragionamento non solo sui dati della Bibbia, anche se essa rimane sempre il primo criterio di giudizio, ma menziona anche prudenti canonisti (si tratta probabilmente di *Pa-*

---

signum, nihil obscurum est. Est enim poenitentia vetustatis nostrae mortificatio, et renovatio spiritus. Sacramentum eius, vel signum, non aliud nisi baptismus est. Atque hic omnium rectissime vocetur sacramentum poenitentiae. Siquidem poenitentia mortificatio nostri est, in vitam seu renovemur. Id quod baptismo, ut ante dixi, significatur» (CR 21, 215).

[47] F. MELANTONE, *Loci theologici B*, cap. De privatis confessionibus, in CR 21, 220.
[48] F. MELANTONE, *Loci theologici C*, cap. De confessione, in CR 21, 493-494.
[49] Cf. H. SCHEIBLE, *Filippo Melantone*, 151. L'autore cita una lettera di Lutero a Reuchlin: «Questo piccolo greco mi supera perfino nella teologia».

normitanus), conosce la storia della Chiesa di Costantinopoli da Sozomeno e ne trae un argomento teologico contro lo *ius divinum* della confessione integra dei peccati. Infine da fedele discepolo di Lutero definisce la confessione come carneficina della coscienza. Quest'ultima idea è per Melantone una mera costatazione (*constet*), dato che le pie menti che conoscono il *canonem illum* (ovviamente l'*Omnis utriusque*) sanno che esso è solamente una tradizione umana. In tal modo Melantone segue Lutero nelle sue fondamentali intuizioni teologiche sviluppando una argomentazione più elaborata, la quale esigerà una risposta molto precisa e competente.

Infatti nella terza versione dei *Loci*, edita per la prima volta nel 1543, si può percepire l'esistenza di tale solida polemica da parte cattolica, con i ragionamenti rinnovati a favore della confessione integra, contro i quali Melantone si sentirà obbligato a combattere. Una parte dell'argomentazione cattolica si basa sulla necessità della conoscenza dei peccati da parte del ministro perché egli possa impartire una assoluzione[50]. Melantone risponde con una astuta distinzione tra il giudizio e il ministero del Vangelo. Mentre i ministri della Chiesa compiono anche atti di giudizio verso i peccatori pubblici (p. es. li scomunicano o li riammettono nella Comunione dopo una penitenza adeguata), il ministero dell'assoluzione è differente: consiste nel testimoniare l'assoluzione divina e nell'annunciare il Vangelo del perdono. Per poter ottenere un'assoluzione non c'è dunque bisogno di confessare dettagliatamente i propri peccati[51].

Alla fine della parte sulla confessione, Melantone confuta anche quelli che «defendunt Canonem de Enumeratione»[52] basandosi sul consenso perpetuo della Chiesa circa la necessità di confessare tutti i peccati gravi. Dopo aver ribadito che l'usanza della Chiesa era di recitare e deplorare soltanto i peccati manifesti, il riformatore cita Giovanni Crisostomo per sostenere la tesi che i peccati dei quali possiamo provare pudore basta dichiararli a Dio nel proprio intimo[53]. Per Melantone, i

---

[50] Cf. F. MELANTONE, *Loci theologici D*, cap. De confessione. L'autore presenta il ragionamento cattolico sotto la forma del sillogismo: «Non potest fieri absolutio sine cognitione, hic petenda est absolutio, ergo cognitio est necessaria»(CR 21, 899).

[51] Cf. F. MELANTONE, *Loci theologici D*, cap. De confessione, in CR 21, 899-900.

[52] F. MELANTONE, *Loci theologici D*, cap. De confessione, in CR 21, 901.

[53] Cf. F. MELANTONE, *Loci theologici D*, cap. De confessione: «Mos fuit manifesta peccata recitandi et deplorandi, sed vetustas non mandavit singulis arcana recitare; Sicut clare Chrysostomus inquit in enarratione Psalmi 50. Si pudet alicui dicere peccata, dicito ea quotidie in anima tua [...], dicito Deo, qui sanat ea» (CR 21, 901).

polemisti canonici «allegant perpetuum consensum, ut superstitiosissimi Canonis acerbitatem defendant»[54].

L'opera di Melantone, che fu riconosciuta più tardi come il testo fondamentale per la riforma luterana[55], è senza dubbio la Confessione di Augsburg. In essa troviamo prima una dichiarazione dell'esistenza della prassi stessa della confessione nelle chiese luterane, poi il rifiuto deciso di obbligare ad una confessione integra:

> Confessio in Ecclesiis apud nos non est abolita, non enim solet porrigi corpus Domini, nisi antea exploratis et absolutis [...]. Sed de confessione docent, quod enumeratio delictorum non sit necessaria, nec sint onerandae conscientiae cura enumerandi omnia delicta, quia impossibile est omnia delicta recitare, ut testatur Psalmus: Delicta quis intelligit?[56].

Melantone riconosce non solo l'opportunità della confessione, ma anche l'importanza dell'usanza di confessarsi prima di ricevere la Comunione. Nello stesso tempo egli rigetta con decisione l'obbligo di confessare tutti i peccati, sostenendo questa fondamentale tesi luterana con le citazioni delle autorità patristiche e canoniche[57]. Nella *Apologia* della stessa confessione di Augsburg Melantone sviluppa tra l'altro l'argomentazione conosciuta già dai *Loci theologici*. Il suo ragionamento si basa quindi sulla distinzione tra il giudizio e la grazia dell'assoluzione, per impartire la quale il sacerdote non deve necessariamente conoscere tutti i peccati[58].

---

[54] F. MELANTONE, *Loci theologici D*, De confessione, in CR 21, 901.

[55] Cf. H. SCHEIBLE, *Filippo Melantone*, 116: «La lettura e la consegna della *Confessio Augustana*, il 25 giugno, viene considerato il punto più alto della storia della Riforma, celebrato come festa in alcune chiese. Tuttavia quella data non era affatto la conclusione, ma il principio delle trattative che ebbero luogo ad Augsburg in seguito con numerosi colloqui confessionali. Dato però che non fu raggiunto alcun accordo, questo, che era un documento di lotta viva per la dottrina e prassi della chiesa si fossilizzò in una confessione che nel 1555 divenne un elemento costitutivo della pace imperiale e fino ad oggi ha assunto un valore normativo dal punto di vista dottrinale».

[56] F. MELANTONE, *Confessio Augustana ipsa*, cap. De confessione, in CR 26, 302-303.

[57] Cf. F. MELANTONE, *Confessio Augustana ipsa*, cap. De confessione: «Testantur et veteres scriptores enumerationem non esse necessariam. Nam in Decretis citatur Chrysostomus, qui sic ait, non tibi dico ut te prodas in publicum, neque apud alios te accuses, sed oboedire te volo prophetae decenti, Revela ante Deum viam tuam. Ergo tua confitere peccata apud Deum, verum iudicem, cum oratione. Delicta tua pronuncia non lingua, sed conscientiae tuae memoria etc. Et glossa de poenitentia, Dist v. Cap. Consideret, fatetur humani iuris esse confessionem» (CR 26, 303-304).

[58] Cf. F. MELANTONE, *Apologia Confessionis Augustanae* (1531), cap. De confessione et satisfactione: «Caeterum de enumeratione delictorum in confessione supra

In questa e simili esposizioni[59], nonché in qualche scritto minore[60], Melantone risulta un fedele discepolo di Lutero, difendendo le intuizioni del suo maestro con un ragionamento metodico e sottile.

1.2.2 Bucero e Calvino contro il precetto pasquale

Martino Bucero, il riformatore di Strasburgo, nella lettera apologetica contro Erasmo da Rotterdam, scritta nel 1530, dichiara di non avere abrogato la confessione davanti agli uomini muniti di ufficio ecclesiastico[61]. Infatti nel libro *Consilium Theologicum Privatim Conscriptum* non ammette che la confessione sia stata istituita dal Cristo stesso[62], ma non la tratta neanche come una superstizione e perversione[63]. Il riformatore di Strasburgo pone invece la confessione privata nella seconda categoria delle cerimonie: quelle introdotte da santi uomini, ispirati in parte dall'esempio di Cristo e degli Apostoli, ma forse anche dalla legge mosaica e dall'eccesso del pio affetto[64].

---

diximus, quod sententiamus eam non esse iure divino necessariam. Nam quod obiciunt quidam, iudicem prius debere cognoscere causam, priusquam pronunciat, hoc nihil ad hanc rem pertinet, quia ministerium absolutionis, beneficium est, seu gratia, non est iudicium seu lex» (CR 27, 554).

[59] Cf. F. MELANTONE, *Apologia Confessionis Augustanae* (1531), cap. De confessione et satisfactione, in CR 27, 554-555.

[60] Cf. F. MELANTONE, *Catechesis puerilis*, cap. De confessione, in CR 23, 188; F. MELANTONE, *Doctrina de Poenitentia*, cap. De confessione, in CR 23, 653-657.
Nel catechismo per i ragazzi, edito per la prima volta negli anni trenta del secolo sedicesimo, sotto il capitolo *de confessione* il riformatore parla di due tipi di essa: una fatta a Dio, l'altra al Sacerdote. In quest'ultima l'elencare i delitti non risulta né necessario, né possibile, basta semplicemente chiedere l'assoluzione al ministro.
La seconda opera menzionata è uno scritto polemico di Melantone edito nel 1549. Nel capitolo sulla confessione l'autore raccoglie in una sintetica esposizione le espressioni e i ragionamenti presenti nelle tre edizioni dei *Loci theologici*.

[61] Cf. M. BUCERO, *Epistola Apologetica*, in *Opera Latina*, I, 156: «Deinde confessionem quae homini fiat, sed potenti monere offici, expedire conscientias in bonam spem de favore Dei erigere, nulli unquam abrogavimus».

[62] Cf. M. BUCERO, *Consilium Theologicum*, cap. 5-6, nn. 85-89, in *Opera Latina*, IV, 21-22.

[63] Cf. M. BUCERO, *Consilium Theologicum*, cap. 42, n. 375 in *Opera Latina*, IV, 93.

[64] Cf. M. BUCERO, *Consilium Theologicum*, cap. 29, n. 306: «Hactenus de ceremoniis institutis in ecclesia certo oraculo et iussu Christi. Nunc agemus de ceremoniis introductis a sanctis hominibus, partim imitatione Domini et apostolorum, partim etiam imitatione cultus mosaici, partim excessu quodam affectum piorum» (*Opera Latina*, 77). Il capitolo sulla confessione privata si trova proprio in questa parte. Cf. M. BUCERO, *Consilium Theologicum*, cap. 38, nn. 343-349.

Riconoscendo dunque un certo posto alla prassi della confessione auricolare, Bucero critica decisamente gli obblighi introdotti in materia dalla Chiesa cattolica. Nel suo piccolo manifesto Consiliare *de Pace Ecclesiaste*, scritto tra il 1534 e il 1535, egli sostiene che la disciplina penitenziale allora vigente portava ad una maggiore sporcizia invece che alla correzione[65]. In altro scritto Bucero, anche se non parla esplicitamente della confessione, rifiuta il cattolico concetto della quaresima, con tutte le sue opere: «Removimus vestram Quadragesimam, quae est fiduciam opera collocata, idolatriam, poenitentiae excussionem»[66].

Da questo breve percorso delle opere di Bucero possiamo già osservare che il riformatore di Strasburgo si schiera con gli autori luterani nel rifiuto della legge cattolica circa la confessione annuale.

Quanto a Calvino, egli riconosce soltanto due sacramenti: il battesimo e la Cena[67]. Il riformatore di Ginevra si espresse già nella prima edizione della sua opera fondamentale *Istitutio Christianae religionis* (1536) sul precetto della Comunione pasquale:

> Et sane haec consuetudo quae semel quotannis communicare iubet, certissimum est diaboli inventum: cuiuscunque tandem ministerio invecta fuerit. [...] Non iniuria igitur principio conquestus sum, diaboli arte intrusam hanc consuetudinem, quae, dum unum anni diem praescribit, in totum annum socordes reddit[68].

Giovanni Calvino usa quindi parole forti per descrivere la normativa sulla Comunione annuale, e la chiama un'invenzione del diavolo. Secondo il riformatore l'effetto di quella legge potrebbe essere quello di concentrarsi unicamente sul giorno di Pasqua, trascurando la Comunione negli altri giorni dell'anno.

Quanto alla penitenza, Calvino nega espressamente il suo valore sacramentale[69]. Nella prima edizione della *Istitutio* il riformatore attacca

---

[65] Cf. M. BUCERO, *Consilium de Pace Ecclesiae*: «Ita nec confessione atque omnium iusta disciplina poenitentium convenire difficile fuerit iis, qui cum observatione veterum praesens mores contulerint, et id quaerant statuere, quod emendationem promoveat, non invehat maiorem contaminationem. Certum est enumerationem secreto admissorum iure divino liberam, id ergo de ea ordinetur, quod viri boni et conscientiarum serenitati ex animo studentes viderint ad solidam poenitentiam profuturam» (*Opera Latina*, V, 147).

[66] Cf. M. BUCERO, *Refutatio locorum Eckii*, cap. 2, in *Opera Latina*, I, 244.

[67] Cf. A. GANOCZY, *Calvin*, 338.

[68] Cf. G. CALVINO, *Institutio 1536*, cap. IV. De sacramentis, in *Opera selecta*, I, 149-150.

[69] Cf. G. CALVINO, *Institutio 1536*, cap. V. De falsis sacramentis, in *Opera selecta*, I, 169-202. Il sopramenzionato titolo del capitolo nel quale si trova il sottocapitolo *De*

anche il canone *Omnis utriusque sexus*, continuando la linea di Lutero e di Melantone: «Urget ergo semper terribilis illa vox et auribus insonat: confitere omnia peccata tua. Nec potest horror iste pacari nisi certo solatio»[70]. Calvino in quanto giurista[71] conosce molto bene la dottrina canonistica circa l'obbligo della confessione annuale e la critica con precisione, aggiungendo alla riflessione giuridica e teologica anche una notevole analisi psicologica:

> Dicam in summa, qualis lex illa fuerit. Primum, simpliciter est impossibilis; itaque non nisi perdere, damnare, confundere, in ruinam et desperationem conicere potest. Deinde, peccatores a vero peccatorum suorum sensu abductos, hypocritas facit, Deinque ac sui ipsorum ignorantes. Siquidem dum in peccatorum enumeratione toti occupantur, interim obliviscuntur latentem illam vitiorum lernam, occultas suas iniquitates et interiores sordes, quarum potissimum notitia suam miseriam reputare debuerant[72].

Malgrado questo radicale attacco al precetto che vincola a confessarsi integralmente, si potrebbe osservare una certa evoluzione del pensiero di Calvino circa la confessione[73]. Secondo la prima edizione della sua opera basilare si può fare la confessione al prossimo davanti a qualsiasi cristiano[74], seguendo una letterale interpretazione del testo della lettera di Giacomo[75]. Invece nelle edizioni successive (del 1539 e del 1543)[76] — forse sotto l'influenza del suo soggiorno a Strasburgo[77] —

---

poenitentia dice l'essenziale circa la concezione della penitenza nel opera di Calvino. Cf. anche M. THURIAN, *La confession*, 172-173.

[70] G. CALVINO, *Institutio 1536*, cap. V. De falsis sacramentis, in *Opera selecta*, I, 182-183.

[71] Cf. A. GANOCZY, *Calvin*, 32-33. Su queste pagine si trovano due paragrafi interessanti sugli studi giuridici di Calvino.

[72] G. CALVINO, *Institutio 1536*, cap. V. De falsis sacramentis, in *Opera selecta*, I, 183.

[73] Cf. M. THURIAN, *La confession*, 179-188. L'autore presenta un'analisi interessante e approfondita dell'evoluzione del pensiero di Calvino, cercando nello sviluppo della sua concezione di penitenza una sottintesa visione sacramentale della stessa.

[74] Cf. G. CALVINO, *Institutio 1536*, cap. V. De falsis sacramentis: «Facessant igitur hoc genus nugamenta et ipsam apostoli mentem accipiamus, quae simplex est et aperta: nempe, ut nostras infirmitates vicissim alter in alterius sinum deponamus, mutuum consilium, mutuam compassionem, mutuam inter nos consolationem accepturi» (*Opera selecta*, I, 177). Cf anche M. THURIAN, *La confession*, 178-179.

[75] Cf. Gc 5, 16.

[76] Noi citeremo questi brani secondo l'edizione dell'*Istitutio* del 1559, però essa riferisce anche i passi delle edizioni precedenti. In tale modo possiamo sapere quale brano proviene dal 1539 e quale dal 1543.

Calvino consiglia sempre più di confessarsi al pastore. Infatti quest'ultimo è costituito da Dio per istruirci su come vincere il peccato e per assicurarci sulla bontà di Dio[78]. Tutto ciò è comunque solo un consiglio, dato che il riformatore vuole che la confessione sia pienamente libera, ed evita l'introduzione di un'obbligo simile a quello dei cattolici:

> Hinc sequitur, eiusmodi confessionem liberam esse oportere, ut non ab omnibus exigatur, sed iis tantum commendatur qui ea se opus habere intelligent. Deinde ne hi ipsi qui illa utuntur pro sua necessitate, ad enumeranda omnia peccata vel praecepto aliquo cogantur, vel arte inducantur: sed quoad interesse sua putabunt, ut solidum consolationis fructum referant. Hanc Ecclesiis libertatem non modo relinquere, sed tueri quoque et fortiter vindicare debent fidi Pastores, si volunt et tyrannidem abesse a suo ministerio, et a populo superstitionem[79].

Con questa riflessione Calvino sembra entrare nella stessa trappola di Lutero: vuole incoraggiare la confessione, ma la preoccupazione di non introdurre un precetto che sia per lui una nuova "tirannide" indebolisce la forza delle sue proprie raccomandazioni.

Partendo da cerchi della riforma differenti da quelli luterani, Bucero e Calvino rigettarono non solo il precetto della confessione ma anche la realtà della penitenza sacramentale. Negata la necessità della penitenza sacramentale e deriso l'obbligo giuridico di frequentarla regolarmente, la stessa prassi della confessione diventò sempre più trascurata nel pensiero e nella prassi dei protestanti, fino a sparire quasi totalmente nei secoli successivi[80].

---

[77] Circa l'influenza che il soggiorno a Strasburgo sull'invito di Bucero ha esercitato sul pensiero di Calvino cf. A. GANOCZY, *Calvin*, 51-53; M. THURIAN, *La confession*, 179.

[78] Cf. G. CALVINO, *Institutio 1559 (1539)*, lib. III, cap. IV, n. 12: «Ac priore quidem specie, tametsi Iacobus neminem nominatim assignando in ciuius sinum nos exoneremus, liberum permittit delectum, ut ei confiteamur qui ex Ecclesiae grege maxime idoneus fuerit visus: quia tamen pastores prae aliis ut plurimum iudicandi sunt idonei, potissimum etiam nobis eligendi erunt. Dico autem ideo prae aliis appositis, quod ipsa ministerii vocatione nobis a Domino designatur, quorum ex ore erudiamur ad subigenda et corrigenda peccata, tum consolationem ex veniae fiducia percipiamus» (*Opera selecta*, IV, 98-99).

[79] G. CALVINO, *Institutio 1559 (1543)*, lib. III, cap. IV, n. 12, in *Opera selecta*, IV, 99.

[80] Cf. J. RAMOS-REDIGOR, *Il sacramento della penitenza*, 207-208. L'autore parla anche del risveglio dell'interesse per la confessione da parte della teologia protestante.

1.3 La polemica cattolica

L'assalto dei riformatori alla dottrina, prassi e legislazione della Chiesa legata con i precetti della Comunione pasquale e sopratutto della confessione annuale integra, non rimase inosservato da parte dei maestri, teologi e pastori della Chiesa. Dopo il primo tentativo di risolvere il problema con la scomunica di Lutero stesso, si accese la polemica teologica, che avrebbe preparato il terreno al futuro Concilio[81]. Dalla vasta letteratura controversistica cattolica in difesa della confessione sacramentale[82], abbiamo deciso di scegliere soltanto i volumi editi nella serie *Corpus Catholicorum*[83]. L'accurata ricerca in queste opere ci porta a delineare i principali ragionamenti dei polemisti cattolici in difesa — più o meno diretta — del precetto lateranense.

Dopo gli avvenimenti di Wittenberg del 1517 e le successive svolte di Lutero, furono le università di Parigi, Lovanio e Colonia ad indicare gli errori del riformatore, anche nel campo della penitenza[84]. Dopo il fallimento dei tentativi di riconciliazione (tra i quali quello da parte del cardinale Caietano)[85] nel processo di Lutero a Roma fu decisa la scomunica dell'Agostiniano[86].

Infatti nel giungo di 1520 il Pontefice Leone X (1511-1521) promulgò la bolla *Exsurge Domine*, dove condannò 41 errori di Martino Lutero, tra i quali parecchie tesi sul sacramento della penitenza[87]. Gli articoli non furono giudicati uno dopo l'altro con un'adeguata censura teologica (come forse Caietano voleva fare)[88], ma furono condannati tutti insieme, come errori sia eretici, sia scandalosi, sia falsi, sia offensivi alle pie orecchie oppure seduttivi alle semplici menti e resistenti alla verità cattolica:

> auctoritate omnipotentis Dei et beatorum Apostolorum Petri et Pauli et nostra omnes et singulos articulos seu errores tanquam, ut praemittitur,

---

[81] Cf. A. AMATO, *I pronunciamenti Tridentini*, 72-76.

[82] Cf. A. AMATO, *I pronunciamenti Tridentini*, 77-81. L'autore offre in queste pagine una bibliografia esaustiva della letteratura controversistica cattolica circa il sacramento di penitenza.

[83] Cf. Corpus Catholicorum (CCath). Werke katholischer Schriftsteller im Zeitalter der Glaubensspaltung, Münster 1919– .

[84] Cf. P. KUBIAK, *L'assoluzione generale*, 21.

[85] Cf. H. JEDIN, *Storia del Concilio*, I, 197-199.

[86] Per una ricca documentazione del processo romano di Lutero cf. *Dokumente zur Causa Lutheri (1517-1521)*, I-II, Corp.Cath. 41-42.

[87] Cf. LEONE X, bolla *Exsurge Domine*, 15 giugno 1520, art. VIII-XV, in *Dokumente zur Causa Lutheri (1517-1521)*, II, CCath 42, 374-376.

[88] Cf. H. JEDIN, *Storia del Concilio*, I, 200-201.

respective haereticos, aut scandalosos, aut falsos, aut piarum aurium offensivos, vel simplicium mentium seductivos et veritati Catholicae obviantes damnamus, reprobamus, atque omnino reicimus ac pro damnatis, reprobatis et reiectis ab omnibus utriusque sexus Christi fidelibus haberi debere, harum serie decernimus et declaramus[89].

Dopo la bolla pontificia Lutero moltiplicò le critiche al concetto cattolico dei sacramenti della Chiesa. Di conseguenza si infiammò anche la polemica antiluterana da parte cattolica. Uno dei primi a offrire una apologia dei sette sacramenti fu il giovane re di Inghilterra, Enrico VIII († 1547). Nel suo libro *Assertio septem sacramentorum adversus Martinum Lutherum*, edito nel 1521[90], il re inglese difese anche la dottrina cattolica sulla Comunione pasquale. Il re Enrico suggerì che gli attacchi di Lutero a questa legge della Chiesa avrebbero potuto avere come effetto il totale abbandono della Comunione sacramentale tra il popolo[91]. Nel brano seguente il re presenta una considerevole conoscenza della storia della legislazione in materia e una chiarezza dell'argomentazione, alle quali aggiunge un forte sarcasmo:

[Populus] primum a quotidiana communione deflexit in septimum quenque diem, post in longius distulit; tandem destiturus videbatur omnino nisi patres illud veriti sanxissent ut «ter in anno», quisque communicaret, interminati «non habendum pro Christiano» qui non obtemperasset. At nec tamen diu potuit obtineri. Quamobrem ad ultimum eo descensum est, ut inferius descendendi non possit nisi ferme prorsus ad inferos: nempe ut semel saltem in anno communicemus. Quam consuetudinem si Lutherus — ut optat — posset amoliri, mundus, refrigescente in dies fervore fidei, prope diem profecto redigeretur eo quo iam pridem pervenisset, nisi hoc solemni quotannis communicandi ritu fuisset retentus: ut aliquando nul-

---

[89] LEONE X, bolla *Exsurge Domine*, 15 giugno 1520, in *Dokumente zur Causa Lutheri (1517-1521)*, II, CCath 42, 388. Per una forma più breve e sintetica della censura cf. DH, n. 1492.

[90] Il libro fu edito 13 anni prima della triste vicenda della rottura del *Church of England* dalla comunione con la Chiesa di Roma, che ebbe per autore lo stesso re Enrico VIII.

[91] Cf. HENRICUS VIII, *Assertio septem sacramentorum*: «Lutherus ergo postea quam praeparationem istam docuit brevem et compendiariam ad suscipiendam eucharistiam (nempe in sola fide promissionis, nullis operibus bonis, levissima disquisitione conscientiae) postremo — ne quicquam desit absolutae sanctimoniae ad suscipiendum sacramentum — suum votum aperit, quoties et quibus anni temporibus potissimum velit cogi populum communionem sumere: nempe prorsus nullo. Quid ita? Quid? An quisquam tam caecus est, ut non videat quorsum haec tam putida tendant? Certe non aliorsum, quam ut populus sensim a communione sacramenti desciscat in totum» (CCath 43, 162).

lum ferme remaneat in populo communicandi vestigium [...]. Haec sunt praeclara illa promissa Lutheri. Haec speciosa illa libertas quam pollicetur ex ecclesia catholica venientibus ad se: nempe ut liberentur aliquando ab usu et fide sacramenti[92].

Enrico VIII usa nella sua polemica un tono molto aspro e probabilmente sbaglia attribuendo a Lutero motivazioni nascoste di abolire la prassi della Comunione eucaristica[93]. Tuttavia pare fondata la sua diagnosi del possibile effetto della soppressione di una legge che garantiva il minimo della prassi sacramentale.

Giovanni Eck († 1543), nel suo trattato polemico del 1526 dimostra l'incongruenza di Lutero. Secondo Eck il riformatore tedesco descrive la Comunione come il ricevere il frutto della messa, e nello stesso tempo rigetta la Comunione pasquale. Siccome Lutero non vuole obbligare i suoi seguaci a comunicarsi a Pasqua o in un altro tempo prestabilito, rimane solo il dovere di ricevere l'Eucaristia una volta, cioè alla fine della vita. Di conseguenza secondo Eck il riformatore postula in modo implicito di limitare la prassi della Comunione sacramentale soltanto al Viatico stesso, con ovvi danni per la vita cristiana[94].

Girolamo Dungersheim († 1540) nel suo libro *Articuli sive libelli triginta* del 1525 affronta sotto il ventiduesimo articolo il tema della confessione sacramentale da compiere nel tempo pasquale[95]. Già all'inizio dell'esposizione l'autore riassume l'atteggiamento di Lutero verso la confessione annuale:

---

[92] HENRICUS VIII, *Assertio septem sacramentorum*, in CCath 43, 162-163.

[93] Cf. L. BRAECKMANS, *Confession et communion*, 82: «Luther ne s'oppose donc pas à la communion, ni à la confession. Il se révolte uniquement contre un précepte, qui lui semble déterminer de façon purement arbitraire le moment de la réception des sacrements».

[94] Cf. J. ECK, *De sacrificio missae*, lib. 3, cap. 5: «Sed vide, Christiane lector, Lutheri perversam impietatem. Hic, ubi sibi commodum est, eum accipere fructum et usum missae, qui signum, panis scilicet et vini, eadem fide acceperit, qui tam saepe et valide clamavit fidem sufficere [...], hic iam fructum missae accipi fatetur, dum signum quis acceperit. Cur ergo improbat saepius communicantes, sicut iam in multis locis assolent Lutherani et Carlstattini? Si communicare est fructum missae percipere, cur tunc alibi postulat, ne layci communicare cogantur in paschate, neve ullum eis sumendae eucharistiae tempus indicatur, sed liber quisque suo relinquatur arbitrio. Imo vero, ut ne saepius in tota vita quisquam sumat quam semel, idque non ante extremum vitae diem. Quod si illa praesentibus coniunxeris, intelliges quid postulet Luther, Christianum per totam vitam, semel dumtaxat, fructum missae accipere. Tam heroicos Christianos educat et optat Luther!» (CCath 36, 158).

[95] H. DUNGERSHEIM, *Articuli sive libelli triginta*, art. 22, in CCath 39, 199-206.

> Confessionem sacramentalem pro tempore paschali ante communionem fiendam ob id, quod ecclesia eam precipit, Luther, rebellionis author infaustus, in ipsius ecclesiae contemptum deviare et contemnere docet, seipsum contemptus damnabilis in hoc et aliis huiusmodi signiferum scandalose nimis designans[96].

Secondo il polemista cattolico Lutero, in quanto autore ribelle, insegna ad evitare e disprezzare la confessione sacramentale da adempiere nel tempo pasquale prima della Comunione. Dato che è la Chiesa che obbliga a questa prassi, Lutero, instruendo a disprezzarla, diventa lui stesso degno di disprezzo. È la medesima Chiesa che decidette nell'universale Concilio Lateranense *ex urgenti et optima ratione*, di vincolare i fedeli a ricevere la Comunione ed a confessarsi in un tempo determinato. Per Girolamo Dungersheim questo tempo è precisato con le parole *in Pascha*, sia per la Comunione, sia per la confessione[97]. Questa lettura della costituzione lateranense è dovuta al fatto di considerare la confessione in vista della Comunione pasquale come una condizione per la degna recezione dell'Eucaristia.

Il polemista cattolico oppone chiaramente le tesi del *miser ille Luther*[98] all'autorità del Concilio Lateranense, radunato nello Spirito Santo:

> Nam devotione populi circa communionem tepescente in concilio ecclesiae generali tam solemni et copioso pro clericis aeque ut pro laicis confessione deo cooperante disponendis institutio illa in spiritu sancto per tot et tantos legitime congregatos sub Innocentio tertio Papa, viro utique laudatissimo sapientissimoque, eodem spiritu indubitanter inspirante facta est, ut patet in c. *Omnis utriusque sexus*, quod heretici miseri irrident in suam et aliorum certam damnationem[99].

---

[96] H. DUNGERSHEIM, *Articuli sive libelli triginta*, art. 22 in CCath 39, 199.

[97] Cf. H. DUNGERSHEIM, *Articuli sive libelli triginta*, art. 22: «Cumque sic in his locis laudet confessionem et ad eam faciendam omnino suadeat, tamen pro Papae, conciliorum et ecclesiae Christi contemptu de ea omittenda pro tempore, que ipsa ecclesia in universali concilio mille praelatorum una cum Papa ex urgenti et optima ratione eam fieri constituit, scilicet *in Pascha*, quando homines Christiani iuxta institutionem sacramenti divinae eucharistiae communicaturi sunt, prius confiteantur seque diiudicent, ne *a domino* iuxta apostolum iudicentur et *cum hoc mundo*, id est hominibus mundanis, maxime deo et ecclesiae suae rebellibus, *damnentur*» (CCath 39, 200).

[98] Cf. H. DUNGERSHEIM, *Articuli sive libelli triginta*, art. 22: «Non perpendit miser ille Luther, quod, si (attentis rationibus, quas ipse ut supra ponit) homo ad opus illud humiliationis saluberrime, scilicet confessionis, se potest excitare, eo propensius id potest Christo invocato pro eo, quod ecclesia, ut iam dictum est, in concilio causa tam rationabili et ardua sic statuit» (CCath 39, 202).

[99] H. DUNGERSHEIM, *Articuli sive libelli triginta*, 200, art. 22 in CCath 39, 201-202.

L'autore descrive quindi il Concilio Lateranense IV come tanto solenne e copioso, congregato in modo legittimo dal Papa Innocenzo III, uomo molto lodato e sapiente. Di più, Dungersheim quando parla della istituzione del precetto della confessione usa l'espressione *deo cooperante*, per poi nominare due volte lo Spirito Santo. I padri conciliari erano radunati *in spirito sancto* e la disposizione stessa indubbiamente fu ispirata *eodem spiritu*. In tale prospettiva si potrebbe capire la minaccia finale: la derisione della costituzione *Omnis utriusque* da parte degli eretici diventerà la causa della loro dannazione.

Il cardinale Contarini († 1542), nella sua *Confutatio articulorum Lutheranorum* non parla direttamente del precetto lateranense, però difende la necessità della confessione sacramentale. La presenza di questo sacramento in ogni parte del mondo cristiano è un principale argomento al riguardo[100]. Il cardinale affronta anche la questione dell'integrità della confessione, in modo molto bilanciato e moderato. Egli ammette la ragionevolezza di certi ragionamenti luterani[101], insistendo però sull'obbligatorietà di confessare tutti i peccati gravi[102].

Dopo la *confessio Augustana*, pronunciata dai protestanti nella Dieta davanti all'Imperatore stesso, quest'ultimo chiese di preparare la risposta cattolica alla dottrina dei riformatori. Il 3 agosto del 1530 la *Confutatio* della confessione di Augsburg fu letta agli stati protestanti[103]. In questo documento basilare i cattolici volevano aggiungere due esigenze fondamentali alla dottrina circa la confessione sacramentale professata dai riformatori:

> Duo tamen hoc exigenda ab eis sunt. Unum et confessionem observari faciant a subditis annuam iuxta constitutionem c. *Omnis utriusque. De remissionibus et poenitentis* et communis ecclesiae consuetudinem. Alterum ut per concionatores fideliter admoneri faciant subditos suos, quatenus

---

[100] Cf. G. CONTARINI, *Confutatio Articulorum*, art. 5: «Retinendus est mos antiquus catholicae ecclesiae, quem servant non tantum sectatores Romanae ecclesiae, verum etiam christianorum nationes, quae maxime dissident a Romana sede, Greci, inquam, Armeni, Maronitae, Coptae ac nonnullae aliae christianorum sectae, lingua, moribus, et institutis maxime alieni a Pontifice Romano» (CCath 7, 11).

[101] Cf. G. CONTARINI, *Confutatio Articulorum*, art. 5: «Verum, quod addunt gravia tantum delicta, quae conscientiam urgent, sacerdoti dicenda, alia vero minime, quia nullus delicta intelligit, reor posse ad rectum sensum reduci» (CCath 7, 10).

[102] Cf. G. CONTARINI, *Confutatio Articulorum*, art. 5: «Quod si enormia tantum peccata exponenda sacerdoti esse censeant, reliqua vero, si mortalia fuerint, reticenda aut generali tantum confessione explicanda, longe errant suisque se ipsi rationibus convincunt» (CCath 7, 10).

[103] Cf. H. JEDIN, *Storia del Concilio di Trento*, I, 289-291.

confessuri licet omnia peccata sua singillatim enuntiare non possint, diligenti tamen examine conscientiae suae facto delictorum suorum confessionem faciant integram, omnium scilicet, quae sibi in eiusmodi discussione in memoriam venerint. Super aliis vero oblitis et quae mentem nostram subterfugiunt, licet in genere confessionem facere et dicere cum psalmista, Ps. 18: *Ab occultis meis munda me, domine!*[104]

Il testo della *Confutatio* ripropone quindi due norme sulla confessione rifiutate dai protestanti. Per primo i cattolici non vogliono far a meno di osservare il precetto della confessione annuale, stabilito dalla costituzione lateranense e presente nella consuetudine comune del popolo di Dio, e poi, dopo aver riconosciuto in parte la fondatezza della obiezione protestante sulla non possibilità di confessare tutti i peccati, i cattolici dell'Impero chiedono una vera integrità della confessione. Questa esigenza viene formulata con precisione: si tratta di confessare tutti quei peccati che uno si ricorda dopo un diligente esame di coscienza. In tal modo la *Confutatio* del 1530 conferma in modo equilibrato ma deciso il precetto della confessione annuale integra, formulato dal Concilio Lateranense IV.

Abbiamo sinteticamente esposto il pensiero di Lutero, Melantone, Calvino e Bucero quanto agli obblighi di confessarsi e di comunicarsi, confrontandolo con le risposte dei più significativi polemisti cattolici dei primi 15 anni della controversia[105]. La letteratura controversistica ebbe il grande merito di riflettere sugli argomenti dei riformatori, di formulare e chiarificare il pensiero cattolico al riguardo, infine di preparare il terreno per l'evento che poteva rispondere all'opposizione protestante. Alla fine di questa ricerca ci sembra plausibile la tesi dello storico Jedin: solamente una istituzione ecclesiale aveva l'autorità e l'autorevolezza necessaria per dirimere questa polemica — era un nuovo concilio ecumenico[106].

2. La normativa lateranense al Concilio Tridentino

Gli sforzi di contrastare il movimento protestante con la forza fallirono, nondimeno le prove di dialogo e di unificazione[107]. Alla fine si

---

[104] *Die Confutatio der Confessio Augustana*, cap. 11, in CCath 33, 103-105.
[105] Tale era il periodo nel quale apparvero le opere da noi esaminate, oggi edite nella serie *Corpus Catholicorum*. La letteratura controversistica più matura che abbiamo consultato, come le opere di Cano (1548) e di Tapper (1555), fu già dal periodo del Concilio Tridentino. Per questa ragione citeremo questi autori posteriori nel sottocapitolo successivo, per illustrare le decisioni del Concilio stesso.
[106] Cf. H. JEDIN, *Storia del Concilio di Trento*, I, 223-224.
[107] Circa la storia del periodo preconciliare il primo volume della *Storia del Conci-*

decise di convocare il Concilio, radunato nel 1545 a Trento per la volontà di Paolo III.

In seguito ci fermeremo sulle decisioni tridentine sugli obblighi della Comunione pasquale e della confessione annuale. Per coglierne bene il significato, seguiremo per primo l'*iter* dei relativi canoni: la formulazione degli articoli, il dibattito dei teologi minori[108] e dei Padri conciliari, le diverse elaborazioni dei canoni, infine lo svolgimento delle congregazioni generali nelle quali si è discusso sopra di esse[109]. Al termine della ricerca sul Concilio Tridentino analizzeremo la formulazione definitivamente approvata sia dei canoni sia dell'esposizione dottrinale vertente su due comandamenti annuali, cercando di valutare il peso e la portata teologica e giuridica di ogni insegnamento conciliare in materia.

2.1 *Il dibattito tridentino sull'obbligo della Comunione pasquale*

Lo studio dell'iter del canone sulla Comunione pasquale fino all'approvazione conciliare dell'ultima sua redazione — la quale ebbe luogo nella tredicesima sessione del Concilio di Trento — va diviso in due parti, secondo il tempo delle discussioni. Infatti il primo dibattito si svolse lungo il 1547, prima a Trento, poi a Bologna a causa dello spo-

---

lio di Trento di Jedin è inestimabile. Per le guerre degli anni venti Cf. H. JEDIN, *Storia del Concilio di Trento*, I, 251-278; per la ricerca della riconciliazione negli anni 1539-1541 Cf. *Ibid.*, 399-457.

[108] Chiamati così perché non avevano il diritto di voto in Concilio. Cf. A. AMATO, *Pronunciamenti tridentini*, 63.

[109] Cf. L. BRAECKMANS, *Confession et communion*, 125-126. In queste pagine l'autore descrive con chiarezza lo schema dei lavori conciliari: «Dans chacune des deux périodes, 1547 et 1551, nous pouvons distinguer deux phases: celle des articles et celle des canons. Par articles, on entendait alors des propositions subversives, suspects d'hétérodoxie, tirées des œuvres des réformateurs. Le Concile devait les examiner et les condamner au besoin. [...] Ces articles sont d'abord soumis à l'avis de théologiens de différentes écoles, venus à Trente pour assister de leur conseils les présidents et les membres du Concile. Quelques docteurs sont même chargés de donner leur avis au nom des grands souverains catholiques. [...] Après avoir ecouté ces théologiens, les Pères conciliaires, réunis en congrégation générale, reprennent les mêmes articles pour en discuter la teneur doctrinale et proposer ensuite la censure adaptée.

Après ce double examen des propositions protestantes, le Concile passe à la phase des canons, ou règles dogmatiques. Le président désigne une commission d'évêques théologiens (theologi maiores) qui ont pour tâche de formuler les canons, où chacun des articles subversifs est condamné. Ensuite, la Congrégation générale examine minutieusement touts les mots du projet de canon, propose des amendements, et fait à nouveau élaborer le texte par la commission théologique. Dès que celle-ci a rédigé un texte en mesure de contenter tout assemblée, on passe au vote final».

stamento del Concilio[110]. La seconda parte delle discussioni ebbe luogo nel 1551 a Trento, dopo il ritorno del Concilio in questa città[111].

2.1.1 Il dibattito conciliare del 1547

All'inizio del mese di febbraio del 1547 ai teologi conciliari furono presentati dieci articoli sull'Eucaristia, ricavati da estrazioni degli scritti riformatori, senza citarli sempre alla lettera[112]. L'articolo nono suona così: «Solam fidem esse sufficientem praeparationem ad sumendam Eucharistiam, neque teneri homines ad communionem in Paschate»[113]. Questa frase, basata sulle tesi di Lutero riportate dagli stessi atti del Concilio[114], fu discussa con i nove altri "articoli degli eretici" durante 14 congregazioni teologiche, dal 3 al 19 febbraio del 1547. Trentatre teologi, nella maggioranza provenienti dagli ordini mendicanti, si pronunciarono al riguardo. Circa la metà di essi definirono semplicemente l'articolo nono come eretico, senza ulteriori spiegazioni sull'obbligo della Comunione pasquale, concentrandosi di più sull'argomentare contro la prima parte dell'articolo[115]. Il segretario del Concilio Massarelli († 1566)[116] ci riporta solo alcune giustificazioni della condanna da parte di qualche teologo. Tra di essi quella del francescano conventuale Francesco Visdomini, il quale sottolinea la necessità di comunicarsi[117], e Giorgio de Vosmediano, dottore spagnolo, il quale fonda la censura sull'autorità della tradizione ecclesiastica e sull'autorità dei Papi[118].

---

[110] Cf. H. JEDIN, *Storia del Concilio di Trento*, III, 49-73.
[111] Cf. H. JEDIN, *Storia del Concilio di Trento*, III, 377-406.
[112] Cf. H. JEDIN, *Storia del Concilio di Trento*, III, 54.
[113] CT V, 870.
[114] Cf. CT V, 870-871: «Lutherus [...] lib. De confess., parte 3.: *Fidele consilium meum est, ut homo christianus tempore Quadregesimae et Paschatis nec confiteatur, nec ad sacramentum eat.* Item in visitatione Saxonica, cap. de Eucaristia».
[115] Cf. CT V, 877-961.
[116] Circa l'attendibilità storico-dogmatica dei protocolli di Massarelli Cf. A. AMATO, *I pronunicamenti tridentini*, 334-336. Tale è il punto d'arrivo dell'analisi di Amato: «In conclusione, gli Atti riguardanti la sessione XIV del Concilio di Trento, pur nella loro spesso esagerata sobrietà, sono in grado di fornirci un resoconto abbastanza completo e veritiero delle discussioni dei teologi e dei Padri sul sacramento della Penitenza» (IBID, 336). Questa conclusione si potrebbe applicare anche alle note di Massarelli circa il dibattito sull'Eucaristia, visto che lo stile e il metodo del segretario di concilio era sembra sempre lo stesso.
[117] Cf. CT V, 901: «Quare necessario omnino sumendum est, saltem in Paschate, quod qui negat, nonus articulus, damnandus est cum ceteris».
[118] Cf. CT V, 932: « 9 idem [haereticus] Epiphanius, de haeresibus, ait: *Praecipimus ieiunare diebus certis, et in dominica communicare*, et hoc ex traditione aposto-

Abbiamo a disposizione i voti completi del carmelitano romano Vincenzo da Leone e del francescano francese Giovanni Consilii[119]. Il primo si esprime circa la negazione della Comunione pasquale: «Quo vero ad secundam partem, sc. neque teneri homines ad communionem in Paschate, etiam articulus est haereticus, quia directo pugnat cum determinatione ecclesiae. Ecclesia enim expresse determinavit, homines teneri ad communionem in Paschate»[120]. Il secondo dimostra che la Comunione pasquale proviene dalla tradizione apostolica e menziona al riguardo le testimonianze dei padri della Chiesa e dei concili locali[121]. Infine spiega che nella costituzione del Laterano IV si tratta soltanto della esigenza minima e non del modello di vita sacramentale, perciò il canone lateranense non costituisce nessun ostacolo alla Comunione frequente[122].

Qualche teologo non era d'accordo con la valutazione della seconda parte dell'articolo nono come eretica. Il domenicano Girolamo da Oleastro dichiara «secuna tamen pars non est haeretica, quod non habetur in scripturis sacris quod in Paschate communicet homo, sed est praeceptum ecclesiae, et ideo damnandus»[123]. Girolamo Lombardelli dell'ordine dei frati minori osservanti classifica la tesi come erronea: «Altera quoque pars articuli, non teneri homines ad communionem in Paschate, erronea est et damnanda; adversatur enim determinationi et consensioni totius ecclesiae»[124].

Finita la discussione dei teologi, incontriamo il nostro argomento negli atti dopo la sessione settima. Nell'elenco degli articoli sul sacramento dell'Eucaristia con le apposite censure, il rigetto della Comunione pasquale si trova nella parte degli atti intitolata «Qui ab aliquibus

---

lorum; ergo communio in Paschate est ex traditione apostolorum. Deinde per Summos Pontifices id corroboratum est: per Fabianum, Callistum, Innocentium III etc.».

[119] Cf. H. JEDIN, *Storia del Concilio di Trento*, III, 55.

[120] CT V, 892.

[121] Cf. CT V, 958: «Communionem fidelium in Paschate ex traditione esse apostolorum, asserit *Epiphanius*. Item *Chrysostomus* in quibusdam homiliis. Concilium *Elibertinum* vult, ut ter in anno, nam ait: *Nec inter Catholicos commemorabitur, qui in istis temporibus: Pascha et Pentecoste et Natali Domini non communicaverit*. Item in *Agathensi* can. 18. Tandem can. *Omnis utriusque sexus*».

[122] Cf. CT V, 958: «Calvinus: Haec consuetudo, quae semel communicare quotannis iubet, certissimum est diaboli inventum, cuiuscumque tandem ministerio invecta fuerit. Aiunt Zephirinus etc. Quasi sc[ilicet] non melius sit semel in anno communicare quam numquam, aut ecclesia iusserit, tantum semel esse communicandum. Porro hic non quaeritur, quoties communicare teneantur aut quando, excepto Paschate, fideles; idcirco non plura dicam». Cf. anche H. JEDIN, *Storia del Concilio di Trento*, III, 63.

[123] CT V, 873.

[124] CT V, 921.

theologis damnandi quidam censentur, sed cum aliqua declaratione»[125]. Sotto l'articolo nono si riferisce: «Aliqui nollent secundam partem huius articuli damnari sub anathemate, cum (ut ipsi dicunt) non habeatur ex Scripturis, sed sit tantum praeceptum ecclesiae»[126]. La seconda parte dell'articolo è proprio quella che nega l'obbligo di comunicarsi *in Pascha*. Il precetto pasquale divide quindi i teologi conciliari, i quali non concordano né circa la fonte di questo diritto, né sulla sanzione da applicare. I teologi condividono comunque la convinzione che il rifiuto del precetto pasquale sia una tesi da condannare.

Un altro sommario, più sistematico e centrato sull'argomentazione in merito e non sulla pena da applicare, fu redatto dai due teologi gesuiti, Lainez e Salmeron. In esso leggiamo circa la seconda parte dell'articolo nono:

> Secunda pars de communione in paschate damnatur 1. ex omnibus scripturis commendantibus oboedientiam ecclesiae, quae hoc praecepit. – 2. Ex statutis ecclesiae ut Fabiani c. *Etsi non frequentius* de consecr. Dist. 2 et concilii c. *Omnis utriusque sexus*. Ideo licet non communicare die paschatis sit peccatum et non haeresis, id tamen dicere non licere haereticum est et omnis talia docens *minimus vocabitur in regno celorum*. – 3. Patet ex doctoribus ut ex Epiphanio [...] et Chrisostomo [...]. Ultra quos et alios sunt omnes scholastici. – 4. Usus ecclesiae laudabilis vim legis habens quae communicat in die paschatis et excommunicare iubet sine causa abstinentes a communione[127].

A questa difesa del precetto pasquale i teologi pontefici aggiunsero anche il punto quinto, che si riferiva ai ragionamenti fatti precedentemente[128]. Questi argomenti erano i seguenti: la Chiesa non può errare nella materia del culto; questo atto di culto è buono ed utile; è l'atto recepito dai padri antichi; la mutazione del rito crea il pericolo degli scismi e delle eresie; infine quelli che vogliono abolire il rito antico della Chiesa romana mancano della potestà necessaria[129]. Tutte queste

---

[125] CT V/1008.
[126] CT V/1008.
[127] CT VI/3, 53.
[128] Cf. VI/3, 53.
[129] Cf. VI/3, 19: «1. Ex hoc, quod ecclesia, quae errare non potest in cultu, haec, quae isti vocant illicita, exercet. – 2. Quod actus, quos hic prohibent, ex obiecto et circumstantiis boni sunt et eos exercenti utiles. – 3. Est antiquitas similium rituum, quia moderna ecclesia non illos adinvenit, sed a patribus, quibus iure naturae debemus deferre, eos accepit. – 4. Est periculum mutationis rituum, ob quam orta sunt schismata et haereses. [...] – 5. Est defectus potestatis in his, qui novos ritus volunt introducere et abolere antiquos ecclesiae Romanae».

dimostrazioni si potrebbero forse sintetizzare con una espressione del generale degli Agostiniani Seripando, il quale dichiarò circa la seconda parte dell'articolo nono: «damnanda est ex ecclesiae auctoritate»[130].

La Congregazione generale dell'8 e del 9 marzo, svolta ancora a Trento[131], non prese nessuna decisione circa la dottrina sull'Eucaristia. Infatti il problema del cambiamento della sede del Concilio interruppe la discussione prima che tutti i Padri con il diritto di voto si potessero pronunciare[132].

Dopo la traslazione a Bologna, nel maggio 1547 si è tornati al tema dell'Eucaristia. Una versione dei canoni fu proposta dal domenicano Ambrogio Pelargo, un'altra dal generale degli agostiniani Seripando[133]. Sul precetto pasquale verteva il canone dodici della proposizione del domenicano[134] e il canone decimo della lista dell'agostiniano[135]. La direzione del Concilio propose nel giorno 9 maggio del 1547 la propria versione dei sette canoni, basata sugli articoli discussi precedentemente a Trento[136], però rielaborati in modo innovativo[137]. In questa redazione, l'obbligo di comunicarsi fu trattato nel canone sesto:

> Si quis dixerit teneri omnes, qui sacro mystero interfuerint, ad communicandum sacramentaliter, aut contra, non omnes, cum ad aetatem discretionis pervenerint, teneri iuxta praeceptum ecclesiae quotannis saltem in paschate ad ipsum eucharistiae sacramentum percipiendum legitimo impedimento cessante, a.s[138].

---

[130] CT VI/2, 4. La frase è ripresa da una *Sententia* di Girolamo Seripando redatta all'inizio del mese di marzo 1547.

[131] Cf. CT V/1009-1017.

[132] Cf. H. JEDIN, *Storia del Concilio di Trento*, III, 64-65; L. BRAECKMANS, *Confession et communion*, 133: «Dans l'ensemble, la discussion nous paraît avoir été assez terne... Et ce n'est pas étonnant. En effet au même moment l'assemblée était en train de discuter un des problèmes les plus épineux de son histoire: le transfert du Concile à Bologne!».

[133] Cf. H. JEDIN, *Storia del Concilio di Trento*, III, 65.

[134] Cf. CT VI/1, 127: «12. Si quis dixerit homines non teneri ad communicandum in paschate propter mandatum ecclesiae <Lutherus>, a.s.».

[135] Cf. CT VI/1, 132: «[10.] Si quis dixerit non obligari fideles ad communicandum in die saltem resurrectionis D. N. Iesu Christi iuxta praeceptum sanctae matris ecclesiae hactenus apud catholicos observatum, a.s.».

[136] Cf. S. PALLAVICINO, *Istoria del concilio di Trento*, II, lib. 10, cap. 2, n. 2, 453: «Eransi dunque tirati a fine i decreti sopra l'eucaristia, come sopra materia esaminatasi ancora nelle congregazioni di Trento; e però tale che diffinivasi col parere eziandio [sic] de' vescovi separati allora di corpo».

[137] Cf. H. JEDIN, *Storia del Concilio di Trento*, III, 65.

[138] CT VI/1, 124.

Il canone mira a condannare insieme due errori che sembrano a prima vista opposti: l'obbligare i fedeli a comunicarsi ogni volta che sono presenti a messa e il rigetto del precetto della Comunione pasquale. Le due tesi potrebbero avere la stessa fonte nel sottovalutare la dovuta preparazione alla Comunione (questo tema è trattato espressamente nel canone seguente)[139].

Nella seconda parte del canone, che verte direttamente sulla Comunione pasquale, merita attenzione un esplicito riferimento alla costituzione lateranense, con la formula *iuxta praeceptum ecclesiae*. La menzione finale *legitimo impedimento cessante* pone più problemi interpretativi. Infatti sarebbe difficile precisare di quale impedimento si potrebbe trattare, forse di una pena ecclesiastica o di una impossibilità fisica e morale di confessarsi. In ogni caso sembra che anche questa formula finale richiami la costituzione lateranense. Infatti la *Omnis utriusque sexus* dava al confessore la possibilità di consigliare al fedele di astenersi per un certo tempo dalla Comunione pasquale, supponendo nel modo implicito una causa ragionevole per questo provvedimento.

Il dibattito sui canoni proposti ai Padri si svolse in quattro congregazioni generali, dal 12 al 16 maggio[140]. Quanto al canone sesto, la maggioranza dei padri non propose nessun suggerimento critico, sia omettendo quel canone nella loro esposizione[141], sia dichiarando espressamente, come il generale dei Serviti Agostino Bonucci: «In sexto canone nihil addendum aut minuendum iudicavi»[142]. Tra le proposte avanzate, alcune erano centrate sulla prima parte del canone[143], poche altre sulla seconda che conteneva il precetto pasquale[144]. La congregazione particolare del 23 maggio accolse la proposta di aggiungere l'avverbio *saltem* alla parola *quotannis*. Lo scopo di questo cambiamento stava nel precisare che non fosse la Chiesa ad introdurre

---

[139] Cf. CT VI/1, 124: « 7. Si quis dixerit sola fide hominem disponi ac praeparari, ut hoc sacratissimum eucharistiae sacramentum suscipiat, aut (quod deterius est) tanto magis hominem disponi ad ipsum digne suscipiendum, quanto magis fuerit peccatis onustus [...] a.s.».

[140] Cf. H. JEDIN, *Storia del Concilio di Trento*, III, 66.

[141] Cf. CT VI/1, 133-141; CT VI/2, 6-12.

[142] CT VI/2, 24. Cf. anche il parere del generale dei Francescani conventuali, B. Costacciaro: «In canone sexto omnia placet» (CT VI/2, 13).

[143] Cf. CT VI /1, 134-135.138.

[144] Cf. CT VI/1, 137-139. Si tratta delle due proposte: di aggiungere al testo la parola *saltem*, e di cancellare le parole *iuxta praeceptum ecclesiae*. L'ultimo suggerimento non è stata accolto dalla commissione.

l'obbligo di ricevere la Comunione. La Chiesa determina soltanto il precetto minimo al riguardo[145].

Di conseguenza la proposta del canone presentata il 25 maggio contiene l'espressione *saltem semel in anno*[146], ripresa dalla costituzione lateranense (la quale normativa però adopera la suddetta formula per determinare l'obbligo della confessione annuale). Questa versione dei canoni fu discussa dai Vescovi nella congregazione generale dello stesso giorno. A proposito del canone sesto era richiesto soltanto di eliminare le parole sull'età della discrezione[147]. La congregazione particolare del 27 maggio non accolse pienamente questa proposta, però decise di sostituire l'espressione *ad aetatem discretionis*, con la formula ripresa direttamente dal Laterano IV *ad annos discretionis*[148]. Infine l'ultima versione bolognese del canone sesto sull'Eucaristia, presentata il 31 maggio 1547 suona così:

> «6. Si quis dixerit teneri omnes, qui sacro altaris mystero interfuerint, ad communicandum sacramentaliter, aut contra, non omnes, cum ad annos discretionis pervenerint, teneri saltem semel in anno in paschate iuxta praeceptum ecclesiae ad ipsum eucharistiae sacramentum percipiendum legitimo impedimento cessante, a.s.»[149].

Nella seconda parte il canone cita letteralmente i passi della costituzione lateranense, alla quale direttamente si riferisce con le parole *iuxta praeceptum ecclesiae*. Questo modo di formulare il canone rimane in sintonia con un fondamentale presupposto dei padri tridentini: il Concilio voleva limitarsi soltanto a difendere la fede nell'Eucaristia e la prassi cultuale e liturgica correlata con essa, senza entrare nelle sottili discussioni tra le scuole teologiche e giuridiche[150].

---

[145] Cf. CT VI/1, 154: «Deinde proponitur an in eodem canone dictio *saltem* bene maneat ibi post *quotannis* vel ante, ut notavit Salutarium. Armacanus cupit ita damnari, ut non dicatur communionem esse praeceptam ab ecclesia».

[146] Cf. CT VI/1, 155: «6. Si quis dixerit teneri omnes, qui sacro altaris mystero interfuerint, ad communicandum sacramentaliter, aut contra, non omnes, cum ad aetatem discretionis pervenerint, teneri saltem semel in anno in paschate iuxta praeceptum ecclesiae ad ipsum eucharistiae sacramentum percipiendum legitimo impedimento cessante, a.s».

[147] Cf. CT VI/1, 158: «Maioricensis. In sexto *ad aetatem discretionis* videretur delendum».

[148] Cf. CT VI/1, 161: «In sexto canone loco *aetatem discretionis* conclusum, quod diceretur *annos discretionis* etc.».

[149] CT VI/1, 167.

[150] Cf. H. JEDIN, *Storia del Concilio di Trento*, III, 72-73.

Finito il dibattito di maggio, per decisione dei legati pontefici il Concilio doveva discutere il progetto della riforma, occupandosi tra l'altro dell'eliminazione degli abusi contro il sacramento dell'Eucaristia. Nei mesi di giugno e di luglio del 1547 tra i padri conciliari fu completata la lista degli abusi, che sarebbero dovuti essere soppressi[151]. Tra le usanze sbagliate da riformare, si elenca la ricezione della Comunione da un altro sacerdote senza la licenza del proprio parroco; la mancata indagine su quelli che non si comunicano a Pasqua; le persone che si comunicano nel giorno di Giovedì Santo, oppure (in Portogallo) ancora prima in quaresima, ritornando a vivere nel peccato durante le feste pasquali. Qualcuno propone di obbligare alla Comunione nei giorni precisi del Giovedì Santo e della Domenica di Pasqua, un altro padre vorrebbe riproporre il precetto delle tre comunioni annuali[152]. Il 26 luglio fu presentato ai padri un documento sintetico sugli abusi circa l'amministrazione e il culto dell'Eucaristia, nel quale dopo aver enumerato tre abusi importanti, si proponevano alcune raccomandazioni (*provisiones*) positive per assicurare il rispetto e la dovuta riverenza verso il Santissimo Sacramento[153]. A proposito del precetto pasquale ivi leggiamo:

> Curet etiam [episcopus] dispositionem concilii Lateranensis generalis diligenter servari in tota sua diocesi; et ut melius servari possit, provideat, quod omnes curati habeant librum, in quo describant omnes suos parochianos, qui iuxta dispositionem illam tenentur se in paschate communicare, et diligenter notent eos, qui deficiunt, ut elapsis festis paschalibus illos publice denuncient vel significent episcopo illorum nomina, si ipsi non audent illos publice denunciare populo[154].

Il testo sopracitato si concentra sul controllo della osservanza del precetto pasquale a livello parrocchiale e poi anche diocesano. Utilizzando anche una certa pressione sociale residua dal mondo medievale, si tenta di assicurare il minimo sacramentale a tutti i fedeli.

Le provvisioni sugli abusi nell'amministrazione dell'Eucaristia furono ben accolti dai padri del Concilio[155]. In seguito si passò all'elaborazione dei canoni al riguardo, i quali furono presentati alla congregazione generale dei padri il 24 ottobre del 1547. Nella prima parte del

---

[151] Cf. H. JEDIN, *Storia del Concilio di Trento*, III, 169-176.
[152] Cf. CT VI/2, 25, n. 9-10.15.
[153] Cf. L. BRAECKMANS, *Confession et communion*, 138.
[154] CT VI/1, 306.
[155] Cf. L. BRAECKMANS, *Confession et communion*, 138.

canone quattro troviamo l'esortazione alla Comunione frequente con una debita preparazione[156], mentre nella seconda parte il Concilio minaccia: «Et qui illud saltem in sacratissimo dominicae resurrectionis die recipere neglexerit, sciant se nulla excusatione fulcri, quin poenas constitutionis, quae incipit *Omnis utriusque sexus*, in sancta magna Lateranensi synodo promulgate incurrant»[157].

Il canone appena citato fu esaminato dai padri conciliari nelle congregazioni generali del 24 e del 25 ottobre[158]. Nel riassunto di questo dibattito[159] leggiamo diverse proposte di cambiamenti o di aggiunte, tra le quali due furono avanzate da molti padri. Nella prima si proponeva di cambiare l'espressione *Die resurrectionis*, sia con l'aggiunta *vel Iovis Sancta*, sia sostituendola con una formula che indicasse un periodo di tempo più ampio (per esempio con le parole *solemnitate paschatis*)[160]. Nella seconda proposta i padri suggerivano di dichiarare esplicitamente la necessità della confessione prima di comunicarsi[161].

I due postulati appena menzionati furono accolti dalla congregazione dei prelati canonisti, tenutasi l'8 novembre del 1547. Leggiamo nel relativo riassunto: «Leguntur censurae quarti, quarum duae tantum admittuntur, videlicet ubi dicitur *in die paschatis*, dicatur *in paschate* vel *in solemnitate paschali*. Et ubi agitur de praeparatione, addatur aliquid de confessione»[162]. I due emendamenti seguono in realtà i ragionamenti già presenti nella dottrina canonica medievale. L'espressione *in pascha* del canone lateranense fu autoritativamente interpretata in senso largo da Eugenio IV, mentre il rafforzamento della consuetu-

---

[156] Cf. CT VI/1, 548, n. 4: «Ut episcopi et sacerdotes curam animarum habentes non desinant frequenter admonere et edocere populos suae spirituali curae subiectos, quanta in huius admirabilis sacramenti eucharistiae perceptione gratia conferatur, ac propterea eos hortentur, ut frequentius illud accipiant, praeparatione tamen debita praemissa».

[157] CT VI/1, 548, n. 4.

[158] Cf. CT VI/1, 549-554.

[159] Infatti sono disponibili due riassunti di Massarelli, uno più breve, dello stesso giorno 25 ottobre, l'altro più dettagliato, che doveva essere esaminato dai prelati canonisti il 8 novembre 1547. I due documenti sono equivalenti quanto alla sostanza, però soltanto da quello più lungo possiamo sapere quali e quanti Padri hanno proposto certe tesi. Cf. CT VI/1, 554-558.

[160] Cf. CT VI/1, 556.

[161] Cf. CT VI/1, 557. Sotto il punto *in quarto*, dei due riassunti si trovano anche altre proposte, come quelle di incoraggiare la tre volte all'anno; di indicare l'età dalla quale vige il precetto pasquale; di stabilire che l'Eucaristia si ottiene gratuitamente, *salva pia consuetudine e spontaneis oblationibus* [sic!]. Cf. CT VI/1, 556-557.

[162] CT VI/1, 580.

dine di confessarsi prima della Comunione era in gran parte frutto dell'influenza della costituzione lateranense sulla prassi sacramentale dei fedeli[163].

Dopo la suddetta congregazione dei canonisti non ritroviamo più i canoni disciplinari circa gli abusi nell'amministrazione e nel culto dell'Eucaristia. I padri radunati a Bologna non ne discussero più e dopo il ritorno a Trento il Concilio non tornò mai più su questo testo[164]. Il dibattito sopra questi abusi offre comunque una buona illustrazione non solo degli eccessi e delle mancanze della prassi dell'epoca, ma soprattutto delle idee canoniche comuni circa l'obbligo pasquale di comunicarsi.

Quanto all'ufficiale conferma del canone *Omnis utriusque sexus* da parte del Concilio, si dovrà aspettare più di quattro anni, fino al ritorno dei padri e dei teologi conciliari alla città di Trento. Tuttavia nella città imperiale si discuterà di nuovo sugli articoli, tralasciando i canoni bolognesi. In ogni caso sembra giustificata l'opinione di Jedin «la fatica non era spesa invano: senza il lavoro preparatorio di Bologna il decreto sull'eucaristia della XIII[a] Sessione non avrebbe potuto essere approvato così rapidamente»[165].

2.1.2 Il dibattito del 1551 e la formulazione del relativo canone

Dopo che il Concilio fu riportato a Trento nel 1551, i padri decisero di ricominciare la discussione circa gli articoli sull'Eucaristia, senza discutere sulle formulazioni dei canoni elaborati a Bologna[166]. All'inizio di settembre del 1551 sono stati presentati 10 articoli degli eretici sull'Eucaristia, molto simili a quelli studiati nel febbraio 1547, con pochissime differenze[167]. L'obbligo della Comunione pasquale fu adesso collocato nell'articolo decimo, ancora una volta congiunto con il tema della preparazione all'Eucaristia: «Solam fidem esse sufficientem praeparationem ad sumendam Eucharistiam, neque ad id confessionem

---

[163] Cf. L. BRAECKMANS, *Confession et communion*, 118: «Parfois cependent, à la suite de saint Thomas, on fera appel au décret Omnis utriusque du IVe concile de Latran. Partant alors de la *ratio legis* du décret, qui prescrit la confession en vue de la communion pascale, certains auteurs affirment que ce qui vaut pour la communion pascale, vaut pour toute communion».

[164] Cf. L. BRAECKMANS, *Confession et communion*, 140.

[165] H. JEDIN, *Storia del Concilio di Trento*, III, 73.

[166] I motivi di tale decisione erano i seguenti: l'importanza del tema, la presenza per la prima volta dei vescovi tedeschi e l'assenza di gran parte dei teologi e dei padri alle sessioni del 1947. Cf. L. BRAECKMANS, *Confession et communion*, 142.

[167] Cf. H. JEDIN, *Storia del Concilio di Trento*, III, 379.

esse necessariam, sed liberam praesertim doctis; neque teneri homines ad communionem in paschate»[168]. Se paragoniamo la frase appena citata con l'articolo nono del 1547, vediamo la differenza principale nell'aggiunta della parte centrale sulla necessità di confessarsi prima di ricevere la Comunione. La terza parte invece, che riguarda il precetto di comunicarsi *in paschate*, rimase invariata.

Il dibattito dei teologi sugli articoli presentati si svolse in otto giorni, dall'8 al 16 settembre, con 25 teologi che si sono espressi sugli articoli presentati[169]. Il cardinale Sforza Pallavicino († 1667) riassunse così la parte della discussione circa la terza parte dell'articolo decimo:

> Taluno, come Giovanni d'Ortega francescano spagnuolo, teologo mandato da Carlo quinto, disse; che la condannazione [sic] dell'articolo opposto doveva farsi con qualche esplicazione; perciocchè [sic] il comandamento non era divino, ma ecclesiastico: taluno ancora, siccome Ambrogio Pelargo domenicano, teologo dell'elettor treverese, riputò per la suddetta ragione l'articolo più tosto scismatico che formalmente ereticale: ma la piena degli altri concorse a dannarlo con l'anatema: nel che poi tutti convennero[170].

Gli atti di Massarelli confermano la descrizione sintetica di Pallavicino[171]. In alcuni *vota* conservati troviamo anche le ragioni che portarono alla condanna della tesi contenuta nella terza parte dell'articolo decimo. Il teologo Martino Malo dichiara: «Tertium, si loquatur de iure divino expresso et scripto, verum dicit; si vero de humano, erroneum est et cum pertinacia haereticum, quia contra ecclesiae determinationem et eius auctoritatem»[172]. L'opposizione ostinata al diritto ecclesiale (anche quello umano) risulta quindi eretica, perché va contro la determinazione e l'autorità della Chiesa. Un ragionamento simile è presentato anche da Francisco de Toro, il quale scrive: «Quod non teneatur fideles ad communionem die paschatis, est contra statutum ecclesiae cap. *Omnis utriusque sexus* [...]. Dicere ergo *non teneri* est dicere ecclesiam non posse obligare ad communionem, quod haere-

---

[168] CT VII/1, 114.
[169] Cf. H. JEDIN, *Storia del Concilio di Trento*, III, 380.
[170] S. PALLAVICINO, *Istoria del concilio di Trento*, II, lib. 12, cap. 1, n. 5, 644-645.
[171] Cf. CT VII/1, 114-143. Ecco la redazione di Massarelli delle asserzioni dei due teologi nominati da Pallavicino, rispettivamente di Giovanni d'Ortega e Ambrogio Pelargo: «Tertia pars est declaranda, quia, ut quis communicet in Paschate habetur ex praecepto ecclesiae, non autem ex iure divino» (CT VII/1, 128); «Tertia pars est schismatica, cum sit praeceptum ecclesiae, non divinum, quod dicitur de tempore» (CT VII/1, 133).
[172] CT VII/2, 99.

ticum est»[173]. Infine Francisco de Villalba, il teologo spagnolo dell'ordine di San Girolamo, giudica la tesi presentata come eretica, perché «iam oppositum est praeceptum ab ecclesia in Concilio Lateranensi sub Innocentio III»[174].

Dalle tre asserzioni appena citate possiamo dedurre con quale significato i teologi tridentini usavano il concetto di eresia. Visto che il precetto lateranense conteneva l'obbligo basilare di ricevere il Corpo di Cristo, la sua negazione diventava un rigetto di un punto fondamentale della disciplina sacramentale e comportava un reale pericolo per la salvezza delle anime[175]. Il ragionamento che stava alla base della condanna era semplice: il rifiuto ostinato di riconoscere il diritto ecclesiale era eretico, perché andava contro l'autorità stessa della Chiesa.

Il 17 settembre i padri conciliari ottennero il documento nel quale si trovavano i dieci articoli con le censure proposte da parte dei teologi[176]. La dottrina contenuta nell'ultima parte dell'articolo decimo risultava condannata in modo unanime: «Prima et tertia pars huius articuli fuit ab omnibus simpliciter damnata»[177].

I padri discussero sui dieci articoli presentati dal 21 al 30 settembre del 1551. Il loro dibattito circa l'articolo 10 riguardava soprattutto la seconda parte dell'articolo, sulla necessità della confessione prima di comunicarsi[178]. Alcuni padri utilizzarono la costituzione lateranense anche qui per sostenere la dottrina comune[179]: la confessione risultava necessaria per ricevere la Comunione, visto che Innocenzo III volle far precedere la Comunione pasquale della confessione obbligatoria[180].

Quanto alla terza parte dell'articolo, i padri seguirono i teologi nella condanna unanime, e qualificarono il rifiuto del precetto pasquale come

---

[173] CT VII/2, 107-108.

[174] CT VII/2, 140.

[175] Cf. L. BRAECKMANS, *Confession et communion*, 159: «Du temps de la postscholastique [...], par contre, on qualifiait d'hérétique, c'est-à-dire, contraire à la foi catholique, non seulement une négation d'une vérité formellement révélée, mais aussi toute assertion comportant un réel danger pour la foi et même toute résistance opiniâtre contre la discpline de l'Église».

[176] Cf. L. BRAECKMANS, *Confession et communion*, 148.

[177] CT VII/1, 143.

[178] Cf. L. BRAECKMANS, *Confession et communion*, 151-155.

[179] Cf. CT VII/1, 167.170.

[180] Cf. L. BRAECKMANS, *Confession et communion*, 154: «Enfin le décret *Omnis utriusque* suppose l'accès au sacrement de la pénitence avant la communion pascale; comment le prêtre pourrait-il dispenser quelqu'un de cette communion, s'il ne l'a pas d'abord entendu en confession?».

una proposizione eretica[181]. La maggioranza dei padri confermò il giudizio dei teologi senza ulteriori ragionamenti[182]. Due vescovi aggiunsero invece qualche argomentazione alla censura dichiarata. Il ragionamento di Pedro Guerrero, arcivescovo di Granada, si basava sulla potestà della Chiesa nel vincolare i fedeli ad osservare le leggi: «Quoad tertiam, que est: *homines teneri ad communionem in paschate*, quia fundamentum habet in hoc, quod ecclesia non potest obligare sub poena peccati, etiam assero esse damnandam»[183]. Il vescovo suffragano di Barcellona (titolare di La Coruna) collegava inoltre la Comunione pasquale con un'immagine presa dal Vecchio Testamento: «Tertia pars etiam haeretica est et habet exemplum agni paschalis, qui etiam in veteri lege edebatur in Paschate»[184].

Alla fine del mese di settembre si decise di preparare i canoni sull'Eucaristia[185]. Il lavoro della commissione che preparò la prima versione dei canoni durò solo i primi due giorni di ottobre[186] e già il 3 dello stesso mese il progetto di tredici canoni fu presentato ai Padri[187]. Massarelli ammette l'influenza su questo nuovo progetto dei canoni sia dei dieci articoli appena discussi, sia dei canoni elaborati nel 1547 a Bologna[188].

---

[181] Cf. CT VII/1, 146-171.

[182] Troviamo molte varianti della frase seguente «Decimi prima et tertia pars haeretica est» (CT VII/1, 152; cf. CT VII/1, 153-154.156-157.160-161.165; CT VII/2, 192. 211) e meno frequente l'altra espressione: «articulus etiam haereticus est et damnandus in omnibus» (CT VII/1, 146; Cf. CT VII/1, 147; VII/2, 191). La formula del vescovo di Camerino risulta più sottile: «10. falsus est in sensu haereticorum, qui omnem aliam probationem excludunt» (CT VII/1, 171) mentre il vescovo di Vienna nella sua *sententia* fa tutto un elenco delle etichette teologiche e canoniche: «Hunc articulum iudico esse damnandum uti haereticum, perniciosum, scandalosum, christianae consuetudinis, omnis virtutis, disciplinae reverentiaeque sacramenti destructorem» (CT VII/2, 171).

[183] CT VII/2, 117. La frase sopracitata è tratta dalla *sententia* autografa di Pedro Guerrero. Massarelli sintetizza così il suo discorso: «10 etiam haereticus est in omnibus [...]. Ultima vero pars non est de iure divino quoad tempus, sed praeceptum ecclesiae» (CT VII/1, 147).

[184] CT VII/1, 162.

[185] Cf. CT VII/1, 176: «Deinde dixit [legatus] deligendos esse aliquos patres, qui canones super his articulis conficiant». Cf. Anche L. BRAECKMANS, *Confession et communion*, 164-165.

[186] Cf. CT VII/1, 176-177.

[187] Cf. CT VII/1, 179: «Quorum canonum exemplum datur omnibus praelatis die sabbati 3. eiusdem mensis Octobris».

[188] Cf. CT VII/1, 176-177: «DD. Deputati convenientes [...] in primis censuras factas in congregationibus generalibus super articulis sacramenti Eucharistiae examinarunt et secundum eas canones formare ceperunt. At quoniam de eisdem canonibus etiam Bononiae, dum in eam civitate concilium per translationem permansit, actum

Sembra quindi opportuno confrontare il nuovo canone sul precetto pasquale con l'articolo 10 discusso lungo il mese di settembre, nonché con il canone 6 progettato dal Concilio di Bologna. Ecco il primo paragone:

Art. 10. (1551) «Solam fidem esse sufficientem praeparationem ad sumendam Eucharistiam, neque ad id confessionem esse necessariam, sed liberam praesertim doctis; neque teneri homines ad communionem in paschate[189].	Can. 12 (1551): Si quis negaverit, omnes et singulos Christifideles utriusque sexus, cum ad annos discretionis pervenerint, teneri iuxta praeceptum sanctae matris ecclesiae semel saltem in anno, in Paschate, ad communicandum: anathema sit[190].

La commissione volle formulare un nuovo canone che contenesse soltanto la materia della terza parte dell'articolo 10[191]. Così si arrivò al canone 12, nel quale ritroviamo le parole chiavi *teneri* e *in paschate*, riprese dall'articolo 10. Nello stesso tempo il canone tratta la materia in modo molto più ricco e dettagliato dell'articolo 10. Il canone contiene inoltre un chiaro riferimento alle formule della costituzione lateranense, che non era menzionata nell'articolo. Infine le parole *anathema sit* presenti alla fine del canone 12 risultano come una conseguenza logica della qualifica di eresia attribuita in modo unanime alla terza parte dell'articolo 10 da parte dei teologi minori e dei padri.

Il confronto tra l'ultima redazione del canone bolognese e la prima del canone tridentino non sembra meno fruttuoso:

Can. 6 (1547) Si quis dixerit teneri omnes, qui sacro altaris mysterio interfuerint, ad communicandum sacramentaliter, aut contra, non omnes, cum ad annos discretionis pervenerint, teneri saltem semel in anno in paschate iuxta praeceptum ecclesiae ad ipsum eucharistiae sacramentum percipiendum legitimo impedimento cessante, a. s.[192].	Can. 12 (1551): Si quis negaverit, omnes et singulos Christifideles utriusque sexus, cum ad annos discretionis pervenerint, teneri iuxta praeceptum sanctae matris ecclesiae semel saltem in anno, in Paschate, ad communicandum: a. s.[193].

---

fuerat, ii canones Bononienses resumpti sunt; et tum delendo, tum addendo, tum mutando, tum novos adiciendo [...] canones confecti sunt».

[189] CT VII/1, 114.

[190] CT VII/1, 179.

[191] E propose un altro canone per i temi contenuti nelle parti precedenti dell'articolo 10. Cf. CT VII/1, 179, can. 13.

[192] CT VII/1, 179.

[193] CT VII/1, 179.

Dalla comparazione tra i due canoni emerge una considerevole influenza del sesto canone bolognese sulle formule usate nel nuovo canone tridentino. Nel canone 12 di Trento troviamo infatti le medesime espressioni che erano state utilizzate quattro anni prima a Bologna: *cum ad annos discretionis pervenerint* (non è esattamente la formula lateranense, ivi leggiamo *postquam* al posto di *cum*); *iuxta praeceptum ecclesiae* (il canone tridentino aggiunge alla parola *ecclesiae* l'espressione *sanctae matris*); *semel saltem in anno in Paschate* (nel nuovo canone c'è una virgola in mezzo, però le parole sono le stesse), *ad communicandum* (anche se il canone 12 omette la parola *sacramentaliter*, che era necessaria per la chiarezza della prima parte del canone 6 di Bologna).

Troviamo anche considerevoli differenze tra le due redazioni dei canoni. Per primo, il canone dodicesimo di Trento si concentra unicamente sul precetto di comunicarsi a Pasqua, mentre il progetto bolognese lo univa con il tema dell'eventuale obbligo della Comunione sacramentale ogni volta che uno partecipasse all'Eucaristia. La seconda differenza sta nel modo di formulare tutta la frase: nel canone tridentino, contrariamente a quello bolognese, si tratta di un enunciato positivo sul precetto pasquale, ed è la negazione della frase formulata che porta alla condanna. Terza differenza: il canone tridentino utilizza una variante dell'incipit della costituzione lateranense, omesso nella redazione bolognese: *omnes [...] christifideles utriusque sexus*. Infine il quarto cambiamento importante consiste nella mancanza dell'accenno al legittimo impedimento nel nuovo canone, benché tale inserzione sia conforme alla legislazione di Laterano IV[194].

I canoni consegnati ai padri il giorno 3 ottobre furono oggetto di dibattito nelle congregazioni generali del 6 e del 7 ottobre[195]. Molti padri non fecero neanche accenno al canone dodicesimo, mentre altri espressero una generale accettazione della redazione presentata[196]. I pochi suggerimenti si limitarono alle proposte di unire il canone 12 con il precedente o con l'ultima parte del canone settimo[197], e di sostituire la formula *semel saltem in anno, in Paschate* con la seguente: «in anno semel saltem in

---

[194] Cf. CT VII/2, 200. Su questa pagina troviamo la soluzione proposta dalla *sententia* di Georg Flach, il vescovo suffraganeo di Würtzburg, non seguita dalla commissione che redigeva i canoni tridentini sull'Eucaristia: «Quoad ad *communionem* in paschate attinet, vellem, ut adderetur, quemadmodum canon *Omnis utriusque* habet: *nisi ex rationabili causa ex consilio confessoris etc.*».

[195] Cf. CT VII/1, 180-186.

[196] Cf. CT VII/2, 218: «Duodecimus canon est pius idemque vere christianus».

[197] Cf. CT VII/1, 182.184.

Paschate»[198]. L'8 di ottobre fu terminata la nuova stesura dei canoni[199]. Ne presentiamo il canone sul precetto pasquale (in questa redazione è il canone 10), a confronto con la redazione precedente:

Can. 12 (3.10.1551) Si quis negaverit, omnes et singulos Christifideles utriusque sexus, cum ad annos discretionis pervenerint, teneri iuxta praeceptum sanctae matris ecclesiae semel saltem in anno, in Paschate, ad communicandum: a. s.[200].	Can. 10 (9.10.1551) Si quis negaverit, omnes et singulos Christifideles utriusque sexus, cum usum rationis habuerint, teneri singulis annis saltem in Paschate ad communicandum iuxta praeceptum sanctae matris ecclesiae: a. s.[201].

Tra i progetti presentati dai padri fu quindi presa in considerazione la proposta di cambiare dell'espressione che iniziava con le parole *semel saltem*. In realtà tutta la seconda parte del canone è stata rielaborata, in parte forse per motivi stilistici, però non solo. Il canone diventò con questi cambiamenti anche più comprensibile a livello dottrinale. Con la nuova redazione risulta più chiaro che la Chiesa obbliga alla Comunione ogni anno (*singulis annis*), almeno a Pasqua. Il suddetto obbligo dovrebbe esser adempiuto secondo l'enunciato del Concilio lateranense, visto che la formula *iuxta praeceptum sanctae matris ecclesiae* è stata messa alla fine del canone.

Sembra importante anche un altro cambiamento del testo, non annunciato nel dibattito conciliare: la formula *cum usum rationis habuerint* sostituisce nel nuovo canone 10 l'espressione contenuta nella redazione precedente *cum ad annos discretionis pervenerint*. Non conosciamo la motivazione della modifica avvenuta, possiamo soltanto presupporre che la commissione o uno dei suoi membri voleva risolvere il dubbio circa il significato preciso degli anni della discrezione.

Questa innovazione suscitò una reazione durante la congregazione generale del 9 ottobre, durante la quale si doveva esaminare i canoni elaborati il giorno precedente[202]. Quattro padri chiesero di ritornare alla formu-

---

[198] CT VII/1, 183. La proposta fu del vescovo di Meissen, sostenuta il giorno dopo dal vescovo di Hélesmes (Cf. CT VII/1, 184-185).

[199] Cf. L. BRAECKMANS, *Confession et communion*, 175-176.

[200] CT VII/1, 179.

[201] CT VII/1, 187.

[202] Cf. CT VII/1, 188-190. Nell'ultima pagina citata, troviamo l'informazione che lo stesso giorno i Padri ottennero il progetto della dottrina conciliare sull'eucaristia, la quale doveva precedere i canoni. Siccome nella redazione finale della dottrina, approvata poi dalla sessione solenne del concilio, non troviamo nessun accenno diretto al

la *ad annos discretionis*; due di loro giustificarono le loro posizioni con la volontà di essere conformi all'insegnamento del Concilio Lateranense IV[203]. Subito dopo quella congregazione generale il presidente riunì la commissione per rielaborare i canoni. Quella terza e definitiva redazione tridentina ottenne il giorno dopo il consenso unanime dei Padri. L'11 ottobre 1551, nella XIII sessione del Concilio, la dottrina e i canoni sull'Eucaristia furono approvati in modo solenne[204]. Ecco la redazione definitiva del canone circa il precetto pasquale (adesso il canone nono):

> Si quis negaverit, omnes et singulos christifideles utriusque sexus, cum ad annos discretionis pervenerint, teneri singulis annis saltem in paschate ad communicandum iuxta praeceptum sanctae matris ecclesiae: anathema sit[205].

L'unico cambiamento a confronto con la penultima versione è quello dell'essere ritornati all'espressione *cum ad annos discretionis pervenerint*, secondo il sopramenzionato suggerimento di alcuni padri.

L'attenzione di molti padri conciliari e dei commentatori posteriori non fu centrata su questo canone[206]. Il canone 9 sull'Eucaristia adempì comunque il suo compito: quello di difendere i fondamenti della disciplina sacramentale[207], e di assicurare il minimo del cibo spirituale con il quale la Santa Madre Chiesa vuole nutrire tutti i suoi figli.

2.2 *Il dibattito tridentino circa l'obbligo della confessione annuale*

Il dibattito sulla confessione si svolse — similmente a quello sulla Comunione — in due periodi: il primo fu realizzato a Bologna nella prima parte del 1547, il secondo ebbe luogo a Trento nell'autunno del

---

precetto pasquale, l'iter della sua elaborazione non sarà oggetto del nostro studio. Per approfondire il tema Cf. L. BRAECKMANS, *Confession et communion*, 175-76.

[203] Cf. CT VII/1, 189: «Oscensis [...] In 10° dicatur ut in concilio Lateranensi; *cum ad annos* etc. [...] Calguratinus [...] In 10° *ad annos discretionis* dicatur. Elnensis [...] In 10° ut dixit Calaguritanus. Salonensis [...] 10 ut concilium Lateranense».

[204] Cf. L. BRAECKMANS, *Confession et communion*, 181.

[205] CONCILIO TRIDENTINO, Sess. 13, de eucharistiae sacramento, can. 9, in *DSP*, IV, 458.

[206] Cf. S. PALLAVICINO, *Istoria del concilio di Trento*, II, lib. 12, cap. 6, n. 9, 675: «Anche agli altri capi corrispondono gli altri canoni; ma per non occorrerci speciale osservazione intorno ad essi, abbiamo tralasciato di annoverarli: studiando noi che il lettore non debba mai donare alle nostre carte la spesa di tempo: della qual moneta il dono è sempre vizioso, il traffico è virtuoso».

Questo parere del grande storico del Concilio di Trento concerne tra l'altro il canone sulla Comunione pasquale.

[207] Cf. H. JEDIN, *Storia del Concilio di Trento*, III, 385.

1551. Perciò anche l'analisi sarà divisa in due parti, corrispondenti alle due successive fasi del lavoro conciliare.

2.2.1 La fase bolognese

I lavori conciliari sul sacramento della penitenza cominciarono all'inizio del mese di marzo del 1547 a Trento. Queste discussioni finirono ancora prima di iniziare davvero, visto che già l'11 marzo con la decisione della traslazione a Bologna si concluse la prima tappa del Concilio. Nella nuova sede i lavori del Concilio iniziarono negli ultimi giorni del mese di marzo[208] con la redazione degli articoli sulla penitenza[209]. Nel giorno 29 marzo la presidenza del Concilio presentò ai teologi 14 articoli al riguardo, estratti dai libri degli eretici[210].

Le opinioni di Lutero contro il precetto ecclesiale della confessione[211], le troviamo soprattutto sotto il terzo articolo, il quale di per sé nega la necessità della confessione auricolare[212]. Gli errori contrari alla integrità della confessione richiesta dal precetto lateranense sono contenuti negli articoli quinto[213] e sesto[214]. Infine lo stesso rifiuto dell'obbligo della confessione annuale da parte dei riformatori è presente nell'articolo quarto, insieme con la tesi sull'impossibilità di compiere questo precetto: «Confessionem auricularem, quam ecclesia quotannis faciendam praecipit, esse impossibilem adeoque figmentum hominum»[215]. La nostra ricerca si concentrerà sull'iter dell'articolo appena citato[216].

---

[208] Cf. P. KUBIAK, *L'assoluzione generale*, 24-25.

[209] Negli atti del Concilio, ancora prima della versione ufficiale troviamo gli articoli raccolti da Seripando tra i quali sul nostro tema vertono soprattutto due nella parte *de confessione*: « 3. Confessionem, quam ecclesia praecepit, esse impossibilem» (CT VI/1, 8); «8. Non expedire confiteri in quadragesima» (CT VI/1, 9).

[210] Cf. CT VI/1, 12-14.

[211] Cf. CT VI/1, 12: «Et in libro *De captivitate Babylonica* inquit: "Nolo confiteri ob id solummodo, quod Papa praecipit et fieri vult". Ac etiam in Testamento de confessione ait: "Teneo ego et scio, quod debet esse non coacta, imo libera et nullis conditionibus quoad tempus, locum, modum et personam obnoxia"».

[212] Cf. CT VI/1, 12: «Confessionem auricularem nec mandatam esse iure divino nec necessariam, quia sine ea peccata remittuntur contritis et fide se substentantibus».

[213] Cf. CT VI/1, 13: «Non esse necessarium confiteri omnia peccata mortalia, etiam quorum quis sibi conscius, sed ea tantum, quae conscientiam perplexam tenent et angunt; sed ullas circumstantias peccatorum confitendas esse».

[214] Cf. CT VI/1, 13: «Nec peccata contra duo ultima decalogi praecepta confidenda esse ne licere venialia confiteri».

[215] CT VI/1, 13.

[216] In questo studio ci concentreremo sulla difesa del precetto lateranense contenuto nella costituzione *Omnis utriusque sexus* e sulla dottrina tridentina circa la confes-

La discussione dei teologi minori fu protratta per un mese, fino al 28 aprile[217], a causa delle feste pasquali e delle congregazioni generali concernenti le questioni procedurali legati con l'avvenuto trasferimento del Concilio[218]. Nel dibattito circa l'articolo quarto i teologi condannarono quest'ultimo come eretico[219], con poche eccezioni di quelli che preferivano parlare di tesi falsa[220]. Nel sommario delle sentenze dei teologi redatto entro i mesi di aprile e di maggio del 1547 dai teologi gesuiti Lainez e Salmeron, troviamo le seguenti riflessioni sintetiche circa l'articolo in studio:

> Hic articulus quoad primam partem plane blasphemus est et haereticus. Quod ostenditur primo ex omnibus adductis ad probandum confessionem esse institutam a Christo. Nam si Christus eam instituit, ut probatum est, procul dubio non est impossibilis, quia *iugum* Christi *suave est et onus* eius *leve* et *praecepta eius gravia non sunt*. Ecclesia autem, ut Christus eam instituit, ita eam praecepit nihil addens, sed solum determinans circumstantiam temporis, utpote quod *semel in anno* fiat. Hanc autem circumstantiam servare absque dubio non est impossibile. Et ita confiteri, ut ecclesia praecepit, non est impossibile[221].

La possibilità della confessione si basa dunque sulla sua istituzione divina, visto che il giogo di Cristo è soave e i suoi precetti sono leggeri. Per noi risulta importante l'asserzione sul precetto ecclesiale, il quale determina il tempo di adempiere l'obbligo della confessione, senza aggiungere nessun nuovo peso al sacramento della confessione voluto dal Signore.

---

sione annuale. Il tema della necessità della confessione sacramentale e della sua integrità — quest'ultimo strettamente legato con il nostro tema già dalle parole *omnia peccata sua* riprese dalla costituzione lateranense — saranno trattati in queste pagine in modo secondario. Li metteremo più in rilievo nei momenti in cui risulteranno importanti per capire la dottrina tridentina circa il tema del nostro interesse.

Per saperne di più sulla confessione al concilio di Trento si può consultare una letteratura abbondante. Sono soprattutto da consigliare le due tesi dottorali della PUG: di Amato e di Kubiak. Nell'opera di Amato troveremo una preziosa interpretazione dei quattro canoni tridentini circa la confessione, mentre la tesi di Kubiak ci offre una analisi molto dettagliata degli atti tridentini al riguardo dell'integrità della confessione. Vale la pena consultare anche l'opera di Braeckmans sulla confessione prima della Comunione. Cf. A. AMATO, *I pronunciamenti tridentini*; P. KUBIAK, *L'assoluzione generale*, 24-78; L. BRAECKMANS, *Confession et communion*, 125-198.

[217] Cf. P. KUBIAK, *L'assoluzione generale*, 26.
[218] Cf. CT VI/1, 28-35.42-68.
[219] Cf. CT VI/1, 17-28.38-41.75.
[220] Cf. CT VI/1, 23.74.85.
[221] CT VI/3, 104.

Nel sommario dei teologi pontefici troviamo anche altre ragioni a difesa della possibilità della confessione: dimostrano la fondatezza di questa tesi con la necessità di confessarsi[222], con l'uso della confessione nei diversi periodi storici[223], con l'accettazione di questo obbligo dai sapienti uomini per un lungo periodo di tempo[224]. Infine il precetto della confessione obbliga solo nel modo che la Chiesa intende ed insegna. Così la confessione integra risulta perfettamente possibile, se la capiamo sanamente secondo le spiegazioni dei dottori e della Chiesa stessa[225]. Non si tratta infatti di confessare i peccati che uno non conosce, né di confessare quei peccati che non ricordiamo dopo un diligente esame di coscienza, né della confessione di tutti i propri peccati veniali, né di confessare i primi movimenti dell'anima, che non costituiscono veri peccati[226]. Con questi ragionamenti i teologi gesuiti non solo difendono il precetto della confessione integra, ma lo spiegano nei suoi limiti ragionevoli. In tal modo Lainez e Salmeron dimostrano che la gran parte della critica dei protestanti al riguardo non tocca la retta interpretazione del precetto lateranense.

Alla fine della loro esposizione, i due gesuiti riassumono il ragionamento contro la seconda tesi dell'articolo, cioè che la confessione alla quale vincola annualmente la Chiesa, fosse un'invenzione degli uomini:

> Secunda pars etiam haeretica est, quia confessio, quam praecepit ecclesia quoad substantiam suam a Domino est instituta, ut probandum est. Determinatio autem temporis a spiritu sancto est non immediate, ut est institutio, sed mediis patribus, quos afflabat. Et ideo non est *figmentum hominum*, sed divinum potest dici praeceptum, quia hoc ipso, quod Christus illam praecepit per se, aliquo tempore debeat fieri, et quia ecclesiae reliquit eius determinationem.[...] Et ita non sunt mandata vel fictio hominum, quae fundamentum habent in genere in scriptura et in particulari determi-

---

[222] Cf. CT VI/3, 104: « Secundo probatur ex omnibus adductis ad probandum eius necessitatem. Cum enim *ad impossibile nemo obligetur*, et ad confessionem obligemur, ut probatum est, confessio non erit impossibilis».

[223] Cf. CT VI/3, 104: «Tertio probatur ex hoc, quod ecclesia semper confessione est usa, ut ex historia et patribus est ostensum».

[224] Cf. CT VI/3, 104: «Quarto, quia, si esset impossibilis ab ecclesia praecepta confessio, sapientes et boni populi iam olim ante natos hos novos sapientes reclamassent nec acceptassent praeceptum, quod tamen acceptarunt et servarunt et alios ad servandum hortati sunt».

[225] Cf. CT VI/3, 104: «Quinto, quia ecclesiae praeceptum in eo sensu obligat, quem ecclesia intendit et docet. Sed ecclesia per doctores suos tamquam per oculos et labia sua explicat sensum omnino possibilem».

[226] Cf. CT VI/3, 104-105.

natur (Deo iubente) a patribus, sed quae homines contra rationem et divina praecepta inveniunt et statuunt, ut erant leges Phariseorum et iniuste tyrannorum[227].

Secondo questa difesa della normativa sulla confessione annuale, la base del diritto ecclesiale della confessione risiede nella volontà di Cristo stesso. In tal modo il precetto della confessione annuale risulta fondato sull'ordinamento divino. Anche se la determinazione ecclesiastica circa il tempo fu stabilita *mediis patribus* (e non in modo immediato), questo non accadde senza l'influsso dello Spirito Santo. Tale legge, che *fundamentum habent in genere in scriptura et in particulari determinatur*, non può essere chiamata una semplice invenzione umana[228].

Negli *Acta* del Massarelli, alla fine del dibattito dei teologi leggiamo la conclusione seguente: «Omnes articulos propositos simpliciter uti haereticos, falsos et contra ecclesiae catholicae consensum damnandos censuerunt et iam damnatos in conciliis Lateranensi, Florentino et Tridentino»[229]. Il riferimento ai concili precedenti era un chiaro segnale della continuità della tradizione ecclesiale riguardo al quarto sacramento. Il Concilio Lateranense, nominato al primo posto, non condannò nessun errore circa la confessione, ma solamente formulò una costituzione sulla confessione annuale con apposite pene canoniche per i trasgressori. Si può osservare come il livello dottrinale si intrecciava con quello canonico. In realtà il rigetto della confessione annuale di tutti i peccati meritava una condanna, perché era contrario ad una basilare prassi sacramentale della Chiesa e risultava quindi *contra ecclesiae catholicae consensum*.

Dopo che i teologi si furono espressi sulle censure, il legato pontificio Cervini decise di passare alla prima stesura dei canoni sulla peni-

---

[227] CT VI/3, 105.

[228] Secondo il teologo conventuale Giovanni Antonio Delfino ci sono tre gradi del diritto divino, e il precetto della confessione si trova tra il secondo e il terzo: «Iuris divini gradus sunt tres: In primo sunt omnia, quae continentur in sacra scriptura veteris et novi testamenti. In secundo ea, quae implicite in eis continentur quasi per quandam concomitantiam necessariam. In tertio sunt statuta ecclesiae et conciliorum, et hic ultimus gradus dicitur etiam ius humanum. Confessio quatenus sumitur simpliciter, ut contritio et poenitentia, est secundo gradu iuris divini; si accipitur confessio quatenus cum circumstantiis, ut de tempore, loco et persona, est in tertio gradu iuris divini» (CT VI/1, 70).
Nella *Responsa Conventualium ad articulos de Poenitentia* presentata al concilio dallo stesso teologo, si parla di quattro o cinque gradi del diritto divino. Cf. CT VI/2, 47-48.

[229] CT VI/1, 88.

tenza. Questa prima redazione dei canoni fu presentata ai padri il 6 giugno 1547[230]. Il canone quarto esprimeva una condanna rivolta in modo esplicito a chi rigettava l'obbligo annuale di confessare tutti i peccati[231]:

> Si quis dixerit consuetudinem confitendi sacerdoti peccata sua non fuisse in ecclesia catholica perpetuo observatam aut omnes Christi fideles non teneri ad confitendum omnia peccata sua saltem semel in anno iuxta ordinationem in magna et generali Lateranensi synodo promulgatam, anathema sit.[232].

Il dibattito dei Padri radunati in quattro congregazioni generali dal 10 al 15 giugno riguardava sopratutto la prima parte del canone quarto[233]. Alcuni però toccarono anche l'ultimo argomento[234] e Massarelli riassunse così i loro suggerimenti:

> Ibi *peccata* addatur *et circumstantias*, Sibinicensis [...] *Peccata sua* delantur *sua*, Veronensis. [...] *Omnia peccata* addatur *mortalia*, Acensis. *Iuxta ordinationem* dicatur *constitutionem*, Bituntinus. M*agna* addatur in *sancta, magna etc,* Bituntinus. In hoc canonem addatur *sive sufficere confessionem, quae soli Deo fit,* Veronensis[235].

A questi interventi si aggiunse il *votum* di Bonaventura Pio Costacciaro, il generale dei francescani conventuali. Egli chiese per primo di chiarire se i fedeli erano vincolati alla confessione annuale dal precetto divino o dal precetto ecclesiastico[236], e poi suggerì di precisare un altro punto delicato:

> Opere pretium esset, ut sancta sinodus componeret litem et controversiam tolleret doctorum et sedaret fidelium perplexitatem, quae est circa illam particulam: *omnia peccata sua* etc., nunquid distribuantur peccata solum

---

[230] Cf. P. KUBIAK, *L'assoluzione generale*, 27.
[231] Cf. A. AMATO, *I pronunciamenti tridentini*, 213.
[232] CT VI/1, 196.
[233] Cf. CT/1, 198-212,
[234] Cf. CT/1, 198-200.207-208.
[235] CT VI/1, 214. Nel riassunto sopracitato sembrano mancare due opinioni riportate prima dai protocolli dello stesso Massarelli: «Thermularum [...] Et non placet, ibi *peccata* addi *mortalia*, quia intelligitur» (CT VI/1, 200); «Britoriensis [...] In quarto addatur aliquid de circumstantiis» (CT VI/1, 208).
[236] CT VI/2, 58: «Oportet exprimere, numquid illa particula: *saltem semel in anno* obliget tanquam preceptum Dei an tamquam preceptum ecclesiae. Et si obliget tamquam preceptum ecclesiae, numquid obliget ad poenam peccati mortalis, quia non desunt catholici doctores, qui dicant ecclesiam non posse obligare quemquam ad poenam peccati mortalis. – Preterea, si *saltem semel in anno* teneremur confiteri ex precepto ecclesiae, quando teneamur ex precepto Dei?».

pro mortalibus aut tam pro venialibus quam pro mortalibus. Res enim est maximi momenti, quae piorum etiam conscientias vehementer angit[237].

Nella seconda redazione del canone la richiesta del generale dei conventuali fu parzialmente esaudita, dato che la formula *omnia peccata sua* — causa di liti e di perplessità — fu tolta del tutto[238]. Tra le altre proposte furono solamente accolti i cambiamenti nel riferimento alla normativa del Concilio Lateranense IV. La *Omnis utriusque sexus* fu chiamata con il nome preciso di *constitutio*, mentre il Concilio stesso fu definito con tre solenni aggettivi: *sancta, magna* e *generalis*. Ecco la nuova redazione del canone (ora quinto), presentata il 25 giugno[239]:

> Si quis dixerit confessionem sacramentalem non fuisse ab ipsa institutione in ecclesia catholica perpetuo conservatam, aut ad eam non teneri omnes Christi fideles saltem semel in anno iuxta consititutionem in sancta, magna et generali Lateranensi synodo promulgatam, anathema sit[240].

Nella congregazione generale dello stesso giorno, i padri esibirono le loro opinioni. Il vescovo di Accia volle precisare che alla confessione annuale erano tenuti quelli che hanno raggiunto l'età della discrezione[241]. Il vescovo di Minori avvertì che non si contassero i sacerdoti tra i fedeli tenuti solamente alla confessione annuale, visto che gli stessi preti dovevano celebrare la santa messa molte volte all'anno e in questi casi erano sempre tenuti alla confessione[242]. I padri discussero anche sulla confessione *perpetuo conservatam*, prima del Concilio Lateranense IV[243]. Per far chiarezza su questo tema i frati minori conventuali proposero tale soluzione:

> Immo aliqui nostrum putant hanc secundam huius canonis partem forte melius explicandum iri, si sic fuerit proposita: *aut similiter dixerit nunc ad eam non teneri omnes Christifideles etc.*, ut videlicet adverbium *nunc* significans tempus a condito canone Lateranensis concilii opponatur *perpetuae*

---

[237] CT VI/2, 58.
[238] Cf. A. AMATO, *I pronunciamenti tridentini*, 213.
[239] Cf. P. KUBIAK, *L'assoluzione generale*, 27, nt. 104.
[240] CT VI/1, 236.
[241] Cf. VI/1, 237: «Aciensis ibi *aut ad eam* cupit exprimi, cum ad annos discretionis pervenerint».
[242] Cf. CT VI/1, 237: «Minoriensis. Advertatur, cum dicitur *omnes teneri a confessionem* ne comprehendantur sacerdotes, quod teneantur tantum semel in anno confiteri, cum pluries in anno celebrent et semper confiteri teneantur».
[243] Cf. CT VI/1, 237: «Motulanus. Verba *perpetuo conservatam* advertatur, quia ante concilium Lateranense non observabatur ita perpetuo confessio in ecclesia».

consuetudini, de qua praemissum est et quae est iuris divini sicut haec limitatio temporis iuris humani[244].

Questa aggiunta non fu accolta dalla commissione, la quale giudicò sufficiente l'introduzione dell'espressione *perpetua consuetudine conservatam*, proposta prima dal vescovo di Verona[245]. Il 6 luglio si arrivò alla terza stesura dei canoni[246], con la nuova redazione del canone 5:

> Si quis dixerit confessionem sacramentalem non fuisse ab ipsa Christi institutione et apostolica praedicatione in ecclesia catholica perpetua consuetudine conservatam, ad eam non teneri omnes Christi fideles saltem semel in anno, cum sacram eucharistiam accipiunt, iuxta constitutionem in sancta, magna et generali Lateranensi synodo promulgatam, a.s.[247].

Il perché dell'inserimento dell'espressione *cum sacram eucharistiam accipiunt* non era espresso esplicitamente nei suggerimenti dei padri alla versione precedente del canone[248]. Troviamo comunque un indizio nella sopramenzionata opinione[249] sui sacerdoti, i quali «pluries in anno celebrent et semper confiteri teneantur»[250]. Vista quest'ultima opinione, la prassi di confessarsi prima di ricevere la Comunione era comune al tempo del Concilio di Trento. L'aggiunta *cum sacram eucharistiam accipiunt* serviva probabilmente soltanto a sottolineare il legame tra la confessione e la Comunione sacramentale. Questa intenzione si può percepire nell'osservazione del cardinale Cervini del 15 giugno, dopo la discussione sul primo progetto dei canoni[251]. Il cardinale paragonava infatti la lavanda dei piedi nel Cenacolo al sacramento della confessione, in questo

---

[244] CT VI/2, 61.
[245] Cf. CT VI/1, 237: «Veronensis. Ibi *perpetuo* addatur [*perpetua*] *consuetudine conservatam*».
[246] Cf. A. AMATO, *I pronunciamenti tridentini*, 214.
[247] CT VI/1 260.
[248] Cf. A. AMATO, *I pronunciamenti tridentini*, 214: «La terza redazione di questo canone 5 riporta nella sua seconda parte una aggiunta (*cum sacram eucharistiam accipiunt*) di cui non possiamo documentare la provenienza e le motivazioni».
[249] Cf. sopra, p. 211.
[250] CT VI/1, 237.
[251] Cf. L. BRAECKMANS, *Confession et communion*, 140. L'autore collega l'inserzione delle parole sull'eucaristia all'osservazione di Cervini. Anche se non si può documentare questa ipotesi, essa pare molto probabile. Si può infatti sviluppare un ragionamento simile: se non possiamo trovare né ragioni né persone che stanno direttamente dietro questa aggiunta, sarebbe logico presumere che si tratti di persone con influenza diretta sulla redazione dei testi (e il presidente del Concilio non può non averla), ancora di più se conosciamo la sua opinione a favore della sottolineatura del legame tra la confessione e la Comunione sacramentale.

modo unendo già dall'Ultima Cena la confessione sacramentale all'Eucaristia. Secondo il legato questo legame perdura ancora nell'obbligo di confessarsi prima della recezione della Santa Eucaristia[252].

Dopo la terza redazione ricominciò la discussione dei Padri[253]. Nella congregazione generale del 7 luglio il vescovo di Accia domandò se conveniva confermare il precetto lateranense, e chiese di eliminare l'aggiunta sulla Comunione appena inserita:

> Aciensis censet considerandum, an sit bonum, ut ex hoc canone omnes Christi fideles astringantur ad confessionem semel in anno, cum iusti non indigeant confessione, ut dicebat Christus, *quam super 99 iustis, qui non indigent poenitentia.* Item deleantur illa verba *cum sacram eucharistiam percipiunt,* ne astringamur quasi confiteri, nisi volumus sumere eucharistiam[254].

Mentre le esitazioni circa il senso di difendere l'obbligo della confessione annuale non hanno trovato seguaci tra gli altri padri, il proposito di non suggerire che il precetto vigesse soltanto quando uno voleva ricevere l'Eucaristia fu preso in considerazione. Il vescovo di Verona propose di cancellare l'inserimento *cum sacram eucharistiam percipiunt,* e di aggiungere nello stesso tempo un'espressione simile alla fine del canone, divisa da un *aut* dalla parte sulla confessione annuale[255]. Il vescovo di Bitonto sostenne il suggerimento del vescovo di Verona, e fece anche la propria proposta di esprimere con chiarezza che si trattasse solo di persone in peccato mortale[256]. Dopo la discussione i padri decisero di accettare la proposta del vescovo di Verona: «concordarunt, ut deleantur illa verba ex loco, ubi nunc manent, *cum sacram eucharistiam percipiunt* et ponerentur in fine eiusdem canonis cum additione *aut,* ut dicatur *promulgatam, aut cum sacram eucharistiam accipiunt, a.s.*»[257].

Il giorno dopo, cioè l'8 luglio, i padri fecero un ulteriore inserimento, aggiungendo alla fine del canone l'espressione *habita copia con-*

---

[252] Cf. CT VI/1, 212: «Et non est credendum, quod illud praeceptum sit abrogatum, prout non est vere abrogatum; sed illud praeceptum lotionis pedis est confessio, quae animam lavat a peccatis; quam confessionem facere debemus, cum accipere volumus sacram eucharistiam».

[253] Cf. A. AMATO, *I pronunciamenti tridentini*, 214-215.

[254] CT VI/1, 269-270.

[255] Cf. CT VI/1 270, 3-4: «Veronensis cupit deleri illa verba *cum sacram* etc. Sed addatur in fine canonis *aut quoties sacram eucharistiam percipiunt, a.s.*».

[256] Cf. CT VI/1, 270: «Bituntinus. Placet quod dixit Veronensis. Et addatur *si se senserit peccato mortali gravatos*».

[257] CT VI/1, 270. Cf. A. AMATO, *I pronunciamenti tridentini*, 214-215, nt. 16.

fessoris[258], la quale condizionava la normativa sulla confessione prima della Comunione alla presenza dei confessori. L'ultima redazione del canone bolognese (allora il sesto) approvata dai Padri il 12 luglio, suonava quindi così:

> 6. Si quis dixerit confessionem sacramentalem non fuisse ab ipsa Christi institutione et apostolica predicatione in ecclesia catholica perpetua consuetudine observatam, aut dixerit ad eam non teneri omnes Christi fideles saltem semel in anno iuxta constitutionem in sacra, magna et generali Lateranensi synodo promulgatam, aut non teneri, quoties sacram eucharistiam accipiunt, habita copia confessoris, anathema sit[259].

Abbiamo dunque tre parti del canone, correlate l'una con l'altra. La prima frase — rivolta contro quelli che negavano l'osservanza perpetua della confessione sacramentale — conferma il radicamento della prassi della confessione nella volontà di Cristo stesso e nella prassi ecclesiale. Su questa base la seconda parte del canone può difendere la normativa della confessione annuale che da più di 300 anni consolidava la prassi della Chiesa. Si può supporre che anche la terza parte, sull'obbligo di confessarsi prima della Comunione sacramentale, è profondamente radicata nella lettura centenaria della costituzione lateranense, la prima normativa universale della Chiesa a mettere in relazione il precetto della confessione con quello della Comunione[260].

A questo punto terminò il lavoro della fase bolognese del Concilio sulla dottrina circa il sacramento della penitenza. La riflessione sulla confessione sacramentale continuò tuttavia nel dibattito «super emendatione abusuum, qui irrepserunt in administratione sacramentorum»[261]. Il primo incontro ufficiale dei prelati canonisti su questo tema ebbe luogo già il 30 giugno 1547[262]. Lungo il mese di agosto molti teologi presen-

---

[258] Cf. CT VI/1, 274: «Deinde discutiuntur in quinto canone, qui modo erit sextus, illa verba *cum sacram eucharistiam percipiunt*. Et convenerunt, ut adderetur in fine canonis (post verbum *promulgatam*) *aut non teneri, quoties sacram eucharistiam accipiunt, habita copia confessoris*». Cf. A. AMATO, *I pronunciamenti tridentini*, 215.

[259] CT VI/1, 287.

[260] Cf. L. BRAECKMANS, *Confession et communion*, 141: «L'insertion dans le canon d'un paragraphe sur la relation confession-communion, après un autre consacré au canon *Omnis utriusque*, suggère que dans la pensée des membres de la commission, l'obligation de faire la confession avant la communion pascale, voire avant toute communion, est de même origine que ce décret. On pourrait peut-être dire qu'elle est d'origine ecclésiastique, mais fondée, en tout cas, sur la révélation du Christ».

[261] CT VI/1, 283.

[262] Cf. CT VI/2, 171, nt. 1. Negli atti di Massarelli la prima congregazione dei pre-

tarono i propri *vota* circa gli abusi nell'amministrazione dei sacramenti[263]. Tra gli abusi nel somministrare la penitenza, il teologo dei frati minori Nicola Grandis mise in rilievo la prassi di molti cristiani di aspettare la confessione all'ultimo momento prima delle feste pasquali. Di conseguenza gran parte di quel gruppo di fedeli non si confessava per niente. Il francescano chiese di obbligare tali penitenti dell'"ultima ora" a confessarsi dopo la Pasqua e di ricevere la Comunione nel giorno dell'Ottava della Risurrezione[264]. Lo stesso problema fu notato anche dal dominicano Girolamo da Oleastro, il quale propose un rimedio diverso. Secondo lui sarebbe auspicabile stabilire più giorni nella Quaresima per poter adempiere l'obbligo della confessione annuale[265], addirittura fissando dei giorni precisi nei quali determinate famiglie dovrebbero andare a confessarsi[266].

Il 29 agosto la presidenza del Concilio propose una lista di abusi nell'amministrazione del sacramento della penitenza, con le *provisiones* suggerite per eliminarli[267]. Queste proposizioni furono poi discusse

---

lati canonisti, sugli abusi nell'amministrazione dei sacramenti è annotata con la data del 11 luglio 1547. Cf. VI/1, 283.

[263] Cf. CT VI/2, 171-197.

[264] Cf. CT VI/2, 180: «Est et alius abusus et frequens quidem, quod plerique veluti sue salutis immemores numquam confiterentur, nisi paschatis festum immineret, ita ut confiteri differant non pauci usque ad festi vigiliam aut festi diem, quibus tamen diebus ob eorum multitudinem, qui toto anno confessi non fuere, et sacerdotum paucitatem et alia, quae circa divinum officium et fidelium communionem tunc contingunt, vere et ut eorum saluti expedit, nequaquam confitentur. Idcirco statuendum videtur, ut ii, qui toto anno non fuere confessi et usque ad hebdomadam sanctam distulerint, in penam negligentiae eorum remittantur usque a sequentem hebdomadam, qua liberius confiteri poterunt, et in die octave resurrectionis Christi sacram communionem recipiant. Interim autem abstineant a carnibus et cibis dumtaxat quadragesimalibus vescantur, sicque in omnes delinquentes pena potius corporali quam animae spirituali semper consultius duxi animadvertendum, nisi ob criminis acerbitatem iustitia aliud exigeret».

[265] Cf. CT VI/2, 184: «De communione in paschate, quia tunc propter populi multitudinem sine ullo ordine et reverentia fit communio, optimum esset pluries dies quadragesimae ad hoc instituere, ut etiam populus, qui de villis accedit, facilius posset negotium communionis expedire. Quod si quis dicat eos liberius peccaturos, advertat, quod hac de causa omnes reservant confessionem ad hebdomadam sanctam, quando maior pars inconfessa relinquitur propter frequentiam aut male confitentur».

[266] Cf. CT VI/2, 185: «Quia ex multitudine poenitentium in hebdomada sancta et circa vix potest confessione negotium bene fieri, esset statuendum, quod curatus taxaret unicuique domui dies, quibus teneretur accedere confessorem».

[267] Cf. CT VI/1, 403-407.

nelle quattro congregazioni generali dal 9 al 14 novembre[268]. Tre provvedimenti riguardavano il precetto della confessione annuale. Per primo leggiamo:

> Providendum quoque esset, ut publici concubinarii et usurarii et similes, qui, ut effugiant poenas concilii Lateranensis IV, singulis annis confitentur et accedunt ad communionem et statim *revertuntur ad vomitum* cum maximo scandalo populi, ut contra tales, postquam *reversi* fuerint *ad vomitum* et semel admoniti a sacerdote proprio non abstinuerint (ab illo actu scandaloso) procedatur ad poenas in concilio comprehensas, perinde ac si non confessi et communicati fuissent. Nec ulterius ad communionem admittantur, nisi per sex menses ab illo actu abstinuerint[269].

I redattori della *provisio* citata furono mossi dalla sollecitudine pastorale a causa dell'osservanza solamente esterna del precetto della confessione annuale, senza una vera conversione dal peccato alla vita di grazia. Si trattava di persone che rimanevano nel peccato grave pubblico, il quale poteva essere causa di scandalo tra il popolo. La presidenza del Concilio suggerì quindi che tali peccatori pubblici venissero trattati come quelli che trascuravano l'adempimento del precetto.

Quanto alle opinioni dei padri del Concilio, il generale dei domenicani chiese di sostituire l'espressione *ab illo actu*, con la formula più tassativa di quale astinenza si trattasse: «a concubina et usura»[270]. Girolamo Seripando espresse una preoccupazione differente: «non videtur tempus sufficiens abstinentiae sex mensium a crimine, quia tunc posset per sex menses ante pascha abstinere, ut particeps esset sacramentorum, ac deinde per sex menses redire *ad suum* crimen seu *vomitum*»[271]. Il generale degli agostiniani temeva quindi che l'intervallo di sei mesi senza commettere peccato (che sarebbe dovuto essere un segno della conversione) poteva essere capito come un limite puramente legale, con tutte le possibilità di peccare nell'altra metà dell'anno.

I due altri rimedi contro gli abusi vertevano sull'obbligo di pubblicare la costituzione *Omnis utriusque sexus*, voluto già dal Laterano IV e sul modo di assolvere i peccatori pubblici:

> Item providendum esset ut provisio dicti concilii Lateranensis saltem in sollemnitatibus penthecostes, omnium sanctorum, natalis Domini et bis in quadragesima ab omnibus parochis publicaretur. [...] Item, quod excommu-

---

[268] Cf. CT/1, 580-593.
[269] CT VI/1, 406, n. 23.
[270] CT VI/1, 587. Cf. CT VI/1, 593.
[271] CT VI/2, 69.

nicati vigore illius constitutionis non absolverentur nisi in eo loco, ubi scandalizaverunt populum, excepto casu periculi mortis[272].

L'ultimo provvedimento citato fu oggetto del commento del vescovo di Aix, il quale chiese di aggiungere l'espressione «vel decernantur absoluti»[273] alle parole sull'assoluzione degli scomunicati a causa dell'inosservanza della costituzione lateranense[274]. Lo stesso vescovo chiese di vincolare con il precetto pasquale anche i genitori e i tutori[275], probabilmente con lo scopo di assicurare l'osservanza del precetto da parte dei minori.

Quanto alla proposta di rinnovare nel corso dell'anno la pubblicazione della costituzione lateranense, l'opinione del generale dei Serviti pare molto realistica: «Cum in c. *Omnis utriusque sexus* statuatur ea constitutionem frequenter publicandam idque minime observetur, videtur declarandum tempus publicationis saltem bis in principio et medio quadragesimae»[276]. Infatti sembra più concreto ed efficiente ricordare la normativa proprio nel tempo della sua presunta osservanza[277] che di farne un annunzio astratto più volte all'anno.

Tra le altre riflessioni dei padri conciliari sul tema degli abusi[278] pare interessante la richiesta fatta dal vescovo di Porto in Portogallo. Egli chiese infatti di stabilire con più chiarezza l'età in cui vigeva il precetto contenuto nella costituzione lateranense:

Vellem etiam statui aetatem ad suscipiendum sacramentum poenitentiae et eucharistiae, quia licet in c. *Omnis utriusque sexus* dicatur: cum ad annos discretionis venerint, doctores theologi unum tempus signant ad suscipiendum poenitentiam et aliud ad recipiendum sacramentum eucharistiae, sed de iure non est provisum[279].

---

[272] CT VI/1, 406, nn. 24-25.
[273] CT VI/1, 581. Cf. CT VI/1, 593.
[274] È interessante che i redattori della proposizione hanno trattato le pene annesse al precetto lateranense con il nome di scomunica, cosa non evidente e molto discussa nel medioevo. Cf. Cap. II, 2.5.
[275] Cf. CT VI/1, 581: «Item extendantur c. *Omnis utriusque* ad parentes et alios, qui curam habent»
[276] CT VI/2, 70.
[277] Anche Ferretti, vescovo di Milo chiede soltanto di avvertire i parrocchiani prima delle feste pasquali: «Item sacerdos moneat parochianos ante festa paschalia, ut praeparent se ad confessionem et eucharistiam accipiendam» (CT VI/1, 585).
[278] Tra di essi merita di essere citato l'abuso scoperto dal vescovo di Angoulême: «Est etiam alius abusum, quod aliqui Franciscani in Galia asserunt nemini licere confessionem audire nisi ipsis Franciscanis» (CT VI/1, 586).
[279] CT VI/2, 199.

Pare molto perspicace la distinzione fatta dal vescovo portoghese tra una esistente opinione dei teologi e una mancata chiara disposizione giuridica. Purtroppo non sembra che questo suggerimento di approfondire l'importante questione dell'età sia stato accolto dalla commissione e dagli altri padri.

Finito il dibattito sulla lista degli abusi e dei rimedi proposti, si dovette aspettare un mese e mezzo per la presentazione dei canoni. Infine il 3 gennaio del 1548, i 14 canoni sugli abusi del sacramento della penitenza furono consegnati ai padri conciliari[280]. I padri si pronunciarono circa il contenuto dei suddetti canoni nelle otto congregazioni generali, le quali si protrassero dal 9 al 30 gennaio dello stesso anno[281]. Presenteremo i due canoni che vertevano sul nostro tema di studio, nonché i suggerimenti dei padri espressi in seguito. Ecco il lunghissimo canone 4:

> Ne quis sacerdos nisi in articulo mortis absolvere audeat publicos notoriosque concubinarios, usurarios, blasphematores, contemptoresque censurarum ecclesiasticarum, qui in eis per annum insorduerint, et similes, vel layci sint vel clerici, qui irrisores potius quam poenitentes singulis annis non ob aliud, quam ut effugiant poenas concilii Lateranensis, confiteri solent, forsan etiam (quod absit) ad sacram communionem accedere, statimque post sanctos paschae dies non sine maximo totius populi scandalo tanquam *sues* ad *volutabrum luti* et tanquam *canes revertuntur ad vomitum*. Quin potius, ut curati omnes teneantur feria secunda vel tertia post dominicam in albis eos denuntiare episcopo simul cum illis, qui eo anno vel non confessi sunt, vel sacram communionem non acceperunt, ut et ipsi habeantur, perinde ac si neque confessi neque communicati essent. Ut legitime moniti, si in suis sceleribus persistere voluerint, post omnes terminos ad convincendam eorum malitiam secundum iura canonica assignatos excommunicationis gladio feriantur, ut salutari confusione pudefacti per divinam gratiam redeant ad cor et viva vivant et non moriantur. Si quis autem curatus vel per malitiam vel per incuriam huiusmodi notorios peccatores, cuiuscumque gradus vel dignitatis existant, absolverit aut infra praedictum terminum non denuntiaverit, ad arbitrium episcopi puniatur, ut auferatur malum de medio populi et omnes alii curati audientes pertimescant[282].

Le opinioni di molti padri circa questo canone furono critiche. Non pochi si opposero alla severità del canone, che avrebbe potuto condurre a negare la penitenza al peccatore veramente pentito[283]. Perciò alla

---

[280] Cf. CT VI/1, 676-679.
[281] Cf. CT. VI/1, 679-713.
[282] Cf. CT VI/1, 677.
[283] Tale era l'opinione del vescovo di Saluzzo: «Quartus canon non placet, cum

CAP. III: DA LEONE X A LEONE XIII

formula *nisi in articulo mortis* sarebbe dovuta essere aggiunta qualche frase che avrebbe dato una più larga possibilità di assolvere quei peccatori notori e pubblici, se solo si adempivano le condizioni necessarie[284]. Alcuni padri osservarono che non si potevano equiparare i fedeli che si confessavano (magari senza essere assolti) a quelli che non si erano per niente avvicinati alla confessione[285]. A qualche padre sembravano troppo severe anche le pene previste per i parroci negligenti[286]. Un altro vescovo invece avrebbe voluto aggiungere altre categorie di peccatori notori e pubblici a quelle già elencate, e chiese che si parlasse *nominatim* degli eretici, scismatici e luterani[287].

Il canone 10 ripropone la propagazione della costituzione lateranense, affinché nessuno potesse scusarsi a motivo della propria ignoranza circa l'obbligo della confessione annuale:

---

videatur denegari confessio etc. quod fieri non debet, et sciri nequeat, quando quem vere poeniteat. Et poena canonis istius debet augeri, ut sint infames» (CT VI/1, 706). La tesi appena citata era sostenuta anche da altri due vescovi (cf. CT VI/1, 706.711). Il vescovo di Albenga propose di stabilire la notorietà del peccato con l'espressione *per longum tempus*, più generale rispetto all'anno previsto nel progetto: «In quarto *per annum insorduerint* etc. videtur nimis rigorosum et tempus nimis breve. Ideo dicatu *per longum tempus* etc.» (CT VI/1, 710). Il vescovo di Abruzzo disse semplicemente: «Item publici peccatores non reiiciantur a confessione» (CT VI/1, 711). Il generale dei domenicani dichiara: «In quarto non esset deneganda absolutio convertenti peccatori, quandocumque revertatur, ut dicit Christus: In quacumque hora ingemuerit peccator etc. Ez 18,21» (CT VI/1, 712).

[284] Il vescovo di Armagh valutava «quod parochi etiam extra casum mortis possint absolvere notorie peccatores, si notorie se respicere ostendant poenitentia eis iniungenda ab episcopo» (CT VI/1, 682). Un altro vescovo ritenne che la formula *nisi in articulo mortis* fosse superflua e propose di aggiungere un'altra espressione: «In quarto ibi nisi *in articulo mortis* videtur superfluum, cum de iure communi id possit [...] Et ibi *in articulo mortis* addatur *vel nisi magna spes esset eius conversionis*» (CT VI/1, 685). Il vescovo coadiutore di Verona suggerì un altro inciso: «Quoad concubinarios. Ibi *nisi in articulo* etc. addatur *sine licentia episcopi*, cum absolute denegari non debeat» (CT VI/1, 709).

[285] Così il vescovo di Maiorca: «Idem in quarto, ubi agitur de publicis concubinariis, verbaque melius aptentur; non enim aequum est, ut pro non confessis habeantur, etiam si *ad vomitum* redierint» (CT VI/1, 684). La stessa opinione fu espressa in modo diverso dal vescovo di Acqui: «Et ibi *pro non confessis habeantur* deleatur; id enim fieri non potest neque debet, quia confessi sunt, licet non absoluti» (CT VI/1, 685).

[286] Si tratta del vescovo di Accia, al quale non piaceva questo canone: «Quartus canon non placet, quia id fieri non debet. Et poena curatorum in fine est advertenda, ne subito incurratur» (CT VI/1, 681).

[287] Il vescovo Avranches dichiara: «In quarto ibi *usurarios* etc. addatur *haereticos, schismaticos, Lutheranos* etc» (CT VI/1, 681).

Ut episcopi sacram illam concilii Lateranensis IV constitutionem, quae incipit: *Omnis utriusque sexus*, tribus dominicis quadragesimae, videlicet prima, tertia et palmarum, et iterum ter in anno, videlicet ante sacratissimum festum pentecostes, ante solemnitatem omnium sanctorum et ante nativitatem D. N. Iesu Christi, quando cum magna populi frequentia missarum solemnia celebrantur, in ecclesiis cathedralibus et parochialibus publicari et in materna lingua declarari faciant, ut nemo ignorantiam praetendere possit, si semel saltem in anno proprio sacerdoti confiteri neglexerit[288].

Circa il canone appena citato ci furono molte meno obiezioni e suggerimenti dei padri che sull'altro analizzato in precedenza. Le più importanti opinioni furono così sintetizzate da Massarelli: «Aliqui vellent sub monitione poni, ut quilibet ter in anno confiteretur. Quod dicitur de publicando saepe c. *Omnis utriusque sexus*, advertatur, ne sit contra bonas conscientias, qui saepius in anno confiteri solent et vellent»[289].

Con questo riassunto delle considerazioni dei padri sui canoni circa gli abusi nell'amministrazione della penitenza sacramentale, datato da Masarrelli 30 gennaio 1548[290], finiscono le *acta* di Concilio su questo tema. L'idea dei canoni sugli abusi nel somministrare i sacramenti non sarà mai più riproposta al Concilio[291]. Il dibattito dottrinale sulla confessione annuale sarà poi riaperto nel 1551. La discussione e l'elaborazione dei canoni dottrinali diventerà più facile per i padri conciliari di Trento, ricchi anche delle discussioni e dei voti del Concilio bolognese, visto che «erasi fatto in Bologna non poco lavoro intorno al sacramento della penitenza»[292].

2.2.2 La discussione a Trento

Il dibattito conciliare sul sacramento della confessione si riaccese dopo il ritorno del Concilio nella città di Trento nel 1551. Come nel caso delle dispute sull'Eucaristia, si tornò a discutere gli articoli che sintetizzano l'insegnamento degli eretici. I nuovi articoli, presentati il 15 ottobre 1551, furono redatti in modo diverso da quelli dibattuti a

---

[288] CT VI/1, 678.
[289] CT VI/1, 716. Cf. CT VI/1, 682.684.706.712.
[290] Cf. CT VI/1, 713-717.
[291] H. JEDIN, *Storia del Concilio*, 195: «Con questo dibattito sui nuovi canoni della penitenza si concluse il 30 gennaio 1548 il lavoro del concilio bolognese dedicato alla riforma. Essa non è rilevante per i suoi risultati, che non hanno mai ottenuto il crisma giuridico, ma per lo spirito con cui furono condotte le discussioni e per le tendenze che si espressero in esse».
[292] S. PALLAVICINO, *Istoria del concilio di Trento*, II, li. 10, cp. 2, n. 2, 453.

CAP. III: DA LEONE X A LEONE XIII   221

Bologna: erano 12 invece che 14, ordinati in modo più sistematico, e riportavano più fedelmente le frasi dei riformatori. I redattori del nuovo progetto presero spesso in considerazione anche i canoni di Bologna[293], utilizzando le formulazioni ivi elaborate[294].

L'articolo quinto si concentrava sul contenuto della confessione, unendo l'opinione protestante che negava la necessità di confessare tutti i peccati gravi con il netto rifiuto della confessione dei peccati veniali[295]. Il sesto riproduceva invece la dichiarazione sull'impossibilità di adempiere il precetto ecclesiastico della confessione integra, e aggiungeva l'affermazione sulla confessione nel tempo di Quaresima: «Confessionem omnium peccatorum, quam ecclesia faciendam praecepit esse impossibilem traditionemque humanam a piis abolendam, neque confitendum esse tempore Quadragesimae»[296].

La prima parte dell'articolo sesto era simile all'articolo quarto di Bologna, con due modifiche[297], mentre la seconda non si poteva ritrovare né negli articoli né nelle redazioni dei canoni precedenti. Durante il dibattito dei teologi, che si svolse dal 20 al 30 ottobre 1551, la prima parte dell'articolo fu oggetto di osservazioni critiche precisamente nei punti dove furono fatti i cambiamenti[298]. Molti teologi giudicarono

---

[293] Cf. P. KUBIAK, *L'assoluzione generale*, 29-31.

[294] Tuttavia il canone sesto di Bologna non sembra aver una vera influenza sull'articolo sesto di Trento. Poteva invece ispirare gli altri brani dei lavori tridentini: sembra che la prima parte del canone sesto possa aver inciso sull'articolo quarto, la seconda — come vedremo più avanti — fu probabilmente utilizzata per la redazione tridentina del canone sesto, mentre tutta la problematica contenuta nella terza parte del canone 6 di Bologna fu discussa ed elaborata nel dibattito tridentino sull'Eucaristia. Quanto all'ultima asserzione cf. L. BRAECKMANS, *Confession et communion*, 140-187.

[295] Cf. CT VII/1, 235: «Enumerationem peccatorum in confessione non esse necessariam ad illorum remissionem, sed liberam et tantum hac aetate utilem ad erudiendum poenitentem et consolandum, et olim fuisse ad satisfactionem canonicam imponendam, nec necessarium esse confiteri omnia peccata mortalia, ut puta occulta et quae sunt contra ultima duo decalogi praecepta, sed neque ullas circumstantias peccatorum, quas homines otiosi excogitarunt, velleque omnia confiteri esse nihil relinquere divinae misericordiae ignoscendum, imo neque licere confiteri venialia».

[296] CT VII/1, 236.

[297] L'espressione *confessionem auricularem* fu sostituita con le parole *confessionem omnium peccatorum*. Inoltre la confessione non era più chiamata *figmentum hominum*, si parlava invece della *traditionem humanam a piis abolendam*.

[298] In sintesi si trattava ancora di interpretare nel modo giusto l'asserzione *confessionem omnium peccatorum esse impossibilem*, perché era falsa quando si trattava dei peccati gravi che uno ricorda, mentre letta in modo assoluto era vera. Anche l'espressione *traditionem humanam* era giudicata falsa ed erronea quando si riferiva alla

semplicemente tutto l'articolo come eretico[299] o falso[300], tuttavia alcuni autori ebbero una valutazione più sfumata della negazione della confessione quaresimale. Il domenicano Walteri giudicò la tesi contenuta nell'ultima frase dell'articolo solamente come scandalosa, perché allontanava dalla confessione dei peccati nel santo tempo della quaresima, per ricevere degnamente l'Eucaristia nella Pasqua[301]. Il voto dei teologi di Lovanio presentato da Tapper al Concilio presentava un giudizio ancora più equilibrato:

> Quod in fine articuli dicitur: *neque confitendum esse tempore quadragesimae*, non video falsum esse, cum nec de hoc sit praeceptum divinum nec ecclesiae. Alicubi fortassis est bona et laudabilis consuetudo. Et quod semel in anno fiat confessio, est traditio humana, hoc est ecclesiastica, non tamen abolenda, quia multum utilis est et necessaria[302].

Infatti il rifiuto della confessione in Quaresima non deve per forza essere interpretato contro la normativa del Laterano IV, che obbliga soltanto alla confessione annuale[303]. Nello stesso tempo la confessione quaresimale è descritta come una buona e lodevole consuetudine. La stessa confessione annuale può essere chiamata tradizione umana, cioè ecclesiastica, perché quanto al tempo è determinata dalla Chiesa. I teologi lovaniensi sottolineano comunque, che tale prassi non deve essere considerata una tradizione da abolire, perché utile e necessaria.

Questo voto di Lovanio presentato il 21 ottobre ebbe un forte impatto, dato che la raccolta delle censure e delle annotazioni dei teologi, recitata ai padri dallo stesso legato il 6 novembre 1551[304], conteneva un tale riassunto sull'ultima parte dell'articolo sesto: «Et quod dicitur de confessione in Quadragesima aliquis dixit non esse falsum,

---

confessione stessa, però nel momento in cui si sottolineasse l'inciso *quam ecclesia faciendam praecepit*, le parole sulla tradizione umana potrebbero essere vere. Infatti la precisazione del tempo della confessione fu decisa dalla Chiesa, e non risulta pertanto una legge divina. Cf. CT VII/1, 244.250; CT VII/2, 248. Cf. Anche A. AMATO, *I pronunciamenti tridentini*, 216-217.

[299] Cf. CT VII/1, 254-260.
[300] Cf. CT VII/1, 251.263.
[301] Cf. CT VII/2, 273: «Secunda ibi: *neque confitendum [esse] tempore quadragesimae etc.* scandalosa est, revocans a peccatorum confessione sacro tempore quadragesimae, ut pure in paschate eucharistia sumatur».
[302] CT VII/2, 248. Cf. CT VII/1, 250: «Hoc non videtur esse praeceptum neque divinum neque ecclesiae».
[303] Cf. H. JEDIN, *Storia del Concilio di Trento*, III, 448; A. AMATO, *I pronunciamenti tridentini*, 217.
[304] Cf. CT VII/1, 292.

quia de hoc non habetur praeceptum neque divinum neque ecclesiae»[305].

Con tali difficoltà circa una delle formule presentate, i padri rigettarono il 5 novembre la proposizione del cardinale Crescenzio di passare subito alla formulazione dei canoni, e decisero di discutere ancora tutti gli articoli sulla penitenza[306]. Questa fase del dibattito dei padri conciliari durò dal 6 al 15 novembre[307], contribuendo, spesso con grande lucidità, alla discussione sulla confessione sacramentale[308].

Difendendo la possibilità della confessione di tutti i peccati, i Padri sottolineavano la retta interpretazione della formula *omnia peccata*, dato che «Ecclesia enim praecepit confiteri ea peccata, quorum quis meminit»[309]. Accettata tale ragionevole interpretazione, la prima parte dell'articolo risultava, secondo le parole del vescovo di Magonza, ingiuriosa e calunniosa[310]. Siccome la confessione si fonda sulle parole dello stesso Gesù, non si può definirla una semplice tradizione umana[311]. La Chiesa infatti «non praecepit confessionem, sed implementum praeceptum divini»[312]. Il vescovo di Chioggia riassunse così la dottrina al riguardo: «6. articulus mendax est, et ecclesia non confessionem, sed tempus praecepit, et quorum quis meminit, ut declarat concilium Florentinum»[313].

Quanto all'ultima parte del canone: *neque confitendum esse tempore Quadragesimae*, possiamo raggruppare la maggioranza delle opinioni dei padri conciliari[314] secondo tre principali punti di vista[315]. Per primo,

---

[305] CT VII/1, 293.

[306] Cf. P. KUBIAK, *L'assoluzione generale*, 32.

[307] Cf. P. KUBIAK, *L'assoluzione generale*, 33.

[308] Cf. A. AMATO, *I pronunciamenti tridentini*, 217-219.

[309] CT VII/1, 293. Troviamo un'opinione simile nel voto congiunto dei vescovi di Zagabria e di Vienna: «Quoniam ecclesia dumtaxat ea peccata generaliter et specialiter omnia confessum iri praecipiat, quorum confitens memoriam habet, certe nihil ipsa, quod impossibile est praecepit» (CT VII/2, 294), nonché nella *sententia* di Cristoforo Patavino, generale degli Agostiniani: «Sed intentio ecclesiae est pia et sancta et rationalis. Non enim sponsa Christi ecclesia, quae spiritu Christi regitur, aliquid inordinatum facit nec fieri mandaret. Sed omnia peccata confiteri praecepit, quae praemissa diligenti moderatione memoriae occurrunt. Haec autem omnia possibilia sunt» (CT VII/2, 319). Cf. anche CT VII/1, 304.308.

[310] Cf. CT VII/1, 294: «Articuli 6 prima pars est iniuriosa et calumniosa, quia intelligitur, quorum quis meminit debere confiteri».

[311] Cf. A. AMATO, *I pronunciamenti tridentini*, 218.

[312] CT VII/1, 297.

[313] CT VII/1, 308. Il vescovo di Sassari afferma: «6. articuli prima pars est mendax contra concilium Florentinum et Lateranense» (CT VII/1, 298).

[314] Esistono anche opinioni non motivate circa la censura da attribuire all'articolo,

abbiamo i padri che non ritenevano falsa la tesi proposta, dato che non esisteva il precetto di confessarsi nella Quaresima, ma solamente una volta all'anno. Il Vescovo di Magonza formula in tal modo questa opinione:

> Secunda tolerabilis est, nisi hic tempus quadragesimae pro tempore paschali, in quod terminatur quadragesima, accipiatur. Et sic quoque nondum damnata est, cum quilibet tantum semel in anno ex praecepto ecclesiae ad confessionem teneatur absque determinatione temporis, ut patet in canone *Omnis utriusque sexus*[316].

L'autore della sopracitata opinione, consapevole del valore della penitenza quaresimale per la preparazione della Comunione pasquale, non vuole la condanna per il rifiuto di questa prassi. Infatti la costituzione lateranense non precisa il tempo esatto della confessione, ma ne determina soltanto la frequenza annuale.

Un secondo gruppo era formato dai padri i quali, consapevoli della difficoltà esposta dal gruppo precedente, sottolineavano il valore della confessione quaresimale in quanto consuetudine del popolo di Dio[317]. La più ricca esposizione di questa posizione la troviamo nella *sententia* di Cristoforo Patavino, generale degli Agostiniani:

> Quod autem [in] tertia dicunt *non esse confitendum tempore quadragesimae*, si intelligunt, quod malum sit confiteri tempore quadragesimae, falsum est et erroneum; omni enim tempore licet bene facere. Si autem intelligunt, quod non sit confitendum tempore quadragesimae propter statutum Papae, etiam hoc est falsum, quoniam licet praepositis in his, quae edificant

---

le quali non entrano in nessuno dei tre gruppi distinti sopra. La maggioranza di questi padri giudicarono tutto l'articolo 6 come eretico (Cf. CT VII/1, 293.299-301.303-304.308.310.312-314.316-320), alcuni come falso (CT VII/1, 300.304.321), oltraggioso (CT VII/1, 300) e ingiurioso (CT VII/1, 320). Una censura interessante presentata dal vescovo di Cadix, che divise l'articolo 6 in due parti, afferma: «prima pars haeretica, secunda schismatica» (CT VII/1, 314).

[315] Cf. A. AMATO, *I pronunciamenti tridentini*, 218-219.

[316] CT VII/2, 286. Un'opinione simile è sostenuta anche dal vescovo di Granada: «Quod autem dicitur de Quadragesima, non est falsum, quia de eo non habetur praeceptum, cum iuxta cap. *Omnis utriusque* sufficiat confiteri semel in anno» (CT VII/1, 297), e dal vescovo Cádiz: «Omnesque alii articuli haeretici sunt, excepto quod dicitur de Quadragesima, cuius non habemus praeceptum» (CT VII/1, 307). Cf. anche CT VII/1, 302.310.

[317] Tra i quali contiamo il vescovo di Sassari: «tertia etiam [est erronea] quia est contra consuetudinem ecclesiae» (CT VII/1, 298), il vescovo di Bajoz: «6^s idem, etiam quod dicitur de confessione in Quadragesima, quia habetur ex laudabili ecclesiae consuetudine» (CT VII/1, 307).

ecclesiam, obtemperare, quamvis de tempore quadragesimae non sit ecclesiasticum statutum de confitendo. Caput namque illud *Omnis utriusque sexus* non mandat confiteri in quadragesima, sed semel in anno. Si quis nanque esset sine peccato mortali, posset paschate absque confessione eucharistiam percipere. Patet istos indoctos et instabiles, qui studio contradicendi sensum divinarum scripturarum amiserunt, [...] et sanctae ecclesiae consuetudini universali stare nolle. Qua de re Paulus apostolus 1 Chor.11 consuetudini ecclesiae Dei stare nolentes redarguit tamquam viros contentiosos et in omnibus divinarum scripturarum auctoritatem querentes, quod fieri nequaquam potest, cum multa ex sola apostolica traditione sine scriptura, ut supra Augustinus ait, servet ecclesia[318].

Il teologo agostiniano sa benissimo che il precetto lateranense non obbliga direttamente a confessarsi nella quaresima ed afferma con chiarezza che l'obbligo indiretto, cioè la confessione in vista della Comunione pasquale, vincola solamente quelli che hanno commesso qualche peccato mortale. Nello stesso tempo l'usanza della confessione quaresimale edifica la Chiesa. Quelli che combattono le consuetudini universali della santa Chiesa sono *indoctos et instabiles*. Già san Paolo criticava nella lettera ai Corinzi quelli che non volevano osservare le usanze ecclesiali, molte delle quali furono trasmesse dalla tradizione apostolica.

Infine l'ultimo gruppo dei padri difendeva l'obbligo di confessarsi nella quaresima. I padri cercavano di motivare la loro decisione, usando la dottrina già approvata a Trento circa la confessione prima di comunicarsi. Dato che lo stesso Concilio confermò la consuetudine che vincolava il peccatore, anche se veramente contrito, alla confessione sacramentale prima di ricevere la Comunione[319], la confessione quaresimale sembrava essere la logica conseguenza del precetto pasquale[320]. Nel

---

[318] CT VII/2, 319.

[319] Cf. CONCILIO TRIDENTINO, sess. XIII, can. 11: «Et ne tantum sacramentum indigne atque ideo in mortem et condemnationem sumatur, statuit et declarat ipsa sancta synodus, illis, quos concientia peccati mortalis gravat, quantumcunque etiam se contritos existiment, habita copia confessoris necessario praemittendam esse confessionem sacramentalem» (*DSP*, IV, 458).
Per l'esposizione della dottrina al riguardo, cf. ID., cap. 7 in *DSP*, IV, 452. Per una ben fondata ed equilibrata esposizione dell'insegnamento tridentino sulla confessione previa alla Comunione cf. L. BRAECKMANS, *Confession et communion*, 191-198.

[320] Tale opinione è presente nel voto dell'arcivescovo di Colonia: «Et quia tempus quadragesimae hic accipiendum est pro tempore paschae, iam determinatum est in proxima sessione tum de eucharistia tunc sumenda, tum de *praemittenda confessione*» (CT VII/2, 281), nonché nell'affermazione del vescovo di Modena: «In 6°, quod dicitur de Quadragesima, haereticum est; et quod adducitur contra, quod aliquis non teneretur, si non haberet peccata, respondit, id verum; sed cum teneatur eo tempore

gruppo che sosteneva tale ragionamento troviamo i vescovi di Zagabria e di Vienna, che nel loro voto congiunto, affermavano:

> Proptereaque a nullis unquam piis abrogati, sed semper magis ac magis in ecclesia restauratum iri debere censuerunt, maxime tempore quadragesimae, quod ab ecclesia peculiariter deputatum est poenitentiae, per quam se purgent, lavent et mundent manducaturi corpus illud nostri sacrosanctum innocentemque eius sanguinem bibituri, quemadmodum pie cautum est in Lateranensi concilio in c. *Omnis utriusque sexus*[321].

Dopo aver affermato il fondamento divino della necessità della confessione, i due vescovi affermano che l'obbligo di confessarsi dovrebbe essere *magis ac magis in eccelesia restauratum*, soprattutto nel tempo della quaresima, consacrato in modo speciale alla penitenza.

Finito il dibattito dei Padri conciliari, nella congregazione generale del 15 novembre il legato suggerì di rielaborare l'ultima parte dell'articolo 6: «quod dicitur de Quadragesima, etiam aptari potest, ut damnetur in sensu haereticorum, qui confessionem esse liberam asserunt; et omnia ad concilium Lateranense referre»[322]. Quattro giorni più tardi, il 19 novembre del 1551, fu presentato il primo progetto dei 16 canoni sul sacramento della penitenza[323]. Il canone nono, formato sulla base dell'articolo sesto, fu redatto seguendo il consiglio appena citato del cardinal Crescenzio. Presentiamo il canone a confronto con il precedente articolo:

Art. 6 Confessionem omnium peccatorum, quam ecclesia faciendam praecepit, esse impossibilem traditionemque humanam a piis abolendam, neque confitendum esse tempore Quadragesimae[324].	Can. 9. (Trento) Si quis dixerit, confessionem omnium peccatorum, qualem ecclesia servat, esse impossibilem traditionemque humanam a piis abolendam, aut ad eam non teneri omnes et singulos utriusque christifideles iuxta magni concilii Lateranensis constitutionem semel in anno, praesertim vero tempore Quadragesimae: a. s.[325].

---

sumere Eucharistiam, iam sit definitum ab hoc concilio, quod quis ante Eucharistiam, quantumvis contritus, confiteri debeat, sequitur, quod quis in Quadragesima confiteri tenetur» (CT VII/1, 319).

[321] CT VII/2, 294.
[322] CT VII/1, 322.
[323] Cf. CT VII/1, 325-326.
[324] CT VII/1, 236.
[325] CT VII/1, 326.

Il primo paragone tra i due testi ci porta a notare che la prima parte dell'articolo sesto passò quasi invariata nel canone[326], mentre la seconda fu modificata considerevolmente. La prima precisazione fu portata dall'*aut*, che divide le due parti del canone. In tal modo si esclude la confusione tra il rifiuto della confessione integra e la negazione del precetto della confessione regolare. Poi alla fine del canone la formula sulla confessione nella Quaresima è meno vincolante dalla precedente, introdotta adesso con l'avverbio *praesertim*. In tal modo i redattori del canone accolsero le proposte dei padri del Concilio di formulare il canone in modo più mite e sfumato[327].

Tuttavia il più grande cambiamento fu costituito dal recuperare il concetto del precetto della confessione annuale, con un riferimento diretto al Concilio Lateranense IV. Questa formulazione sembra esser stata ispirata dall'ultima redazione del canone sesto di Bologna, il quale pareva trascurato durante i precedenti lavori a Trento. Ecco i due canoni a confronto:

Can. 6 (Bologna). Si quis dixerit confessionem sacramentalem non fuisse ab ipsa Christi institutione et apostolica predicatione in ecclesia catholica perpetua consuetudine observatam, aut dixerit *ad eam non teneri omnes Christi fideles saltem semel in anno iuxta constitutionem in sacra, magna et generali Lateranensi synodo promulgatam*, aut non teneri, quoties sacram eucharistiam accipiunt, habita copia confessoris, a.s.	Can. 9. (Trento). Si quis dixerit, confessionem omnium peccatorum, qualem ecclesia servat, esse impossibilem traditionemque humanam a piis abolendam, aut *ad eam non teneri omnes et singulos utriusque sexus christifideles iuxta magni concilii Lateranensis constitutionem semel in anno*, praesertim vero tempore Quadragesimae: a. s.[328].

Le parti sottolineate nei due canoni si assomigliano molto. È probabile che i redattori tridentini utilizzassero semplicemente la formulazione

---

[326] Anche se c'è un cambiamento che sembra importante: l'espressione *quam ecclesia faciendam precepit* è sostituita dalla formula: *qualem ecclesia servat*. Non si tratta, come suggerisce Amato, soltanto del cambiamento del *quam* in qualem (tra l'altro suggerito dal vescovo di Salona cf. CT VII/1, 310), dato che viene trasformata anche l'ultima parte della formula. Con l'espressione *qualem ecclesiam servat* si sottolinea meglio che si tratta della prassi costante della Chiesa, e non del precetto della confessione, del quale parla adesso soltanto la seconda parte del canone, ben distinta dalla prima. Cf. A. AMATO, *I pronunciamenti tridentini*, 220, nt. 41.

[327] Cf. A. AMATO, *I pronunciamenti tridentini*, 220: «notiamo come la seconda parte dell'articolo sia stata notevolmente sfumata nel canone, proprio a causa delle precisazioni emerse nei dibattiti conciliari».

[328] CT VII/1, 326.

bolognese. Le due stesure si riferiscono *expressis verbis* alla costituzione del Concilio Lateranense IV. La normativa ivi contenuta è giudicata fondamentale, da difendere con un anatema.

Anche se il primo progetto del canone nono tridentino sembrava più preciso ed equilibrato del precedente articolo sesto, non mancarono opinioni critiche[329]. Le discussioni si concentravano soprattutto sull'espressione *praesertim vero tempore Quadragesimae*[330]. Numerosi padri si pronunciarono contro tale specificazione, assente nella costituzione lateranense[331]. L'arcivescovo di Colonia Adolfo scrisse nella sua sentenza:

> In nono articulo videntur verba illa in fine: *praesertim vero tempore quadragesimae* omittenda esse. Nam in c. *Omnis utriusque* ista determinatio: *ad minus in pascha* determinat tantum susceptionem *eucharistiae sacramenti*, prout etiam proxima sessione idem canon innovatus est. Et multi sunt peregre constituti seu alias impediti, qui precise in quadragesima confiteri non possunt, qui si semel tantum in anno quocumque tempore magis opportuno confiteatur, canoni satisfecisse videtur[332].

L'arcivescovo propone quindi la cancellazione delle parole finali sulla confessione nella quaresima. Il suo ragionamento si basa su una lettura letterale e precisa della costituzione lateranense. In realtà la suddetta costituzione parla direttamente soltanto della Comunione pasquale, mentre per il sacramento della confessione si limita alla determinazione annuale.

La stessa mancanza dell'indicazione del tempo adatto per confessarsi nel canone lateranense fu anche notata dall'arcivescovo di Magonza Sebastiano. Egli vide però nello stesso canone il legame della confessione annuale con la Comunione pasquale, e per questo formulò così la sua proposta: «Quum canon concilii Lateranensis tempus non assignet seu prescribat, rectius dici videtur: *praesertim ipso communionis tempore*»[333].

---

[329] Cf. A. AMATO, *I pronunciamenti tridentini*, 220.

[330] Il vescovo di Castellamare propose anche una modifica della parte centrale del canone: «In 9° *teneri* addatur *in peccato mortali existentes*» (CT VII/1, 329). Anche il suffragano di Barcellona vide il bisogno di precisare questo tema: «Advertatur, quod hic non agitur nisi de lapsis, et omnes esse in peccato mortali praesuponit. Et in primo fidelibus et in 9° Christifidelibus videtur repugnare, quod sint fideles et boni et teneantur confiteri» (CT VII/1, 331).

[331] Cf. CT VII/1, 328-331. Ecco un'asserzione assai rappresentativa del vescovo di Orense: «Ex 9° deleatur tempore Quadragesimae, cum non habeatur in concilio Lateranensi» (CT VII/1, 329).

[332] CT VII/2, 329.

[333] CT VII/2, 336.

Qualche Padre propose di lasciare intatta l'idea della confessione nella quaresima[334], magari formulata diversamente[335]. Un altro propose di aggiungere un nuovo canone sulla confessione quaresimale, senza alcun riferimento al Concilio Lateranense IV[336]. L'abate Gerardo de Hamericourt sostenne l'ultima proposizione con le seguenti parole: «In 9° ponatur de Quadragesima, sed ut novum»[337].

La lista dei canoni riformati fu distribuita ai padri il 23 novembre. Sulla nuova versione del canone, finalmente diventato l'ottavo, non ci furono particolari osservazioni[338]. Il 25 novembre fu quindi approvata la redazione definitiva, che paragoneremo ora con la prima formulazione tridentina:

Can. 9. (19 nov.) Si quis dixerit, confessionem omnium peccatorum, qualem ecclesia servat, esse impossibilem traditionemque humanam a piis abolendam, aut ad eam non teneri omnes et singulos utriusque sexus christifideles iuxta magni concilii Lateranensis constitutionem semel in anno, praesertim vero tempore Quadragesimae: a. s.[339]	Can. 8. (versione definitiva) Si quis dixerit, confessionem omnium peccatorum, qualem ecclesia servat, esse impossibilem traditionemque humanam a piis abolendam, aut ad eam non teneri omnes et singulos utriusque sexus christifideles iuxta magni concilii Lateranensis constitutionem semel in anno, et ob id suadendum esse Christifidelibus, ut non confiteantur tempore Quadragesimae: a. s.[340].

Dal confronto tra le due redazioni vediamo che le obiezioni dei padri conciliari furono ascoltate attentamente. Il canone non subì nessun cambiamento nella parte sulla possibilità di confessare tutti i peccati né in quella sulla conferma del precetto lateranense. Nello stesso tempo l'ultimo passo del testo fu ancora cambiato in modo considerevole. La scomunica non venne più rivolta a tutti coloro che negavano che ci si

---

[334] Federico Nausea, Arcivescovo di Vienna confermò tutto il canone proposto con queste parole: «Iuste condemnatur huius canonis contradictor, quia christianus idem que catholicus hic est canon etc.» (CT VII/2, 332).

[335] È la proposizione del vescovo di Todi: «In 9° dicantur *neque licere confiteri in Quadragesima*» (CT VII/1, 331).

[336] Il Vescovo di Bossa dice: «In 9° fiat omnino mentio de Quadragesima, et si non habetur in concilio Lateranensi, fiat de ea novus canon» (CT VII/1, 331).

[337] CT VII/1, 331.

[338] Cf. A. AMATO, *I pronunciamenti tridentini*, 221.

[339] CT VII/1, 326.

[340] CONCILIO TRIDENTINO, Sess. 14, de poenitentiae sacramento, can. 8, in *DSP*, IV, 508-509.

dovesse confessare soprattutto nella Quaresima, ma colpì più direttamente il pensiero luterano[341]. In realtà era da punire con un anatema solamente la persona che dissuadeva i fedeli dalla confessione nella Quaresima a causa del precedente rifiuto del precetto lateranense.

La prima parte del canone è separata dall'altra da un *aut*, mentre l'ultima parte sulla confessione nella Quaresima è congiunta con *et ob id* con le parole sulla confessione annuale. In tal modo risulta confermato per primo il precetto della confessione annuale, e in seguito viene difesa anche la pratica di adempierlo nel tempo della quaresima. Così il Concilio condanna coloro che tentano di sradicare la prassi della confessione quaresimale mossi dal previo rigetto della stessa normativa lateranense.

Quando si procedette alla stesura dei canoni, si lavorò anche sulla dottrina conciliare sul sacramento della penitenza. La prima redazione della medesima — elaborata «a quibusdam doctis et piis viris»[342], cioè probabilmente dai teologi Papali Laynez e Salmeron[343] — fu presentata ai padri il 16 novembre[344]. Questa prima stesura della dottrina fu formulata in tono molto aspro e polemico[345], che si potrebbe notare pure nel brano riguardante il nostro oggetto di studio:

> Quamobrem, quia eam [confessionem] privatis episcoporum consultationibus in ecclesiam introductam, aut traditionem humanam esse a piis abolendam contendunt, non debent aliud a nobis audire, nisi sathanam, et eius ministros hoc potius optare, quam aliquando obtinere posse. Hanc enim saltem semel in anno omnibus christifidelibus faciendam esse iuxta Lateranensis conc. decretum s. haec synodus de integro statuit[346].

La seconda elaborazione della dottrina mitigò il fervore polemico, espresse meglio il contenuto[347] e fece da base per il testo approvato alla fine[348]. Quanto alla parte sulla confessione annuale, la seconda variante non fu più cambiata dai padri conciliari, tranne una correzione[349].

---

[341] Cf. A. AMATO, *I pronunciamenti tridentini*, 221.
[342] CT VII/1, 324,17-18.Cf. P. KUBIAK, *L'assoluzione generale*, 33.
[343] Cf. H. JEDIN, *Storia del Concilio di Trento*, III, 461.
[344] Cf. P. KUBIAK, *L'assoluzione generale*, 33.
[345] Cf. A. AMATO, *I pronunciamenti tridentini*, 221, nt. 49.
[346] CONCILIO TRIDENTINO, *Acta genuina*, I, 586a.
[347] Cf. A. AMATO, *I pronunciamenti tridentini*, 222, nt. 49.
[348] Cf. CT VII/1, 343, nt. 3: «Tomus *Conc. 146* fol. 150$^{r.}$-160$^{v.}$ doctrinam reformatam exhibet, in quo etiam ultimae patrum aptationes notatae sunt».
[349] Cf. CT VII/1, 350, nt. d; A. AMATO, *I pronunciamenti tridentini*, Appendice II, 375. La sola correzione consiste nella cancellazione della parola *est* e la sostituzione

La terza e definitiva redazione di tutta la dottrina venne approvata insieme con i canoni il 25 novembre 1551. Leggiamo nel capitolo quinto della dottrina sulla confessione:

> neque enim per Lateranense concilium ecclesia statuit, ut Christi fideles confiterentur, quod iure divino necessarium et institutum esse intellexerat, sed ut praeceptum confessionis saltem semel in anno ab omnibus et singulis, cum ad annos discretionis pervenissent, impleretur. Unde iam in universa ecclesia cum ingenti animarum fidelium fructu observatur mos ille salutaris confitendi sacro illo et maxime acceptabili tempore quadragesimae, quem morem haec sancta synodus maxime probat et amplectitur tamquam pium et merito retinendum[350].

Prima di commentare il testo sopracitato, si dovrebbe ricordare il principio ripetuto da Jedin, che i capitoli dottrinali del Concilio non hanno lo stesso peso dei canoni, i quali con grande autorità difendono i principi dogmatici e disciplinari[351]. Dall'altro lato sembra che non si debba sottovalutare l'esposizione dottrinale, attribuendo ad essa almeno il valore di autentica spiegazione e illustrazione dei canoni[352]. Non dobbiamo dimenticare che la dottrina fu approvata nelle medesime sessioni dei canoni da tutti i Padri conciliari[353]. In questa ottica, il brano appena citato appare un ottimo commento del canone ottavo e dei principi ivi esposti.

I Padri cercarono di spiegare meglio il vero senso della normativa lateranense, che non ha introdotto l'obbligo di confessarsi, che ha la sua fonte nel diritto divino, ma ha solamente determinato il tempo in cui compiere tale precetto. Da questo precetto lateranense viene poi la consuetudine salutare di confessarsi nella quaresima, che il Concilio approva e considera pia e degna di essere conservata.

Seguendo il dibattito conciliare sulla Comunione pasquale e sulla confessione annuale abbiamo potuto notare quale importanza ha avuto

---

con la congiunzione *et* nella frase che nella versione definitiva suona *iure divino necessarium et institutum esse intellexerat*.

[350] CONCILIO TRIDENTINO, Sess. 14, de sacramento poenitentiae, cap. 5, in *DSP*, IV, 493-494; CT VII/1, 350.

[351] Cf. H. JEDIN, *Storia del Concilio di Trento*, III, 463; 469-470; P. KUBIAK, *L'assoluzione generale*, 77.

[352] Cf. A. AMATO, *I pronunciamenti tridentini*, 325: « [...] non abbiamo affatto sottovalutato i capitoli dottrinali, che hanno formato anzi un commento autorevole ai canoni stessi».

[353] Cf. La sentenza di Federico Nausea, vescovo di Vienna: «Idem ego pariformiter iudicaverim de doctrina in eosdem canones non minus sancte et docte quam religiose diserteque concepta» (CT VII/2, 341).

per i padri questa prassi decretata dal Concilio Lateranense IV. Nel dibattito dei teologi e dei padri, come pure nelle diverse elaborazioni degli articoli e dei canoni, si è espressa la difesa e la solenne conferma del precetto pasquale. Inoltre, lo studio degli atti del Concilio Tridentino può anche chiarire i concetti e approfondire l'esposizione della normativa riguardante gli obblighi sacramentali. Siccome il frutto di questa maturazione del pensiero conciliare è contenuto nella versione definitiva ed approvata dei canoni e dei capitoli dottrinali, vorremo in seguito analizzare il testo finale di tali documenti.

2.3 L'interpretazione dei canoni e capitoli conciliari

Seguente l'esame del testo definitivo delle decisioni tridentine circa i precetti la Comunione pasquale e la confessione annuale va diviso in tre parti. Nella prima studieremo l'insegnamento conciliare quanto all'obbligo della Comunione pasquale, nella seconda analizzeremo i testi del medesimo sulla confessione annuale e per ultimo presenteremo una riflessione più sintetica circa il magistero del Concilio in materia.

2.3.1 La Comunione pasquale

Negli atti della tredicesima sessione del Concilio, tra i *Canones de sacrosanto eucharistiae sacramento* troviamo il canone nono. In esso il Concilio dichiara solennemente:

> Si quis negaverit, omnes et singulos christifideles utriusque sexus, cum ad annos discretionis pervenerint, teneri singulis annis saltem in paschate ad communicandum iuxta praeceptum sanctae matris ecclesiae: anathema sit[354].

All'inizio del canone sopracitato viene usata l'espressione *si quis negaverit*, che precede l'enunciato principale del testo. Infatti la formula *si quis negaverit* introduce la costruzione *nominativus cum infinitivus*, che esprime l'oggetto della negazione: *omnes et singulis christifideles* [...] *teneri singulis annis* [...] *ad communicandum*. Grazie a questa struttura della frase, nel canone si dichiara positivamente il precetto pasquale, colpendo con un anatema quelli che lo rigettano. La scomunica proclamata alla fine della frase tocca soltanto coloro che negano di riconoscere tale obbligazione (*si quis negaverit... teneri ad communicandum*) data dalla Chiesa, e non quelli che semplicemente non adempiono il

---

[354] CONCILIO TRIDENTINO, Sess. 13, de eucharistiae sacramento, can. 9, in *DSP*, IV, 458.

precetto pasquale. D'altra parte pene per questi ultimi furono già previste nella costituzione lateranense[355].

La parte centrale del canone, che comincia con la formula *Omnes et singulos* e finisce con l'espressione *ad communicandum*, riferisce fedelmente la normativa del Laterano IV. Il testo tridentino utilizza letteralmente le più famose parole *utriusque sexus* che hanno dato il nome alla costituzione lateranense. Troviamo anche alcune precisazioni, costituite dall'aggiunta delle parole *et singulos* alla parola *omnes* e dell'espressione *singulis annis* prima dell'avverbio *saltem*. Le altre modifiche sembrano puramente stilistiche e dettate dalla costruzione della frase[356].

Merita particolare attenzione l'espressione *cum ad annos discretionis pervenerint*. La determinazione anche approssimativa degli anni della discrezione era infatti oggetto di discordie e discussioni nei trecento anni che hanno preceduto il Concilio Tridentino[357]. Non possediamo oggi nessuna indicazione esplicita sul significato di suddetta formula del canone nono di Trento, allora per coglierne il significato, dovremmo confrontare il testo definitivo del canone sia con le precedenti proposte della redazione, sia con altri testi conciliari.

Abbiamo visto sopra[358], che mentre nella prima versione del canone circa il precetto della Comunione pasquale si usava l'espressione *cum ad annos discretionis pervenerint*, nella penultima redazione dell'8 ottobre fu avanzata un'altra proposta: *cum usum rationis habuerint*[359]. Pare che almeno per alcuni padri della commissione teologica si trattava di due espressioni sinonime, della quale la seconda sembrava forse più chiara. Il testo suggerito l'8 ottobre fu cambiato prima della redazione definitiva, e questo cambiamento era sostenuto dalla argomentazione basata sulla letterale fedeltà al Concilio Lateranense IV[360]. Non c'era nessun segnale che i padri avessero chiesto quest'ultimo cambiamento con l'intenzione di alzare l'età dell'obbligo della Comunione al di sopra dell'età dell'uso di ragione.

---

[355] Cf. Concilio Lateranense IV, cost. 21, 2: «Alioquin et vivens ab ingressu ecclesiae arceatur et moriens christiana careat sepoltura» (*CCQL*, 68).

[356] Ecco gli altri cambiamenti: *christifideles* al posto di *fideles*; *saltem in paschate* al posto di *ad minus in pascha*; *cum ad annos* al posto di *postquam ad annos* e la formula *teneri ad comunicandum*, che sostituisce tutta la frase sul ricevere la Comunione, subordinata nella costituzione lateranense alla frase principale sulla confessione.

[357] Cf. sopra, cap. II, 3.5.
[358] Cf. sopra, cap. III, 2.1.2.
[359] Cf. CT VII/1, 179.187.
[360] Cf. CT VII/1, 189.

Possiamo trovare un altro indizio del probabile significato dell'età della discrezione leggendo il canone nono della sessione tredicesima (che è l'oggetto del nostro studio) alla luce dell'insegnamento conciliare della sessione ventunesima[361]. Il canone quarto del decreto *De communione sub utraque specie et parvulorum* dice: «Si quis dixerit, parvulis, antequam ad annos discretionis pervenerint, necessariam esse eucharistiae communionem: anathema sit»[362]. Con questo anatema, si dichiara esplicitamente che la Comunione eucaristica non è necessaria ai fanciulli prima dell'età della discrezione. Questa asserzione suggerisce in modo implicito che la necessità di comunicarsi comincia proprio con gli *annos discretionis*. Così il Concilio di Trento conferma ancora una volta la normativa del decreto *Omnis utriusque sexus*, senza spiegare il significato dell'espressione *annos discretionis* nel canone stesso. Per avere più chiarezza al riguardo, possiamo consultare anche i capitoli dottrinali approvati nella stessa sessione XXI. Leggiamo nella esposizione dottrinale sulla Comunione dei fanciulli: «Denique eadem sancta Synodus docet parvulos usu rationis carentes nulla obligari necessitate ad sacramentum Eucharistiae [...] Siquidem [...] adeptam iam filiorum Dei gratiam in illa aetate amittere non possunt»[363]. Dato che nell'insegnamento conciliare della XXI sessione il capitolo quarto della dottrina corrisponde al canone quarto[364], l'espressione *parvulos usu rationis carentes*, usata nel capitolo, dovrebbe avere il medesimo significato dell'espressione *parvulis, antequam ad annos discretionis pervenerit*, adoperata nel canone. Se queste due formule sono sinonimiche, allora risulta che l'età della discrezione è semplicemente l'età dell'uso di ragione.

---

[361] Cf. L. ANDRIEUX, *La Première Communion*, 137-139. L'idea di paragonare il canone sulla pasquale con i relativi testi sulla dei fanciulli per scoprire quale senso il Concilio dona agli *annos discretionis* viene dall'autore sopracitato.

[362] CONCILIO TRIDENTINO, Sess. 21, de communione sub utraque specie et parvulorum, can. 4, in *DSP*, IV, 612.

[363] CONCILIO TRIDENTINO, Sessio 21, de communione sub utraque specie et parvulorum, cap. 4, in *DSP*, IV, 612.

[364] Cf. A. AMATO, *I pronunciamenti tridentini*, 85: «I capitoli dottrinali [...] oltre a introdurre i canoni in un corpo dottrinale più coerente, hanno anche uno scopo didattico, dovendo servire da norma per la catechesi e per la predicazione, eliminando così le gravi incertezze che si avvertivano in campo cattolico a riguardo di particolari dottrine e opinioni».

In tal modo il capitolo quarto della sessione, usando l'espressione *usus rationis*, elimina l'incertezza nel determinare, almeno in modo presuntivo, gli *annos discretionis*.

Sembra che possiamo applicare questa lettura al canone 9 della XIII sessione del Concilio, interpretando nello stesso modo anche l'espressione *postquam ad annos discretionis pervenerit*. Nella sessione XXI il Concilio dichiara di non obbligare i fanciulli alla Comunione, perché essi non peccano gravemente, e quindi non possono perdere la grazia di Dio. Una deduzione logica si impone: quando i fanciulli cominciano a poter perdere la grazia di Dio, cioè quando arrivano all'*uso di ragione*, necessitano della Comunione sacramentale, e sono dunque soggetti al precetto pasquale[365]. Anche in questo punto le conseguenze della dottrina annunciata nella XXI sessione del Concilio sono conformi con l'enunciato del canone nono della sessione XIII. Così il magistero della sessione posteriore illumina quello precedente, confermando il senso originario[366] dell'espressione *annos discretionis*: è l'età stessa dell'*uso di ragione*.

Nel canone nono della XIII sessione rimane ancora da chiarire l'espressione: *iuxta praeceptum sanctae matris ecclesiae*. Questa formula si riferisce al canone *Omnis utriusque sexus*, che i padri conciliari radunati a Trento vorrebbero confermare. Il Concilio non parla però nominatamente del Laterano IV, ma preferisce chiamare l'obbligo espresso nella costituzione lateranense *praeceptum sanctae matris ecclesiae*. La formula *sanctae matris ecclesiae* suona molto solenne e fa pensare alla sollecitudine pastorale della Chiesa, definita non per caso come Madre. Come ogni madre vuole nutrire i suoi figli, così la Madre Chiesa vuole dare ai suoi figli il Cibo spirituale e con il precetto pasquale tenta di garantire ad ogni fedele almeno il minimo nel ricevere l'Eucaristia.

Quanto all'importanza dell'obbligo in questione, le parole *iuxta praeceptum sanctae matris ecclesiae* delimitano il suo peso: si tratta del precetto ecclesiale. Dall'altro lato le stesse parole sottolineano la grande autorità del precetto pasquale: nel Laterano IV sono stati i padri conciliari a votare le costituzioni, però rappresentarono la stessa santa Chiesa, radunata nello Spirito Santo. Ruardo Tapper († 1559), uno dei grandi teologi di Lovanio, nella sua opera apparsa già durante il Concilio Tridentino espone il simile pensiero:

> Non nostrum est statutum capituli, *Omnis utriusque sexus*, sed Spiritus Sancti per Sponsam Christi in generali Concilio per patres loquentis, qui pronunciando poterant exemplo Apostolorum dicere, Visum est Spiritus

---

[365] Cf. L. ANDRIEUX, *La Première Communion*, 139.

[366] Tale era infatti l'iniziale interpretazione della costituzione 21 del Lateranense IV, letta alla luce dei grandi canonisti del XII secolo, e dei primi glossatori dello XIII. Cf. sopra, cap. II, 2.1.

Sancti et nobis, ut omnis utriusque sexus statim atque ad discretionis annos pervenerit, semel ad minimum quotannis, omnia sua peccata proprio sacerdoti confiteatur[367].

Il testo appena citato aiuta a capire perché il Concilio Tridentino colpì con un anatema la negazione del precetto ecclesiale. I Padri di Trento non ritenevano che quel precetto fosse semplicemente umano, al contrario, lo trattavano come una importantissima regola di vita cristiana, determinata per la Chiesa, sposa di Cristo, non senza la volontà dello Spirito Santo. In questa ottica un'asserzione doveva essere giudicata come eretica non solo quando negava una verità di fede in senso stretto (e moderno), ma anche quando andava contro quegli elementi della disciplina della Chiesa, che erano indirizzati direttamente alla salvezza delle anime, soprattutto se queste norme erano espresse nella legislazione ecclesiastica universale[368]. La normativa sacra, che strutturava la prassi sacramentale della Chiesa da più di trecento secoli, era quindi considerata una determinazione ecclesiale fondata nella volontà divina, da proteggere con le più forti sanzioni[369].

2.3.2 La confessione annuale e quaresimale

Quanto al precetto della confessione annuale, che si consiglia di compiere nella Quaresima, disponiamo dei testi del canone ottavo e del

---

[367] R. TAPPER, *Explicatio*, art. 5, p. 142a.

[368] Cf. F. FRANSEN, «Réflexions sur anathème», 659-670: «La "foi" était tout ce qui se rapporte au salut, tout ce qui est contenu dans l'Écriture et est proposé universellement par l'Église. Souvent on se contentait d'une énumération plutôt matérielle: les articles de foi ou le symbole, tout ce qui se rapport aux sacrements, certains points de la Christologie, contenus dans les anciens conciles, *enfin tout ce que l'Église propose dans ses "saints canons" pour notre salut*. [...] l'hérésie s'entendait beaucoup plus dans son sens étymologique de *séparation* de l'unité et de la seule autorité salutaire du Pape et des Évêques. Ainsi un autre aspect, inclus dans cette même description, qui à cette époque nous semble essentielle, est très souvent proposé: la *désobéissance* aux chefs religieux que le Christ nous a laissés pour nous guider vers le salut». Cf. anche P. KUBIAK, *L'assoluzione generale*, 74-76; L. BRAECKMANS, *Confession et communion*, 159.

[369] Cf. L. BRAECKMANS, *Confession et communion*, 159-160: «On comprend, dès lors, aisément pourquoi le Concile condamna comme hérétique la troisième partie de l'article 10: *neque teneri homines ad communionem in Paschate*. Pareille affirmation s'opposait, en effet, au décret conciliaire *Omnis utriusque*, qui, depuis trois siècles, réglementait une des manifestations les plus importantes de la vie de l'Église catholique. De même on ne s'étonnera pas que, dans le décret final, la négation de l'obligation du précepte du droit pascal fu frappée d'anathème, censure traditionelle pour désigner l'hérésie».

capitolo quinto della medesima sessione XIV del Concilio di Trento. Dato che «i *canoni* [...], contengono il nucleo della dottrina cattolica; i *capitoli*, invece, intendono dare una spiegazione ampia e positiva di tale dottrina»[370], analizzeremo allora il canone alla luce della spiegazione dottrinale. Non dimenticheremo neanche gli altri canoni conciliari, che costituiscono il primo contesto nel quale si trova il canone in studio. Per maggiore chiarezza divideremo subito il canone ottavo in parti, che commenteremo in seguito:

Si quis dixerit

[1] confessionem omnium peccatorum, qualem ecclesia servat, esse impossibilem, et traditionem humanam a piis abolendam

[2] aut ad eam non teneri omnes et singulos utriusque sexus christifideles iuxta magni concilii Lateranensis constitutionem semel in anno,

[3] et ob id suadendum esse christifidelibus, ut non confiteantur tempore quadragesimae

anathema sit[371].

Le parole *si quis dixerit,* introducono tre espressioni che sono censurate dall'anatema finale. Questa volta, contrariamente al canone nono sull'Eucaristia, il quale colpiva coloro che negavano la proposizione giusta, si tratta della condanna di tre tesi degli eretici.

La prima parte dell'enunciato centrale del canone [1] non parla direttamente dell'obbligo della confessione annuale. Sembra comunque di capitale importanza interpretare bene il senso dell'espressione *confessionem omnium peccatorum, qualem ecclesia servat*. In realtà a questa confessione (*ad eam*) è obbligato secondo lo stesso canone ogni fedele almeno una volta all'anno. Il significato della suddetta formula della prima parte [1] del canone, diventa chiaro a confronto con il precedente canone trentino, che parla dell'obbligo di «confiteri omnia et singula peccata mortalia»[372]. Tale confessione di tutti i peccati *ecclesia servat*, e a tale confessione viene chiamato ogni cristiano annualmente. Così il Concilio obbliga solo alla confessione annuale di tutti i peccati gravi,

---

[370] P. KUBIAK, *L'assoluzione generale*, 77.

[371] CONCILIO TRIDENTINO, Sess. 14, de poenitentiae sacramento, can. 8, in *DSP*, IV, 508.

[372] CONCILIO TRIDENTINO, Sess. 14, de poenitentiae sacramento, can 7: «Si quis dixerit, in sacramento poenitentiae ad remissionem peccatorum necessarium non esse iure divino confiteri omnia et singula peccata mortalia, quorum memoria cum debita et diligenti praemeditatione habeatur [...] anathema sit» (*DSP*, IV, 508).

risolvendo implicitamente la controversia medievale sull'eventuale obbligo di confessarsi annualmente con i soli peccati veniali.

Nella seconda parte [2] del canone ottavo è espressa, sempre in modo negativo in relazione con l'anatema finale, la conferma del precetto della confessione annuale formulata nel Concilio Laterano IV. Infatti, parlando di tutti i fedeli di ambedue i sessi che sono tenuti alla confessione annuale, il canone ottavo della sessione XIV usa il linguaggio stesso della costituzione lateranense. In questo il canone attualmente in studio assomiglia al canone nono sull'Eucaristia, analizzato da noi precedentemente. Nello stesso tempo il canone sulla penitenza annuale si differenzia dall'altro per un richiamo esplicito al Concilio Lateranense IV, fatto solamente nella seconda parte del canone [2]. Si evita infatti di mettere il riferimento al Laterano IV nella prima parte del canone [1] per allontanare l'obiezione protestante, secondo la quale sia il medesimo Concilio medievale a introdurre nella Chiesa la prassi della confessione auricolare e integra. Questo ragionamento lo troviamo esposto esplicitamente nel capitolo V della dottrina conciliare sulla penitenza:

> Unde cum a sanctissimis et antiquissimis patribus magno unanimique consensu secreta confessio sacramentalis [...] fuerit semper commendata, manifeste refellitur inanis eorum calumnia, qui eam a divino mandato alienam et inventum humanum esse, atque a patribus in concilium Lateranensi congregatis initium habuisse, docere non verentur; neque enim per Lateranense concilium ecclesia statuit, ut Christi fideles confiterentur [...] sed ut praeceptum confessionis saltem semel in anno ab omnibus et singulis, cum ad annos discretionis pervenissent, impleretur[373].

I Padri di Trento vogliono quindi dimostrare che la confessione sacramentale, con le sue caratteristiche di integrità e di segretezza è molto più antica e radicata nella tradizione della Chiesa, che il precetto annuale del Laterano IV. Questo però non significa che sia sottovalutata l'ultima normativa. Il riferimento al Concilio Lateranense nella seconda parte [2] del canone è molto solenne: *iuxta magni concilii Lateranensis constitutionem*. L'aggettivo *magno* non risulta soltanto un ornamento stilistico, ma sottolinea l'importanza e l'autorità di questo Concilio, ricapitolando in un certo senso i tre attributi del Laterano IV espressi dalla fase bolognese della redazione: «sacra, magna et generali»[374]. Ruardo Tapper descrive in questo modo la grandezza del Laterano IV:

---

[373] CONCILIO TRIDENTINO, Sess. 14, de sacramento poenitentiae, cap. 5, in *DSP*, IV, 492-494.
[374] CT VI/1, 287.

CAP. III: DA LEONE X A LEONE XIII 239

> Celeberrimum siquidem ac frequentissimum fuisse istud concilium omnes concorditer tradunt historici. Interfuerunt enim duo Patriarchae ex Oriente, Constantinopolitanus et Hierosolimianus, et duo alii per suos apocrysarios. Adfuerunt quoque primates et archiepiscopi septuaginta: episcopi quadringenti duodecim: plurimi alii Abates et praelati [...]. Atque adeo catholica et plena fuit haec synodus, ut forte ante illam nulla adeo plena repariatur. Nam ex toto orbe Oriente, Occidente, et Septentrione, interfuerunt Graeci, Latini et Barbari: qui omnes concorditer receperunt constitutionem de semel in anno confitendo, atque in Paschate communicando[375].

Il pensiero del teologo di Lovanio, che sottolinea la validità e la cattolicità del Laterano IV utilizzando i dati storici circa il suo svolgimento e la sua recezione, illustra bene l'intenzione del Concilio di Trento. Infatti il ragionamento basato sull'autorità del Concilio Lateranense risulta fondamentale nell'ottica tridentina di salvaguardare la continuità della fede cattolica, nella sua espressione dottrinale e nella sua prassi di vita.

La terza parte [3] del canone ottavo: *et ob id suadendum esse christifidelibus, ut non confiteantur tempore Quadragesimae* è subordinata alla parte seconda. Infatti non si distingue da essa per un *aut*, ma è collegata con *et*. In più, osserviamo all'inizio della frase subordinata l'espressione *ob id*, la quale dimostra che l'enunciato della terza parte è la conseguenza della seconda. Viene condannato solamente l'uomo, il quale a causa della previa negazione del precetto della confessione annuale persuade i fedeli a non confessarsi nella Quaresima.

In questo modo il canone sottolinea l'importanza della prassi di confessarsi proprio nel tempo quaresimale. Questo messaggio è qui ancora indiretto, e diventa manifesto e positivo nel capitolo V della dottrina tridentina sulla penitenza:

> Unde eam in universa ecclesia cum ingenti animarum fidelium fructu observatur mos ille salutaris confitendi sacro illo et maxime acceptabili tempore quadragesimae, quem morem haec sancta synodus maxime probat et amplectitur tamquam pium et merito retinendum[376].

Con la suddetta frase il Concilio incoraggia direttamente la confessione nel tempo della quaresima. Tale prassi è ritenuta un *mos salutaris*. Questa consuetudine è approvata fortemente dai padri, che la giudicano pia e da ritenere con merito. Qui risiede la vera novità dell'inse-

---

[375] R. TAPPER, *Explicatio*, art. 5, p. 136b.
[376] CONCILIO TRIDENTINO, sess. 14, de sacramento poenitentiae, cap. 5, in *DSP*, IV, 494.

gnamento conciliare[377]. Anche se la Chiesa non vuole creare un nuovo obbligo vero e proprio di confessarsi in quaresima, Essa consiglia vivamente questa prassi. In questo modo la consuetudine secolare — che aiutavaa metterla in pratica la normativa lateranense[378] — viene confermata e raccomandata dal solenne insegnamento della Chiesa radunata nel Concilio.

Quanto all'anatema stesso, che costituisce il vero predicato[379] di tutta lunga frase del canone ottavo, esso sembra avere forza dottrinale differente, secondo le tre diverse parti[380]. La più importante dal punto di vista dogmatico è la condanna della prima parte [1] del canone, la quale ingloba la tesi sulla impossibilità della confessione di tutti i peccati e sul valore puramente umano di tale prassi. Queste affermazioni dei riformatori sono rivolte contro la stessa prassi della confessione integra, e contro la sua origine nella disposizione divina. Devono dunque essere condannate come contrarie alla fondamentale dottrina cattolica sul sacramento della penitenza, formulata soprattutto nei canoni sesto e settimo nella stessa sessione[381].

Per la seconda parte [2] del canone ottavo, l'anatema ha probabilmente un significato simile a quello già delineato per il canone sulla Comunione pasquale. Infatti il Concilio Tridentino vuole difendere con tutta la sua autorità la normativa introdotta dalla costituzione 21 del Lateranense IV, che ritiene appartenere alla *fides* della Chiesa[382]. Ancora una volta Ruardo Tapper sembra esprimere la mente del Concilio nella sua *Explicatio*:

Nec a fidelibus ullo modo dubitari potest, quin a Spiritu Christi profectu sit, quod in tanta fidelium congregatione est sancitum, dicente Domino, si

---

[377] Cf. A. AMATO, *I pronunciamenti tridentini*, 225.

[378] Cf. sopra, cap. II, 3.4.

[379] Cf. P. KUBIAK, *L'assoluzione generale*, 72: «Tale espressione è di importanza essenziale, poiché tutto il testo di un canone costituisce solamente il soggetto di una frase, il cui predicato è appunto il sia anatema».

[380] Cf. A. AMATO, *I pronunciamenti tridentini*, 224-227.

[381] Cf. CONCILIO TRIDENTINO, sess. 14, de poenitentiae sacramento, cann. 6-7, in *DSP*, IV, 508.

[382] Cf. F. FRANSEN, «Réflexions sur anathème» 670: «Pour être en plus tout à fait fidèle à l'intention du Concile de Trente, et à sa terminologie, nous ne devons jamais oublier que le terme "fides" pouvait couvrir aussi le "proximum fidei", le "theologice certum" et finalement une "loi ecclésiastique universelle". L'essentiel en effet dans tout le canon du Concile de Trente est de condamner la "contumace" et la révolte luthérienne, et ceci dans la conscience explicite de l'inerrance de l'Église pour tout ce que l'Église propose en vue du salut éternel».

duo ex vobis consenserint super terram de omni re quacumque petierint, fiet illis a patre meo, qui in coelis est. Ubi enim sunt duo vel tres congregati in nomine meo, ibi sum in medio eorum. Quanto magis tot millibus congregatis ex orbe terrarum in nomine Iesu Deus eos audivit, et Christus fuit in medio eorum? Qui huic Concilio adversatur hostis est ecclesiae eamque audire recusat et iuxta Salvatoris sententiam habendus est tamquam ethnicus et publicanus[383]

Chi va contro la normativa del Concilio Lateranense IV è quindi un nemico della Chiesa, e per questo deve essere trattato come peccatore e pubblicano, cioè messo fuori dalla comunità. Infatti una esclusione dalla comunità è il senso originario dell'anatema[384]. Il precetto della confessione annuale era per il Concilio di prima importanza, visto che ordinava la prassi sacramentale dei fedeli per molti secoli. Il medesimo precetto ebbe in realtà un impatto decisivo sulla maturazione della convinzione circa la necessità della confessione sacramentale[385] e sullo stabilirsi della prassi di confessarsi prima di ricevere la Comunione[386], la quale regola a sua volta influiva sull'uso della confessione frequente o di devozione[387].

In questa prospettiva si dovrebbe vedere il significato da attribuire all'anatema nella terza parte del canone. Questa frase, anche se condannata, rimane subordinata a quella che rigetta direttamente il precetto annuale. Di conseguenza il rifiuto della confessione quaresimale risulta di importanza minore al rifiuto del precetto annuale[388]. Non si deve comunque sottovalutare il fatto che il Concilio decise di condannare esplicitamente l'affermazione protestante che negava la confessione nella Quaresima. Probabilmente i padri vedevano in essa una minaccia per l'adempimento del precetto della confessione annuale, e indirettamente per la confessione sacramentale stessa. In questo modo il Concilio di Trento stabilì di "canonizzare" la consuetudine della confessione nella Quaresima, senza però obbligare ad essa con un nuovo positivo precetto ecclesiale.

---

[383] R. TAPPER, *Explicatio*, art. 5, p. 136b.
[384] Cf. P. KUBIAK, *L'assoluzione generale*, 72.
[385] Cf. P.-M. GY, «Le précepte de la confession annuelle et la necéssité», 547.
[386] Cf. L. BRAECKMANS., *Confession et communion*, 64: «Ni Pierre Lombard, ni les premiers commentateurs, écrivant avant 1215, date de la promulgation du décret *Omnis utriusque*, ne semblent connaître la règle de la confession préalable à la communion. Alexandre de Halès et Guillaume d'Auxerre, écrivant après 1215, emploient déjà des formules qui en font supposer l'existance».
[387] Cf. A. MIGLIAVACCA, *La «confessione frequente»*, 69.
[388] Cf. A. AMATO, *I pronunciamenti tridentini*, 226-227.

2.3.3 La struttura del doppio precetto lateranense-tridentino

L'espressione "doppio precetto" potrebbe essere intesa in due modi differenti. Il precetto stesso della costituzione *Omnis utriusque* risulta doppio: contiene infatti due obblighi, quello della Comunione pasquale e quello della confessione annuale. Con i documenti del Concilio Tridentino poi il medesimo precetto diventa doppio anche nel senso di non appartenere più solamente al Laterano IV. Il precetto lateranense diventa infatti anche il precetto tridentino.

I padri tridentini dichiararono solo l'intenzione di difendere la dottrina cattolica e — in questo caso concreto — di confermare la normativa formulata dal Concilio Lateranense IV. Con questo progetto iniziale, i padri andarono comunque più lontano. Essi precisarono infatti il significato del precetto lateranense e svilupparono la comprensione del suo contenuto. Il Concilio di Trento specificò in realtà il significato della confessione di tutti i peccati, richiesta ogni anno dal Laterano IV, ed approvò inoltre la consuetudine della confessione nella Quaresima. Con i suoi documenti il medesimo Concilio Tridentino ci ha offerto la possibilità di capire meglio il ruolo e il significato dell'obbligo della confessione e della Comunione, i suoi livelli di autorità e di applicazione, in sintesi tutto quello che abbiamo chiamato con il titolo *la struttura* del precetto.

Questa struttura diventa facilmente percepibile nella dottrina sulla penitenza, ma risulta presente anche nei canoni corrispondenti. Una simile configurazione interna sembra essere presupposta nell'insegnamento conciliare sull'Eucaristia, anche se in questo caso è formulata solo in modo implicito.

Riportiamo dunque un brano del capitolo 5 sulla penitenza, dividendolo in tre parti, in modo simile al canone 8 nel sottocapitolo precedente. Il Concilio di Trento insegna:

[1] ut Christi fideles confiterentur, quod iure divino necessarium et institutum esse intellexerat,
[2] sed [per Lateranense concilium ecclesia statuit] praeceptum confessionis saltem semel in anno ab omnibus et singulis, cum ad annos discretionis pervenissent, impleretur.
[3] Unde eam in universa ecclesia cum ingenti animarum fidelium fructu observatur mos ille salutaris confitendi sacro illo et maxime acceptabili tempore quadragesimae, quem morem haec sancta synodus maxime probat et amplectitur tamquam pium et merito retinendum[389].

---

[389] CONCILIO TRIDENTINO, Sess. 14, de sacramento poenitentiae, cap. 5, in *DSP*, IV, 492-494.

CAP. III: DA LEONE X A LEONE XIII   243

Analizzando le tre sovraesposte parti della dottrina, con l'ottica dei differenti "livelli del precetto" ai quali appartiene ogni asserzione, vediamo subito tre "gradini" discendenti.

Per primo, abbiamo l'affermazione che la confessione fu istituita dal *diritto divino* e risulta necessaria per il medesimo diritto. La stessa espressione (*iure divino*) è adoperata anche nei canoni sesto e settimo, per definire rispettivamente l'origine della necessità della confessione[390] e della sua integrità[391]. Dato che non si trovano testi della Sacra Scrittura per provare in modo esplicito tali affermazioni, e visto che la tradizione teologica e canonica non era unanime al riguardo[392], la qualifica di diritto divino indica un precetto radicato nell'ordinazione del Signore secondo la coscienza della Chiesa radunata nel Concilio[393]. Dopo aver preso conoscenza del dibattito degli studiosi circa gli eventuali diversi significati dell'espressione *iure divino* nei rispettivi canoni conciliari[394], per lo scopo del nostro studio basta accettare che l'obbligo dell'integrità

---

[390] Cf. CONCILIO TRIDENTINO, sess. 14, de poenitentiae sacramento, can. 6: «Si quis negaverit, confessionem sacramentalem vel institutam vel ad salutem necessariam esse iure divino [...] anathema sit» (*DSP*, IV, 508).

[391] Cf. CONCILIO TRIDENTINO, sess. 14, de poenitentiae sacramento, can. 7: «Si quis dixerit, in sacramento poenitentiae ad remissionem peccatorum necessarium non esse iure divino confiteri omnia et singula peccata mortalia, quorum memoria et diligenti praemeditatione habeatur [...] anathema sit» (*DSP*, IV, 508).

[392] Cf. Y. CONGAR, «"Ius divinum"», 118: «Il n'y avait, pour appuyer ces affirmations, ni autorités scripturaires formelles ni consensus de la Tradition. Les membres de concile était convancus que la pratique qui s'était développée dans l'Église en un domaine aussi vital était légitimée par une loi de Dieu».

[393] Cf. P. KUBIAK, *L'assoluzione generale*, 64: «il Concilio di Trento ha dichiarato la confessione sacramentale come accusa completa di tutti i peccati mortali, di diritto divino. [...]. la necessità di specificare i peccati è, secondo il Concilio assolutamente certa, riconosciuta mediante una convinzione di fede nella quale tutti convengono. [...] La ragione per cui si accoglie questo risultato come vincolante è l'unanimità della Chiesa».

[394] Per Amato l'espressione del canone 6 sulla istituzione e necessità della confessione ha valore di *ius divinum simpliciter*, cioè del diritto divino in senso stretto, mentre nel canone settimo si tratterebbe soltanto di *ius divinum secundum quid*, che risalirebbe soltanto indirettamente alla volontà di Cristo. A queste distinzioni si oppongono tra l'altro Casals e Kubiak, per i quali non ci sono ragioni di attribuire significato diverso alla stessa formula usata nei due canoni giustapposti. Per il nostro tema è molto più importante l'altra distinzione, che sviluppiamo più avanti: quella tra il diritto divino (sia anche con i suoi diversi gradi) che ordina di confessarsi e il diritto ecclesiastico, che determina il tempo di adempimento del precetto divino. Cf. A. AMATO, *I pronunciamenti tridentini*, 178-179. 328-329; G. ESCUDE CASALS, *La doctrina de la confesiòn integra*, 26-27; P. KUBIAK, *L'assoluzione generale*, 62-63.

della confessione è da considerarsi di diritto divino, senza ulteriori distinzioni. Si tratta infatti della conseguenza della stessa istituzione della penitenza sacramentale per la volontà di Cristo e della necessità di essa, nonché di una deduzione dalla struttura del sacramento stesso[395].

La dottrina contenuta nel capitolo V contraddistingue chiaramente la necessità stessa della confessione e il precetto ecclesiale di praticarla regolarmente. La stessa distinzione è presente nei canoni tridentini: nel canone ottavo si dichiara possibile la confessione di tutti i peccati, la quale è — secondo il canone settimo — necessaria per diritto divino, mentre la conferma del precetto della confessione annuale viene solo dopo, divisa dalla prima asserzione con un *aut*. Così la necessità della confessione integra costituisce il primo gradino, o meglio, un fondamento di diritto divino del precetto ecclesiastico della confessione annuale[396].

Nella seconda parte della dottrina [2] ritroviamo il precetto ecclesiale, il quale precisa la frequenza minima per adempiere l'obbligo di confessarsi. Visto che il Concilio Tridentino limita in modo esplicito l'obbligo della confessione di tutti i peccati solo agli «omnia et singula peccata mortalia»[397], e presa in considerazione l'asserzione del canone ottavo dello stesso Concilio, che *ad eam* la Chiesa obbliga ogni anno[398], risulta chiaro che il precetto della confessione annuale vincoli solamente quelli che hanno commesso qualche peccato mortale. La Chiesa determina in questo modo il tempo per adempiere la legge divina della

---

[395] Cf. P. KUBIAK, *L'assoluzione generale*, 62.

[396] Cf. L. DUARDO, *Commentaria in cap. Omnis utriusque*, I, ff. 13-14: «Praeceptum confessionis semel in anno, non est mere Ecclesiasticum: sed ita est Ecclesiasticum, ut sit etiam Divinum [...]. Probatur ipsa conclusio ex Conc. Trid. Sess. 4 cap. 5 dum ait Ecclesiam per Concilium Lateranense non statuisse confessionem, quae erat iure Divino necessaria, sed tantum, ut praeceptum confessionis semel in anno impleretur. [...] Et sic praeceptum annuae confessionis dicitur Ecclesiasticum quoad ad determinationem temporis dumtaxat: nam tota substantia huius actus est de iure Divino, atque ideo solum mandat Ecclesia, ut tali tempore fiat [...] ubi etiam aperte colligit ex Concilio Tridentino loco citato, non fuisse statutam necessitatem confessionis ab Ecclesia, sed iam fuisse necessariam iure Divino: et propterea id tantum statuisse Ecclesiam, ut praeceptum scilicet Divinum confessionis, quod extra extremam necessitatem obligabat vage, fervetur quotannis; atque ideo ab Ecclesia fuit reductum ad annum: et merito huiusmodi praeceptum appellat Sot. modificationem legis Divinae; quia tota substantia praecepti est iuris Divini: circumstantia tantum annualis, est Ecclesiastica».

[397] CONCILIO TRIDENTINO, Sess. 14, de poenitentiae sacramento, can.7, in *DSP*, IV, 508.

[398] Cf. CONCILIO TRIDENTINO, Sess. 14, de poenitentiae sacramento, can.8, in *DSP*, IV, 508.

confessione integra dei peccati gravi[399]. Questa determinazione ecclesiale costituisce il secondo grado oppure il principale livello ecclesiale del precetto della confessione annuale.

Infine nella terza parte della dottrina tridentina sull'obbligo della confessione [3] il Concilio approva la consuetudine di confessarsi nella quaresima, e aggiunge così una ulteriore indicazione temporale al precetto della confessione annuale. In tal modo la confessione quaresimale costituisce il terzo grado della normativa, ma il secondo livello ecclesiale, che potremmo chiamare il livello consuetudinario. Si deve comunque evidenziare che il suddetto uso ecclesiastico, anche se solennemente approvato dal Concilio, non crea nessun obbligo in senso stretto, trattandosi di un consiglio e una raccomandazione.

Quanto al magistero tridentino circa l'obbligo della Comunione pasquale, non possiamo delineare facilmente simili livelli o gradi del precetto dai canoni o dalla dottrina conciliare. Se comunque analizziamo attentamente l'insegnamento conciliare sulla Comunione alla luce della sovraesposta struttura del precetto della confessione annuale, potremo forse rintracciare alcuni punti analoghi.

Infatti, nel capitolo secondo della dottrina tridentina sull'Eucaristia, troviamo le parole seguenti:

Ergo Salvator noster discessurus ex hoc mundo ad Patrem sacramentum hoc instituit, [...] et in illius sumptione colere nos sui memoriam praecepit suamque *annunciare mortem, donec* ipse ad iudicandum mundum *veniat*. Sumi autem voluit sacramentum hoc tamquam spiritalem animarum cibum, quo alantur et confortentur viventes vita illius, qui dixit: *Qui manducat me, et ipse vivet propter me*[400].

Il testo appena riportato parla dell'istituzione dell'Eucaristia dallo stesso Signore e della sua volontà che questo Sacramento sia ricevuto in sua memoria. Il brano conciliare si basa sui testi biblici circa l'Ultima Cena e sul sesto capitolo del Vangelo di Giovanni. Non viene adoperata qui l'espressione *ius divinum*, però trattandosi del precetto dello stesso Signore (*illius sumptione praecepit*) questa qualifica è più che adeguata.

---

[399] Cf. M. CANO, *Relectio de Poenitentiae*, 427, n. 283: «At hoc est (inquies) e iure positivo, semel videlicet in anno confiteri: fateor, sed citra hoc ius humanum, quo ad certum tempus confessio limitatur, divina de confessione lex incommode servaretur».

[400] CONCILIO TRIDENTINO, Sess. 13, de eucharistiae sacramento, cap. 2, in *DSP*, IV, 446.

Il brano conciliare riferito sopra non contiene nessun riferimento diretto al canone nono sul precetto pasquale. Il canone a sua volta non fa nessuna menzione all'ordinamento divino, concentrandosi su quello ecclesiale[401]. Sembra comunque legittimo leggere il suddetto canone nel contesto più ampio dell'esposizione della dottrina cattolica[402]. In tal modo, possiamo considerare la disposizione del Signore circa la ricezione della Comunione, presente già nel Nuovo Testamento e espressamente dichiarata dall'insegnamento tridentino, come una legge divina fondamentale, che sta alla base della determinazione ecclesiale del precetto pasquale. Nell'epoca posttridentina Leonardo Duardo († 1643) presenta questa idea con tali parole:

> Praeceptum sanctissimae Eucharistiae sumendae ad minus in Pascha, non est mere Ecclesiasticum, sed ita est Ecclesiasticum, ut sit etiam Divinum. [...] Siquidem sanctissimum Eucharistiae Sacramentum non tantum a Christo fuit institutum, sed etiam eius sumptio praecepta [...]. Tempus autem illud sumendi in vita fuit a Christo Ecclesiae commissum, ut deputet, sicut circa confessionem: et propterea uno, et eodem canone fuit ab Ecclesia praefinitum tempus confitendi semel in anno, et communionis ad minus in Pascha[403].

L'autore espone la duplice fonte del precetto della Comunione pasquale, e fa riferimento diretto al precetto della confessione annuale. Nell'uno e nell'altro caso si tratta della determinazione ecclesiale circa il tempo dell'adempimento del precetto divino. Esiste la differenza del grado della precisazione: la confessione è obbligatoria solo una volta all'anno, mentre il precetto della Comunione indica un periodo più determinato, quello delle feste pasquali.

Tuttavia il Concilio Tridentino consigliò di seguire la consuetudine della Chiesa e indicò il tempo della quaresima come propizio per adempiere il precetto della confessione. Così a livello consuetudinario esiste una determinazione più precisa dell'obbligo della confessione annuale. Nel campo della Comunione pasquale possiamo invece delineare un livello più ampio di quello che puntualizza il concreto periodo liturgico. Infatti se si leggesse l'ottavo canone tridentino alla luce della

---

[401] Cf. CONCILIO TRIDENTINO, Sess. 13, de eucharistiae sacramento, can. 9, in *DSP*, IV, 458.

[402] Cf. A. AMATO, *I pronunciamenti tridentini*, 85: «I capitoli dottrinali [...] intendono fornire una spiegazione ampia e positiva della dottrina cattolica, che si trova alla base della condanna degli errori anatematizzati nei canoni».

[403] L. DUARDO, *Commentaria in cap. Omnis utriusque*, I, f. 501.

Fide digna di Eugenio IV[404], si potrebbero probabilmente rintracciare due "piani" nel precetto della Comunione pasquale. Quando il Concilio di Trento conferma l'obbligo di ricevere la Comunione «singulis annis saltem in paschate»[405], in modo implicito esprime due gradi della determinazione temporale: la prima definita con le parole *singulis annis*, l'altra con l'espressione *saltem in paschate*. Queste due espressioni ci rinviano ai due obblighi distinti[406]: uno, più fondamentale, vincola a comunicarsi almeno una volta all'anno, l'altro precisa di più il periodo — *in paschate*[407]. Tutti e due gli obblighi di ricevere la Comunione, pasquale ed annuale, si basano su un precetto divino di comunicarsi, del quale determinano l'adempimento. In tal modo anche l'obbligo della Comunione pasquale risulta triplo: divino, di comunicarsi alcune volte nella vita, divino-ecclesiastico, di comunicarsi ogni anno, e infine una determinazione di diritto ecclesiale, di ricevere la Comunione almeno a Pasqua[408].

In tale maniera siamo arrivati ad identificare una struttura del precetto della Comunione pasquale analoga a quella della confessione annuale. Tutti e due obblighi si basano sull'ordinamento divino. Quanto alla determinazione ecclesiale circa il tempo dell'adempimento, in ambedue i precetti si possono distinguere due ulteriori livelli: quello dell'obbligo

---

[404] Cf. EUGENIO IV, lett. *Fide digna*, 8 luglio 1440, §2, in *Fontes*, I, 77, n. 53. Cf. sopra, cap.II. 3.4.

[405] CONCILIO TRIDENTINO, Sess. 13, de eucharistiae sacramento, can. 9, in *DSP*, IV, 458.

[406] Cf. ALPHONSO MARIA DE LIGORIO, *Theologia Moralis*, III, 273: «Ecclesia circa communionem duo imposuit praecepta, unum communicandi infra annum, alterum communicandi in Paschate; ut colligitur ex citato cap. Omnis et ex Tridentino [...]. Nota: *singulis annis saltem in Paschate*: ergo, si communio in Paschate fuit omissa, debet quamprimum impleri antequam terminetur annus».

[407] Cf. H. MOUREAU, «Communion Eucharistique», 485: «le concile de Trente, sess. XIII, can. 9, declare que ce commandement prescrit aux fidèles de communier chaque année, au moins à Pâques. Ainsi, le précepte est double; communier chaque année, c'est le point principal; c'est là, si l'on veut, la détermination du commandement formulé par le Christ de manger sa chair; quant à la prescription de communier à Pâques, plutôt qu'en un autre temps, quoique gravement obligatoire, elle n'est que secondaire».

[408] Cf. E. F. REGATILLO, *Casos*, II, 366, n. 413: «El precepto de la comunión es triple: a) uno divino, de comulgar alguna vez en la vida; Nisi manducaveritis carnem Filii hominis... non habebitis vitam in vobis (Jo 6,14); b) otro divino-eclesiástico, o sea determinativo del divino, que no determina cuántas veces se ha de comulgar, determinándolo la Iglesia, que sea una vez al año [...] c) el tercero puramente eclesiástico, fijando el tiempo pascual, en veneración de la fiesta de la Pascua».

annuale, e quello della precisazione temporale più esatta. L'ultima determinazione colloca la confessione nel tempo liturgico della Quaresima e la Comunione nelle feste pasquali.

Nel formulare una precisa indicazione temporale appare la più grande differenza tra i due obblighi. Nel caso della Comunione si tratta dell'obbligo pasquale dichiarato dal legislatore ecclesiale, nel quale obbligo si può individuare poi un livello più basilare del dovere annuale[409]. L'obbligo di confessarsi invece, a livello del diritto ecclesiale risulta annuale, e viene precisato soltanto dalla legittima e raccomandata consuetudine ecclesiastica della confessione quaresimale.

La normativa sull'obbligo della Comunione pasquale e della confessione annuale formulata dal IV Concilio Lateranense diventò lungo il medioevo una parte importante della disciplina canonica e una regola basilare della vita sacramentale nella Chiesa cattolica. Dopo che il canone *Omnis utriusque* si è trovato tra i più fortemente contestati dai protestanti, sono stati i padri del Concilio di Trento a prendersi cura del doppio precetto sacramentale, a confermare la sua importanza per la vita sacramentale della Chiesa ed a punire la sua negazione con la pena più grave e solenne, quella dell'anatema. I canoni e i capitoli tridentini hanno anche contribuito a precisare i punti vaghi e discussi al riguardo, e hanno aggiunto al patrimonio giuridico della Chiesa il riconoscimento e la raccomandazione della consuetudine della confessione in quaresima.

3. Il precetto pasquale dal pontificato di Pio V agli inizi del XX secolo

Il Concilio Tridentino ribadì l'importanza del precetto della Comunione pasquale e della confessione annuale. Dopo la chiusura del Concilio spettava soprattutto ai Romani Pontefici e ai dicasteri della Santa Sede di ricordare il valore delle decisioni conciliari, di indicare le vie per insegnarle e per applicarle nella prassi[410]. Anche più tardi, dal XVII secolo fino all'inizio del novecento, le decisioni romane influenzarono e determinarono il modo dell'osservanza della normativa sugli obblighi sacra-

---

[409] Cf. P. GASPARRI, *Tractatus*, II, 379, n. 1157: «Prima obligatio communicandi saltem semel in anno est principalis; altera, tempus paschale pro adimplemento huius obligationis statuens, est secundaria, determinativa scilicet prioris, et urget, nisi legitimum adsit impedimentum aut grave periculum immineat: utraque obligatio gravis est, sed prima, utpote principalis, gravior».

[410] Cf. J. GAUDEMET, *Storia del diritto canonico*, 713: «Dal XVI al XVIII secolo la legislazione pontificia fu dominata dalla preoccupazione di assicurare l'applicazione del diritto tridentino e, all'occorrenza di esplicitarne i principi».

mentali. Così i papi e la Curia romana risolverono i punti dubbi e allargarono il tempo dell'adempimento del precetto pasquale con rescritti e dispense concesse per diverse ragioni nelle varie regioni del mondo.

3.1 *I due obblighi nel primo centenario dopo il Concilio*

In questo sottocapitolo riporteremo alcune decisioni dei Pontefici del "dopo Trento", i quali posero fine alle vecchie controversie medievali. Ci fermeremo poi sul Catechismo Romano, che presentava la dottrina tridentina in modo pratico e concreto, e nello stesso tempo con l'autorità della Santa Sede. Getteremo anche uno sguardo su alcuni altri catechismi dell'epoca con lo scopo di considerare il posto del precetto pasquale tra i precetti della Chiesa, formule in questo periodo molto importanti, insegnati in tutto il mondo cattolico al popolo di Dio. Infine esamineremo le norme del *Rituale Romanum*, il quale per tre secoli fissò la pratica liturgica e sacramentale, come doveva essere osservata dai parroci.

3.1.1 I Pontefici Romani circa il *sacerdos proprius*

I privilegi concessi ai Mendicanti dai Pontefici del tardo medioevo e dal V Concilio di Laterano furono confermati da vari papi negli anni della durata del Concilio di Trento e nei primi decenni dopo la sua chiusura[411].

Quanto alla Comunione pasquale, il Pontefice Sisto V (1585-90) nel 1586 precisò la questione del luogo nel quale si doveva riceverla. I Mendicanti avevano già il diritto di distribuire la Comunione tutti i giorni della Settimana Santa e dell'Ottava di Pasqua, eccetto la Pasqua stessa. Sorgeva dunque la domanda se i fedeli potessero soddisfare il precetto della Chiesa formulato nel canone *Omnis utriusque sexus*[412] con la ricezione della Comunione dai frati, fuori della propria parrocchia. Il Pontefice offrì la risposta seguente:

> Nos, dubia praefata de medio submovere volentes, de consilio dilectorum filiorum nostrorum Sanctae Romanae Ecclesiae Cardinalium super consultatione et causis regularium, harum serie decernimus et declaramus non posse dici satisfecisse canoni, qui a dominica Palmarum per totam octavam Paschatis extra propriam parochiam, sine sui parochi licentia, communicavit[413].

---

[411] Cf. I. LANOI, *Explicata Ecclesiae Traditio*, 250-251; A. VILLIEN, *Histoire des Commandements*, 173.
[412] Cf. SISTO V, bolla, 9 agosto 1586, §1, in *BR* 9, 249-250.
[413] SISTO V, bolla, 9 agosto 1586, §2, in *BR* 9, 250.

La Comunione pasquale si doveva quindi adempiere nella parrocchia propria, o almeno con la licenza del parroco. Si affermava in tal modo il diritto e dovere del controllo del parroco proprio sull'adempimento del precetto della Comunione.

Il Papa Clemente VIII (1592-1605) dichiarò nel 1592 che i privilegi degli ordini mendicanti e dei gesuiti nel campo della confessione valevano anche per soddisfare il precetto annuale:

> Et tam dictis fratribus Praedicatoribus et Presbyteris dictae societatis, quam aliis privilegiatis praedictis, quibus id a Sede Apostolica indultum est, idoneis tamen, et ab Ordinario approbatis, peccata sua, etiam quadragesimali, paschali, et quovis alio tempore confiteri licite posse, dummodo tamen iidem seculares Christi fideles Sacramentum Eucharistiae die festo Paschalis Resurrectionis in propria Parochia ab eorum Parocho sumant[414].

Il Pontefice afferma quindi espressamente che si possono confessare i propri peccati ai presbiteri degli ordini che hanno ottenuto i privilegi anche nel tempo della Quaresima e della Pasqua. Insieme con questa esplicita concessione nel campo della confessione viene ribadita l'esigenza di ricevere la Comunione pasquale dalle mani del proprio parroco.

Siccome la controversia fu ancora vivace negli anni quaranta del secolo successivo, il Papa Innocenzo X (1644-1655) confermò nel 1645 le facoltà dei sacerdoti regolari circa la confessione, le quali facoltà rimanevano in vigore anche nei giorni prima e dopo la Pasqua. La Congregazione del Concilio e dopo essa lo stesso Pontefice[415] giudicarono che l'arcivescovo della diocesi in questione

> non posse prohibere regularibus habentibus privilegia apostolica, ut a dominica Palmarum usque ad dominicam in Albis inclusive administrare non valeant personis secularibus sacramentum confessionis, posse tamen eisdem prohibere, ut personis secularibus in die Paschatis non administrent sanctissimum Eucharistiae sacramentum, etiamsi dictae personae seculares in alia die satisfacerint praecepto Ecclesiae hac de re edito[416].

La disposizione Papale confermò la dottrina giuridica comune quanto al precetto della confessione annuale e della Comunione pasquale. Non si poteva più proibire ai religiosi di usufruire dei privilegi circa la facol-

---

[414] CLEMENTE VIII, bolla *Significatum fuit Nobis*, 12 dic. 1592, in *BOP* 5, 502. Cf. I. LANOI, *Explicata Ecclesiae Traditio*, 259-260.

[415] Il Pontefice solo conferma una precedente risposta della Congregazione per il Concilio, la quale risposta diventa in tal modo la parte dispositiva della medesima bolla Papale. Cf. INNOCENZO X, bolla, 7 febr. 1645, §2-3, in *BR* 15, 362.

[416] INNOCENZO X, bolla, 7 febr. 1645, §2, in *BR* 15, 362.

tà di confessare anche nel periodo legato al precetto pasquale. Nello stesso tempo il Vescovo potrebbe loro proibire di distribuire la Comunione ai fedeli nel giorno di Pasqua. Visto l'obbligo di adempiere il precetto della Comunione pasquale nella parrocchia propria, la suddetta proibizione ha probabilmente lo scopo di chiarire e ricordare questo dovere ai fedeli.

Alla fine della prima metà del secolo XVII la disciplina circa la Comunione pasquale sostenuta dall'autorità pontificia fu quindi quella di obbligare a comunicarsi durante le feste pasquali nella propria parrocchia. Quanto alla confessione annuale, ognuno poteva confessarsi a qualsiasi sacerdote[417] con la facoltà di confessare il fedele e di assolverlo dai suoi peccati[418].

3.1.2 L'insegnamento del *Catechismo Romano*

Qualche anno dopo la chiusura del Concilio Tridentino, durante il Pontificato di Pio V è stato edito il cosiddetto Catechismo Romano, del quale abbiamo anche un titolo più lungo che descrive il contenuto e i destinatari: «Catechismus ex decreto Concilii Tridentini ad Parochos Pii Quinti Pont. Max. Iussu Editus»[419]. Il Catechismo Romano costituiva quindi un fondamentale compendio della dottrina tridentina per i parroci, e il suo insegnamento era destinato a influenzare la catechesi in tutto il mondo cattolico.

---

[417] Anche se esistevano autori, soprattutto nella Francia, che persistevano nell'interpretare l'obbligo lateranense di confessarsi al sacerdote proprio in modo rigoristico. A modo di esempio cf. I. LANOI, *Explicata Ecclesiae Traditio*, 309: «Observatio II: Asseritur verus et unicus explicandi Lateranensis canonis modus de solo Parocho». Cf. anche D. BOUIX, *Tractatus de Parocho*, 457: «An ius habeat parochus ut parochiani, tempore paschatis aut instante mortis periculo, sibi sacramentalem faciant confessionem, nec possint aliis sacerdotibus, nisi de ipsius licentia, confessionem illam facere? Respondendum negative. Quam conclusionem peremptoriis auctoritatibus firmatam habes apud Benedictum XIV [...]. Nec contrarium recentioribus temporibus sustinuerunt, nisi malesanae doctrinae auctores, veluti Launoy, Juenin, Van-Espen, et horum similes».

[418] Cf. L. FERRARIS, *Bibliotheca*, II, v. confessio, n. 9, 537: «Per Confessionem factam cuilibet Sacerdoti saeculari, vel regulari ab Episcopo approbato satis fieri Canoni *Omnis utriusque sexus* ex Constitutionibus Clementis VIII, an. 1592, et Innocentii X, an. 1645, incip. *Exponi nobis* constat».

[419] Cf. *Catechismus Romanus*, p. 1. Citeremo il Catechismo Romano secondo l'edizione critica del 1989, curata da P. Rodriguez con l'aiuto di altri studiosi. La divisione in parti ed in capitoli era già voluta da San Pio V (Cf. *Ibid.*, p. XLII). Siccome i capitoli sono abbastanza grandi, menzioniamo anche la pagina dell'edizione utilizzata.

Nella parte seconda del catechismo, sotto il capitolo IV troviamo il titolo «Obligatio communicandi», sotto il quale leggiamo queste parole:

> Sed ne forte aliqui seniores ad hoc sacramentum percipiendum reddantur, quod tantam, praeparationem adhibere grave admodum et difficile ducant, fideles saepe admonendi sunt omnibus eam legem propositam esse ut sacram Eucharistiam accipiant. Praeterea constitutum est ab Ecclesia ut qui semel saltem in singulis annis in Pascha non communicaverit, ab Ecclesia arceatur[420].

Si sottolinea poi che la comunione annuale costituisce soltanto il minimo e che un fedele dovrebbe comunicarsi più spesso[421]. Il Catechismo descrive in sintesi la storia dell'obbligo della Comunione[422], e presenta la normativa lateranense come un rimedio alla sempre più grande indifferenza verso l'Eucaristia[423].

Infine troviamo un paragrafo sull'età con la quale comincia ad urgere questo obbligo. Dopo aver spiegato che non esiste nessun precetto né divino né ecclesiastico che vincolerebbe a comunicarsi i fanciulli prima che arrivino all'uso della ragione[424], il Catechismo lascia il discernimento dell'età adeguata al padre del ragazzo e al suo confessore[425]. A

---

[420] *Catechismus Romanus*, Pars II, cap. 4, 273.

[421] *Catechismus Romanus*, Pars II, cap. 4, 273-274: «Neque tamen fideles hoc satis habeant se, huius decreti auctoritati obtemperantes, semel tantummodo Corpus Domini quotannis accipere, verum saepius iterandam Eucharistiae communionem existiment. Utrum autem singulis mensibus, vel hebdomadis, vel diebus id magis expediat, certa omnibus regula praescribi non potest; verumtamen illa est sancti Augustini norma certissima: Sic vive, ut quotidie possis sumere».

[422] Cf. *Catechismus Romanus*, Pars II, cap. 4, 274-275.

[423] Cf. *Catechismus Romanus*, Pars II, cap. 4, 275: «Sed, cum deinde charitas et pietatis studium adeo refrixisset, ut raro admodum ad communionem fideles accederent, sancitum est a Fabiano Pontifice ut ter quotannis: Natali Domini et Resurrectione et Pentecoste, omnes Eucharistiam sumerent; id quod postea a multis conciliis, praesertim vero ab Agathensi primo, confirmatum est. Ad extremum, cum eo res adducta esset, ut non modo sancta illa et salutaris praeceptio non servaretur, sed in plures etiam annos sacrae Eucharistiae communio differetur, decretum est in Lateranensi Concilio ut semel ad minus singulis annis in Pascha fideles omnes sacrum Domini corpus acciperent; qui vero id facere neglexissent, Ecclesiae aditu prohiberentur».

[424] Cf. *Catechismus Romanus*, Pars II, cap. 4, 275-276: «Verum, quamvis haec lex Dei et Ecclesiae auctoritate sancita ad omnes fideles pertineat, docendum est tamen eos excipi qui nondum rationis usum propter aetatis imbecillitatem habent. Hi enim neque sacram Eucharistiam a profano et communi pane sciunt discernere, neque ad eam accipiendam, pietatem animi et religionem afferre possunt».

[425] Cf. *Catechismus Romanus*, Pars II, cap. 4, 275-276: «Qua vero aetate pueris sacra mysteria danda sint, nemo melius constituere poterit, quam pater, et sacerdos cui illi confitentur peccata».

loro spetta il compito di indagare se i fanciulli «huius admirabilis sacramenti cognitionem aliquam acceperint et gustum habeant»[426].

Nella parte sulla penitenza il Catechismo Tridentino sottolinea per prima la necessità della confessione per ogni fedele che abbia commesso peccato grave[427]. Poi, dopo aver menzionato la costituzione *Omnis utriusque sexus*, il Catechismo dimostra — come nel capitolo precedente sulla pasquale — che un fanciullo al di sotto dell'età dell'uso di ragione non cade sotto le sue prescrizioni[428]. Quanto all'indicazione più precisa dell'età nella quale il precetto della confessione comincia a vincolare, leggiamo queste parole:

> Neque tamen ea aetas certo aliquo annorum numero definita est; sed illud universe statuendum videtur, ab eo tempore confessionem puero indictam esse, cum inter bonum et malum discernendi vim habet, in eiusque mentem dolus cadere potest. Nam cum ad id vitae tempus quisque pervenerit, in quo de salute aeterna deliberandum est, tum primum sacerdoti peccata confiteri debet, cum aliter salutem sperare nemini liceat qui scelerum conscientia premitur[429].

Il Catechismo Romano non fissa quindi neanche un numero approssimativo o presuntivo degli anni, compiuti i quali uno sarebbe obbligato

---

[426] *Catechismus Romanus*, Pars II, cap. 4, 276. Le esigenze richieste dal Catechismo, di qualche cognizione e del gusto per il Sacramento, fornivano spesso argomenti per alzare l'età della Comunione al di sopra di quella dell'uso di ragione. Cf. L. DUARDO, *Commentaria in cap. Omnis utriusque*, I, f. 31: «licet septennis aetas regulariter satis sit ad suscipiendum Sacramentum poenitentiae, si concurrat cum ea rationis usus in suscipiente, et ad alia supradicta Sacramenta; nihilominus ad suscipiendum sanctissimum Eucharistiae Sacramentum talis aetas non sufficit, ut supra diximus; eo quod ad communicandum exigitur discretio devota, ac reverentialis, quae regulariter in pueris septem annorum non conspicitur. Unde discretio huiusmodi confessarii, ac parentum iudicio relinquitur terminanda. Non tamen est expectanda aetas 14 annorum; sed satis est si communio eis differatur usque ad annum decimum: imo ante decimum annum vivacissimus puer posset idoneus esse».

[427] *Catechismus Romanus*, Pars II, cap. 5, 314: «Iam vero nemo existimet confessionem a Domino quidem institutam, sed ita tamen ut eius usum necessarium esse non edixerit. Et enim sic statuant fideles oportere, eum qui mortali scelere premitur, confessionis sacramento ad spiritualem viam revocandum esse; quod quidem pulcherrima translatione a Domino aperte significatum videmus, cum huius sacramenti administrandi potestatem clavem regni caelorum appellavit».

[428] *Catechismus Romanus*, Pars II, cap. 5, 315: «Sed cum minime dubitari possit confessionis legem ab ipso Domino latam et constitutam esse, sequitur ut videndum sit quinam, quo aetatis et anni tempore ei parere debeant. Primum itaque ex Lateranensis Concilii canone, cuius initium est: *Omnis utriusque sexus*, perspicitur neminem confessionis lege adstrictum esse ante eam aetatem qua rationis usum habere potest».

[429] *Catechismus Romanus*, Pars II, cap. 5, 315.

a confessarsi[430]. Il testo punta invece sull'età della discrezione nel caso concreto, la quale si riconosce dalla capacità del discernimento tra il bene e il male, cioè dalla tradizionale età di *capax doli*. Arrivato a quest'età il fedele si deve confessare *tum primum*, visto che si tratti di un'argomento importantissimo per la salvezza eterna.

Nell'accapo seguente troviamo un richiamo diretto all'obbligo essenziale contenuto nel canone lateranense: «Quo vero potissimum tempore confiteri oporteat, eo canone de quo antea diximus, sancta Ecclesia decrevit; iubet enim semel saltem quotannis fideles omnes peccata confiteri»[431].

La madre Chiesa non cerca comunque di limitarsi soltanto ad offrire i sacramenti con scadenza annuale, ma vorrebbe concedere ai propri figli il dono del perdono sacramentale il più spesso possibile e nutrirli regolarmente con il Pane degli Angeli[432]. Il sano realismo del Concilio conduce però a sottolineare nella catechesi i doveri minimi nella recezione dei sacramenti, ed insegnare ai fedeli gli obblighi che urgono per tutti i cattolici sparsi nel mondo[433].

---

[430] Alcuni autori presumevano tale età verso i 7 anni. Cf. L. DUARDO, *Commentaria in cap. Omnis utriusque*, I, f. 30: «Est tamen verum, quod quando dubitatur, an quis pervenerit ad annos discretionis, tunc in tali dubio si puer pervenerit ad septennium, praesertim si tempus illud expleverit, praesumitur usum rationis habere, et ad annos discretionis pervenisse: siquidem aetas discreta in pueris in septennio, ut plurimum contingere solet: nam eo tempore pueri communiter peccare solent».

[431] *Catechismus Romanus*, Pars II, cap. 5, 315.

[432] Cf. S. HOSIUS, *Confessio catholicae fidei*, cap. 91: «Non prohibetur ista constitutione, quominus etiam quotidie, si quis velit, peccata sua confiteatur, Eucharistiaeque sacramentum percipiat: sed quoniam recipere plerosque licebat, qui vix semel in vita, ac ne semel quidem id facerent, pia quadam sollicitudine, providendum esse sancta Synodus in Domino congregata putavit: ut si crebrius non possent, aut nollent, semel tantum in anno fideles et peccata sua confiterentur, et Eucharistiae sacramentum perciperent» (*Opera Omnia*, I, 356).

[433] Cf. S. HOSIUS, *Confessio catholicae fidei*, cap. 91: «Siquidem in hoc ipso decreto Lateranensis Concilii, quanto cum iudicio, quanta est adhibita moderatio? Neque enim coguntur omnes, verum tantum qui pervenerunt ad annos discretionis: ac ne ii quidem quomodo cumque tandem affecti, ad Eucharistiae perceptionem adiguntur, verum hoc tantum praecipitur, ut ne sua voluntate, suoque iudicio se abstineat: sed si iustam aliquam esse causam existimaverint, quamobrem a communione sibi putet abstinendum, ad sacerdotem prius ea de re referant, neque nisi de consilio illius quicquam statuant [...]. Quid habet iniquitatis haec tam salubris Lateranensis concilii sanctio? Quid non summae potius aequitatis? Nisi forte non est hoc aequissimum, ut qualis esse quique vult, talis censeatur: neque commune cum eo quicquam habeant catholici, qui cum Ecclesia catholica communicare recusat» (*Opera Omnia*, I, 358).

3.1.3 Il duplice obbligo tra i precetti della Chiesa

Durante la sua XXV sessione il Concilio di Trento esortò solennemente i pastori a raccomandare ai fedeli le disposizioni della Santa Madre Chiesa, soprattutto quelle che riguardano le opere della penitenza (come l'astinenza e il digiuno) e la santificazione delle domeniche e delle feste[434]. Il medesimo Concilio non elaborò mai una lista dei precetti ecclesiali da proporre al popolo, un elenco simile non fu redatto neanche dai redattori del Catechismo Tridentino[435].

Tuttavia già al tempo del Concilio di Trento furono pubblicati dei libri importanti che contenevano le raccolte dei precetti della Chiesa[436] tra i quali si distingueva la *Summa Doctrinae Cristianae* di Pietro Canisio († 1597). L'opera del santo gesuita, conosciuta anche come *Catechismo Maggiore*, fu edita per la prima volta nel 1555. La sua redazione definitiva fu effettuata già dopo la chiusura del Concilio Tridentino, nel 1565. In questo catechismo troviamo un sottocapitolo intitolato proprio «De praeceptis ecclesiae»[437]. Sotto questo titolo l'autore prima espone le basi dottrinali del concetto stesso dei precetti della Chiesa, e poi propone un elenco dei cinque obblighi fondamentali, da osservarsi per ciascun cristiano[438]. Il quarto e il quinto precetto sintetizzano la normativa del canone *Omnis utriusque sexus*: «IIII. Peccata tua sacerdoti proprio annis singulis confitetor. V. Sacrosanctam eucharistiam ad minimum semel in anno idque circa festum Paschatis sumito»[439]. Il catechismo segue fedelmente la normativa lateranense, dato che vi troviamo l'obbligo di confessarsi al sacerdote proprio e la Comunione è fissata

---

[434] Cf. CONCILIO TRIDENTINO, Sess. 25, De delectu ciborum, ieiuniis et diebus festis: «Insuper hortatur sancta synodus et per sanctissimum Domini nostri atque Salvatoris adventum res omnes obtestatur, tamquam omnia, quae sancta Romana ecclesia, omnium ecclesiarum mater et magistra, statuit, nec non ea, quae tam in hoc concilio quam in aliis oecumenicis statuta sunt, quibuscumque fidelibus sedulo commendent, omnique diligentia utantur, ut illis omnibus et iis praecipue sint obsequentes, quae ad mortificandam carnem conducunt, ut ciborum delectus et ieiunia, vel etiam quae faciunt ad pietatem agendam, ut dierum festorum devota et religiosa celebratio: admonentes populus crebro oboedire praepositis suis, quos qui audiunt, Deum remunerationem audient, qui vero contemnunt, Deum ipsum ultorem sentient» (*DSP*, IV, 846).

[435] Cf. A. VILLIEN, *Histoire des Commandements de l'Église*, 2-3.

[436] Cf. A. VILLIEN, *Histoire des Commandements de l'Église*, 3-5; E. DUBLANCHY, «Commandements de l'Eglise», 390-391.

[437] Cf. P. CANISIUS, *Catechismus maior*, 18-24, n. 57-75.

[438] Cf. P. CANISIUS, *Catechismus maior*, 21, n. 70: «Praecipua quinque numerantur, cuique christiano et scitu et observatu certe necessaria».

[439] P. CANISIUS, *Catechismus maior*, 22, n. 70.

nella prossimità della festa di Pasqua, senza ulteriori precisazioni. La stessa formulazione la troviamo anche nel *Catechismus minimus* (1556-1568), la brevissima versione del Catechismo maggiore[440].

Inoltre Pietro Canisio fu autore del Catechismo minore, chiamato anche *Parvus Catechismus Catholicorum*, che è stato riedito molte volte tra il 1559 e il 1597. Questo catechismo fu redatto in una forma molto semplice, con la divisione dei contenuti per via di semplici domande. Dopo l'esposizione dei comandamenti del Decalogo, ci troviamo di fronte alla domanda: «Suntne praeter decalogum alia praecepta?»[441], alla quale segue la risposta: «Sunt utique, nec solum utiliter illa, verum etiam necessario observanda, praesertim ecclesiae praecepta»[442]. Alla domanda successiva, su quanti sono i precetti della Chiesa, la riposta con il numero di cinque[443] è accompagnata dalla lista dei comandamenti. Il quinto precetto riporta la norma sulla Comunione pasquale quasi invariata rispetto a quella contenuta nel Catechismo maggiore[444]. Il quarto precetto della Chiesa subì invece un interessante sviluppo. Infatti nel *Catechismo minore* il precetto sulla confessione annuale suona: «Peccata tua sacerdoti proprio *aut alteri cum eius facultate* singulis annis confiteor»[445]. Le parole da noi sottolineate non si trovano nel *Catechismus maior*. Visto che di solito le formule del *Catechismus minor* sono più brevi e sintetiche, questa aggiunta sembra un segno importante del cambiamento della dottrina e della prassi. Probabilmente Canisio vuole così sottolineare la possibilità di confessarsi ad un sacerdote diverso dal parroco, purché abbia la facoltà necessaria per poter ascoltare le confessioni.

I catechismi del Canisio ebbero una grandissima influenza, non solo nell'area germanica[446], ma anche in altri paesi dell'Europa. Basta riportare il numero delle edizioni della *Summa doctrinae christianae*, che dal 1555 al 1592 sale a più di ottanta, e quello delle diverse versioni del Catechismo minore, che dal 1558 al 1597 sorpassano le 100 edizioni.

---

[440] P. CANISIUS, *Catechismus minimus*, 268, n. 27.

[441] P. CANISIUS, *Catechismus minor*, 250, n. 61.

[442] P. CANISIUS, *Catechismus minor*, 250, n. 61.

[443] Cf. P. CANISIUS, *Catechismus minor*, 250, n. 62: «Quot sunt praecepta ecclesiae? Praecipua quinque numeratur».

[444] Cf. P. CANISIUS, *Catechismus minor*, 250, n. 62, V: «Sacrosanctam eucharistiam, ut minimum semel in anno, idque circa festum Paschae sumito». Le sole differenze tra la versione riportata qui è quella del Catechismo maggiore sono: il cambiamento di «ad» in «ut», e l'aggiunta delle due virgole.

[445] P. CANISIUS, *Catechismus minor*, 250, n. 62.

[446] Cf. E. DUBLANCHY, «Commandements de l'Eglise», 391.

La vastità dell'influsso è confermata dalla posizione geografica delle città di suddette edizioni, quali racchiudono tutta l'Europa cattolica di allora: da Cracovia, Praga e Vienna, per Colonia, Venezia e Lione, fino a Navarra e Salamanca[447]. A questa quantità si aggiunge la testimonianza della qualità, accordata dai più grandi teologi e uomini di Chiesa dell'epoca[448].

L'altro uomo importante, che ha presentato la propria formulazione catechistica dei comandamenti della Chiesa è stato un altro gesuita, il cardinale Roberto Bellarmino († 1621). Il Bellarmino compose due catechismi in lingua italiana: la «Dottrina Cristiana breve, perché si possa imparare a mente» e la «Dichiarazione più copiosa della Dottrina Cristiana». Nella prima delle due opere, scritta per ordine del Papa Clemente VIII, il santo cardinale elenca sei precetti della Chiesa[449]. Il terzo e il quarto precetto racchiudono gli obblighi pasquale ed annuale: «3. Confessarsi almeno una volta l'anno. 4. Comunicarsi la Pasqua di Risurrezione»[450]. Queste formule non sono molto diverse da quelle di Canisio, ma non dovrebbe sfuggire l'omissione dell'espressione *sacerdote proprio*. Infatti alla fine del XVI secolo si poteva già scegliere il confessore anche per compiere il precetto della confessione annuale.

Nella «Dichiarazione più copiosa della Dottrina Cristiana» Bellarmino riserva un intero capitolo — anche se molto breve — all'esposizione dei precetti della Chiesa. Ecco il capitolo VII di questa opera, intitolato «Dichiarazione dei comandamenti della Chiesa»:

D. Oltre de' comandamenti di Dio, vorrei sapere, se ve ne sono altri da osservarsi. M. Vi sono i comandamenti della s. Chiesa, quali sono questi. 1. Trovarsi presente alla santa Messa le feste comandate. 2. Digiunare la quaresima, le quattro tempora, e le vigilie comandate, e astenersi dalla carne il venerdì, e il sabato. 3. Confessare una volta all'anno, comunicarsi almeno la Pasqua della Risurrezione alla sua parrocchia. 4. Non celebrar le nozze ne' tempi proibiti, cioè dalla prima domenica dell'Avvento sino all'Epifania, e dal

---

[447] Cf. F. STREICHER, «S. Petri Canisii Catechismi Latini. Prolegomena», VIII, 96*-102*. In questo *prolegomenon* l'editore dei Catechismi di Canisio ha fatto un cospetto bibliografico di tutte le edizioni dei tre tipi dei Catechismi del santo gesuita, dall'anno 1555 al 1597.

[448] Cf. F. STREICHER, «S. Petri Canisii Catechismi Latini. Prolegomena», VII, 96*-102*. Il settimo *prolegomenon* è intitolato proprio «Rationes prosperi successus Catechismorum», e raccoglie diverse lodi ed opinioni degli uomini del XVI secolo.

[449] Cf. R. BELLARMINUS, *Dottrina Cristiana breve*, cap. De' precetti della Chiesa e de' consigli, 148.

[450] R. BELLARMINUS, *Dottrina Cristiana breve*, cap. De' precetti della Chiesa e de' consigli, 148.

primo giorno di quaresima fino all'ottava di Pasqua. 5. Pagar le decime alla Chiesa[451].

Se paragoniamo il testo appena citato con le redazioni precedenti dei precetti della Chiesa, ci troviamo davanti a due differenze interessanti. Per primo, gli obblighi della Comunione pasquale e della confessione annuale si trovano giustapposti nell'unico comandamento della Chiesa, seguendo la logica del canone *Omnis utriusque*. Poi nella parte sulla Comunione pasquale troviamo una aggiunta di capitale importanza: il fedele deve comunicarsi nella Pasqua *alla sua parrocchia*. Così la formula catechistica di Bellarmino riflette la disciplina: lasciando la libertà in materia della scelta del confessore, l'accento cade sul controllo della Comunione fatta in parrocchia. Questa versione dei precetti di Bellarmino ha influenzato molto altri catechismi ed autori cattolici a partire del XVII secolo[452].

Agli elenchi di Canisio e di Bellarmino seguirono gli innumerevoli cataloghi dei precetti della Chiesa in tutto il mondo cattolico. Tutte queste collezioni e versioni dei comandamenti ecclesiali contennero sempre i due obblighi derivati dalla normativa lateranense[453]. L'autorevolezza di queste formule è difficile da misurare: generazioni di fedeli le imparavano a memoria e generazioni dei teologi le commentavano[454]. Anche se fino alla fine del XX secolo non è esistito nessun elenco universale dei comandamenti della Chiesa[455], uno dei più autorevoli

---

[451] R. BELLARMINUS, *Dichiarazione più copiosa della Dottrina Cristiana*, cap. VII, 188.

[452] Cf. E. DUBLANCHY, «Commandements de l'Eglise», 391-392: «Depuis le commencement de XVIIe siècle, la plupart des théologiens suivent énumération de Bellarmin, du moins pour les quatre premiers préceptes [...]. Depuis le XVIIe siècle, les catéchismes approuvés par les évêques suivent assez universellement la classification de Bellarmin».

[453] Cf. A. VILLIEN, *Histoire des Commandements de l'Église*, 1: «Tous tes péchés confesseras/a tout moins une fois l'an./Ton Créateur tu recevras/Au moins à Pâques humblement»; *Ibid.*, 16: «3° Se confesser une fois l'an; 4° communier à Pâques».

Questi testi sono stati citati a modo di esempio. Per avere una descrizione più ampia degli elenchi dei precetti ecclesiali dal XVII al XX secolo cf. E. DUBLANCHY, «Commandements de l'Eglise», 391-392; A. VILLIEN, *Histoire des Commandements de l'Église*, 14-15.

[454] Per una bibliografia abbondante dei famosi teologi che si occuparono dei precetti della Chiesa Cf. E. DUBLANCHY, «Commandements de l'Eglise», 391; A. VILLIEN, *Histoire des Commandements de l'Église*, 13, nt. 1.

[455] Cf. E. DUBLANCHY, «Commandements de l'Eglise», 392: «l'Église universelle n'a officiellement adopté aucune classification». La situazione cambiò con la pubbli-

dizionari teologici del novecento non esitò a definirli come precetti ecclesiastici universalmente imposti a tutti i fedeli[456]. Gli obblighi della Comunione pasquale e della confessione annuale costituivano sempre parte integrante di queste norme fondamentali per la vita della Chiesa.

3.1.4 Il *Rituale Romano* sul precetto pasquale

Dalla sua pubblicazione nel 1615, per lunghi secoli il Rituale Romano di Papa Paolo V fu una importante fonte di norme liturgiche e pastorali, soprattutto nel campo dell'amministrazione dei sacramenti[457]. Per la nostra ricerca è interessante un breve capitolo di questo Rituale — intitolato *De communione paschali*[458] — nonché un paragrafo di un'altro capitolo sulla negazione della sepoltura ecclesiastica[459].

Il primo punto del capitolo obbliga il parroco ad avvertire il popolo, da solo o per mezzo di altri collaboratori, sul contenuto della costituzione 21 del Concilio Lateranense IV[460]. Il ruolo del parroco tuttavia non è limitato solo nell'annunciare il precetto ma consiste anche nel controllare il suo adempimento. Leggiamo infatti nel Rituale:

> Ut igitur hoc salutare Concilii Decretum inviolabiliter servetur, descripta Parochus habeat nomina suorum Parochianorum; et qui dicto tempore non communicaverint, et Post Octavam Paschae eos, qui propriae salutis immemores saepius admoniti non obtemperaverint, Ordinario suo denuntiet[461].

Vista la sempre più grande libertà nello scegliere il sacerdote per la confessione, il controllo dell'adempimento del precetto pasquale da parte del parroco si concentra sulla Comunione sacramentale. Il parroco

---

cazione del Catechismo della Chiesa Cattolica da parte di Giovanni Paolo II nel 1992. Cf. sotto, cap. V, 3.2.

[456] Cf. E. DUBLANCHY, «Commandements de l'Eglise», 392: «Dans un sens plus restreint, le seul qui nous occupe présentement, on réserve cette appellation aux préceptes ecclésiastiques universellement imposés à tous fidèles».

[457] Cf. J. O'KANE, *Notes on the rubrics*, 1-39.

[458] Cf. *Rituale Romanum*, tit. IV, cap. 3. La numerazione dei titoli, dei capitoli e dei sottocapitoli (numeri) è apparsa solo nell'edizione del 1886, ma fu seguita poi in tutte le edizioni del *Rituale*, fino al Conclio Vaticano II. Riprenderemo il testo dall'edizione più genuina del 1742 (identico con l'*editio typica* del Paolo V), ma nella divisione interna seguiremo l'edizione del 1886.

[459] Cf. *Rituale Romanum*, tit. VI, cap. 2, n. 6.

[460] Cf. *Rituale Romanum*, tit. IV, cap. 3, n. 1. «Curet autem Parochus, ut in Quadragesima per se, vel per alios Concionatores populo opportune denuntietur Constitutio Concilii Lateranensis sub Innocentio III, quae sic habet: *Omnis utriusque sexus fidelis*».

[461] *Rituale Romanum*, tit. IV, cap. 3, n. 2.

deve annotare i parrocchiani negligenti, ammonirli spesso, e — se non si pentono — notificare i loro nomi all'Ordinario. Il Rituale accomodato per una diocesi in Francia elenca i passi della procedura contro coloro che hanno trascurato il precetto pasquale[462]. Ecco l'edizione tipica del Rituale:

> Dabit quoque operam Parochus, quoad fieri potest, ut in ipso die sanctissimo Paschae communicent; quo die ipse per se, nisi legitime impediatur, Parochiae suae fidelibus hoc Sacramentum ministrabit. Alienae vero Parochiae fideles ad proprium Parochum remittet, praeter peregrinos seu advenas, et qui certum domicilium non habent, quibus ipse sacram praebebit Communionem, si accesserint rite parati, vel ubi est ea consuetudo, eos ad Cathedralis Ecclesiae Parochos remittet[463].

In questo punto il legislatore indica al Parroco di indurre i fedeli a comunicarsi nel giorno di Pasqua. In questo giorno è lo stesso parroco a dover amministrare il Santissimo Sacramento ai propri parrocchiani. Quanto ai fedeli di un'altra parrocchia, essi devono essere inviati al loro parroco proprio. L'eccezione è stabilita per i pellegrini e i forestieri, che non hanno un domicilio stabile.

L'ultimo brano sottolinea la responsabilità del parroco di portare nel periodo pasquale la Comunione ai parrocchiani malati — anche se si sono già comunicati in un altro tempo[464]. Anche questa norma di carattere pastorale mostra l'importanza del precetto pasquale nella pratica della Chiesa.

Nello stesso Rituale, nel capitolo intitolato «Quibus non licet dare ecclesiasticam sepulturam»[465] troviamo un accenno su coloro che non adempiono il precetto pasquale. Il testo sotto il n. 6 dichiara che non si dovrebbe concedere la sepoltura ecclesiastica «iis, de quibus publice constat, quod semel in anno non susceperint Sacramenta Confessionis,

---

[462] Cf. *Rituel Romain*, 89: «Nous admonestons qui ne se sont point encore confessez et communiez, de satisfaire à cette obligation pendant toute cette semaine, ou la prochaine pour tout delay, autrement nous leur déclarons que ce temps estant passé, nous les déférerons à Monseigneur l'Evesque, et à la Cour ecclésiastique de ce diocèse, pour estre interdits de l'entrée de l'église, privez de la sépulture ecclésiastique, et dénoncez publiquement et nommément tels au prône, et leurs noms affichez à la porte de cette église; et que c'est pour la seule, unique et péremptoire monition».

[463] *Rituale Romanum*, tit. IV, cap. 3, n. 3.

[464] Cf. *Rituale Romanum*, tit. IV, cap. 3, n. 4: «Aegrotis quoque Parochialibus, etiam si Communionem extra praescriptos Paschales dies sumpserint, in Paschalibus diebus illam deferet, ac ministrabit».

[465] *Rituale Romanum*, tit. VI, cap. 2.

et Communionis in Pascha, et absque ullo signo contritionis obierunt»[466]. Si tratta della pena prevista già nel canone Lateranense, applicata a coloro che pubblicamente hanno trascurato di osservare gli obblighi sacramentali e non hanno mostrato nessun segno di pentimento[467].

Il precetto pasquale diventa dunque una parte integrante del Rituale cattolico e la cura per la sua osservanza è affidata soprattutto al parroco: egli deve ricordare il suo contenuto, vigilare sul suo adempimento, ammonire quelli che non lo compiono e facilitare la sua osservanza ai forestieri e ai malati. Allo stesso tempo al vescovo deve essere trasmessa la lista di quelli che non osservano l'obbligo della Comunione Pasquale, e di conseguenza si può presumere che il dovere di infliggere le pene canoniche previste spetta proprio al pastore della diocesi, che è il vero moderatore della disciplina penitenziale[468].

3.2 Il doppio precetto fino all'inizio del novecento

Il precetto della Comunione pasquale e della confessione annuale continuò ad avere un ruolo importante ed una considerevole influenza sulla prassi sacramentale dei fedeli anche nei tempi moderni. Stabilita la dottrina dai Concili Lateranense e Tridentino, fissati gli elementi fondamentali della pratica liturgica e catechistica nel tempo posttridentino, erano rimaste comunque alcune controversie discusse dai teologi e dai canonisti, nonché delle domande concrete sorti nei territori di missione.

In questa epoca dello *ius novissimum* è stata soprattutto la Santa Sede a dirimere i dubbi e rispondere alle domande[469]. Nello studio del periodo di tempo che va dalla metà del seicento fino all'inizio del novecento ci concentreremo quindi sui documenti dei Papi e delle varie Congregazioni romane[470]. Per primo analizzeremo le decisioni del Santo Uffi-

---

[466] *Rituale Romanum* tit. VI, cap. 2, n. 6.

[467] Cf. P. GASPARRI, *Tractatus*, 392, n. 1172: «In praxi ut sepulturae ecclesiasticae negatio infligi queat, necesse est ut utrumque, nempe et praeceptum culpabiliter non implevisse et poenitentiae signa non dedisse, ita publicum sit ut nulla possit tergiversatione negari: in dubio parochus consultat, si potest, Ordinarium et in beniniorem partem inclinet».

[468] Cf. P. GASPARRI, *Tractatus*, 392-393, n. 1173: «Episcopus contumaces ab ingressu ecclesiae interdictos et sepultura ecclesiastica privatos declarat, eorumque nomina publice exhibet ut hac ignominia puniantur. Haec autem omnia hodie non ubique observantur nec observari possunt, praesertim in populosis urbibus, ob magnum numerum eorum qui paschale praeceptum negligunt».

[469] Cf. P. ERDÖ, *Storia*, 137.

[470] Per un riassunto delle opinioni di alcuni canonisti di rilievo di quest'epoca, cf. J. J. PAUL, *The recipient of the sacrament*, 163-168.

cio e della *Propoganda Fide* della seconda metà del secolo XVII. Poi ci fermeremo sull'insegnamento di Benedetto XIV, che ha segnato la dottrina canonica nel XVIII secolo. Studieremo anche i più importanti provvedimenti dell'ottocento, per riportare alla fine i brani di due importanti documenti di Leone XIII, pubblicati a cavallo tra il XIX e il XX secolo.

3.2.1 Le decisioni dei dicasteri romani nel XVII secolo

Nel seicento la Santa Sede è intervenuta parecchie volte sul tema del precetto pasquale e annuale. Dopo aver esposto nel precedente sottocapitolo i principali interventi sulla materia del sacerdote proprio per la confessione annuale, nonché sul luogo della Comunione pasquale, seguiremo altri interventi dei dicasteri della Curia Romana in ordine cronologico.

Il primo dei documenti da studiare è stato emanato dalla Sacra Congregazione *de Propaganda Fide* nel 1645, come risposta alla domanda dei missionari in Cina. I missionari chiedevano tra l'altro, se anche i cristiani cinesi fossero vincolati dalle leggi ecclesiastiche del digiuno, dalla osservanza delle feste e dall'obbligo della confessione e della Comunione annuale[471]. All'ultima domanda la Congregazione ha risposto nel modo seguente:

> Censuerunt etiam praefatos chinenses obligari ad Sacramentalem Confessionem semel in anno, et Missionarios huiusmodi obligationem debere eis notificare. Idem prorsus censuerunt quoad Sacram Communionem semel in anno sumendam. Quo vero ad executionem tempore statuto, hoc est, in Paschate, id esse intelligendum, nisi legitimum adsit impedimentum, aut grave periculum immineat. Curandum tamen ut infra duos vel tres menses, ante, vel post, Paschati proximos, quatenus sine discrimine fieri possit, in minus alio quovis tempore infra decursum unius anni a Paschate inchoandi omnino communicent[472].

Nella risposta citata osserviamo due principi importanti. I precetti della confessione e della Comunione annuale sono così importanti che la Chiesa vuole obbligare ad osservarli anche i fedeli in terra di missioni[473].

---

[471] Cf. S.C. DI PROPAGANDA DELLA FEDE, (Sinarum), 12 sept. 1645, in *Fontes*, VII, 12, n. 4459.

[472] S.C. DI PROPAGANDA DELLA FEDE, (Sinarum), 12 sept. 1645, in *Fontes*, VII, 12, n. 4459.

[473] La prassi concessa ai missionari della Cina si estenderà poi sul territorio di Corea Cf. A. PARK YANG-UNG, *La disciplina della confessione annuale*, 125-128.

Allo stesso tempo la Congregazione offre la possibilità di estendere il tempo della Comunione pasquale di qualche mese, fino ad esigere l'adempimento di questo precetto nel corso di un anno computato dalla Pasqua. Ancora una volta il precetto annuale appare più fondamentale dell'obbligo di compierlo nel tempo pasquale.

La decisione emanata dalla Congregazione *de Propaganda Fide* fu presa con la partecipazione del Santo Ufficio, come afferma l'inizio del documento[474]. Lo stesso *Sanctum Ufficium* confermò questa disposizione ancora due volte, cioè nel 1656[475] e nel 1669[476]. Questa costanza indica sia un solido fondamento dottrinale della decisione disciplinare presa, sia il perdurare della decisione basata su tale fondamento.

Nello stesso periodo il Santo Ufficio ha condannato alcune tesi della teologia morale giudicate false o pericolose. Tra le proposizioni condannate nel 1665 ne troviamo una che riguarda la soddisfazione del precetto della confessione annuale con una confessione volontariamente nulla[477]: «Qui facit confessionem voluntarie nullam, satisfacit praecepto ecclesiae»[478]. Già prima della censura pontificia la posizione contraria alla asserzione appena citata fu comunemente accettata[479]. Infatti secondo il canone *Omnis utriusque* ogni fedele deve confessare integramente i propri peccati, cercando di compiere la penitenza prescritta, cioè ricevere validamente il sacramento[480]. Inoltre

---

[474] Cf. S.C. DI PROPAGANDA DELLA FEDE, (Sinarum), 12 sept. 1645, in *Fontes*, VII, 12, n. 4459: «Infrascriptae propositiones a Sacra Congregatione de Propaganda Fide ad Sanctum Officium transmissae, fuerunt a Patribus Qualificatoribus eiusdem Sancti Officii qualificatae ut infra».

[475] Cf. S.C. DEL S. UFFICIO, 23. marzo 1656, in *Fontes*, IV, 9, n. 730. In questo documento il testo del 1645 sulla confessione e sulla Comunione annuale fu citato alla lettera.

[476] Cf. S.C. DEL S. UFFICIO, 13 nov. 1669, in *Fontes*, IV, 22, n. 741. Al dubbio se il provvedimento del 1645 restava sempre in vigore, la Congregazione rispose confermando ancora una volta le decisioni già prese e arrivando alla conclusione che «omnino, secundum quaesita, circumstantias et omnia in dictis dubiis expressa, esse servandum ut iacet».

[477] Per l'elenco degli argomenti a favore della tesi condannata Cf. L. DUARDO, *Commentaria in cap. Omnis utriusque*, I, f. 39.

[478] S.C. DEL S. UFFICIO, decr. 24 sept.1665, prop. 14, in *Fontes*, IV, 17, n. 734.

[479] Cf. L. DUARDO, *Commentaria in cap. Omnis utriusque*, I, f. 39: «erat communis, vel saltem communior sententia priusquam damnaretur».

[480] Cf. L. DUARDO, *Commentaria in cap. Omnis utriusque*, I, f. 40: «Etenim vi nostri canonis non tantum praecipitur confessio semel saltem in anno; verum etiam integri Sacramenti poenitentiae susceptio, ut patet ex illis verbis nostri canonis. Omnia sua, et iniunctam sibi poenitentiam, etc. [...] Sacramentum autem integre non

> Confirmatur, quia huiusmodi praeceptum est determinatio temporis, quo obliget praeceptum divinum confessionis, et nihil eidem addit, vel detrahit [...]. Sed praeceptum divinum non impletur, nisi per validam confessionem, alias finis praedicti praecepti, nempe remissio peccatorum, et iustificatio hominis non obtineretur[481].

Il fine della legge divina e della sua determinazione ecclesiastica è chiaro: la remissione dei peccati e la giustificazione dell'uomo. Questo fine non è raggiunto attraverso un'osservanza meramente esterna del precetto della confessione annuale, ma richiede l'adempimento delle condizioni prescritte per una confessione valida.

Dopo quattordici anni, nel 1679, apparve un altro decreto con la condanna di 65 proposizioni, fra le quali la cinquantesima quinta formulata in questo modo: «Praecepto Communionis annuae satisfit per sacrilegiam Domini manducationem»[482]. Questa asserzione si fondava sulla visione lassista del precetto pasquale, secondo la quale bastava l'osservanza solamente esterna del precetto[483]. La tesi contraria a questa condannata si impone già nel testo stesso dell'*Omnis utriusque*, il quale usa la parola *reverenter* nella frase circa la recezione della Comunione[484]. Poi, data la struttura interna del precetto pasquale, che è fondato sulla disposizione divina di ricevere la Comunione, si può osservare:

> Et institutum fuit a Domino Sacramentum huiusmodi per modum cibi, et praeceptum ut sumatur a fidelibus ut alantur, ut confortentur viventes vita illius, qui dixit, qui manducat me, et ipse vivet propter me, et tamquam antidotum[485], quo liberemur a culpis quotidianis, et a peccatis mortalibus praeservemur [...]. At qui indigne, ac scienter cum peccato mortali communicat, non modo non liberatur a culpis quotidianis, et a mortalibus praeservatur, sed spiritualiter mortuus accendit: ergo non modo non implet praeceptum, sed egit expresse contra praeceptum et finem eius[486].

Uno che si comunica soltanto esternamente, senza essere in grazia di Dio non compie il precetto del Signore di ricevere il Corpo di Gesù per vivere la sua vita ed entrare in Comunione con il Padre. Un tale fedele

---

suscipitur, nisi in eo concurrat valida peccatorum confessio: ergo per confessionem validam non autem invalidam impletur praeceptum confessionis annuae».

[481] L. DUARDO, *Commentaria in cap. Omnis utriusque*, I, f. 40.
[482] S.C. DEL S. UFFICIO, decr. 4 marzo 1679, prop. 55, in *Fontes*, IV, 34, n. 754.
[483] Cf. L. DUARDO, *Commentaria in cap. Omnis utriusque*, I, f. 561.
[484] Cf. L. DUARDO, *Commentaria in cap. Omnis utriusque*, I, f. 561.
[485] Nella versione stampata la parola suona *antitodum*, l'errore di stampa sembra evidente Cf. L. DUARDO, *Commentaria in cap. Omnis utriusque*, I, f. 562.
[486] L. DUARDO, *Commentaria in cap. Omnis utriusque*, I, f. 562.

non solo riceve la Comunione indegnamente, ma non compie il precetto pasquale, siccome va contro il fondamento del precetto stesso e contro la sua finalità.

Infine la disapprovazione e il rigetto di questi due concetti lassisti dimostrano che alla Chiesa non interessa l'osservanza puramente esterna dei precetti della confessione annuale e della Comunione pasquale. Sono obblighi che vincolano soprattutto la coscienza, e possono essere adempiuti solamente con lo spirito di fede e di sincerità richiesto per accedere ai sacramenti.

3.2.2 L'insegnamento di Benedetto XIV

Il Papa Benedetto XIV (1740-1758), Prospero Lambertini, marcò la storia del settecento come uno dei papi più umani, educati ed amati[487]. L'opera di Lambertini era già unica prima di entrare sul trono di Pietro, poi, da Benedetto XIV, fu ancora ingrandita e approfondita. Infatti il Papa Benedetto curò di persona le nuove edizioni dei suoi libri, e arricchì il magistero pontificio con numerose lettere encicliche (fu il primo a chiamare così i suoi principali documenti), piene di scienza canonica[488].

Il Papa canonista tratta gli argomenti del precetto annuale e pasquale soprattutto in due importanti opere: in *Notificazioni, editti ed istruzioni* — pubblicata ancora prima dell'elezione pontificia del cardinale arcivescovo di Bologna[489] e poi tradotta in latino con il titolo *Institutiones ecclesiasticae*[490] — e nel libro *De synodo dioecesana*, definito da un importante autore «la sua più famosa opera storico-giuridica»[491]. Una Troviamo una panoramica della disciplina orientale in materia sacramentale nel trattato *De sacramentis*, scritto tra il 1753 e il 1758[492] e pubblicato per la prima volta da Heiner nel 1904 nel volume intitolato *Opera inedita*[493].

---

[487] Cf. R. NAZ, «Benoît XIV», 755: «Aimé des catholiques, estimé des protestants, désintéressé, monarque sans favoris, pape sans népotisme, et malgré son esprit et son savoir, docteur sans orgueil, censeur sans sévérité».

[488] Cf. R. NAZ, «Benoît XIV», 755-761; T. BERTONE, *Il governo della Chiesa*, 171-195.

[489] A Bologna la raccolta dei documenti dell'arcivescovo fu pubblicata tre vole: nel 1733, 1735, 1740. Cf. T. BERTONE, *Il governo della Chiesa*, 51.

[490] Cf. T. BERTONE, *Il governo della Chiesa*, 51-52. Nel nostro lavoro utilizzeremo l'originale italiano.

[491] T. BERTONE, *Il governo della Chiesa*, 18.

[492] Cf. T. BERTONE, *Il governo della Chiesa*, 55, nt. 23.

[493] Cf. BENEDETTO XIV, *De sacramentis*, 193-456.

Inoltre preziosi accenni al nostro tema si trovano anche in tre encicliche, scritte tra il 1744 e il 1751.

Per primo analizzeremo le notificazioni da arcivescovo di Bologna, poi le opere canonistiche del Papa Benedetto XIV, per passare alla fine ai suoi documenti scritti con l'autorità pontificia.

Il cardinale Prospero Lambertini fu nominato arcivescovo di Bologna, sua città natale, nel 1731[494]. Già nel 1733 pubblica la notificazione circa l'obbligo di adempiere il precetto della Comunione pasquale nella propria parrocchia[495]. Dopo aver esposto la storia dell'interpretazione dell'espressione *sacerdos proprius*[496], il futuro Papa formula la regola seguente: «se basta per adempiere il precetto della Confessione il confessarsi da qualunque Sacerdote approvato, non basta per adempiere quello della Comunione il comunicarsi in ogni Chiesa»[497]. Infatti, per soddisfare la normativa circa la Comunione Pasquale ci si deve comunicare nella parrocchia propria[498]. Non si ammettono eccezioni neanche per le chiese metropolitane o cattedrali[499]. Lambertini paragona questa prerogativa del parroco a quella riguardante il matrimonio cattolico: non sarebbe valido un matrimonio celebrato senza il consenso del parroco proprio davanti al parroco della cattedrale[500]. Alla fine l'arcivescovo formula i requisiti da esigersi nel concedere la licenza di comunicarsi fuori della propria parrocchia: essa «non sarà data, che con giusta causa, e ben di rado, ed in iscritto [...] coll'obbligo di presentare al Curato non meno la licenza, che la fede di essersi altrove comunicato, in sequela della medesima»[501].

Dopo più di due anni, nell'agosto del 1735, l'arcivescovo Lambertini scrive un'altra lunga notificazione sul precetto pasquale[502]. Nella prima parte di questo documento il cardinale di Bologna espone in sintesi

---

[494] Cf. T. BERTONE, *Il governo della Chiesa*, 18.
[495] Cf. BENEDETTO XIV, *Notificazioni*, I, notificazione 18, 74-76.
[496] Cf. BENEDETTO XIV, *Notificazioni*, I, notificazione 18, 74-75
[497] BENEDETTO XIV, *Notificazioni*, I, notificazione 18, n. 9, 75.
[498] Cf. BENEDETTO XIV, *Notificazioni*, I,, notificazione 18, n. 9, 75.
[499] Cf. BENEDETTO XIV, *Notificazioni*, I, notificazione 18, n. 10-11, 75.
[500] Cf. BENEDETTO XIV, *Notificazioni*, I, notificazione 18, n. 12, 75,: «e siccome prescrivendo il Concilio di Trento, che il Matrimonio si faccia avanti il proprio Parroco, o altro Sacerdote colla di lui licenza, non si adempierebbe questo precetto nella forma prescritta, se essendo gli sposi di altra Parrocchia, andassero a maritarsi avanti il Parroco della Metropolitana, o ad altro sacerdote colla di lui licenza; così il medesimo dee dirsi in ordine all'adempimento di comunicarsi nella Pasqua».
[501] BENEDETTO XIV, *Notificazioni*, I, notificazione 18, n. 13, 76.
[502] Cf. BENEDETTO XIV, *Notificazioni*, I, notificazione 45, 191-195.

tutta la storia dell'obbligo di comunicarsi, dagli Atti degli apostoli fino al Rituale Romano di Paolo V[503]. Poi il futuro Papa insiste sul ruolo del parroco nell'esortare i fedeli ad adempiere il precetto e nell'ammonire i non osservanti, fino al denunciare i loro nomi al vescovo[504]. Anche la responsabilità del vescovo viene sottolineata e manifestata in un atto di governo concreto: l'arcivescovo di Bologna esorta tutti quelli che non si sono confessati e comunicati a Pasqua di farlo prima dell'8 settembre, la festa della Natività della Vergine[505]. In questo contesto appare la questione dell'esigere la fede dell'avvenuta confessione, soprattutto per evitare i sacrilegi. L'arcivescovo è del parere che tale attestazione si deve dare a ciascun penitente, anche quello che non ha ottenuto l'assoluzione. Questa pratica permette di salvaguardare il sigillo confessionale, ma non dà garanzie sul fatto che la Comunione non sia sacrilega[506]. Di conseguenza Prospero Lambertini parla della grave responsabilità personale che ha ogni fedele per accostarsi degnamente alla Comunione[507]. Alla fine il cardinale esorta tutti quelli che non si sono ancora comunicati a farlo nella festa indicata[508], aggiungendo «colle lagrime agli occhi, che chi (il che Iddio non voglia) sarà sordo, ed ostinato, darà molto a sospettare della sua credenza»[509].

Nella primavera dell'anno seguente l'arcivescovo di Bologna torna per l'ultima volta sul tema del precetto pasquale. Nella sua notificazione del marzo del 1736, dapprima riassume le provvisioni intraprese in precedenza e descrive i problemi con la loro realizzazione, dovuti soprattutto alla negligenza dei curati[510], e poi ritorna al cosiddetto *gius Parrocchiale*, cioè alla regola secondo la quale «la Comunione Pasquale dovesse farsi da ciascheduno nella sua Parrocchia, e che non s'intendesse aver soddisfatto al Precetto, ancorché venisse a comunicarsi nella nostra Metropolitana»[511]. Dopo aver spiegato i casi particolari dei religiosi e dei sacerdoti, gli uni e gli altri non essendo obbligati a comunicarsi nella

---

[503] Cf. BENEDETTO XIV, *Notificazioni*, I, notificazione 45, n.1-7, 191-192.
[504] Cf. BENEDETTO XIV, *Notificazioni*, I, notificazione 45, n. 7-8, 192.
[505] Cf. BENEDETTO XIV, *Notificazioni*, I, notificazione 45, n. 9, 192-193.
[506] Cf. BENEDETTO XIV, *Notificazioni*, I, notificazione 45, n. 9-11, 193.
[507] Cf. BENEDETTO XIV, *Notificazioni*, I, notificazione 45, n. 16-19.
[508] Cf. BENEDETTO XIV, *Notificazioni*, I, notificazione 45, n. 20, 195.
[509] BENEDETTO XIV, *Notificazioni*, I, notificazione 45, n. 21, 195.
[510] Cf. BENEDETTO XIV, *Notificazioni*, I, notificazione 55, n. 1-5, 226.
[511] BENEDETTO XIV, *Notificazioni*, I, notificazione 55, n. 5, 226 Cf. anche Cf. D. BOUIX, *Tractatus de Parocho*, 459: «cap. V Iura parochi quoad sacramentum Eucharistiae. I. Tenentur parochiani communionem paschalem facere in ecclesia parochiali».

loro Chiesa parrocchiale, il cardinale arcivescovo passa a descrivere le conseguenze della pena nella quale incorrono i non osservanti il precetto. Si tratta infatti dell'interdetto personale, che porta con sé la proibizione di entrare nella Chiesa durante la Santa Messa oppure un'altra funzione religiosa[512]. Con la pertinacia l'interdetto può passare alla scomunica[513], e se qualcuno perdura nell'ostinazione potrebbe anche essere sospetto di eresia[514]. Il futuro Papa dona al precetto pasquale un'importanza basilare, visto che minaccia con le pene più severe coloro che non adempiono il loro dovere in questo campo.

Un altro scritto di Benedetto XIV che contiene riflessioni rilevanti per il nostro tema è l'opera *De synodo dioecesana*, della quale le due prime edizioni del 1748 e del 1755 (rivista e ingrandita) furono curate dallo stesso Papa durante il suo pontificato[515]. Nel settimo libro di quest'opera Benedetto XIV parla delle condizioni per ricevere il Viatico e tocca anche il tema dell'età nella quale vige l'obbligo di confessarsi e di comunicarsi[516]. Molti studiosi pensavano infatti che ci sia un'unica età adatta per ricevere i due sacramenti[517], altri distinguevano tra l'età della discrezione adatta per la confessione, e una più alta per la

---

[512] Cf. BENEDETTO XIV, *Notificazioni*, I, notificazione 55, n. 11, 228: «non poter costoro entrar nelle Chiese per assistere in esse alla Messa, o agli Uffizi Divini [...], non potersi celebrare la Messa nella Chiesa, quando uno de' predetti vi sia presente, doversi procurare dai ministri della Chiesa, che n'esca».

[513] Cf. BENEDETTO XIV, *Notificazioni*, I, notificazione 55, n. 11, 228-229: «Potendosi per ultimo [...] dall'Interdetto, durante la contumacia, passare alla Scomunica, per separare i contumaci anche dal ceto de' Fedeli, come può vedersi da varie Risoluzioni della Sacra Congregazione del Concilio».
Un esempio di tale risoluzione della Congregazione del Concilio la troviamo nella *Bibliotheca* di Ferraris, cf. L. FERRARIS, *Bibliotheca*, III, v. Eucharistia, n.25, 391.

[514] Cf. BENEDETTO XIV, *Notificazioni*, I, notificazione 55, n. 11, 229: «quando la Scomunica da essi non sia curata, passeremo più oltre, prevalendoci eziandio della disposizione del sacro Concilio di Trento alla ses. 24 de Reformatione cap. 3 [...]: *si obdurato animo censuris annexus in illis per annum insorduerit, etiam contra eum tamquam de haeresi suspectus procedi possit*».

[515] Cf. BERTONE, T., *Il governo della Chiesa*, 54, nt. 15.

[516] Cf. BENEDETTO XIV, *De synodo dioecesana*, lib. 7, cap. 12, n. 2, 222.

[517] Cf. BENEDETTO XIV, *De synodo dioecesana*, lib. 7, cap. 12, n. 2, 222: «Plurique Doctores non improbabiliter docent, omnes pueros, statim ac sunt doli capaces, sicuti adstringuntur sacramentalis Confessionis praecepto, ita obligari ad communicandum in Paschate [...]. Allegata enim Decretalis Innocentii III. utrumque praeceptum coniungit, et absque ullo inter unum, et alterum discrimine, utrumque onus imponit omnibus utriusque sexus fidelibus, *postquam ad annos discretionis pervenerint*».

Comunione[518], la quale «maiorem exigit in suscipiente iudicii maturiatem»[519]. Siccome l'età adatta per la santa Comunione non è fissata con certezza in un concreto numero di anni, allora esiste una differenza di opinioni in questo campo[520]. Secondo il Pontefice(che segue in questo caso l'opinione di Sanchez), si potrebbe comunque presumere che tale intelligenza spirituale sia già presente tra i dieci e i quattordici anni di età[521].

Nel libro nono dello stesso scritto *De synodo dioecesana*, ritroviamo una chiara ed importante esposizione della dottrina canonica circa l'obbligo di ricevere la Comunione nella parrocchia propria, in relazione con i privilegi dei religiosi circa l'amministrazione del Santissimo Sacramento[522]. La riflessione del Papa si muove con coerenza su una linea già indicata dai papi precedenti e dalla prassi delle congregazioni romane[523], la quale linea si può sintetizzare in tali parole:

> sola die solemnitatis Paschatis, absolute prohiberi Regulares, ne Eucharistiam in suis Ecclesiis porrigant secularibus, etiamsi isti iam antea annuae Communionis praeceptum in propria Parochia impleverint: aliis vero diebus impediri non posse, quominus illam distribuant, modo seculares, eucharistico pane in eorum Ecclesiis refecti, non se solutos arbitrentur ab obligatione illum percipiendi a proprio sacerdote[524].

---

[518] Sant'Alfonso Maria de' Liguori nella sua teologia morale giudica questa seconda opinione *communissima et probabilior*. Cf. ALPHONSO MARIA DE LIGORIO, *Theologia Moralis*, III, lib. 6, n.301, 278. Circa le relazioni tra Benedetto XIV e San Alfonso cf. G. ORLANDI, «Benedetto XIV, S. Alfonso Maria de Liguori e i Redentoristi», 617-622.

[519] BENEDETTO XIV, *De synodo dioecesana*, 222, lib. 7, cap. 12, n.2.

[520] Cf. ALPHONSO MARIA DE LIGORIO, *Theologia Moralis*, III, lib. 6, n. 301, 279: «Hinc communiter dicunt doctores, regulariter loquendo, pueris non obligari ad communionem ante nonum vel decimum annum; nec differendum est esse communionem ultra duodecimum [...] vel saltem ultra decimum quartum».

[521] Cf. BENEDETTO XIV, *De synodo dioecesana*, 222, lib. 7, cap. 12, n.2: «Quo vero aetatis anno eam maturitatem advenisse sit praesumendum, non potest certa regula definiri; cum alii tardius, alii citius perfectum rationis usum, rerumque spiritualium intelligentiam assequantur: id autem intra decimum, et decimum quartum aetatis annum, communiter evenire, notat citatus Sanchez».
Alfonso Maria de' Liguori esprime una valutazione simile: «Hinc communiter dicunt doctores, regulariter loquendo, pueris non obligari ad communionem ante nonum vel decimum annum; nec differendum est esse communionem ultra duodecimum [...] vel saltem ultra decimum quartum» (ALPHONSO M. DE LIGORIO, *Theologia Moralis*, III, lib. 6, n. 301, 279).

[522] Cf. BENEDETTO XIV, *De synodo dioecesana*, lib. 9, cap. 16, n. 3, 342.

[523] Cf. sopra, cap. III, 3.1.1.

[524] BENEDETTO XIV, *De synodo dioecesana*, lib. 9, cap. 16, n. 3, 342,

La responsabilità di adempiere il precetto pasquale nella propria parrocchia riposa quindi sui fedeli, che non ne sono assolti per il semplice fatto di essersi comunicati nel periodo indicato nella chiesa dei frati. La proibizione di distribuire la Comunione nel giorno stesso di Pasqua rimane un chiaro segno della disposizione della Chiesa, la quale vuole che i suoi fedeli si comunicano *in Paschate* nella propria parrocchia.

Infine nel libro dodicesimo del *De synodo dioecesana* Benedetto XIV affronta il tema della durata del periodo della Comunione pasquale e del suo eventuale allungamento[525]. Infatti dal tempo di Eugenio IV il lasso di tempo nel quale si doveva adempiere il precetto pasquale era fissato dalla Domenica delle Palme fino alla seconda Domenica nell'ottava di Pasqua[526]. Sorgeva comunque la domanda se il vescovo in sinodo avesse potuto prolungare il periodo della Comunione pasquale. Con il suo stile rispettoso Benedetto XIV espone dapprima l'opinione che il vescovo abbia tale potestà, soprattutto nel sinodo diocesano[527], e poi dichiara che il suo giudizio su questa controversia è diverso: il vescovo diocesano dovrebbe avere l'approvazione del Romano Pontefice per la validità di tale decisione[528]. La ragione della suddetta risoluzione sta nel fatto che con la decisione di estendere il periodo pasquale i vescovi «non decernant, quod est a Iure praetermissum, sed contra Ius limites amplificent ab ipso praefinitos»[529]. A parte il chiarimento circa la potestà dei vescovi sulla durata del periodo della Comunione pasquale[530], il Pontefice riporta

---

[525] Cf. BENEDETTO XIV, *De synodo dioecesana*, lib. 12, cap. 6, n.10, 463.

[526] Cf. BENEDETTO XIV, *De synodo dioecesana*, lib. 12, cap. 6, n.10, 463: «Tempus porro Paschale, ad huic obtemperandum praecepto, quindecim dierum spatio hoc est a Dominica Palmarum, usque ad Dominicam in Albis, concludi declaravit Eugenius IV in sua Constitutione».

[527] Cf. BENEDETTO XIV, *De synodo dioecesana*, lib. 12, cap. 6, n.10, 463, : «videri posset Episcopo amplissimam regenti dioecesim, fas sibi esse, tempus Paschale in sua praesertim Synodo ulterius etiam prorogare, puta usque ad festum Ascensionis Dominicae, vel Sanctissimae Trinitatis; eo vel magis, quod ita opinantur nonnulli Doctores [...] quorum sententiae adhaesisse videtur etiam sacra Congregatio Concilii».

[528] Cf. BENEDETTO XIV, *De synodo dioecesana*, lib. 12, cap. 6, n. 10, 463: «Nos tamen in similibus casibus aliter iudicandum putavissemus, nec huiusmodi Synodales Constitutiones sine approbatione apostolica vim ullam obtinere censuissemus».

[529] BENEDETTO XIV, *De synodo dioecesana*, lib. 12, cap. 6, n.10, 463.

[530] Anche se la dibattito circa la potestà dei vescovi di estendere il periodo pasquale continuava poi tra i famosi canonisti. Ferraris cita una decisione della Congregazione del Concilio del 1616 e interpreta anche la *Omnis utriusque* per sostenere la tesi seguente: «Potest tamen tempus paschale extendi in longius tempus ex Episcopi aut Parochi dispensatione rationabili» (L. FERRARIS, *Bibliotheca*, III, v. Eucharistia, n.10, 390). Gasparri appoggia la stessa linea, e precisa: «proinde hoc tempus dilatare poterit

preziosissimi esempi dell'effettivo prolungamento di tale periodo. Infatti alla fine del secolo XVII il vescovo di Palermo decise di anticipare il tempo dell'adempimento del precetto pasquale e iniziarlo già dal Mercoledì delle Ceneri[531]. Alla fine dello stesso secolo il vescovo di Napoli chiese alla Congregazione del Concilio di prorogare il periodo della Comunione Pasquale fino alla solennità dell'Ascensione del Nostro Signore e ottenne tale concessione, rinnovata poi nel 1726[532]. Questi esempi sembrano dimostrare che l'estensione del tempo adatto per adempiere il precetto pasquale si incontrava non di rado anche nei paesi di tradizione cristiana, dove non esistevano i problemi di scarsità del clero.

Nel trattato *De sacramentis* Benedetto XIV espone la consuetudine vigente nell'Oriente cattolico di comunicarsi da una a quattro volte all'anno[533], e descrive le norme che obbligano alla confessione sacramentale[534]. Prima di delineare la multiforme legislazione orientale, nel capitolo sulla confessione il Pontefice presenta la normativa comune, promulgata dal Concilio Lateranense IV come il minimo per ciascun fedele: «fu stabilito, che debba ogni Cristiano confessarsi almeno una volta l'anno»[535].

Tra le numerose lettere encicliche di Benedetto XIV, la prima ad accennare al tema del precetto pasquale fu la *Inter omnigenas* del 1744, nella quale il Pontefice parla dei cristiani sotto il regime della Turchia musulmana[536]. Tra le parecchie disposizioni date ai cattolici in questa situazione difficile, troviamo anche la normativa sulla pasquale:

> Invigilent etiam, pro pastoralis muneris implemento, ne Fidelibus quocumque in loco degentibus Sacerdotes Catholici desint, qui ipsis in Paschatis solemniis Sacrosanctam Eucharistiam ministrare possint; tum, ut Lateranensis

---

Ordinarius, etiam generaliter per tota dioecesi; parochus pro sua parochia, sed in casibus particularibus tantum; tandem etiam confessarius pro suis poenitentibus, ideoque rursus nonnisi in casibus particularibus» (P. GASPARRI, *De Sanctissima Eucharistia*, II, 379, n.1156). Wernz conosce l'esposizione di Gasparri e la sostiene nella parte riguardante la potestà del parroco nei casi singolari (Cf. F.X. WERNZ, *Ius decretalium*, III, 465, nt. 54). Invece quanto alla potestà del vescovo di una proroga generale, fondata nella suddetta decisione della Congregazione del 1616, Wernz esprime un dubbio fondato: «non videtur satis attendisse, quod S.C.C. postea 20 Mart. a. 1694 atque sua praxi ab illa declaratione recesserit» (*Ibid.*).
[531] Cf. BENEDETTO XIV, *De synodo dioecesana*, lib. 12, cap. 6, n. 10, 463.
[532] Cf. BENEDETTO XIV, *De synodo dioecesana*, lib. 12, cap. 6, n. 10, 463-464.
[533] Cf. BENEDETTO XIV, *De sacramentis*, tit. II, cap. I, n. 28, 246.
[534] Cf. BENEDETTO XIV, *De sacramentis*, tit. III, cap. V, n. 5, 353.
[535] BENEDETTO XIV, *De sacramentis*, tit. III, cap. V, n. 1, 351.
[536] Cf. BENEDETTO XIV, lett. enc. *Inter omnigenas*, 2 febr. 1744, in *Fontes*, I, 803-813, n. 339.

> Concilii pro omnibus utriusque sexus Fidelibus Decretum observetur; tum, ut in communi totius Ecclesiae de Resurrectione Domini laetitia, hoc vivifico pabulo, quod symbolum quoque unitatis est, Ecclesiae Filii roborentur, ac nutriantur. Quod si propter locorum et temporum infelicitatem eveniat, ut infra duas Hebdomadas, quae a Dominica Palmarum ad Dominicam in Albis intercurrunt, nullatenus id fieri possit; tunc, ut eidem praecepto, vel in Quadragesima, vel in solemniis Pentecostes, praeviisque diebus, iuxta proprii Sacerdotis consilium, a Populis istarum Serviae regionum satisfieri valeat, harum Litterarum tenore concedimus, et indulgemus[537].

Il Papa esorta a compiere il precetto pasquale nel tempo previsto di due settimane — prima e dopo la Pasqua — ma a causa della *temporum infelicitatem* permette di estenderlo nei territori della Serbia per tutto il tempo di Quaresima e quello di Pasqua fino alla solennità delle Pentecoste.

Il tema della confessione annuale fu trattato dallo stesso Pontefice anche nella lettera enciclica *Inter praeteritos* del 1749, la quale doveva risolvere alcune controversie giuridiche e pratiche in vista dell'anno giubilare del 1750[538]. Benedetto XIV risolse la controversia circa i fedeli che avevano solo peccati veniali, obbligandoli nel caso concreto del giubileo alla confessione sacramentale per acquisire una indulgenza[539]. Il Pontefice accennò anche una discussione simile, che riguardava la confessione annuale:

> Confessionis praeceptum, prout a iure Divino statutum fuit, sola mortalia peccata comprehendit, nec ad venialia extenditur. Cum vero Ecclesia in concilio Lateranensi certum confitendi tempus, quod est Pascha Resurrectionis, praescripserit, controversia est, num necessitati confitendi peccata mortalia, aliam adiecerit, ut venialia etiam peccata confiteri necessarium sit. Et quamquam communiter dicatur, nequaquam adiunctam esse necessitatem etiam venialia peccata confitendi ad adimplendum praeceptum; non desunt tamen Auctores, qui pleni studio ac zelo contrariam opinionem tuentur, ac docent,

---

[537] BENEDETTO XIV, lett. enc. *Inter omnigenas*, 2 febr. 1744, §21, in *Fontes*, I, 808, n. 339.

[538] Cf. BENEDETTO XIV, lett. enc. *Inter praeteritos*, 3 dec. 1749 in *Fontes*, II, 265-287, n. 404.

[539] Cf. BENEDETTO XIV, lett. enc. *Inter praeteritos*, 3 dec. 1749, §8 in *Fontes*, II, 280-85, n. 404. Cf. anche A. MIGLIAVACCA, «La "confessione frequente"», 14; M. A SANCTIS FABREGAS, «Estne opportunum sola venialia confiteri?»,18-21. Il primo degli autori menzionati vede in questa decisione di Benedetto XIV una tappa importante dello sviluppo della confessione detta "di devozione", il secondo sottolinea il diritto della Chiesa di esigere la confessione dei peccati veniali, «saltem indirecte et quoad exercitum poenitentiae Sacramenti» (*Ibid.*, 21).

eum, qui non nisi venialia peccata habet, saltem in Paschate Sacerdoti se sistere debere, ut ei notum faciat, se, Divina opitulante gratia, nonnisi venialium culparum sibi conscium esse. [...] Nos hanc controversiam intactam relinquimus[540].

Il Papa afferma che l'opinione sulla necessità della confessione annuale solo nel caso di peccati gravi è formulata *communiter* dall'altra, che esprime un vero obbligo di presentarsi davanti al Sacerdote anche nel caso dei peccati solamente veniali. Benedetto XIV vuole lasciare intatta la libertà di discussione in questa materia[541], senza una decisione che coinvolga la sua autorità pontificia.

Nello stesso brano sopracitato, il Papa parla della prescrizione ecclesiale del Concilio Lateranense IV circa il *confitedi tempus, quod est Pascha Resurrectionis*. In realtà il Concilio Lateranense IV obbligò solo a confessarsi annualmente, ma la lettura congiunta del precetto della Comunione pasquale con quello della confessione annuale diventò molto comune, e portò a parlare dell'obbligo della confessione pasquale. In tal modo, a livello pastorale siamo arrivati al duplice precetto pasquale: della Comunione e della confessione. Questa prassi fu regolata dalla consuetudine ecclesiale confermata in modo solenne dal Concilio di Trento[542]. Il Papa Benedetto XIV legge probabilmente la costituzione lateranense in questa ottica di unità dei due obblighi[543]. Questa interpre-

---

[540] BENEDETTO XIV, lett. Enc. *Inter praeteritos*, 3 dec. 1749, §77 in *Fontes*, II, 283, n. 404.

[541] E infatti la discussione continuava. San Alfonso sostenne la tesi della non obbligatorietà per qui abbia solamente peccati veniali (cf. ALPHONSO MARIA DE LIGORIO, *Theologia Moralis*, III, lib. 6, n. 667: «Non obligatur qui tantum habet venialia»). Ferraris menzionò l'autorità di s. Tommaso a favore della tesi che il precetto vincolava anche senza una grave colpa (Cf. L. FERRARIS, *Bibliotheca*, II, v. Confessio, n. 10, 537: «Confessionis annuae praeceptum obligat, etiam non commissa gravi culpa, ut quis se peccatorum saltem quotannis recognoscat, ut ex S. Thoma»). Ojetti nella sua Synopsis citò s. Alfonso e aggiunse però che un fedele con soli peccati veniali poteva nella confessione annuale «de anteactis se accusare et absolutionem recipere, vel, si nihil aliud letale umquam admisit, confiteri se generaliter peccatorum et recipere absolutionem. Ad recipiendam autem absolutionem, non ad manifestanda peccata, praeceptum hoc est inductum» (Cf. B. OJETTI, *Synopsis*, I, v. Confessio annualis, 1239).

[542] Cf. sopra, cap. III, 2.3.2.

[543] Cf. BENEDETTO XIV, *De sacramentis*, tit. III, cap. V, n. 1, 352: «avendo la Chiesa stabilito nel sopraddetto Concilio, che si faccia la Confessione almeno una volta l'anno, e specialmente nella Pasqua di Resurezione; nel qual tempo vi è l'obbligo di comunicarsi, acciò chi riceve la santa Comunione, si accosti con maggior riverenza al Sacramento, ed acciò il Curato possa avere un'esatta cognizione de' suoi Parrocchiani».

tazione ormai consuetudinaria diventa evidente per il pontefice[544], che non spiega il perché della sua delimitazione del *tempus confitendi*.

Benedetto XIV allude ancora ad un altro elemento del precetto pasquale nella lettera enciclica indirizzata ai Vescovi del Regno di Polonia nel 1751 circa gli abusi da togliere negli oratori privati[545]. In questo documento il Pontefice ricorda:

> Quod pertinet ad Communionem Paschalem, quae ab unoquoquae Catholico Paschatis tempore recipienda est, ex praescripto tum Decreti Concilii Lateranensis [...] tum Concilii Tridentini [...], nemo est qui ignoret, praeceptum hoc in propria Parochiali Ecclesia adimplendum esse, aut in alia Ecclesia cum proprii Episcopi, vel Parochi licentia, secundum varias Dioecesium consuetudines[546].

Qui vediamo la conferma della prassi già stabilita e formulata tra l'altro nelle sopracitate notificazioni dello stesso Lambertini nei tempi in cui era arcivescovo di Bologna. L'enciclica ricorda questo dovere dei fedeli di compiere il precetto della Comunione pasquale nella propria parrocchia. Eppure esiste anche la possibilità di ottenere la licenza del parroco o dell'ordinario per adempiere il precetto in un'altra chiesa, secondo le consuetudini locali.

Nelle sue notificazioni da arcivescovo di Bologna il cardinale Lambertini sviluppò dei trattati sintetici sul precetto pasquale. Nelle sue opere private e nelle sue encicliche fece piuttosto delle allusioni e degli accenni circa questo tema. L'insieme dell'insegnamento di Papa Benedetto XIV sull'obbligo della Comunione pasquale e della confessione annuale tocca i punti importanti della dottrina e della prassi canonica nella metà del settecento.

3.2.3 Alcune soluzioni adottate nel XIX secolo

Lungo l'ottocento i dicasteri romani hanno risolto alcuni dubbi e controversie, nonché curato il retto adempimento degli obblighi della Comunione pasquale e della confessione annuale.

---

[544] Cf. I. LAURENTIUS, *Institutiones Iuris Canonici*, 468, n. 692: «Positiva lex ecclesiae iubet confessionem peccatorum proprio sacerdoti fieri [...] saltem semel in anno, et quidem, ut canon insinuat, tamquam praeparationem ante communionem paschalem».

[545] Cf. BENEDETTO XIV, lett. enc. *Magno cum*, 2 giugno 1751, in *Fontes*, II, 318-331, n. 413.

[546] BENEDETTO XIV, lett. enc. *Magno cum*, 2 giugno 1751, §21, in *Fontes*, II, 327, n. 413.

CAP. III: DA LEONE X A LEONE XIII   275

Già all'inizio del XIX secolo la Sacra Congregazione *De Propaganda Fide* emanò tale decreto per i missionari cinesi:

> Non sunt cogendi fideles seu praecepto seu poenis ad sacrosanctum Eucharistiae Sacramentum suscipiendum tempore visitationis missionarii, sed servandum erit praeceptum S. Matris Ecclesiae de annua Communione, ac sacri canones et mos eiusdem catholicae Ecclesiae studiose retinendi[547].

La Congregazione non permette quindi di introdurre nuovi precetti né pene neanche in terra di missioni. Basta che i fedeli osservino il diritto universale della Chiesa cattolica, nel rispetto dei suoi canoni e consuetudini. Il decreto usa l'espressione *annua Communione*, senza parlare del periodo di Pasqua, forse per sottolineare la norma fondamentale del precetto della Comunione, seguendo i privilegi dati ai missionari cinesi nei secoli precedenti.

Qualche anno dopo la Sacra Congregazione dei Riti rispose ai dubbi di un sacerdote che chiedeva se era lecito distribuire la Comunione durante la Messa del Sabato Santo, nonché se i fedeli che si comunicavano in questo giorno adempivano il precetto pasquale[548]. La Congregazione sciolse il dubbio e diede la risposta seguente: «Affirmative in utroque»[549].

Nella seconda metà del secolo la Congregazione per la Propagazione della fede emanò un'istruzione circa il rapporto tra le Chiese orientali cattoliche e la Chiesa latina. Leggiamo nel suddetto documento le seguenti parole circa il precetto pasquale:

> Quanto alla Penitenza la Santa Sede ha ritenuto sempre la massima che non si deve vincolare in alcun modo la libertà dei cristiani in un punto così delicato qual è la sacramentale confessione, ed ha voluto sempre che fosse lecito a ciascuno di manifestare la sue colpe a quello fra i sagri ministri approvati che gli fosse più a grado. [...]. Inoltre sebbene per l'adempimento del precetto pasquale deve ogni cristiano fare la Comunione nella propria parrocchia, non ha però alcuna obbligazione di confessarsi neppure in tale occasione dal proprio parroco[550].

---

[547] Cf. S.C. DI PROPAGANDA DELLA FEDE, (*Pro Sin.*), 20 feb. 1801, in *Collectanea*, 283, n. 720.

[548] Cf. S. CONGREGAZIONE DEI RITI, *Tifernaten.* 22 marzo 1806, in *Fontes*, VIII, p. 2, n. 5825: «An liceat in Sabbato Sancto inter Missarum solemnia Sacram Eucharistiam fidelibus distribuere, et num per eandem sumptionem sacrae Communionis praeceptum Paschale adimpleatur?».

[549] S. CONGREGAZIONE DEI RITI, *Tifernaten.* 22 marzo 1806, in *Fontes*, VIII, p. 3, n. 5825.

[550] S.C. DI PROPAGANDA DELLA FEDE, istr. (*ad Deleg. Ap. Aegypti*), 30 apr. 1862, in *Fontes*, VII, 390-391, n. 4857.

La Congregazione ricorda quindi il principio che la Comunione pasquale deve essere fatta nella propria parrocchia. Quanto alla confessione, l'istruzione lascia piena libertà di scegliere tra i ministri approvati. La Santa Sede non volle quindi porre limiti in questo campo neanche per i fedeli dell'altro rito[551].

Alla fine del secolo XIX la stessa *Propaganda Fide* confermò due volte che i fedeli dei riti orientali dovevano sottostare sotto la giurisdizione del proprio parroco per l'adempimento del precetto della Comunione pasquale[552]. Anche se per la Comunione "di devozione" i fedeli orientali che non avevano il luogo di culto del loro rito potevano comunicarsi in qualsiasi chiesa di qualsiasi rito, questo non vale «per la Comunione pasquale, e per il Viatico, che dovranno d'ora innanzi essere somministrati dal proprio parroco, perché non siano lesi i diritti parrocchiali»[553].

Un altro tema trattato ampiamente nei documenti delle congregazioni romane fu l'età nella quale comincia a vincolare il precetto pasquale. Nell'anno 1840 la Congregazione *De Propaganda Fide* si dovette pronunciare circa l'approvazione dei decreti del Vicario Apostolico Patriarcale di Costantinopoli. Nel terzo decreto si decise di obbligare i parroci a «confessare per lo meno una volta l'anno tutti i fanciulli giunti all'uso della ragione, e più spesso quelli che si dispongono alla prima Comunione»[554]. La risposta della Congregazione fu affermativa[555]. In un altro documento, indirizzato ai missionari presenti in India, la stessa Congregazione espresse il proposito che i missionari preparassero i fanciulli alla Prima Comunione, dal momento in cui essi fossero giunti all'età dell'uso di ragione[556]. In questi due documenti la *Propaganda*

---

[551] Cf. S.C. DI PROPAGANDA DELLA FEDE, istr. (*ad Deleg. Ap. Aegypti*), 30 apr. 1862, in *Fontes*, VII, 391, n. 4857: «Nè si è fatta mai su questo punto alcuna restrizione di rito, giacchè l'amministrazione di tal sagramento non porta seco alcun cambiamento nel rito. E se qualche dubbio alle volte si è mosso su tal particolare, la S. Sede ha dichiarato che non devesi fare in tal genere alcuna limitazione».

[552] Cf. S. C. DI PROPAGANDA DELLA FEDE, decr. 18 agosto 1893, in *Fontes*, VII, 531, n. 4926; ID., lett. enc., 26 febr. 1896, in *Fontes* VII, 540, n. 4934.

[553] S. C. DI PROPAGANDA DELLA FEDE, lett. enc., 26 febr. 1896, in *Fontes*, VII, 540, n. 4934.

[554] S. C. DI PROPAGANDA DELLA FEDE, (C. G.), 21 sett. 1840, in *Fontes*, VII, 299, n. 4784.

[555] Cf. S. C. DI PROPAGANDA DELLA FEDE, (C. G.), 21 sett. 1840, in *Fontes*, VII, 300, n. 4784.

[556] Cf. S. C. DI PROPAGANDA DELLA FEDE, (C. G.), 12 gen. 1869, in *Collectanea*, 287, n. 737: « Haec S.C. quam maxime optat ut missionarii et caeteri animarum

Fide parla dell'uso di ragione (e non della discrezione), che si presume sempre a sette anni. Dall'età dell'uso di ragione i ragazzini dovrebbero confessarsi almeno una volta all'anno, e da questa età dovrebbe iniziare la loro preparazione alla piena partecipazione all'Eucaristia[557].

La Sacra Congregazione del Concilio dovette trattare il problema dell'età dell'ammissione alla Comunione in un altro contesto. La prima decisione significativa fu presa nel rivedere i decreti del concilio locale di Rouen[558], il quale stabilì che nessuno al di sotto dei 12 anni poteva essere ammesso all'Eucaristia[559]. La Congregazione decretò di riformare il canone conciliare e sottolineò che non ci fosse nessuna legge canonica contraria alla Comunione dei fanciulli minori di 12 anni[560].

Il problema tornò dopo più di 30 anni, sempre in Francia, questa volta nella diocesi di Annecy. Infatti il vescovo di questa diocesi fece un decreto nel quale ordinò tra l'altro che nessun fanciullo fosse ammesso alla prima Comunione senza aver compiuto 12 anni[561]. Dato che alla decisione del vescovo seguì un ricorso alla Congregazione del Concilio[562], essa si pronunciò al riguardo il 21 luglio 1888[563]. La Congregazione sottolineò nella sua risposta, che l'età nella quale uno si dovrebbe accostare all'Eucaristia non è fissata in un numero preciso di anni, ma rimane da stabilire secondo la maturità del giudizio e la comprensione delle cose spirituali di ogni ragazzo[564]. Viene poi interpretata la costitu-

---

curatores in India pueros ac puellas, cum usum rationis fuerint assecuti, vim et dignitatem S. Eucharistiae diligentissime edoceant eo ut convenienti tempore divini epuli participes fieri digne mereantur. Iidem assidue urgeant fideles ad frequentem S. Confessionis et Communionis usum».

[557] Cf. P. GASPARRI, *Tractatus*, 386-387, n.1167.
[558] Cf. M. M. CROTTY, *The Recipient of First Holy Communion*, 20. Per sapere di più sulla legislazione dei concili locali della seconda metà del XIX secolo circa l'età della prima Comunione Cf. *Ibid.*, 18-19.
[559] Cf. S.C. DEL CONCILIO, 15 marzo 1851, in *Thesaurus* 147, 478.
[560] Cf. S.C. DEL CONCILIO, 15 marzo 1851: «Nulla canonica lege sancitum est ne Communio ministretur pueris ante duodecimum aetatis annum» (*Thesaurus* 147, 478).
[561] Cf. S.C. DEL CONCILIO, *Annecien.*, 21 luglio 1888: «Litteris pastoralibus diei 27 Decembris 1884 Anneciensis Episcopus haec inter alia ferebat decreta: "Aucun enfant garçon ou fille ne sera admis à faire sa première communion, 1° s'il n'a *pas douze ans révolus*; 2° s'il n'a pas suivi très exactement le catèchisme des deux dernières années"» (*Thesaurus* 147, 474-487).
[562] Cf. A. MIGLIAVACCA, «Prima Comunione dei fanciulli», 156.
[563] Cf. S.C. DEL CONCILIO, *Annecien.*, 21 luglio 1888, in *Thesaurus* 147, 474-487.
[564] Cf. S.C. DEL CONCILIO, *Annecien.*, 21 luglio 1888: «Unde iustissime ecclesia in suis generalibus legibus non quidem annorum numerum, sed mentis conditionem respicere iussit in pueris ad primam communionem candidatis. Vult enim ut ad sacram men-

zione *Omnis utriusque*, con le sue parole *ad annos discretionis,* le quali «apertissime excludunt taxativam ac fixam aetatem et innuunt attendendam potius esse moralem capacitatem»⁵⁶⁵. Il decreto della Congregazione si sofferma a lungo sui danni spirituali che possono essere causati dal rifiuto di dare la Comunione ai fanciulli che adempiono già le condizioni richiesti dal diritto comune⁵⁶⁶. Vengono elencati grandi pastori delle anime, San Carlo Boromeo, San Francesco Salesio, Sant'Alfonso Maria de' Liguori, i quali insegnano in modo unanime⁵⁶⁷, che «eos qui ad eucharistiam suscipiendam primum censentur capaces, speciali cura quadragesimali tempore instituendos esse, ad hoc ut possint in Paschate communi ecclesiae praecepto satisfacere»⁵⁶⁸. Infatti siccome con l'età della discrezione sorge il diritto e dovere di comunicarsi a Pasqua, si dovrebbe favorire i fanciulli all'adempimento di quest'obbligo⁵⁶⁹. Alla fine il decreto del vescovo di Annecy viene confermato *iuxta modum*⁵⁷⁰. Il cambiamento richiesto è il seguente: «Ne episcopus parochus prohibeat ab admittendis ad primam communionem iis pueris de quibus certo constat eos ad discretionis aetatem iuxta conciliorum Lateranensis IV et Tridentini decreta pervenisse»⁵⁷¹. Questo provvedimento riguarda la prima Comunione in forma privata, che può e deve essere concessa a quelli che ne hanno capacità morale anche prima di dodici anni. La decisione della Congregazione non cambia quindi la legge episcopale circa la prima Comunione in forma pubblica e solenne⁵⁷². Il tempo per

---

sam accedant quotquot devote ac reverenter id peragere possunt; quod ad maturitatem iudicii rerumque spiritualium intelligentia [...] potissimum pendet» (*Thesaurus* 147, 476).

⁵⁶⁵ S.C. DEL CONCILIO, *Annecien.*, 21 luglio 1888, in *Thesaurus* 147, 475.
⁵⁶⁶ Cf. S.C. DEL CONCILIO, *Annecien.*, 21 luglio 1888, in *Thesaurus* 147, 479-482.
⁵⁶⁷ Cf. S.C. DEL CONCILIO, *Annecien.*, 21 luglio 1888, in *Thesaurus* 147, 482.
⁵⁶⁸ S.C. DEL CONCILIO, *Annecien.*, 21 luglio 1888, in *Thesaurus* 147, 482.
⁵⁶⁹ Cf. P. GASPARRI, *Tractatus*, II, 387, n.1167: «Parvuli et praesertim parentes ac parochus studeant ut conditio quantocius verificetur; et tum primum Sacramentum confessionis et postea Sacramentum Eucharistiae eisdem pueris ministrabitur».
⁵⁷⁰ Cf. S.C. DEL CONCILIO, *Annecien.*, 21 luglio 1888: «*An decreta Episcopi Anneciensis sint confirmanda vel infirmanda in casu.* Attentis locorum ac temporis circumstantiis affirmative ad 1ᵐ partem iuxta modum» (*Thesaurus* 147, 487).
⁵⁷¹ P. GASPARRI, *Tractatus*, 389-390, n.1169. Il modus non è riferito nell'edizione del *Thesaurus*, lo riprendiamo quindi da Gasparri, che riporta una piena citazione. Cf. A. MIGLIAVACCA, «Prima Comunione dei fanciulli», 156: «cioè il Vescovo e il parroco non possono proibire di ammettere alla prima comunione quei ragazzi di cui vi è certezza che sono pervenuti all'età di discrezione secondo il Concilio Lateranense IV e i decreti Tridentini».
⁵⁷² Cf. P. GASPARRI, *Tractatus*, 390, n. 1169: «Ex his igitur apparet parvulos qui ante indicatam aetatem apti inveniuntur posse et debere admitti ad primam commu-

regolare tutta la prassi della prima Comunione in modo più deciso e più conforme al pensiero originale della normativa del Laterano IV arriverà solo con San Pio X.

3.2.4 Due encicliche di Leone XIII

A cavallo dei secoli il Papa Leone XIII (1878-1903) ha emanato due lettere encicliche che riguardano tra l'altro la problematica del precetto pasquale: *Trans Oceanum* (1897)[573] e *Mirae caritatis* (1902)[574].

La prima di queste encicliche, emanata il giorno di Pasqua del 1897, contiene un elenco dei provvedimenti riguardanti l'America Latina, che avrebbero dovuto sostituire i privilegi dubbi, concessi prima soltanto ad alcune regioni o già caduti in desuetudine[575]. Sotto il n. 8 della parte dispositiva dell'enciclica leggiamo queste parole: «Ut omnes fideles annuae Confessionis et Communionis praecepto satisfacere possint a dominica Septuagesimae usque ad octavam diem solemnitatis Corporis Christi inclusive»[576]. Con questa norma, concisa e chiara, il Papa Leone XIII concedette a tutta l'America Latina una ampia estensione del tempo utile per l'adempimento del precetto pasquale. Così i fedeli americani possono soddisfare gli obblighi della confessione e della Comunione ancora prima dell'inizio della Quaresima (la domenica *Septuagesima* era la terza precedente il mercoledì delle Ceneri) e anche dopo la fine del tempo pasquale liturgico, fino al termine dell'ottava del *Corpus Domini*. Questo privilegio doveva rimanere in vigore per trent'anni dalla pubblicazione[577]. Nella lettera enciclica *Mirae caritatis* sulla santa Eucaristia il Pontefice fece appello alla

---

nionem in forma privata, non autem ad primam communionem in forma publica et solemni in dioecesi recepta; pro qua decreto episcopali standum est».Cf. anche F.X. WERNZ, *Ius decretalium*, III, 465, nt. 52.

[573] Cf. LEONE XIII, lett. enc. *Trans Oceanum*, 18 aprile 1897, in Fontes, III, 512-515, n. 633.

[574] Cf. LEONE XIII, lett. enc. *Mirae caritatis*, 28 mag. 1902, in *Fontes*, III, 578-588, n. 648.

[575] Cf LEONE XIII, lett. enc. *Trans Oceanum*, 18 aprile 1897, 512-513 in *Fontes*, III, 514, n. 633.

[576] LEONE XIII, lett. enc. *Trans Oceanum*, 18 aprile 1897, n. VIII in *Fontes*, III, 514, n. 633.

[577] Cf LEONE XIII, lett. enc. *Trans Oceanum*, 18 aprile 1897: «quae infra recensentur privilegia pro omnibus Americae Latinae singularisque dioecesibus et dictionibus de Apostolice potestatis plenitudine ad proximum triginta annorum spatium hisce ipsi litteris concedimus» (*Fontes*, III, 513, n. 633).

sempre più ampia[578] e sempre più assidua frequenza[579] alla Comunione sacramentale. In tale prospettiva è ricordato il precetto pasquale:

> Porro testis historia est, christianae vitae cultum vulgo floruisse melius, quibus temporibus esset Eucharistiae perceptio frequentior. Contra non minus est exploratum consuevisse, ut quum caelestem panem negligerent homines et veluti fastidirent, sensim elanguesceret christianae professionis vigor. Qui quidem ne prorsus aliquando deficeret, opportune cavit in Concilio Lateranensi Innocentius III, quum gravissime praecepit, ut minimum per sollemnia Paschatis nemo christianus a communione Dominici Corporis abstineret. Liquet vero praeceptum huiusmodi aegre datum, ac postremi remedii loco, semper enim id fuit Ecclesiae in votis, ut cuique sacro adessent fideles de divina hac mensa participes[580].

Secondo il Pontefice esiste una forte relazione tra il fervore della vita cristiana e la frequenza alla Comunione sacramentale[581]. La storia rimane grande testimone di questa verità: la vita cristiana fioriva quando i fedeli si comunicavano più spesso, e al contrario, quando regnava la negligenza nel ricevere degnamente la Comunione, il vigore della testimonianza cristiana gradualmente diminuiva la fede. Innocenzo III stabilì nel Concilio Lateranense IV l'obbligo di comunicarsi a Pasqua per assicurare il minimo di cibo spirituale, affinché nessun cristiano fosse privo del Corpo del Signore almeno nelle feste pasquali. La Comunione pasquale vincola quindi come grave obbligo (*gravissime praecepit*), perché si tratta della norma fondamentale per la vita di fede. D'altra parte si tratta di un precetto dato a malincuore, visto che l'intenzione della Chiesa è quella di nutrire i suoi figli con il cibo spirituale in abbondanza. In tale contesto il Pontefice volle ricordare il precetto pasquale, come il minimo giuridico di un appello alla Comunione frequente.

---

[578] Cf. LEONE XIII, lett. enc. *Mirae caritatis*, 28 mag. 1902: «Absit igitur pervagatus ille error perniciosissimus opinantium Eucharistiae usum ad eos fere amandandum esse, qui vacui curis angustique animo conquiescere instituant in quodam vitae religiosioris proposito. Ea quippe res, qua nihil sane nec excellentius nec salutarius, ad omnes omnino cuiuscumque demum muneris praestantiaeve sint, attinet, quotquot velint (neque unus quisquam non velle debet) divinae gratiae in se fovere vitam, cuius ultimum est adeptio vitae cum Deo beate» (*Fontes*, III, 581, n. 648).

[579] Cf. LEONE XIII, lett. enc. *Mirae caritatis*, 28 mag. 1902: «Sed in eo praecipue est elaborandum, ut frequens Eucharistiae usus apud catholicas gentes late reviviscat» (*Fontes*, III, 588, n. 648).

[580] LEONE XIII, lett. enc. *Mirae caritatis*, 28 mag. 1902, in *Fontes*, II, 586, n. 648.

[581] Cf. M. PASTUSZKO, *Najświętsza Eucharystia*, 193; M. NICOLAU, «La comunión y la vida de la gracia», 38-57.

Abbiamo visto che dopo il Concilio di Trento, la Santa Sede ha curato l'edizione del Catechismo e del Rituale Romano, le quali opere, indirizzate ai parroci, hanno probabilmente molto influenzato la prassi dell'osservanza del precetto pasquale nella Chiesa nel periodo postridentino. Non poca importanza aveva anche l'insegnamento catechistico dei cosiddetti precetti della Chiesa, dei quali gli obblighi di confessarsi una volta all'anno e comunicarsi nella Pasqua costituivano sempre una parte integrante.

Poi, durante più di tre secoli i Papi con i loro vari dicasteri hanno ricordato il precetto pasquale, risolto i dubbi e precisato i punti oscuri. E così alla fine del XIX e all'inizio del XX secolo i fedeli di entrambi i sessi e di tutti i riti, venivano obbligati con l'età dell'uso di ragione alla confessione annuale, e poi, nell'età più matura, alla Comunione pasquale. Quest'ultima doveva essere compiuta nella parrocchia propria, essendo in tal modo oggetto della pressione sociale e del controllo parrocchiale[582]. Tuttavia, data la libertà di scelta quanto alla confessione, la normativa pasquale vincolava soprattutto la coscienza cristiana del fedele, alla quale spettava di assicurare una confessione valida ed una degna ricezione del Santissimo Sacramento.

In questo capitolo abbiamo analizzato e presentato quasi quattrocento anni di storia delle norme legate con il precetto pasquale.

La mossa di Lutero e degli altri protestanti scosse profondamente l'ordine religioso, culturale e sociale del Medioevo, del quale faceva parte la legge e la prassi della Comunione pasquale e della confessione annuale. Alla contestazione dei riformatori la Chiesa rispose infine con la grandiosa opera del Concilio di Trento. Le sue decisioni e la sua dottrina stabilirono i fondamenti della rinnovata teologia, legislazione e prassi cattolica. Nel campo del precetto pasquale il Concilio ha confermato solennemente la normativa lateranense, con l'approfondimento della sua comprensione e con un saggio ripensamento dei suoi elementi.

Non poca importanza hanno avuto anche le decisioni postconciliari dei Papi e delle diverse Congregazioni. La Comunione pasquale fu un

---

[582] I precisi elenchi dei *communicantes* permettono oggi approfonditi studi storici e sociologici sulla effettiva osservanza del precetto pasquale all'epoca posttridentina. A titolo di esempio menzioniamo qui due lavori tra i più recenti: M. LUPI, «"Morosi al soddisfacimento". L'osservanza del precetto pasquale a Perugia negli ultimi anni dello Stato Pontificio», 205-218; L. ROUSSEAU – F.W. REMIGGI, «Le renouveau religieux montréalais au XIXe siècle: une analyse spatio-temporelle de la pratique pascale», 431-454.

obbligo da adempiere per ogni fedele nella propria parrocchia. La confessione annuale, libera quanto alla scelta del confessore, era a livello pratico correlata con la Comunione pasquale. I due obblighi erano insegnati tra i precetti della Chiesa e ricordati dai Papi, dai vescovi, dai parroci. L'adempimento del precetto pasquale fu un elemento fondamentale della pratica sacramentale cattolica. Presente anche nei territori di missione, nei paesi con una lunga tradizione cristiana fu un segno radicato dell'identità cattolica, una prassi comune e consuetudinaria.

Con il pontificato di Leone XIII finisce il periodo oggetto di studio in questo capitolo. Il suo successore, San Pio X, sarà già il Papa che deciderà la prima codificazione delle leggi della Chiesa, inclusa la normativa pasquale.

CAPITOLO IV

La Comunione pasquale, la confessione annuale e il Codice Pio-Benedettino

In questo capitolo viene affrontata la normativa che regolava gli obblighi della Comunione pasquale e della confessione annuale nei sessant'anni segnati dal Codice del 1917, dagli albori della sua elaborazione, fino al tempo del Concilio Vaticano II.

Inizieremo dall'evoluzione delle formulazioni del precetto pasquale durante 13 anni dei lavori della redazione del primo Codice del Diritto Canonico. Il punto centrale dell'esposizione sarà costituito dalla analisi dei relativi canoni del Codice Pio-Benedettino. Nella terza e ultima parte del capitolo prenderemo in esame anche le rispettive norme susseguenti al Codice del 1917 fino agli primordi del Concilio Vaticano II, dopo il quale furono già cominciati i lavori sulla normativa attuale, che sarà analizzata nel quinto capitolo del presente lavoro.

1. Il periodo della preparazione del primo Codice (1904-1917)

In seguito sarà studiato lo sviluppo dell'espressione codiciale del precetto pasquale, maturata soprattutto nei lavori della Commissione per la Codificazione del Diritto Canonico presieduta da Pietro Gasparri[1]. L'accesso agli schemi utilizzati dalla suddetta commissione, ai verbali dalle sedute delle Consulte parziali e delle Congregazioni dei cardinali, nonché ai voti e alle annotazioni dei suoi illustri membri è stato possibile grazie alla gentile disponibilità degli archivi ecclesiastici romani. Precisamente per i fini della nostra ricerca abbiamo studiato i

---

[1] Per conoscere meglio questo personaggio chiave della prima codificazione Cf. C. FANTAPPIÈ, *Chiesa romana e modernità giuridica*, I, 335-524.

documenti provenienti da due fondi archiviali: il fondo della Commissione per la Codificazione del Codice del Diritto Canonico nell'Archivio Segreto Vaticano (ASV)[2] e il cosiddetto *Fondo Ojetti* nell'Archivio della Pontificia Università Gregoriana (APUG)[3].

Per la chiarezza dell'esposizione lo studio dei lavori della codificazione sarà suddiviso in due parti: 1. dal primo annuncio ufficiale della codificazione della legislazione canonica fino al primo schema completo del libro *De rebus*, cioè dal 1904 al 1909; 2. Il periodo 1910-1917, iniziato con i due documenti del Papa Pio X sulle questioni connesse con il precetto pasquale, e terminato con la redazione definitiva della normativa codiciale.

---

[2] Questo fondo — fondamentale per lo studio della storia della codificazione — contiene purtroppo grandi lacune di materiale. Oltre la sparizione di intere scatole (nn. 91-95), alcuni documenti mancano anche nelle scatole precedenti. Cf. J. LLOBEL – E. DE LEÓN – J. NAVARRETE, *Il libro "De processibus"*, 23-24.

Inoltre ci siamo trovati di fronte alle difficoltà quanto alla ripartizione del materiale nelle rispettive scatole del fondo. L'indice che si trova nell'ASV è molto generale e non sempre corrisponde pienamente al contenuto delle scatole. Ancora più problematica rimane la sottodivisione del materiale all'interno delle scatole: solo in alcune troviamo le buste numerate o intitolate, qualche busta sembra "viaggiare" tra le scatole, e certi documenti di prima importanza si trovano fuori dalle buste e non catalogati. Per la chiarezza del nostro lavoro diamo sempre riferimento alla scatola dell'archivio nella quale il documento è stato trovato, mentre riferimenti alle buste o fascicoli concreti saranno fatti solo in alcuni casi dove questo sembra opportuno e pratico.

Inoltre alcuni documenti di particolare importanza, soprattutto se si trovano in molti luoghi diversi saranno citati secondo i criteri interni al documento stesso (e secondo le nostre abbreviazioni); in questo caso le loro "coordinate" per reperirli nell'archivio si troveranno nella bibliografia.

[3] Il fondo porta il nome del padre Benedetto Ojetti SI, strettissimo collaboratore del card. Gasparri. In esso troviamo un immenso materiale di bozze e di schemi dall'anno 1909 in poi, molte volte annotate e corrette dallo stesso gesuita (nell'ASV troviamo piuttosto gli appunti e le modifiche fatte da parte del Gasparri).

Il *Fondo Ojetti*, che fa parte dell'APUG, rimane catalogato in modo preciso e dettagliato, facilitando la nostra ricerca. Il materiale è diviso in fascicoli ordinati in modo chiaro e logico.

Sembra che la giacenza del materiale riguardante la Codificazione nel *Fondo* sia legata all'unico ruolo di padre Ojetti nella fase decisiva della prima codificazione. Tale ruolo esimeva, come pare, il grande canonista dalle disposizioni mandate ai Consultori dal segretario della Commissione Pontificia per la Codificazione del Diritto Canonico, nelle Circolari del 1904, 1909 e 1910. Queste circolari comunicavano di «essere assoluta volontà del S. Padre che ogni Consultore, anche per l'avvenire, appena esaurito lo studio di ciascuna stampa relativa alla Codificazione del Diritto Canonico, la restituisca senza ritardo a questa Segreteria» (Cf. ASV, *Commissione Cod. Diritto Canonico*, scat. 2).

1.1 La prima tappa dei lavori della codificazione (1904-1909)

Questa prima tappa della codificazione comincia con diverse attività preparative della Commissione per la Codificazione del Diritto Canonico, seguite dalla prima consultazione dell'episcopato mondiale. Poi sono stati preparati i voti dei consultori discussi nelle Consulte, i primi progetti degli schemi, ed infine il primo schema completo del libro *De rebus*, stampato nel 1909.

1.1.1 L'inizio dell'elaborazione della nuova normativa canonica

La decisione di codificare la legge della Chiesa fu annunziata nel motu proprio di Pio X *Arduum sane munus* del 19 marzo 1904[4]. Con questo documento fu istituita la Commissione per la Codificazione del Diritto Canonico. Il Pontefice decise di presiedere la Commissione, prevedendo che durante la sua assenza poteva essere sostituito dal cardinale decano[5]. I consultori della Commissione dovrebbero essere eletti «a viris canonici iuris ac theologiae peritissimis [...], Pontifice probante»[6]. Nello stesso tempo il motu proprio annunziava la consultazione dei Vescovi di ogni parte del mondo, perché l'opera progettata avesse carattere veramente universale[7]. In una nota manoscritta anonima, collocata nell'archivio vaticano nella stessa busta con il documento del pontefice, troviamo in sintesi lo scopo della nuova codificazione, il quale risulta «duplice: a. facilitare lo studio del Diritto Canonico; b. renderne più agevole l'applicazione nelle Curie ecclesiastiche»[8].

La Commissione per la Codificazione del Diritto Canonico, costituita dai padri cardinali e dai consultori[9] e munita del proprio regolamento[10],

---

[4] Cf. Pio X, motu proprio, *Arduum sane munus*, 19 marzo 1904, 549-551. Per le versioni del motu proprio della fase di redazione cf. ASV, *Commissione Cod. Diritto Canonico*, scat. 1, busta n. 1. Quanto alle circostanze della decisione del Pontefice di codificare il diritto canonico cf. C. FANTAPPIÈ, *Chiesa romana e modernità giuridica*, II, 643-657.

[5] Cf. Pio X, motu proprio, 19 marzo 1904, *Arduum sane munus*, I-II, 551.

[6] Pio X, motu proprio, 19 marzo 1904, *Arduum sane munus*, III, 551.

[7] Cf. Pio X, motu proprio, 19 marzo 1904, *Arduum sane munus*, IV, 551.

[8] ASV, *Commissione Cod. Diritto Canonico*, scat. 1, busta n. 1.

[9] Per la prima lista dei consultori della Commissione cf. SEGRETERIA DI STATO, lett. circ. *Pregatum mihi*, 25 marzo 1904, 603. Cf. anche ASV, *Commissione Cod. Diritto Canonico*, scat. n. 1, busta n. 1.

[10] Cf. ASV, *Commissione Cod. Diritto Canonico*, scat. 2. Si trova lì un fascicolo intitolato «Regolamento per la Commissione Pontificia istituita dal Santo Padre per la Codificazione del Diritto Canonico». Cf. anche J. LLOBEL – E. DE LEÓN – J. NAVARRETE, *Il libro "De processibus"*, 39-41.

doveva per primo decidere sulla ripartizione delle materie nel futuro codice[11]. Dopo la prima proposta della suddivisione del codice, contenuta nella lettera di Gasparri alle università cattoliche[12], i consultori presentarono proprie proposizioni al riguardo, alcune molto interessanti[13]. In base a questi suggerimenti, esposti anche nell'unica riunione generale dei consultori del 17 aprile 1904, è stato stampato il secondo progetto della ripartizione[14]. Le discussioni durante le *consulte*[15] di maggio e di giugno portarono alle nuove proposte della ripartizione[16]. L'ultimo schema accettato dai consultori prevedeva la suddivisione delle materie in cinque libri, con il terzo libro De rebus[17], la prima parte del quale doveva contenere le norme sui sacramenti, divisi in titoli, con il

---

[11] Cf. ASV, *Commissione Cod. Diritto Canonico*, scat. 2, busta n. 7. Sembra che questa busta sia stata trasferita dalla scatola 1. Infatti le buste ivi contenute sono numerate dall'uno fino all'otto e manca proprio la busta n. 7, mentre nella scatola 2 non ci sono altre buste con gli appositi numeri.

[12] Cf. COMMISSIONE CODIFICATRICE, lett. *Perlegisti*, 6 aprile, 130: «Ordo autem servandus hic plusminusve erit: praemissa parte generali [...], quinque habebuntur libri: De Personis, De Sacramentis, De Rebus et Locis sacris, De delictis et poenis, De Iudiciis; qui tamen ordo, pro laboris a Consultoribus perficiendi commoditate ab initio constitutus, poterit, si progressu studiorum opportunum videbitur, immutari».

[13] Cf. ASV, *Commissione Cod. Diritto Canonico*, scat. 1, busta n. 6. In questa busta troviamo i manoscritti dei consultori circa la possibile ripartizione delle materie del codice. Le proposte sono molto varie: Naval voleva la divisione nei nove libri, tra i quali il quinto tratterebbe dei Sacramenti e dei sacramentali; padre Benedetti giudicava che non sarebbe giusto ritenere l'ordine dei cinque libri dei Decretali e proponeva una divisione in quattro libri; quattro libri erano proposti anche dai consultori De Lai, Klumper e Lepicier (che voleva fomare il nuovo Codice secondo l'ordine del Catechismo); padre Wernz optava perché fossero custodite tre regole: «I. Vere rationabilis et logica sit divisio. II. Practica et clara et facilis sit divisio III. Conformis sit quoad substantiam ordini traditionalis».

[14] Cf. J. LLOBEL – E. DE LEÓN – J. NAVARRETE, *Il libro "De processibus"*, 41-44.

[15] Il gruppo dei consultori si chiamava ufficialmente *la commissione speciale de consultori*, nei verbali si usa l'espressione *Consulta parziale* per denominare il raduno della commissione speciale. Cf. J. LLOBEL – E. DE LEÓN – J. NAVARRETE, *Il libro "De processibus"*, 63-67.

[16] Cf. ASV, *Commissione Cod. Diritto Canonico*, scat. 1, buste n. 1; n. 5. Cf. anche J. LLOBEL – E. DE LEÓN – J. NAVARRETE, *Il libro "De processibus"*, 44-45.

[17] Nella busta ottava della stessa prima scatola, troviamo un manoscritto di padre Ojetti, con una obiezione molto interessante: «Quanto al libro 3° la difficoltà mia è quella che esposi l'altra volta. I Sacramenti tutti insieme giuridicamente non si possono raggruppare. Mons. De Lai mi oppose che son cose. E certo tutto ciò, che non è persona, può considerarsi come cosa. Ma la questione è altra. Giuridicamente è ben fatto considerare i sacramenti come cose? Non credo» (ASV, *Commissione Cod. Diritto Canonico*, scat. 1, busta n. 8).

CAP. IV: IL CODICE PIO-BENEDETTINO 287

terzo *De Eucharistia* e il quarto *De poenitentia*[18]. I cardinali approvarono questa ripartizione del materiale, secondo l'annotazione apposita allo schema della ripartizione del Codice nella seconda scatola del relativo Fondo nell'Archivio Segreto Vaticano: «Pontificius Cardinalium coetus, a Sanctissimo Domino Nostro Pio Papa X institutus pro Ecclesiae legibus in unum redigendis, futuri *Codicis iuris canonici* materiam ita distribuendam censuit»[19]. Nell'*Index materiarum codicis iuris canonici*[20] approvato alla fine di giugno dal Congresso dei cardinali[21] e dallo stesso Santo Padre[22] la suddivisione è la seguente: nel terzo libro *de Rebus* la prima parte è nominata *De sacramentis*; in essa sotto il titolo III *De sanctissima Eucharistia* troviamo il capitolo ottavo *De sanctissima Communione*, mentre sotto il titolo IV *De poenitentia* si trova il primo capitolo *De obligatione confitendi peccata*[23].

---

[18] Cf. ASV, *Commissione Cod. Diritto Canonico*, scat. 1, busta n. 5. In questa busta troviamo il documento intitolato «Divisione delle materie nel futuro lavoro di codificazione», stampato nel giugno 1904 e diretto al *Coetus* dei cardinali. Nel documento citato, sulle prime pagine si riassume il dibattito avvenuto nelle consulte, e dopo aver presentato lo schema della ripartizione, si informa i cardinali delle principali opinioni divergenti. Sembra utile citare una opinione riguardante il titolo *de Eucharistia*: «P. Wernz opinerebbe inoltre che nel titolo III del libro terzo, *de Ssma Eucharistia*, fosse lasciato solamente ciò che riguarda il sacramento, cioè la sacra comunione, mentre tutto ciò che concerne il sacrificio dovrebbe esser messo nella parte *de culto divino*, essendo l'augustissimo sacrificio eucaristico il principale atto di culto» (*Ibid.*).
[19] ASV, *Commissione Cod. Diritto Canonico*, scat. 2.
[20] La versione approvata dell'*Index* si trova nell'ASV, ma si può trovare anche nel libro di Llobel, De León e Navarrete, che lo riportano nell'Appendice. Mentre il libro si riferisce alla scatola 3 del fondo della Commissione per la Codificazione del Diritto Canonico, noi abbiamo trovato questo documento nella scatola 2 del medesimo fondo. Cf. ASV, *Commissione Cod. Diritto Canonico*, scat. 2; J. LLOBEL – E. DE LEÓN – J. NAVARRETE, *Il libro "De processibus"*, 341-351.
[21] Tale *Congresso plenario dei cardinali* era composto da sedici cardinali. Invece il Congresso speciale dei cardinali fu costituito da un gruppo più ristretto delle Eminenze. I raduni del *Congresso speciale* erano chiamati nei verbali *Congregazioni particolari* dei cardinali. Cf. J. LLOBEL – E. DE LEÓN – J. NAVARRETE, *Il libro "De processibus"*, 57-59.
[22] Il Congresso dei Cardinali *coram Sanctissimo* ebbe luogo il 26 giugno 1904, l'approvazione definitiva dell'Indice delle materie fu avvenuta nell'udienza del 28 giugno 1904. Cf. J. LLOBEL – E. DE LEÓN – J. NAVARRETE, *Il libro "De processibus"*, 45-46. Per il testo del verbale del Congresso cf. *Ibid.*, 337-339. Sull'ultima pagina citata gli autori riportano anche il testo del sintetico riassunto dell'udienza al Pontefice del 28 giugno 1904: «Ss. mus schema, factis nonnullis modificationibus, probavit statuitque ut novum opus *Codex* appelletur et singulis leges *canones* cum subdivisionibus, si necessariae sunt, in *paragraphos*» (*Ibid.*, 339).
[23] Cf. ASV, *Commissione Cod. Diritto Canonico*, scat. 2; J. LLOBEL – E. DE LEÓN – J. NAVARRETE, *Il libro "De processibus"*, 344.

La suddivisione delle materie permise una ordinata sistematizzazione del lavoro legislativo. Per iniziare la riflessione sul merito delle rispettive parti della normativa canonica, si decise quindi l'elaborazione dei *vota*[24] sulle materie particolari. Già nel 1904 furono scelti i consultori adatti per questo compito. Coloro che elaboravano i *vota* sull'Eucaristia e sulla penitenza erano pregati di consegnare i loro scritti all'inizio dell'anno seguente: questi sull'Eucaristia dovevano arrivare alla Commissione entro il mese di gennaio del 1905 e quelli sulla penitenza entro il mese di febbraio del 1905[25].

Nello stesso periodo si procedeva con l'iniziativa di consultare l'Episcopato mondiale. Già sei giorni dopo la pubblicazione del motu proprio «Arduum sane munus», il 25 marzo del 1904, la Santa Sede inviò una lettera circolare «Pregatum mihi», nella quale si chiedeva a tutti i vescovi residenziali e ai superiori generali di far pervenire i suggerimenti delle modifiche alla legislazione ecclesiale ancora in vigore[26].

1.1.2 I Postulata Episcoporum

Le proposte dei Vescovi e dei superiori religiosi, frutto della prima consultazione, sono state raccolte e pubblicate dal consultore Bernardino Klumper. Il primo volume dei *Postulata Episcoporum* proviene dall'anno 1905. Numerose proposizioni arrivate in ritardo le ritroviamo nel secondo volume dei *Postulata*, stampato nel 1908, intitolato *Appendix ad Postulata Episcoporum*. Nella nostra esposizione utilizzeremo ambedue i volumi editi dal padre Klumper[27]. Tra le *postulata* riguardanti il precetto pasquale possiamo distinguere due temi principali.

La maggioranza delle proposizioni contiene la richiesta di prolungare il periodo della Comunione pasquale. I vescovi di Scozia chiedo-

---

[24] Cf. J. LLOBEL – E. DE LEÓN – J. NAVARRETE, *Il libro "De processibus"*, 70-77. Gli autori mettono in rilievo che il termine di *votum* fu usato con il riferimento ai documenti di diversa portata e significato. Qui si tratta dei *vota* redatti dai consultori su un titolo o una materia ad esso assegnata, i quali erano il punto di partenza del lavoro delle *Consulte*, con grande influenza sui primi schemi dei seguenti titoli.

[25] Cf. ASV, *Commissione Cod. Diritto Canonico*, scat. 1, busta n. 2/2 (*Consultori*); J. LLOBEL – E. DE LEÓN – J. NAVARRETE, *Il libro "De processibus"*, 101-102.

[26] Cf. SEGRETERIA DI STATO, lett.circ. *Pregatum mihi*, 25 marzo 1904, ASS 36 (1903-1904) 604.

[27] Cf. B. KLUMPER, ed., *Postulata Episcoporum in ordine digesta*, Romae 1905; B. KLUMPER, ed., *Appendix ad Postulata Episcoporum*, Romae 1908.

Il primo volume è disponibile non solo nei due Fondi archiviali consultati, ma anche nella biblioteca della Pontificia Università Gregoriana, sotto la segnatura «Mag 80 EF 1». L'*Appendix* si ritrova soltanto nell'ASV.

no di prorogare il tempo dell'adempimento del precetto pasquale, senza ulteriori precisazioni[28]. I vescovi delle regioni subalpine rivendicano la concessione della potestà di prolungare il tempo pasquale ad ogni Vescovo, soprattutto a favore dei militari e degli emigranti[29]. Alcuni vescovi vorrebbero che il tempo pasquale si estenda dalla prima domenica di Quaresima alla festa di *Corpus Domini* o alla prima Domenica dopo la Pentecoste[30]; altri suggeriscono l'estensione dello stesso tempo dal Mercoledì delle Ceneri fino alla solennità della Santissima Trinità[31]. I padri della regione di Tours chiedono la concessione di un periodo pari quasi alla metà dell'anno nel caso delle missioni popolari o di esercizi spirituali: in tali circostanze si potrebbe adempiere il precetto pasquale dal primo gennaio alla domenica dopo il *Corpus Domini*[32]. Infine l'arcivescovo di Quebec opta solo per maggiore omogeneità delle norme, che variano a causa dei numerosi indulti: «introducatur maior uniformitas quoad tempus paschale, quod pro varia indulta nunc variat»[33].

Altre proposizioni si concentrano sul problema dell'obbligo di comunicarsi nella propria parrocchia, e chiedono in generale l'abolizione di questo dovere. Così l'Arcivescovo di Acerenza e di Matera in Basilicata insieme con altri vescovi invia tale proposizione: «Communio paschalis fieri possit in omnibus ecclesiis (parochiae et civitatis)»[34]. I padri della Tarragona giudicano inoltre opportuna una norma

---

[28] Cf. B. KLUMPER, ed., *Appendix ad Postulata Episcoporum*, 32: «Amplietur tempus adimplendi praecepta paschalia (Postulant Episcopi Scotiae)» (ASV, *Commissione Cod. Diritto Canonico*, scat. 6).

[29] Cf. B. KLUMPER, ed., *Postulata Episcoporum*, 116: «Valeat Episcopus prorogare tempus paschale praesertim pro militibus et pro emigrantibus, etsi ad tempus. (P. Episcopi regionis subalpinae)».

[30] Cf. B. KLUMPER, ed., *Postulata Episcoporum*, 116: «Tempus paschale extendatur a primo die Dominico Quadragesimae usque ad festum Corporis Domini vel ad Dominicam I post Pentecosten. (p. Archiepiscopus Acheron. et Matheran.; Episcopi Liguriae, regionis Calabriae)».

[31] Cf. B. KLUMPER, ed., *Appendix ad Postulata Episcoporum*, 32: «Praecepto paschali possit satisfieri a feria IV Cinerum usque ad Dominicam SS. Trinitatis exclusive. (Postulant Patres Prov. Calaritanae)» (ASV, *Commissione Cod. Diritto Canonico*, scat. 6).

[32] Cf. B. KLUMPER, ed., *Postulata Episcoporum*, 115: «Tempus quo suscipi debeat communio paschalis possit anticipari vel differri a die 1ª mensis Ianuarii ad diem (Dominica post) festum Corporis Domini, si habeatur missio vel exercitia spiritualia. (postulant patres Turonensis [provinciae])».

[33] B. KLUMPER, ed., *Postulata Episcoporum*, 116.

[34] B. KLUMPER, ed., *Postulata Episcoporum*, 116.

che obbligherebbe a informar il proprio parroco della Comunione pasquale avvenuta[35].

Infine i padri di Quito, la capitale dell'Ecuador, postulano di esigere soltanto la Comunione annuale, riducendo le ulteriori circostanze del tempo e del luogo al livello di consiglio: «Singuli fideles utriusque sexus, cum ad annos discretionis pervenerint, teneantur singulis annis de Adventu ad Adventum communicare, cum obligationi satisfiat, hortante Ecclesia, potissimum tempore paschali et in ecclesia parochiali»[36].

In sintesi potremmo riassumere le proposte dei Vescovi e dei religiosi in tal modo: c'è una forte richiesta da molti regioni di prolungare il tempo dell'adempimento del precetto pasquale a livello di diritto universale. Un altro postulato significativo, anche se appare con frequenza minore, è quello di permettere la ricezione della Comunione pasquale fuori della propria parrocchia.

1.1.3 La Comunione pasquale nei primi voti, schemi e dibattiti

Il lavoro in merito sulle rispettive parti della nuova normativa canonica fu iniziato dall'elaborazione dei *vota* su diverse materie della legislazione futura. La preparazione di questi fu affidata a diversi periti, residenti a Roma oppure esterni. Quanto al titolo *De Sanctissima Eucharistia*, nel 1905 furono stampati due voti: uno del consultore romano Enrico Pezzani, altro del professore francese di Parigi Evrard-Séraphin Many[37].

Nel voto di Pezzani il precetto della Comunione pasquale è affrontato nei canoni 44 e 45, il primo dei quali riporta semplicemente la frase

---

[35] Cf. B. KLUMPER, ed., *Postulata Episcoporum*, 115: «Liceat fidelibus communionem paschalem recipere extra propriam parochiam, modo coram parocho proprio postea probent se praeceptum adimplevisse» (Postulant Patres Prov. Tarraconensis)».

[36] B. KLUMPER, ed., *Postulata Episcoporum*, 115.

[37] Cf. H. PEZZANI, *Votum de Sanctissima Eucharistia*; E.-S. MANY, *Votum de Sanctissima Eucharistia*. Per ulteriori informazioni sugli autori dei voti cf. C. FANTAPPIÈ, *Chiesa Romana e modernità giuridica*, II, 1195-1196. 1204.

I due *vota* si trovano in più esemplari nella scatola 32 del Fondo *Commissione Cod. Diritto Canonico* dell'Archivio Segreto Vaticano. I vota portano i numeri, rispettivamente 34 e 35. Nel catalogo del sopra nominato Fondo si possono trovare facilmente i *vota* citati (nonché quelli sulla penitenza) in questa scatola 32, ma gli stessi *vota* si trovano nella scatola 8, raccolti in un grande libro intitolato *Studi preparatori alla Codificazione del Diritto canonico* II. Voti dei Consultori e schemi approvati dalla Consulta. Inoltre i voti risultano disponibili nella scatola 53, prima degli schemi e dei verbali sull'Eucaristia. Cf. ASV, *Commissione Cod. Diritto Canonico*, scat. 8; scat. 32, scat. 53.

principale del canone 9 della tredicesima sessione del Concilio Tridentino[38]. Il canone 45 contiene alcune proposte di cambiamento della prassi allora vigente:

> Huic praecepto optimo iure satisfit, si Sanctissima Eucharistia, debita praeparatione praemissa, sumatur in hebdomada Sancta et TEMPORE PASCHALIS, in popria parochiali ecclesia, aut in alia cum proprii Episcopi vel parochi licentia, ETIAM GENERALI[39].

Lo stesso autore offre un accurato commento al suo canone. Per primo osserva che al posto di richiedere la debita preparazione si potrebbe mettere la parola *reverenter* seguendo la costituzione lateranense[40]. Poi descrive più largamente due novità, introdotte dal maiuscoletto nello stesso testo del *votum*. Le parole *et tempore paschalis* costituiscono la proposta di allargare il periodo della Comunione pasquale fino «a tutto il tempo pasquale ossia fino alla festa della SSma Trinità»[41]. In seguito Pezzani espone le ragioni del provvedimento:

> 1) Come principio il prolungamento è ammesso anche nel cap. 12 *De poen. et remiss.*: «Omnis utriusque sexus... suscipiens reverenter ad minus in Pascha Eucharistiae Sacramentum: *nisi forte de proprii sacerdotis consilio ob aliquam rationabilem causam ad tempus ab huiusmodi perceptione duxerit abstinendum*». – 2) La facoltà di prolungare il tempo utile al precetto pasquale è ormai concessa a moltissimi Vescovi, e precisamente in molte diocesi (come nelle suburbicarie) è concessa tale dilatazione fino alla festa della SS. Trinità. – 3) Le ragioni per le quali i Vescovi hanno chiesto ed ottenuto tale facoltà ora sono generali, come per esempio, la mancanza di confessori, per dar luogo a fare delle missioni in questo tempo chiudendole col precetto, l'indolenza dei fedeli[42].

La seconda proposta innovativa di Pezzani consiste nella possibilità da parte del vescovo o del parroco di concedere una dispensa generale (e non soltanto nel caso particolare) dall'obbligo di comunicarsi a Pasqua nella propria parrocchia[43]. Ancora una volta l'autore stesso elenca con chiarezza le ragioni di tale concessione:

---

[38] Cf. H. PEZZANI, *Votum*, 15, can. 44: «Omnes et singuli fideles utriusque sexus, cum ad annos discretionis pervenerint, tenentur singulis annis saltem in Paschate ad communicandum iuxta praeceptum Sanctae Matris Ecclesiae».
[39] H. PEZZANI, *Votum*, 15-16, can. 45.
[40] Cf. H. PEZZANI, *Votum*, 15, can. 45, nt. (3).
[41] H. PEZZANI, *Votum*, 15, can. 45, nt. (4).
[42] H. PEZZANI, *Votum*, 15-16, can. 45, nt. (4).
[43] Cf. H. PEZZANI, *Votum*, 16, can. 45, nt. (2).

1) come principio, la nuova proposta non contiene che una più larga concessione fatta al Vescovo e al parroco, in favore dei quali è fatta la legge, affinché possano riconoscere *suas oves*. – 2) Senza venir meno alla sudditanza dovuta al Vescovo e al parroco, sarebbe facilitato l'adempimento del precetto pasquale da parte dei fedeli, pei quali in moltissimi luoghi è un disagio andare alla parrocchia per comunicarsi, se si confessano altrove. – 3) Oggidì più che mai si deve facilitare l'accostarsi ai SS. Sacramenti, concedendo la massima libertà riguardo a ciò che non è essenziale. – 4) Anche per confessori sarà tolta la durezza, diciamola così, di dover esigere l'adempimento del precetto pasquale nella parrocchia[44].

I due importanti suggerimenti circa la normativa sulla Comunione pasquale sono dunque quelli di prolungare il tempo pasquale e di aprire la possibilità di comunicarsi fuori dalla propria parrocchia (le medesime proposte erano anche contenute nelle postulata dei vescovi, esposti nel sottocapitolo precedente).

La possibilità di prorogare il periodo dell'adempimento del precetto pasquale è presente anche nel secondo voto sull'Eucaristia, scritto dal sacerdote francese S. Many, professore dell'Istituto Cattolico di Parigi. Nel canone 65 del suo voto leggiamo una sintesi della normativa sulla Comunione Pasquale:

> Omnis utriusque sexus fidelis, postquam ad annos discretionis pervenerit, tenetur, singulis annis, saltem tempore paschali, ad Sacram Communionem recipiendam. Hanc autem Communionem unusquisque recipere debet in propria ecclesia parochiali, nisi aliter concesserit parochus. Porro tempus paschale quindecim diebus absolvitur, nimirum a dominica Palmarum ad dominicam in Albis; liceat tamen episcopis, si ita requirant fidelium necessitates, tempori praedicto duas adicere hebdomadas[45].

Il canone rispecchia in generale la legislazione allora in vigore, rispetta il diritto del parroco, e delimita il tempo pasquale nei tradizionali quindici giorni intorno alla stessa festa della Risurrezione. Tuttavia alla fine ritroviamo una proposta assai innovativa: quella di permettere ai vescovi di aggiungere due settimane al periodo dell'adempimento del precetto. Tale possibilità esisteva già in molte regioni in forza dei diversi indulti, Many propose quindi di formularla anche *de iure*[46].

---

[44] H. PEZZANI, *Votum*, 16, can. 45, nt. (2).
[45] S. MANY, *Votum*, 43, can. 65.
[46] Cf. S. MANY, *Votum*, 43, can. 65, nt. (7): «Quod revera, vi indulti, in multis regionibus in usu est; unde opportunum videtur hoc statuere de iure».

CAP. IV: IL CODICE PIO-BENEDETTINO 293

Le idee contenute nei *vota* presentati da questi due canonisti rimasero visibili anche nella prima redazione dello schema dei canoni sull'Eucaristia. Tale schema si trova nella scatola 53 del Fondo *Commissione Cod. Diritto Canonico* dell'ASV[47]. Ecco i canoni ivi contenuti che riguardano direttamente la Comunione pasquale:

> can. 80 §1. Omnis utriusque sexus fidelis, postquam ad annos discretionis pervenerit, debent singulis annis, ad minus paschali tempore Eucharistiae sacramentum in quacumque ecclesia (?) recipere.
> §2. Paschale tempus concluditur intra dominicam *palmarum* inclusive et dominicam *in albis* inclusive; sed Ordinarius et parochus possunt illud ultra citrave dilatare.
> can. 81. Praecepto annuae communionis non satisfit per sacrilegiam Domini manducationem[48].

Il punto interrogativo dopo le parole *quacumque ecclesia* nel primo paragrafo del canone 81 è presente nell'originale testo stampato dello schema. Sembra che lo stesso redattore della prima proposta voglia discuterla con gli altri membri della Commissione, trattandosi di una grande novità nel sistema legislativo di allora[49]. La seconda novità è racchiusa nel paragrafo secondo dello stesso canone. Non si sceglie per il momento la strada di una nuova delimitazione del periodo della Comunione pasquale, ma si decide di concedere dal diritto stesso una generale licenza ai vescovi e ai parroci di prolungare tale periodo. Infine il canone 81 non propone una legge nuova, ma riprende una tesi tradizionale contro una osservanza sacrilega del precetto.

Il dibattito circa queste proposte cominciò durante la consulta parziale, cioè l'incontro della commissione speciale dei consultori[50], il 5 novembre del 1905[51]. I consultori discussero sulla proposta di togliere

---

[47] Cf. ASV, *Commissione Cod. Diritto Canonico,* scat. 53. Questa scatola contiene tutti gli schemi *De Eucaristia* tranne il secondo schema, che è stato smarrito.

[48] ASV, *Commissione Cod. Diritto Canonico,* Scat. 53.

[49] Cf. ASV, *Commissione Cod. Diritto Canonico,* Scat. 53. Alla versione stampata dello *Schema I*, sono aggiunte in questa scatola «Appunti al tit. De SS, Eucharistia», scritte a mano, forse da Gasparri. Vi leggiamo queste parole «al can. 80 – per non urtare troppo il diritto vigente, e per non abolire [...] questo stesso diritto, aggiungerei un § così: "Hortandi sunt fideles ut, si fieri commodo possit, praecepti communionis paschalis satisfaciant in proprii domicili paroecia"».

[50] Quanto al ruolo e il modo di funzionare della commissione speciale cf. J. LLOBEL – E. DE LEÓN – J. NAVARRETE, *Il libro "De processibus"*, 63-65.

[51] Cf. ASV, *Commissione Cod. Diritto Canonico*, Scat. 53. Nella scatola si trovano i verbali delle consulte parziali sull'Eucaristia e sulla penitenza. Alle consulte sull'Eucaristia del novembre 1905 hanno partecipato: mons Gasparri, presidente, poi

l'obbligo di adempiere il precetto della Comunione Pasquale nella propria parrocchia. Quasi tutti convennero circa l'opportunità del cambiamento, tuttavia alcuni membri della Consulta preferirono tacere al riguardo e non fare nessuna menzione espressa nel testo del canone della possibilità di comunicarsi ovunque[52].

Quanto al paragrafo secondo dello stesso canone sorse l'idea di prolungare il tempo pasquale dal diritto stesso, al posto di concedere tale facoltà agli ordinari e ai parroci. Questa proposta piacque ai consultori. Il dibattito si accese intorno alla effettiva durata di tale periodo: alcuni proposero di farlo iniziare secondo la tradizione con la domenica delle Palme e di prolungarlo fino alla domenica della Santissima Trinità, altri suggerirono di iniziare il tempo utile per la Comunione pasquale già con il mercoledì dei Ceneri e protrarre tale tempo fino alla festa del *Corpus Domini,* o anche fino alla fine dell'ottava di questa festa[53].

Il Canone 81 divise la Consulta tra quelli che avrebbero voluto cancellarlo e coloro che lo difesero, non senza suggerire qualche modifi-

---

mons. Giustini, mons. De Lai, mons. Melata, prof. Pezzani; P. Wernz, P. Bucceroni, P. Pio da Langone e infine mons. E. Pacelli in quanto assistente.

[52] Cf. ASV, *Commissione Cod. Diritto Canonico,* scat. 53: «Mons. Presidente fa rivelare come in questo canone verrebbe ad essere tolto l'obbligo di fare la comunione pasquale nella chiesa parrocchiale. Trattasi difatti di pratica non più osservata, residuo di antica disciplina caduta, come l'antico corrispondente obbligo di confessarsi al proprio parroco.

Giustini trova qualche difficoltà in questa innovazione.

Melata approva la modificazione; però non direbbe niente di quell'obbligo, con che si intende soppresso.

Pezzani; P. Pio da Langone, Wernz convengono.

Bucceroni approva la proposta soppressione; però crede che se semplicemente non si dice niente, potranno sorgere dei dubbi.

De Lai opina anch'egli che occorre dir chiaramente che la comunione pasquale può essere fatta *ubique,* con abolizione espressa dell'obbligo di farla nella propria parrocchia.

P. Pio da Langone non crede necessaria la espressa abolizione. Non dicendo nulla, la cosa cade da sé per desuetudine».

[53] Cf. ASV, *Commissione Cod. Diritto Canonico,* scat. 53: «Giustini, anziché dare all'Ordinario e al parroco la facoltà di allargare il tempo pasquale, lo farebbe nel Codice stesso, ponendo che esso va dalla Domenica di Passione a tutto il tempo pasquale, comprendendo anche la festa della SSma Trinità.

De Lai conviene.

P. Pio Da Langone sarebbe anche più largo: dalle Ceneri al Corpus Domini.

Wernz: *a die Cinerium usque ad octavam Corporis Christi.*

Bucceroni aggiungerebbe anche la festa del Cuore di Gesù, che cade il giorno dopo l'ottava del Corpus Domini».

ca⁵⁴. A questo punto uno dei padri propose di aggiungere qualche frase sull'obbligo di adempiere *quamprimum* il dovere di comunicarsi per coloro che non l'avessero adempiuto nel periodo pasquale. La proposta suscitò una viva discussione circa la natura e una eventuale formulazione di tale obbligo⁵⁵.

La Consulta del 12 novembre iniziò dal dibattito a proposito di ambedue i temi appena delineati. La discussione sulla soppressione o meno del canone 81 finì con l'intervento del Presidente Gasparri, il quale dichiarò di temere che «sopprimendo questo canone, si venga in qualche modo a fortificare l'opinione contraria, difesa da Suarez e da Lugo»⁵⁶. Quanto al problema dell'obbligo di comunicarsi per quelli che avrebbero trascurato di farlo nel periodo pasquale, qualche padre espose le diversità delle posizioni dei moralisti in questa materia. Infine fu avanzata la proposta di dichiarare soltanto che l'obbligo di comunicarsi urge se non è stato adempiuto nel periodo pasquale, senza determinare nel Codice il tempo per compiere questo dovere⁵⁷.

---

⁵⁴ Cf. ASV, *Commissione Cod. Diritto Canonico*, scat. 53: «Giustini e Melata sopprimerebbero questo canone.

Pezzani, P. Pio Da Langone, Wernz, Bucceroni lo riterrebbero, ponendo "communionem" anziché "Domini manducationem"».

⁵⁵ Cf. ASV, *Commissione Cod. Diritto Canonico*, scat. 53: «P. Pio Da Langone vorrebbe che si aggiungesse che, trascorso il tempo pasquale, colui che non ha soddisfatto all'obbligo di accostarsi alla santa comunione, tenetur *quamprimum* ad adempierlo.

Bucceroni porrebbe "infra annum".

Wernz nota che il tempo in questo caso è non *ad finiendam*, ma *ad urgendam obligationem*. Direbbe "*quamprimum occasionem nactus fuerit*"».

⁵⁶ ASV, *Commissione Cod. Diritto Canonico*, scat. 53.

⁵⁷ Cf. ASV, *Commissione Cod. Diritto Canonico*, scat. 53: «Bucceroni, riprendendo la proposta fatta nella passata Consulta dal P. Pio di aggiungere che chi non ha fatta la comunione durante il tempo pasquale, è tenuto ancora dall'obbligo di accostarsi a quel sacramento, ripete che vorrebbe si ponesse che quell'obbligo urge infra annum, per analogia colla confessione, essendo in ambedue questi casi la legge ecclesiastica una determinazione del diritto divino. Del resto anche nel canone 81 si parla del precetto "annuae communionis". Praticamente come si può pretendere che coloro, i quali hanno omesso per trascuratezza (che è il caso presente) di fare la comunione pasquale, la facciano *quamprimum*, cioè dentro tre giorni? Ricorda infine come tra i Moralisti vi sono tre diverse opinioni su questo punto; alcuni difatti sostengono che il precetto della comunione è *affixum tempori paschali*, onde trascorso quel tempo cessa l'obbligo. Altri difendono che quell'obbligo vi è, ed urge *quamprimum*; altri infine che urge *infra annum*. Onde attualmente è lecito seguire in pratica quest'ultima sentenza.

P. Pio da Langone aderisce al P. Bucceroni e conviene di mettere "infra annum".

Non disponiamo purtroppo del secondo schema del titolo *De Eucharistia*, che sarebbe il frutto delle discussioni appena riportate. Tuttavia troviamo nella stessa scatola 53 i verbali delle discussioni sullo schema perduto. In tal modo possiamo almeno in parte riferire quella tappa dei lavori sul Codice. Infatti il 17 dicembre del 1905 i consultori[58] discussero sul canone 74 del secondo schema, che corrispondeva al canone 80 dello schema precedente. Dopo qualche accenno sull'uso nella normativa delle parole *ad minus*, si accese il dibattito circa il significato degli anni della discrezione del canone lateranense. Mentre gran parte dei consultori considerava la richiesta *discretio* qualcosa di più del semplice uso di ragione, secondo il presidente il precetto della Comunione pasquale urge appunto fin dall'uso di ragione, a patto che il fanciullo abbia anche la conoscenza e il gusto del sacramento[59].

De Lai trova un po' troppo largo che il precetto della comunione non obblighi nel caso se non *infra annum*.

Pezzani e Wernz opinano che basti nel Codice porre soltanto che l'obbligo urge, senza determinare il tempo, e lasciando questa questione ai Teologi e alla casistica».

[58] Quelli che erano presenti in ottobre e inoltre il prof. Boudinhon e il P. Bastien. Cf. ASV, *Commissione Cod. Diritto Canonico*, scat. 53.

[59] Cf. ASV, *Commissione Cod. Diritto Canonico*, scat. 53: «Melata sopprimerebbe le parole "ad minus".

Wernz dice che quelle parole, le quali si trovano nel canone del Concilio Lateranense, si riferiscono all'anteriore disciplina, secondo la quale i fedeli dovevano accostarsi alla comunione *saltem ter* in anno (can. 13, dist. 2 de consecr.).

Budhinon crede che potrebbero sopprimersi le parole "dummodo huius sacramenti cognitionem et gustum habeant", essendo sufficiente dire "postquam ad usum rationis pervenerit".

Mons. Presidente stima necessario mantenere queste parole. Dice che il precetto della comunione pasquale comincia ad obbligare fin dall'uso della ragione, ma con questa condizione: *dummodo huius sacramenti cognitionem et gustum habeant*. E vi è l'obbligo di far sì che questa condizione si verifichi quanto prima (Gasparri, Tract. Can. De SSma Euch. II, 1167).

Bastien userebbe la formula del Concilio Lateranense "ad annos discretionis".

P. Pio Da Langogne porrebbe l'intero testo del Concilio Lateranense, cioè non solo "ad annos discretionis", ma aggiungerebbe anche l'altra parte "nisi forte de proprii sacerdotis (confessari) consilio...".

Wernz preferirebbe anch'egli il testo del Concilio Lateranense. L'"usus discretionis" è più del semplice "usus rationis". Sopprimerebbe "ad minus".

De Lai porrebbe anch'egli "ad aetatem discretionis", giacchè la "discretio" è appunto la cognizione del Sacramento.

Mons. Presidente non accetta la osservazione di Mons. De Lai. Da essa seguirebbe che uno, il quale a venti anni non ha ancora questa "discretio" o cognizione del sacramento, non sarebbe tenuto dal precetto del Canone Lateranense. Invece il precetto *urget* fin dall'*usus rationis*, purché si verifichi quella condizione, cioè *dummodo huius*

CAP. IV: IL CODICE PIO-BENEDETTINO 297

Poi ebbe luogo il dibattito sul giorno che chiuderebbe il periodo della Comunione pasquale. Ad alcuni padri consultori piacque la scelta di terminare questo tempo con la festa del Sacro Cuore di Gesù, qualcuno propose piuttosto la solennità della Santissima Trinità[60].

Infine fu riproposto il problema dell'obbligo della Comunione pasquale nella propria parrocchia. I consultori si divisero tra quelli che cercavano di salvaguardare la normativa tradizionale per sostenere la vita parrocchiale, e coloro che volevano rendere più libero l'adempimento del precetto pasquale[61]. Alla fine i padri convennero alla versione del canone

---

sacramenti cognitionem et gustum habeant; e si è obbligati a far verificare questa condizione, appunto perché il precetto della comunione pasquale urge fin dall'uso di ragione. Questo è il concetto della comunione pasquale.

Bucceroni dice che il canone interpretato così porterebbe una gran rivoluzione. Neppure uno dei Teologi dice che l'obbligo della comunione comincia dall'uso di ragione. L'opinione più comune è che non cominci *ante decimum annum*, perché per se *non sufficit usus rationis, sed maior quaedam requiritur discretio ratione reverentiae et devotionis debitae huic sacramento*. Coll'uso della ragione comincerà l'obbligo di istruirsi e di prepararsi, ma non di ricevere *actu hic et nunc* la comunione. Onde egli conserverebbe il canone del Concilio Lateranense com'è».

[60] Cf. ASV, *Commissione Cod. Diritto Canonico*, scat. 53: «Melata finirebbe il tempo utile per la comunione pasquale colla festa della SSma Trinità, colla quale appunto si chiude il tempo pasquale.

Pezzani e Bastien aderiscono a Mons. Melata. Boudinhon osserva come l'antico tempo pasquale finiva colla Pentecoste; quindi se si allarga fino alla Trinità, tanto vale di portarlo alla festa del Corpus Domini; il che anzi egli trova molto conveniente. Onde approva la redazione com'è.

P. Pio da Langogne accetta anch'egli il tempo fissato nello schema.

P. Wernz idem. Osserva che anche la *feria IV Cinerum* non è di precetto; d'altra parte bisogna tener conto che la festa del *Corpus Domini* colla sua ottava è stata introdotta posteriormente al canone del Concilio Lateranense, e adesso è molto in onore la festa del SS. Cuore di Gesù. Onde trova molto conveniente il tempo proposto nello schema.

Buceroni idem. Però, invece che "Paschale tempus", direbbe "Tempus praecepti paschalis" o "Paschale tempus pro adimplendo praecepto".

De Lai è anch'egli favorevole al tempo indicato nello schema per largheggiare».

[61] Cf. ASV, *Commissione Cod. Diritto Canonico*, scat. 53: «Boudinhon porrebbe "Communio paschalis regulariter in propria paroecia facienda est, nisi rationabilis causa eximat".

Bastien aderisce al Prof. Boudinhon, giacché occorre inculcare la vita parrocchiale, e d'altra parte è stato molto esteso il tempo pasquale.

Melata idem.

Bucceroni si oppone ad ammettere questa redazione proposta dal Prof Boudinhon, perché con essa le cose rimarrebbero come sono ora. La ragione è perché in molte parrocchie si confessa poco e in alcuni luoghi molti fedeli non si vogliono confessare dal parroco e dal viceparroco; ora come si può, specialmente in certe circostanze,

proposta da Wernz: «Fideles huic praecepto satisfacere possunt in qualibet ecclesia vel oratorio ubi sacra communio distribuitur [...]; hortandi autem sunt ut quisque in propria paroecia satisfaciat»[62].

Il 26 dicembre 1905 si svolse la discussione sul terzo schema, il quale conteneva soltanto trenta canoni, dei quali nessuno riguardava il precetto di comunicarsi[63]. Poi fu presentato il quarto schema con il canone 64 che riferiva direttamente[64] la normativa sulla Comunione pasquale:

§1. Omnes et singuli utriusque sexus fideles, cum ad annos discretionis pervenerit, debent singulis annis saltem paschali tempore, Eucharistiae sacramentum recipere.

§2. Paschale tempus pro praecepti adimplemento concluditur intra feriam IV Cinerum inclusive et festum SS. Cordis Iesu inclusive; sed praeceptum communionis adhuc urget, si quis illud hoc tempore, quacumque de causa, non impleverit.

§3. Fideles huic praecepto satisfacere possunt in qualibet ecclesia vel oratorio ubi sacra communio distribuitur; hortandi autem sunt ut in propria paroecia satisfaciant[65].

Nel testo stesso dello schema si trovano due commenti a questo canone. Al paragrafo primo è aggiunta la nota seguente: «Alcuni vorrebbero aggiunte le rimanenti parole del Concilio Lateranense: *nisi forte de proprii sacerdotis consilio ob aliquam rationabilem causam ad tempus ab*

---

obbligare chi si è confessato in una chiesa ad andare poi in parrocchia per fare la comunione? Onde egli conserverebbe il paragrafo com'è, o meglio direbbe espressamente che il precetto della comunione pasquale può essere adempiuto *in qualibet ecclesia*, sebbene i fedeli siano da esortarsi a soddisfarlo nella propria parrocchia.

De Lai e P. Pio da Langogne convengono col P. Bucceroni.

Wrenz idem. Dice che non si possono spedire gli uomini all'inferno per aver mancato a una circostanza locale. La ragione poi è specialmente per la confessione, perché altrimenti i fedeli dovrebbero ricevere la comunione in una chiesa diversa da quella in cui si sono confessati».

[62] ASV, *Commissione Cod. Diritto Canonico*, scat. 53.

[63] Cf. ASV, *Commissione Cod. Diritto Canonico*, scat. 53.

[64] Indirettamente toccano il tema della Comunione pasquale anche il can. 65 §1: «De sufficienti discretione pro prima communione iudicent confesarius et pueri parentes aut ii qui loco parentum sunt» e il can. 67: «Praecepto communionis recipiendae non satisfit per sacrilegiam communionem» (ASV, *Commissione Cod. Diritto Canonico*, scat. 53). Il primo dei canoni citati contempla direttamente il problema della *prima* Comunione e il secondo parla *in generale* del precetto della Comunione. Torneremo ad analizzare il contenuto di queste norme in alcuni schemi seguenti, dove esse si troveranno in relazione diretta con la Comunione *pasquale*.

[65] ASV, *Commissione Cod. Diritto Canonico*, scat. 53.

eius perceptione duxerit abstinendum»[66]. Poi incontriamo anche il riferimento al paragrafo secondo con le parole: «Alcuni consultori preferiscono terminare il tempo pasquale colla festa della SSma Trinità»[67].

Nel giorno 2 gennaio del 1906 i membri della Consulta si radunarono per discutere il quarto schema sull'Eucaristia[68]. Due consultori chiesero di togliere la parola saltem nel primo paragrafo del canone 64[69]. Quanto al paragrafo secondo, continuò il dissenso tra i membri della Consulta circa la festa con la quale si dovrebbe concludere il tempo della Comunione pasquale[70]. Non ci furono commenti all'ultimo paragrafo del canone.

Il progetto seguente (già il quinto) è fondamentale in questa fase dei lavori (approvato dalla Consulta parziale, inviato in seguito agli altri consultori e presentato ai cardinali)[71]. Per facilità di esposizione lo chiameremo da ora semplicemente *Schema de Eucharistia*[72]. Infatti questo schema non introduce nessun cambiamento nella normativa che tratta direttamente la Comunione pasquale, tranne quello del numero: in questa tappa è il can. 59[73].

Il tema della Comunione pasquale è toccato anche nel paragrafo secondo del nuovo can. 68, nel quale si parla del diritto del fedele di ricevere in alcune circostanze la Comunione in un altro rito cattolico, tuttavia «non modo in articulo mortis et pro paschali tempore»[74]. In tal mo-

---

[66] ASV, *Commissione Cod. Diritto Canonico*, scat. 53.

[67] ASV, *Commissione Cod. Diritto Canonico*, scat. 53.

[68] Cf. ASV, *Commissione Cod. Diritto Canonico*, scat. 53.

[69] Cf. ASV, *Commissione Cod. Diritto Canonico*, scat. 53: «Wernz sopprimerebbe "saltem", che nel Concilio Lateranense si trovava in opposizione al diritto antico.
Bucceroni conviene anch'egli di togliere il "saltem", che non significa niente. Con esso si entra nella sfera del semplice consiglio».

[70] Cf. ASV, *Commissione Cod. Diritto Canonico*, scat. 53: «Giustini, Pezzani, P. Pio, Wernz, Bucceroni stanno per la redazione del testo; Melata e Bastien per quella della nota».

[71] Questo schema è contenuto nel Fondo della Commissione Codificatrice dell'ASV almeno in tre luoghi diversi Cf. ASV, *Commissione Cod. Diritto Canonico*, scat. 8; scat. 43; scat. 53.

[72] Abbiamo scelto di individuare in tal modo solo gli schemi che chiudono qualche tappa del lavoro, che sono utilizzati per un'ampia consultazione o che sembrano rivestire particolare importanza. Per gli altri progetti sembra sufficiente il riferimento alla scatola o al fascicolo del rispettivo archivio.

[73] Cf. *Schema de Eucharistia*, can. 59. Neanche il suggerimento di Wernz e di Bucceroni di cancellare la parola "saltem" nel primo paragrafo del canone non fu eseguito. Sono rimaste intatte anche due note circa le diverse proposte dei membri della Consulta.

[74] *Schema de Eucharistia*, can. 68 §2.

do si formula implicitamente l'obbligo di ricevere la Comunione pasquale nel proprio rito[75].

Nella Consulta del 14 Gennaio 1906 i canoni riportati sopra non furono più discussi, e quindi la normativa contenuta nello *Schema de Eucharistia*[76] fu inviata a una cerchia più ampia di consultori. I manoscritti di essi si trovano nella busta custodita nella stessa scatola 53, ed intitolata: «Codificazione del Diritto Canonico. Osservazioni dei Consultori sul tit. "De sanctissima Eucaristia" (1906)»[77].

In queste osservazioni, alcuni consultori presentarono suggerimenti molto interessanti circa la legislazione sulla Comunione pasquale. Ci furono le proposte di suggerire un'età più alta per l'obbligo di comunicarsi, sia con l'introduzione della parola *sufficientem* prima di *discretionem*[78], sia con la determinazione dell'età dei dodici anni come quella necessaria perché potesse urgere il precetto pasquale[79]. Qualche consultore si espresse circa l'opportunità di introdurre l'inciso ripreso dal canone lateranense: *nisi forte [...] duxerit abstinendum*[80]. Molte opinioni furono favorevoli alla conclusione del tempo pasquale con la solennità

---

[75] Ecco il testo integrale del can. 68 §2: «Omnibus tamen fidelibus cuiuscumque ritus sive latini sive orientalis, degentibus in locis in quibus non sit ecclesia cum sacerdote proprii ritus, vel ubi propter longinquitatem non eam possint, nisi cum gravi incommodo, de Ordinari iudicio, adire, facultas est sacram communionem non modo in articulo mortis et pro paschali praecepto adimplendo, sed etiam quovis tempore, devotionis gratia, iuxta ritum ecclesiae existentis in praedictis locis, dummodo catholica sit, recipiendi» (*Schema de Eucharistia*, can. 68 §2).

[76] L'esemplare dello Schema de Eucharistia contenuto nella scatola 53 dopo il verbale della Consulta Parziale del 14 gennaio 1906 è stato segnato con il numero I romano. Probabilmente si tratta del primo schema presentato alla congregazione particolare dei cardinali. Lo stesso schema è presente nella scatola 43 con il numero 10 arabo. Siccome questi schemi sono identici (almeno nei canoni concernenti la Santissima Comunione), non introduciamo queste numerazioni nel testo principale del nostro studio per non creare una confusione inutile. Cf. ASV, *Commissione Cod. Diritto Canonico*, scat. 43; scat. 53

[77] ASV, *Commissione Cod. Diritto Canonico*, scat. 53.

[78] Cf. ASV, *Commissione Cod. Diritto Canonico*, scat. 53: «Invece di dire: "cum ad annos discretionis pervenerint" — direi come nel canone seguente: "cum ad sufficientem discretionem pervenerint"» (Observationes T. Esser).

[79] Cf. ASV, *Commissione Cod. Diritto Canonico*, scat. 53: «"Omnes et singuli... cum ad annum duodecim pervenerint, et satis instructi fuerint, debent...". NB. Annus discretionis est generaliter annus septimus. In Austria, Germania... generaliter pueri non ante annum duodecimum ad primam communionem admittuntur» (J. de Mortez).

[80] Cf. ASV, *Commissione Cod. Diritto Canonico*, scat. 53: «Anche io sto per l'aggiunta in nota, specialmente vista la consuetudine di non pochi luoghi di aspettare una età, la quale sia un po' più matura» (B. Ojetti).

della Santissima Trinità, perché più conosciuta e più adatta dal punto di vista liturgico rispetto alla festa del Sacratissimo Cuore di Gesù[81]. Infine, mentre alcuni consultori lodarono il paragrafo terzo[82], altri suggerirono di introdurre l'obbligo di portare al proprio parroco la scheda per provare la recezione della Comunione pasquale in altra chiesa[83].

Nel mese di novembre 1906 lo *Schema de Eucharistia* fu presentato alla Congregazione Particolare dei cardinali[84]. Sotto il canone 59 leggiamo:

> Gli Emi convengono di far terminare il tempo pasquale colla festa della Ssma Trinità inclusive, e di aggiungere però essere desiderabile che i fedeli soddisfino al precetto pasquale *in propria paroecia et infra Dominicam Palmarum et Dominicam in Albis*[85].

L'opinione dei cardinali fu quindi simile a quella dei consultori quanto all'estensione del periodo pasquale. Nello stesso tempo si cerca

---

[81] Cf. ASV, *Commissione Cod. Diritto Canonico*, scat. 53: «Quel fissare la fin del tempo pasquale alla festa del S. cuor proprio non mi piace. Già io non so, se l'allungar il tempo pasquale in via generale porti a un gran bene. Quel dovuto fare dentro un tempo relativamente breve faceva forse decidere molti, che altrimenti rimandando e rimandando finissero per non prendere più la Pasqua. E di fatto ho sentito dire, che, quando ci sono stati questi indulti, il numero di quelli, che hanno preso la Pasqua, è stato minore del solito. In alcuni posti poi sarà una necessità per la mancanza dei preti di prolungare il tempo pasquale. Non si potrebbe dire che il tempo pasquale dura fino alla Domenica *in Albis*, ma che il confessore può per qualche ragione protrarlo e permettere di soddisfare al precetto fino alla Trinità?

Se poi si vuole prolungare incondizionatamente il tempo pasquale, io non lo prolungherei mai fino alla festa del S. Cuore. È una festa, che il popolo non conosce; è una festa, che non è di precetto. Scegliamo una festa conosciuta dal popolo. E poi perché andare fuori del tempo pasquale, quanto all'adempimento del precetto *pasquale*? Mi pare una cosa estremamente antiliturgica. – Che se la proposta è fatta appunto per far conoscere la festa del S. Cuore, mi piace l'intenzione, ma si dovrebbe scegliere un altro mezzo più serio e più coerente alla liturgia della Chiesa» (B. Ojetti). Cf. anche *Ibid.*, i voti di Fernandez, Esser, Escobain, Jansens.

[82] Cf. ASV, *Commissione Cod. Diritto Canonico*, scat. 53: «§3: providentissimo canone» (Spolverini); «Mi piace molto il §3» (Ojetti).

[83] Cf. ASV, *Commissione Cod. Diritto Canonico*, scat. 53: «cum autem extra propriam paroeciam paschali praecepto satisfaciunt, schedula seu documentum peractae communionis parocho tradant» (Fernandez); «affinché il parroco conosca le sue pecorelle non sarebbe bene che i fedeli sarebbero tenuti a portargli la scheda?» (Lucini).

[84] Cf. ASV, *Commissione Cod. Diritto Canonico*, scat. 53. Questa Congregazione Particolare si svolse il 26 novembre 1906. A parte Mons. Gasparri e Mons. Pacelli presero parte ad essa i cardinali: Ferrata, Gennari, Cavicchioni, Vives Cavagnis.

[85] ASV, *Commissione Cod. Diritto Canonico*, scat. 53.

di salvaguardare la normativa tradizionale circa il tempo e il luogo della Comunione pasquale almeno a livello di consiglio.

Dopo aver discusso sugli altri canoni[86], alla fine dell'anno 1906 i cardinali cominciano a dibattere sulla normativa corretta secondo i loro suggerimenti[87]. Nella Congregazione generale del 14 gennaio 1907 sorge la proposta della seguente redazione del primo paragrafo del canone sulla Comunione pasquale: «§1 Si pone: "...debent saltem singulis annis paschalis tempore..."»[88].

Quel suggerimento (senza influenza sugli schemi futuri) fu l'ultimo espresso dai cardinali circa il canone sulla Comunione pasquale. Anche se alcune proposte rimasero inascoltate[89], nel loro insieme i voti, le consulte e le congregazioni ebbero grande impatto sulla codificazione della legge della Comunione pasquale.

1.1.4 La confessione annuale nei primi voti, schemi e dibattiti

I due voti sulla penitenza sono stati affidati al professore di teologia morale del seminario di Treviri, Agostino Müller, e al canonista romano Gennaro Bucceroni[90]. Nel primo dei voti elencati, la normativa circa

---

[86] Una certa importanza per la problematica della Comunione pasquale sembra avere la riflessione di Gasparri sul giudizio richiesto per la prima Comunione, espresso nella stessa Congregazione particolare del 26 novembre: «Can. 60 §1. Mons. Segretario fa osservare che la ragione giuridica della disposizione espressa nel presente § è questa: quando si tratta di adulti, per ciò che concerne accostarsi alla mensa eucaristica, giudici sono la persona stessa e il confessore, né entra in ciò per nulla il parroco. Egualmente, quando si tratta della prima comunione (privata — della solenne si parla al canone seguente), giudici saranno il confessore e coloro che hanno tutela del fanciullo, cioè i genitori *aut ii qui loco parentum sunt*» (ASV, *Commissione Cod. Diritto Canonico*, scat. 53).

[87] Il testo del secondo schema presentato ai cardinali non fu da noi ritrovato nel ASV. Dai verbali delle Congregazioni si può dedurre che il canone 59 dello *Schema De Eucharistia* diventò in esso il can. 54. Cf. ASV, *Commissione Cod. Diritto Canonico*, scat. 53.

[88] ASV, *Commissione Cod. Diritto Canonico*, scat. 53.

[89] È il caso anche dell'ultima proposta dei cardinali, appena riportata sopra, la quale è stata ignorata dal futuro schema *De rebus*. Cf. Cap. IV, 1.1.5

[90] Cf. A. MÜLLER, *Votum de poenitentia*; G. BUCCERONI, *Votum de poenitentia*. Per le ulteriori informazioni sugli autori dei voti cf. C. FANTAPPIÈ, *Chiesa romana e modernità giuridica*, II, 1183. 1129.

I due *vota* si trovano in più esemplari nella scatola 32 del Fondo *Commissione Cod. Diritto Canonico* del ASV. I vota portano i numeri, rispettivamente 36 e 37. Gli stessi *vota* si trovano nella scatola 8 e nella scatola 53, prima degli schemi e dei verbali sulla penitenza. Cf. ASV, *Commissione Cod. Diritto Canonico*, scat. 8; scat. 32, scat. 53.

la confessione annuale si ritrova nel capitolo primo *De obligatione confitendi peccata*, espressa nel modo seguente:

§3. Accedit praeceptum ecclesiasticum, ius divinum inculcans atque determinans, a Concilio Lateranensi quarto primo statutum et a Patribus Tridentinis confirmatum, quo iubetur: «omnis utriusque sexus fidelis, postquam ad annos discretionis pervenerit» ita ut peccati mortalis capax sit, et mortaliter se deliquisse meminerit, «saltem semel in anno» sua confiteri peccata «proprio sacerdoti», qui secundum vigentem Ecclesiae disciplinam non tantum parochus, episcopus vel Papa, sed quicumque sacerdos approbatus est intelligendus. Praescribitur autem confessio valida, qua peccator cum Deo reconciliatur, et vi praecepti Communionis sumendae adest praeceptum grave Paschali tempore confitendi pro eo, qui peccati mortalis sibi conscius est[91].

Così l'autore sintetizza la normativa lateranense e tridentina, spiegandola secondo le succesive decisioni romane e la dottrina comune. Alla frase *praescribitur autem confessio valida, qua peccator cum Deo reconciliatur* è aggiunta la nota dello stesso autore, che fa riferimento alla condanna della tesi sulla soddisfazione del precetto con una confessione volontariamente nulla[92]. Il legame tra il precetto della confessione annuale e quello della Comunione pasquale risulta ben sottolineato, ed espresso in modo preciso come *praeceptum grave* per colui che è consapevole di aver commesso un grave peccato. In seguito l'autore espone anche le pene annesse al precetto lateranense: «Transgressores praecepti annuae confessionis ex decreto Concilii Lateranensis quartii "viventes ab ingressu ecclesiae arceantur, et morientes christiana careant sepultura"»[93], e precisa poi secondo la dottrina comune, che in questa pena non si cade *ipso facto*, ma solo *ferendae sententiae*[94].

Bucceroni pone la normativa circa la confessione annuale in pochi punti del suo voto, sotto il capitolo secondo intitolato *De obligatione confessionis*:

1. «Omnis utriusque sexus fidelis, postquam ad annos discretionis pervenerit, omnia sua solus peccata saltem semel in anno fideliter confiteatur proprio sacerdoti, et iniunctam sibi poenitentiam pro viribus studeat adimplere». Conc. Later. IV, a.1215, C. 21, *de Annua confessione*, Conc. Trid. S. 14, C.5, can. 8.

---

[91] A. MÜLLER, *Votum*, 4-5, cap.I, §3.
[92] Cf. A. MÜLLER, *Votum*, 5, cap.I, §3, nt. (1).
[93] A. MÜLLER, *Votum*, 5, cap.I, §4.
[94] Cf. A. MÜLLER, *Votum*, 5, cap.I, §4: «quae tamen poena non ipso facto incurritur, sed tantum ferendae est sententiae».

§1. «Qui facit Confessionem volunatarie nullam non satisfacit praecepto Ecclesiae». Alex. VII, 24 Sept. 1665, Prop. 14.

2. «Tamquam pius, merito retinendus est mos ille salutaris confitendi sacro illo et maxime acceptabili tempore Quadragesimae, iam in universa Ecclesia cum ingenti animarum fidelium fructu observatus». Conc. Trid. S. 14, C.5, can.8[95].

Bucceroni si limita a citare i testi ripresi dai concili Lateranense e Tridentino, e precisa il senso del primo con la frase opposta alla tesi condannata da Alessandro VII. I due canoni corrispondono a due livelli del precetto: l'obbligo della confessione annuale e la consuetudine di confessarsi nel tempo di quaresima.

Il voto di Bucceroni fu esaminato nella prima Consulta parziale sulla penitenza, che ebbe luogo il 4 giugno 1905[96]. I consultori suggerirono la soppressione dell'espressione *propri sacerdoti*, vista l'evoluzione di questo concetto dal tempo del Concilio Lateranense[97]. Poi il presidente Gasparri espose la sua convinzione che il concilio Lateranense volle obbligare alla confessione anche quei fedeli che avrebbero commesso soltanto peccati veniali[98]. Gennaro Bucceroni, l'autore del voto studiato, sottolineò che il precetto ecclesiastico aveva determinato nel tempo il precetto divino della confessione[99].

---

[95] G. BUCCERONI, *Votum*, 5-6, cap. II, n.1-2.

[96] Cf. ASV, *Commissione Cod. Diritto Canonico*, scat.53. I membri della Consulta sono quasi gli stessi che nei dibattiti sull'Eucaristia. Il 4 giugno furono presenti: Mons Gasparri presidente, Mons. Giustini, Mons. Melata, P. Wernz, P. Bucceroni, P. Pio da Langogne, e infine Mons. E. Pacelli assistente.

[97] Cf. ASV, *Commissione Cod. Diritto Canonico*, scat. 53: «Wernz osserva che il "proprius sacerdos" del canone del Concilio Lateranense IV è il parroco.

Giustini e Melata farebbero punto alla parola "confiteatur".

P. Pio de Langogne sopprimerebbe le parole "proprio sacerdoti", per non dar luogo a false interpretazioni, quasi che vi fosse l'obbligo di far l'annua confessione dal parroco».

[98] Cf. ASV, *Commissione Cod. Diritto Canonico*, scat. 53: «Mons. Presidente nota, a proposito di questo canone del Concilio Lateranense, come secondo l'opinione comune non è tenuto all'obbligo dell'annua confessione chi non è gravato di colpe mortali; giacché si considera questa legge come determinativa del diritto divino, e quindi l'obbligo corrispondente come ristretto ai soli peccati mortali. Egli però crede che in realtà il Concilio Lateranense ha voluto imporre l'obbligo dell'annua confessione anche per soli peccati veniali; altrimenti che cosa significherebbero le parole: "saltem semel in anno"? D'altra parte la Chiesa può imporre questo precetto, e sebbene peccati veniali siano in se' materia leggera, tuttavia l'obbligo dell'annua Confessione in quanto tale è materia sufficiente di precetto grave».

[99] Cf. ASV, *Commissione Cod. Diritto Canonico*, scat. 53: «Bucceroni osserva come secondo il diritto divino il precetto della Confessione non obbliga subito dopo

Wernz mise in rilievo la conseguenza di esigere annualmente soltanto la confessione dei peccati gravi: una tale impostazione chiuderebbe infatti la possibilità del controllo dell'avvenuta confessione annuale[100].

Quanto alla norma sull'impossibilità di soddisfare il precetto con una confessione volontariamente nulla, i consultori convennero «di conservare questo par., trattandosi di cosa pratica»[101]. Poi circa il secondo canone sulla confessione quaresimale Wernz precisò che «secondo la espressione del Concilio di Trento, il tempo utile per la confessione annua e la Comunione pasquale dovrebbe cominciare con la Quaresima e finire col tempo pasquale»[102].

Finito il dibattito appena riassunto, appare il primo progetto dello schema sulla penitenza[103]. Il can. 38 di questo abbozzo concerne la confessione annuale: «Omnis utriusque sexus fidelis, postquam ad annos discretionis pervenerit, saltem semel in anno (?) tenetur ad hoc sacramentum accedere»[104].

Nello stesso schema troviamo due canoni che riprendono altre proposte dal voto di Bucceroni. Nel canone 41 è stata riportata la dottrina tridentina sulla consuetudine della confessione quaresimale[105], mentre nel canone 44 si è dichiarata l'impossibilità di soddisfare il precetto di confessarsi con una confessione volontariamente nulla[106].

Nel secondo schema, i canoni sopramenzionati sono identici tranne il cambiamento della numerazione dei due ultimi e l'eliminazione del

---

commesso il peccato, né è facile determinare precisamente *quo tempore urgeat praeceptum divinum*. La Chiesa lo ha determinato, prescrivendo che la Confessione debba farsi *saltem infra annum*».

[100] Cf. ASV, *Commissione Cod. Diritto Canonico*, scat. 53: «Wernz nota come se il precetto della Chiesa riguardasse i soli peccati mortali, sfuggirebbe facilmente al controllo, giacché spesso i peccati mortali sono occulti».

[101] ASV, *Commissione Cod. Diritto Canonico*, scat. 53.

[102] ASV, *Commissione Cod. Diritto Canonico*, scat. 53.

[103] Questo schema si trova in almeno due scatole dell'Archivio Segreto Vaticano Cf. ASV, *Commissione Cod. Diritto Canonico*, scat. 44; scat. 53.

[104] ASV, *Commissione Cod. Diritto Canonico*, scat. 44; scat. 53. Il punto interrogativo fa parte del testo stampato dello schema.

[105] ASV, *Commissione Cod. Diritto Canonico*, scat. 44; scat. 53: «Merito retinendus est pius et salutaris mos confitendi sacro illo et maxime acceptabili tempore quadragesimae iam in universa Ecclesia cum ingenti animarum fidelium fructu observatus».

[106] «Praecepto confitendi peccata non satisfacit, qui facit confessionem voluntarie nullam» (ASV, *Commissione Cod. Diritto Canonico*, scat. 44; scat. 53).

punto interrogativo nel canone 38[107]. Purtroppo non conosciamo le ragioni che permisero di risolvere il dubbio circa le parole *saltem semel in anno* nel secondo schema. Il solo riassunto delle discussioni al riguardo è il seguente: «Le altre modificazioni suggerite da consultori appariscono facilmente col conforto della nuova redazione num. II»[108].

Nel terzo schema presentato alla consulta cambia soltanto il numero dell'ultimo dei nostro canoni[109]. Tutta la numerazione cambia nel quarto schema — che chiameremo ora semplicemente *Schema de Poenitentia* — il quale risulta il frutto principale di questa tappa dei lavori[110]. I canoni che riguardano direttamente la confessione annuale e quaresimale in questa redazione sono i seguenti:

> can. 40. Omnis utriusque sexus fidelis, postquam ad annos discretionis pervenerit, saltem semel in anno tenetur ad hoc sacramentum accedere.
> can. 41. Merito retinendus est pius et salutaris mos confitendi sacro illo et maxime acceptabili tempore quadragesimae iam in universa Ecclesia cum ingenti animarum fidelium fructu observatus[111].

Questi canoni contengono la stessa normativa delle versioni precedenti. Il canone 44 è rimasto anche senza cambiamenti (tranne il numero): «Praecepto confitendi peccata non satisfacit, qui facit confessionem voluntarie nullam»[112]. La vera novità sta nella nota al canone 41 — che fa parte dello stesso *Schema de Poenitentia* — nella quale leggiamo: «La Consulta approva questo canone, purché poi nel titolo *De sanctissima Eucharistia* si stabilisca lo stesso tempo per la pasquale»[113]. È l'ultimo parere della Consulta che abbiamo a disposizione, visto che nei ver-

---

[107] Cf. ASV, *Commissione Cod. Diritto Canonico*, scat. 53. I tre canoni citati sono diventati cann. 38, 39, 42.

[108] ASV, *Commissione Cod. Diritto Canonico*, scat. 53. Questa frase termina il verbale della consulta parziale del 18 giugno 1905, nel quale è riassunto soltanto l'esame dei primi 26 canoni. Poi nel verbale della Consulta del 25 giugno, dopo il resoconto della discussione sui due canoni del secondo schema, troviamo una dichiarazione simile: «Le altre modificazioni e divergenze intorno a questo titolo manifestate dai Consultori nella presente riunione appariscono col confronto della nuova redazione num. III» (*Ibid.*).

[109] Il can. 42 divenne il can. 43 (Cf. ASV, *Commissione Cod. Diritto Canonico*, scat. 53).

[110] Questo schema è stato inviato ai consultori, ed è l'ultimo disponibile in questa fase della redazione. Si trova in tre posti nel Fondo della *Commissione Codificatrice dell'*ASV. Cf. ASV, *Commissione Cod. Diritto Canonico* scat. 8; scat. 44; scat. 53.

[111] *Schema de Poenitentia*, cann. 40-41.

[112] *Schema de Poenitentia*, cann. 44.

[113] *Schema de Poenitentia*, can. 41, nt. (1).

bali presenti nel ASV non si trova più nessun commento alla normativa sulla confessione annuale[114].

Nella scatola 53 del fondo della Commissione della Codificazione troviamo ancora una busta intitolata «Sezione particolare Codificazione del Diritto Canonico. 1905. Osservazioni dei Consultori sul Titolo De Poenitentia»[115]. Questi manoscritti di un ampio gruppo di consultori risultano preziosi soprattutto per l'assenza dei riassunti dettagliati dalle Consulte parziali e per la mancanza dei verbali dalle Congregazioni dei cardinali sulla penitenza.

Quanto al canone 40 incontriamo soprattutto opinioni contrarie a vincolare i fedeli alla confessione annuale in modo assoluto. Infatti non esiste un vero e proprio obbligo di confessare i peccati veniali neanche annualmente. Dato che si tratta della determinazione del diritto divino, esso obbliga soltanto nel caso del peccato grave[116]. I consultori sono divisi circa il canone seguente: mentre alcuni lo giudicano conveniente e utile[117], magari con qualche cambiamento[118], altri lo ritengono formulato male, inopportuno o superfluo[119].

---

[114] Solo la Consulta Parziale del 9 luglio prese probabilmente in esame il quarto schema, ma non risulta nessuna discussione sui canoni da noi studiati. Le altre Consulte di luglio si concentrarono sulle indulgenze. Cf. ASV, *Commissione Cod. Diritto Canonico*, scat. 53.

[115] ASV, *Commissione Cod. Diritto Canonico*, scat. 53.

[116] Cf. ASV, *Commissione Cod. Diritto Canonico*, scat. 53: «Io aggiungerei: *Omnis utriusque sexus fidelis, qui gravis peccati conscientiam habet etc.* Questo è il diritto vigente secondo tutti i moralisti. Perché stringerlo? In via ordinaria nessuno di questi mancherà di confessargli non una ma molte volte all'anno. Non si colpiranno che dei casi straordinari, che qualche volta avvengano [...]. Perché far commettere a questi poverini un peccato?» (voto non sottoscritto, forse Ojetti).

«Sic propositus canon novam obligationem absque ratione ponit. Ecclesia determinat tempus implendae obligationis a Christo impositae; sed Christus non obligat nisi de confitenda peccata mortalia: atque haec intelligantur in c. *Omnis*, consentientibus teologis (S. Alf. VI, 663). Quid ergo si quis nullum mortale peccatum admisit? Cur obligatur confiteri? Retinenda igitur ratio loquendi Innocentii III in *c. Omnis*.

Caetera sunt consilii et optima utique consuetudine introducta: sed huic ferimus leges et nulla lex est de confessione peccatorum venialium. Verba Christi *quorum remitteritis peccata* Ecclesia semper intellexit de peccatis mortalibus.

Omnis... saltem in anno omnia peccata sua sacramento confessionis expiare tenetur. Imo sit quoad Ecclesia intendit, declaretur magis, adderem mortalia: *peccata sua mortalia*» (Palmieri SJ).

«Dopo la parola *pervenerit*, aggiungere: *et lethalis culpae sit conscius*» (Lépicier).

[117] Cf. ASV, *Commissione Cod. Diritto Canonico*, scat. 53: «Si acconsente pienamente» (Capagrossi); «Come giace» (Seredi); «Uti in Schemate» (Eschobain).

308   IL PRECETTO PASQUALE

Infine quanto al canone 44, due consultori propongono di sostituire l'espressione *voluntarie nullam* con la formula *propriae culpae* oppure *culpabiliter nullam*[120].

Con le sovraesposte osservazioni finisce il materiale disponibile per questa fase della codificazione della normativa sulla confessione annuale. Non si ritrova nessuno schema ulteriore del titolo *De poenitentia*, né nessun verbale delle Congregazioni particolari dei cardinali su questo tema. Ritroveremo il precetto della confessione soltanto nel primo schema di tutto il libro *De rebus*, redatto nel 1909.

1.1.5 Il precetto pasquale nello *Schema 1909*

Nel 1909 è stato stampato il primo Schema completo del libro III *De rebus*[121], che chiameremo da ora in poi *Schema 1909*[122]. Analizzando la normativa contenuta in questo schema possiamo vedere lo stato della codificazione dopo i primi cinque anni dei lavori.

Direttamente sul tema della Comunione pasquale verte il canone 128 dello *Schema 1909*. Per capirne meglio il significato, confronteremo il suo contenuto con la normativa precedente dello *Schema de Eucharistia* del 1906:

---

[118] Cf. ASV, *Commissione Cod. Diritto Canonico*, scat. 53: «can.41. Merito... et salutaris *usus* confitendi sacro et maximo acceptabili... Ecclesia cum *maximo* animarum...» (anonimo); «Dicatur: "Pius et salutaris est mos confitendi sacro...": Secus facile posset credi esse veram obligationem confitendi praecise tempore quadragesimali» (Klumper); «Cancellerei la parola: Merito. Direi piuttosto: *retinendus est, quoad fieri potest, pius etc.*, o semplicemente *Retinendus est pius etc.*» (Giorgi).

[119] Cf. ASV, *Commissione Cod. Diritto Canonico*, scat. 53: «Toglierei questo Canone, di mero consiglio, tanto più che nessuno, che io sappia, insegna il contrario» (Lépicier); «Questo canone non è espresso in forma di legge. Merito – mos – cum ingenti *animarum fructa!*» (Esser); «Non intelligo rationem huius canonis: si communio in paschate facienda est, iam est per se consequens, confessionem peragendem in quadragesima vel tempore paschali quod perinde est. Nova lex non conduceret nisi ad gignendas angustias et scrupulos. Censeo? Canonem delendum» (Palmieri).

[120] Cf. ASV, *Commissione Cod. Diritto Canonico*, scat. 53: «Can. 44. Praecepto... confessionem *propriae culpae* nullam» (anonimo); «can. 44. Alle parole – *voluntarie nullam* – sostituirei – *culpabiliter nullam*» (Lega).

[121] Ancora prima fu stampato lo schema soltanto della prima parte del libro III, *De sacramentis*. Non c'è bisogno di analizzarlo in modo dettagliato, perché è identico alla prima parte del successivo *Schema 1909*. Cf. ASV, *Commissione Cod. Diritto Canonico*, scat. 49.

[122] Il testo dello *Schema 1909* si trova sia nell'Archivio Segreto Vaticano, sia nel *Fondo Ojetti* dell'Archivio della Pontificia Università Gregoriana. Cf. ASV, *Commissione Cod. Diritto Canonico*, scat. 50; APUG, *Fondo Ojetti*, fasc. 1976.

Can. 59 (1906). §1. Omnes et singuli utriusque sexus fideles, cum ad annos discretionis pervenerint, debent singulis annis, saltem paschali tempore, Eucharistiae sacramentum recipere.
§2. Paschale tempus pro praecepti adimplemento concluditur intra feriam IV Cinerum inclusive et festum SS. Cordis Iesu inclusive; sed praeceptum communionis adhuc urget, si quis illud hoc tempore, quacumque de causa, non impleverit.
§3. Fideles huic praecepto satisfacere possunt in qualibet ecclesia vel oratorio ubi sacra communio distribuitur; hortandi autem sunt ut in propria paroecia satisfaciant[123].

Can. 128 (1909). §1. Omnes et singuli utriusque sexus fideles, postquam ad annos discretionis pervenerint, debent saltem semel in anno, paschali tempore, Eucharistiae sacramentum recipere.
§2. Valde fidelibus suadendum ut huic praecepto satisfaciant in propria paroecia et infra dominicam Palmarum et dominicam in Albis; possunt, tamen, illud implere in qualibet ecclesia vel oratorio ubi sacra communio distribuitur, et infra feriam IV Cinerum inclusive et festum SSmae Trinitatis inclusive.
§3. Praeceptum paschalis communionis adhuc urget, si quis illud praedicto tempore, quacumque de causa, non impleverit[124].

Nel primo paragrafo, che sintetizza la legislazione lateranense, non c'è nessun cambiamento tra il 1906 e il 1909. Lo *Schema de Eucharistia* del 1906 conteneva tuttavia una nota sulla possibile aggiunta di un'altra parte della costituzione lateranense, che riguardava la possibilità di astenersi dalla Comunione pasquale su avviso del confessore[125]. Dato che il periodo della Comunione pasquale è stato notevolmente prolungato dal secondo paragrafo del canone, non si riteneva forse opportuno l'inserimento della frase proposta.

Nel secondo paragrafo possiamo osservare un grande influsso delle decisioni prese dai cardinali. Mentre lo schema del 1906 prevedeva il semplice allungamento del periodo pasquale, gli Eminentissimi decisero di proporre due livelli del tempo della Comunione pasquale: il periodo consigliato si chiuderebbe nelle due settimane tradizionali, intorno alla festa di Pasqua, mentre l'obbligo giuridico di comunicarsi sarebbe da soddisfare tra l'inizio della quaresima e la solennità della Santissima Trinità. Quanto alla scelta della festa per terminare il tempo della Comunione pasquale la decisione della congregazione dei cardinali seguì i suggerimenti di molti consultori.

---

[123] *Schema de Eucharistia*, can. 59.
[124] *Schema 1909*, can. 128.
[125] *Schema de Eucharistia*, can. 59, nt. (1).

I due livelli, di consiglio e di precetto, sono fissati nello stesso paragrafo anche per il luogo della Comunione pasquale. Si persuade infatti di comunicarsi in parrocchia, e nello stesso tempo si permette di adempiere il precetto in qualsiasi chiesa o oratorio. Tale soluzione fu già adottata nello *Schema de Eucharistia* del 1906, tuttavia la scelta di unire in un paragrafo la normativa sul tempo e sul luogo della Comunione pasquale è opera dello *Schema 1909*.

Con le scelte redazionali sopraesposte, la frase che ricordava che il precetto di comunicarsi sia *ad urgendum*, non trovò più posto nel secondo paragrafo. Non fu comunque cancellata, ma diventò un paragrafo a parte, il terzo, nel quale fu dichiarato che il precetto della Comunione urge anche fuori del periodo pasquale per un fedele che non l'avesse adempiuto nel tempo previsto.

A parte il can. 128 che riguarda immediatamente il precetto pasquale, troviamo nello *Schema 1909* anche i canoni che concernono tale precetto in modo indiretto. E così nel paragrafo terzo del can. 129 si dichiara quali persone dovrebbero valutare la discrezione dei fanciulli sufficiente per la prima Comunione: sono soprattutto il confessore e i genitori, ma poi si ricorda anche — secondo il suggerimento della Congregazione dei cardinali del 14 gennaio 1907[126] — il ruolo del parroco di vigilare su questa cosa[127]. Poi il can. 131 ricorda il principio che il precetto di ricevere la Comunione non viene soddisfatto con una Comunione sacrilega[128]. Dato che questa regola vige per ogni precetto di comunicarsi, vale ovviamente anche per la Comunione pasquale. Infine nel paragrafo secondo del canone 137, che verte sulla possibilità di comunicarsi nel caso di necessità in una chiesa di qualsiasi rito cattolico, non viene più menzionata la necessità del giudizio dell'Ordinario[129], ma rimane

---

[126] Ecco il verbale di questa Congregazione: «Can. 55, §3. Dopo discusso questo difficile punto, gli Emi convengono di stabilire che il giudizio sulla capacità del fanciullo spetta, come si dice nel canone e nel Catechismo del Concilio di Trento, al confessore e ai genitori, ma convengono, per le necessità dei nostri tempi in cui troppo spesso i genitori trascurano l'educazione religiosa dei loro figliuoli, di aggiungere quanto segue per riguardo al parroco: "Quod tamen parochum non eximit ab officio (non "iure" che si ritiene pericoloso) super hac re vigilandi"» (ASV, *Commissione Cod. Diritto Canonico*, scat. 53).

[127] Cf. *Schema 1909*, can. 129 §3: «De sufficienti puerorum discretione pro prima communione iudicent confessarius eorumque parentes aut ii qui loco parentum sunt; quod tamen non eximit parochum ab officio hac super re advigilandi».

[128] Cf. *Schema 1909*, can. 131: «Praecepto communionis recipiendae non satisfit per sacrilegam communionem».

[129] Questo cambiamento segue la decisione presa nella Congregazione particolare

espressamente dichiarato che tale normativa non riguarda né l'articolo di morte, né l'adempimento del precetto pasquale. L'obbligo di comunicarsi a Pasqua secondo il proprio rito risulta la conseguenza logica di tale disposizione[130].

Lo *Schema 1909* ha portato anche alcune modifiche significative nella normativa sulla confessione annuale. Citeremo la normativa ivi contenuta, paragonandola con le formule dello *Schema de Poenitentia* del 1905:

can. 40. (1905) Omnis utriusque sexus fidelis, postquam ad annos discretionis pervenerit, saltem semel in anno tenetur ad hoc sacramentum accedere. can. 41. Merito retinendus est pius et salutaris mos confitendi sacro illo et maxime acceptabili tempore quadragesimae iam in universa Ecclesia cum ingenti animarum fidelium fructu observatus. can. 44. Praecepto confitendi peccata non satisfacit, qui facit confessionem voluntarie nullam[131].	Can. 180. (1909) Omnis utriusque sexus fidelis, postquam ad annos discretionis pervenerit, saltem semel in anno tenetur ad hoc sacramentum accedere. Can. 181. Praecepto confitendi peccata non satisfacit, qui confessionem facit voluntarie nullam[132].

Il canone 180 dello *Schema 1909* è identico al canone 40 di quello del 1905. La critica dell'espressione finale *tenetur ad hoc sacaramentum accedere* da parte di alcuni consultori non ha quindi portato alla modifica di questa formula, la quale è rimasta invariata durante i quattro anni che sono passati dallo *Schema de Poenitentia* allo *Schema 1909*.

Il cambiamento è invece radicale quanto alla normativa sulla confessione quaresimale. Il canone 41 del 1905 è sparito del tutto e non se ne

---

del 3 dicembre 1906. I cardinali ivi radunati disposero circa tale modifica del canone 68: «al §2 si sopprimono le parole "de Ordinarii iudicio", dando così maggior facilità». (ASV, *Commissione Cod. Diritto Canonico*, scat. 53).

[130] Cf. *Schema 1909*, can. 137 §2: «§2. Omnibus tamen fidelibus sive latini ritus sive orientalis, degentibus in locis in quibus non sit ecclesia cum sacerdote proprii ritus, vel ubi propter longinquitatem non eam possint, nisi cum gravi incommodo, adire, facultas est sacram communionem *non modo in articulo mortis et ad paschale praeceptum adimplendum*, sed etiam quovis tempore, devotionis gratia, iuxta ritum ecclesiae existentis in praedictis locis, dummodo catholica sit, recipiendi» (sottolineatura nostra).

[131] *Schema de Poenitentia*, cann. 40-41.44.
[132] *Schema 1909*, can. 180-181.

trova nessuna traccia nello schema più recente. La nota allegata a questo canone nello *Schema de Poenitentia* prevedeva la sua accettazione a patto che la normativa sul precetto della Comunione pasquale prescrivesse il medesimo tempo dell'adempimento[133]. Forse il prolungamento del periodo utile per soddisfare il precetto di comunicarsi fino alla solennità della Santissima Trinità non ha facilitato la redazione di una simile normativa sul precetto della confessione, legato più con il tempo penitenziale della quaresima.

Non è stato invece modificato il contenuto del canone 44 dello *Schema de Poenitentia*, diventato il canone 181 dello *Schema 1909*. È cambiata soltanto la posizione di questo canone riguardo alla principale normativa sull'obbligo annuale di confessarsi. In tal modo nello *Schema 1909* il precetto della confessione annuale è seguito direttamente dal canone che descrive la condizione indispensabile per soddisfare tale precetto.

Nell'arco dei cinque anni passati dall'annuncio della futura pubblicazione della nuova legislazione della Chiesa, la Commissione Codificatrice ha dimostrato un impegno considerevole, in modo speciale nel campo legato alla problematica del precetto pasquale. Dopo aver diviso le materie e organizzato i lavori, raccolti i *postulata* dei vescovi, redatti i primi vota e gli schemi dei rispettivi titoli, il lavoro della Commissione dei consultori e del Congresso dei cardinali ha permesso di stampare già nel 1909 il primo schema completo del libro III *De rebus*. Questo testo costituirà la base del lavoro della seconda fase della redazione, che porterà alla versione definitiva del primo Codice del Diritto Canonico.

1.2 *La seconda tappa della redazione del Codice (1910-1916)*

Dopo lo *Schema 1909*, sono apparsi due documenti pontifici: il decreto *Quam singulari* (1910) emanato dalla Congregazione dei sacramenti e la costituzione dello stesso Pio X, intitolata *Tradita ab antiquis* (1912). Questi documenti trattavano i temi correlati con il precetto pasquale, e di conseguenza l'elaborazione dei canoni al riguardo doveva prenderli in considerazione. Tali lavori sulla redazione del futuro Codice proseguirono, fino alla pubblicazione nel 1913 dei nuovi schemi del libro *De rebus*. Poi, negli anni 1913-15 ebbe luogo la seconda consultazione dell'episcopato del mondo intero[134], che raccolse le opinioni circa

---

[133] Cf. *Schema de Poenitentia*, can. 41, nt. (1).

[134] Il libro terzo fu inviato agli Ordinari nella primavera del 1913, ma alcune osservazioni venivano molto in ritardo, anche a causa della guerra mondiale iniziata

una già consolidata proposta del nuovo Codice. Di seguito, dagli ultimi mesi del 1915 fino agli inizi del 1917 il cardinale Gasparri eseguì l'ultima tappa dei lavori della codificazione insieme con la stretta cerchia dei collaboratori[135]. Così la promulgazione ufficiale del *Codex Iuris Canonici* fu resa possibile nella primavera del 1917.

1.2.1 Quam singulari (1910) e Tradita ab antiquis (1912)

Nel 1910 la Sacra Congregazione dei Sacramenti emanò il decreto *Quam singulari*[136], che conteneva l'esposizione e le disposizioni sulla prima Comunione e confessione dei fanciulli. Il documento, approvato dal Pontefice in forma specifica[137], riguardava principalmente l'età e le condizioni richieste per ammettere i fanciulli alla prima Comunione[138]. Di conseguenza si trattava anche dell'età nella quale cominciava a vincolare il precetto pasquale.

Nella prima parte storico-espositiva[139] del decreto *Quam singulari* (nella prima riga del quale si parla del singolare amore che il Cristo aveva per i fanciulli[140]) è presentata la storia della Comunione dei ragazzini: dall'uso di comunicare anche i bambini sotto la specie del vino, alla costituzione XXI del Laterano e l'insegnamento tridentino, per terminare con le decisioni delle congregazioni romane del XIX

---

nell'estate del 1914. Cf. J. LLOBEL – E. DE LEÓN – J. NAVARRETE, *Il libro "De processibus"*, 82-83.

[135] Infatti sembra che in questo periodo non si riunivano più i consultori, e il ruolo del cardinale Gasparri e dei suoi uomini di fiducia fu sempre più grande. Cf. J. LLOBEL – E. DE LEÓN – J. NAVARRETE, *Il libro "De processibus"*, 83-84.

[136] Cf. S.C. PER LA DISCIPLINA DEI SACRAMENTI, decr. *Quam singulari*, 8 agosto 1910, 577-583.

[137] Cf. F.M. CAPPELLO, *De aetate admittendorum*, 11-12. L'autore desume la conclusione sull'approvazione in forma specifica e in conseguenza, autorità pontificia del documento, dalla formula usata alla fine del documento *non obstantibus contrariis quibuslibet*.

[138] Cf. F.M. CAPPELLO, *De aetate admittendorum*, 13: «Pius X qui merito noncupatur *Pontifex Eucharistiae* praedictos abusus et pravas consuetudines auferre optimo consilio cupiens, regulam certam, claram, atque perspicuam tradidit circa aetatem qua pueri ad sacram Communionem sunt admittendi, contraria theologorum opinione reiecta ac proscripta».

[139] Cf. I. PAVIĆ, *De Communione Parvulorum*, 33-34. La divisone del decreto nella parte storico-espositiva e in quella dispositiva riprendo dall'autore citato.

[140] Cf. S.C. PER LA DISCIPLINA DEI SACRAMENTI, decr. *Quam singulari*, 8 agosto 1910, 577: «Quam singulari Christus amore parvulos in terris fuerit prosecutus, Evangelii paginae plane testatur».

secolo[141]. Il decreto si ferma sull'autentico significato dell'età della discrezione fissata dal Laterano IV per la recezione dell'Eucaristia e della confessione, e denuncia le interpretazioni sbagliate, che portarono conseguenze deplorevoli: «haud pauci errores plorandique abusus decursu temporis inducti sunt»[142]. Tra i tre errori segnalati il primo è trattato in modo più ampio[143]. Si tratta di separare l'età della discrezione richiesta per la confessione da quella per la Comunione, e di conseguenza lo stabilire l'età della prima Comunione tra i dieci e i quattordici anni, con la proibizione di riceverla prima[144]. In tal modo si sono privati i fanciulli del nutrimento della vita interiore e del aiuto efficacissimo nella lotta contro i vizi[145]. Le cautele troppo grandi che si esprimono nell'esigere preparazioni esagerate per poter essere ammesso alla prima Comunione provengono dagli errori dei giansenisti che consideravano l'Eucaristia come un premio[146], mentre in verità Essa è «humanae fragilitatis medelam»[147]. Il decreto sottolinea inoltre (seguendo San Tommaso), che per accedere all'altare con devozione basta che i fanciulli distinguino il pane eucaristico da quello comune[148]. È quindi sufficiente una qualche (*aliqua*) cognizione; non si richiede il pieno uso di ragione, ma «aliqualis rationis usus»[149].

---

[141] Cf. S.C. PER LA DISCIPLINA DEI SACRAMENTI, decr. *Quam singulari*, 8 agosto 1910, 578-582.

[142] S.C. PER LA DISCIPLINA DEI SACRAMENTI, decr. *Quam singulari*, 8 agosto 1910, 579.

[143] I due altri gravi errori sono: non ammettere alla confessione o non impartire l'assoluzione ai fanciulli che non avevano ancora fatto la Comunione; il rifiuto di dare il Viatico nel pericolo di morte ai fanciulli non ancora ammessi alla prima Comunione. Cf. S.C. PER LA DISCIPLINA DEI SACRAMENTI, decr. *Quam singulari*, 8 agosto 1910, 579; J. H. PROVOST, «The reception of first penance», 307.

[144] Cf. S.C. PER LA DISCIPLINA DEI SACRAMENTI, decr. *Quam singulari*, 8 agosto 1910, 579.

[145] Cf. S.C. PER LA DISCIPLINA DEI SACRAMENTI, decr. *Quam singulari*, 8 agosto 1910, 579. Nell'esposto sopra riassunto dell'argomentazione di *Quam singulari* abbiamo anche utilizzato la traduzione italiana del decreto, contenuta nel libro redatto da Cesare Zerba. Cf. ZERBA, C., ed., *Nel cinquantenario del Decreto*, 95-96.

[146] Cf. S.C. PER LA DISCIPLINA DEI SACRAMENTI, decr. *Quam singulari*, 8 agosto 1910, 579.

[147] S.C. PER LA DISCIPLINA DEI SACRAMENTI, decr. *Quam singulari*, 8 agosto 1910, 579.

[148] Cf. S.C. PER LA DISCIPLINA DEI SACRAMENTI, decr. *Quam singulari*, 8 agosto 1910, 580-581

[149] Cf. S.C. PER LA DISCIPLINA DEI SACRAMENTI, decr. *Quam singulari*, 8 agosto 1910, 581.

Alla parte storico-espositiva del decreto segue la parte dispositiva, la quale contiene le norme giuridiche, chiare e concise[150], basate sulla dottrina appena esposta. Nel primo numero di questa sezione il decreto pontificio afferma:

> Aetas discretionis tum ad Confessionem tum ad S. Communionem ea est, in qua puer incipit ratiocinari, hoc est circa septimum annum, sive supra, sive etiam infra. Ex hoc tempore incipit obligatio satisfaciendi utrique praecepto Confessionis et Communionis[151].

Il *Quam singulari* stabilisce quindi un'unica età della discrezione, la stessa per la Comunione e per la confessione. È l'età in cui il fanciullo comincia a ragionare, che si può riconoscere da molti segni nel suo modo di esprimersi e di agire[152]. Quest'età è presunta intorno a sette anni, però non viene stabilita in modo assoluto, perché si deve stimarla caso per caso. Il decreto ammette che la sufficiente discrezione può essere presente nel fanciullo già prima dei sette anni, come può accadere anche che tale disposizione avvenga dopo quell'età[153]. Se confrontiamo il testo del decreto con le usanze vigenti nel tempo della sua pubblicazione[154], osserviamo un abbassamento dell'età della prima Comunione. Dall'altra parte questa determinazione riprende la normativa dell'*Omnis utriusque sexus* secondo l'interpretazione genuina dei glossatori del Laterano IV[155].

---

[150] Cf. S.C. PER LA DISCIPLINA DEI SACRAMENTI, decr. *Quam singulari*, 8 agosto 1910, 582-83.

[151] S.C. PER LA DISCIPLINA DEI SACRAMENTI, decr. *Quam singulari*, 8 aug. 1910, n. I, p. 582.

[152] Cf. F.M. CAPPELLO, *De aetate admittendorum*, 34: «sufficit ut incipiant ratione uti. Practice autem id multiplici modo dignoscitur, v.g. si pueri parentes ac fratres vel propinquos agnoscant, si res diversas distinguere valeant, si verbis exprimant cogitationes mentis aut cordis affectus, si malitiam in actibus externis pandant, si post culpam patratam erubescant, animadvertentes se male egisse, etc.».

[153] Cf. F.M. CAPPELLO, *De aetate admittendorum*, 35: «pueri septem annos nati capaces per se censentur Communionis. Consulto diximus per se; nam in quibusdam pueris mens celerius evolvitur, in aliis tardius; quapropter etiam ante aetatem septem annorum possunt admitti ad sacram synaxim, si discretionis signa exhibeant. Hac de causa Decretum sapientissime dicit "circa septem annum, sive supra sive etiam infra"».

[154] Cf. C. ZERBA, ed., *Nel cinquantenario del Decreto*, 4: «l'uso prevalente e generalizzato richiedeva almeno l'età fra gli 11 e 14 anni e anche più, quando negli animi dei giovinetti cominciavano a manifestarsi le ree passioni e i germi del male». Cf. anche *Ibid.*, 6-20 circa le accoglienze riservate del decreto, le parziali deroghe accordate alla Francia e le concessioni fatte alla Germania.

[155] Cf. sopra, cap. II, 2.1.

Nella seconda frase del brano analizzato, si precisa che con tale età di discrezione inizia anche l'obbligo di accedere ai sacramenti della Comunione e della confessione. Non si tratta quindi soltanto di una possibilità, ma di un vero vincolo giuridico[156], basato sulla disposizione divina di ricevere l'Eucaristia e precisato dalla Chiesa nella normativa sul precetto pasquale[157].

Dopo aver formulato le norme sull'istruzione necessaria alla prima Comunione[158], il legislatore precisa nel quarto numero della parte dispositiva chi porta la responsabilità circa l'adempimento o meno dell'obbligo di comunicarsi e di confessarsi da parte del fanciullo:

> Obligatio praecepti Confessionis et Communionis quae puerum gravat, in eos praecipue recidit qui ipsius curam habere debent, hic est in parentes, in confessarium, in institutores et in parochum. Ad patrem vero, et ad illos qui vices eius gerunt, et ad confessarium, secundum Catechismum Romanum, pertinent admittere puerum ad primam Communionem[159].

Il precetto della Comunione e della confessione che urge per il fanciullo ricade quindi sui genitori, sul confessore, sugli insegnanti e infine sul parroco. Le prime due categorie elencate hanno comunque un ruolo preminente, dato che secondo il catechismo Romano sono loro a decidere circa l'ammissione o meno del ragazzino alla prima Comunione: il padre dovrebbe giudicarlo in foro esterno e il confessore in foro interno. Secondo il commento di padre Cappello, pubblicato soltanto un anno dopo il decreto, il ruolo degli insegnanti è subordinato a quello del padre di famiglia, il primo responsabile per l'educazione dei figli[160].

---

[156] F. M. CAPPELLO, *De aetate admittendorum*, 35: «Statim post aetatem discretionis pueri non modo sancto de altari libare licite possunt, sed omnino *tenentur*».

[157] Cf. C. ZERBA, ed., *Nel cinquantenario del Decreto*, 55: «Il precetto della Comunione è divino ed ecclesiastico insieme: divino, secondo quanto dice l'Evangelista S. Giovanni (VI, 54) [...]; ed ecclesiastico, perché viene imposto dalla Chiesa [...] a tutti i fedeli d'ambo i sessi giunti che siano agli anni della discrezione una volta all'anno, almeno nella Pasqua e in pericolo di morte in forma di Viatico».

[158] Cf. S.C. PER LA DISCIPLINA DEI SACRAMENTI, decr. *Quam singulari*, 8 agosto 1910, nn. II-III, p. 582.

[159] Cf. S.C. PER LA DISCIPLINA DEI SACRAMENTI, decr. *Quam singulari*, decr. 8 aug. 1910, n. IV, p. 582.

[160] Cf. F.M. CAPPELLO, *De aetate admittendorum*, 42: «Paterfamilias siquidem iure et officio vincitur recte liberos instituendi. Cum vero personaliter nequeat multiplici de causa naturali huic iuri et officio consulere, alia persona id praestare tenetur; quae nonnisi delegatum seu adventitum ius acquirit et officium, utrumque nomine ac patris auctoritate exercendum. Quapropter sicut carnalis pater religiosis liberorum officiis consulere debet, ita institutor eadem adstringitur obligatione».

Quanto ai sacerdoti, la carica di confessore è fondamentale, anche se egli non ha il diritto di spostare l'età della prima Comunione, ma soltanto preparare il fanciullo[161]. La posizione del parroco riveste una importanza particolare quanto alla Comunione solenne, mentre per l'ammissione a quella privata il suo ruolo non risulta determinante[162].

La normativa contenuta nel decreto *Quam singulari* chiarì una parte dei problemi legati con l'età della discrezione e con la responsabilità per l'adempimento dell'obbligo di confessarsi e di comunicarsi. Di conseguenza il decreto influì sui lavori di redazione del nuovo Codice. Lo stesso Papa Pio X editò un altro documento che ebbe un impatto sulla codificazione del precetto pasquale. Si tratta della sua costituzione *Tradita ab antiquis*, del 14 settembre 1912[163]. In questo documento il Pontefice approfondì il tema dei cristiani orientali cattolici e il loro accesso ai sacramenti nei differenti riti[164].

Leggiamo nella parte dispositiva della costituzione, che ogni fedele può — *pietatis causa* — ricevere la Comunione in qualsiasi rito cattolico[165]. Ma nel numero successivo il Pontefice afferma: «Quisque fidelium praecepto Communionis paschalis ita satisfaciet, si eam suo ritu accipiat et quidem a parocho suo: cui sane in ceteris obeundiis religionis officis addictis manebit»[166].

Malgrado il permesso generale di accedere all'Eucaristia in qualsiasi rito, rimane il dovere di ricevere la Comunione pasquale nel proprio rito e dal proprio parroco. La norma è motivata appunto dal bisogno di essere sottomesso al proprio parroco da parte del fedele orientale[167].

---

[161] F.M. CAPPELLO, *De aetate admittendorum*, 42: «confessarii quoties pueros audiunt nondum ad sacram Synaxim admissos, illos statim disponere tenentur, ut eo meliori quo fieri possit modo Eucharistiam sumere valeant. Diximus consulto statim, ut intelligatur confessarium minime posse Communionem differre».

[162] Cf. F.M. CAPPELLO, *De aetate admittendorum*, 44: «Ad parochum igitur privative minime pertinet pueros ad primam Communionem admittere; si agatur tamen de Comunione generali solemni ius parocho competit, ut decretum ipsum declarat».

[163] Cf. PIO X, cost. *Tradita ab antiquis*, 14 sept. 1912, 609-617.

[164] Cf. L. OKULIK, «Pio X e la comunione eucaristica», 312-318.

[165] Cf. PIO X, cost. *Tradita ab antiquis*, 14 sept. 1912, n. III, p. 616.

[166] PIO X, cost. *Tradita ab antiquis*, 14 sept. 1912, n. IV, p. 616.

[167] Cf. L. OKULIK, «Pio X e la comunione eucaristica», 317-318: «viene chiesta ai fedeli una identificazione con il proprio pastore, sia attraverso la condizione per ricevere la comunione pasquale e il viatico, sia per l'esplicito richiamo ad assolvere i propri obblighi in dipendenza dal proprio parroco».

Tale ragionamento risulta opposto ai paralleli lavori di codificazione, nei quali molti consultori si sono mostrati propensi a togliere l'obbligo giuridico di comunicarsi nella propria parrocchia[168]. Questa parte della normativa si dovrà dunque confrontare con l'idea già stabilita nella Commissione Codificatrice. Al contrario, la prima disposizione sulla Comunione pasquale nel proprio rito (*suo ritu accipiat*), sembra consonante con il progetto dello *Schema 1909*[169], e potrà più facilmente trovare il suo posto nel Codice futuro.

1.2.2 I lavori della codificazione tra il 1910 e il 1913

Nel tempo della pubblicazione dei due sopraesposti documenti pontifici fu continuato il lavoro della redazione del futuro Codice. La documentazione di questo periodo di codificazione la troviamo soprattutto nei diversi fascicoli del *Fondo Ojetti*, l'ultimo schema del 1913 si trova anche nell'Archivio Segreto Vaticano.

La prima bozza[170] reperibile dopo lo *Schema 1909*, contiene alcuni cambiamenti rispetto alla normativa precedente. Già l'inizio del canone sulla Comunione pasquale, a differenza del progetto precedente, riporta alla lettera l'incipit della costituzione lateranense *Omnis utriusque sexus fidelis*[171]. Poi, sempre nel paragrafo primo del medesimo canone, all'espressione *postquam ad annos discretionis* sono state aggiunte le parole: «idest ad rationis usum»[172]. La formula appena citata esprime la dottrina del decreto *Quam singulari*, che in tal modo influisce sulla codificazione. Alla fine del paragrafo è stata inserita un'altra frase ripresa alla lettera dal decreto lateranense: «nisi forte de consilio proprii sacerdotis ob aliquam rationabilem causam ad tempus ab eius perceptione duxerit abstinendum»[173]. L'introduzione di questa frase fu infatti discussa nel periodo precedente dei lavori della Commissione, e visibilmente si è deciso di integrarla nella normativa codiciale. L'ultima modifica nel canone 128 ha avuto valore puramente

---

[168] Cf. sopra, cap. IV, 1.1.3.
[169] Cf. sopra, cap. IV, 1.1.5.
[170] Cf. APUG, *Fondo Ojetti*, fasc. 1977. In questo fascicolo si trovano due bozze, delle quali la seconda che appare nella busta è probabilmente la prima dal punto di vista cronologico. Lo possiamo dedurre dai criteri interni: la numerazione identica con lo *Schema 1909* e il dubbio nel can. 180 segnalato con il punto interrogativo, poi risolto nelle bozze e negli schemi successivi.
[171] Cf. APUG, *Fondo Ojetti*, fasc. 1977 = X. 5, 38, 12.
[172] APUG, *Fondo Ojetti*, fasc. 1977.
[173] APUG, *Fondo Ojetti*, fasc. 1977 = X. 5, 38, 12.

CAP. IV: IL CODICE PIO-BENEDETTINO 319

stilistico: nel paragrafo terzo al posto di *quacumque de causa* i redattori hanno messo l'espressione più elegante «quavis de causa»[174].

Disponiamo anche del testo della stessa bozza con i commenti dello stesso Ojetti[175], fatti anche al canone appena studiato. Al margine del §2, Ojetti fa una nota, barrata in seguito: «Non sarebbe meglio dire che dove c'è l'uso di fatto dalle Palme alla Domenica in Albis si [ritiene], ma che qualunque confessore può dispensare?»[176]. Inoltre Ojetti propone anche di aggiungere al medesimo canone una frase sull'adempimento del precetto della Comunione pasquale nel proprio rito e dal proprio parroco[177]. Tale frase è probabilmente ispirata dalla costituzione *Tradita ab antiquis*, dato il riferimento diretto a questa normativa nell'annotazione di Ojetti al canone 137 il quale parla della Comunione in un altro rito[178].

Lo stesso progetto contiene anche una modifica importante nella parte sulla confessione. Infatti nel canone 180 sull'obbligo della confessione annuale fu aggiunta una formula finale: «tenetur obligatione ad hoc sacramentum accedendi, si gravis culpae conscientiam habeant (?)»[179]. La normativa in tal modo formulata limiterebbe il dovere della confessione annuale a quelli che hanno coscienza di una grave colpa, ma il punto interrogativo fa parte dello stesso testo della bozza. Nei progetti successivi si lascerà il testo del canone come giace, senza il punto interrogativo[180]. Non disponiamo di nessuna annotazione che permetterebbe di cogliere le ragioni che potevano stare dietro a tale scelta redazionale.

Il primo progetto del libro de Rebus del 1913 contiene anche alcune modifiche riguardo alle bozze precedenti[181]. Cambia notevolmente la

---

[174] APUG, *Fondo Ojetti*, fasc. 1977.

[175] Cf. APUG, *Fondo Ojetti*, fasc. 1980. La bozza ivi contenuta è identica alla precedente nella parte sui sacramenti fino alla penitenza. La sola differenza risiede proprio negli appunti di Ojetti sui margini del testo.

[176] APUG, *Fondo Ojetti*, fasc. 1980.

[177] Cf. APUG, *Fondo Ojetti*, fasc. 1980: «Quisque fidelium praecepto communionis paschalis ita satisfaciet, si eam [suo] ritu accipiat et [quidam] a parocho suo».

[178] Cf. APUG, *Fondo Ojetti*, fasc. 1980.

[179] Cf. APUG, *Fondo Ojetti*, fasc. 1977; fasc. 1980.

[180] Cf. APUG, *Fondo Ojetti*, fasc. 1977. A parte la bozza appena commentata il fascicolo ne contiene un'altra, che si differenza dalla prima soltanto per la numerazione dei canoni e per la sparizione di questo punto interrogativo. Questo segnale interpuntivo non tornerà più neanche nelle bozze e negli schemi successivi. Cf. *Ibid.*, fasc. 1984-87.

[181] Cf. APUG, *Fondo Ojetti*, fasc. 1984.

numerazione, ma anche il contenuto di alcune norme. Nel secondo paragrafo del canone sulla Comunione pasquale (ora can.133) appare un chiaro riferimento alla nuova redazione del canone circa la Comunione nei diversi riti: «Salvo praescripto can. 142 §2, valde suadendum fidelibus»[182]. Nel *praescripto* menzionato leggiamo la norma ripresa dalla *Tradita in antiquis*, sull'obbligo di ricevere la Comunione nel proprio rito e dal proprio parroco[183]. Osserviamo comunque una netta incongruenza tra il consiglio circa il ricevere nella propria parrocchia del can. 133 §2 (*suadendum*) e l'obbligo circa la stessa meteria espresso nel can. 142 §2 al quale il canone precedente si riferisce. Forse questa incoerenza non piacque ad Ojetti, dato che il can. 142 §2 (suggerito in precedenza dallo stesso gesuita) viene barrato nella sua versione dello schema, ed al margine si trova una versione nuova, scritta a mano, che usa la parola *suadendum* circa il proprio rito, e non menziona più il parroco[184].

Infine nello stesso 1913 è apparso lo schema del libro *De rebus*, che raccoglieva i frutti di tutti i lavori precedenti (da ora in poi *Schema 1913*)[185]. Il canone sulla Comunione pasquale (can. 130) si presenta in esso così:

§1. Omnis utriusque sexus fidelis, postquam ad annos discretionis, idest ad rationis usum, pervenerit, debet saltem semel in anno, paschali tempore, Eucharistiae sacramentum recipere, nisi forte de consilio proprii sacerdotis ob aliquam rationabilem causam ad tempus ab eius perceptione duxerit abstinendum.
§2. Suadendum fidelibus ut huic praecepto satisfaciant in sua quisque paroecia a dominica Palmarum ad dominicam in Albis; fas tamen est, illud implere in qualibet ecclesia vel oratorio ubi sacra Eucharistia distribuatur, et a feria IV Cinerum inclusive ad expletum festum SSmae Trinitatis.
§3. Praeceptum paschalis communionis adhuc urget, si quis illud dicto tempore, quavis de causa, non impleverit[186].

---

[182] APUG, *Fondo Ojetti*, fasc. 1984. La parola «valde», presente in questa frase fu barrata dall'Ojetti e sparirà dal progetto successivo. Cf. *Ibid.*, fasc. 1985.

[183] APUG, *Fondo Ojetti*, fasc. 1984: «Quisque autem fidelium praecepto communionis paschalis ita satisfaciet, si eam suo ritu accipiat et quidem a parocho suo, cui sane in ceteris religionis officiis addictus manebit».

[184] Cf. APUG, *Fondo Ojetti*, fasc. 1984. Ecco la proposta di Ojetti: «Suadendum tamen ut quisque fidelium praecepto communionis paschalis satisfaciant suo ritu».

[185] Lo *Schema 1913* è presente sia nell'Archivio Segreto Vaticano, sia nell'Archivio della Gregoriana. Cf. ASV, *Commissione Cod. Diritto Canonico*, scat. 86; APUG, Fondo Ojetti, fasc. 1985-1987.

[186] *Schema 1913*, can. 130.

A paragone con il progetto precedente risulta la cancellazione della parola *valde* nel §2, suggerita da Ojetti, nonché il venir meno del riferimento al canone sulla Comunione in altri riti. Questa seconda modifica fu possibile grazie alla trasformazione del rispettivo canone (ora can. 138), nel quale prima si dichiara che *pietatis causa* un fedele può ricevere l'Eucaristia in qualsiasi rito[187]. Poi nel paragrafo secondo si contempla il caso della Comunione pasquale: «Suadendum tamen ut quisque fidelium praecepto communionis paschalis satisfaciant suo ritu»[188]. In tal modo, essendo i fedeli stimolati e incoraggiati a ricevere la Comunione pasquale nel proprio rito, anche in questo campo si passa dal livello dell'obbligo al livello del consiglio, come al §2 del canone 130.

Il canone 180 dello *Schema 1913* sulla confessione annuale suona così: «Omnis utriusque sexus fidelis, postquam ad annos discretionis, idest ad usum rationis, pervenerit, saltem semel in anno tenetur obligatione ad hoc sacramentum accedendi, si gravis culpae conscientiam habeat»[189]. A confronto con le bozze precedenti appare visibile il nuovo inciso *idest ad usum rationis*, il quale estende la normativa del *Quam singulari* anche al campo della confessione, e nello stesso tempo armonizza il canone sulla confessione annuale con quello sulla Comunione pasquale.

I lavori della codificazione tra lo *Schema 1909* e lo *Schema 1913* sono stati caratterizzati soprattutto dall'assimilazione delle parallele disposizioni pontificie circa l'età della discrezione e il problema dell'eventuale Comunione pasquale in un altro rito. Sembra comunque che il più grande cambiamento dal 1909 rimane la dichiarazione *expressis verbis*, che il precetto della confessione annuale riguarda soltanto coloro che hanno commesso i peccati gravi.

1.2.3 Le osservazioni dei vescovi (1913-1915)

Lo schema *De Rebus 1913* è stato inviato ai vescovi e ai superiori religiosi per la consultazione il primo luglio 1913[190]. Le osservazioni e i suggerimenti pervenuti da tutto il mondo sono stati ricapitolati e stampati con il titolo *Animadversiones episcoporum et superiorum regularium in Lib. III Codicis*[191]. In questa raccolta troviamo molte opinioni espresse

---

[187] Cf. *De Rebus 1913*, can. 138, §1: «Omnibus fidelibus cuiusvis ritus datur facultas ut, pietatis causa, sacramentum Eucharisticum quolibet ritu confectum suscipiant».

[188] *De Rebus 1913*, can. 138, §2.

[189] *De Rebus 1913*, can. 180.

[190] Cf. J. LLOBEL – E. DE LEÓN – J. NAVARRETE, *Il libro "De processibus"*, 82.

[191] Abbiamo trovato questa raccolta stampata nel *Fondo Ojetti*. Cf. APUG, Fondo Ojetti, fasc. 2033/III.

circa la normativa sulla Comunione pasquale e poche circa il canone sulla Confessione annuale.

Circa il primo paragrafo del canone 130 sulla Comunione pasquale alcuni vescovi chiedono di precisare l'espressione «de consilio proprii sacerdotis»[192]. Poi qualcuno dimostra le incongruenze del progetto attuale: la norma del can. 130 §1 sul momento dal quale comincia ad urgere il precetto pasquale sembra andare in controsenso con il can. 131 §2 sulle condizioni dell'ammissione alla prima Comunione. Infatti, mentre secondo la legislazione sulla Comunione pasquale all'età dell'uso di ragione vige già l'obbligo di ricevere l'Eucaristia, l'altra normativa prevede una più piena conoscenza della dottrina cristiana e una più accurata preparazione per poter accedere alla prima Comunione. La proposizione finale consiste nella cancellazione delle parole *idest ad rationis usum* dal can. 130 §1, con lo scopo di garantire l'adeguata preparazione alla prima Comunione formulata nel 131 §2[193].

Molte osservazioni sono state raccolte circa il secondo paragrafo dello stesso canone 130. Qualche opinione tocca piuttosto i problemi stilistici[194], ma la maggioranza dei suggerimenti entra nel merito e propone modificazioni della normativa circa il tempo e il luogo del precetto pasquale[195].

Quanto al luogo prescritto per ricevere la Comunione pasquale, qualche commento risulta favorevole a lasciare intatta la normativa

---

[192] Cf. *Animadversiones*, 60: «Provincia Colonien. in §1 loco "de consilio proprii sacerdotiis" scriberet "de consilio parochi vel confessarii sui". Episcopus Licien. "proprii confessarii" item Cardinalis Vico "ne quis existimet huic agi de proprio parocho"»; *Ibid.*, 62: «Nimis indeterminata videntur provinciae Dublinensis verba "proprii sacerdotis" in §1».

[193] Cf. *Animadversiones*, 60-61: «N.N. opiniatur haud plene inter se cohaerere can. 130 et can. 131; in canone enim 130 §1 praecepto annuae communionis, tempore paschali, obnoxii fiunt, qui ad annos discretionis, id est, ad rationis usum, pervenerint, qui quidem rationis usus, expleto septimo aetatis anno praesumitur; in can. Autem 131 §2 plenior cognitio doctrinae christianae et accuratior praeparatio, quae vix haberi potest septimo aetatis anno, exigitur. [...]. Ergo in §1 can. 130 delenda videtur illa appositio «idest ad rationis usum» ut regula can. 131 §2 omnino approbanda effectum suum plene exercere valeat».

[194] Cf. *Animadversiones*, 62: «Episcopus Pistorien., sublatis verbis "Suadendum fidelibus etc." diceret "fas esto illud praeceptum implere etc. [...]". Prior Generalis Ordinis Servorum B.M.V. in §1 verbis "semel in anno" subiungeret "et quidem a feria IV Cinerum inclusive ad expletum festum SSmae Trinitatis, Eucharistiae sacramentum recipere nisi forte etc." et in §2 expungeret verba «"a feria IV Cinerum etc."».

[195] Cf. *Animadversiones*, 60-63.

allora in vigore[196]. Parecchi vescovi — accettando in sostanza la normativa proposta — si sono impegnati per proteggere il diritto e l'obbligo del parroco di conoscere e di controllare i fedeli nel campo dell'osservanza o meno del precetto pasquale. Alcuni osservano che data la normativa proposta l'uso di portare le schede che provano l'adempimento del precetto pasquale risulterebbe inutile[197]. La cessazione di questa consuetudine potrebbe «in parochiae et fidelium detrimentum vertere»[198]. Parecchi vescovi giudicano la normativa del 1913 come contraria al diritto-obbligo del parroco di conoscere i fedeli, non permettendo così ad esso di curare i libri dello stato delle anime[199]. La soluzione proposta da questo e da molti altri gruppi di vescovi era l'introduzione nella normativa dell'obbligo di informare il parroco circa la Comunione ricevuta fuori della propria parrocchia[200]. Altri vescovi richiedono anche la preliminare licenza del parroco o dell'Ordinario per poter ricevere l'Eucaristia altrove[201].

---

[196] Cf. *Animadversiones*, 62: «Provincia Cameracen., quae retentam vellet vigentem disciplinam, expungeret in §2 clausulam "in qualibet ecclesia vel oratorio ubi sacra communio distribuatur"».

[197] Cf. *Animadversiones*, 60: «Episcopus Gaudesien. scribit quoad praescriptum paragraphi secundae: "Sublata obligatione sumendi commmunionem in ecclesia parochiali, inutilis evadit usus dandi schedulas approbationis ad communionem paschalem, easque permutandi cum aliis de praecepto impleto fidem facientibus" [...]. Idem sentit Episcopus Asculan.».

[198] *Animadversiones*, 60.

[199] Cf. *Animadversiones*, 60: «Provincia Bituricen. existimat praescriptionem paragraphi secundae obstare "perfectae parochianorum cognitioni, quae parocho necessaria est, confectione libri status animarum, quae fieri debeat acccurate"».

[200] Cf. *Animadversiones*, 60: «quae incommoda ut amoveantur, praescribi saltem vellet ut fideles, qui extra propriam ecclesiam paroecialem communionem recipiunt, de re proprium parochum certiorem faciant. Consentit provincia Goana, item Abbas generalis Canonicum Regul. Lateran. Provincia Caesaraugustan. [...] "Et rei peractae fides detur parocho" quae correctio placeret et provinciae Armacan, Episcopo Mutiliensi, provinciae Quebecensi»; *Ibid.*, 61: «Provincia Turon. [...] praeterea iniungendum censet fidelibus, qui extra propriam ecclesiam paroecialem communionem paschalem recipiant, ut parochum proprium certiorem reddant de praecepto impleto».

[201] Cf. *Animadversiones*, 60: «Provincia Ultraiecten. diceret in §2 "Paschalis communio sumatur in ecclesia parochiali, vel alibi de licentia parochi vel Ordinarii"; *Ibid.*, 61-62: «Provincia Rothomagen. diceret "fas est illud implere in ecclesiis vel in oratoriis ab Ordinario determinandis [...]". Nonnulli Ordinarii provinciae Bisuntinae [...] verbis "fas tamen est" subiungerent "de consensu parochi, nisi parochus a confessario poenitentis iudicetur irrationabiliter invitus"»; *Ibid.*, 62-63: «Provincia Hispalen ita reformaret paragraphum secundam "Fideles huic praecepto communionis satisfaciant [...] in sua quisque ecclesia parochiali, vel in alia ecclesia aut oratorio de Ordinarii licentia, nisi iusta et rationabilis causa, iudicio confessarii, excuset"».

Le proposte circa il tempo dell'adempimento del precetto della Comunione pasquale sono varie. Qualche gruppo di vescovi suggerisce di rimanere semplicemente con le due settimane intorno alla festa di Pasqua[202], un altro gruppo propone di lasciare il periodo dalle Ceneri alla Santissima Trinità, senza consigliare un tempo più ristretto[203]. Parecchi vescovi optano per la discrezione degli Ordinari riguardo al prolungamento del tempo della Comunione pasquale, secondo le necessità delle diverse regioni e diocesi[204]. Infine gli ordinari dei terreni missionari chiedono invece una estensione del tempo pasquale dal diritto stesso, con l'inizio del periodo utile già dalla domenica chiamata *Septuagesima* (cioè la terza domenica prima delle Ceneri), fino all'ottava del Corpus Cristi o anche alla fine del mese di giugno[205].

Non ci sono delle osservazioni al paragrafo terzo del can. 130, e neanche al can. 138 §2 sulla Comunione pasquale da ricevere nel proprio rito, tranne una isolata richiesta di sopprimere questa norma[206].

---

[202] Cf. *Animadversiones*, 61: «Provincia Rhemen. In §2 scriberet "[...] et a Dominica Passionis usque ad Dominicam secundam post Pascha inclusive"».

[203] Cf. *Animadversiones*, 61: «Provincia Hispalen ita reformaret paragraphum secundam "Fideles huic praecepto communionis satisfaciant a feria IV Cinerum inclusive ad expletum festum SSmae Trinitatis"».

[204] Cf. *Animadversiones*, 60-61: «Provincia Veneta post verba "ad dominicam in Albis" adderet "data episcopo facultate concedendi ut etiam ante hoc tempus fideles, rationabili ex causa, praeceptum implere possint". Episcopus Argentinen. adderet in §2 "nisi Ordinarius aliter disponat". Provincia Rheni superioris adiungeret "firma tamen manente facultate Ordinarii infra dictos terminos pro sua dioecesi statuendi accuratius tempus paschale". Provincia Turon. optaret ut non vi ipsius iuris communis, sed facultate episcopo facta, eoque pro opportunitate circumstantiarum permittente, liceat praeceptum implere a feria IV Cinerum etc.; servandam enim putat receptam in multis locis consuetudinem qua viri, decurrente quadragesima, piis concionibus et exercitiis praeparantur ad paschale festum quo collective praeceptum implent»; *Ibid.*, 61-62: «Provincia Rothomagen. diceret "fas est illud implere [...] per tempus ab eodem Ordinario definitum intra feriam IV Cinerum et festum SSmae Trinitatis"».

[205] Cf. *Animadversiones*, 62: «Administrator Apostolicus Montisvidei diceret in §2, uti videtur "a Septuagesima usque ad expletum festum S. Cordis Iesu" vel potius "usque ad expletum diem trigesimum mensis iunii" [...]. Episcopus Tiraspolen. loco "a feria IV Cinerum" scriberet " a Domenica Septuagesimae" quia in paroeciis ruralibus, etsi amplius, unus tantum sacerdos, propter inopiam ministrorum, habetur, qui omnium confessiones excipere nequit tempore quod a feria IV Cinerum usque ad Pascha interfluit: post Pascha vero agricolae illis in regionibus fere semper in agris laborant et praeceptum paschale facile negligerent. Episcopus Conchen. in Indiis diceret "usque ad octavam Corporis Christi"».

[206] Cf. *Animadversiones*, 67: «Archiepiscopus Carthaginen. supprimeret paragraphum secundam ac tertiam huius canonis».

Quanto al can. 180 sul precetto della confessione annuale, troviamo poche ma interessanti osservazioni. Parecchi vescovi chiedono di cancellare l'inciso *si gravis culpae conscientiam habeat*, perché temono che quelle parole potrebbero essere una occasione facile al lassismo[207]. Inoltre qualcuno sopprimerebbe la formula *idest ad usum rationis*[208], ma non conosciamo la motivazione di questa proposta anonima. Infine il cardinale Lorenzelli invita ad aggiungere delle parole su altre circostanze nelle quali si dovrebbe ricevere il sacramento della penitenza: «in periculo mortis et quotiescumque recipiendum est aliquod sacramentum vivorum»[209].

Le osservazioni dei vescovi e dei superiori regolari sono pervenute grazie alla decisione di consultare per la seconda volta l'episcopato (e i superiori religiosi) di tutto il mondo circa la normativa del nuovo Codice. Gli Ordinari della chiesa latina hanno contribuito in tal modo alla legislazione universale con il loro proprio punto di vista, hanno sottolineato alcuni temi trascurati dagli altri e chiarito alcuni punti oscuri.

1.2.4 Ultima fase della redazione del Codice

Raccolte le opinioni e le osservazioni dai pastori sparsi nel mondo intero, si procedette all'ultima e decisiva fase della redazione del Codice. Nell'Archivio Segreto Vaticano troviamo il testo dello schema *De rebus 1913* con significative correzioni fatte a mano, probabilmente dallo stesso Gasparri[210]. Tutte quelle modifiche entrano nel testo della bozza presente nel *Fondo Ojetti* della PUG, la quale contiene già la numerazione di tutto il Codice[211]. Ecco il canone 859 del nuovo schema:

§1. Omnis utriusque sexus fidelis, postquam ad annos discretionis, idest ad rationis usum, pervenerit, debet semel in anno, saltem in Pascha, Eucha-

---

[207] Cf. *Animadversiones*, 89: «Provincia Beneventan. delenda censet postrema verba "si gravis culpae conscientiam habeat" ne detur facilis occasio ad laxismum. Eadem verba deleret provincia Rhemen., Burdigalen.».

[208] Cf. *Animadversiones*, 89: «N.N. supprimeret verba "idest ad usum rationis"».

[209] *Animadversiones*, 89.

[210] Cf. ASV, *Commissione Cod. Diritto Canonico*, scat. 86, *Schema 1913,* con le annotazioni a mano.

[211] Cf. APUG, *Fondo Ojetti*, n. 2037. D'ora in poi citeremo solo i fascicoli e le scatole dei rispettivi archivi senza usare le abbreviazioni dei seguenti schemi. La ragione è duplice: 1. in questa fase risultano di particolare importanza le note e le correzioni fate a mano, presenti soltanto negli unici esemplari delle bozze e degli schemi contenuti negli archivi 2. Questa tappa della codificazione si conclude con la normativa definitiva, cioè i canoni del Codice Pio-Benedettino, che citeremo secondo l'abbreviazione propria per il testo del Codice del 1917 (*CIC/1917*).

ristiae sacramentum recipere, nisi forte de consilio proprii sacerdotis ob aliquam rationabilem causam ad tempus ab eius perceptione duxerit abstinendum.
§2. Sacra communio fiat a dominica Palmarum ad dominicam in albis; sed locorum Ordinariis fas est hoc tempus etiam pro omnibus suis Fidelibus prorogare nam tamen ultra festum SSmae Trinitatis.
§3. Suadendum fidelibus ut huic praecepto satisfaciant in sua quisque paroecia.
§4. Praeceptum paschalis communionis adhuc urget, si quis illud dicto tempore, quavis de causa, non impleverit[212].

Nel primo paragrafo c'è soltanto un sottile cambiamento: al posto della fomula *debet saltem semel in anno, paschali tempore* troviamo le parole: *debet semel in anno, saltem in Pascha*. Tale modifica permette di sottolineare meglio due livelli del precetto: il livello fondamentale dell'obbligo annuale, e la sua determinazione temporale più precisa al periodo della Comunione pasquale.

Il secondo paragrafo dello *Schema 1913* è stato diviso in due. La prima frase con il consiglio di adempiere il precetto nella propria parrocchia è stata trasferita nel paragrafo terzo[213], mentre il paragrafo secondo contiene adesso solo la normativa circa il tempo della Comunione pasquale. Qui assistiamo ad un rilevante cambiamento, probabilmente suggerito dalle osservazioni dei vescovi: il tempo della Comunione pasquale rimane racchiuso nelle due settimane intorno alla Pasqua stessa, ma si concede all'Ordinario del luogo la facoltà di prorogarlo anche fino alla festa della Santissima *Trinità*. Questa possibilità lasciata ora alla discrezione dell'Ordinario si limita comunque solo al periodo dopo Pasqua, e non c'è in questo progetto la possibilità di anticipare il tempo pasquale nella Quaresima prima della domenica delle Palme.

Infine il paragrafo quarto è uguale al paragrafo terzo dello *Schema 1913*. Con il ritocco nel primo paragrafo si capisce meglio la logica interna dell'attuale paragrafo quarto: passato il periodo della Comunione pasquale vige il precetto più fondamentale della Comunione annuale.

Poi la più grande novità di questo schema si trova nell'aggiunta di un canone: «Obligatio praecepti Communionis sumendae, quae impuberes gravat in eos praecipue recidit, qui ipsorum curam habere debent, idest in

---

[212] APUG, *Fondo Ojetti*, n. 2037.
[213] Cf. APUG, *Fondo Ojetti*, fasc. 2037. Al margine del can. 859 §3 troviamo scritta a mano una "B" maiuscola. Potrebbe essere forse una abbreviazione della parola "Bene", scritta da Ojetti in segno di riconoscenza per la soluzione adottata dal cardinale Gasparri.

parentes, in confessarium, in institutores et in parochum»[214]. In tal modo viene integrata nella legislazione sulla Comunione pasquale la normativa del decreto *Quam singulari*[215] a proposito delle persone corresponsabili dell'adempimento del precetto di comunicarsi da parte del fanciullo.

Non sono state cambiate le altre norme riguardanti il precetto pasquale: né quelle circa la non soddisfazione del precetto con la Comunione sacrilega e circa l'osservanza del proprio rito nel comunicarsi a Pasqua, né quelle sulla confessione annuale[216].

Nelle due bozze successive troviamo soltanto modifiche stilistiche[217]. La versione stampata della terza bozza è anche uguale alle precedenti[218], ma il suo esemplare contenuto nell'ASV contiene una importante correzione, probabilmente dalla mano del cardinale Gasparri[219]. Nel progetto del can. 907, il quale termina con le parole: «tenetur obligatione ad hoc sacramentum accedendi, si gravis culpae conscientiam habeat»[220], vengono barrate le parole *si gravis culpae conscientiam habeat*[221]. Infatti nella bozza successiva (la quarta dopo il primo schema con la numerazione completa del Codice), custodita nel *Fondo Ojetti* troviamo una versione accorciata del medesimo canone 907: «Omnis utriusque sexus fidelis, postquam ad annos discretionis, idest ad usum rationis, pervenerit, saltem semel in anno tenetur obligatione ad hoc

---

[214] APUG, *Fondo Ojetti*, n. 2037; Cf. ASV, *Commissione Cod. Diritto Canonico*, scat. 86, *Schema 1913*. Il canone è aggiunto nel piccolo foglio incollato all'interno dello schema.

[215] Cf. S.C. PER LA DISCIPLINA DEI SACRAMENTI, decr. *Quam singulari*, 8 agosto 1910, n. IV, 582.

[216] APUG, *Fondo Ojetti*, fasc. 2037.

[217] Cf. APUG, *Fondo Ojetti*, fasc. 2038-2039. Un esempio offre un ritocco stilistico all'interno del can. 907 sulla confessione annuale: al posto delle parole «tenetur obligatione» troviamo la formula «obligatione tenetur». Non ci sono differenze sostanziali nei canoni di nostro interesse.

[218] Cf. APUG, *Fondo Ojetti*, fasc. 2040. In questo fascicolo troviamo inserite all'inizio dello schema due pagine con i commenti ai canoni scelti. Al margine di uno di essi si trova tale commento: «Il can. 859 vada dopo il can. 853». Questo suggerimento, forse dello stesso padre Ojetti, non è stato accolto, dato che il principale canone sulla Comunione pasquale rimarrà al suo posto fino alla versione ufficiale del Codice Pio-Benedettino.

[219] Cf. ASV, *Commissione Cod. Diritto Canonico*, scat. 87.

[220] ASV, *Commissione Cod. Diritto Canonico*, scat. 87 = APUG, *Fondo Ojetti*, fasc. 2040 = *Ibid.*, fasc. 2053. Lo schema del libro III che si trova nell'ultimo dei luoghi menzionati contiene sulla prima pagina l'annotazione «Questo fascicolo sembra che sia del 1916».

[221] Cf. ASV, *Commissione Cod. Diritto Canonico*, scat. 87.

sacramentum accedendi»[222]. Di conseguenza viene cambiato il significato del precetto della confessione annuale, che obbligherebbe ogni fedele ad accedere annualmente alla confessione, anche senza aver commesso peccati gravi. Il successivo schema, proveniente dal 1916[223], non contiene nessuna innovazione nella normativa sul precetto pasquale. Nel fascicolo 2055 del *Fondo Ojetti* troviamo il medesimo schema con alcune annotazioni[224]. La sola nota ai canoni riguardante il precetto pasquale consiste nella proposta di aggiungere nel can. 860 dopo le parole «idest in parentes» l'inciso «et tutores»[225]. Nella versione dello schema contenuta nell'ASV ritroviamo una aggiunta simile «in tutores»[226], fatta probabilmente dalla mano di Gasparri.

Nell'ultimo menzionato esemplare dello schema ci sono più correzioni di questo tipo. Nel can. 859 §2 troviamo due inserimenti: il primo descrive le circostanze nelle quali si potrebbe allungare il periodo pasquale: «si ita personarum ac locorum adiuncta exigant»[227]; il secondo offre agli ordinari non solo la possibilità di prorogare per i loro fedeli il tempo della Comunione pasquale, ma anche quella di «anticipare, non tamen ultra quartam diem dominicam quadragesimae»[228]. Mentre il can. 907 sulla confessione annuale rimane senza cambiamenti, nel can. 908 Gasparri fa una aggiunta: non soddisfa il precetto di confessare i peccati chi fa la confessione sacrilega[229] o volontariamente nulla. L'inserimento della parola *sacrilegam* ha forse come scopo quello di armonizzare la normativa sull'obbligo della confessione con quella sulla Comunione.

Nell'ultimo schema del 1916, che già segnala l'avvicinarsi della codificazione definitiva (contiene il titolo con i nomi di due Papi[230] ed è il

---

[222] APUG, *Fondo Ojetti*, fasc. 2048.
[223] Cf. APUG, *Fondo Ojetti*, fasc. 2054 = ASV, *Commissione Cod. Diritto Canonico*, scat. 87. La datazione è quasi certa perché viene questa volta stampata con il titolo dello schema: «(Schema Codicis Iuris Canonici)/(Sub secreto pontificio)/Codex Iuris Canonici, cum notis Petri Card. Gasparri, Romae, Typis Polyglottis Vaticanis, 1916».
[224] Cf. APUG, *Fondo Ojetti*, fasc. 2055. Sulla prima pagina dello schema fu aggiunto a mano «P. Eschbach O.C.S.A». Forse questa scritta deve indicare il possessore di questo schema e l'autore dei commenti, ma siamo nell'ambito di mere ipotesi.
[225] APUG, *Fondo Ojetti*, fasc. 2055.
[226] ASV, *Commissione Cod. Diritto Canonico*, scat. 87.
[227] ASV, *Commissione Cod. Diritto Canonico*, scat. 87.
[228] ASV, *Commissione Cod. Diritto Canonico*, scat. 87.
[229] Cf. ASV, *Commissione Cod. Diritto Canonico*, scat. 87.
[230] Cf. APUG, *Fondo Ojetti*, fasc. 2058: «Codex Iuris Canonici Pii X Pontifici Maximi Iussu digestus, Benedicti Papae XV auctoritate promulgatus, Romae Typis Polyglottis Vaticanis, 1916».

CAP. IV: IL CODICE PIO-BENEDETTINO 329

primo schema in questa fase senza le note di Gasparri[231]) troviamo inserite tutte le modifiche appena elencate. Ci sono anche altri cambiamenti di ordine piuttosto stilistico: nel can. 859 §4 al posto del «dicto tempore» si parla del «praescripto tempore»[232]; nel canone 860 i redattori hanno inserito l'espressione «quoque ac» con la quale si dovrebbe rendere più chiaro il passaggio dall'obbligo che grava sul fanciullo alla responsabilità degli adulti: «Obligatio praecepti communionis sumendae, quae impuberes gravat, in eos quoque ac praecipue recidit, qui ipsorum curam habere debent»[233].

La trasformazione più fondamentale, e non annunciata nelle correzioni di Gasparri e di Ojetti, è avvenuta tuttavia nel titolo sulla penitenza. La ragione del cambiamento sta con ogni probabilità nelle osservazioni al Codice del Diritto canonico emanate dalla Sacra Penitenzieria Apostolica che si trovano nell'ASV[234]. I membri della Penitenzieria Apostolica scrivono tale parere circa il can. 907:

> Questo canone come è annunciato, impone una nuova obbligazione non prescritta né dal Laterano, né dal Tridentino. Si propone di modificarlo nel tenore seguente, usando le espressioni del Concilio Lateranense: «Omnis utriusque sexus fidelis, postquam ad annos discretionis, id est ad usum rationis, pervenerit, tenetur omnia peccata sua semel saltem in anno fideliter confiteri»[235].

---

[231] Cf. ASV, *Commissione Cod. Diritto Canonico*, scat. 90. In questa scatola tra i vari documenti troviamo anche un fascicolo anonimo dattiloscritto intitolato ««Osservazioni generali di alcuni consultori», molto critico verso il progetto del Codice, ed indirettamente, verso il suo principale redattore, il cardinale Gasparri. Una delle critiche va contro le fonti che si trovano nelle note: «Che valore hanno le note? Per l'intelligenza del testo? Saranno invece una sorgente inesauribile di questioni con discapito degli stessi Canoni; senza dire che non di rado nelle note si afferma il contrario di ciò che viene prescritto nel testo. – E poi quando mai un Codice è stato pubblicato dalla Autorità competente con le note ?». Al margine del testo appena citato troviamo la nota manoscritta dello stesso cardinale: «Sono lavoro personale mio; quindi nessun valore giuridico; perciò nell'edizione officiale del Codice nessuna nota».
[232] APUG, *Fondo Ojetti*, fasc. 2058.
[233] APUG, *Fondo Ojetti*, fasc. 2058.
[234] Cf. ASV, *Commissione Cod. Diritto Canonico*, scat. 90. Lo scritto di alcune pagine è intestato così: «Sacra penitenzieria Apostolica. Osservazioni al Codice del Diritto canonico». Poi segue una nota importante: «N.B. Le seguenti osservazioni della Segnatura della S. Penitenzieria s'intendono prese ad unanimità; fatta eccezione dei casi in cui sarà notato espressamente in contrario».
[235] ASV, *Commissione Cod. Diritto Canonico*, scat. 90.

Il suggerimento viene marcato con una matita rossa, forse in segno della presa in considerazione da parte di Gasparri. In ogni caso, nell'ultimo schema del 1916, ritroviamo (adesso nel can. 906) esattamente la versione proposta dalla Penitenzieria Apostolica[236].

Infine arriva il testo definitivo del 1917[237]. Il can. 859 suona ora così:

§1. Omnis utriusque sexus fidelis, postquam ad annos discretionis, idest ad rationis usum, pervenerit, debet semel in anno, saltem in Paschate, Eucharistiae sacramentum recipere, nisi forte de consilio proprii sacerdotis, ob aliquam rationabilem causam, ad tempus ab eius perceptione duxerit abstinendum.
§2. Paschalis communio fiat a dominica Palmarum ad dominicam in albis; sed locorum Ordinariis fas est, si ita personarum ac locorum adiuncta exigant, hoc tempus etiam pro omnibus suis fidelibus anticipare, non tamen ante quartam diem dominicam quadragesimae, vel prorogare, non tamen ulla festum Sanctissimae Trinitatis.
§3. Suadendum fidelibus ut huic praecepto satisfaciant in sua quisque paroecia; et qui in aliena paroecia satisfacerint, curent proprium parochum de praecepti adimplendo certiorem facere.
§4. Praeceptum paschalis communionis adhuc urget, si quis illud praescripto tempore, quavis de causa, non impleverit[238].

La maggior parte delle ultime modifiche è di ordine stilistico[239], tuttavia nel canone terzo è aggiunta una frase che formula un nuovo obbligo giuridico. Dalla via della redazione rintracciata negli archivi non possiamo dedurre il perché di questo passo inserito nel paragrafo terzo[240]. Si può semplicemente ricordare che la norma che vincolerebbe i fedeli ad

---

[236] Cf. APUG, *Fondo Ojetti*, fasc. 2058.

[237] Nell'ASV ritroviamo la bozza del libro III *de Rebus*, che è posteriore all'ultimo schema del 1916 ed sembra la prima versione dello schema definitivo del 1917. Poi nel *Fondo Ojetti* abbiamo due schemi del 1917, i quali si differenziano quanto ai numeri delle pagine, ma i canoni sono già quelli della versione definitiva del Codice. Cf. ASV, *Commissione Cod. Diritto Canonico*, scat. 86; APUG, *Fondo Ojetti*, fasc. 2059-2060.

[238] *CIC/1917*, can. 859.

[239] Cf. ASV, *Commissione Cod. Diritto Canonico*, scat. 86. Nella bozza del libro III ivi contenuta troviamo due correzioni fatte probabilmente dallo stesso Gasparri nel can. 859 §2. Si tratta della sostituzione di «anticipare non tamen *ultra*» con «anticipare non tamen *ante*», e dell'inserimento della piena parola «Sanctissimae» al posto dell'abbreviazione «SSmae Trinitatis». Un altro cambiamento stilistico, cioè il passaggio nel §1 da «in Pascha» a «in Paschate» è stato fatto in precedenza, perché già presente nella bozza stampata della scatola 86.

[240] Questa frase è assente nell'ultimo schema del 1916 ed è apparsa già stampata nella prima bozza della versione definitiva Cf. APUG, *Fondo Ojetti*, fasc. 2058; ASV, *Commissione Cod. Diritto Canonico*, scat. 86.

informare il loro parroco della Comunione pasquale ricevuta in altra parrocchia fu proposta da parecchi vescovi nell'avvenuta consultazione della normativa codiciale[241].

Nelle norme seguenti non troviamo più nessun cambiamento sostanziale:

> Can. 860. Obligatio praecepti communionis sumendae, quae impuberes gravat, in eos quoque ac praecipue recidit, qui ipsorum curam habere debent, idest in parentes, tutores, confessarium, institutores et parochum.
> Can. 861. Praecepto communionis recipiendae non satisfit per sacrilegiam communionem[242].

L'unica rettifica che appare a confronto con i progetti precedenti risulta una pure questione di stile[243]. Anche la normativa circa il rito della Comunione pasquale presenta solo un ritocco redazionale: «Suadendum tamen ut suo quisque ritu fideles praecepto communionis paschalis satisfaciant»[244].

La legislazione sull'obbligo della confessione annuale, dopo i capovolgimenti dell'anno precedente, rimane identica che all'ultimo schema dell'anno 1916:

> Can. 906. Omnis utriusque sexus fidelis, postquam ad annos discretionis, idest ad usum rationis, pervenerit, tenetur omnia peccata sua saltem semel in anno fideliter confiteri.
> Can. 907. Praecepto confitendi peccata non satisfacit, qui confessionem facit sacrilegiam vel voluntarie nullam[245].

Con i canoni appena citati la seconda tappa della codificazione del precetto pasquale è arrivata al suo termine. Questa fase fu segnata dai due documenti pontefici e dalla consultazione universale degli Ordinari di tutto il mondo, ma è stato soprattutto il lavoro del cardinale Gasparri e dei suoi pochi collaboratori[246] a portare il frutto della normativa definitiva contenuta nel Codice Pio-Benedettino.

---

[241] Cf. Cap. IV, 1.2.3.
[242] *CIC/1917*, cann. 860-861.
[243] Si tratta della soppressione di «in» nel can. 860 davanti a tutti i sostantivi dell'elenco delle persone responsabili, tranne la prima categoria «in parentes». L'operazione fu fatta con ogni probabilità dalla penna di Gasparri. Cf. ASV, *Commissione Cod. Diritto Canonico*, scat. 86.
[244] *CIC/1917*, can. 866 §2. Infatti nell'ultimo schema del 1916 quel canone era formulato così: «Suadendum tamen ut quisque fidelium praecepto communionis paschalis satisfaciant suo ritu» (APUG, *Fondo Ojetti*, fasc. 2058).
[245] *CIC/1917*, cann. 906-907.
[246] Cf. J. LLOBEL – E. DE LEÓN – J. NAVARRETE, *Il libro "De processibus"*, 84, nt.

Abbiamo dedicato uno spazio relativamente ampio a descrivere la redazione della legislazione sul precetto pasquale da parte della Commissione Codificatrice dell'inizio del secolo. Infatti non ci sembrava inutile dare voce ai documenti nascosti negli archivi romani, che possono arricchire non solo la conoscenza storica, ma anche la comprensione della normativa stessa. I voti dei consultori, le proposte dei vescovi consultati, le voci nelle discussioni delle consulte parziali, infine le sottili scelte del minuzioso lavoro dell'ulteriore fase della redazione — tutta questa documentazione dà rilievo alle grandi idee e controversie circa il precetto pasquale. I grandi canonisti, come per esempio Wernz, Bucceroni, Ojetti e lo stesso Gasparri, hanno saputo porre domande perspicaci e molte volte dare chiare risposte al riguardo. Infine c'è anche un ulteriore motivo del nostro interesse per la codificazione del Codice del 1917: le direzioni allora prese e le decisioni approvate dall'autorità pontificia hanno in gran parte determinato la prassi e la dottrina circa il precetto pasquale fino ai nostri giorni.

2. Il Codice Pio-Benedettino e le norme posteriori

Il primo *Codex Iuris Canonici* venne promulgato da Benedetto XV nella festa di Pentecoste del 1917 e «diventò la collezione legislativa ufficiale, universale, unica ed esclusiva della Chiesa latina»[247]. Nel campo del precetto pasquale nel Codice Pio-Benedettino troviamo una normativa sintetica, che raccoglie la sostanza delle leggi emanate in precedenza. Dato che il Codice ha trattato distintamente i due obblighi sacramentali in due sezioni differenti[248], va studiata prima la legislazione sulla Comunione pasquale, poi quella sulla confessione annuale. Alla fine va riportata la legislazione posteriore al Codice Pio-Benedettino, con molte dispense e privilegi, riguardanti soprattutto il tempo per soddisfare il precetto pasquale.

2.1 *L'obbligo della Comunione pasquale nel Codice del 1917*

L'analisi della normativa sulla Comunione pasquale nel Codice Pio-Benedettino sarà divisa in tre parti. All'inizio prenderemo in considera-

---

70. Nello stretto gruppo descritto in questa nota, il padre Ojetti risulta una persona chiave almeno dal 1909, con grande influenza sull'effettiva formulazione della normativa, come testimonia lo studio dello stesso *Fondo Ojetti*. Sembra giusta l'opinione che il professore della PUG era «forse uno dei personaggi più importanti nei lavori di codificazione» (*Ibid.*).

[247] P. ERDÖ, *Storia*, 151.

[248] Anche se nello stesso libro terzo intitolato *De Rebus*.

zione il primo paragrafo del canone 859, nel quale troviamo la formulazione basilare dell'obbligo di comunicarsi annualmente almeno a Pasqua; poi esamineremo il significato di altri paragrafi dello stesso canone, che riguardano il tempo, il luogo e il rito da osservare nell'adempiere il precetto ed infine termineremo questa parte dello studio con le ultime norme circa il precetto di comunicarsi, relative soprattutto alla Comunione pasquale.

2.1.1 La norma fondamentale (can. 859 §1)

Nel primo paragrafo del canone 859 il legislatore offre il nucleo del precetto della Comunione pasquale. Questo paragrafo, di carattere dottrinale e disciplinare, rispecchia fedelmente le normative lateranense e tridentina[249], riformulate in modo sintetico:

> Omnis utriusque sexus fidelis, postquam ad annos discretionis, idest ad rationis usum, pervenerit, debet semel in anno, saltem in Paschate, Eucharistiae sacramentum recipere, nisi forte de consilio proprii sacerdotis, ob aliquam rationabilem causam, ad tempus ab eius perceptione duxerit abstinendum (can. 859 §1).

Il legislatore si riferisce direttamente alla costituzione lateranense *Omnis utriusque sexus,* della quale cita intere frasi, cominciando dall'*incipit.* La legge della Comunione pasquale vincola di fatto tutti i fedeli che hanno raggiunto l'età dell'uso di ragione, anche i prigionieri, i malati o gli scomunicati[250]. Sono obbligati a soddisfare il precetto anche i fedeli delle Chiese cattoliche orientali[251].

La formula *debet semel in anno, saltem in Paschate Eucharistiae sacramentum recipere* rispecchia invece la dottrina tridentina[252]. Di fatto

---

[249] Cf. F.M. CAPPELLO, *De sacramentis*, I, 425, n. 475: «Canon iste doctrinalis simul et disciplinaris est, desumptus fere ad verbum ex cap. *Omnis utriusque sexus* Concilii IV Later. Et can. 9, Sess. XIII, Conc. Trid.». Cf. anche A. BLAT, *Commentarium*, III/1, 194, n. 177.

[250] Cf. F.M. CAPPELLO, *De sacramentis*, I, 428, n. 475: «Quare nemo excluditur, licet infirmus sit, aut carcere detentus, vel excommunicatus. Qui ad ecclesiam accedere nequit, communionem petere debet paschali tempore; et parochus aut cappellanus tenetur eandem ad illum deferre tempore paschali [...]. Item excommunicatus debet humiliter petere absolutionem, ut possit praeceptum adimplere». Cf. anche M. CONTE A CORONATA, *De sacramentis*, I, 310, n. 323.

[251] Cf. F.M. CAPPELLO, *De sacramentis*, I, 865, n. 859: «Praeceptum communionis paschalis tenet quoque Orientales, ut palam est».

[252] Cf. sopra, cap. III, 2.3.3.

ritroviamo qui due livelli del precetto[253] precisati a Trento: l'espressione *semel in anno* indica il fondamentale obbligo annuale radicato nel diritto divino, mentre le parole *saltem in Paschate* si riferiscono alla determinazione ecclesiale secondaria[254], legata con il tempo liturgico delle feste pasquali.

L'espressione *postquam ad annos discretionis* [...] *pervenerit* è ripresa alla lettera dalla costituzione 21 del Laterano IV[255]. Nel mezzo della frase lateranense viene però inserita una formula diversa: *idest ad rationis usum*. Quest'ultimo inciso, che precisa il significato della formulazione tradizionale, riprende l'interpretazione esposta nel decreto *Quam singulari* nel 1910[256]. Si tratta dell'età nella quale il bambino comincia a ragionare, la quale può essere diversa secondo le circostanze e le capacità del fanciullo stesso[257]. Tale età si presume a sette anni[258], ma si dovrebbe comunque valutare caso per caso le capacità di ogni ragazzo[259], senza dimenticare che alcuni possono arrivare all'uso di ragione anche prima di sette anni[260].

La Pontificia Commissione *ad Codicem autenthice interpretandum* ha risposto al dubbio nel quale ci si chiedeva, se il fanciullo di età minore ai sette anni che è stato ammesso alla prima Comunione sia obbli-

---

[253] Cf. A. VERMEERSCH – I. CREUSEN, *Epitome Iuris Canonici*, II, 88, n. 126: «his verbis demonstratur praeceptum virtualiter *duplex*: communicandi *semel* in anno, et communicandi *in Paschate*».

[254] Cf. F.M. CAPPELLO, *De sacramentis*, I, 428, n. 475: «Prima obligatio est divino-ecclesiastica, et principalis; altera est mere ecclesiastica et secundaria».

[255] Cf. X. 5, 12, 38.

[256] Cf. M. CONTE A CORONATA, *De sacramentis*, I, 310, n. 323: «Quandonam puer dicatur pervenisse ad annos discretionis seu ad usum rationis declaravit Pius X».

[257] Cf. F.M. CAPPELLO, *De sacramentis*, I, 426, n. 475: «Praefinire taxative quaenam sit *aetas*, qua puer de facto *ratiocinari incipit*, impossibile est. Perpendenda sunt locorum, personarum ac temporum varia adiuncta».

[258] Cf. F. B. NÁJERA, *El Código*, II, 95: «La discreción o uso de la razón se presume al cumplir los siete años».

[259] Cf. A. VERMEERSCH – I. CREUSEN, *Epitome Iuris Canonici*, II, 88, n. 126: «Haec aetas septem annorum praesumptionem quandam suppeditat, quae veritati semper cedit»; F.M. CAPPELLO I, *De sacramentis*, 426, n. 475: «Haec regula generalis practicae servari potest: pueri *septem* annos nati capaces per se censentur communionis. Dicimus *per se*, quia in quibusdam pueris mens celerius evolvitur, in aliis tardius».

[260] Cf. F.M. CAPPELLO, *De sacramentis*, I, 426-27, n. 475: Quapropter etiam ante aetatem septem annorum possunt amitti ad sacram synaxim, si discretionis signa exhibeant. Hac de causa decr. *Quam singulari* dicit: "circa septimum annum, sive supra, sive etiam infra"».

CAP. IV: IL CODICE PIO-BENEDETTINO 335

gato ai precetti della Comunione e della confessione annuale[261]. La risposta affermativa è stata firmata dal presidente della Commissione, il cardinale Gasparri, insieme con una breve giustificazione di tale decisione[262]. Dato che questa decisione della Commissione non è stata mai promulgata[263], gli studiosi sono divisi circa il valore della dottrina ivi esposta[264]. Pare retta l'opinione equilibrata, che fa una distinzione importante: solo l'obbligo della Comunione e della confessione annuale comincerebbe ad urgere con l'età reale della discrezione, mentre la determinazione pasquale, di origine puramente ecclesiale, vigerebbe soltanto a sette anni[265]. Inoltre secondo l'opinione comune un fanciullo

---

[261] Cf. PONTIFICIA COMMISSIONE PER L'INTERPRETAZIONE AUTENTICA DEL CODICE DEL DIRITTO CANONICO, *Resp. part.*, 3 gen. 1918: «I. Utrum pueri, qui etsi septimum aetatis annum nondum expleverunt, tamen, ob aetatem discretionis seu usum rationis, ad primam Communionem admissi iam fuerint, teneantur duplici praecepto confessionis saltem semel in anno et Communionis semel in anno, saltem in Paschate?» (Ochoa, I, n. 70, col. 103).

[262] Cf. PONTIFICIA COMISSIONE PER L'INTERPRETAZIONE AUTENTICA DEL CODICE DEL DIRITTO CANONICO, *Resp. part.*, 3 gen. 1918: «Emus Card. Petrus Gasparri Commissionis Praeses respondet: Ad I *affirmative* [...] Et ratio, quoad primum dubium, in aperto est. Nam quamvis can. 12 statuat: "Legibus *mere* ecclesiasticis non tenentur... qui licet rationis usum assecuti, septimum aetatis annum nondum expleverunt" subdit tamen "nisi aliud in iure *expresse* caveatur". Iam vero in can. 859 §1 et 906 expresse cavetur: "Omnis utriusque sexus fideles, *postquam ad annos discretionis, idest ad usum rationis, pervenerit* etc."» (Ochoa, I, n. 70, col. 103).
Il presidente Gasparri ha usato una argomentazione basata sull'enunciato del diritto positivo, in particolare dichiarato espressamente. Il cardinale ha sottolineato anche la parola *mere* nel canone 12, ma non l'ha usato poi nella motivazione della sua decisione. In verità, il ragionamento più convincente e più sfumato si basa proprio sul peculiare carattere del precetto pasquale, che *non è* una legge *meramente* ecclesiastica.

[263] Cf. A. BLAT, *Commentarium*, III/1, 195, n. 177. L'autore spiega la mancata promulgazione con un canone dalle norme generali del *CIC/1917*: «verba legis in se certa declaret tantum (ac proinde) promulgatione non egeat» (can. 17 §2).

[264] Cf. M. CONTE A CORONATA, *De sacramentis*, I, 311, n. 323: «Quod tamen responsum non fuit authentice promulgatum; quam ob rem, aliqui docent non haberi praeceptum pro pueris ante septennium»; F. B. NÁJERA, *El Código*, II, 95: «el precepto de comulgar obliga desde el momento en que se tenga uso de razón aunque no se hayan cumplido los siete años (Com. Cod. 3 en. 1918, c.12) por ser determinativo del precepto divino». Cf. anche F.M. CAPPELLO, *De sacramentis*, I, 429-30, n. 475; F. REGATILLO, *Ius sacramentarium*, 209, n. 365.

[265] Cf. F.M. CAPPELLO, *De sacramentis*, I, 430-431, n. 475: «*Tertia* sententia distinguit: *affirmat*, quatenus isti pueri tenentur semel in anno communicare, si aliunde sint rite instructi ac dispositi; *negat*, obligationem peculiarem haberi communicandi in Paschate. Ratio primi est, quia lex de communione semel saltem in anno recipienda, est divino-ecclesiastica, utpote quae determinat praeceptum divinum saepius in vita com-

arrivato all'uso di ragione non è tenuto *subito* a comunicarsi, ma si può differire la Comunione di qualche tempo[266]. Secondo alcuni canonisti tale fanciullo dovrebbe comunicarsi nel periodo pasquale che inizia dopo che egli sia arrivato all'uso di ragione[267]. Questa soluzione pare incoraggiata dallo stesso Codice, il quale raccomanda al parroco: «Peculiari omnino studio, praesertim, si nihil obsit, Quadragesimae tempore, pueros sic instituere ut sancte Sancta primum de altari libent»[268]. Tale disposizione suggerisce il tempo della quaresima per preparare i fanciulli alla prima Comunione, probabilmente perché possano adempiere il precetto pasquale[269]. Tuttavia la parola *praesertim* e poi la clausola *si nihil obsit* suggeriscono che la regola della preprazione prima della Pasqua non è assoluta. Un rinvio della prima Comunione dopo il periodo pasquale potrebbe quindi essere giustificato, ma senza oltrepassare l'anno richiesto dal precetto della Comunione annuale, come insegnano Cappello[270] ed altri autori[271].

---

municandi. Ratio secundi, quia determinatio communionis tempore paschali facienda est lex mere ecclesiastica disciplinaris, quae proinde ad normam can. 12 non urget nisi post completum septimum aetatis annum. Omnino mature perpensis, tertia sententia rite intellecta certa videtur, attento praesertim fundamento praecepti communionis paschalis in iure divini». Cf. anche M. CONTE A CORONATA, *De sacramentis* I, 311, n. 323; F. REGATILLO, *Ius sacramentarium*, 208, n. 365.

[266] Cf. F.M. CAPPELLO, *De sacramentis*, I, 429, n. 475: «Sane praeceptum, utpote affirmativum, obligat quidem semper, at non pro semper; seu *incipit* quidem obligare ubi primum ad annos discretionis puer pervenerit, sed non ita tamen ut *illico* sit eidem satisfaciendum»; A. VERMEERSCH, – I. CREUSEN, *Epitome Iuris Canonici*, II, 88, n. 126: «Usum rationis adepti, non debebunt quam primum communicare». Cf. anche F. REGATILLO, *Cuestiones*, II, 715-716, n. 668; ID., *Ius sacramentarium*, 208, n. 365.

[267] Cf. A. VERMEERSCH – I. CREUSEN, *Epitome Iuris Canonici*, II, 88, n. 126: «Usus rationis adepti [...] cum ab habito rationis usu lege communi teneatur, non videntur ultra proximum Pascha communionem differre posse»; C. DE CLERCQ, *Des sacrements*, 135, n.155: «Le sujet qui a atteint l'âge de raison est donc tenu de recevoir la préparation nécessaire pour faire sa première communion (can. 854 §3) de façon à accomplir celle-ci au moins aux premières Pâques qui se présenteront ensuite».

[268] *CIC/1917*, can. 1330, 2°.

[269] C. CLINTON, *The paschal precept*, 72.

[270] Cf. F.M. CAPPELLO, *De sacramentis*, I, 429, n. 475: «Item si [puer] pervenit ad aetatem discretionis mense ianuario aut februario, per se non peccat si in Paschate, iusta quavis de causa v.g. ob defectum sufficiens praeparationis, non communicet; nequit tamen differre communionem ultra annum, saltem regulariter loquendo».

[271] Cf. F. REGATILLO, *Ius sacramentarium*, 208, n. 365: «Si pervenit ad discretionem ante tempus paschale, per se debet illo tempore communicare, nisi ob iustam causam oporteat communio differri; sed intra annum communicare debet». Cf. anche M. CONTE A CORONATA, *De sacramentis*, I, 310, n. 323.

CAP. IV: IL CODICE PIO-BENEDETTINO 337

Infine tutta la frase finale che inizia con *nisi forte* è anch'essa una citazione letterale del concilio Lateranense IV[272]. Il sacerdote proprio che può consiliare una dilazione della Comunione pasquale è il confessore nel foro interno oppure il parroco nel foro esterno[273]. Gli autori sottolineano che non si tratta qui di una vera facoltà di dispensare, ma di una *quasi-dispensatio*[274], che permette di rinviare l'adempimento del precetto *ad tempus*[275]. Le ragioni del provvedimento possono essere di natura pedagogica e catechistica (per assicurare il tempo della preparazione alla prima Comunione ad un fanciullo)[276], si può trattare anche di qualche difficoltà nell'adempimento[277] o utilità in campo spirituale[278]. I principali autori concordano sul fatto che tale rimando della Comunione pasquale non potrà mai oltrepassare i limiti di un anno[279]. In tal mo-

---

[272] Cf. X. 5, 12, 38.
[273] Cf. C. DE CLERCQ, *Des Sacrements*, 135: «Depuis qu'il ne faut plus se confesser à con curé, le propre prêtre qui pourra conseiller de différer la communion pascale est soit le confesseur à l'occasion de la confession, soit le curé en dehors de la confession». Cf. anche A. VERMEERSCH – I. CREUSEN, *Epitome Iuris Canonici*, II, 88, n. 126.
Si potrebbe forse allargare questo elenco con la persona del direttore spirituale e superiore religioso. Cf. F. B. NÁJERA, *El Código*, II, 95; F. REGATILLO, *Ius sacramentarium*, 209, n. 366.
[274] Cf. A. VERMEERSCH – I. CREUSEN, *Epitome Iuris Canonici*, II, 88, n. 126: «Proprius sacerdos, id est vel parochus vel confessarius, consilium dare potest differendi communionem post tempus paschale. Obitent ergo faculatatem quasi-dispensandi ad tempus in hoc praecepto, propter utilitatem fidelis rationabiliter intellectam».
[275] Cf. F. B. NÁJERA, *El Código*, II, 95: «No es propiamente una facultad de dispensar [...], sino una facultad de cuasidispensar ad tempus de este precepto por una razonable utilidad de fiel»; C. DE CLERCQ, *Des Sacrements*, 135: «On remarquera que le prêtre qualifié accorde un délai plutôt qu'une dispense, motivé par l'intérêt de fidèle».
[276] Cf. F.M. CAPPELLO, *De sacramentis*, I, 429, n. 475: «Rationabilis causa est etiam plenior cognitio doctrinae christianae et maior praeparatio ad sanctam communionem devote recipiendam»; F. REGATILLO, *Ius sacramentarium*, 210, n. 366: «*rationabili de causa*, v.gr., ut prima communio cum maiori praeparatione ac solemnitate fiat simul a multis in festo solemniori».
[277] Cf. F. REGATILLO, *Casos*, II, 364, n. 412: «No hay motivo para restringir esta cláusula a los niños de primera comunión poco preparados.[...] Mas al señalar la circunstancia del tiempo, previendo el legislador que pueden ocurrir casos en que haya dificultad para observarla, o motivos razonables para omitirla».
[278] Cf. A. VERMEERSCH – I. CREUSEN, *Epitome Iuris Canonici*, II, 89, n. 126: «solam spiritualiter utilem dispensationem concedere possunt. Ac vix alia ratio concipitur esse praeter eam quae ex praesenti indispositione vel minore dispositione colligitur: ut si quis in fide dubius hereat». Cf. anche C. CLINTON, *The paschal precept*, 79.
[279] Cf. F.M. CAPPELLO, *De sacramentis*, I, 429, n. 475: «Sane licet puero, qui iam pervenit ad aetatem discretionis, abstinere *"ad tempus"*, verius non ultra integrum annum, a perceptione Eucharistiae»; F REGATILLO, *Ius sacramentarium*, 209,

do l'obbligo della Comunione annuale risulta ancora una volta un minimo indispensabile per ogni fedele con l'uso di ragione, a meno di una causa grave che ne impedisca la soddisfazione[280].

La normativa contenuta nel can. 859 §1 riferisce sinteticamente il contenuto della costituzione lateranense, unendolo in modo organico con la formulazione tridentina e l'interpretazione apportata dal decreto *Quam singulari*. In tal modo il primo paragrafo costituisce una base solida per le novità nelle norme sull'obbligo di comunicarsi che saranno trattati nei seguenti paragrafi.

2.1.2 Il tempo, il luogo e il rito della Comunione pasquale (cann. 859 §2-4; 867 §2; 899 §3)

I tre paragrafi del canone 859 trattano del periodo nel quale si deve soddisfare il precetto di comunicarsi e del luogo dell'adempimento di tale precetto. Si tratta di temi molto discussi durante i lavori della Commissione Codificatrice[281], lavori che hanno portato alle vere novità della legislazione del 1917. Il paragrafo secondo del canone dice:

> Paschalis communio fiat a dominica Palmarum ad dominicam in albis; sed locorum Ordinariis fas est, si ita personarum ac locorum adiuncta exigant, hoc tempus etiam pro omnibus suis fidelibus anticipare, non tamen ante quartam diem dominicam Quadragesimae, vel prorogare, non tamen ultra festum sanctissimae Trinitatis[282].

Nella prima frase il legislatore riprende la dottrina circa il tempo della Comunione pasquale esposta dal Papa Eugenio IV nella sua lettera *Fide digna*: ci si deve comunicare nelle due settimane intorno alla stessa festa di Pasqua[283]. Subito dopo il canone sopracitato concede agli ordinari la facoltà di ampliare questo tempo per i propri fedeli[284], se lo

---

n. 365: «Dilatatio adimpletionis singulis permittitur [...] sed verius non ultra integrum annum».

[280] Cf. F.M. CAPPELLO, *De sacramentis*, I, 435, n. 478: «Causa gravis non solum a paschali, verum etiam ab annua communione excusat; at certe gravior causa requiritur pro omittenda communione annua, quam pro ea extra tempus paschale recipienda».

[281] Cf. sopra, cap. IV, 1.1.3.

[282] *CIC/1917*, can. 859 §2.

[283] Cf. F.M. CAPPELLO, *De sacramentis*, I, 431, n. 476: «Tempus paschale currit a dominica Palmarum usque ad Dominicam in Albis, et ideo hoc tempore, et non alio, satisfaciendum est praecepto communionis».

[284] Secondo Cappello le parole *pro suis omnibus fidelibus* «ita putamus esse intelligenda, ut non solum id possit relate ad eos qui habent domicilium aut quasi domicilium paroeciale vel dioecesanum [...], et quoad vagos [...], sed etiam relate ad

esigono le circostanze[285]. Letteralmente, secondo il can. 859 §2 l'ordinario può *anticipare vel prorogare* il tempo della Comunione pasquale[286]. Il *vel* usato nel §2 è interpretato dagli autori come una congiunzione senza il significato disgiuntivo di una alternativa[287]. Si potrebbe quindi fare temporaneamente le due estensioni[288], cioè fissare il tempo della Comunione pasquale dalla quarta Domenica di Quaresima fino alla solennità della Santissima Trinità[289]. Per prolungare ancora di più il periodo utile per soddisfare il precetto, ci vuole una decisione della Santa Sede, a meno che qualche antica consuetudine[290] o privilegio rimanga in vigore[291] per determinati territori[292]. Quanto alle Chiese

---

ceteros omnes qui *actu* intra dioecesim commorantur» (F.M. CAPPELLO, *De sacramentis*, I, 431. n. 476).

[285] Cf. A. VERMEERSCH – I. CREUSEN, *Epitome Iuris Canonici*, II, 89, n. 127: «Exigentia ista orietur v. g. ex usu recepto, vel etiam ex minore copia confessariorum».

[286] Sembra che tale facoltà concessa ai Ordinari era molto attesa, visto che molti di loro hanno chiesto l'entrata in vigore del can. 859 §2 prima della *vacatio legis* prevista per tutto il Codice. La richiesta è stata accettata è la suddetta normativa inizio ad vincolare il 20 agosto 1917. Cf. SEGRETERIA DI STATO, «De praescriptis aliquorum codicis canonum», 20 agosto 1917, p. 475.

[287] Cf. E. F. REGATILLO, *Ius sacramentarium*, 207, n. 362: «Coniunctio vel estne disiunctiva, ita ut Ordinarius possit tempus aut solum anticipare aut solum retardare; aut copulativa, ita ut utrumque simul possit? Particulis et, aut, vel, sive, tum, non est multum insistendum quia diverso sensu in Codice adhibentur. In casu vel est copulativa. Sic auctores. Sic usus, consuetudo, optima legum interpres (c.29). Sic ipsa rei natura et finis legis, ut fidelibus detur amplior facilitas praeceptum implendi. Sic potestas Ordinario data, quae est ordinaria et ideo latae interpretationis (c.200)». Cf. anche C. AUGUSTINE, *A commentary*, IV, 238; J.A. ABBO – J. D. HANNAN, *The Sacred canons*, I, 863.

[288] Cf. J. A. ABBO – J. D. HANNAN, *The Sacred canons*, I, 863: «the authority is given to local ordinaries, to set an earlier date for the beginning of this period [...] as well as to extend the period»; E. F. REGATILLO, *Ius sacramentarium*, 207, n. 362: «Itaque Ordinarius potest tempus praecepti paschalis ampliare simul a parte ante e a parte post».

[289] Cf. C. AUGUSTINE, *A commentary*, IV, 238: «the local Ordinaries may prolong the time for all the faithful of their diocese from *Laetare* Sunday to Trinity Sunday, both inclusive».

[290] Cf. M. CONTE A CORONATA, *De sacramentis*, I, 312, n. 324: «Etiam consuetudine tempus paschale pro Communione prorogari potest; nequit vero prorogari consuetudine tempus Communionis annuae». Cf. anche F.M. CAPPELLO, *De sacramentis*, I, 431, n. 476.

[291] Cf. F. X. WERNZ – P. VIDAL, *Ius canonicum*, 134-135, n. 108, nt. 267: «non tamen in Codice excluduntur legitimae antiquae consuetudines, quibus amplius adhuc tempus assignatur pro annua communione recipienda».

Orientali, alcune di Esse godono del periodo della Comunione pasquale prolungato in forza del loro diritto proprio[293].

Durante il tempo utile per adempiere il precetto pasquale i parroci godono di una facoltà speciale nel foro interno: «Ipso iure a casibus, quos quoquo modo sibi Ordinarii reservaverint, absolvere possunt [...] parochi, aliive qui parochum nomine in iure censetur, toto tempore ad praeceptum paschale adimplendum utili»[294]. In tal modo nel periodo dell'adempimento dell'obbligo pasquale della Comunione è favorita anche la ricezione del sacramento della penitenza. Inoltre anche se la scelta del confessore rimane libera, solo il parroco e quello che ne fa le veci risulta munito di queste facoltà e quindi privilegiato[295]. Infine si parla del tempo utile per l'adempimento del precetto, e tale tempo non si limita sempre alle due settimane intorno alla Pasqua, ma può essere

---

[292] Tali privilegi e consuetudini erano numerosi e presenti in varie parti del mondo. Per l'Irlanda vigeva già dal tempo di Paolo V un privilegio che prorogava il periodo utile per la Comunione pasquale dal mercoledì delle Ceneri fino all'Ascensione del Signore, prolungato nel 1851 fino all'ottava dei Santi Pietro e Paolo (Cf. A. DA SILVA, «Tempus Communionis paschalis», 38-39). Questo privilegio fu esteso nel 1853 al territorio di Inghilterra, ma solo quanto alla parte che permetteva di anticipare il tempo pasquale per tutto il tempo della Quaresima (Cf. *Ibid.*, 38). Una concessione simile fu data nel 1830 anche agli Stati Uniti di America, dove già era presente la consuetudine di adempiere il precetto della Comunione pasquale dalla prima Domenica della Quaresima fino alla Domenica della Santissima Trinità *inclusive* (Cf. *Ibid.*, 38-39; J. A. ABBO – J. D. HANNAN, *The Sacred canons*, I, 863; P. J. LYDON, *Ready Answers*, 145). In alcune diocesi di Spagna la pratica di anticipare il tempo pasquale dal Mercoledì delle Ceneri si basava in parte sul presunto privilegio che sarebbe stato concesso dal Papa *vivae vocis oraculo*, e poi nel 1526 anche in forma scritta dal Penitenziere Maggiore (Cf. F. B. NÁJERA, *El Código*, II, 95; E. F. REGATILLO, *Cuestiones*, II, 187, n. 193). Infine nei territori della Polonia per adempiere il precetto della Comunione pasquale era sufficiente comunicarsi tra l'ultima domenica prima del Mercoledì delle Ceneri e la domenica della Santissima Trinità. Essendo incerta l'origine di tale estensione, si potrebbe parlare di una consuetudine immemorabile. Cf. M. PASTUSZKO, *Najświętsza Eucharystia*, 195-196.

L'elenco dei privilegi e delle consuetudini appena presentato non è esaustivo. Inoltre alcune concessioni sono state già trattate nel terzo capitolo del nostro studio, e quelle successive al Codice saranno ancora menzionate nell'ultimo sottocapitolo di questa parte dell'esposizione.

[293] A titolo di esempio si potrebbero nominare i Copti di Egitto per i quali vige il tempo per comunicarsi prolungato fino alla Pentecoste, oppure gli Armeni, dove per una giusta causa il vescovo può anticipare il periodo della Comunione pasquale per tutto il tempo della Quaresima Cf. F.M. CAPPELLO, *De sacramentis*, I, 866, n. 859-860; A. DA SILVA, «Tempus Communionis paschalis», 38.

[294] *CIC/1917*, can. 899 §3.

[295] Cf. C. CLINTON, *The paschal precept*, 81.

CAP. IV: IL CODICE PIO-BENEDETTINO 341

prolungato dal vescovo a norma del can. 859 §2, nonché dalla consuetudine o da un privilegio pontificio[296]. Per tutto questo periodo valido in un determinato territorio rimangono in vigore le facoltà concesse al parroco ed a quelli a lui equiparati[297].

Nel paragrafo terzo del can. 859 leggiamo queste parole: «Suadendum fidelibus ut huic praecepto satisfaciant in sua quisque paroecia, et qui aliena paroecia satisfecerint, current proprium parochum de adimpleto praecepto certiorem facere»[298]. Per il legislatore la propria parrocchia è quindi il luogo favorito per adempiere il precetto della Comunione pasquale. A differenza però dell'obbligo formulato tra l'altro da Benedetto XIV[299], il canone nuovo esprime solo il consiglio (*suadendum fidelibus*) di comunicarsi nella propria parrocchia[300]. Neppure nell'elenco degli *iura parochalia* presente nel Codice Pio-Benedettino si parla più della Comunione pasquale[301]. Il suggerimento comunque presente di comunicarsi nella propria parrocchia è motivato probabilmente dalla sollecitudine esistente nella tradizione canonica, che il pastore conosca le sue pecore, soprattutto nel campo della vita sacramentale[302].

La prima parte del can. 859 §3 è parallela al can. 867 §2, che suggerisce l'adempimento del precetto della Comunione pasquale nel proprio rito[303]. In tal modo il codice cambia notevolmente la normativa conte-

---

[296] Cf. C. CLINTON, *The paschal precept*, 81-82.

[297] Cf. C. CLINTON, *The paschal precept*, 81: «Those who are equivalent to pastors are, quasi-parochi, that is, those in charge of a subdivision of Vicariate or Prefecture Apostolic, and those who take the place of pastors with full parochial powers».

[298] *CIC/1917*, can. 859 §3.

[299] Cf. sopra, cap. III, 3.2.2.

[300] Cf. E. F. REGATILLO, *Ius sacramentarium*, 210: «Ergo iam non praecipitur ut communio paschalis fiat in propria ecclesia paroeciali; hoc est hodie de mero consilio». Cf. anche M. CONTE A CORONATA, *De sacramentis*, I, 312; F.M. CAPPELLO I, *De sacramentis*, 428, n. 475; D. F. O'CALLAGHAN, «Questions», 268.

[301] Cf. *CIC/1917*, can. 462. Cf. anche P. BLAT, *Commentarium*, III/1, 192, n. 176.

[302] Cf. D. F. O'CALLAGHAN, «Questions», 268: «Canon 859 §3 directs that the faithful be recommended to do so (suadendum est), presumably in order that they may identify themselves with, and edify their local church, and that they may acquaint those with the care of their souls that the minimal obligations of Christian practice have been fulfilled».

[303] Cf. *CIC/1917*, can. 866 §2: «Suadendum tamen ut suo quisque ritu fideles praecepto communionis paschalis satisfaciant». Questo canone è molto simile alla prima frase del 859 §3, basta menzionare lo stesso inizio (*suadendum*) e alcune espressioni riprese letteralmente (*praecepto satisfaciant...suo quisque*).Cf. C. DE CLERCQ, *Des Sacrements*, 139.

nuta nella *Tradita ab antiquis* di Pio X[304], la quale costituzione obbligava il fedele a soddisfare il precetto di comunicarsi a Pasqua nella propria parrocchia e nel proprio rito[305]. Con la legislazione Pio-Benedettina si tratta invece di un mero consiglio[306]: un fedele può soddisfare il precetto pasquale comunicandosi in qualsiasi rito[307], anche se rimane raccomandato di farlo nel rito proprio[308].

Ritornando alla norma contenuta nel can. 859 §3, ritroviamo nella seconda parte del paragrafo la richiesta di informare il parroco dell'avvenuta soddisfazione del precetto della Comunione in un'altra parrocchia. Questo suggerimento è espresso dal legislatore con una formula più vincolante dalla precedente: si usa infatti la forma del congiuntivo (*current certiorem facere*) che potrebbe essere tradotta come "dovrebbero curare di informare". Gli autori sono comunque divisi nel valutare l'effettiva forza giuridica di tale formula[309]. Il legislatore dà l'impressione di voler integrare l'elemento di un certo controllo parrocchiale nella normativa del Codice, visto che nel canone 490 si menziona tra l'altro il libro *de statu animarum*[310], e l'accenno a questo libro lo troviamo anche nella edizione postcodiciale del *Rituale Romanum*[311],

---

[304] Cf. sopra cap. IV, 1.2.1.

[305] Cf. J. A. ABBO – J. D. HANNAN, *The Sacred canons*, I, 868, nt. 85; C. DE CLERCQ, *Des Sacrements*, 139. I due autori menzionano diverse dichiarazioni della Congregazione delle Chiese Orientali, la quale nel documento del 1925 ha annullato la decisione precedente di obbligare i fedeli orientali alla Comunione pasquale nel proprio rito. Con questo provvedimento il canone risulta vincolante anche per gli Orientali, i quali si possono comunicare a Pasqua in qualsiasi rito.

[306] Cf. F. B. NÁJERA, *El Código*, II, 95: «Es un mero consejo no un precepto».

[307] Cf. P. J. LYDON, *Ready Answers*, 145: «Any catholic can receive Communion of devotion and fulfill his Easter duty by receiving Holy Communion in any Catholic rite (c. 866)».

[308] Per un'analisi più dettagliata della questione del rito del precetto pasquale cf. C. CLINTON, *The paschal precept*, 85-89.

[309] Alcuni autori valutano l'avvertenza di informare il proprio parroco come un vero obbligo vincolante *de praecepto* cf. A. BLAT, *Commentarium*, III/1, 196, n. 178; F. B. NÁJERA, *El Código*, 96; A. VERMEERSCH – I. CREUSEN, *Epitome Iuris Canonici*, II, 89, n. 128: Gli ultimi due autori sottolinaeno che questo precetto «tamen leve esse contexta oratio demonstrat» (*Ibid.*). Altri interpretano questa indicazione nell'insieme del paragrafo come solo una esortazione *de consilio* cf. F.M. CAPPELLO, *De sacramentis*, I, 428, n. 475; C. DE CLERCQ, *Des Sacrements*, 136, n. 155; E. F. REGATILLO, *Casos*, II, 363, n. 410; M. PASTUSZKO, *Najświętsza Eucharystia*,199-200.

[310] Cf. *CIC/1917*, can. 470 §1: «etiam librum de statu animarum accurate conficere pro viribus curet».

[311] L'editio tipica di questo Rituale è apparsa nel 1925, perciò utilizzeremo l'abbreviazione *Rituale Romanum/1925*.

proprio nel contesto della Comunione pasquale in un'altra parrocchia[312]. Tuttavia nel capitolo dello stesso Rituale che riguarda direttamente il libro *de statu animarum*, non troviamo nessuna parola sull'eventuale annotazione dell'avvenuta Comunione pasquale[313]. In conseguenza a questa normativa incoerente di dubbia forza giuridica, la prassi di informare il proprio parroco circa l'avvenuta Comunione pasquale, anche se incorraggiata ancora dal Codice del 1917 e radicata in alcune usanze pratiche[314], sembra esser destinata a cadere in desuetudine[315].

Infine il paragrafo quarto del can. 859 suona così: «Praeceptum paschalis communionis adhuc urget, si quis illud praescripto tempore, quavis de causa, non impleverit»[316]. In altre parole il precetto di comunicarsi non adempiuto nel tempo prescritto urge anche in seguito. Passato il periodo della Comunione pasquale rimane comunque in vigore l'obbligo della Comunione annuale, che è principale e fondamentale[317]. Un fedele che per qualsiasi ragione[318] si trovasse in tale situazione, non risulta obbligato a comunicarsi *quam primum*[319], ma basterebbe che

---

[312] Cf. *Rituale Romanum/1925*, tit. IV, cap. III, n. 4: «In ceteris vero servabit ea, quae in libro de statu animarum, ut infra, praescribuntur».

[313] Cf. *Rituale Romanum/1925*, tit. XII, cap. VI.

[314] Cf. P. BLAT, *Commentarium*, III/1, 196, n. 178: «*de adimpleto praecepto certiorem facere*, v. gr. per schedulam receptam, vel alio modo qui certitudinem pariat». Cf. anche C. CLINTON, *The paschal precept*, 84.

[315] Cf. D. F. O'CALLAGHAN, «Questions», 268: «This *curent certiorem facere* embodied some kind of obligation in the past, but contrary custom and the practice of frequent communion has now deprived it of any force».

[316] *CIC/1917*, can. 859 §4.

[317] Cf. F.M. CAPPELLO, *De sacramentis*, I, 432-433, n. 478: «Idcirco qui tempore paschali, seu culpabiliter, seu inculpabiliter, communionem omisit, tenetur adhuc, et quidam sub gravi, ad communicandum. Ratio, quia [...] praeceptum importat duplicem obligationem, scil. *principalem* communicandi singulis annis, et *secundariam* communicandi in Paschate. Iam vero, transacto tempore paschali, non potest quidam satisfieri obligationi *secundariae*; at obligatio *principalis* adhuc manet, et ideo impleri debet».

[318] Cf. P. BLAT, *Commentarium*, III/1, 196, n. 178: «*quavis de causa* sicliet: culpabiliter vel inculpabiliter, voluntaria vel involuntaria, sive "per sacrilegam communionem" (can. 861) *non impleverit*».

[319] Cf. A. BALLERINI – D. PALMIERI, *Opus theologicum morale*, IV, 754, n. 979: «Sunt qui dicunt, qui non communicavit in paschate teneri quam primum communicare: et advertenda est doctrina, quam tradit Lugo, disp. 16 n. 69, nimirum ulteriorem dilatationem non afferre novam culpam; dummodo enim eo ipso anno communices quovis die id fiat, semper eodem pacto facies satis praecepto divino, quod solum manet, communicandi semel in anno».

adempisse il precetto entro l'anno, per soddisfare il dovere della Comunione annuale[320].

A questo punto sorge il problema del computare l'anno riguardo all'obbligo pasquale. Secondo alcuni autori si deve prendere in considerazione l'anno civile[321], come sembra suggerire lo stesso Codice Pio-Benedettino[322], altri seguono il Papa Eugenio IV[323] nel computare l'anno *de Pascha ad Pascham*[324]. Secondo Cappello nel campo del precetto pasquale si potrebbe ammettere solo quest'ultimo modo di conteggio del tempo, cioè dall'inizio del tempo della Comunione pasquale fino all'inizio di tale periodo nell'anno seguente[325]. In ogni caso gli autori sottolineano l'esigenza di adoperare un sistema con costanza, senza cambiare il modo di computare da un anno all'altro[326].

Il canone 859 nei suoi tre paragrafi appena commentati determina importanti aspetti dell'adempimento del precetto della Comunione pa-

---

[320] Cf. E. F. REGATILLO, *Casos*, II, 366, n. 413: «passado el tiempo pascual [...] este precepto ya no obliga sino a comulgar intra annum». Cf. anche F.M. CAPPELLO I, *De sacramentis*, 433, n. 478.

[321] Cf. C. DE CLERCQ, *Des Sacrements*, 136, n. 155: «Celui qui [...] n'a pas encore satisfait au canon 859 §1 pendant le temps de Pâques normal ou prorogé [...] est tenu de faire une telle communion au moins avant la fin de l'année civile, si cela lui est possible»; A. VERMEERSCH – I. CREUSEN, *Epitome Iuris Canonici*, II, 89, n. 126: «obligatione annuae communionis teneatur, nisi iam in eodem anno *civili* scilicet communionem digne acceperit».

[322] Cf. *CIC/1917*, can. 32 §2. Cf. anche M. CONTE A CORONATA, *De sacramentis*, I, 310, n. 322.

[323] Cf. sopra, cap. II, 3.4.

[324] Cf. F. B. NÁJERA, *El Código*, II, 96: «El año para la comunión anual debe contarse, según explicatión de Eugenio IV en la Bulla *Fide digna*, de Pascua a Pascua»; Cf. anche F.M. CAPPELLO, *De sacramentis*, I, 428, n. 475; A. BALLERINI - D. PALMIERI, *Opus theologicum morale*, IV, 751, n. 976.

[325] Cf. F.M. CAPPELLO, *De sacramentis*, I, 428, n. 475: «Annus, intra quem communio recipi debet, non est, ut quidam veteres sunt opinati, naturalis seu astronomicus a prima die ianuarii ad ultimam decembris, sed iuxta sententiam quam unice veram censemus, ecclesiasticus, nempe a Paschate ad Pascha, seu ab initio temporis paschalis ad initium temporis paschalis anni futuri». Dopo le parole *unice veram censemus* una nota rinvia alla costituzione *Fide digna* di Eugenio IV (Cf. F.M. CAPPELLO, *De sacramentis*, I, 428, n. 475, nt. 27).

[326] Cf. M. CONTE A CORONATA, *De sacramentis*, I, 310, n. 322: «quodvis autem tempus computetur computatio in eodem anno ab eodem subiecto mutari nequit in fraudem se subtrahendo diverso modo computationis obligationi legis». Cf. anche A. VERMEERSCH – I. CREUSEN, *Epitome Iuris Canonici*, II, 88, n. 126; E. F. REGATILLO, *Cásos*, II, 367, n. 413; C. CLINTON, *The paschal precept*, 78.

squale. Il Codice fissa così i limiti più ampi nel tempo e nello spazio per soddisfare il precetto annuale di comunicarsi.

2.1.3 La normativa supplementare (cann. 860-861)

Il Codice Pio-Benedettino parla implicitamente del precetto pasquale anche nei canoni 860 e 861. Nel primo dei canoni il legislatore avverte: «Obligatio praecepti communionis sumendae, quae impuberes gravat, in eos quoque ac praecipue recidit, qui ipsorum curam habere debet, idest in parentes, tutores, confessarium, institutores et parochum»[327].

Il canone riferisce la prima parte del decreto *Quam singulari* del 1910[328], con alcune modificazioni importanti[329]. Uno di questi cambiamenti consiste nell'introduzione della categoria degli *impuberes*[330], che sono al centro dell'interesse del nostro canone. Secondo una presunzione giuridica dello stesso Codice del 1917 gli impuberi sono le ragazze fino ai 12 anni compiuti e i ragazzi fino ai 14 anni compiuti[331]. L'obbligo formulato nel canone riguarda in modo speciale la prima Comunione del fanciullo[332]. Tuttavia questa norma concerne anche l'adempimento del precetto della Comunione pasquale del fanciullo già iniziato[333], fino al momento in cui arrivi all'età della pubertà[334]. La

---

[327] *CIC/1917*, can. 860.
[328] Cf. S.C. PER LA DISCIPLINA DEI SACRAMENTI, decr. *Quam singulari*, decr. 8 aug. 1910, n. IV, 582; Cf. anche sopra, cap. IV, 1.2.1.
[329] Il can. 860 parla del precetto della Comunione e della confessione, invece il can. 860 si ferma soltanto sulla Comunione. Il can. 860 aggiunge inoltre *quoque* per sottolineare la responsabilità dello stesso ragazzo, inserisce tra i responsabili la categoria dei tutori. Inoltre il contenuto della seconda parte di questa disposizione del *Quam singulari*, assente nel canone in studio, si ritrova nel can. 854 del *CIC/1917*. Cf. S.C. DE SACRAMENTIS, decr. *Quam singulari*, decr. 8 aug. 1910, n. IV, p. 582; *CIC/1917*, can. 854 §4. Cf. anche C. DE CLERCQ, *Des Sacrements*, 136, n. 155.
[330] Nel decreto pontificio del 1910 l'obbligazione *gravat puerum*, mentre il canone adopera la categoria più precisa di *impuberes*. Cf. S.C. DE SACRAMENTIS, decr. *Quam singulari*, decr. 8 aug. 1910, n. IV, p. 582.
[331] Cf. *CIC/1917*, can. 88 §2.
[332] Tale interesse è suggerito sia dalla fonte dalla quale il canone è stato ripreso, cioè il decreto *Quam singulari*, sia dalla collocazione del commento al can. 860 nella parte sulla prima Comunione nei manuali di canonisti di grande rilievo, come Cappello e Regatillo. Cf. F.M. CAPPELLO, *De sacramentis*, I, 504-506, n. 533-534; E. F. REGATILLO, *Cuestiones*, II, 716-717, n. 669.
[333] Si percepisce tale significato della norma sia dalla analisi del testo del canone che adopera la formula generale *obligatio praecepti communionis sumendae*, sia dalla collocazione dello stesso canone subito dopo la legislazione sulla Comunione pasquale.

norma vincola in modo prudente e opportuno[335] diverse categorie di adulti e porta con sé il dovere di istruire il giovinetto, di esortarlo e ammonirlo perché soddisfi l'obbligo di comunicarsi, infine di ordinare ed esigere l'adempimento del precetto[336].

Il precetto grava prima sullo stesso fanciullo, in quanto arrivato all'uso di ragione, è capace di assumere un dovere giuridico[337]. In seguito l'obbligo ricade su cinque categorie elencate nel canone: su genitori, tutori, confessore, istruttori e il parroco. La successione dei rispettivi personaggi non è casuale, ma indica una responsabilità decrescente[338], anche se sempre grave[339]. Alla luce del canone 854, che parla della prima Comunione del fanciullo, possiamo individuare i primi responsabili, che corrispondono alle tre prime categorie del nostro can. 860: i genitori e quelli che li sostituiscono (cioè i tutori) e il confessore[340].

I genitori sono i primi garanti della formazione religiosa della prole e della cura circa l'adempimento dei precetti divini ed ecclesiali da parte dei loro figli. Sono anche i genitori che per primi (almeno nel foro esterno) dovrebbero individuare i segni dell'uso di ragione, preparare

---

[334] Cf. C. AUGUSTINE, *A commentary*, III/4, 239: «After that age the obligation, if not morally, ceases at least juridically, for the classes of persons named in the text».

[335] Cf. A. VERMEERSCH – I. CREUSEN, *Epitome Iuris Canonici*, II, 90, n. 129: «Prudenter et opportunissime monet Codex obligationem impuberum».

[336] Cf. M. CONTE A CORONATA, *De sacramentis*, I, 310, n. 322: «Est autem haec obligatio, sicut obligatio comunicandi, gravis. Obligatio importat instructionem, adhoratationem, monitionem et etiam praeceptum si casus ferat». Cf. anche F.M. CAPPELLO, *De sacramentis*, I, 504, n. 533.

[337] Cf. E. F. REGATILLO, *Cuestiones*, II, 716, n. 669: «Obliga primeremente al niño en cuanto es capaz de hacerse cargo del precepto grave».

[338] Cf. F. B. NÁJERA, *El Código*, II, 96: «La incumbencia de las personas acquí enumeradas es cumulativa o solidaria, y, de suyo, según el orden consignado». Ammetendo la frase appena citata, non possiamo essere d'accordo con la riflessione finale «si los llamados a ella en poster lugar la toman sobre sí y la cumplen, podrían los primeros fiarse y quedarán descargados» (*Ibid.*). In realtà sia i genitori, sia il confessore hanno obblighi propri, che non possono essere totalmente assorbiti dai compiti degli istruttori o del parroco.

[339] Cf. F.M. CAPPELLO, *De sacramentis*, I, 505, n. 533: «Dubitandum non est quin agatur de gravi obligatione sive quoad puerum sive quoad eos qui ipisus curam habere debent, et quidem de obligatione quae oritur non solum ex iure ecclesiastico, sed praesertim ex iure naturali». Cf. anche M. CONTE A CORONATA, *De sacramentis* I, 310, n. 322.

[340] Cf. *CIC/1917*, can. 854 §4: «De sufficienti puerorum dispositione ad primam communionem iudicium esto sacerdoti a confessionibus, eorumque parentibus aut iis qui loco parentum sunt».

essi stessi il fanciullo a ricevere l'Eucaristia e portarlo in parrocchia per una più adeguata formazione religiosa[341]. I tutori, che sia per una decisione della legge sia per la volontà dei genitori defunti, si occupano dei fanciulli ai loro affidati, prendono su di sé tutti gli obblighi dei genitori circa l'educazione sia temporale, sia spirituale dei ragazzi[342].

Quanto al confessore, spetta a lui riconoscere nel foro interno se il fanciullo sia già pronto alla prima Comunione, purificare e preparare la sua anima per ricevere l'Eucaristia. Al confessore compete anche di istruire i piccoli penitenti circa i loro doveri nel campo della vita sacramentale, ed esortare a soddisfare con fedeltà il soave vincolo della Comunione pasquale[343].

Gli insegnanti, invece, hanno un ruolo sempre subordinato a quello dei genitori o tutori, che sono i primi catechisti del bambino. Siccome i genitori non possono sempre intervenire personalmente nel vasto campo della catechesi e dell'educazione, affidano una parte del loro compito agli istruttori e ai catechisti[344]. In questo ambito, soprattutto nel quadro dell'educazione collettiva dei bambini nell'epoca moderna, la responsabilità dei maestri e degli insegnanti circa l'adempimento del precetto pasquale non è da sottovalutare[345].

Quanto al parroco, anche il suo ruolo si dovrebbe interpretare secondo can. 854, e in particolare alla luce del suo canone quinto, probabil-

---

[341] Cf. E. F. REGATILLO, *Cuestiones*, II, 716, n. 669: «Los padres y tutores deben procurar que los hijos y pupilos se preparen para la comunión y cumplan a tiempo este mandamiento de la Iglesia, bien istruyéndolos y disponiéndolos ellos mismos, bien por medio de otros que hagan sus veces, o llevándolos al confesor o al párocco»; Cf. anche F.M. CAPPELLO, *De sacramentis*, I, 505, n. 534.

[342] Cf. F.M. CAPPELLO, *De sacramentis*, I, 505, n. 534: «Obligatio incumbit praetera tutoribus, iis nempe qui vel ex praescripto legis vel ex parentum defunctorum voluntate curam puerorum gerunt. Tutores enim in iura et officia parentum succedunt quod attinet ad liberorum educationem sive temporalem sive spiritualem».

[343] Cf. F.M. CAPPELLO, *De sacramentis*, I, 505, n. 534: «Siquidem ipse tenetur vi muneris sui docere poenitentem proprias eiusdem obligationes, atque illum vehementer adhortari ac inducere ad eas complendas».

[344] Cf. F.M. CAPPELLO, *De sacramentis*, I, 506, n. 534: «Paterfamilias ius et officium est liberos recte instituendi. Cum vero multiplici de causa huic iuri et officio per se ipse nequeat satisfacere, alia persona eius loco id praestat; quae nonnisi delegatum seu adventitum ius acquirit et officium, utrumque patris nomine atque auctoritate exercendum. Quare sicuti paterfamilias tenetur consulere liberorum officis religiosis, ita institutor eadem adstringitur obligatione».

[345] Cf. E F. REGATILLO, *Cuestiones*, II, 716, n. 669: «las leyes canónicas [...] como el mencionado canon en particular, los fuerzan gravemente a disponer a los niños para recibir la primera comunión».

mente voluto dallo stesso Pontefice[346]. In esso leggiamo che al parroco compete «officium [...] curandi ut [pueri] usum rationis assecuti et sufficienter dispositi quamprimum hoc divino cibo reficiantur»[347]. Questo officio di cura pastorale, che spetta al parroco in modo speciale[348] quanto alla Comunione dei fanciulli, è anche fonte di responsabilità e la sua negligenza sarebbe grave[349].

Riassumendo il significato del can. 860, sembra che dopo aver precisato l'età nella quale comincia a vincolare il precetto pasquale[350], il legislatore elenca anche i corresponsabili dell'adempimento di tale obbligo. Un impubere non deve infatti portare da solo il peso del dovere giuridico di comunicarsi, ma il precetto grava anche sugli adulti che si prendono cura della sua formazione[351].

Il canone 861 riprende la formula opposta alla tesi già condannata nel XVII secolo[352]: «Praecepto communionis recipiendae non satisfit per sacrilegiam communionem»[353]. Tale regola si basa sul fatto che il precetto ecclesiale di comunicarsi determina il precetto divino, il quale obbliga sempre ad una Comunione degna[354]. Così il legislatore vuole evitare ogni

---

[346] Cf. APUG, *Fondo Ojetti*, fasc. 2040. All'inizio di questo fascicolo si trova un foglio con le note a mano (forse del card. Gasparri), dove troviamo tale annotazione: «854 §5. Paragrafo aggiunto per volontà del S. Padre; il quale però non è ancora pienamente soddisfatto». Vista la probabile datazione del fascicolo (1915-1916) si tratterebbe della volontà di Benedetto XV.

[347] *CIC/1917*, can. 854 §5. Abbiamo omesso la parte del canone circa la non ammissione dei bambini prima dell'uso di ragione o non disposti rettamente, perché questo dovere del parroco non entra nell'obbligo delineato nel can. 860 del *CIC/1917*.

[348] Cf. A. VERMEERSCH – I. CREUSEN, *Epitome Iuris Canonici*, II, 90, n. 129: «parochum ut pastorem cui, c. 854 §5, cura haec iure specialiter mandata est».

[349] Cf. E. F. REGATILLO, *Cuestiones*, II, 716, n. 669: «Pecan finalmente los párrocos contra la caridad y la justicia [...], cuando teniendo en su feligresía pequeñuelos que éstan cerca de la época de discreción, y que no cuentan con otra enseñanza adecuada que la parrroquial, no les offrecen facilidades para disponerse convenientemente a la primera comunión». Cf. anche F.M. CAPPELLO, *De sacramentis*, I, 506, n. 534.

[350] Cf. *CIC/1917*, can. 859 §1.

[351] Per un'analisi più ampia di questo tema cf. C. CLINTON, *The paschal precept*, 59-72.

[352] Cf. sopra, cap. III, 3.2.1.

[353] *CIC/1917*, can. 861.

[354] Cf. F. M. CAPPELLO, *De sacramentis*, I, 432, n. 477: «Ratio est, quia praeceptum Ecclesiae non determinat nisi tempus implendi praecepti divini, quod proinde, posita ea determinatione, tunc urget: divinum autem praeceptum exigit communionem dignam, nec sacramentali sola contentum est. Proinde qui sacrilege communicat, praecepto minime satisfacit, et ideo adhuc tenetur obligatione Eucharistiam in statu gratiae sumendi».

pericolo di interpretazione solamente esterna e eccessivamente lassista del precetto di comunicarsi[355]. Nello stesso tempo alla persona che riceve degnamente la Comunione nel tempo prescritto non si richiede una intenzione esplicita di compiere proprio il precetto della Comunione pasquale, ma soltanto una buona ricezione dell'Eucaristia[356].

Le fonti della normativa del primo Codice del Diritto Canonico sul precetto della Comunione pasquale vanno dal Concilio Lateranense IV fino ai documenti del pontificato di San Pio X. Sembra che il Codice Pio Benedettino sia riuscito a sintetizzare questa ricca normativa canonica in pochi canoni nello stesso tempo abbastanza ricchi nel contenuto e concisi nella formulazione. Il legislatore ha introdotto anche alcune novità: l'adempimento del precetto nella propria parrocchia e nel proprio rito diventano puro consiglio e la facoltà data *ipso iure* ai vescovi di prorogare il tempo utile per la Comunione pasquale.

2.2 L'obbligo della confessione annuale nel Codice del 1917

Studieremo la legislazione del Codice Pio-Benedettino sulla confessione annuale in due tappe. In primo luogo esamineremo il can. 906 che contiene il testo principale del precetto della confessione annuale. In secondo luogo prenderemo in esame il can. 907 che si riferisce anche al precetto di confessarsi. Infine indagheremo sulla normativa assente, cioè cercheremo di valutare i motivi e il peso giuridico della omissione da parte dei canoni appena menzionati di alcune formule e norme importanti per la tradizione canonica.

2.2.1 La norma fondamentale circa la confessione annuale

Il Codice sintetizza il precetto della confessione annuale in un breve can. 906: «Omnis utriusque sexus fidelis, postquam ad annos discretionis, idest usum rationis, pervenerit, tenetur omnia peccata sua saltem semel in anno fideliter confiteri». Questo canone riprende alla lettera intere frasi della costituzione lateranense[357], con una precisazione (*idest usum rationis*) suggerita dal decreto *Quam singulari* del 1910.

---

[355] Cf. C. CLINTON, *The paschal precept*, 90-91.

[356] Cf. E. F. REGATILLO, *Ius sacramentarium*, 209, n. 367: «Satisfit etsi non habeatur intentio implendi praeceptum, dummodo suo tempore communicetur; etiam per communionem particulari intentione factam, v.gr., pro defuncto». Cf anche F.M. CAPPELLO, *De sacramentis*, I, 432, n. 477.

[357] Cf. C. DE CLERCQ, *Des Sacrements*, 177, n.199; P. BLAT, *Commentarium*, III/1, 279, n. 235.

La norma in studio riguarda tutti i fedeli di ambedue i sessi[358] già arrivati all'età della discrezione, anche quelli dei terreni delle missioni[359] ed gli appartenenti alle Chiese orientali[360]. Questa legge impone un grave obbligo[361], tanto più perché non è meramente ecclesiastica, ma fondata nel diritto divino[362].

L'espressione usata ancora dal Concilio Lateranense IV *postquam ad annos discretionis pervenerit* è stata spiegata — come abbiamo già visto — con l'inciso *idest usum rationis*. L'uso della ragione si presume nel Codice a sette anni di età[363], ma questa presunzione cede davanti ad una realtà diversa[364]. Non si tratta di un uso di ragione perfetto, ma della discrezione sufficiente perché il fanciullo sia capace di compiere peccato grave[365]. Nella prassi tale capacità discrezionale si può osservare nel comportamento esterno, per esempio se il ragazzo esprime i propri affetti e ragionamenti o se dopo aver agito con malizia si vergogna, consapevole di aver commesso un male[366]. Se il fanciullo arriva all'uso

---

[358] Cf. F.M. CAPPELLO, *De sacramentis*, II/1, 278, n. 351: «Omnes et singuli fideles, seu mares seu feminae, tam latini quam orientales, tenentur hac lege».

[359] Cf. C. AUGUSTINE, *A commentary*, IV, 348: «The duty has also been imposed on the missionary countries of China, India, etc. and missionaries of both secular and the regular clergy are obliged to insist upon this fulfillment».
Un esempio di tale cura dei missionari circa l'adempimento del precetto è descritto in una tesi non pubblicata sulla confessione annuale in Corea cf. A. PARK YANG-UNG, *La disciplina della confessione annuale*, 121-162.

[360] Cf. M. CONTE A CORONATA, *De sacramentis* I, 500, n.461: «Hac lege tenentur etiam fideles rituum orientalium». Cf. anche Cf. E. F. REGATILLO, *Ius sacramentarium*, 379, n. 667.

[361] Cf. F.M. CAPPELLO, *De sacramentis*, II/1, 277, n. 350: «Praeceptum annuae confessionis obligat sub gravi».

[362] Cf. M. CONTE A CORONATA, *De sacramentis* I, 500, n. 461: «Praeceptum hoc annuae confessionis est praeceptum iuris ecclesiastici; at utique graviter obligans et fundamentum habet in iure divino»; F.M. CAPPELLO, *De sacramentis*, II/1, 277, n. 350: «Haec lex non est mere ecclesiastica, cum Ecclesia per eam ipsum ius divinum explicet seu ipsius obligationem determinet».

[363] Cf. *CIC/1917*, can. 88 §3.

[364] Cf. F.M. CAPPELLO, *De sacramentis*, II/1, 278, n. 351: «Puer, expleto septennio, usum rationis habere praesumitur (can. 88 §3), quae praesumptio veritati profecto cedit».

[365] Cf. M. CONTE A CORONATA, *De sacramentis* I, 500, n. 461: «Obligatio annuae confessionis incipit in pueris ab aetate discretionis quae censetur adesse cum pueri peccati mortalis capaces sunt. Generatim devenire solet in nostris regionibus circa aetatem septem annorum, at etiam ante illam aetatem quandoque verificatur usus rationis et quandoque postea. Id pendet a gradu educationis, a valetudine puerorum et ab aliis etiam causis».

[366] Cf. F.M. CAPPELLO, *De sacramentis*, II/1, 278, n. 351: «Id autem multiplici modo practice dignosci potest: v. g. si puer verbis exprimat mentis cogitationes et

di ragione prima dei sette anni, è tenuto già all'adempimento del precetto di confessarsi[367], anche se tale dovere non deve essere soddisfatto subito[368]. Inoltre l'età della discrezione per il precetto della confessione annuale è la stessa che per la prima Comunione e, di conseguenza, per la Comunione pasquale[369]. L'identità dell'età nella quale cominciano a vincolare tutti e due gli obblighi — già dichiarata dal decreto *Quam singulari*[370] — è indicata nel Codice del 1917 dall'utilizzo della stessa fomula (*postquam ad annos discretionis, idest usum rationis, pervenerit*) nel canone sul precetto di comunicarsi e nella normativa sulla confessione annuale[371].

Il canone richiede di confessarsi *saltem semel in anno*, senza determinare con più precisione il periodo della confessione[372]. Nel computare l'anno sorge un problema simile a quello del precetto di

---

cordis affectus, si malitiam in actibus externis pandat, si post admissum peccatum erubescat, animadvertens se male egisse etc.». Cf. anche M. PASTUSZKO, *Sakrament Pokuty*, 508-509.

[367] Cf. M. CONTE A CORONATA, *De sacramentis* I, 500, n. 461: «Si usus rationis verificetur ante septennium obligatio confessionis annuae ante illud tempus iam obligat» Cf. anche M. PASTUSZKO, *Sakrament Pokuty*, 508; E. F. REGATILLO, *Ius sacramentarium*, 379, n. 667.

[368] Cf. E. F. REGATILLO, *Ius sacramentarium*, 379, n. 667: «Praeceptum hoc, quoniam est *affirmativum, urget semper sed non pro semper*, id est incipit obligare ubi primum puer ad annos discretionis pervenit; sed non ita ut statim sit satisfaciendum. Quare, si puer usum rationis adipiscitur, v. gr. mense iulio, poterit expectare, ex. gr. usque ad Pascha anni futuri». Cf. anche E. F. REGATILLO, *Cuestiones*, II, 714-715, n. 668.

[369] Cf. PONTIFICIA COMMISSIONE PER L'INTERPRETAZIONE DEL CODICE DEL DIRITTO CANONICO, Risp., 24 febr. 1920: «In riscontro al dubbio presentato da S. E. Revma, cioè: "L'uso di ragione, di cui parla il Codice nei canoni 854, § 2, 3, 5, 859, § 1 e 906, è quello che si richiede a commettere peccato mortale, o quello sufficiente a peccare solo venialmente?" Il sottoscritto E.mo Card. Presidente della Commissione risponde: L'uso di ragione per la santa Comunione è quello indicato chiaramente nel canone 854, §§ 2 e 3, e l'uso di ragione per il precetto annuale della Confessione, di cui il can. 906, è quello in qui richiesto» (*AKathKR* 101 [1921] 68).

[370] Cf. S.C. PER LA DISCIPLINA DEI SACRAMENTI, decr. *Quam singulari*, decr. 8 aug. 1910, n. I, p. 582: «««Aetas discretionis *tum ad confessionem tum ad sanctam Communionem*, ea est in qua puer incipit ratiocinari».

[371] Cf. *CIC/1917*, can. 859 §1 e can. 906.

[372] La legislazione particolare di alcune Chiese orientali obbligava chiaramente a confessarsi nel tempo della Quaresima (Maroniti) o prima della festa della Risurrezione del Signore (Ruteni) (Cf. F.M. CAPPELLO, *De sacramentis*, II/1, 907-908, n. 1040). Inoltre in Corea le norme locali prescrivevano due periodi per la confessione annuale: uno nella primavera, l'altro nell'autunno, coincidenti con la visita dei missionari nei villaggi (Cf. A. PARK YANG-UNG, *La disciplina della confessione annuale*, 131-150).

comunicarsi[373]. Nel caso della confessione ci sono almeno tre modi possibili di conteggio[374]: iniziando dal momento dell'ultima confessione, o considerando l'anno astronomico o civile (dal 1 gennaio al 31 dicembre) oppure contando da una Pasqua all'altra[375]. Il primo modo non è riconosciuto dagli autori importanti[376], il secondo si spiega con il modo comune e naturale di parlare dell'anno[377], tuttavia è il terzo metodo che viene adoperato nella consuetudine dei fedeli e sembra il più conforme con la *mens Ecclesiae*[378]. Si possono utilizzare ambedue i modi di computazione ammesse dagli autori[379], adoperando con coerenza il modo scelto. Inoltre gli autori sottolineano che il precetto di confessarsi non vincola *ad finiendum*, ma *ad urgendum*[380], cioè termi-

---

[373] Cf. sopra, cap. IV, 2.1.1.

[374] Nell'elenco offerto dall'opera di Ballerini-Palmieri troviamo due metodi di computare l'anno oltre questi esposti da noi: si tratta del conteggio che comincia dal primo peccato grave dopo la confessione e quello che inizia con il momento dell'arrivo all'uso di ragione. Non ci fermiamo su queste soluzioni, in quanto quasi non nominate dai commentatori del Codice del 1917 e rigettate con decisione dagli stessi autori dell'*Opus theologicum morale*. Cf. A. BALLERINI – D. PALMIERI, *Opus theologicum morale*, V, 591, n. 695.

[375] Cf. M. CONTE A CORONATA, *De sacramentis* I, 500, n. 461: «Circa modum anni computandi varii modi probabiliter adhiberi possunt, nempe, ab una confessione ad alteram; a paschate ad pascha; a die prima Ianuarii ad 31 Decembris».

[376] Molti illustri autori non nominano per niente questo modo di computare, mentre indicano le due proposte seguenti (cf. F.M. CAPPELLO, *De sacramentis*, II/1, 280, n. 354; E. F. REGATILLO, *Ius sacramentarium*, 379-380, n. 669; F. B. NÁJERA, *El Código*, II, 131; M. PASTUSZKO, *Sakrament Pokuty*, 508). Invece Ballerini-Palmieri lo menziona, adducendo due ragioni per rifiutarlo: «computare annum ab ultima confessione [...] quod rursus reicitur: 1. quia qui primo pervenit ad usum rationis non potest uti hac regula; 2. quia verba legis non sunt, ut confessio non differatur ultra annum, sed ut fiat semel in anno» (A. BALLERINI – D. PALMIERI, *Opus theologicum morale*, V, 591, n. 695).

[377] Cf. E. F. REGATILLO, *Ius sacramentarium*, 379, n. 669: «Annus confessionis, iuxta aliquos, supputandus est civilis, id est a 1.ª ianuarii ad 1ᵃᵐ ianuarii, nam vox annus hoc naturaliter significat»; P. BLAT, *Commentarium*, III/1, 280, n. 235: «atque annus absolute enuntiatus ex communi loquendi usu decurrit a die 1 Ian. ad diem 31 Dec.».

[378] F. CAPPELLO, *De sacramentis*, II/1, 280, n. 354: «Suarez cum aliis censet annum computandum esse a paschate ad pascha. Quae sententia verior videtur, tum attenta consuetudine seu praxi fidelium tum perspecta mente Ecclesiae». Cf. anche M. CONTE A CORONATA, *De sacramentis* I, 500, n. 461 E. F. REGATILLO, *Ius sacramentarium*, 380, n. 669.

[379] Cf. F. B. NÁJERA, *El Código*, II, 131: «El año puede ser natural o ecclesiástico de Pascua a Pascua»; E. F. REGATILLO, *Ius sacramentarium*, 380, n. 669: «Practice utraque supputatio observari potest».

[380] Cf. E. F. REGATILLO, *Ius sacramentarium*, 379, n. 668: «Tempus unius anni, iuxta communem sententiam, praescribitur non ad finiendam obligationem, sed ad

CAP. IV: IL CODICE PIO-BENEDETTINO 353

nato l'anno nel quale si dovrebbe soddisfare l'obbligo, quest'ultimo continua a vincolare per essere adempiuto[381].

La normativa contenuta nel can. 906 obbliga — secondo la formula lateranense — a confessare fedelmente tutti i propri peccati. Dato che l'espressione *omnia peccata sua* non afferma in modo esplicito che si tratti dei peccati gravi, essa stava alla base della controversia — presente ancora nel tempo di Benedetto XIV[382] — circa l'obbligo o meno della confessione annuale per i fedeli con soli peccati veniali. Nella prima metà del XX secolo la dottrina quasi comune vincola a confessarsi annualmente soltanto i fedeli che hanno compiuto peccato grave[383], tuttavia l'opinione minoritaria viene difesa da qualche canonista di rilievo[384]. In ogni caso risulta che con la confessione dei peccati ve-

---

urgendam». Cf. F.M. CAPPELLO, *De sacramentis* II/1, 277, n. 350; F. B. NÁJERA, *El Código*, II, 131.

[381] Cf. M. CONTE A CORONATA, *De sacramentis*, I, 500, n. 461: «Ex doctrina communi qui uno anno non satisfecit praecepto annuae confessionis, tenetur anno sequenti cum primum potest adhuc confiteri quia terminus non apponitur ad finiendam, sed ad non differendam obligationem. Utrum autem per confessionem factam sequenti anno satisfieri possit obligationi utriusque anni quaestio est inter doctores. Sententia vere probabilis affirmat». Cf. anche F.M. CAPPELLO, *De sacramentis* II/1, 277, n. 350; E. F. REGATILLO, *Ius sacramentarium*, 379, n. 668.

[382] Cf. sopra, cap. III, 3.2.2.

[383] Cf. E. F. REGATILLO, *Ius sacramentarium*, 378-379, n. 666 «Obligatio est gravis. Sed ea non tenetur tantum peccata venialia commisit, quae sunt materia libera confessionis; nam deest ratio legis, quae est reconciliatio cum Deo». Cf. anche F.M. CAPPELLO, *De sacramentis*, II/1, 279, n. 353; M. CONTE A CORONATA, *De sacramentis*, I, 499-500, n. 461; F. B. NÁJERA, *El Código*, II, 131; J. A. ABBO – J. D. HANNAN, *The Sacred canons*, II, 33-34.

[384] Basta ricordare l'opinione del card. Gasparri presentata nella fase della redazione del *CIC/1917* che ha influito per lungo tempo sui successivi progetti del canone sulla confessione annuale (cf. cap. IV, 1.2.4). Inoltre tra i commentatori del *CIC/1917* consultati si trova C. Augustine, che insegna così: «Does the obligation bind even if no mortal sins have been committed? There is no strict obligation by divine law to confess any but mortal sins, yet the positive law of the Church obliges in this case. An analogy is easily found in the obligation of confession for gaining a plenary indulgence» (C. AUGUSTINE, *A commentary*, IV, 348). Nell'ultima frase l'autore fa riferimento all'enciclica *Inter praeteritos* di Benedetto XIV, il quale è stato il primo a fare tale paragone tra l'obbligo della confessione annuale e l'obbligo della confessione in vista dell'indulgenza plenaria (Cf. *Ibid.*, nt. 30; sopra, cap. III, 3.2.2). Ad Augustine rispose Woywod e in seguito anche Paul, i quali esposero la differenza tra l'indulgenza che è sempre un privilegio e il precetto annuale, che impone un vero e proprio obbligo. Cf. S. WOYWOD, «Is There Precept to Confess», 170-171; J. PAUL, *The recipient of the sacrament*, 183.

niali si può soddisfare il precetto della confessione annuale[385], siccome i peccati veniali costituiscono materia sufficiente — anche se non obbligatoria — della confessione[386]. Di conseguenza, se uno si fosse confessato a Pasqua e poi commettesse peccati gravi, non sarebbe tenuto a confessare i peccati ancora un'altra volta in quell'anno[387]. Questa opinione — più probabile di quella contraria secondo importanti autori[388] — segue la prassi e la convinzione dei fedeli[389].

In tal modo il canone 906 del Codice del 1917 ricapitola la normativa lateranense nel contesto di un ordinamento giuridico diverso. Tuttavia le norme basilari del precetto di confessarsi rimangano le stessi per secoli: il suddetto obbligo vincola tutti i fedeli arrivati all'età della discrezione ad una confessione sincera ed integra (*fideliter*) almeno una volta all'anno. Questi ultimi attributi della confessione vengono specificati nel canone successivo che stiamo per prendere in considerazione.

2.2.2 La portata del can. 907

L'enunciato del canone 907: «Praecepto confitendi peccata non satisfacit, qui confessionem facit sacrilegiam vel voluntarie nullam»[390] non

---

[385] Cf. E. F. REGATILLO, *Ius sacramentarium*, 378-379: «Praeceptum satisfit etiam per confessionem in qua solum venialia accusantur». Cf. anche M. CONTE A CORONATA, *De sacramentis*, I, 500, n. 459.

[386] Cf. *CIC/1917*, can. 902: «Peccata post baptismum commissa [...] venialia, sunt materia sufficiens, sed non necessaria, sacramenti poenitentiae».

[387] Cf. E. F. REGATILLO, *Ius sacramentarium*, 378, n. 666: «Sic, qui [...] in Paschate venialia tantum confessus est, et postea mortale commitit, non tenetur iterum confiteri eodem anno»; M. CONTE A CORONATA, *De sacramentis*, I, 500, n. 459: «Verum si quis intendens praecepto satisfacere sola venialia accusavit, non tenetur amplius intra annum confiteri si postea aliquod mortale intra eundem annum commiserit».

[388] Cf. A. BALLERINI – D. PALMIERI, *Opus theologicum morale*, V, 592, n. 696; F.M. CAPPELLO, *De sacramentis*, II/1, 279, n. 353. Cappello giudica tale opinione confermata dall'uso e dalla convinzione dei fedeli, tuttavia vede e sembra sostenere le ragioni che sostengono il parere contrario. Alla fine consiglia di non avvertire i fedeli circa eventuale l'obbligo: «In praxi fideles de ulteriore obligatione nullatenus monendi sunt; imo, stante dubio iuris (cfr. can. 15) male ageret confessarius vel parochus qui huiusmodi monitionem faceret» (*Ibid.*).

[389] Cf. F.M. CAPPELLO, *De sacramentis*, II/1, 279, n. 353: «Usus et persuasio fidelium hanc opinionem confirmat; nam qui tempore paschali venialia confitetur cum animo satisfaciendi praecepto, huic profecto existimat se satisfecisse, nec putat se obligari ad aliam confessionem eodem anno instituendam, si forte peccatum mortale patraverit». Cf. anche A. BALLERINI – D. PALMIERI, *Opus theologicum morale*, V, 592, n. 696; E. F. REGATILLO, *Ius sacramentarium*, 378, n. 666.

[390] *CIC/1917*, can. 907

CAP. IV: IL CODICE PIO-BENEDETTINO 355

riguarda soltanto il precetto della confessione annuale, ma ogni confessione obbligatoria. D'altra parte la norma riguarda in primo luogo il nostro precetto in studio, il che si può dedurre dalla sua posizione nel *CIC/1917* (subito dopo il can. 906 commentato nel sottocapitolo precedente) e dalla fonte del can. 907. Il legislatore riprende in parte la censura del XVII secolo[391], nella quale il Sant'Ufficio condannò la tesi che una confessione volontariamente nulla è sufficiente per adempiere il precetto della Chiesa[392]. Il canone attuale parla non soltanto della confessione volontariamente nulla, ma anche di quella sacrilega, affermando che ambedue non bastano per soddisfare l'obbligo di confessarsi. La confessione sacrilega è quindi distinta nello stesso canone da quella volontariamente nulla (che potrebbe ipoteticamente non essere allo stesso tempo sacrilega)[393]. La prima si potrebbe verificare quando uno si confessa peccando gravemente secondo la propria coscienza (p. es. per il grave difetto dell'esame di coscienza, per un peccato grave commesso durante la confessione, per una volontaria omissione nell'atto di accusa dei peccati gravi)[394]. La confessione volontariamente nulla succede invece quando uno omette di proposito qualche atto che costituisce materia della confessione, oppure quando si confessa con consapevolezza da un sacerdote con una evidente e manifesta sordità o carenza di giurisdizione[395]. Tuttavia questa distinzione non riveste particolare importanza, perché la confessione sacrilega e quella volontariamente nulla ha lo stesso effetto giuridico quanto al precetto della confessione annuale[396], cioè il suo non adempimento[397].

---

[391] Cf. sopra, cap. III, 3.2.1.

[392] Cf. S.C. SANCTI OFFICII, decr. 24 sept.1665, prop. 14: «Qui facit confessionem voluntarie nullam, satisfacit praecepto ecclesiae» (*Fontes*, IV, 17, n. 734).

[393] Cf. C. DE CLERCQ, *Des Sacrements*, 177, n. 199: «le can. 907 distingue explicitement le cas de la confession sacrilège du cas pouvant hypothètiquement exister d'une confession volontairement nulle qui ne serait pas sacrilège».

[394] Cf. P. BLAT, *Commentarium*, III/1, 281, n. 235bis: «*qui confessionem* forsitan veram *facit* sed *sacrilegam* idest: iuxta propriam conscientiam peccans, sive ob defectum examinis gravem, sive graviter peccans confessionis tempore, sive ob reticentiam existimati vere aut falso gravis peccati accusandi, etc.»

[395] Cf. P. BLAT, *Commentarium*, III/1, 281, n. 235[bis]: «voluntarie nullam, v. gr. ob defectum alicuius ex actibus a se ponendis, quae sunt poenitentiae sacramenti quasi materia, vel quia se subicit tum confessario inepto ob surditatem vel ignorantiam evidentem, tum sacerdoti necessaria in casu iurisdictione carenti, non habens sufficientem causam ut a moralistis explicatur».

[396] Cf. E. F. REGATILLO, *Ius sacramentarium*, 380, n. 670: «*Sacrilega* et *voluntarie nulla* aequivalent. Non sic *involuntarie nulla*».

La differenza che contiene invece un considerevole rilievo giuridico esiste tra la confessione volontariamente nulla e quella che è diventata nulla in modo involontario. Quest'ultima può accadere quando un fedele si confessa in buona fede o senza il dolore, o al sacerdote carente di giurisdizione, o nel caso in cui non viene assolto per inavvertenza del confessore[398]. A simili casi non si applica la norma del can. 907 e uno che fa una confessione involontariamente nulla soddisfa quindi il precetto annuale.

La Chiesa vuole quindi la confessione integra, sincera e onesta (quanto allo stesso atto di accusa dei peccati questa volontà del legislatore è già espressa dalla parola *fideliter* nel canone precedente[399]), tale da soddisfare la legge divina di riconciliare il peccatore con il Signore, soltanto determinata dalla Chiesa *quoad tempus* nel precetto della confessione annuale[400]. Questo precetto (ed ogni altro precetto di confessarsi) non può essere adempiuto con la confessione sacrilega o volontariamente nulla, perché una prassi simile va contro lo stesso fine, divino ed ecclesiale, del sacramento della penitenza[401].

2.2.3 La normativa assente

In quest'ultima parte del lavoro dedicata alla normativa del Codice Pio-Benedettino vorremmo mettere in rilievo quegli elementi del diritto ecclesiale — presenti nella costituzione lateranense o nelle leggi universali successivi — che non sono state recepite dai canoni codiciali sul

---

[397] Per questo motivo in pratica non siamo obbligati a dirimere la domanda se la differenza tra la confessione sacrilega e volontariamente nulla sia reale o solo ipotetica. Per Paul gli esempi di Blat di una confessione volontariamente nulla potrebbero servire «also as exemples of a confession sacrilegiously made» (J.J. PAUL, *The recipient of the sacrament*, 249), ma nel libro di Vermeersch e Creusen troviamo un altro esempio interessante: «Voluntarie nulla plerumque erit simul sacrilega. Casus tamen fingi possit hominis qui iniuste coactus ad definitum sacerdotem adeundum, nolit tunc serio sacramento suscipere. In eo casu, culpa frustrati sacramenti iniuste cogentis imputanda videtur» (A. VERMEERSCH – I. CREUSEN, *Epitome Iuris Canonici*, II, 125, n. 182).

[398] Cf. E. F. REGATILLO, *Ius sacramentarium*, 380, n. 670: «Unde praecepto satisfacit qui bona fide confitetur sine dolore, aut sacerdoti iurisdictione carenti, aut non absolvitur ex inadvertentia confessarii».

[399] Cf. *CIC/1917*, can. 906.

[400] Cf. M. CONTE A CORONATA, *De sacramentis* I, 500, n. 461; F.M. CAPPELLO, *De sacramentis*, II/1, 277, n. 350.

[401] Cf. F.M. CAPPELLO, *De sacramentis*, II/1, 280, n. 355: «Finis enim, quem intendit Ecclesia, huiusmodi confessione nullo pacto obtinetur». Cf. anche E. F. REGATILLO, *Ius sacramentarium*, 380, n. 670.

precetto della confessione annuale. Dato che il *CIC/1917* è una codificazione esclusiva del diritto canonico per la Chiesa latina, le omissioni di alcune norme che fino al 1917 erano in vigore hanno un peso importante e costituiscono una vera novità del primo Codice.

I canoni sulla confessione annuale del *CIC/1917* omettono una frase della costituzione lateranense relativa all'obbligo della soddisfazione dopo la confessione: «et iniunctam sibi poenitentiam studeat pro viribus adimplere»[402]. Questa lacuna viene tuttora colmata[403] dal can. 887, il quale riferisce il diritto della Chiesa circa l'ingiunzione della soddisfazione da parte del sacerdote e il dovere di adempierla da parte del penitente[404].

Un'altra modifica del Codice del 1917 nella normativa circa la confessione annuale è l'esclusione del concetto del sacerdote proprio[405], il quale appare tre volte nella costituzione *Omnis utriusque sexus*[406]. Mentre il can. 859 §1 lo nomina ancora nel contesto della dilatazione della Comunione pasquale, il can. 906 non conosce affatto tale figura. In tal modo il Codice Pio Benedettino riconferma l'evoluzione del diritto ecclesiale, che ha portato almeno dalla fine del XVI secolo[407] a considerare come sacerdote proprio ogni confessore con le facoltà necessarie[408]. Il Codice dichiara espressamente il diritto di qualsiasi fedele di scegliere qualsiasi confessore approvato, anche di un altro rito[409]. Il silenzio circa il sacerdote proprio nel can. 906 è una tacita ma chiara conferma che tale diritto si applica anche al precetto della confessione annuale[410]. Di conseguenza non si parla neanche della

---

[402] X. 5, 38, 12.

[403] Cf. P. BLAT, *Commentarium*, III/1, 281, n. 235: «Recte igitur fuit hoc in canone omissa, sicut altera [clausulam] "et iniunctam sibi poenitentiam propriis viribus studeat adimplere" [sic], quae generaliter est inserta sub can. 887 et ibi declarata».

[404] Cf. *CIC/1917*, can. 887: «Pro qualitate et numero peccatorum et conditione poenitentis salutares et convenientes satisfactiones confessarius iniungat; quas poenitens volenti animo excipere atque ipse per se debet implere».

[405] Cf. P. BLAT, *Commentarium*, III/1, 280-81, n. 235.

[406] Cf. X. 5, 38, 12.

[407] Cf. sopra, cap. III, 3.1.1.

[408] Cf. F.M. CAPPELLO, *De sacramentis*, II/1, 280, n. 356: «At post privilegia pontificia regularibus concessa, consuetudo invaluit peragendi annuam confessionem apud *quemcumque* sacerdotem approbatum, adeo ut tali consuetudine iamdiu abolita fuerit contraria dispositivo Concilii Lateransensis». Cf. anche E. F. REGATILLO, *Ius sacramentarium*, 378, n. 665.

[409] Cf. *CIC/1917*, can. 905: «Cuivis fideli integrum est confessario legitime approbato etiam alius ritus, cui maluerit, peccata sua confiteri».

[410] Cf. F.M. CAPPELLO, *De sacramentis*, II/1, 280, n. 356; M. PASTUSZKO, *Sakrament pokuty*, 510.

verifica dell'avvenuta confessione annuale da parte del parroco, anche se tale accertamento era sempre possibile (in modo simile alla prassi prevista nel can. 859 §3 per la Comunione pasquale) e in alcune regioni ancora praticato nel periodo nel quale vigeva il Codice Pio-Benedettino[411].

Un altro importante cambiamento sia nella normativa sulla Comunione pasquale, sia in quella sulla confessione annuale, è l'assenza delle pene con le quali si minacciavano i fedeli che non volessero adempiere gli obblighi[412] formulato nel canone *Omnis utriusque sexus*[413]. L'elenco delle persone che dovrebbero essere private della sepoltura ecclesiastica nel Codice Pio-Benedettino non contiene più la categoria dei trasgressori del precetto pasquale[414], a differenza del Rituale Romano di Paolo V[415]. Il Codice del 1917 (seguito poi dalla nuova edizione del Rituale Romano del 1925[416]) parla nell'ultimo numero del can. 1240 solo degli «Alii peccatores publici et manifesti»[417], ai quali dovrebbe essere negata la sepoltura se non danno nessun segno di penitenza prima della morte[418]. In questa categoria di peccatori pubblici e

---

[411] Durante la nostra ricerca abbiamo incontrato due esempi di tale controllo nel XX secolo. Il primo riguarda la prassi vigente in Corea almeno fino agli anni '70 del XX secolo (Cf. A. PARK YANG-UNG, *La disciplina della confessione annuale*, 150-151), dove anche il libro *de statu animae* prevedeva rubriche speciali per annotare l'avvenuta confessione annuale (*Ibid.*, 230). Il secondo aveva luogo in alcune zone della Polonia, dove perdurava la prassi di informare il parroco circa l'adempimento del precetto pasquale per mezzo di una scheda sottoscritta dal confessore (cf. M. PASTUSZKO, *Sakrament Pokuty*, 510).

[412] Cf. P.J. LYDON, *Ready Answers*, 146: «There is no canonical punishment now either automatic or ferendae sententiae for violating the law on Easter duty as such».

D'altra parte le autorità locali cercavano qualche volta di supplire con qualche pena per questa negligenza. E così il concilio plenario di Australia dispone: «Mulieres quae Paschalem Communionem neglexerunt benedictio post partum non est impertienda» (CONCILIO PLENARIO DI AUSTRALIA E NUOVA ZELANDA (1937), can. 341, in *Concilium Plenarium IV Australiae*, 65).

[413] Cf. X. 5, 38, 12: «Alioquin et vivens ab ingressu ecclesiae arceatur et moriens christiana careat sepultura». Cf. anche sopra, cap. II, 2.5.

[414] Cf. *CIC/1917*, can. 1240. Cf. anche J. O'KANE – M.J. FALLON, *Notes on the rubrics*, 389: «The penalties against defaulters, existing in the old legislation, have been abrogated, since they are not mentioned in the Code of Canon law».

[415] Cf. sopra, cap. III, 3.1.4.

[416] Cf. *Rituale romanum/1925*, tit. VI, cap. II, n. 3. Cf. anche E.F. REGATILLO, *Cuestiones*, I, 591, n. 860: «Hoy el can. 1240 no hace expres mención de este caso de privación como la hacía el derecho antiguo. Tampoco se menciona en el nuevo Ritual».

[417] *CIC/1917*, can. 1240 §1, 6°.

[418] Cf. *CIC/1917*, can. 1240 §1: «Ecclesiastica sepultura privantur, nisi ante mor-

manifesti, secondo molti autori[419] sono sottintesi anche quelli che per molti anni negano ostinatamente l'adempimento del precetto pasquale[420]. Tuttavia dopo l'abrogazione dell'obbligo di comunicarsi nella propria parrocchia non era facile adempiere tutte le condizioni richieste per essere colpito dalla pena prevista: il rifiuto di adempiere il precetto pasquale dovrebbe essere protratto per lunghi anni, manifesto e pubblico[421], ed ostinato fino alla morte[422]. In tali circostanze l'applicazione del canone 1240 ai non osservanti del precetto pasquale risulta problematico in molti casi[423], a meno che la persona punita non risulti peccatore pubblico e manifesto anche per altre cause[424].

Nella normativa codiciale sulla confessione annuale non troviamo neanche un accenno all'importante dottrina tridentina sulla consuetudine di confessarsi nella Quaresima[425]. La formulazione che parlava di tale consuetudine era presente all'inizio dei lavori della revisione, ma si è persa già nella loro prima fase[426]. In tale maniera al livello di diritto scritto non viene più sottolineato lo stretto rapporto tra l'adempimento

---

tem aliqua dederint poenitantiae signa». Per sapere di più sul senso di questo canone e dei suoi limiti cf. A. CHWASTYK, *Diritto e negazione*, 19-21.

[419] Tuttavia qualcuno parla semplicemente dell'abrogazione delle pene contro i negligenti il precetto pasquale cf. J. O'KANE – M.J. FALLON, *Notes on the rubrics*, 389; C. CLINTON, *The paschal precept*, 39.

[420] Cf. A. VERMEERSCH – I. CREUSEN, *Epitome Iuris Canonici*, II, 389, n. 549: «qui per longum tempus annuam confessionem et communionem paschalem contempserunt»; J.A. ABBO – J.D. HANNAN, *The Sacred canons*, II, 496; J.A. ABBO – J.D. HANNAN, *The Sacred canons*, II, 496: «those who have over a protracted period neglected complinace with the obligation of the Easter duty».

[421] Cf. C. AUGUSTINE, *A commentary*, VI, 157: «Those who have *habitually violated the precepts of annual confession and communion*. [...] their fault must be evident, wich means that they must have omitted their Easter duty for several years and be known to the faithful as having been guilty of serious neglect».

[422] Cf. A. VILLIEN, *Histoire des Commandements*, 177.

[423] Cf. P.J. LYDON, *Ready Answers*, 146: «In many American parishes neglect of Easter duty would not be publicly known, even if a person had not received at Easter time for some years».

[424] Al famoso musicista Paganini, nel 1840 fu negata la sepoltura per un ripetuto rifiuto della Comunione pasquale e della confessione annuale, con una perseveranza nell'ostinazione malgrado fosse consapevole che la sua malattia era mortale. Sembra che un simile rifiuto sarebbe stato difficile da giustificare cento anni dopo, a meno che non sia argomentato in primo luogo dalla vita dissoluta da peccatore pubblico e solo in secondo dal rifiuto ostinato dei sacramenti. Cf. P. CALLIARI, «Perché fu negata la sepoltura ecclesiastica a Paganini?», 118-135.

[425] Cf. sopra, cap. III, 2.3.2.

[426] Cf. sopra, cap. IV, 1.1.4.

dell'obbligo della confessione annuale e quello della Comunione pasquale. Nello stesso tempo la consuetudine lodata e approvata dal Concilio di Trento continua ad essere presente nella pratica del popolo di Dio anche dopo la pubblicazione del Codice del 1917[427]. Questa prassi consuetudinaria influisce anche sulla dottrina, come abbiamo visto nei casi del computare l'anno per la confessione annuale da Pasqua a Pasqua, e della confessione dei soli peccati veniali a Pasqua[428]. Quest'ultimo uso basta secondo la dottrina canonica a soddisfare il precetto della confessione annuale anche se dopo uno commette peccati gravi, poiché tale è la «persuasio fedelis et praxis»[429].

L'ultima norma importante che non è stata recepita esplicitamente nella legislazione del *CIC/1917* sulla confessione annuale, proviene dal decreto *Quam singulari* del 1910[430]. Anche se il legislatore segue nel Codice la legge formulata nel n. I del decreto quanto allo stabilire l'età della discrezione sia per la Comunione pasquale, sia per la confessione annuale[431], nei canoni codiciali riguardanti il precetto di confessarsi[432] manca la normativa contenuta nel n. IV del medesimo decreto. Sotto questo numero il decreto *Quam singulari* sottolinea la responsabilità dei genitori, del confessore, degli istruttori e del parroco circa l'adempimento da parte del ragazzo sia dell'obbligo di confessarsi sia di quello di comunicarsi[433]. Invece nel Codice Pio-Benedettino l'asserzione circa gli obblighi degli adulti viene recepita soltanto nella normativa sul dovere di comunicarsi[434]. Si potrebbe applicare indirettamente anche alla confessione annuale il can. 860, dato che in realtà nella prassi della prima Comunione gli stessi adulti che preparano il fanciullo ad Essa sono obbligati a renderlo disposto

---

[427] Cf. P.J. LYDON, *Ready Answers*, 154: «Generally, annual confession is made when the other precept of Easter Communion is being fulfilled». Cf. anche F.M. CAPPELLO, *De sacramentis*, II/1, 279-280, n. 354; M. PASTUSZKO, *Sakrament Pokuty*, 509.

[428] Cf. sopra, cap. IV, 2.2.1.

[429] E. F. REGATILLO, *Ius sacramentarium*, 378, n. 666.

[430] Cf. sopra, cap. IV, 1.2.1.

[431] Cf. C. DE SACRAMENTIS, decr. *Quam singulari*, decr. 8 aug. 1910, n. I: «Ex hoc tempore incipit obligatio satisfaciendi *utrique praecepto Confessioni et Communioni*» (*AAS* 1910[2] 582). Cf. anche *CIC/1917*, can. 859 §1 e can. 906.

[432] Cf. *CIC/1917*, cann. 906-907.

[433] Cf. S.C. DE SACRAMENTIS, decr. *Quam singulari*, decr. 8 aug. 1910, n. IV: «Obligatio praecepti *Confessionis et Communionis* quae puerum gravat, in eos praecipue recidit qui ipsius curam habere debent, hic est in parentes, in confessarium, in institutores et in parochum» (*AAS* 1910[2] 582).

[434] Cf. *CIC/1917*, can. 860.

alla prima confessione[435]. D'altra parte tale impegno da parte dei genitori e dei tutori fa parte del dovere più generale dell'educazione della prole, radicato nel diritto naturale[436]. Rimane comunque il fatto che gli adulti sui quali in realtà incombe l'adempimento dell'obbligo di confessarsi da parte di un impubere[437], non trovano espressa simile responsabilità nel Codice Pio Benedettino

Le due ultime lacune nella normativa sul precetto della confessione annuale, ci riportano ad un cambiamento fondamentale in paragone con le leggi precedenti: l'assenza del contesto della Comunione pasquale[438]. Fino al 1917 era in vigore il canone *Omnis utriusque sexus* del Laterano IV che poneva giustapposti i due precetti, i quali si influivano a vicenda. Se dal tempo concilio di Trento i diversi catechismi, trattati e manuali parlavano di questi obblighi separatamente, gli autori si riferivano sempre alla fonte giuridica basilare e sempre viva di ambedue i doveri, che era la costituzione lateranense. Anche se le due norme erano distinte[439], non erano separate, dato che costituivano il precetto pasquale costituito da due obblighi sacramentali. Con la normativa collocata in diversi capitoli del Codice Pio-Benedettino questo rapporto tra i due obblighi dello stesso precetto non rimane così evidente[440].

---

[435] Cf. C. DE CLERCQ, *Des Sacrements*, 177, n. 199: «il convient généralement que la première confession précède la premiere communion et que ceux qui ont obligation de veiller à la communion pascale des impubères s'assurent aussi qu'ils se confessent préalablement».

[436] Cf. M. CONTE A CORONATA, *De sacramentis* I, 313, n. 326: «Quia minor et multo magis impubes suorum iurum exercitium plenum non habet, evenire facile posset quod ii a quibus pendet eum alio avertant et ita eum a sua obligatione suscipiendae Communionis impediant; hinc Codex eis obligationem utique iuris naturalis in mentem revocat curandi ut puer suis erga Deum obligationibus satisfaciat».

[437] Cf. C. AUGUSTINE, *A commentary*, IV, 348: «Parents, confessors, directors or tutors, and pastors are under obligation to see to it that the children comply with this duty [of annual confession]».

[438] Cf. S. WOYWOD, «Is There Precept to Confess», 170: «It is peculiar that the precept of the Easter Communion does not say anything about the Sacrament of Penance (cfr. Canon 859) and that in Canon 906 where the precept of annual confession is enacted nothing is said about the Easter time and the Easter Communion. Neither does the Code specify when the year for the annual confession begins and ends».

[439] Cf. M. CONTE A CORONATA, *De sacramentis* I, 500, n. 461: «Etsi quis a praecepto communionis paschalis excusetur, non ideo excusari eo ipso debet a praecepto confessionis annuae». Cf. anche F.M. CAPPELLO, *De sacramentis*, II/1, 278-279, n. 352; M. PASTUSZKO, *Sakrament pokuty*, 510.

[440] Cf. CAPPELLO II/1, 278-279, n. 352: «licet confessio praecipiatur in ordine ad sacram communionem, duplex tamen reipsa est praeceptum, et omnino distinctum (cf. Can. 859 §1, et can. 906)».

D'altra parte i canoni del Codice 1917 che riferiscono il vecchio diritto, devono essere stimati secondo questo diritto[441]. La costituzione *Omnis utriusque sexus* rimane quindi non solo la fonte, ma anche la principale norma interpretativa del canone sulla confessione annuale, che riferisce le frasi lateranensi alla lettera. Anche nelle consuetudini e nella prassi dei fedeli i due precetti rimangono sempre congiunti[442]. Sebbene il Codice afferma questo rapporto solo in modo indiretto[443], esiste un profondo legame che unisce gli obblighi del doppio precetto annuale e pasquale[444].

2.3 *Il precetto pasquale nel periodo postcodiciale (1918-1962)*

Dopo la pubblicazione del Codice Pio-Benedettino l'evoluzione della normativa circa il precetto pasquale è continuata in numerose norme di carattere particolare e locale. In questo sottocapitolo prenderemo in esame i più importanti privilegi, permessi e leggi formulati nel campo degli obblighi sacramentali, concessi o confermati dalla Santa Sede durante i 45 anni successivi alla promulgazione del Codice. Divideremo il materiale studiato in quattro gruppi: in primo luogo le concessioni per i paesi di lunga tradizione cristiana; in secondo i privilegi sempre più ampi ai territori delle missioni; in terzo luogo le norme che vincolavano determinati gruppi di fedeli soltanto alla legge della Comunione annuale. Infine analizzeremo la normativa del primo sinodo romano, che ebbe luogo nel 1960, all'alba del Concilio Vaticano II.

---

[441] Cf. *CIC/1917*, can. 5, 2°: «Canones qui ius vetus ex integro referunt, ex veteris iuris auctoritate, atque ideo ex receptis apud probatos auctores interpretationibus sunt aestimandi».

[442] F.M. CAPPELLO, *De sacramentis*, II/1, 279-280, n. 354: «incipiente paschali tempore in dominica Palmarum [...], certe satisfacit praecepto annuae confessionis, qui v.g. in vigilia illius dominicae confitetur, communionem paschalem mox facturus».

[443] Cf. *CIC/1917*, can. 856: «Nemo quem conscientia peccati mortalis gravat, quantum cunque etiam se contritum existimet, sine praemissa sacramentali confessione ad sacram communionem accedat». Questo canone insieme con il can. 859 §1 impone l'obbligo della confessione prima della Comunione pasquale, per ogni fedele in peccato grave.

[444] Questo legame viene espresso anche dalle facoltà di assolvere le censure conferite dal Codice al parroco e a quelli che ne fanno le veci proprio per il tempo utile ad adempiere il precetto pasquale (cf. *CIC/1917*, can. 899 §3) . In tal modo il legislatore ammette che tale periodo è il più adatto per ricevere il sacramento della penitenza. Cf. C. CLINTON, *The paschal precept*, 81-82.

CAP. IV: IL CODICE PIO-BENEDETTINO 363

2.3.1 Il tempo della Comunione pasquale nella penisola iberica

In Spagna i canonisti e i pastori avevano a che fare con il presunto privilegio che il Papa avrebbe concesso ai fedeli spagnoli nel 1526, sull'anticipazione del tempo della Comunione pasquale dal giorno del Mercoledì delle Ceneri[445]. Visto che già nel XVII secolo si dubitava circa la stessa esistenza del privilegio, questa incertezza portò alle divergenze nella prassi adottata nelle differenti diocesi di Spagna[446]. Dopo la promulgazione del Codice Pio Benedettino sorse un nuovo dubbio circa la reale forza giuridica del presunto privilegio[447]. Infine per togliere ogni dubbio il cardinale primate di Toledo chiese alla Santa Sede Apostolica di confermare il presunto privilegio o di concederne un nuovo, per assicurare la certezza giuridica alla prassi esistente[448]. La Sacra Congregazione del Concilio concedette nel 1924 l'indulto richiesto *ad cautelam*[449], con le seguenti parole: «Ssmus D.N. PP. Pius XI audita relatione infrascripti Cardinalis S. C. Prefecti, benigne concessit ut fideles Hispani adimplere valeant praeceptum paschale a feria IV Cinerum per decennium»[450]. Non risulta che il privilegio sia stato in seguito prolungato, ma dopo la sua pubblicazione la consuetudine di anticipare il tempo pasquale dal Mercoledì delle Ceneri fu accettata come legittima[451].

---

[445] Cf. F.B. NÁJERA, *El Código*, II, 95: «En España por costumbre immemorial que tuvo su origen en el privilegio de Clemente VII concedido de viva voz y publicado, en forma legal per el Cardenal Penitenciario Mayor, en 12 febr. 1526, se venía anticipado el cumplimiento pascual al miércoles de Ceniza»; Cf. anche E. F. REGATILLO, *Cuestiones*, II, 185, n. 193.

[446] Cf. E.F. REGATILLO, *Cuestiones*, II, 188, n. 193: «con razón o sin ella, es cierto que a principios del s. XVII se empezó a dudar del privilegio; y a mediados del siglo se fué introduciendo diversa disciplina en España».

[447] Cf. F.B. NÁJERA, *El Código*, II, 95: «En el siglo XVII se empezó a dudar de la existencia y al promulgarse el Código se discutió de la vigencia de este privilegio»; Cf. anche E.F. REGATILLO, *Cuestiones*, II, 189-190, n. 193-194.

[448] Cf. S.C. DEL CONCILIO, Indult. Part., 18 nov. 1924: «ut re tanti momenti omnis dubitatio tollatur, et tuto procedi possit, Orator, nomine Metropolitanorum omnium Hispaniae, a Sanctitate Vestra enixe postulat confirmationem, quatenus opus sit, privilegi Clementis VII, vel novam eius concessionem, ut fideles Hispani adimplere valeant praeceptum paschale a Feria IV Cinerum usque ad Dominicam in Albis, nisi Episcopus, inspectis personarum et locorum adiunctis, duxerit tempus prorogare, vi canonis 859, usque ad Dominicam Sanctissimae Trinitatis» (Ochoa, I, col. 728, n. 619).

[449] Cf. E.F. REGATILLO, *Cuestiones*, II, 192, n. 196: «la S. Sede como ad cautelam y para desvanecer los reparos que algunos tenían en usar el privilegio, lo concede ahora de nuevo pera diez años».

[450] S.C. DEL CONCILIO, Indult. Part., 18 nov. 1924, in Ochoa, I, col. 728, n. 619.

[451] Cf. A. DA SILVA, «Tempus Communionis paschalis», 44: «Hodie usus antici-

Il concilio plenario per il Portogallo celebrato nel 1926 dichiarò circa il tempo utile per la Comunione pasquale:

> Quamvis iure communi paschalis Communio fieri debet a domenica Palmarum ad dominicam in Albis inclusive (can. 859 §2), Concilium tamen, attenta consuetudine in omnibus Lusitaniae dioecibus ab immemorabili tempore vigente, declarat paschale praeceptum, dum aliud Apostolica Sedes non statuerit, adimpleri posse a feria IV Cinerium, usque ad dominicam in Albis inclusive, firmo iure Ordinariis concesso (can. 859 §2) prorogandi hoc tempus usque ad festum Ss. Trinitatis[452].

La decisione del concilio è basata sulla consuetudine immemorabile, e per questo può essere semplicemente dichiarata, anche se contraria al diritto comune. I decreti del concilio furono approvati dalla Sacra Congregazione del Concilio nel 1929[453]. La normativa citata riguarda anche i territori oltremarini del Portogallo, e le regioni del cosiddetto patronato di questo stato[454].

2.3.2 Il periodo per il precetto pasquale nei territori oltremarini

Il quarto sinodo plenario dell'Australia e della Nuova Zelanda, celebrato nel 1937, chiese alla Santa Sede di estendere il periodo dell'adempimento del precetto pasquale dal Mercoledì delle Ceneri fino alla Domenica della Santissima Trinità, con la possibilità per gli ordinari di prolungarlo ancora fino all'ottava della Solennità dei santi Pietro e Paolo[455]. La Congregazione *de Propaganda Fide* concedette questi privilegi[456].

Nel territorio di tutta l'America Latina — già secondo la lettera *Trans Oceanum* di Leone XIII[457] — il periodo dell'adempimento del precetto

---

pandi tempus a feria IV Cinerum legitimus consideratur».

[452] Cf. CONCILIO PLENARIO DI PORTOGALLO (1926), n. 218 §1, p. 81.
[453] Cf. S.C. DEL CONCILIO, decr. 27 marzo 1929, p. 5.
[454] Cf. A. DA SILVA, «Tempus Communionis paschalis», 43.
[455] Cf. CONCILIO IV PLENARIO DI AUSTRALIA E NUOVA ZELANDA (1937), n. 383, p. 72.
[456] S.C. DI PROPAGANDA DELLA FEDE, Indult. Part., 30 oct. 1937: «Quatrum Concilium Plenarium Australiae et Novae Zelandiae reverenter petit ut tempus adimplendi Praeceptum Paschale in universa Ecclesia Australiana et Neo-Zelandica decurrat a feria IV Cinerum ad Dominicam Ss. Trintatis. Pro locis tamen dissitis petit ut Ordinarius iuxta necessitatem, pro singulis paroeciis probandam, hoc tempus etiam usque ad Octavam festi Ss. Apostolorum Petri et Pauli prorogare possit. Sacra Congregatio de Propaganda Fide respondit: *Affirmative*» (Ochoa, I, n. 1396, col. 1832).
[457] Cf. LEONE XIII, lett. enc. *Trans Oceanum*, 18 aprile 1897, in *Fontes*, III, 512-515, n. 633.

pasquale era fissato dalla domenica di *Septuagesimae* fino all'ottava del *Corpus Domini*[458]. Nel 1929 il Papa Pio XI ha ampliato ancora il tempo utile per il precetto pasquale: «Omnibus autem Americae Latinae christifidelibus permittimus ut a dominica Septuagesimae usque ad festum Sanctorum Apostolorum Petri et Pauli praecepto annuae Confessionis et Communionis satisfacere valeant»[459]. In tal modo il periodo per soddisfare gli obblighi annuali va dalla terza domenica antecedente alla Quaresima[460] fino alla fine del mese di giugno, offrendo ai fedeli circa cinque mesi di tempo (dipendente ovviamente dalla data della Pasqua). Merita di esser osservato, che il Pontefice parla dell'unico precetto della confessione e della Comunione annuale, unito anche dal tempo dell'adempimento.

Il privilegio di Pio XI è stato confermato dalla Santa Sede sia nel 1939, sia nel 1949[461]. Anche nel 1959 la Sacra Congregazione Concistoriale ha emanato un documento simile, con alcuni importanti cambiamenti. In primo luogo il decreto è stato indirizzato ai fedeli dell'America latina e delle Isole Filippine[462], e in secondo luogo è stato concesso un periodo utile senza precedenti: «Omnibus autem Americae Latinae christifidelibus permittitur ut a dominica Septuagesimae usque ad diem 16 mensis Iulii, in Commemoratione B. M. de Monte Carmelo, praecepto annuae paschalis Communionis satisfacere possint»[463]. In tal modo la Congregazione prolungò il tempo utile per la Comunione pasquale di ancora altre due settimane rispetto ai privilegi precedenti[464]. Infine una modifica importante è costituita dall'uso delle parole *praecepto annuae paschalis Communionis* senza nominare il sacramento della confessione.

Nei paesi dell'oriente come il Giappone e l'Indonesia il tempo per la Comunione pasquale è stato prolungato dalle norme locali[465], con un

---

[458] Cf. sopra cap. III, 3.2.4.
[459] Pio XI, lett. apost. *Litteris Apostolicis*, n. 10, p. 554.
[460] Cf. M. Pastuszko, *Najświętsza Eucharystia*, 431, nt. 188.
[461] Cf. A. da Silva, «Tempus Communionis paschalis», 35.
[462] Cf. S. C. Concistoriale, decr. 8 aug. 1959, 915: «Decretum de facultatibus et gratia pro America Latina et pro insulis philippinis». Sulla storia dell'estensione dei privilegi sulle Isole Filippine cf. U. Navarrete, «Annotationes», 246-248.
[463] S. C. Concistoriale, decr. 8 aug. 1959, n. 11, p. 917.
[464] Cf. U. Navarrete, «Annotationes», 249-250.
[465] Per Giappone il tempo è stato stabilito dalla domenica di *Septuagesima* alla domenica della Santissima Trinità. In Indonesia il periodo utile iniziava con il mercoledì delle Ceneri e terminava nella medesima festa della Santissima Trinità cf. A. da Silva, «Tempus Communionis paschalis», 41.

permesso almeno tacito della Congregazione della Propaganda Fide[466]. Inoltre nell'elenco delle competenze di questa Congregazione per gli anni 1961-1970 ritroviamo la facoltà di permettere l'anticipazione del tempo per la Comunione pasquale dal giorno del mercoledì delle Ceneri[467]. In tal modo la Congregazione dona un segno che la pratica di anticipare il tempo pasquale diventa comune almeno nel territorio delle missioni.

2.3.3 L'obbligo soltanto annuale

Il Concilio Cinese, che ebbe luogo nel 1924, dopo aver riferito la normativa codiciale sulla Comunione pasquale, ha preso tale decisione riguardo al tempo dell'adempimento: «In Sinis vero, iuxta saeculare indultum et consuetudinem, attentis populi moribus et sacerdotum penuria, totus annus habetur tamquam tempus utile ad praeceptum paschale adimplendum»[468]. In realtà l'indulto concesso ai cinesi nel 1645 sottolineava l'obbligo annuale, ma consigliava anche di adempierlo comunque in due o tre mesi prima o dopo Pasqua[469]. Viste comunque le usanze dei popoli e la penuria dei sacerdoti, nella consuetudine e nella legislazione locale è rimasto soltanto il precetto basilare della Comunione annuale[470].

Nel 1954 la Sacra Congregazione Concistoriale ha emanato le norme e le facoltà per la pastorale dei migranti[471], nelle quali ritroviamo tale concessione: «Licet emigrantibus per integrum anni tempus praecepto paschalis communionis satisfacere»[472]. In tal modo il permesso di soddisfare il precetto della Comunione pasquale per tutto l'anno viene riconosciuto non solo a livello locale, ma a un gruppo di fedeli sparso in tutto il mondo[473].

---

[466] Cf. A. DA SILVA, «Tempus Communionis paschalis», 41.

[467] Cf. A. DA SILVA, «Tempus Communionis paschalis», 30-31. Per il decennio 1971-1980 è stata concessa agli stessi Ordinari dei terreni delle missioni tale facoltà: «Anticipandi vel prorogandi, prout bonum fidelium id exigit, tempus utile pro communione annua quae Paschalis vocatur» (CONGREGAZIONE DELLA PROPAGANDA DELLA FEDE, «Formula facultatum decennalium», 1 gen. 1971, n. 14, p. 46).

[468] CONCILIO CINESE (1924), n. 310, p. 123.

[469] Cf. sopra, cap. III, 3.2.1.

[470] Cf. A. DA SILVA, «Tempus Communionis paschalis», 41.

[471] Cf. S. C. CONCISTORIALE, «Normae et facultates», 10 dic. 1954, 91-92.

[472] Cf. S. C. CONCISTORIALE, «Normae et facultates», 10 dic. 1954, 92.

[473] Una concessione simile è stata fatta nel 1977 ai lavoratori in mare, circa i quali leggiamo: «Licet Maritimis per integrum anni tempus paschali praecepto de sacra Communione recipienda satisfacere, praevia aptaque praedicatione, seu catechesi

CAP. IV: IL CODICE PIO-BENEDETTINO   367

Infine ai gesuiti è stato prolungato nel 1960 per un altro quinquennio l'indulto già concesso nel 1955[474], che conteneva tale privilegio:

> Christifideles, qui Sacras Missiones vel Spiritualia Exercitia a Sodalibus Societatis Iesu quocumque anni tempore tradita frequentant et tunc ad Sacramentum Poenitentiae et Eucharistiae accedunt, hoc actu adimplere possint, posito loci Ordinarii consensu, praeceptum annuae confessionis et Communionis[475].

Questa concessione offre ai fedeli la possibilità dell'adempimento del precetto pasquale durante le missioni o gli esercizi guidati dai gesuiti, in qualsiasi periodo dell'anno avessero luogo. Privilegi simili hanno ottenuto anche altre congregazioni religiose[476]. Con tali provvedimenti il precetto pasquale si trasforma sempre di più nel precetto annuale, insieme della confessione e della Comunione sacramentale.

2.3.4 Il Primo Sinodo Romano (1960) sul precetto pasquale

Il Papa Giovanni XXIII (1958-63) annunciò il 25 gennaio del 1959 tre importanti avvenimenti: un nuovo concilio per la diocesi di Roma, la convocazione del concilio ecumenico e la riforma del diritto canonico[477]. Il primo dei predetti eventi — il concilio diocesano romano — si svolse dal 24 al 31 gennaio del 1960[478]. Questo Concilio, chiamato anche Primo Sinodo Romano (in quanto primo sinodo diocesano della città di Roma dopo il Concilio di Trento), ebbe una valore speciale soprattutto grazie alla cura e alla presenza dello stesso pontefice, che l'aveva indetto, aperto[479], arricchito con i suoi discorsi[480] ed infine promulgato le sue decisioni nella solennità di Pietro e Paolo del 1960 con la costituzione apostolica *Sollicitudo omnium Ecclesiarum*[481]. Tra

---

circa idem praeceptum audita» (PONTIFICA COMMISSIONE PER LA CURA DEI MIGRANTI E ITINERANTI, decr. *Apostolatus Maris*, 24 sett. 1977, pars II, II/1, p. 746).

[474] Cf. S.C. DEL CONCILIO, rescr.. part., 2 feb. 1960, in Ochoa, III, col. 4018, n. 2879.

[475] S.C. DEL CONCILIO, rescr.. part., 2 feb. 1960 in Ochoa, III, col. 4018, n. 2879.

[476] Cf. A. DA SILVA, «Tempus Communionis paschalis», 45-46.

[477] Cf. GIOVANNI XXIII, cost. apost. *Sollicitudo omnium Ecclesiarum*, 29 giugno 1960, 551: «non solum Concilium Oecumenicum habendum et legum ecclesiasticarum corpus cum nostrorum dierum necessitatibus componendum praenuntiavimus, verum etiam Synodum dioecesanum Romae cogi iussimus».

[478] Cf. *Prima Romana Synodus*, 543-552.

[479] Cf. *Prima Romana Synodus*, VII-VIII.

[480] Cf. *Prima Romana Synodus*, 301-503.

[481] Cf. GIOVANNI XXIII, cost. apost. *Sollicitudo omnium Ecclesiarum*, 29 giugno 1960, 551-554.

le costituzioni sinodali approvate dal concilio e promulgate dal Papa ritroviamo anche la normativa sul precetto pasquale. Ecco il canone circa la Comunione pasquale:

> §1. Per paschalem Eucharistiae susceptionem id profecto Ecclesia spectavit: adorandum nempe Resurrectionis Iesu Christi celebrare mysterium, in quod christiani omnes summa pietate intendentes, et ipsi possint laete per Dei gratiam reflorescere.
> §2. Tempus, quo fideles recte uti possint ad praeceptum paschale de suscipienda Eucharistia faciendum, ad Romanam dioecesim quod attinet, a prima dominica sacrae Quadragesimae initium capit, et die festo desinit Sanctissimae Trinitatis.
> §3. Optat sacra mater Ecclesia, ut fideles in sua cuiusque paroecia sacrum Domini Corpus in Paschate accipiant (cfr. can. 859 §3)[482].

Nel primo paragrafo ritroviamo uno sfondo teologico e spirituale dell'obbligo della Comunione pasquale. Sottolinea l'opportunità di fissare questa pratica sacramentale proprio nelle feste di Pasqua, nelle quali si adora il mistero della Risurrezione di Cristo, ed i fedeli potranno rifiorire nella grazia di Dio quando ricevono l'Eucaristia con pietà e devozione.

Mentre il terzo paragrafo ripete il consiglio codiciale di comunicarsi nella propria parrocchia, il secondo introduce delle novità circa il tempo della Comunione pasquale. Infatti questo periodo non solo viene prolungato fino alla solennità della Santissima Trinità secondo la possibilità offerta dallo stesso Codice Pio Benedettino, ma risulta anche anticipato dalla prima domenica della Quaresima. In tale maniera anche nella diocesi di Roma, nel sinodo guidato dallo stesso Pontefice si va oltre le prescrizioni codiciali circa il tempo utile per la Comunione pasquale.

Quanto alla normativa sulla confessione annuale, essa è contenuta in un unico canone:

> Annuae Confessionis obligatione omnes tenentur, qui rationis usum adepti sunt. Pueri igitur, quamvis nondum ad primam Communionem admissi, praecepto annuae Confessionis tenentur, cuius transgressio parentibus quoque imputatur horumque vices gerentibus, ad quos christiana eorum institutio spectet[483].

Da una parte, quando questo canone contempla la possibilità dei ragazzi non ancora ammessi alla Comunione, ma tenuti già alla confessione, sembra andare contro la lettera del decreto *Quam singulari*[484].

---

[482] CONCILIO ROMANO (1960), pars II, tit. IV, cap. II, n. 427.
[483] CONCILIO ROMANO (1960), pars II, tit. V, cap. I, n. 447.
[484] Cf. sopra, cap. IV, 1.2.1.

Infatti il decreto menzionato stabilisce in modo esplicito un'unica età per accedere ad ambedue i sacramenti, che viene poi confermata dal Codice. D'altra parte però il canone del concilio romano risulta più vicino al decreto di Pio X che al Codice Pio-Benedettino[485], quando sottolinea espressamente la responsabilità dei genitori circa la soddisfazione dell'obbligo della confessione annuale da parte del fanciullo.

Il Concilio della diocesi di Roma ha affermato in tal maniera l'attualità del precetto pasquale. Nel canone sull'obbligo della Comunione annuale è andato oltre il tempo previsto dal Codice del 1917, e in tal modo la legislazione locale romana si è iscritta nella tendenza presente nel diritto particolare in molte parti del mondo ad allungare il tempo utile per la Comunione pasquale, e soprattutto di anticiparlo nella Quaresima[486].

Il Codice Pio-Benedettino ha riformulato la normativa sulla Comunione pasquale e sulla confessione annuale senza perdere l'essenziale della legislazione precedente. In tale maniera il precetto che regolava la prassi sacramentale per secoli ha trovato un suo posto nel nuovo ordinamento giuridico. Lo sviluppo posteriore della normativa particolare e i numerosi privilegi pontifici hanno dimostrato un continuo interesse per il precetto pasquale da parte dei pastori e dei fedeli.

Prima della promulgazione del Codice del 1917, la normativa circa l'obbligo della Comunione pasquale e della confessione annuale era sparsa in diversi costituzioni, canoni, decreti e privilegi. I redattori del primo Codice del diritto canonico fecero un lavoro enorme per sistematizzare, ordinare e sintetizzare questo materiale. Inoltre ancora durante la piena attività della Commissione Codificatrice apparivano nuovi documenti pontefici. Il decreto *Quam singulari* ha precisato infatti alcuni punti importanti della normativa sul precetto pasquale, e le sue scelte dovevano essere incorporati nel Codice.

Infine nel 1917 è stato promulgato il Codice Pio-Benedettino con i canoni circa la Comunione pasquale e la confessione annuale che trasmettevano la sostanza della legislazione precedente. Le novità più importanti erano infatti due: l'abolizione dell'obbligo di comunicarsi nella propria parrocchia (anche se questa norma è rimasta a livello di

---

[485] Cf. sopra, cap. IV, 2.2.3.

[486] Per una descrizione più approfondita delle tendenze visibili nel 1962 circa l'evoluzione del diritto particolare nel campo del precetto pasquale vedi le conclusioni dell'articolo di A. da Silva cf. A. DA SILVA, «Tempus Communionis paschalis», 45-47.

consiglio) e la possibilità data agli Ordinari di allungare il tempo per adempiere il precetto pasquale. Il primo cambiamento ha portato pian piano alla fine del controllo parrocchiale e all'assenza delle sanzioni. Il secondo è apparso troppo modesto, come hanno attestato molti privilegi e norme particolari, che stabilivano l'estensione più grande del tempo utile per comunicarsi. La revisione del Codice, annunziata dallo stesso Papa Giovanni XXIII, poteva offrire una possibilità di riformare ancora la normativa circa il precetto pasquale prendendo in considerazione le esigenze dei tempi e dei bisogni spirituali dei fedeli, sempre nella fedeltà alla tradizione canonica.

CAPITOLO V

Il doppio precetto annuale nella normativa vigente

Abbiamo percorso quasi duemila anni di storia riguardante gli obblighi della Comunione e della penitenza sacramentale, più di settecento anni della vigenza del precetto lateranense e 45 anni del XX secolo sotto l'autorità della normativa del codice Pio-Benedettino. Questo codice è stato in vigore fino al 1983, tuttavia con la chiusura del Concilio Vaticano II (1962-65) iniziarono i lavori della sua revisione, annunciati già dal Papa Giovanni XXIII nel 1959.

Nel presente capitolo indagheremo sul precetto pasquale nella normativa vigente. In primo luogo prenderemo in considerazione la storia della redazione del Codice del 1983, insieme con alcuni cambiamenti legislativi degli anni '60 e '70 che potevano influire sulla revisione in corso. In secondo luogo, nel sottocapitolo centrale, analizzeremo la portata e il significato dei canoni 920 e 989 del Codice di Giovanni Paolo II. Infine, per completare l'esposizione della normativa attuale, prenderemo in considerazione il contributo del Codice Canonico per le Chiese Orientali e la formulazione dei precetti della Chiesa presente nel Catechismo della Chiesa Cattolica. In tal modo potremo vedere il precetto contenuto nei cann. 920 e 989 non solo alla luce della storia della sua formulazione, ma anche illuminato dagli sviluppi posteriori della dottrina canonica e catechistica della Chiesa.

1. La formazione della legislazione attuale

In questo sottocapitolo ci occuperemo dell'iter formativo della normativa attuale sul precetto pasquale. In primo luogo faremo alcuni riferimenti alla nuova normativa circa l'obbligo della Comunione e soprattutto quello della confessione dopo il concilio Vaticano II. In secondo luogo seguiremo le differenti fasi dei lavori della Commissione per la revisione del Codice sull'obbligo della Comunione pasquale. Infine ci fermeremo sugli stessi lavori circa la normativa della confessione annuale. In tal modo, dopo lo studio delle diverse tappe della revisione dei due precetti, potremo meglio capire le motivazioni e la stessa *mens Ecclesiae*, che stavano dietro la formulazione definitiva del Codice di Giovanni Paolo II.

1.1 *I mutamenti circa l'obbligo della confessione negli anni '60 e '70*

Al tempo del Concilio Vaticano II e nel decennio successivo ad esso ebbero luogo alcuni mutamenti importanti, riguardanti soprattutto la pratica del sacramento della penitenza e la sua relazione con quello dell'Eucaristia. In questo sottocapitolo prenderemo in considerazione le trasformazioni della prassi e della legislazione correlati con il precetto pasquale: in primo luogo la tendenza di invertire l'ordine della recezione dei due sacramenti dai fanciulli, in secondo luogo l'introduzione della pratica dell'assoluzione generale.

1.1.1 L'obbligo di confessarsi e la prima Comunione

Già dagli anni '50 sorse il dubbio se i fanciulli dovevano confessarsi previamente alla prima Comunione[1]. Negli anni sessanta nei centri catechistici e tra i pastori della Chiesa si discuteva sulla domanda, con la sempre più frequente risposta di far precedere la prima Comunione all'iniziazione alla confessione sacramentale[2]. In questi anni, durante e dopo il Concilio Vaticano II, la pratica di ammettere i ragazzi alla prima Comunione senza la previa confessione si sparse sia negli Stati Uniti, sia in Europa Occidentale[3]. Le ragioni avanzate per lo spostamento della recezione del sacramento della confessione verso l'età della pubertà erano soprattutto di ordine psicologico[4] o pedagogico[5], insieme

---

[1] Cf. J.H. PROVOST, «The reception of first penance», 312-313.

[2] Cf. J.H. PROVOST, «The reception of first penance», 313.

[3] Cf. A. PERLASCA, «La prima confessione», 86; J. H. PROVOST, «The reception of first penance», 313.

[4] L'evoluzione della psicologia dello sviluppo portò le domande circa la capacità dei fanciulli di sette anni di compiere un peccato grave. I psicologi fissavano tale età tra gli undici e i quattordici anni e stabilivano che la maggioranza dei fanciulli prima dei 10 anni è incapace di compiere un peccato grave. Cf. A. PERLASCA, «La prima confessione», 86; J.H. PROVOST, «The reception of first penance», 313; G.E. KELLY, *The years of discretion*, 148-150. Quest'ultimo autore offre una risposta interessante a questa pretesa della psicologia: «To exclude those who do not fall within the scope of

CAP. V: NELLA NORMATIVA VIGENTE 373

con alcune affrettate soluzioni degli esistenti dubbi a livello teologico[6] e canonico[7]. Infine la nuova prassi aveva l'apparenza di una soluzione eminentemente pastorale[8]: in primo luogo si preparava il ragazzo positivamente alla prima Comunione, in connessione con la partecipazione

---

general conclusion of psychology, even though they are perhaps few in number, would be a betrayal of the sound tradition behind the precept of confession – the Church's concern for what could happen to its members» (*Ibid.*, 156).

[5] Cf. J.H. PROVOST, «The reception of first penance», 313: «From a pedagogical point of wiev, difficulties were encountered in the practice based on *Quam singulari* of first penance and first Eucharist being received at about the same time [...]. Children, it was felt, would be better prepared to understand and continue to receive both sacraments if they were introduced and continue to receive both sacraments if they were introduced to them separately».

[6] Cf. A. PERLASCA, «La prima confessione», 79-80. L'autore raccoglie qui gli argomenti e le domande avanzate già dagli studiosi nei tardi anni sessanta, che egli stesso sintetizza così: «Il primo e più fondamentale problema — del quale gli altri non sono che un portato — è precisamente quello del significato e della giustificazione di questo sacramento all'interno di un percorso iniziatico al quale, di per sé, cioè in quanto sacramento, esso non appartiene» (*Ibid.*, 79).

[7] Cf. J.H. PROVOST, «The reception of first penance», 312: «Moreover, since the obligation to confess binds only those who have committed mortal sin, only those children who have committed such sins are actually bound to the sacrament even in terms of the precept of annual confession».

[8] Alcuni autori dell'epoca dimostrano quali pericoli pastorali si nascondono dietro questa apparenza. In primo luogo, l'identificazione dell'età della discrezione psicologica con quella canonica può portare almeno a una troppo grande generalizzazione, che chiude gli occhi alla possibilità reale del peccato grave in un ragazzo meno maturo (Cf. G.E. KELLY, *The years of discretion*, 151-152; F.J. CONNELL, «First Communion Without Confession», 268). Inoltre il fanciullo che peccherebbe gravemente prima dell'età stabilita si trova in difficoltà a chiedere di confessarsi, impedito dalla mancanza della preparazione e della comprensibile vergogna (Cf. F.J. CONNELL, «A First Communion Problem», 422-424). In secondo luogo la prassi che sposta la confessione molti anni dopo la Comunione non insegna al ragazzo il legame tra le due sacramenti, il quale dovrebbe ordinare la prassi sacramentale del fedele soprattutto nel caso del peccato grave (Cf. F.J. CONNELL, «First Communion Without Confession», 267; J. MADEN, «Confession before Communion», 217-222). Infine fissare l'età per la confessione in rapporto con la presunta capacità di compiere il peccato grave lega il sacramento della penitenza solo con questa categoria, rendendolo più odioso per il ragazzo, allorché i peccati veniali sono una materia sufficiente del sacramento (Cf. F.J. CONNELL, «First Communion Without Confession», 269). In tal modo si perde la vera pedagogia dell'iniziazione al sacramento della penitenza, che il ragazzo dovrebbe conoscere prima di tutto come un incontro con il Padre Misericordioso, che lo aiuterà a crescere sia al livello della sua coscienza morale, sia al livello di vita di grazia (Cf. G.E. KELLY, *The years of discretion*, 153). Per un approfondimento teologico e pastorale della maggioranza di questi ragionamenti cf. BENEDETTO XVI (J. RATZINGER), «De paenitentia et de prima Communione puerorum», 605-608.

all'Eucaristia domenicale[9], in seguito si sviluppava la dinamica dell'iniziazione alla penitenza cristiana, nella quale si potrebbe meglio capire e ricevere con più frutto il sacramento della penitenza[10].

La reazione della Santa Sede arrivò solo negli anni '70. Al Direttorio Catechistico Generale dell'aprile del 1971 fu aggiunto un *Addendum* dedicato al tema della prima recezione dei sacramenti della penitenza e dell'Eucaristia[11]. In esso la Congregazione confermò la prassi tradizionale della Chiesa di esigere una confessione previa alla prima Comunione[12]. Allo stesso tempo fu richiesto alle conferenze episcopali delle regioni dove era già introdotta la nuova prassi di riesaminarla, e se avessero voluto continuarla di consultare al riguardo la Santa Sede[13].

Due anni dopo, nel 1973, fu emanata congiuntamente dalla Congregazione della Disciplina dei Sacramenti e da quella del Clero la dichiarazione *Sanctus Pontifex*[14], la quale fin dalle prime righe affermò l'attualità della dottrina del santo Papa Pio X:

Sanctus Pontifex Pius X, Decreto «Quam singulari» [...] praescripto canonis XXI Concilii Lateranensis IV innixus, statuit ut pueri, iam a discretionis aetate, sacramenta Poenitentiae et Eucharistiae reciperent. Quod praeceptum, per universam Ecclesiam in praxim deductum, pluri-

---

[9] Cf. BENEDETTO XVI (J. RATZINGER), «De paenitentia et de prima Communione puerorum», 604. Il cardinale Ratzinger, allora arcivescovo di Monaco e di Frisinga, nella sopracitata lettera alla sua diocesi offre soprattutto le ragioni per il mantenimento della prassi tradizionale, ma all'inizio presenta anche i motivi che stavano alle basi del cambiamento.

[10] Cf. A. PERLASCA, «La prima confessione», 85. L'autore presenta l'argomentazione esposta nel 1964 da Mons. Moors, il vescovo di Roemond in Olanda.

[11] Cf. CONGREGAZIONE PER IL CLERO, *Directorium Catechesticum generale*, 11 aprile 1971, Addendum «De primo accessu ad sacramenta paenitentiae et Eucharistiae», 173-176.

[12] Cf. CONGREGAZIONE PER IL CLERO, *Directorium Catechesticum generale*, 11 aprile 1971, Addendum, n. 5: «Omnibus perpensis, prae oculis habita praxi communi et generali quae per se derogari nequit sine Sedis Apostolicae beneplacito, auditis Conferentiis episcopalibus, eadem Sancta Sedes expedire iudicat ut vigens in Ecclesia consuetudo praemittendi confessionem primae communioni servetur» (*AAS* 64 [1972] 176).

[13] Cf. CONGREGAZIONE PER IL CLERO, *Directorium Catechesticum generale*, 11 aprile 1971, Addendum, n. 5: «In regionibus autem ubi novae praxes iam introductae sunt quae a pristina notabiliter discedunt, Conferentiae episcopales ista experimenta novo examini subicere velint; quod si deinde eadem longius protrahere cupiant, id ne faciant, nisi sermone cum Sede Apostolica prius habito atque cum eadem Sede, quae eas libenter audiet, animo uno» (*AAS* 64[1972] 176).

[14] Cf. CONGREGAZIONE PER LA DISCIPLINA DEI SACRAMENTI E CONGREGAZIONE PER IL CLERO, dichiarazione *Sanctus Pontifex*, 24 maggio 1973, 410.

mos vitae christianae et perfectionis spiritualis fructus attulit et etiam nunc affert[15].

In seguito la dichiarazione riaffermava le disposizoni contenute nell'*Addendum* del direttorio catechistico[16], ma alla fine oridinava la cessazione delle sperimentazioni previste nello stesso[17]. Da quel momento doveva esser seguito «ubicumque et ab omnibus Decreto "Quam singulari"»[18].

La dichiarazione sopracitata, sottoscritta dai prefetti delle due congregazioni probabilmente per ottenere maggior solennità e rilievo alla decisione presa, sembra chiarire definitivamente la posizione della Santa Sede al riguardo[19]. Questa decisione fu ancora rinforzata nel 1975 dal segretario di Stato, cardinale Villot, il quale presentò i *vota* del Papa Paolo VI (1963-1978) durante la Settimana Liturgica Italiana a Firenze. In questo pronunciamento il Segretario di Stato espose la *mens* del Pontefice stesso riguardo all'ordine della prima ricezione dei sacramenti della penitenza e dell'Eucaristia, nonché circa l'età in cui il fanciullo dovrebbe accedere alla confessione sacramentale:

> Il Santo Padre pone infine un accento particolare sulla confessione dei fanciulli, e specialmente sulla prima confessione, che deve sempre precedere la prima Comunione, anche se da essa opportunamente distanziata: proprio dalla prima età deve prendere l'avvio quella evangelizzazione della Penitenza, che renderà poi sempre più valido e cosciente il supporto di una fede viva nella celebrazione del sacramento e, soprattutto, nella sicura e coerente impostazione della vita cristiana[20].

Il Segretario di Stato espone in tal modo chiara intenzione del Pontefice di far precedere *sempre* la prima confessione alla prima Comunio-

---

[15] CONGREGAZIONE PER LA DISCIPLINA DEI SACRAMENTI E CONGREGAZIONE PER IL CLERO, dichiarazione *Sanctus Pontifex*, 24 maggio 1973, 410.

[16] Cf. J.H. PROVOST, «The reception of first penance», 314.

[17] Cf. CONGREGAZIONE PER LA DISCIPLINA DEI SACRAMENTI E CONGREGAZIONE PER IL CLERO, dichiarazione *Sanctus Pontifex*, 24 maggio 1973: «Re attente considerata ac prae oculis habitis Episcoporum optatis Sacrae Congregationis de Disciplina Sacramentorum et pro Clericis, declarant huiusmodi experimentis, iam duobus transactis annis, finem imponendam esse una cum conlusione anni scholaris 1972-73» (*AAS* 65 [1973] 410). Cf. anche A. PERLASCA, «La prima confessione», 85.

[18] CONGREGAZIONE PER LA DISCIPLINA DEI SACRAMENTI E CONGREGAZIONE PER IL CLERO, dichiarazione *Sanctus Pontifex*, 24 maggio 1973, 410.

[19] Cf. J.H. PROVOST, «The reception of first penance», 317. L'autore spiega che la dichiarazione non impone una nuova legge, ma dichiara quella già esistente, perciò la sua forza normativa risiede nell'autorità di *Quam singulari*.

[20] SEGRETERIA DI STATO, «Vota Summi Pontificis», 28 agosto 1975, 222.

ne, e di conseguenza di custodire la prassi di confessarsi all'età dell'uso di ragione. I motivi di questa ferma decisione sono radicati in una pedagogia della penitenza, nella quale si dovrebbe sperimentare il sacramento della confessione *dalla prima età*, per poter crescere poi nella fede e nella testimonianza della vita cristiana.

Le congregazioni romane dovevano pronunciarsi di nuovo, dato che per molti non era evidente il significato dei precedenti interventi della Santa Sede[21], né il loro valore normativo[22]. Nel 1976 fu redatta la lettera circolare *le Saint Siège*, la quale annunciava la risposta alla domanda dei padri Redentoristi al riguardo[23] e offriva qualche nuova argomentazione[24]. Nell'anno seguente fu emanata un'altra lettera circolare, sempre dalle due Congregazioni interessate[25], nella quale si dichiara tra l'altro:

> Cum autem ad discretionis aetatem pervenerit, puer in Ecclesia ius habet recipiendi utrumque Sacramentum; absurdum atque iniustum discrimen fieret eiusque conscientia violaretur, si ipse praeparetur et admittetur tantummodo ad S. Communionem. Nec satis est dicere pueros ius habere accedendi ad Confessionem, si tale ius practice maneat infectum[26].

Il ricevere il sacramento della confessione all'età della discrezione non è quindi soltanto un obbligo, ma un vero diritto del fanciullo. Nel giudicare la prassi di privare il fanciullo di questo sacramento la lettera delle due congregazioni non esita a usare parole molto forti, definendo

---

[21] Cf. CONGREGAZIONE PER LA DISCIPLINA DEI SACRAMENTI E CONGREGAZIONE PER IL CLERO, lett. circolare, 30 aprile 1976. All'inizio della lettera si parla delle «innumerevoli lettere di genitori, di presbiteri, di vescovi e perfino dei bambini che hanno tutte per oggetto la confusione creata da interpretazioni inesatte di due documenti» (*EV* S1, n. 618, p. 601).

[22] Cf. J.H. PROVOST, «The reception of first penance», 321-323. In queste pagine l'autore descrive la posizione di alcuni vescovi verso i pronunciamenti della Santa Sede al riguardo.

[23] Cf. CONGREGAZIONE PER LA DISCIPLINA DEI SACRAMENTI E CONGREGAZIONE PER IL CLERO, lett. circolare, 30 aprile 1976, n. 618, p. 601.

[24] Cf. CONGREGAZIONE PER LA DISCIPLINA DEI SACRAMENTI E CONGREGAZIONE PER IL CLERO, lett. circolare, 30 aprile 1976, n. 622, p. 605: «Noi abbiamo pure la missione di ricordare che le condizioni sociali, economiche, culturali possono bensì cambiare da una nazione all'altra, ma la natura umana resta fondamentalmente la stessa, e che le norme generali che governano i sacramenti, destinati a elevare questa stessa natura, sono universali».

[25] Cf. CONGREGAZIONE PER LA DISCIPLINA DEI SACRAMENTI E CONGREGAZIONE PER IL CLERO, lett. circolare, 31 marzo 1977, in Ochoa, V, col. 7316-7317, n. 4507.

[26] CONGREGAZIONE PER LA DISCIPLINA DEI SACRAMENTI E CONGREGAZIONE PER IL CLERO, lett. circolare, 31 marzo 1977, in Ochoa, V, col. 7317, n. 4507.

CAP. V: NELLA NORMATIVA VIGENTE 377

questa pratica come assurda, ingiusta e conducente alla violazione della coscienza del ragazzo.

Infine è apparsa la risposta al dubbio proposto, la quale confermava ancora una volta le disposizioni del *Sanctus Pontifex*, anche per le parrocchie dove negli ultimi anni era stata introdotta la prassi contraria. Lo scopo della dichiarazione del 1973 fu descritto con tali parole: «ut [...] omnia desinant experimenta recipiendi primam sanctam Communionem absque praevia receptione sacramenti Poenitentiae, ut spiritum decreti "Quam singulari" disciplina Ecclesiae restituatur»[27].

Sembra che con questa risposta preceduta dalle due lettere circolari finisce il periodo di incertezze al riguardo. La *mens Ecclesiae* in questa materia risulta chiara: l'età della discrezione per il sacramento della penitenza rimane quella del Laterano IV e del *Quam singulari*, e non quella descritta dalla psicologia moderna. Il fanciullo arrivato a tale età ha diritto di accedere al sacramento della penitenza e la sua confessione sacramentale dovrebbe sempre precedere la prima Comunione.

1.1.2 La confessione annuale nella prospettiva dell'assoluzione generale

Nel periodo postconciliare si accese nei paesi occidentali il dibattito teologico e pastorale sulla dimensione comunitaria della penitenza cristiana, il quale aprì le porte alle celebrazioni penitenziali comunitarie e alla possibilità di un rito della confessione e assoluzione collettiva[28]. Nel 1972 la Congregazione della Dottrina della Fede emanò le norme pastorali sull'assoluzione sacramentale generale[29], approvate in modo speciale dal Santo Padre[30], il quale ne era interessato personalmente già dalla fase degli studi preparatori[31]. Ricordata la dottrina tridentina sul dovere derivante dal diritto divino di confessare tutti e singoli peccati gravi[32], e sottolineata l'importanza del proposito di confessare tali pec-

---

[27] CONGREGAZIONE PER LA DISCIPLINA DEI SACRAMENTI E CONGREGAZIONE PER IL CLERO, risposta al dubbio, 20 maggio 1977, *AAS* 63(1977) 427.

[28] Cf. C. VOGEL, «Réflexions de l'historien», 36; P. KUBIAK, *L'assoluzione generale*, 100-104; R. MOLDO, «Sens de la faute», 277-278; J. WERCKMEISTER, «L'absolution collective», 292-293.

[29] Cf. CONGREGAZIONE PER LA DOTTRINA DELLA FEDE, «Normae pastorales», 16 giugno 1972, *AAS* 64(1972) 510-514.

[30] Cf. CONGREGAZIONE PER LA DOTTRINA DELLA FEDE, «Normae pastorales», 16 giugno 1972, n. XIII, p. 514: «Has normas Summus Pontifex Paulus Pp. VI [...] speciali modo approbavit ac promulgari statimque valere iussit».

[31] Cf. P. KUBIAK, *L'assoluzione generale*, 103.

[32] Cf. CONGREGAZIONE PER LA DOTTRINA DELLA FEDE, «Normae pastorales», 16 giugno 1972, n. I, 511: «Firmiter tenenda et fideliter in praxi applicanda manet doc-

cati tra le disposizioni richieste dal penitente che riceve l'assoluzione generale[33], la *Doctrina Fide* precisa:

> Ii, quibus communi absolutione gravia peccata remittuntur, ad confessionem auricularem accedant, antequam novam huiusmodi absolutionem sint recepturi, nisi iusta causa impediantur. Omnino autem tenentur, nisi obstet moralis impossibilitas, accedere confessarium infra annum. Viget enim etiam pro ipsis praeceptum, quo omnis christifidelis tenetur cuncta peccata sua, utique gravia, quae singillatim adhuc confessus non fuerit, sacerdoti solus confiteri semel in anno[34].

La Congregazione obbliga quindi tutti i fedeli che hanno ricevuto l'assoluzione generale di confessarsi individualmente entro l'anno. In tal modo il precetto della confessione annuale costituisce per questi fedeli un certo limite temporale. Questo precetto viene ribadito con forza dalle *Normae* nella formulazione ben curata: l'avverbio *solus*, ripreso dalla costituzione lateranense, sottolinea l'aspetto personale ed individuale della confessione richiesta, mentre l'altro avverbio *singillatim* esprime la necessità di una confessione specifica e distinta dei peccati gravi. Anche la precisazione dei peccati da confessare con le parole *utique gravia* ha un peso importante. Tale formula risulta concorde con la dottrina comune dei canonisti e dei moralisti, ma sembra che sia per la prima volta dichiarata espressamente da un testo ufficiale della Santa Sede.

L'*Ordo poenitentiae* del 1974, presenta la confessione con assoluzione generale come la terza forma del sacramento della penitenza[35], e nello stesso tempo riafferma i chiari limiti nella sua applicazione[36]. Infatti il nuovo rituale della penitenza riporta fedelmente le norme della Congregazione *De Doctrina Fide* al riguardo delle condizioni richieste

---

trina Sancti Concilii Tridentini [...] Praeter praeceptum divinum, in Concilio Tridentino declaratum, ad hoc urget maximum animarum bonum, quod saeculorum experientia, ex individuali confessione, recte facta et administrata, provenit».

[33] CONGREGAZIONE PER LA DOTTRINA DELLA FEDE, «Normae pastorales», 16 giugno 1972, n. VI, 512: «proponat singillatim confiteri debito tempore peccata gravia, quae in praesens ita confiteri nequeat».

[34] CONGREGAZIONE PER LA DOTTRINA DELLA FEDE, «Normae pastorales», 16 giugno 1972, n. VII, 512-513.

[35] Cf. *Ordo poenitentiae*, cap. III, pp. 40-42, nn. 60-63.

[36] Cf. *Ordo poenitentiae*, Praenotanda, IV/C, p. 21, n. 31: «Individualis et integra confessio atque absolutio maneat unicus modus ordinarius, quo fideles se cum Deo et Ecclesia reconcilient, nisi impossibilitas physica vel moralis ab huiusmodi confessione excuset».

per poter utilizzare la terza forma del sacramento[37]. Il numero 34 dell'*Ordo paenitentiae*, che esprime la necessità della confessione individuale dei peccati gravi almeno entro l'anno, viene ripreso quasi letteralmente dal n. VII delle norme pastorali sopracitate. In tal modo il precetto della confessione annuale entra nel riformato *Rituale* romano[38].

Abbiamo analizzato lo sviluppo della prassi e della legislazione sulla prima confessione e sulle condizioni per l'assoluzione generale. Questi temi sono correlati con la problematica del precetto pasquale. Nel primo caso si tratta infatti non solo del rapporto confessione-Comunione, ma anche dell'età nella quale comincia a urgere l'obbligo della confessione. Nel secondo caso la Chiesa mantiene il vincolo annuale che obbliga a confessare i propri peccati gravi anche quelli che hanno già ricevuto l'assoluzione generale[39]. Ora vedremo il cambiamento della stessa normativa sul precetto pasquale durante i lavori della Commissione per la revisione del Codice.

1.2 L'iter formativo del can. 920

Durante il Concilio Vaticano II, il 28 marzo del 1963 fu istituita da Giovanni XXIII la Pontificia Commissione per la Revisione del Codice di Diritto Canonico[40]. Nel 1964 furono nominati dal Papa Paolo VI i primi settanta consultori [41]. La solenne *dedicatio* dei lavori della Com-

---

[37] Cf. CONGREGAZIONE PER IL CULTO DIVINO, decr. *Reconciliationem*, 2 dic. 1973, in *AAS* 66(1974) 172-173; *Ordo poenitentiae*, Praenotanda, IV/C, pp. 21-23, nn. 31-35.

[38] Cf. *Ordo poenitentiae*, Praenotanda, IV/C, p. 22, n. 34: «omnis christifidelis debet cuncta peccata sua, utique gravia, quae singillatim adhuc confessus non fuerit, sacerdoti solus confiteri saltem semel in anno». Va notato soltanto un cambiamento stilistico a confronto con le *Normae pastorales*: il verbo utilizzato due volte nella forma passiva (*tenetur*) è stato sostituito nell'*Ordo* dall'altro verbo con la forma attiva, cioè *debet*.

Nella parte del *Rituale* sulla Sacra Comunione non c'è più la formulazione del precetto di ricevere l'Eucaristia nella Pasqua, ma solo una menzione dell'importanza del tempo pasquale per la Comunione dei malati: «Animarum pastores curent ut infirmis et aetate provectis [...] frequenter, quantum fieri potest, cotidie praesertim *tempore paschali*, praebeatur copia Eucharistiam sumendi» (*De Sacra Communione*, cap. I., p. 11, n.14).

[39] Cf. G.J. VAN DEN BROECK, *Où en est la législation*, 105. Il libro citato, edito nel 1976, raccoglie le norme nuove emanate dal tempo del Concilio Vaticano II, ponendoli per la chiarezza dell'esposizione accanto ai rispettivi canoni del Codice Pio Benedettino. Sotto il can. 906 del *CIC/1917* leggiamo le parole: «Ce précepte vaut aussi pour ceux qui ont reçu l'absolution collective de leur péchés graves» (*Ibid.*) indicando come la fonte le *Normae* della Doctrina Fide del 1972.

[40] Cf. F. D'OSTILIO, *La Storia del nuovo Codice*, 26.

[41] Cf. *Comm.* 1 (1969) 34-35.

missione ebbe luogo il 20 novembre 1965 in presenza di Papa Paolo VI e l'attività della revisione di Codice cominciò dopo la chiusura del Concilio Vaticano II[42]. Nel gennaio del 1966 furono costituiti i primi dieci *coetus studiorum*[43], incluso il *coetus* che avrebbero dovuto occuparsi del diritto sacramentale[44]. Quest'ultimo gruppo di studio fu formato dal relatore Josef Schneider e 14 altri membri (dei quali quattro erano gesuiti)[45].

Nella sesta sessione del *coetus* «De Sacramentis», protrattasi dal 7 al 12 dicembre del 1970[46], i membri del gruppo discussero tra l'altro sui cann. 859-861 del Codice Pio-Benedettino, riguardante la Comunione pasquale[47]. Uno dei consultori avanzò la proposta di estendere *ipso iure* la possibilità di compiere il precetto pasquale per tutto l'anno. Questa proposta non fu accettata dagli altri consultori a motivo della tradizione e dell'indole pastorale del codice. Nello stesso tempo i membri del *coetus* approvarono all'unanimità la proposta di concedere agli Ordinari la facoltà di stabilire e di prorogare il tempo utile per il precetto pasquale[48].

Dopo la discussione sulla revisione dettagliata dei rispettivi canoni del Codice del 1917, nel paragrafo primo del can. 859, tutti i membri del gruppo convennero nel formulare esplicitamente che l'obbligo doveva essere compiuto nel tempo pasquale[49], invece nel secondo para-

---

[42] Cf. P. FELICI, «A che punto è la preparazione del Codice?», 71: «La domanda appare giustificata a circa sei anni dalla costituzione della Commissione relativa, ed a quattro di lavoro effettivo. Infatti prima della fine del Concilio non era possibile compiere un lavoro proficuo».

[43] Cf. F. D'OSTILIO, *La Storia del nuovo Codice*, 33-35.

[44] Cf. *Comm.* 1 (1969) 44.

[45] Cf. *Comm.* 1 (1969) 32-33. In queste pagine per ritrovare i nomi di tutti i consultori del coetus «De sacramentis».

[46] Cf. *Comm.* 36 (2004) 209.

[47] Cf. *Comm.* 31 (1999) 144-145.

[48] Cf. *Comm.* 31 (1999) 144-145. «Rev.mus secundus Consultor proponit ut ipso iure obligatio de praecepto Paschali extendatur ad totum annum.

Respondet Rev.mus Secretarius ad. quod hoc est contra traditionem, quia tempus Paschatis semper fuit tempus peculiare et definitum.

Exc.mus quartus Consultor sub aspectu pastorali notat quod pro sacerdotibus facilius est advigilare si fideles praeceptum paschale servent si tempus sit definitum et peculiare.

Rev.mus quintus Consultor proponit ut tempus utile pro praecepto paschali valide extendatur.

Rev.mus sextus Consultor proponit ut tribuatur Ordinario facultas statuendi et prorogandi tempus utile pro praecepto paschali.

De hoc consentiunt omnes».

[49] Cf. *Comm.* 31 (1999) 145: «Ad §1: Rev. mus Secretarius ad. proponit textum a Rev.mo quinto Consultore in voto propositum, scilicet: "Omnes fideles, postquam ad

grafo decisero di prolungare *ipso iure* quel tempo utile per adempiere il precetto fino alla domenica di Pentecoste[50]. Il paragrafo terzo dello stesso canone fu soppresso con l'assenso di tutti i membri del *coetus* e in tal modo non si farà più menzione dell'adempimento del precetto nella propria parrocchia. Il quarto paragrafo del can. 859 rimase intatto[51], mentre furono cancellati ancora i cann. 860 e 861. Ecco il progetto della normativa riformata sulla Comunione pasquale dopo la sesta sessione del *coetus* «De Sacramentis»:

> can. 19 §1. Omnis utriusque sexus fidelis, postquam ad annos discretionis, id est ad rationis usum, pervenerit, obligatione tenetur semel saltem in anno, et quidem tempore paschali, Eucharistiae sacramentum recipere, nisi forte de consilio proprii sacerdotis, ob aliquam rationabilem causam, ad tempus ab eius perceptione abstinendum duxerit.
> §2. Paschalis communio fiat a dominica VIa. Quadragesimae, quae est Palmarum, usque ad festum Pentecostes; locorum Ordinariis autem fas est, si id personarum ac locorum adiuncta suadeant, hoc tempus etiam pro omnibus suis christifidelibus anticipare aut prorogare.
> §3. Praeceptum paschalis communionis adhuc urget, si quis illud praescripto tempore, quavis de causa, non impleverit[52].

Durante la sessione settima, svolta dal 3 al 7 maggio del 1971[53], i membri del *coetus* continuarono la discussione riguardo all'obbligo della Comunione pasquale[54]. Decisero di cancellare l'ultimo inciso del primo paragrafo, cominciante dalle parole *nisi forte*, eliminando in tale maniera dalla normativa canonica l'ultimo riferimento al *sacerdos proprius*, figura che ha pesato sull'interpretazione del precetto pasquale per tutto il tempo del medioevo. Il secondo cambiamento fu piuttosto stilistico: la

---

S. Communionem iam fuerint admissi, debent saltem semel in anno, praesertim in Pascha, Eucharistiae sacramentum accipere".
Rev.mus sextus Consultor proponit formulam "et quidem tempore paschali" loco "praesertim in Pascha". Placet omnibus».

[50] Cf. *Comm.* 31 (1999) 145: «Rev.mus Secretarius ad. proponit textum a Rev.mo primo Consultore paratum in voto scilicet: "Paschalis communio fiat a dominica Palmarum ad dominicam II Paschate *in albis*; sed locorum Ordinariis fas est, si ita personarum et locorum adiuncta exigant, hoc tempus convenienter anticipare vel prorogare".
Exc.mus quartus Consultor proponit "usque ad Pentecostem" loco "ad dominicam II Paschate". Placet omnibus».
[51] Cf. *Comm.* 31 (1999) 145.
[52] *Comm.* 31 (1999) 194.
[53] Cf. *Comm.* 36 (2004) 209.
[54] Cf. *Comm.* 31 (1999) 206.

sostituzione dell'espressione *dominica IVa Quadragesimae, quae est Palmarum* con la formula più elegante *a dominica in Palmis*[55].

Quanto al terzo paragrafo del canone, il secondo consultore osservò che in esso si sarebbe dovuto parlare piuttosto del precetto annuale che di quello pasquale e di conseguenza al posto dell'espressione *praeceptum paschalis communionis* propose tale redazione: «Praeceptum de quo in parr. 1 et 2»[56]. Gli altri consultori decisero comunque di lasciare quell'ultimo paragrafo senza cambiamenti[57].

Dopo questo dibattito, fu approvato il nuovo progetto dei canoni *De sanctissima Eucharistia*, nel quale ritroviamo il can. 19 sulla Comunione pasquale con le modifiche accettate:

can. 19 §1. Omnis utriusque sexus fidelis, postquam ad annos discretionis, idest ad rationis usum, pervenerit, obligatione tenetur semel saltem in anno, et quidem tempore paschali, Eucharistiae sacramentum recipere.
§2. Paschalis communio fiat a dominica in Palmis, usque ad festum Pentecostes; locorum Ordinariis autem fas est, si id personarum ac locorum adiuncta suadeant, hoc tempus etiam pro omnibus suis christifidelibus anticipare aut prorogare.
§3. Praeceptum paschalis communionis adhuc urget, si quis illud praescripto tempore, quavis de causa, non impleverit[58].

Nel 1972 fu pubblicato nelle *Communicationes* un riassunto dei risultati dei lavori svolti sul capitolo *De Eucharistia* fino a quel momento[59]. Leggiamo sull'obbligo della Comunione pasquale:

obligatio qua omnis christifidelis, post adeptos annos discretionis, tenetur semel saltem in anno, et quidam tempore paschali; regula proponitur quod

---

[55] Cf. *Comm.* 31 (1999) 206: «Ad §1: Rev.mus Secretarius ad. proponit ut omittantur ultima verba: "nisi forte…"».
Placet propositio omnibus.
Rev.mus primis Consultor proponit ut supprimantur etiam verba "ad annos discretionis".
Propositio non placet.
Ad §2: Rev.mus quintus Consultor proponit ut loco verborum "a dominica VIa Quadragesimae, quae est Palmarum" dicatur "a dominica in Palmis".
Propositio omnibus placet».
[56] *Comm.* 31 (1999) 206.
[57] *Comm.* 31 (1999) 206: «Ad §3: Rev.mus secundus Consultor censet melius esse sermonem facere de "communione annuali" potiusquam "paschali" et proponit ut loco "Praeceptum paschalis" dicatur "Praeceptum de quo in §§ 1 et 2".
Omnes Consultores, excepto secundo, consentiunt ut par. 3 maneat uti est».
[58] *Comm.* 31 (1999) 234.
[59] Cf. *Comm.* 4 (1972) 51-59.

fieri debet a dominica VI Quadragesimae, quae est Palmarum, usque ad festum Pentecostes, sed simul affirmatur loci Ordinarium hoc tempus anticipare aut prorogare posse[60].

I canoni sulla Santissima Eucaristia sono stati incorporati nel primo schema della normativa sui sacramenti, stampato e mandato ai Organi di Consultazione nel 1975[61]. In questo schema della Pontificia Commissione per la Revisione del Codice viene recepita anche la normativa che regola il precetto della Comunione pasquale: il can. 19 approvato dopo la sessione settima dello *coetus* «De Sacramentis» diventò nello schema il can. 80, senza nessuna modifica[62].

I canoni presentati dalla Commissione nello *Schema* del 1975, insieme con le osservazioni giunte dagli Organi di Consultazione, furono oggetto di discussione nella sessione settima della *Series Altera*. Durante questa sessione — svoltasi dal 29 maggio al 2 giugno del 1978[63] — «multa de hoc canone in animadversionibus conqueruntur»[64].

La prima obiezione riguardò la menzione dell'età della discrezione. Il segretario della Commissione e uno dei consultori la giudicavano inutile, soprattutto perché i fanciulli di allora erano ammessi più tardi alla Comunione sacramentale. Alla fine tutti si espressero favorevolmente al cambiamento della formulazione affinché l'obbligo iniziasse dopo la prima Comunione, e non dopo aver raggiunto l'età dell'uso di ragione[65].

Il secondo tema del dibattito concerneva l'opportunità o meno di vincolare il fedele con il precetto pasquale, ordinando il periodo del suo adempimento. Ancora il segretario della Commissione con il medesimo consultore giudicavano questa obbligazione troppo grave, e suggerivano di non imporre il tempo della Comunione in modo precettivo. Per loro sarebbe stato sufficiente usare l'espressione *praesertim tempore paschali*[66].

---

[60] *Comm.* 4 (1972) 54.
[61] Cf. PCCICR, *Schema documenti*, p. 3.
[62] Cf. PCCICR, *Schema documenti*, can. 80.
[63] Cf. *Comm.* 36 (2004) 209.
[64] *Comm.* 13 (1981) 417.
[65] *Comm.* 13 (1981) 417: «Secretarius Commissionis et unus Consultor inutilem censent canonis praescriptionem de discretionis aetate, si praesertim hodie pueri serius ad sacram communionem admittuntur. [...] Omnes, suffragatione peracta, conveniunt ut obligatio incipiat post primam susceptam communionem, et non post usum rationis adeptum».
[66] Cf. *Comm.* 13 (1981) 417: «Secretarius Commissionis et unus Consultor [...] petunt ut tempus paschale non imponatur uti praeceptivum ad obligationem satisfa-

Due consultori furono contrari a questa proposta anche sotto l'aspetto sociologico, in quanto non basta che qualche legge sia migliore di un'altra, ma ci vuole anche la riflessione su come inserirla nell'uso del popolo. Per il relatore le ragioni avanzate contro il precetto di comunicarsi nel tempo pasquale si potevano anche usare contro il precetto domenicale, che vincolava a partecipare alla Santa Messa proprio nel giorno di domenica e non negli altri giorni. Il primo Consultore sostenne al contrario, che con l'ampia possibilità data agli Ordinari di estendere sempre più il tempo della Comunione pasquale, il precetto che fissasse dei limiti temporali determinati avrebbe perso comunque la sua efficacia[67].

Cinque membri della Commissione decisero nella votazione di lasciare l'obbligo di adempiere il precetto nel tempo pasquale. Visto che l'opinione contraria — giustificata dall'assenza del precetto pasquale nella prassi dei popoli extraeuropei — fu espressa dagli eminenti membri del *Coetus* anche dopo il voto, il problema sembrava ancora aperto[68].

Dopo tutte queste discussioni, la Commissione giunse a una nuova formulazione del paragrafo primo, la quale prese in considerazione la discussione sull'età in cui inizia a vincolare il precetto della Comunione: ora questo obbligo ricade solamente su coloro che già sono stati iniziati a ricevere questo sacramento[69]. Nei paragrafi seguenti furono anche fatti alcune modifiche e ritocchi[70].

---

ciendam: obligatio quae esset — dicit Secretarius — sub poena gravis peccati. Iuxta sententiam illus Consultoris sufficit ut dicatur *praesertim tempore paschali*».

[67] Cf. *Comm.* 13 (1981) 417: «Contrarii sunt duo consultores, etiam propter aspectum sociologicum et quia non sufficit ut aliqua lex melior sit antecedentis sed videndum etiam quomodo in populi more inseritur. Relator animadvertit argumentum nunc propositum contra tempus paschale pro satisfacienda obligatione communionis annualis valeret etiam contra obligationem assistendi vel participandi Missam die dominico. Curnam in illo die et non in aliis diebus? primis Consultor instat, quia, cum dispensationibus quae dantur ad extendendum tempus propitium pro obligationis satisfactione, praescriptum legis fere evanescit».

[68] Cf. *Comm.* 13 (1981) 417-418: «Suffragium fertur etiam quoad obligationem communionis tempore paschali pro qua positivum dant suffragium quinque Consultores. Secretarius Commissionis prorsus contrarium sese declarat cum extra Europam haec obligatio haud existit. Cui accedit etiam primus Consultor».

[69] Cf. *Comm.* 13 (1981) 418: «Omnis fedelis, postquam ad Sanctissimam Eucharistiam initiatus sit, obligatione tenetur semel saltem in anno et quidem tempore paschali sacram Communionem recipere». Questa è la prima formulazione di questo canone dove non appare l'incipit *Omnis utriusque sexus* ma semplicemente *Omnis fidelis*.

[70] Cf. *Comm.* 13 (1981) 418: «Placet §2, sequentibus mutationibus inductis: loco *Paschalis* dicatur *haec*; loco *festum Pentecostes*, *domnicam Pentecostes*; supprimun-

Nello *Schema Codicis Iuris Canonici* del 1980 troviamo invece l'unico canone sull'obbligo della Comunione annuale e pasquale[71], che vogliamo presentare qui a confronto con il primo paragrafo della redazione precedente:

Can. 80 §1 (1978) Omnis fedelis, postquam ad Sanctissimam Eucharistiam initiatus sit, obligatione tenetur semel saltem in anno et quidem tempore paschali sacram Communionem recipere[72].

Can. 872 (1980) Omnis fedelis postquam ad sanctissimam Eucharistiam initiatus sit, obligatione tenetur semel saltem in anno, *praesertim* tempore paschali, sacram communionem recipiendi[73].

La sola modifica introdotta nel nuovo can. 872 riguarda la sostituzione della parola *quidem* con la parola *praesertim*[74]. In tal modo la redazione proposta dal segretario della Commissione entrò nello schema del Codice. Con la parola *praesertim* davanti al *tempore paschali* il canone non esprime più un vero e proprio obbligo di comunicarsi nel tempo pasquale, ma si limita ad indicare tale tempo come il più adatto per adempiere il precetto. Questa lettura del can. 872 dello *Schema* è ancora rafforzata dal fatto che furono soppressi altri due paragrafi, i quali erano legati con l'obbligo di ricevere la Comunione in un tempo determinato. Con il precetto annuale non esiste nessuna necessità di dare agli Ordinari la possibilità di estendere il periodo determinato, e diventa superflua anche la norma contenuta nel paragrafo terzo, circa la forza del precetto passato il periodo prescritto.

La proposta avanzata da uno dei padri di obbligare *sub gravi* a confessarsi e comunicarsi una volta all'anno fu rigettata nella *Relatio* del 1981[75] perché «lex non determinet gravitatem moralem»[76]. In tal modo il canone è passato senza nessuna modifica nello *Schema novissimum*

---

tur verba *etiam pro omnibus suis christifidelibus*.

Placet §3, suppressis verbis *paschalis communionis* cuius loco dicitur *de quo in* §§ 1 et 2».

[71] Dai dati presenti nelle *Communicationes* non ci risulta il momento dell'eliminazione dei paragrafi successivi.

[72] *Comm*. 13 (1981) 418.

[73] PCCICR, *Schema Codicis Iuris Canonici*, can. 872. La sottolineatura è nostra.

[74] A parte il cambiamento della forma verbale del verbo *recipere*, modifica di ordine stilistico.

[75] Cf. *Comm*. 15 (1983) 195: «Obligatio *sub gravi* praecipiatur fidelibus semel saltem in anno ad sacramentum paenitentiae accedendi et sacram communionem recipiendi (Unus Pater). R. Negative»

[76] *Comm*. 15 (1983) 195.

del 1982[77]. Solo l'ultima revisione *coram Sanctissimo*[78] ha portato dei notevoli cambiamenti[79]. Ecco la versione definitiva in paragone con la forma anteriore:

Can. 918 (1982) Omnis fidelis postquam ad sanctissimam Eucharistiam initiatus sit, obligatione tenetur semel saltem in anno, praesertim tempore paschali, sacram communionem recipiendi[80].	Can. 920 §1 (*CIC* 1983) Omnis fidelis, postquam ad sanctissimam Eucharistiam initiatus sit, obligatione tenetur semel saltem in anno, sacram communionem recipiendi. §2 Hoc praeceptum impleri debet tempore paschali, nisi iusta de causa alio tempore intra annum adimpleatur[81].

Nella forma definitiva del Codice ritroviamo infatti una normativa più complessa, costituita da due paragrafi. Il primo paragrafo riprende alla lettera quasi tutta la formulazione precedente. La vera novità sta nel paragrafo secondo, il quale riprende la normativa contenuta nell'inciso *praesertim tempore paschali* trasformando notevolmente il suo significato. Ora l'adempimento del precetto della Comunione nel tempo pasquale è obbligatorio (*debet*), anche se il fedele può essere scusato dall'osservanza di questo obbligo per una giusta causa.

La normativa sull'obbligo della Comunione pasquale ha subito grandi trasformazioni tra la formulazione del 1917 e quella del 1983. Molte norme sono state totalmente abbandonate, altre ridotte all'essenziale. Infine la decisione di distinguere tra i due livelli del dovere di comunicarsi nella normativa stessa permise di conciliare la salvaguardia della prassi secolare con l'espressione di una dimensione più fondamentale del precetto pasquale.

1.3 *La storia della redazione del can. 989*

Lo stesso *coetus* della Commissione che ha elaborato la normativa sull'obbligo della Comunione pasquale si è occupato anche del precetto

---

[77] Cf. PCCICR, *Schema novissimum,* can. 918.

[78] Cf. *Comm.* 34 (2004) 185.

[79] Il can. 920 è stato quindi annoverato da U. Betti nell'elenco dei canoni che hanno subito una modifica durante l'ultima tappa della revisione cf. U. BETTI, «In margine al nuovo Codice», 631. L'autore, uno dei protagonisti di quest'ultimo periodo della revisione del *CIC*, non espone i ragioni che stavano dietro tale cambiamento cf. *Ibid.*, 628-647; ID., «Appunti sulla mia partecipazione», 27-54.

[80] PCCICR, *Schema novissimum,* can. 918.

[81] *CIC* 1983, can. 920.

della confessione annuale. La prima discussione al riguardo si svolse nella sessione ottava del *coetus* «De Sacramentis», dall'8 al 13 novembre del 1971[82].

Nella discussione sul canone 906 del Codice del 1917 furono avanzate osservazioni e proposizioni molto diverse. Onclin[83] chiese di mantenere le parole del canone, soprattutto l'incipit *Omnis utriusque sexus*, che allude al Concilio Lateranense IV. L'altro consultore dichiarò che l'espressione *semel saltem in anno* doveva rimanere nel canone. Più innovativa fu la proposta di aggiungere l'aggettivo *gravia* alla parola *peccata*, dato che la legge non obbliga a confessare i peccati veniali. Questo suggerimento venne sostenuto anche dall'altro consultore. Qualcun altro fu del parere che si sarebbe dovuto dire al plurale *ad annos discretionis*[84]. Il primo consultore propose di riconfermare il canone, e nello stesso tempo approfondire due questioni: «1) obligatio confitendi semel in anno post adeptos annos discretionis; 2) quaenam sit ad gravia peccata discretio necessaria»[85]. Tutti concordarono che il canone dovesse essere redatto prendendo conto di queste osservazioni[86]. Nella stessa sessione fu decisa la soppressione del can. 907 del Codice Pio Benedettino, motivata in tale maniera: «norma canonis est evidens»[87].

Nello «Schema canonum "De Poenitentia" a rev.mo Secretario adparatum»[88] — presentato ai consultori radunati dal 13 a 17 marzo del

---

[82] Cf. *Comm.* 34 (2004) 209.

[83] Cf. *Comm.* 31 (1999) 275. Rev. Onclin fu chiamato per nome dal verbale. La cosa è inusuale per i verbali pubblicati nelle *Communicationes*, perciò anche noi rispettiamo questa scelta (errore?) usando il nome del segretario aggiunto della Commissione per la revisione del *CIC*.

[84] Cf. *Comm.* 31 (1999) 275-76: «Rev.mus Onclin affirmat quod verba canonis servari debent, scilicet "Omnis utriusque sexus...", quia norma a Concilio Lateranensi his verbis enuntiatur.

Rev.mus septimus Consultor declarat quod in canone addi debet: «peccata gravia»; nam Codex non videtur posse exigere ut etiam venialia sint obiectum obligatorium confessionis.

Rev.mus decimus Consultor notat quod verba «saltem semel in anno» debent rimanere.

Rev.mus secundus Consultor proponit ut canon servetur, sed esplicite dicatur obligationem urgere tantum eum qui coscientiam habeat de peccato gravi. [...].

Exc.mus nonus Consultor petit ut dicatur in plurali numero "ad annos discretionis"».

[85] *Comm.* 31 (1999) 276.

[86] Cf. *Comm.* 31 (1999) 275-276: «Concordant omnes ut textus canonis redigatur, iis attentis».

[87] *Comm.* 31 (1999) 276.

[88] *Comm.* 31 (1999) 290.

1972 per la nona sessione del *coetus*[89] — troviamo una nuova redazione del canone sulla confessione annuale. Poniamo la nuova proposta a confronto con il can. 906 del Codice del 1917:

CIC/1917 can. 906: Omnis utriusque sexus fidelis, postquam ad annos discretionis, id est usum rationis, pervenerit, tenetur omnia peccata sua saltem semel in anno fideliter confiteri[90].

Schema 1972 can. 27: Omnis utriusque sexus fidelis, postquam ad annos discretionis pervenerit, obligatione tenetur peccata sua gravia saltem semel in anno fideliter confiteri[91].

Il canone 27 è stato redatto sulla base del can. 906 del Codice anteriore e per questo presenta molte similitudini. In particolare risulta identico l'incipit che si riferisce alla costituzione lateranense, e le parole finali del canone, che determinano l'oggetto del dovere: confessarsi fedelmente una volta all'anno. Nello stesso tempo ci sono cambiamenti importanti nei punti che secondo le disposizioni dalla sessione ottava del *coetus* dovevano essere presi in considerazione nel redigere la nuova formulazione del precetto. E così, mentre l'espressione lateranense sull'età della discrezione è rimasta intatta, nello stesso tempo è stata cancellata la precisazione *id est usum rationis*, ripresa nella legislazione precedente dal decreto *Quam singulari*. Quanto ai peccati da confessare il redattore ha tolto la parola *omnia*, aggiungendo nello stesso tempo l'aggettivo *gravia*, il quale determina espressamente i peccati da confessare e limita in tal modo il precetto solo a quei fedeli che sono in stato di peccato grave[92].

Lo schema presentato fu ancora discusso durante la stessa sessione nona del *coetus* della Commissione[93]. Questa volta il dibattito era centrato sull'espressione *ad annos discretionis*, la quale a molti non pareva adeguata. Uno dei consultori affermò che la discrezione sufficiente per essere vincolato da questo obbligo non è legata al numero degli anni compiuti, ma dipende dalla condizione individuale del

---

[89] Cf. *Comm.* 34 (2004) 209.
[90] *CIC/1917*, can. 906.
[91] *Comm.* 31 (1999) 295.
[92] È difficile in questo momento valutare la portata del terzo cambiamento del canone, cioè l'inserimento della parola *obligatione* accanto al verbo *tenetur*. Si può trattare di una sottolineatura del carattere obbligatorio del dovere di confessare annualmente i peccati gravi, tuttavia potrebbe anche essere una modifica di ordine stilistico, in consonanza con la normativa sulla Comunione annuale.
[93] Cf. *Comm.* 34 (2004) 209; *Comm.* 31 (1999) 305.

fanciullo[94]. Seguendo questa linea di riflessione, furono avanzate alcune proposte di introdurre formule modificate, ad esempio: *ad discretionem animi, tempus discretionis*, oppure *sufficientem discretionem*. Fu anche presentato il parere di cancellare del tutto l'espressione sull'età della discrezione, la quale a qualcuno sembrava superflua[95].

Il problema fu risolto dal primo consultore, che propose di lasciare il testo come era, dato che la formula *ad annos discretionis* contiene sia l'elemento giuridico esterno, sia quell'interno, espresso dalla parola *discretio*, la quale si rifersice alla capacità del soggetto di compiere i peccati gravi[96]. Questa argomentazione convinse quasi tutto il *coetus* della Commissione e il testo rimase immutato[97]. Il solo cambiamento consistette nello spostamento del canone nello schema dopo il can. 24[98], il quale formula l'obbligo generale di confessare i peccati gravi e dichiara i peccati veniali materia sufficiente della confessione[99].

Durante la sessione decima, svoltasi dal 23 al 28 ottobre del 1972[100], fu formulato il suggerimento di aggiungere il canone sulla confessione annuale al canone circa la confessione dei peccati gravi. La proposta fu respinta dal segretario aggiunto della Commissione, perché qui si trat-

---

[94] Cf. *Comm.* 31 (1999) 313: «Rev.mus septimus Consultor proponit ut sermo non fiat de "annos discretionis", sed "de condicione discretionis", quia discretio non ligatur ad annos».

[95] *Comm.* 31 (1999) 313: «Rev.mus septimus Consultor [...] proponit ut dicatur "ad discretionem animi".

Rev.mus Secretarius ad. proponit ut verbum "ad annos" tollatur et dicatur tantum "ad discretionem pervenerit".

Rev.mus quartus Consultor proponit ut dicatur "tempus discretionis".

Rev.mus quintus Consultor proponit ut verba "postquam ad annos discretionis pervenerit"» deleantur, quia qui peccatum grave committit debet esse capax peccati, scilicet annos discretionis habere debet, ergo censet illa verba esse superflua.

Exc.mus secundus Consultor praefert ut dicatur "sufficentem discretionem"».

[96] Cf. *Comm.* 31 (1999) 313: «Rev.mus primus Consultor proponit ut textus maneat uti est quia cum verbis "ad annos discretionis" habetur elementum iuridicum externum et cum verbo "discretio" habetur elementum internum subiectivum quod explicat capacitatem in subiecto ad illa peccata gravia committenda».

[97] Cf. *Comm.* 31 (1999) 313: «Omnes Consultores, excepto Rev.mo tertio, concordant ut textus maneat uti est».

[98] Cf. *Comm.* 31 (1999) 313: «Rev.mus Consultor proponit [...] ut Caput II incipiat cum can. 24 et post hunc canonem ponatur can. 27, quia norma can. 24 est amplior quam norma can. 27.

Concordant omnes ut post canonem 24 subsequatur can. 27».

[99] Cf. *Comm.* 31 (1999) 295.

[100] Cf. *Comm.* 34 (2004) 210.

tava dell'obbligo distinto della confessione annuale. Ancora una volta tutti hanno accettato il canone come era redatto prima[101].

Neanche durante la sessione undicesima[102] il *coetus* fece alcun cambiamento nella formulazione del precetto della confessione annuale[103]. In questo modo nello Schema del 1975 il can. 159 suona: «Omnis fidelis, postquam ad annos discretionis pervenerit, obligatione tenetur peccata sua gravia saltem semel in anno fideliter confitendi»[104].

Dopo l'invio dello Schema del 1975 agli Organi di Consultazione[105], si svolse la *Series Altera* delle sessioni del *coetus* "De Sacramentis"[106] per prendere in considerazione le osservazioni pervenute. I consultori avrebbero dovuto discutere sulle eventuali *animadversiones* al precetto della confessione annuale durante la terza sessione, dal 14 al 19 novembre del 1977[107]. Nel verbale della sessione troviamo al riguardo solo una frase molto significativa: «Placet et nulla datur ad hunc canonem observatio»[108].

Così il testo del canone arrivò intatto allo Schema del 1980[109], e nella *Relatio* di 1981 non furono avanzate ulteriori[110] proposte al riguardo[111]. Nello Schema del 1982 furono fatti solo ritocchi minuziosi[112]. Tale versione entrò definitivamente nel Codice di Giovanni Paolo II, nel quale ritroviamo la formulazione seguente: «Omnis fedelis, postquam

---

[101] Cf. *Comm.* 32 (2000) 46: «Rev.mus septimus Consultor proponit ut canon hic adiungatur ad can. 160 quia agitur de peccatis gravibus.

Respondet Rev.mus Secretarius ad. quod hic agitur de obligatione confitendi peccata saltem semel in anno.

Textus canonis placet omnibus uti est».

[102] Cf. *Comm.* 34 (2004) 210. Questa sessione si svolse già nel 1973, dal 29 gennaio fino al 2 febbraio.

[103] Cf. *Comm.* 32 (2000) 132. Abbiamo qui il testo del canone già approvato (Cf. *Ibid.*, 125), identico a quello del primo schema del 1972.

[104] PCCICR, *Schema documenti,* can. 159. I redattori dello schema decisero di abbandonare la formula lateranense *utriusque sexus*, lasciando comunque una importante parte del famoso incipit.

[105] Cf. PCCICR, *Schema documenti*, 3.

[106] Cf. *Comm.* 34 (2004) 211-212.

[107] Cf. *Comm.* 34 (2004) 211.

[108] *Comm.* 10 (1978) 71. Il canone sulla confessione annuale diventò nel frattempo il can. 160.

[109] Cf. PCCICR, *Schema Codicis Iuris Canonici*, can. 943.

[110] Circa la richiesta rigettata di esplicitare la gravità morale del precetto della Comunione e della confessione annuale cf. sopra, cap. V, 1. 2.

[111] Cf. *Comm.* 15 (1983) 212.

[112] Che consistevano nell'aggiungere due virgole alla versione precedente cf. PCCICR, *Schema novissimum,* can. 990.

ad annos discretionis pervenerit, obligatione tenetur peccata sua gravia, saltem semel in anno, fideliter confiteri»[113].

La redazione della nuova norma sulla confessione annuale è stata caratterizzata da un forte consenso tra i consultori, che ha portato alla redazione quasi definitiva già nella prima serie di incontri del *coetus* della Commissione. In gran parte si è rimasti con la formulazione tradizionale, alla quale sono state apportate alcune modifiche considerevoli, delle quali l'aggiunta della parola *gravia* è l'esempio più evidente e probabilmente il più importante.

La normativa postconciliare — quella sull'età della prima confessione e il suo legame con la Comunione, nonché quella circa la necessità di adempiere il precetto della confessione annuale dopo aver ottenuto l'assoluzione generale — permetterà di meglio situare e comprendere la legislazione del 1983. I verbali delle singole sedute del *coetus* «De Sacramentis», disponibili grazie alla pubblicazione nella rivista *Communicationes*, offre ancora di più: si possono infatti conoscere le ragioni che stavano alla base delle formule attuali, e di conseguenza il testo del Codice vigente diventa più comprensibile. Due tendenze legislative vanno prese in considerazione: da un lato si cerca di semplificare i canoni il più possibile, togliendo tutte le norme che sembrano ovvie, inopportune o superflue, dall'altro lato si cerca di precisare e dichiarare espressamente alcuni elementi del diritto presenti prima in modo più tacito o implicito. Seguendo la seconda tendenza si è diviso il canone sulla Comunione pasquale in due paragrafi, che esplicitano i due livelli del precetto; con motivi simili è stata aggiunta la parola *gravia* nel canone sulla confessione annuale. In tal modo i redattori del Codice di Giovanni Paolo II hanno cercato di rendere le norme attuali più concise, più chiare e più applicabili di quelle precedenti.

2. La normativa del Codice di Diritto Canonico del 1983

Dopo aver studiato alcune norme precedenti alla legislazione del 1983 e l'iter della stessa codificazione, passeremo ora ad analizzare la formulazione definitiva della normativa al riguardo. Prenderemo in considerazione i due canoni che contengono la legge canonica vigente sul precetto pasquale: il can. 920 che determina l'obbligo annuale e

---

[113] *CIC*, can. 989.

pasquale di comunicarsi e il can. 989 che formula il dovere annuale di confessare i peccati gravi. Nell'esegesi di tali canoni vanno seguite le indicazioni del can. 17 sull'interpretazione della legge canonica[114]. Inoltre va presa in considerazione la regola interpretativa del can. 6 §2, la quale chiede di valutare la legislazione che riferisce il vecchio diritto anche secondo la tradizione canonica[115].

2.1 *Il can. 920 sull'obbligo di comunicarsi*

La normativa contenuta nel can. 920 è divisa in due paragrafi. Il primo formula il precetto della Comunione annuale, il secondo determina il tempo nel quale si deve adempiere quest'obbligo. Per la chiarezza della nostra esposizione la divideremo in due sottocapitoli corrispondenti ai due paragrafi del canone in studio.

2.1.1 Il precetto della Comunione annuale

La norma circa il dovere di comunicarsi annualmente è enunciata in tale maniera: «Omnis fidelis, postquam ad sanctissimam Eucharistiam initiatus sit, obligatione tenetur semel saltem in anno, sacram communionem recipendi»[116]. Per cogliere la portata di questo canone in tutti i suoi elementi, cercheremo di spiegarne il senso parola dopo parola, o più precisamente formula dopo formula.

L'espressione *Omnis fidelis* riprende la prima e la quarta parola della prima frase del famoso canone *Omnis utriusque sexus*[117]. Le due ultime parole citate sono state soppresse, forse perché oggi risultano superflue, essendo evidente che il canone parla sia dei maschi che delle femmine[118]. Il canone concerne quindi tutti i fedeli latini[119] e gli altri solo in quanto esprime il precetto divino di comunicarsi[120].

---

[114] Cf. *CIC*, can. 17: «Leges ecclesiasticae intellegendae sunt secundum propriam verborum significationem in textu et contextu consideratam; quae si dubia et obscura manserit, ad locos parallelos, si qui sit, ad legis finem ac circumstantias et ad mentem legislatoris est recurrendum».

[115] Cf. *CIC*, can. 6 §2: «Canones huius Codicis, quatenus ius vetus referunt, aestimandi sunt ratione etiam canonicae traditionis habita».

[116] *CIC*, can. 920 §1.

[117] Cf. X. 5, 12, 38.

[118] Cf. M. PASTUSZKO, *Sakrament pokuty*, 512.

[119] Cf. *CIC*, can. 1: «Canones huius Codicis unam Ecclesiam latinam respiciunt».

[120] Cf. *CIC*, can. 11: «Legibus *mere* ecclesiasticis tenetur baptizati in Ecclesia catholica». Abbiamo sottolineato l'avverbio *mere*, perché in realtà la legge in studio non è meramente ecclesiastica.

Quanto ai malati e agli anziani che non possono venire in Chiesa, il parroco o il cappellano sono tenuti a creare loro una possibilità di comunicarsi[121].

Al precetto di comunicarsi sono tenuti tutti i fedeli che sono stati già iniziati alla santissima Eucaristia. Con questa espressione il Codice introduce un cambiamento significativo riguardo alla formulazione precedente che dichiarava espressamente l'età in cui uno comincia ad essere vincolato ad adempiere il precetto pasquale[122]. Il can. 920 rinvia invece alla normativa sull'età della prima Comunione, contenuta soprattutto nel can. 914. Quest'ultimo canone parla dei ragazzi con l'uso di ragione (*usus rationis assecuti*), i quali dovrebbero essere preparati debitamente e *quam primum* ammessi alla mensa eucaristica[123]. In tal modo rimane dichiarato, anche se in modo implicito[124], che l'obbligo della Comunione annuale vige da quando uno arriva all'uso di ragione. Con questo rinvio alla normativa sull'iniziazione cristiana adoperato dal primo paragrafo del can. 920 l'impegno al precetto di comunicarsi viene comunque condizionato dall'accurata ammissione alla prima Comunione[125]. Se quest'ultima fosse ritardata, dal tenore della norma il fanciullo non risulta obbligato alla Comunione annuale[126]. Forse uno dei motivi dello scegliere tale formulazione era la volontà di accertarsi della preparazione del ragazzo[127], richiesta nel can. 913[128]. Il legislatore probabilmente non voleva neanche gravare la coscienza del fanciullo non ancora iniziato con

---

[121] Cf. *De Sacra Communione*, cap. I., p. 11, n. 14: «Animarum pastores curent ut infirmis et aetate provectus [...] praesertim tempore paschali, praebeatur copia Eucharistiam sumendi». Cf. anche R. ALTHAUS, «Commento al can. 920», 3.

[122] Cf. sopra, cap. IV, 2. 1.1

[123] Cf. *CIC*, can. 914: «ut pueri usus rationis assecuti debite praeparentur et quam primum, praemissa sacramentali confessione, hoc divino cibo reficiantur».

[124] T. RINCÓN-PÉREZ, *La liturgia*, 190.

[125] Cf. A. MARZOA, «Commento al can. 920», 621: «Esigendosi, cioè, l'adempimento del precetto pasquale solo da parte di chi abbia ricevuto la prima Comunione, si suppone che siano già comunicati per la prima volta tutti quelli che godono dell'uso di ragione, essendo stati debitamente preparati».

[126] Cf. W.H. WOESTMAN, *Sacraments*, 152: «The present *Code*, by speaking of those initiated into the most holy Eucharist, provides greater flexibility and avoids the possibile danger of confusion when first Communion is celebrated after the Easter season».

[127] Cf. G. DAMIZIA, «Commento al can. 920», 564: «Infatti se uno non è stato iniziato a questo mistero, non può avere le disposizioni necessarie per riceverlo».

[128] Cf. *CIC*, can. 913: «Ut sanctissima Eucharistia ministrari possit pueris, requiritur ut ipsi sufficienti cognitione et accurata praeparatione gaudeant».

l'obbligo di comunicarsi[129], vista anche la prassi in molti paesi di ammettere all'Eucaristia i ragazzi più grandi[130]. Visto che il canone 920 parla dell'avvenuta iniziazione all'Eucaristia, in modo implicito ricorda anche i doveri dei genitori, dei tutori e del parroco nel soddisfare l'obbligo di comunicarsi da parte dei fanciulli[131]; tale obbligo rimane dichiarato espressamente dal can. 914[132].

In seguito il legislatore dichiara che ogni fedele dopo esser stato introdotto a ricevere l'Eucaristia *obligatione tenetur [...] sacram communionem recipendi*. Questo precetto della Chiesa è fondato nel diritto divino[133], che è soltanto determinato e precisato dalla normativa ecclesiastica[134]. Di conseguenza risulta chiaro che solo una degna recezione della Santissima Comunione soddisfa tale precetto, che riguarda il vero nutrirsi con il Corpo di Gesù[135] e non solo una prassi sacramentale esterna[136].

Infine ognuno è tenuto ad adempiere questa obbligazione *saltem semel in anno*. La parola *saltem* indica e ricorda che si tratta di un vero minimo giuridico[137], vista anche la raccomandazione della Comunione frequente nello stesso titolo del Codice[138]. Quanto alla computazione

---

[129] Cf. T. RINCÓN-PÉREZ, *La liturgia*, 190: «No quiere el legislador cargar el peso de la responsabilidad del incumplimento de este precepto sobre el niño que sin su culpa no ha recibido a tiempo la primera comunión».

[130] Tale motivo fu dichiarato nel dibattito del *Coetus* cf. sopra, cap. V, 1.2.

[131] Cf. T. RINCÓN-PÉREZ, *La liturgia*, 190: «indirectemente grava la consciencia de los responsables — padres, tutores, párrocos — de procurar que los niños llegados al uso de razón recibam cuanto antes la comunión»; Cf. A. MARZOA, «Commento al can. 920», 621.

[132] Cf. *CIC*, can. 914: «Parentum imprimis atque eorum qui parentum locum tenent necnon parochi officium est curandi ut pueri usus rationis assecuti debite praeparentur et quam primum, praemissa sacramentali confessione, hoc divino cibo reficiantur».

[133] Cf. M. PASTUSZKO, *Najświętsza Eucharystia*, 190.

[134] Cf. I. GRAMUNT, «Commento al can. 920», 640: «El precepto de Derecho divino por el qual el fiel esta obligado a recibir la sacrada Eucharistía [...] se concreta en este canon en un precepto de Derecho eclesiástico».

[135] Cf. *Gv* 6, 51-58. Cf. anche G. DAMIZIA, «Commento al can. 920», 564.

[136] Cf. W.H. WOESTMAN, *Sacraments*, 152: «The purpose of the precept of annual Communion is the fruitful reception of the sacrament and not just an external observance».

[137] Cf. D. MUSSONE, *L'Eucaristia*, 97: «Il paragrafo precisa in termini giuridici la condizione minima».

[138] Cf. *CIC*, can. 898: «Christifideles maximo in honore sanctissimam Eucharistiam habeant [...] devotissime et frequenter hoc sacramentum recipientes». Cf. anche I. GRAMUNT, «Commento al can. 920», 639; G. TREVISAN, «Commento al can. 920», 770-771.

dell'anno entro il quale uno è tenuto a comunicarsi, si potrebbe contarlo secondo l'anno civile o secondo l'anno liturgico[139], oppure dall'ultima Comunione sacramentale[140]. I commentatori della legislazione precedente preferivano il modo di computare da una Pasqua all'altra[141], che non sembra aver perso la sua attualità[142], dato che il secondo paragrafo del can. 920 formula il dovere di comunicarsi nel tempo pasquale.

2.1.2 Il precetto della Comunione pasquale

Nel secondo paragrafo del can. 920 ritroviamo la tradizionale determinazione temporale dell'obbligo della Comunione annuale: «Hoc praeceptum impleri debet tempore paschali, nisi iusta de causa alio tempore intra annum adimpleatur»[143].

In primo luogo ci fermeremo sulle prime parole: *Hoc praeceptum*. Si tratta di *questo* precetto, cioè del medesimo che è stato formulato nel primo paragrafo del canone. Con questa costruzione il legislatore riesce a conciliare ambedue le caratteristiche dell'obbligo di comunicarsi: i suoi due livelli di determinazione, sottolineati dai due paragrafi del canone, e la sua unicità, espressa dalla formula *hoc praeceptum*. Si tratta infatti del precetto della Comunione annuale che è da soddisfare nel tempo pasquale[144].

In secondo luogo sarebbe opportuno definire il *tempus paschale* del quale parla il secondo paragrafo del canone. Alcuni commentari del Codice del 1983 lo interpretano nel senso liturgico, come il periodo dell'anno ecclesiale che comincia con la domenica di Pasqua e termina con la domenica di Pentecoste[145]. Qualcuno concede ancora i tre giorni del Triduo pasquale, e permette di intendere il Giovedì Santo come il

---

[139] Cf. R. ALTHAUS, «Commento al can. 920», 2.

[140] Cf. J.M. HUELS, «Commento al can. 920», 1114: «The year is reckoned form the previous communion».

[141] Cf. sopra, cap. IV, 2.1.2.

[142] Cf. J. MANZANAREZ, «L'eucaristia», 105: «Per quanto riguarda il computo dell'anno, può valere sia quello tradizionale "da pasqua a pasqua", sia quello dell'anno civile». Cf. anche M. PASTUSZKO, *Najświętsza Eucharystia,* 198.

[143] *CIC*, can. 920 §1.

[144] Cf. R. ALTHAUS, «Commento al can. 920», 3; M. PASTUSZKO, *Najświętsza Eucharystia,* 198.

[145] Cf. D. MUSSONE, *L'Eucaristia*, 98: «Con l'espressione "tempo pasquale" si deve intendere il tempo liturgico e precisamente quello che incomincia alla domenica di Pasqua e termina con la Pentecoste, in totale cinquanta giorni». Cf. anche M. PASTUSZKO, *Najświętsza Eucharystia,* 198; R. ALTHAUS, «Commento al can. 920», 3; I. GRAMUNT, «Commento al can. 920», 639.

primo giorno per soddisfare il precetto di comunicarsi[146]. Tuttavia la tradizione canonica dal quattrocento contava il tempo pasquale per tutta la Chiesa dalla domenica delle Palme[147]. Tale era anche l'inizio del tempo utile nel Codice del 1917[148] e nelle prime bozze del canone riformato durante i lavori della redazione del nuovo Codice[149]. Si dovrebbe quindi ammettere che le parole *tempore paschali* parlano in questo contesto del tempo utile per la Comunione pasquale e non soltanto del tempo liturgico[150]. In questo periodo alla luce delle ragioni storiche e giuridiche appena esposte deve essere compresa sempre anche la Settimana Santa, nonché ovviamente il tempo pasquale liturgico fino alla Pentecoste. Dato che si tratta di una legge favorevole, si potrebbe probabilmente allargare il tempo utile anche a tutto il tempo della Quaresima[151]. In molti luoghi il tempo utile sarà anticipato o prolungato ancora di più, in consonanza ai numerosi privilegi concessi[152] e alle consuetudini vigenti[153].

Infine dovremmo prendere in considerazione la questione dell'obbligatorietà o meno della norma contenuta nel paragrafo secondo del can. 920. Si deve affermare che la parola *debet* esprime chiaramente un vero

---

[146] Cf. R. ALTHAUS, «Commento al can. 920», 3.

[147] Cf. sopra, cap. II, 3.4.

[148] Cf. *CIC/1917*, can. 859 §2.

[149] Cf. sopra, cap. V, 1.2. Cf. anche J. M. HUELS, «Commento al can. 920», 1114. L'autore citato fa un ragionamento simile a partire dalle discussioni del tempo della redazione: «The *coetus* [...] understood Easter time as the period from Palm (Passion) Sunday to Pentecost Sunday» (*Ibid.*).

[150] Cf. W.H. WOESTMAN, *Sacraments*, 152: «The Easter season, the time for receiving the Easter Communion is not the same easter season according to the liturgical calendar».

[151] Cf. J. MANZANAREZ, «L'eucaristia», 106: «dato che si tratta di una legge favorevole, è possibile interpretarlo [il tempo pasquale] in senso largo, cioè come ciclo pasquale che comprende non solo la settimana santa, ma anche la sua preparazione durante la quaresima».

[152] Cf. *CIC*, can. 4: «privilegia quae, ab Apostolica Sede ad haec usque tempora personis sive physicis sive iuiridicis concessa, in usu sunt nec revocata, integra manent». L'esempio di tale privilegio viene offerto dalla stessa edizione del *CIC* con le fonti, dove nella nota al can. 920 troviamo il privilegio di anticipare il tempo della Comunione pasquale concesso nel 1924 ai fedeli di Spagna (Cf. *CIC*, can. 920, nt.).

[153] Cf. *CIC*, can. 5 §2: «Consuetudines praeter ius hucusque vigentes, sive universales, sive particulares, serventur». Tale consuetudine immemorabile vige per esempio nel territorio della Polonia, dove il tempo utile per la Comunione pasquale è finora computato tra l'ultima domenica anteriore alla Quaresima e la Domenica della Santissima Trinità cf. M. PASTUSZKO, *Najświętsza Eucharystia*, 195-197.

e proprio dovere giuridico[154]. Nello stesso tempo si tratta di una norma secondaria a confronto con l'obbligo annuale contenuto nel paragrafo primo[155]. La legge basilare del §1 infatti non ammette eccezioni al di fuori dell'impossibilità fisica o morale[156]. Il paragrafo secondo invece, dopo aver espresso il vincolo giuridico ad osservare il tempo pasquale con la parola *debet*, formula la possibilità di soddisfare l'obbligo di comunicarsi anche nell'altro periodo dell'anno: *nisi iusta de causa alio tempore intra annum adimpleatur*[157]. Nella frase appena citata viene implicitamente dichiarato inderogabile il principio annuale: il precetto deve essere adempiuto sempre *intra annum*, anche se non venga osservato il periodo della Comunione pasquale[158].

Iusta de causa, presente nel secondo paragrafo del can. 920 si potrebbe spiegare anche come la causa adeguata o proporzionata[159], non necessariamente grave[160]. Questa espressione appare molte volte nel Codice del 1983[161], ed è usata anche una volta nel titolo sull'Eucaristia e una in quello sulla penitenza[162]. Quanto all'obbligo della Comunione annuale, gli autori elencano alcuni esempi di cause che giustificherebbero il suo adempimento fuori dal tempo pasquale: la malattia[163], la previsione della carenza dei confessori o la vergogna di confessarsi al sacerdote conosciuto[164], ma anche quella della presenza ad un ritiro

---

[154] Cf. J. MANZANAREZ, «L'eucaristia», 106; R. ALTHAUS, «Commento al can. 920», 3.

[155] Cf. M. PASTUSZKO, *Najświętsza Eucharystia,* 198.

[156] Cf. J. MANZANAREZ, «L'eucaristia», 105: «è un precetto fisso e senza eccezioni».

[157] Cf. J. MANZANAREZ, «L'eucaristia», 105: «Non si tratta di una semplice raccomandazione, ma di un vero precetto; però la clausola di eccezione lo mitiga notevolmente, poiché qualsiasi giusta causa permette di adempierlo in altra epoca dell'anno».

[158] Cf. W.H. WOESTMAN, *Sacraments*, 153: «If one does not receive Comunion, either with or without reason, during the Easter season, the obligation still remains to receive Communion within the year».

[159] Cf. M. PASTUSZKO, *Najświętsza Eucharystia,* 197.

[160] Cf. W.H. WOESTMAN, *Sacraments*, 153.

[161] Secondo Chiappetta, l'espressione è adoperata 24 volte nel *CIC*, due tra le quali nei titoli sull'Eucaristia e sulla penitenza. Cf. L. CHIAPPETTA, *Dizionario,* v. causa giustificativa, n. 8, p. 126.

[162] Il primo richiede la causa giusta per distribuire la Comunione fuori della Santa Messa (cf. *CIC*, can. 918), il secondo per amministrare il sacramento della penitenza fuori dal confessionale (Cf. *CIC*, can. 964 §3). Cf. L. CHIAPPETTA, *Dizionario*, v. causa giustificativa, n. 8, p. 126.

[163] Cf. J.M. HUELS, «Commento al can. 920», 1114.

[164] Cf. G. DAMIZIA, «Commento al can. 920», 564; F. LÓPEZ-ILLANA, *Il sacramento dell'Eucaristia*, 172, nt. 4.

spirituale fuori del tempo pasquale[165], o di «approfittare della visita a un santuario di propria devozione, oppure di circostanze familiari o sociali propizie»[166]. Gran parte di queste situazioni sono legate con il sacramento della penitenza, che i commentatori trattano tacitamente come una parte integrale del precetto pasquale.

La clausola introdotta dalle parole *nisi iusta de causa* riveste una particolare importanza anche per un altro motivo. Anche il can. 859 §1 del Codice del 1917, seguendo la costituzione lateranense, prevedeva infatti la possibilità di spostare l'adempimento del precetto della Comunione pasquale per una ragionevole causa, ma solo su consiglio del proprio sacerdote: il confessore o il parroco. Nella nuova formulazione non troviamo nessuna menzione di tale figura, spetta quindi allo stesso fedele dover valutare se si trova di fronte alla giusta causa[167], la quale lo scuserebbe dal non soddisfare l'obbligo nel tempo pasquale. Questo cambiamento costituisce un ulteriore passo dello sviluppo della legislazione, la quale è passata dal controllo stretto del sacerdote proprio, alla libertà dello stesso fedele[168], il quale risulta anche pienamente (nel caso delle persone adulte) responsabile dell'adempimento del precetto.

In sintesi: la chiara distinzione delle due dimensioni temporali del precetto di comunicarsi conduce a delineare bene le esigenze e i limiti del doppio precetto. Mentre l'obbligo della Comunione annuale rimane fondamentale e primario, rimane vincolante anche il dovere di comunicarsi nel tempo pasquale. Quest'ultimo impegno viene meno per una causa giusta, la quale può essere valutata dallo stesso fedele. In tal modo la fedeltà alla tradizione canonica si incontra nel can. 920 con la diligenza giuridica e il senso pastorale del legislatore.

2.2 *Il can. 989 sull'obbligo della confessione annuale*

Il can. 989 sull'obbligo della confessione annuale è formulato così: «Omnis fedelis, postquam ad annos discretionis pervenerit, obligatione tenetur peccata sua gravia, saltem semel in anno, fideliter confiteri»[169]. Per comprendere il senso esatto di questa normativa analizzeremo uno dopo l'altro i suoi singoli elementi.

---

[165] Cf. J. MANZANAREZ, «L'eucaristia», 106.

[166] J. MANZANAREZ, «L'eucaristia», 106.

[167] Cf. M. PASTUSZKO, *Najświętsza Eucharystia,* 197; R. ALTHAUS, «Commento al can. 920», 3.

[168] Cf. J. M. HUELS, «Commento al can. 920», 1114.

[169] *CIC*, can. 989.

In modo simile alla norma sulla Comunione pasquale, il canone attualmente in studio mantiene la parte essenziale dell'incipit lateranense (*Omnis fedelis*), senza conservarlo alla lettera (si omettono le parole *utriusque sexus*, che sembrano superflue). Si tratta di tutti i fedeli latini, che sono arrivati all'età della descrizione. I fedeli orientali sono tenuti soltanto all'obbligo generale di confessare i peccati gravi[170], il quale vige dal diritto divino.

Quanto all'età in cui comincia a vincolare il precetto della confessione annuale, il can. 989 riprende la formula tradizionale *postquam ad annos discretionis pervenerit*. Non c'è più la precisazione presente nel canone 906 del *CIC/1917* che equiparava l'espressione citata a quella dell'uso di ragione. Forse il legislatore non voleva fissare la prima confessione alla presunta età dell'uso di ragione di 7 anni, ma indicare la necessità di valutarla in ogni fanciullo, che presenti i segni della discrezione[171]. Se cercassimo comunque di precisare l'età approssimativa nella quale inizia ad urgere il precetto della confessione, essa sarà vicina all'età dell'uso di ragione[172]. Tale interpretazione è sostenuta dalla più genuina lettura del decreto lateranense confermata dal decreto *Quam singulari* (1910), dalla posizione autorevole della Santa Sede nella discussione sull'età della prima confessione negli anni settanta, infine dal paragone con il can. 914 dello stesso Codice[173]. Infatti quest'ultimo canone sulla prima Comunione parla dell'età dell'uso di ragione nella quale il fanciullo dovrebbe essere preparato a ricevere *quam primum* l'Eucarisitia, con una condizione aggiunta: «praemissa sacramentali confessione»[174]. Questo ablativo assoluto, aggiunto durante lo studio personale dell'ultimo Schema del Codice da parte del Pontefice[175], richiede la confessione sacramentale anteriormente alla prima

---

[170] Cf. *CIC*, can. 988 §1; *CCEO*, can. 719.

[171] Tale lettura è suggerita anche dal fatto di utilizzare il plurale *annos discretionis*, il quale è adoperato nel *CIC* soltanto in questo caso, e secondo la Commissione della Revisione del *CIC* dovrebbe esprimere anche elasticità dell'età adatta. L'età della discrezione viene nominata ancora soltanto nel canone sull'età della cresima (cf. *CIC*, can. 891), la quale dovrebbe essere amministrata ai fedeli «circa aetatem discretionis» (*Ibid.*). Cf. L. CHIAPPETTA, *Dizionario*, v. discrezione, n.1, p. 309.

[172] Cf. K. LÜDICKE, «Commento al can. 989», 1.

[173] Cf. W.H. STETSON, «Commento al can. 989», 841.

[174] *CIC*, can. 914.

[175] Cf. A. PERLASCA, «La prima confessione», 93: «L'autorevolissimo contesto nel quale avvenne la revisione finale dello *Schema* del 1982 è oltremodo eloquente circa il peso da attribuire all'inserimento di detto inciso».

Comunione[176]. Se l'iniziazione all'Eucaristia dovrebbe avvenire dopo l'età dell'uso di ragione[177], anche il sacramento della confessione vincola già in questo momento per la volontà del legislatore il quale ha deciso di far precedere la confessione alla prima Comunione. Il canone menzionato contempla solo il caso della prima Comunione, tuttavia anche dopo di essa non si possono escludere i fanciulli dalla confessione sacramentale[178].

Ogni fedele dopo esser arrivato all'età della discrezione *obligatione tenetur peccata sua gravia [...] confiteri*. Un vero e proprio obbligo giuridico (*obligatione tenetur*) riguarda solo i propri peccati gravi (*peccata sua gravia*). Quest'ultima esplicitazione[179] costituisce una vera novità del can. 989. Così la normativa attuale determina che solo quelli che hanno commesso qualche peccato grave sono strettamente tenuti a confessarsi una volta all'anno[180]. In tal modo il precetto annuale di confessarsi si presenta come una precisazione del diritto divino, che obbliga ogni uomo che abbia commesso qualche peccato grave ad accostarsi al sacramento della penitenza[181]. Una simile limitazione del precetto della confessione annuale solo ai penitenti con peccati gravi da un lato risulta una esplicita determinazione del diritto divino conforme con la dottrina canonica al riguardo, dall'altro lato rischia di minare la prassi e la consuetudine secolare, secondo la quale tutti i fedeli si confessavano nel periodo pasquale. Si dovrebbe comunque aggiungere che

---

[176] Esiste una discussione circa la forza giuridica dell'inciso *praemissa sacramentali confessione*. Non entrando nei particolari, sembra ovvio che il legislatore vuole "canonizzare" questa prassi e renderla normativa. La forza vincolante di tale espressione nel can. 914 non dovrebbe essere minore del can. 916, sulla confessione dei peccati gravi prima di ricevere l'Eucaristia, dove troviamo tale frase: «*sine praemissa sacramentali confessione* Missam ne celebret neve Corporis Domini communicet». Per approfondire il tema dell'interpretazione del can. 914 cf. A. PERLASCA, «La prima confessione», 91-95; A. MIGLIAVACCA, «Prima Comunione dei fanciulli», 166; J.H. PROVOST, «The reception of first penance», 333-334.

[177] Cf. *CIC*, can. 914.

[178] Cf. T. RINCÓN-PÉREZ, *La Liturgia*, 241: «sin excluir a los niños que han llegado al uso de razón, dando por supuesto que también pueden cometer pecados graves».

[179] Cf. T. RINCÓN-PÉREZ, «Commento al can. 989», 659: «Il c. precisa espressamente che l'obbligo di confessarsi almeno una volta all'anno si riferisce a chi abbia commesso peccati mortali». Cf. anche ID., *La Liturgia*, 241.

[180] Mosconi presenta l'obbligo della confessione annuale come una delle reazioni giuridiche della Chiesa al comportamento peccaminoso (Cf. M. MOSCONI, «La condizione canonica», 173). In questa prospettiva tale precetto è un «rimedio proposto al peccatore» (*Ibid.*).

[181] Cf. M. PASTUSZKO, *Sakrament Pokuty*, 513.

CAP. V: NELLA NORMATIVA VIGENTE 401

can. 988 §2 raccomanda di confessare i peccati veniali[182] anche se non viene stabilita nessuna scadenza né vincolo giuridico al riguardo[183].

La formula *saltem semel in anno* specifica la scadenza temporale del precetto di confessare i peccati gravi. Infatti tale obbligo viene definito già nel can. 988 §1, senza una determinazione nel tempo. Tale delimitazione ne costituisce certo solo il minimo (*saltem*)[184], mentre viene raccomandata dalla Chiesa la confessione frequente[185]. Quanto al modo di computare l'anno, ricordiamo tre soluzioni adottate già al tempo del Codice precedente[186]: secondo l'anno civile, dall'ultima confessione, da una pasqua all'altra[187].

Infine il legislatore dispone di confessare i peccati *fideliter*, e anche con questo avverbio fa riferimento alla costituzione lateranense. Tuttavia il canone *Omnis utriusque* disponeva di confessare *omnia peccata, solus*, e infine *fideliter*. Richiedeva quindi almeno tre importanti dimensioni della confessione dei peccati: la sua integralità, la segretezza e la sincerità. Nella legislazione odierna l'avverbio *fideliter* — oltre ad esprimere il legame con la tradizione canonica — si riferisce a tutti e tre i requisiti della confessione elencati sopra, in modo più o meno diretto[188]. Siccome il can. 907 della legislazione anteriore è stato cancellato in fase di redazione perché sembrava superfluo, la parola *fideliter* indica nel modo positivo la stessa regola: il fedele è tenuto a confessare una volta all'anno i propri peccati gravi fedelmente, con

---

[182] Cf. *CIC*, can. 988 §2: «Commendatur christifidelibus ut etiam peccata venialia confiteantur».

[183] Esistono soltanto nel Codice le esortazioni ai seminaristi (cf. can. 246 §4), ai sacerdoti (cf. can. 276 §2, 5°), ai membri degli istituti religiosi (cf. can. 664) e ai laici consacrati (cf. can. 719 §3) alla confessione frequente, tuttavia anche senza una scadenza concreta (cf. B. DAVID, «Le sacrement de réconciliation», 174).

[184] Cf. D. MUSSONE, *L'Eucaristia*, 98: «L'avverbio "almeno" è da intendersi come condizione minima, al di sotto della quale non è possibile andare».

[185] Implicitamente dal can. 988 §2 del *CIC* sulla confessione dei peccati veniali, esplicitamente in uno dei canoni sui compiti del parroco, il quale dovrebbe impegnarsi in modo speciale affinché i fedeli «frequenter ad sanctissimae Eucharistiae et paenitentiae sacramenta accedant» (*CIC*, can. 528 §2). Cf. anche B. DAVID, «Le sacrement de réconciliation», 174; A. MIGLIAVACCA, *La «confessione frequente»*, 216.

[186] Cf. cap. IV, 2.2.1.

[187] Cf. J. HORTAL, *Os sacramentos de Igreja*, 160: «O *tempo útil* para cumprir este preceito é o ano todo[...]. Pode computar-se de páscoa a páscoa; de confissão a confissão, ou a partir do dia em que se cometeu pecado grave». Quest'ultima ipotesi è generalmente rifiutata dai commentatori del *CIC/1917*.

[188] Cf. M. PASTUSZKO, *Sakrament Pokuty*, 512-513. L'autore sottolinea soprattutto la sincerità della confessione.

tutta sincerità, affinché la sua confessione non sia sacrilega o volontariamente nulla.

Nel contesto del Codice di Giovanni Paolo II riscopriamo un'altra caratteristica della confessione annuale da sottolineare, cioè la sua dimensione individuale e segreta. Infatti esiste dal 1974 la terza forma della celebrazione della penitenza, cioè una confessione generale con l'assoluzione generale[189]. Tale prassi straordinaria viene regolata dalla normativa dei cann. 961-963 del *CIC*[190]. All'inizio dell'ultimo di questi canoni viene fatto un espresso riferimento al can. 989 sulla confessione annuale: «Firma manente obligatione de qua in can. 989»[191]. Così il legislatore vuole garantire la confessione individuale almeno una volta all'anno anche a quelli che per differenti ragioni hanno ricevuto l'assoluzione generale[192]. Dall'altro lato il canone 963 rende anche più chiara l'interpretazione del can. 989: infatti nell'obbligo annuale di confessarsi si tratta della confessione sincera, individuale, integra[193] e non generica e comunitaria.

Il can. 989 non ha subito molte modifiche dalla formulazione contenuta nel can. 906 del Codice Pio Benedettino. Cambiato il contesto giuridico e liturgico, alcune espressioni tradizionali riacquistano comunque un nuovo significato. Tra i pochi cambiamenti testuali avvenuti, il più importante sembra essere l'espressa menzione dei peccati gravi. In tale maniera viene per la prima volta dichiarato in modo esplicito dal legislatore, che il precetto della confessione annuale vincola soltanto i fedeli che hanno peccato gravemente.

2.3 La relazione tra i due precetti

Il tema del nostro studio parla del precetto pasquale in senso largo e popolare, che comprende sia l'obbligo della Comunione pasquale, sia quello della confessione annuale. Pertanto nelle due codificazioni del XX secolo questi doveri giuridici sono stati trattati in differenti posti dei rispettivi codici, senza nessun esplicito riferimento tra di loro. In tale

---

[189] Cf. sopra, cap. V, 1.1.2.

[190] Cf. P. KUBIAK, *L'assoluzione generale*, 127-156.

[191] *CIC*, can. 963. Questo riferimento alla normativa sulla confessione annuale nel contesto dell'assoluzione generale ricorda il Rituale romano sulla penitenza del 1974, dove il precetto della confessione annuale è stato formulato nel medesimo contesto Cf. *Ordo poenitentiae*, Praenotanda, IV/C, p. 22, n. 34.

[192] Cf. *CIC*, can. 963: «is cui generali absolutione gravia peccata remittuntur, ad confessionem individualem quam primum, occasione data, accedat».

[193] Cf. P. KUBIAK, *L'assoluzione generale*, 144.

contesto ci si potrebbe chiedere se a livello del Codice di Giovanni Paolo esiste un legame tra le due norme, il che permetterebbe ancora di parlare del precetto pasquale, anche se costituito dai due obblighi distinti.

Potremmo iniziare la ricerca di un nesso tra i due canoni che contengono la normativa sul precetto pasquale, dal paragone tra il testo di ambedue le leggi. Ecco il risultato del confronto tra i due obblighi:

can. 920 §1	can. 989
Omnis fidelis,	*Omnis fedelis,*
postquam ad	*postquam ad*
sanctissimam Eucharistiam initiatus sit,	annos discretionis pervenerit,
obligatione tenetur,	*obligatione tenetur*
	peccata sua gravia,
semel saltem in anno,	*saltem semel in anno,*
sacram communionem recipendi.	fideliter confiteri.

La somiglianza delle due norme sugli obblighi annuali non risulta per niente casuale. Al contrario, i due canoni sembrano molto curati a livello redazionale, visto il numero delle formule identiche (o quasi), sottolineate da noi con il *corsivo*. Dato che il paragrafo primo del can. 920 è stato elaborato durante l'ultima revisione fatta personalmente da Giovanni Paolo II, la redazione dei due canoni in modo parallelo assume un peso importante. Il legislatore sembra voler indicare infatti che i due canoni rimangono fortemente connessi tra di loro. Di più, anche le espressioni dei canoni che non appaiono simili, si rivelano correlati in modo indiretto.

Infatti possiamo osservare il legame molto concreto tra l'espressione *postquam ad sanctissimam Eucharistiam initiatus sit*, e l'altra *postquam ad annos discretionis pervenerit*. Oltre alla formula *postquam ad* che introduce ambedue i concetti, essi rimangono in relazione tra di loro tramite il can. 914 sulla prima Comunione. Il can. 920 §1 si riferisce a questo canone, stabilendo che l'obbligo della Comunione pasquale vige dal momento in cui uno è stato già iniziato all'Eucaristia. Tuttavia il canone 914 non parla soltanto dell'ammissione dei fanciulli alla mensa eucaristica dopo che siano arrivati all'uso di ragione, ma anche della loro prima confessione (*praemissa confessione sacramentali*). In tal modo l'età con la quale inizia a vincolare il precetto della Comunione pasquale (*postquam ad sacram eucharistiam initiatus sit*) risulta simile all'età della discrezione per la confessione (*postquam ad annos discretionis pervenerit*). La sequenza confessione-Comunione obbligatoria nel caso dei fanciulli ammessi a questi sacramenti per la prima volta, sembra essere tacitamente suggerita dal legislatore anche per l'adempimento del doppio precetto annuale nel futuro.

Tale sottile legame tra le due norme sacramentali diventa forte e urgente nel caso di uno che sta in peccato grave. Infatti a forza del can. 916 il fedele che è consapevole di aver commesso peccato grave non dovrebbe comunicarsi senza *praemissa sacramentali confessione*[194]. L'espressione citata è la medesima del can. 914 della prima Comunione. Dato che il can. 920 obbliga ogni fedele a ricevere la Comunione una volta all'anno, colui che ha coscienza di aver commesso un peccato grave deve confessarsi prima di adempiere il precetto della Comunione annuale. In tal modo — indiretto ma vincolante — l'obbligo di comunicarsi esige l'adempimento dell'obbligo di confessare i peccati gravi[195]. Non assistiamo quindi soltanto al parallelismo dei doveri da adempiere *semel in anno*, ma a una relazione logica e molte volte anche temporale[196] tra la richiesta della prassi minima di *peccata sua gravia fideliter confiteri* e del *sacram communionem recipendi*.

Abbiamo accennato il legame temporale tra i due obblighi, e non si tratta soltanto della loro scadenza annuale. Dato che a forza del can. 920 §2 il fedele deve comunicarsi nel tempo pasquale, se esso si sente colpevole di grave peccato deve anche confessarsi prima della Comunione pasquale[197]. Di conseguenza il tempo pasquale (o quaresimale, che ad esso prepara) rimane sempre il tempo più opportuno quanto all'adempimento dell'obbligo della confessione annuale[198]. I canoni non ci offrono in modo letterale un simile suggerimento, ma la prassi della "confessione pasquale"[199] sembra tutelata prima di tutto dall'uso e dalla convinzione dei fedeli. Tale consuetudine sembra la più forte garanzia del legame tra l'obbligo della Comunione pasquale e della confessione annuale, e risulta anche in questo caso «optima legum interpres»[200].

---

[194] Cf. C.J. ERRÁZURIZ, «Le disposizioni richieste per ricevere l'Eucaristia», 37-54.

[195] Cf. V. DE PAOLIS, «Il sacramento della penitenza», 232.

[196] Cf. D. MUSSONE, *L'Eucaristia*, 98: «Il fedele dopo aver ricevuto la Santa prima Comunione è tenuto ad accostarsi e riceverlo almeno una volta all'anno, debitamente preparato sopratutto con il sacramento della Penitenza».

[197] Cf. C. MICHEL-JEAN, «Pénitence et confession», 66: «la célébration de Pâques suppose un recours au sacrement de pénitence, qui exprimera de manière authentique cet effort de redressement».

[198] Cf. G. TREVISAN, «Commento al can. 989», 812: «il tempo pasquale, potrebbe essere questo il tempo più opportuno anche per la confessione»; K. LÜDICKE, «Commento al can. 989», 1.

[199] Tale espressione si utilizza ancora oggi per esempio in Polonia.

[200] *CIC*, can. 27.

La normativa dei cann. 920 e 989 del Codice di Giovanni Paolo espone i punti essenziali degli obblighi della Comunione e della confessione annuale. È proprio la dimensione annuale del doppio precetto che viene sottolineata da ambedue i canoni. Mentre la determinazione pasquale rimane vincolante quanto alla Comunione, questo dovere è secondario e scusabile per una giusta causa. L'età in cui il fedele inizia ad essere tenuto all'adempimento del doppio precetto risulta vicina all'età dell'uso di ragione. Il fedele rimane libero nella scelta, sia quanto al confessore, sia alla parrocchia per comunicarsi nel tempo pasquale. Lo stesso fedele può valutare la causa giusta per ricevere la Comunione fuori del tempo pasquale. È anche lasciato alla discrezione di ciascuno il tempo per la confessione annuale. Tale confessione urge soltanto nel caso del peccato grave, che deve riconoscere lo stesso penitente. Le sanzioni canoniche per il mancato adempimento del precetto non esistono più. Infatti il precetto annuale e pasquale nel Codice del 1983 unisce la sollecitudine della Chiesa per assicurare il minimo della vita sacramentale ad ognuno, con l'accettazione della libertà dello stesso fedele, e della sua responsabilità davanti al Signore presente nei segni sacramentali.

3. Le formulazioni posteriori al Codice del 1983

I canoni 920 e 989 del Codice di Giovanni Paolo II costituiscono la formulazione vigente del precetto pasquale e annuale nella Chiesa latina. Lo sviluppo, però, della normativa quanto agli obblighi di comunicarsi e di confessarsi non si è fermato con il Codice del 1983. Infatti lo stesso Pontefice ha promulgato poi due documenti di fondamentale importanza, che gettano una nuova luce sulla legislazione codiciale precedente. Si tratta del Codice dei Canoni delle Chiese Orientali e del Catechismo della Chiesa Cattolica.

Il *CCEO* è giuridicamente vincolante solo per le Chiese orientali, tuttavia mette in rilievo validi elementi della tradizione canonica, che possono aiutare a meglio capire e applicare la normativa latina. Vanno prese in considerazione le due norme del Codice orientale paralleli ai canoni latini sugli obblighi della Comunione e della confessione. Senza entrare nei particolari del diritto proprio delle diverse Chiese *sui iuris*, si metterà in rilievo gli elementi della normativa orientale che potrebbero arricchire la prospettiva della legislazione latina.

Il Catechismo della Chiesa Cattolica riguarda invece tutti i fedeli cattolici, per i quali vuole essere una autentica fonte dell'insegnamento della Chiesa. Anche se non si tratta di un documento giuridico nel stretto senso del termine, le formulazioni e le spiegazioni dei precetti della Chiesa ivi contenute potranno allargare la nostra visione dei due obblighi, rimettendoli in una prospettiva eminentemente pastorale.

3.1 *I precetti della Comunione e della confessione nel* CCEO

Nel Codice dei Canoni delle Chiese Orientali troviamo le norme vincolanti ad accostarsi ai sacramenti dell'Eucaristia e della penitenza formulati in un modo che rispetta non solo la tradizione giuridica dei concili Lateranense e Tridentino, ma soprattutto il patrimonio giuridico delle singole Chiese *sui iuris*. In seguito analizzeremo in primo luogo le norme che obbligano alla ricezione dell'Eucaristia, in secondo luogo quelle vertenti sulla pratica del sacramento della penitenza

3.1.1 L'obbligo di comunicarsi

Al can. 920 del Codice latino corrisponde almeno in parte il can. 708 del Codice dei Canoni per le Chiese Orientali. Ecco il testo del canone:

> Curent Hierarchae loci ac parochi, ut omni diligentia christifideles instruantur de obligatione Divinam Eucharistiam suscipiendi in periculo mortis necnon temporibus a laudabilissima traditione vel iure particulari propriae Ecclesiae sui iuris statutis, praesertim vero tempore Paschali, in quo Christus Dominus eucharistica mysteria tradidit[201].

La norma citata è più complessa di quella contenuta nel *CIC*. In un canone si parla delle due situazioni diverse nelle quali i fedeli sono obbligati a ricevere l'Eucaristia: in pericolo di morte[202] e negli altri tempi stabiliti dalla lodevolissima tradizione o dal diritto particolare[203] delle loro Chiese *sui iuris*[204]. Tra le feste principali nelle quali i fedeli sono tenuti a comunicarsi nelle diverse Chiese orientali si potrebbero elencare «sollemnitates Natalis Domini, Assumptionis Beate Mariae Virginis, SS. Apostolorum Petri et Pauli»[205]. Le solennità pasquali sono

---

[201] Cf. *CCEO*, can. 708

[202] Cf. *CIC*, cann. 921-922.

[203] Per sapere di più del concetto del diritto particolare nel *CCEO* cf. I. ŽUŽEK, *Understanding the eastern code*, 354-366.

[204] Non abbiamo possibilità in questo lavoro di studiare le norme particolari orientali come meriterebbero. Possiamo solo rinviare ai grandi eruditi canonisti del passato, i quali citano e commentano alcune di queste norme cf. BENEDETTO XIV (P. LAMBERTINI), *De sacramentis*, 246. 351-353. F.M. CAPPELLO, *De sacramentis*, I, 866, n. 859-860; IB., *De sacramentis,* II/1, 907-908, n. 1040.

[205] PCCICOR, «Schema canonum de culto divino», 8.

al primo posto tra tutte queste feste, dato che solamente il tempo pasquale viene nominato dal diritto orientale universale.

Oltre al riferimento alla normativa particolare e alle lodevoli tradizioni locali, troviamo tre differenze importanti tra il can. 708 del *CCEO* e la normativa del *CIC*. In primo luogo viene sottolineata la responsabilità dei gerarchi e dei parroci quanto all'istruzione dei fedeli circa il loro obbligo di ricevere l'Eucaristia[206]. In secondo luogo, non risulta formulata la scadenza annuale del precetto di comunicarsi, come è invece nel can. 920 del Codice latino, ma sono proposti concreti periodi liturgici nei quali si dovrebbe ricevere la Comunione, tra i quali il tempo pasquale occupa un posto primario. Così il canone orientale risulta formulato in modo più elastico[207], ma meno preciso giuridicamente rispetto alla normativa latina[208]. Infine ritroviamo nel canone la giustificazione teologica — cosa rara nel testo giuridico[209] — dell'obbligo di "fare la Pasqua"[210]: la Chiesa richiede di ricevere la Comunione nel tempo pasquale, perché proprio in esso il Cristo Signore *eucharistica mysteria tradidit*[211].

Così il precetto della Comunione pasquale, ben radicato nel diritto orientale[212], viene formulato in modo più pastorale e più teologico. Tale orientamento della normativa orientale potrebbe forse aiutare nell'applicare la legge anche nell'ambiente latino. Va sottolineato il compito dei Pastori di istruire i fedeli circa i loro obblighi sacramentali. La dimensione liturgica e teologica dell'obbligo di comunicarsi deve ugualmente essere messo in rilievo, visto che il precetto stesso prende il suo nome dalla festa di Pasqua[213].

---

[206] Cf. D. SALACHAS, «Commento al can. 708», 595-596.

[207] Cf. R. ALTHAUS, «Commento al can. 920», 4.

[208] Cf. D. SALACHAS, *Teologia e disciplina*, 182.

[209] Cf. R. ALTHAUS, «Commento al can. 920», 4.

[210] Cf. R. FALSINI, «Il precetto pasquale», 26: «Forse bisognerebbe partire da questa espressione per capire il senso originario del precetto pasquale».

[211] Nelle prime bozze del canone la descrizione teologica era ancora più lunga e più completa: «in quo Christus Dominus Eucharistica Mysteria tradidit, immolatus est pro nobis et morte mortem vincendo resurrexit» (PCCICOR, «*Denua recognitio*», 30).

[212] Cf. PCCICOR, «Schema canonum de culto divino», 7: «tempus Paschale maxime commedatur una cum aliis sacris temporibus in quibus Orientales, antiquissima traditione innixi, Divinam Eucharistiam recipere consueverunt».

[213] Cf. R. FALSINI, «Il precetto pasquale», 29: «si è inaugurata una stagione inconfutabilmente innovativa: favorire al massimo il recupero della "celebrazione della Pasqua", del "fare Pasqua", secondo la modalità originaria [...]. La Pasqua consiste nel fare memoria in forma comunitaria e ecclesiale [...] di Cristo morto e risorto, purificati dal

3.1.2 La norma sul sacramento della penitenza

La legislazione orientale che richiede ai fedeli di ricevere il sacramento della penitenza viene formulata nel *CCEO* in tale maniera:

> Qui gravis peccati sibi conscius est, quam primum fieri potest, sacramentum paenitentiae suscipiat; omnibus vero christifidelibus enixe commendatur, ut frequenter et praesertim temporibus ieiunii et paenitentiae in propria Ecclesia sui iuris servandis hoc sacramentum suscipiant[214].

Abbiamo citato questo canone come parallelo all'obbligo della confessione annuale nel *CIC*, ma un simile precetto annuale non viene affatto formulato nel Codice dei canoni delle Chiese Orientali, secondo una esplicita decisione della Commissione per la sua revisione[215]. Quando una parte della Commissione propose di obbligare alla confessione almeno una volta all'anno, «la proposta è lungamente discussa tuttavia *non si accetta* per rispetto delle tradizioni e coscienze formate secondo esse»[216].

Il canone esprime in primo luogo una richiesta concreta per i fedeli che sono consapevoli di aver commesso un peccato grave. Ognuno che si trova in queste condizioni[217] dovrebbe ricevere il sacramento della penitenza *quam primum*. Si utilizza la forma del congiuntivo, che esprime una certo dovere, e la Commissione stessa non esita a chiamare questo vincolo *obligatio*[218]. La normativa orientale formula quindi per i peccatori gravi una esigenza più impegnativa (di confessarsi il più rapidamente possibile), ma lo fa con un linguaggio meno giuridico di quello del codice latino[219].

Quanto a tutti i fedeli — cioè anche quelli che non hanno commesso peccati gravi[220] — il *CCEO* enuncia due forti raccomandazioni (*enixe*

---

sacramento della penitenza nei giorni del Triduo pasquale, culminante nell'eucaristia della Veglia ove tutti mangiano il corpo e bevono il calice del Signore».

[214] *CCEO*, can. 719.

[215] Cf. PCCICOR, «Schema canonum de culto divino», 9: «Expressam canon propositus non facit mentionem de obligatione semel in anno peccata gravia confitendi».

[216] PCCICOR, «*Denua recognitio*», 41.

[217] Il Codice orientale non dice niente circa l'età nella quale inizia ad obbligare il precetto di confessarsi, ma nelle sue fonti troviamo un antichissimo testo al riguardo: «Interr. Ex quanam aetate a Deo iudicantur peccata ? Resp. Ex uniuscuiusque cognitione et prudentia, illi quidem a decennio, hi vero a maiori aetate» (TIMOTEO DI ALESSANDRIA, *Responsa canonica*, n. 18, in Pitra, I, 634).

[218] Cf. PCCICOR, «Schema canonum de culto divino», 9: «adfirmatur obligatio quamprimum sese confitendi eorum qui sibi conscii sunt gravis peccati».

[219] Cf. D. SALACHAS, *Teologia e disciplina*, 266.

[220] Cf. D. SALACHAS, «Commento al can. 719», 604.

CAP. V: NELLA NORMATIVA VIGENTE 409

commendatur): di confessarsi frequentemente, e di farlo soprattutto nei periodi del digiuno e della penitenza secondo il diritto proprio della loro Chiesa[221]. Siccome ogni cristiano ha bisogno dell'incontro con il Padre Misericordioso, ogni fedele va sollecitato alla confessione sacramentale[222]. Tale prospettiva della condizione comune di tutti i battezzati viene sottolineata anche dal fatto che la celebrazione del sacramento della penitenza è collocata nei periodi liturgici precisi e collegata con la pratica del digiuno e della penitenza non sacramentale.

Anche se la normativa orientale non contiene il precetto della confessione annuale, essa potrebbe allargare la prospettiva del codice latino. Ispira già la collocazione della penitenza[223] sacramentale nel contesto spirituale — con l'ammonimento di confessarsi *quam primum*, ma anche con la prassi della penitenza e del digiuno — e liturgico (con la raccomandazione di celebrare il sacramento nei determinati periodi dell'anno liturgico)[224]. Mentre la normativa orientale esorta tutti i fedeli alla confessione sacramentale nei periodi di penitenza, «anche se non siano commessi peccati gravi»[225], nel *CIC* una simile prassi della confessione regolare dei peccati veniali non viene più raccomandata[226], se

---

[221] Il *Coetus* che si occupava della redazione del canone, offre tale esempio: «Le chiese bisantine, ad esempio, fanno questo [terminano i periodi di digiuno con la confessione e la Comunione] quattro volte all'anno: nella grande quaresima, nell'avvento, nella quindicina di agosto e nella festa degli apostoli Pietro e Paolo» (PCCICOR «I canoni sulla Penitenza», 60).

[222] Cf. BENEDETTO XVI (J. RATZINGER), «De paenitentia et de prima Communione puerorum», 607: «Infatti legare esclusivamente ed eccessivamente il sacramento della confessione al peccato mortale può influire negativamente sulla vita religiosa e neppure è in servizio della gioia del Vangelo [...]. È tanto più difficile accostarsi al sacramento della confessione quanto più esso sembra essere il sacramento di chi è in peccato mortale. In tal modo diventa allora necessario chiedersi nella maniera più precisa possibile quando e dove propriamente si dà peccato mortale, e con ciò si crea o angoscia o superficialità; non raramente le due sono fra di loro legate».

[223] Si è deciso nel codice orientale di utilizzare piuttosto l'espressione *ad sacramentum poenitentiae accedant* al posto di *confiteatur* (Cf. PCCICOR, «Denua recognitio, 42).

[224] Cf. PCCICOR «I canoni sulla Penitenza», 60: «Il cristiano degno di tale nome non deve peraltro vivere in stato di peccato, il che in Oriente è favorito dal fatto che in molte zone vari periodi di digiuno terminano con la confessione e la communione».

[225] CONGREGAZIONE PER LE CHIESE ORIENTALI, istruzione, 6 gen. 1996, n. 187, p. 75.

[226] Tale raccomandazione fu suggerita da uno dei padri durante i lavori di revisione del *CIC* e rigettata nella *Relatio* del 1981: «Dicatur: «*Valde commendatur...*» vel: «ut peccata venialia *saepe* confiteantur». Praeterea valde exoptatur ut ratio cur confitenda sunt detur, vel saltem dicatur cur confessio peccatorum venialium suadetur [...] R. *Sufficere videtur quod in textu exprimitur*» (*Comm.* 15 (1983) 212).

non in modo molto generico in can. 988 §2. La legislazione orientale potrebbe quindi aiutare a valorizzare il ruolo della consuetudine secolare[227], nonché della dimensione spirituale e liturgica del diritto sulla confessione sacramentale.

La normativa contenuta nei canoni 708 e 719 del Codice dei Canoni delle Chiese Orientali offre una luce diversa sui precetti di comunicarsi e di confessarsi. L'obbligo della Comunione pasquale viene espresso nel canone orientale con un linguaggio meno giuridico e più teologico rispetto alla formulazione latina. Quanto alla confessione, il can. 719 non contiene un vero e proprio precetto giuridico di confessarsi con una scadenza determinata, ma esprime piuttosto una forte esortazione alla confessione, diretta a tutti i fedeli. Gli elementi liturgici e spirituali messi in rilievo non sembrano da sottovalutare anche per la prassi latina. Infine possiamo sottolineare la prospettiva eminentemente pastorale di ambedue i canoni orientali, che non si limitano al minimo giuridico proposto dalla normativa latina.

3.2 *Il precetto pasquale nel Catechismo della Chiesa Cattolica*

Nel 1992 fu pubblicata in lingua francese la prima versione del *Catechismo della Chiesa Cattolica* voluto dall'Assemblea speciale dei Vescovi del 1985 e dal Santo Padre Giovanni Paolo II[228]. Dopo 5 anni, nel 1997, apparse la *editio typica* dello stesso Catechismo in lingua latina, la quale prese conto dei suggerimenti e delle correzioni raccolte dalla speciale Commissione Interdicasteriale istituita nel 1993 dal Pontefice e presieduta dal cardinale Ratzinger[229]. Nella nostra analisi questo Catechismo ha un posto specifico, visto che in esso troviamo l'ultima formulazione ufficiale ed universale del precetto pasquale.

I due obblighi, della Comunione pasquale e della confessione annuale, trovano il loro posto nel sottocapitolo sui precetti della Chiesa. Questo testo che comprende solo tre numeri del Catechismo (nn. 2041-

---

[227] Cf. PCCICOR «I canoni sulla Penitenza», 60: «Per la grande quaresima molti si confessano e si comunicano alla fine della prima settimana e alla settimana santa. È evidente che il *Coetus* raccomanda la conservazione di queste usanze ovunque esistono».

[228] Sullo sviluppo dell'idea di redigere un catechismo e sui lavori preparatori fino al 1992 cf. BENEDETTO XVI (RATZINGER, J.), «Il Catechismo della Chiesa cattolica», 9-24; A. AMATO, «Il catechismo: dalle origini al *CCC*», 21-25.

[229] Uno sguardo sulla recezione della prima versione del *CCC* e sui lavori di redazione nei cinque anni tra le due edizioni Cf. R. MARTINELLI, «Dall'edizione francese all'edizione latina del *CCC*», 473-479.

2043), fa parte dell'articolo intitolato «La Chiesa, madre e educatrice»[230]. Quest'articolo si trova nel capitolo «La salvezza di Dio: la legge e la grazia»[231], il quale a sua volta entra nella prima sezione fondamentale della terza parte del Catechismo sulla vita in Cristo[232]. L'articolo sulla Chiesa *Mater et Magistra*, il quale contiene il testo dei precetti ecclesiali, costituisce il passaggio tra la sezione prima della morale fondamentale e la sezione del Decalogo[233]. Il suo sottocapitolo centrale sui precetti della Chiesa merita una particolare attenzione non solo perché ribadisce un concetto giuridico radicato fortemente nella tradizione catechistica[234], ma anche perché permette di unire gli obblighi morali con la «totalità della vita ecclesiastica, e sopratutto liturgica»[235].

L'idea che i precetti della Chiesa trovano il loro posto al limite tra la vita morale e quella liturgica è espressa direttamente nel n. 2041, nel quale si espone il ruolo dei comandamenti ecclesiali nella vita dei fedeli. Siccome questo testo nella versione definitiva del 1997 non presenta nessuna differenza rispetto alla prima versione del 1992, riportiamo subito il testo dell'*editio typica*:

> Praecepta Ecclesiae in hac linea vitae moralis cum vita liturgica coniunctae et ab illa nutritae collocantur. Indoles obligatoria harum legum positivum ab auctoritatibus pastoralibus promulgatarum, pro scopo habet fidelibus providere minimum pernecessarium in orationis spiritu et in morali nisu, in incremento amoris Dei et proximi[236].

Nei numeri seguenti 2042-2043 troviamo la prima formulazione universale dei precetti della Chiesa. In questo punto le due edizioni del Catechismo della Chiesa Cattolica differiscono parecchio tra di loro,

---

[230] Cf. *CCC*, nn. 2030-2051. Il titolo dell'articolo nell'editio tipica: «Ecclesia, Mater et Magistra».

[231] Cf. *CCC*, nn. 1949-2051. Il titolo del capitolo in latino: «Salus Dei: lex et gratia».

[232] Circa la logica interna della divisione della sezione Cf. S. PRIVITERA, «Sez. I. La vocazione dell'uomo: la vita nello Spirito», 957-58; C. SCHÖNBORN, «Breve introduzione», 96-97.

[233] Cf. C. SCHÖNBORN, «Breve introduzione», 97.

[234] Cf. S. PRIVITERA, «Sez. I. La vocazione dell'uomo: la vita nello Spirito», 970.

[235] C. SCHÖNBORN, «Breve introduzione», 97. Cf. P. CARLOTTI, «La vita in Cristo», 376.

[236] *CCC*, n. 2041. Ecco la traduzione italiana ufficiale, uguale nelle due edizioni: «I precetti della Chiesa si collocano in questa linea di una vita morale che si aggancia alla vita liturgica e di essa si nutre. Il carattere obbligatorio di tali leggi positive promulgate dalle autorità pastorali, ha come fine di garantire il minimo indispensabile nello spirito di preghiera e nell'impegno morale nella crescita dell'amore di Dio e del prossimo (*CCC/1992*, n. 2041 = *CCC* n. 2041).

soprattutto per alcuni comandamenti ecclesiali[237]. Quanto ai precetti secondo e terzo, rispettivamente sulla confessione annuale e sulla Comunione pasquale, nella versione latina del 1997 non ci sono grandi modifiche rispetto alla versione francese del 1992[238]. Ecco quindi il testo dell'*editio typica*:

> Secundum praeceptum («Peccata saltem semel in anno confiteri») ad Eucharistiam praestat praeparationem per receptionem sacramenti Reconciliationis, quod opus conversionis et veniae prosequitur Baptismi. Tertium praeceptum («Eucharistiae sacramentum saltem in Paschate recipere») minime praestat in corporis et sanguinis Domini receptione in connexione cum festis Paschalibus, origine et centro liturgiae christianae[239].

Le formulazioni definitive di ambedue i comandamenti sono in linea con la tradizione canonica e catechistica della Chiesa[240]. Nel commento al terzo precetto troviamo un riferimento al significato liturgico delle feste pasquali, corrispondente all'antichissima tradizione, che costituiva una fonte del precetto pasquale[241]. Per l'interpretazione della normativa sulla Comunione pasquale sembra importante anche la parola *minime* dalla quale inizia la spiegazione del precetto, da mettere in rilievo con la parola *saltem* della stessa norma. In tal modo il Catechismo sottolinea che si tratta del vero minimo della recezione della Comunione, e ciò non esclude una raccomandazione alla prassi molto più frequen-

---

[237] Cf. *CCC/1992*, nn. 2042-43; *CCC*, nn. 2042-43. Nella versione francese il precetto di participare all'Eucaristia nella domenica e le feste («Les Dimanches Messes entendras et les Fetes pareillement») era distinto da quello di santificare i giorni festivi («Les Fêtes tu sanctificheras qui te sont de commandement»). In tal modo questi due precetti erano rispettivamente il primo e il quarto, il precetto sul digiuno e astinenza («Le jeûne prescrit garderas et l'abstinence également») diventava il quinto, e quello di sovvenire le necessità della Chiesa («Les fidèles ont encore l'obbligation de subvenir, chacun selon ses capacités, aux nécessités matérielles de l'Eglise») si trovava proprio aggiunto alla lista.
Questa suddivisione dei precetti ispirata dalle formule di Bossuet, ha subito una profonda trasformazione nella *editio typica* del 1997. Il primo precetto sintetizza i due obblighi domenicali e festivi: di partecipare all'Eucaristia e di astenersi dai lavori servili («Diebus Dominicis ceterisque festis de praecepto Missam audire et ab operibus servilibus vacare»). Il precetto sul digiuno ed astinenza («Diebus ab Ecclesia statutis ab esu carnium abstinere et ieiunium servare») diventa il quarto, e quello di sovvenire alle necessità della Chiesa («Ecclesiae necessitatibus subvenire») il quinto.
[238] Cf. *CCC/1992*, n. 2042: «Tous tes péchés confesseras à tout le moins une fois l'an » [...]. Ton Créateur tu recevras au moins à Pâques humblement ».
[239] *CCC*, n. 2042.
[240] Cf. sopra, cap. III, 3.1.3.
[241] Cf. sopra, cap. I, 2.3.1

te[242]. La formula stessa del terzo precetto *Eucharistiae sacramentum saltem in Paschate recipere* risulta più concisa e meno sfumata dal can. 920 del Codice latino, al quale tra l'altro si riferisce nella nota a piè di pagina[243]. Il Codice tratta distintamente nei due paragrafi del canone l'obbligo annuale della Comunione e la sua determinazione pasquale[244], mentre il Catechismo espone con semplicità il precetto della Comunione pasquale, e sottolinea la sua giustificazione liturgica.

Nel confronto con la normativa del Codice di Diritto Canonico la novità più grande sembra esser portata dalla formulazione del secondo precetto: peccata saltem semel in anno confiteri. Il testo del Codice pone prima di peccata l'aggettivo *gravia*[245], il quale viene omesso nel Catechismo. Inoltre, nella formula catechistica del precetto della confessione fu fatto il cambiamento significativo tra le due edizioni del Catechismo[246]: mentre nella prima versione si usava l'espressione tradizionale di confessare tutti i peccati, nella versione definitiva del Catechismo si parla soltanto di confessare i peccati[247]. Ricordiamo che la formula lateranense suggeriva dal medioevo l'interpretazione stretta dell'obbligo della confessione annuale: se si devono confessare tutti i propri peccati, si potrebbe trattare solo dei peccati gravi, visto che uno non potrebbe né ricordare né esprimere tutti i suoi peccati veniali. Questa interpretazione comune nella dottrina dopo il concilio di Trento, fu dichiarata esplicitamente dal Codice del 1983, dalla aggiunta

---

[242] Cf. *Catechismo Maggiore*, n. 501: «D. Perché si dice che comunichiamo almeno alla Pasqua? R. Perché la Chiesa desidera vivamente che non solo alla Pasqua di Risurrezione, ma il più spesso possibile ci accostiamo alla Santa Comunione, che è divino nutrimento delle anime nostre».

[243] Cf. *CCC*, n. 2042, nt. al terzo precetto. Nella medesima nota c'è anche il riferimento alla normativa del *CCEO*, la quale espone pure l'importanza del periodo pasquale: «praesertim vero tempore Paschali, in quo Christus Dominus eucharistica mysteria tradidit» (*CCEO*, can. 708).

[244] Cf. *CIC*, can. 920.

[245] Cf. *CIC*, can. 989.

[246] Il cambiamento del terzo precetto ha valore solamente stilistico, nel passaggio dalla tradizionale redazione francese alla breve formulazione nuova. Ecco le due versioni in italiano: «Riceverai umilmente il tuo Creatore almeno a Pasqua» (*CCC/1992*, n. 2042); «Ricevi il sacramento dell'Eucaristia almeno a Pasqua» (*CCC*, n. 2042).

[247] Tale è la differenza tra le due traduzioni italiane, se non prendiamo in considerazione il cambiamento del tempo dal futuro al presente: «Confesserai *tutti* i tuoi peccati almeno una volta all'anno» (*CCC/1992*, n. 2042); «Confessa i tuoi peccati almeno una volta all'anno» (*CCC*, n. 2042). L'assenza nell'edizione latina della parola *i tuoi* è forse dovuta alla forma impersonale con la quale è redatto il precetto (*CCC*, n. 2042: «Peccata saltem semel in anno confiteri»).

gravia nel can. 989. Nella sua formulazione del precetto della confessione annuale il Catechismo cambia questa formula; non parla più né di tutti i peccati, né di peccati gravi. Sembra che tale formulazione introduce una comprensione più larga dell'obbligo della confessione annuale, che vincolerebbe anche quei fedeli che hanno commesso solamente peccati veniali.

Tale interpretazione del secondo precetto della Chiesa nel Catechismo della Chiesa Cattolica è rafforzata dal testo che accompagna la formula catechistica. Infatti gli autori del Catechismo dichiarano che il secondo precetto «Eucharistiam praestat praeparationem per receptionem sacramenti Reconciliationis»[248]. Si parla solo di assicurare la preparazione all'Eucaristia con l'accostarsi al sacramento della penitenza, senza esplicitare se si tratti di fedeli con o senza i peccati gravi sulla coscienza. La stessa logica è presente nel testo parallelo del Catechismo, precisamente nel numero 1389, che si trova nell'articolo sull'Eucaristia. Leggiamo lì circa gli obblighi dei fedeli: «Ecclesia fidelibus obligationem imponit, qua ipsi tenentur [...] Eucharistiam, saltem semel in anno recipere, tempore Paschali si fieri potest, sacramento Reconciliationis praeparati»[249]. Tale formulazione espone fedelmente la norma del canone 920 del Codice[250], distinguendo secondo la sua normativa i due livelli del precetto della Comunione: annuale e pasquale. Tuttavia alla fine aggiunge questo significativo inciso *sacramento Reconciliationis praeparati*, senza nessun riferimento a piè di pagina. Si tratta della condizione richiesta per la Comunione pasquale dal catechismo stesso. Il requisito da compiere prima della Comunione pasquale è generale — perché non c'è nessun riferimento al peccato grave — e non facilmente scusabile (visto che l'inciso *si fieri postest* si riferisce alle parole tempore paschali, e non alla dichiarazione sulla confessione, che si trova distinta dalla virgola). Il Catechismo presuppone quindi la confessione in vista della Comunione pasquale, anche senza riferimento esplicito a nessuna legge già in vigore.

Qui potrebbe sorgere in modo legittimo la domanda sull'effettivo valore della normativa formulata dal Catechismo e sulla sua eventuale forza giuridica. Il Papa Giovanni Paolo II nella costituzione apostolica *Fidei depositum* del 1992 parla della previa approvazione del Cate-

---

[248] *CCC*, n. 2042.

[249] *CCC*, n. 1389.

[250] Cf. *CIC*, can. 920. Al canone citato troviamo anche il riferimento esplicito nella nota a piè di pagina del Catechismo (Cf. *CCC*, n.1389, nt.).

CAP. V: NELLA NORMATIVA VIGENTE   415

chismo[251] e dichiara circa il medesimo: «hodie Auctoritate Nostra Apostolica iubemus promulgationem»[252]. Questa affermazione sottolinea l'autorità del Catechismo della Chiesa Cattolica come il magistero ordinario del successore di Pietro[253] e con l'uso della parola giuridica *promulgatio* indica forse anche la forza vincolante del Catechismo del 1992. Nella lettera apostolica *Laetamur magnopere* del 1997 troviamo gli stessi concetti dell'approvazione e della promulgazione, questa volta riguardo al testo definitivo del Catechismo[254]. In una sua relazione del 1993 il cardinale Joseph Ratzinger presenta il Catechismo della Chiesa Cattolica come il documento nel quale si esprime lo specifico potere magisterale del Papa[255], il quale «raccoglie il tutto con la sua autorità, la quale garantisce anche il valore giuridico del libro»[256]. Di tale valore giuridico godono quindi anche i precetti della Chiesa, tanto più che nel testo stesso del Catechismo si riconosce il loro reale carattere vincolante (*indoles obligatoria*)[257].

D'altra parte, se il Catechismo ci offre una norma sicura per l'insegnamento della fede[258], della quale presenta i contenuti essenziali e fondamentali[259], non rappresenta certo una nuova collezione legislativa. Anche se il capitolo sui precetti della Chiesa risulta specificamente giuridico[260],

---

[251] Cf. GIOVANNI PAOLO II, cost. apost. *Fidei depositum*, 11 ottobre 1992, 117: «Ecclesiae Catholicae Catechismus, quem die quinto vicesimo mensis Iunii p.p. probavimus».

[252] GIOVANNI PAOLO II, cost. apost. *Fidei depositum*, 11 ottobre 1992, 117.

[253] Cf. BENEDETTO XVI (J. RATZINGER), «Natura e finalità del Catechismo», 37: «Non va altresì sottovalutato il fatto che il *Catechismo della Chiesa Cattolica* in quanto testo magisteriale, proposto da un Sinodo Episcopale, deciso dal Santo Padre, da lui approvato e pubblicato come suo magistero ordinario, consente di procedere [...] con quel grado di autorevolezza, di autenticità e di veridicità, propria del magistero ordinario pontificio».

[254] Cf. GIOVANNI PAOLO II, lett. apost. *Laetamur magnopere*, 15 agosto 1997, 819: «Laetamur magnopere in lucem prodire typicam Catechismi Catholicae Ecclesiae Latinam editionem, quae a Nobis hisce Apostolicis Litteris approbatur atque promulgatur, quaeque sic fit memorati Catechismi decretoria scriptio».

[255] Cf. BENEDETTO XVI (J. RATZINGER), «Il Catechismo della Chiesa cattolica», 25: «il nuovo Catechismo [...] è opera Papale, vale a dire è stato trasmesso dal Santo Padre alla cristianità in forma del suo specifico potere magisteriale».

[256] BENEDETTO XVI (J. RATZINGER), «Il Catechismo della Chiesa cattolica», 25.

[257] Cf. *CCC*, n. 2041.

[258] Cf. GIOVANNI PAOLO II, cost. apost. *Fidei depositum*, 11 ottobre 1992, 117: «Eum declaramus firmam regulam ad fidem docendam».

[259] Cf. BENEDETTO XVI (J. RATZINGER), «Natura e finalità del Catechismo», 31.

[260] La specificità di questi numeri è attestata già dalle note a piè di pagina, che contengono unicamente riferimenti ai canoni, latini e orientali (Cf. *CCC*, nn. 2042-2043, nt.)

tuttavia anche qui vale la regola interpretativa formulata dal cardinale Ratzinger: «le singole dottrine che il Catechismo propone non hanno altra autorità se non quella che già possiedono»[261]. Nel caso dell'obbligo della confessione annuale tale lettura è confermata dal testo parallelo alla formula del n. 2042 contenuto nel n. 1457 del Catechismo. In questo numero (che fa parte dell'articolo sul sacramento della penitenza) il can. 989 del CIC viene chiamato il precetto della Chiesa e citato alla lettera, inclusa ovviamente l'espressione *peccata sua gravia*[262]. Non si devono sottovalutare altri indizi che indeboliscono la portata della nuova formula. Per primo i nn. 2042-2043 del Catechismo sono stampati con caratteri piccoli, il che è segno di testo di secondaria importanza[263]. Il secondo segnale, congruente con il primo, è l'assenza delle formulazioni dei precetti della Chiesa nella parte finale del relativo capitolo[264], che dovrebbe contenere «in formule concise i contenuti essenziali»[265]. Infine la nota a piè di pagina, che serve ad approfondire il tema[266], richiama nel caso del precetto della confessione annuale in primo luogo il can. 989 del *CIC*[267].

Esiste quindi una nuova formulazione del precetto della confessione annuale che è — se usiamo il linguaggio del Catechismo stesso[268] — una legge positiva promulgata dalla più alta autorità pastorale. In questo caso si tratta dell'autorità pastorale suprema. Di conseguenza appare possibile che in questa normativa si è introdotto tacitamente il nuovo obbligo di accedere ogni anno alla confessione sacramentale, senza più restringere la norma ai fedeli con i peccati gravi. Nello stesso tempo il canone 989 del *CIC*, che obbliga soltanto a confessare i peccata gravia non risulta derogato, anzi, è citato alla lettera dallo stesso Catechismo,

---

[261] BENEDETTO XVI (J. RATZINGER), «Il Catechismo della Chiesa cattolica», 26.

[262] Cf. *CCC*, n.1457: «Iuxta Ecclesiae praeceptum "Omnis fedelis, postquam ad annos discretionis pervenerit, obligatione tenetur peccata sua gravia, saltem semel in anno, fideliter confiteri"».

[263] Cf. C. SCHÖNBORN, «Breve introduzione», 64: «Queste parti forniscono annotazioni complementari di carattere storico o apologetico, o trattano temi di importanza secondaria».

[264] Cf. *CCC*, nn. 2047-2051. Vi troviamo solamente una descrizione generale dei precetti della Chiesa: «Ecclesiae praecepta ad moralem et christianam attinent vitam, liturgiae unitam et ab illa nutritam» (*Ibid.*, n. 2048).

[265] C. SCHÖNBORN, «Breve introduzione», 65.

[266] Cf. C. SCHÖNBORN, «Breve introduzione», 64: «Nelle *note a piè pagina* si rimanda sopratutto a scrittori la cui lettura può contribuire a una più profonda comprensione della tematica in questione».

[267] Cf. *CCC*, n. 2042, nt. al secondo precetto.

[268] Cf. *CCC*, n. 2041: «harum legum positivum ab auctoritatibus pastoralibus promulgatarum».

e posto come un testo di riferimento per la nuova formula. Nella ricerca di una via di uscita da tale contrasto, sembrerebbe opportuno non escludere né l'una né l'altra norma, ma provare ad integrare le due formulazioni che sembrano opposte, a concordare i canoni, come direbbero i maestri medievali[269]. Anche il Papa Giovanni Paolo II suggerisce implicitamente questo modo di pensare, quando parla del nuovo Catechismo come di un passo ulteriore nell'attuazione pratica del Concilio Vaticano II, dopo la promulgazione dei Codici, latino e orientale[270].

Proprio il Codice dei Canoni delle Chiese Orientali ci indica una possibile interpretazione moderata, che concilierebbe le formule diverse del Catechismo e del Codice latino. Il ricorso alla normativa orientale viene suggerito nel Catechismo dal riferimento al can. 719 del Codice orientale, menzionato subito dopo il richiamo del can. 989 del Codice latino, nella nota annessa al secondo precetto della Chiesa. Questo riferimento è probabilmente dovuto al fatto che il Catechismo è stato pubblicato per tutta la Chiesa sparsa nel mondo intero[271] e la dottrina ivi contenuta riguarda i fedeli delle diverse Chiese *sui iuris*. Sarebbe quindi una cosa giusta che il secondo precetto formulato nel Catechismo rispecchi non solo la normativa latina, ma pure quella orientale. Vale anche l'interpretazione nel senso contrario: il precetto sulla confessione annuale dovrebbe essere interpretato alla luce della normativa contenuta in ambedue i Codici.

In tale prospettiva va ricordato che il can. 719 del Codice orientale non solo obbliga a confessarsi i peccatori che hanno commesso una colpa grave, ma *enixe commendatur* a tutti i fedeli di confessare i propri peccati soprattutto nei periodi di digiuno e penitenza[272]. Analoga-

---

[269] Cf. S. KUTTNER, *Harmony from Dissonance*, 8-18.

[270] Cf. GIOVANNI PAOLO II, cost. apost. *Fidei depositum*, 11 ottobre 1992, 115: «Post Liturgiam renovatam atque novam Iuris Canonici Ecclesiae Latinae codificationem catholicarumque Ecclesiarum Orientalium canonum, admodum adiuvabit hic catechismus totius vitae ecclesialis renovationem a Concilio Oecumenico Vaticano Secundo exoptatam atque ad praxim deductam».

[271] Cf. GIOVANNI PAOLO II, cost. apost. *Fidei depositum*, 11 ottobre 1992, 117: «Catechismum Catholicae Ecclesiae comprobare illumque publici iuris facere pertinet ad ministerium quod Petri Successor praestare vult Sanctae Catholicae Ecclesiae, omnibus particularibus Ecclesiis pacem et communionem habentibus cum Romana Apostolica Sede».

[272] Cf. *CCEO*, can. 917: «Qui gravis peccati sibi conscius est, quam primum fieri potest, sacramentum paenitentiae suscipiat; *omnibus* vero *christifidelibus enixe commendatur*, ut frequenter et praesertim temporibus ieiunii et paenitentiae in propria Ecclesia sui iuris servandis hoc sacramentum suscipiant» (sottolineatura nostra).

mente, il secondo precetto della Chiesa con la sua formula *peccata saltem semel in anno confiteri* riguarderebbe tutti i fedeli, ma con forza vincolante diversa. Per quelli che hanno commesso peccato grave si tratta di un obbligo giuridico in senso stretto, radicato nel diritto divino e formulato nel can. 989 del Codice latino. Per tutti gli altri fedeli si tratta di una forte raccomandazione dell'autorità pastorale, che ha come scopo quello di garantire anche a loro il minimo della frequenza di questo sacramento, tanto utile per l'incremento della vita liturgica, morale e spirituale[273].

L'ultimo elemento da mettere in evidenza nello studio del Catechismo risulta una forte unità di ambedue gli obblighi sacramentali. Anche se i redattori del Catechismo hanno deciso di trattare ciascuna norma distintamente[274] e non in una sola formula[275], ritroviamo comunque un legame importante tra i due precetti della Chiesa. Infatti la prima motivazione della norma sulla confessione annuale è di assicurare la preparazione all'Eucaristia attraverso la ricezione del sacramento della penitenza[276]. Un pensiero simile si trova nel già citato n. 1389, che prevede la ricezione della Comunione pasquale «sacramento Reconciliationis praeparati»[277]. Si tratta di suggerimenti e raccomandazioni pastorali, che stavano tuttavia alla base della legislazione lateranense, e che influenzavano da molti secoli la prassi sacramentale della Chiesa. Assistiamo quindi ad un ritorno alla tradizione di lunga durata, tradotta nelle consuetudini e nella vita pastorale della Chiesa, trascurata nelle formule codiciali del XX secolo. Sembra che il Catechismo abbia salvato, anche senza esprimerlo espressamente, lo stesso concetto del precetto pasquale, composto da due obblighi sacramentali distinti.

Infine il *Compendio* del Catechismo della Chiesa Cattolica riprende i precetti della Chiesa del grande Catechismo. Già nel testo principale

---

[273] Cf. *CCC*, n. 2041: «Indolem obligatoriam harum legum positivum ab auctoritatibus *pastoralibus* promulgatarum». La sottolineatura della parola *pastoralibus* è mia, per mettere in evidenza il carattere della norma.

[274] Anche se nello stesso numero (n. 2042), che può anche sottolineare l'unicità del precetto pasquale.

[275] Come era formulato il terzo precetto della Chiesa ancora nel *Catechismo Maggiore* promulgato nel 1905 da San Pio X per la diocesi di Roma: «Confessarsi almeno una volta l'anno, e comunicarsi alla Pasqua di Risurrezione» (*Catechismo Maggiore*, n. 474, 3°).

[276] Cf. *CCC*, n. 2042: «Secundum praeceptum («Peccata saltem semel in anno confiteri») ad Eucharistiam praestat praeparationem per receptionem sacramenti Reconciliationis».

[277] *CCC*, n. 1389.

del *Compendio* si trova la domanda «Quali sono i precetti della Chiesa?»[278] e nella risposta leggiamo tra l'altro: «2) confessare i propri peccati, ricevendo il Sacramento di Riconciliazione almeno una volta all'anno; 3) accostarsi al Sacramento dell'Eucaristia almeno a Pasqua»[279]. I medesimi precetti, redatti in modo ancora più sintetico, si trovano nell'Appendice del *Compendio*, tra le formule di dottrina cattolica: «2. Confessare i propri peccati almeno una volta all'anno. 3. Ricevere il sacramento dell'Eucaristia almeno a Pasqua»[280].

Sebbene queste formulazioni hanno uno scopo catechetico e non sono dirette ad aggiungere nuova dottrina a quella del Catechismo della Chiesa Cattolica, ma a farne una sintesi[281], nella prospettiva del presente studio il *Compendio* permette di fare ulteriori osservazioni. Prima costatazione: nel precetto della confessione annuale citato due volte nel *Compendio* non c'è l'aggiunta *gravia*, davanti alla parola *peccata*, e cioè l'invito a confessarsi indirizzato a tutti i fedeli rimane attuale. Secondo dettaglio importante: gli obblighi di comunicarsi e di confessarsi si trovano tra le formule fondamentali della dottrina cattolica. In tal modo si indica l'importanza del precetto pasquale e si dà la speranza giustificata quanto alla conoscenza e all'adempimento della medesima prassi.

Anche un veloce studio della normativa circa gli obblighi della Comunione e della confessione nel Codice orientale, nonché un'analisi rapida dei precetti della Chiesa contenuti nel Catechismo universale della Chiesa porta alla convinzione che il doppio precetto sacramentale è sempre vivo e presente almeno parzialmente nelle formulazioni diverse dal Codice del 1983. Le formule studiate ci aiutano a mettere in evidenza la dimensione liturgica, teologica ed infine anche pastorale del precetto. Una prospettiva pastorale e catechistica si potrebbe osservare soprattutto nei precetti della Chiesa contenute nel Catechismo, i quali rimangono vincolanti sia per i fedeli della Chiesa latina, sia per quelli della Chiese orientali.

Dal tempo del Codice Pio Benedettino il precetto pasquale ha subito alcuni cambiamenti. Quanto alla Comunione pasquale, tale dovere giuridico fu salvaguardato nel Codice del Giovanni Paolo II, ma dopo es-

---

[278] *Compendio*, n. 432
[279] *Compendio*, n. 432.
[280] *Compendio*, Appendice, B. Formule di dottrina cattolica.
[281] Cf. BENEDETTO XVI, motu proprio, 28 giugno 2005, 802: «Il *Compendio*, che ora presento alla Chiesa universale, è una sintesi fedele e sicura del Catechismo della Chiesa Cattolica».

ser stato subordinato all'obbligo primario della Comunione annuale. La confessione annuale è stata esplicitamente dichiarata vincolante soltanto per i penitenti con i peccati gravi. Quest'ultimo obbligo fu prima riconfermato nel nuovo contesto della possibilità (molto limitata) dell'assoluzione generale. Dopo il dibattito degli anni '60 e '70 si decise anche di mantenere nel Codice del 1983 la prassi della confessione sacramentale anteriormente alla prima Comunione. Il legame tra l'obbligo di comunicarsi e quello di confessarsi viene inoltre sottolineato da una redazione affine e quasi parallela dei due precetti annuali, contenuti rispettivamente nel primo paragrafo del can. 920 e nel can. 989 dello stesso Codice.

Le norme del Codice latino sono state completate dai paralleli canoni orientali e dalle formulazioni catechistiche contenute nel Catechismo della Chiesa Cattolica. Ambedue le fonti raccolgono — a parte alcune espressioni simili al Codice del 1983 — gli elementi della tradizione canonica e pastorale assenti nel Codice del 1983. Soprattutto le formule del Catechismo universale hanno il loro peso pastorale concreto. Infatti, quando nel Catechismo si vincolano tutti i fedeli, senza specificare quelli con peccati gravi, a prepararsi alla Comunione pasquale con la confessione sacramentale, simili formule dovrebbero influire sull'interpretazione dei canoni del 1983. In tal modo il Catechismo — insieme con il Codice dei Canoni delle Chiese Oriental — offre una luce indispensabile per la lettura integrale dei canoni latini, permette di meglio comprendere la relazione tra i due obblighi sacramentali e conduce ad un'impostazione meno giuridica e più pastorale del precetto della confessione annuale.

CONCLUSIONE

Ogni parte del presente studio è stato concluso con un breve riassunto finale che sintetizza i risultati delle singole tappe delle analisi svolte. Tuttavia alla fine della ricerca vorremmo presentare una riflessione conclusiva, che permetta uno sguardo all'intero argomento, raccogliendo insieme i frutti dell'indagine. Tale ricapitolazione può aiutarci ad esplicitare le conclusioni sia nel campo dell'interpretazione della normativa attuale sia in quello dell'applicazione pastorale della medesima.

La normativa ecclesiale che obbliga a ricevere la Comunione sacramentale è fondata sul precetto dello stesso Signore. Sia il discorso eucaristico nel vangelo secondo Giovanni, sia le parole stesse dell'istituzione dell'Eucaristia nell'Ultima Cena hanno influito la convinzione della Chiesa primitiva sull'importanza della Comunione sacramentale. Nei primi secoli sono le usanze e le consuetudini locali a regolare la frequenza del comunicarsi. Questa frequenza diminuisce molto alla fine dell'antichità, prima in Oriente, poi in Occidente. Per garantire il minimo di regolarità nel ricevere l'Eucaristia, già il concilio di Adge (506) stabilisce che ogni fedele deve ricevere la Comunione almeno tre volte all'anno. Questa legge ha una influenza quasi universale e sembra ordinare, insieme con altre norme locali, la prassi di comunicarsi nell'Occidente cristiano fino al secolo XII.

Quanto alla penitenza, la Chiesa sin dai suoi inizi è consapevole di disporre del potere di rimettere i peccati, ottenuto dallo stesso Signore. Le forme esteriori della celebrazione penitenziale cambiano, tuttavia la necessità del percorso penitenziale ecclesiale per il fedele che ha commesso peccati gravi risulta chiara in varie epoche. La penitenza è anche legata con l'esclusione dalla comunità dei fedeli, e di conseguenza, dalla Comunione eucaristica. L'assoluzione viene data in vicinanza della Pasqua, affinché i penitenti perdonati possano ricevere l'Eucaristia in questa grande festa. Con l'arrivo della confessione tariffata cresce la convinzione circa l'opportunità del suo adempimento prima di comunicarsi, rileggendo in tale luce le parole di san Paolo sul giudicare se stesso prima di ricevere il Corpo di Cristo. La confessione regolare — soprattutto nel tempo della Quaresima per preparare la Pasqua — diventa sempre più raccomandata e consigliata dai teologi e canonisti nonché dai Pastori della Chiesa radunati nei Concili particolari.

All'inizio del secolo XIII, il Concilio ecumenico Lateranense IV sotto la guida di Innocenzo III emana la costituzione 21, nella quale formula la prima legge universale circa la Comunione pasquale e la confessione annuale. La decisione di raccogliere le disposizioni sulla ricezione di questi due sacramenti in un'unica legge influirà molto la prassi della Comunione e della confessione, rafforzando il legame tra le due. Infatti sia i teologi, sia i canonisti commentando la costituzione lateranense mettono in rilievo l'unità di ambedue gli obblighi. Di conseguenza l'interpretazione del precetto della confessione come dato *in vista* della Comunione pasquale sembra prevalente nel medioevo.

Il Concilio di Trento si occupa delle due norme in modo distinto, durante due sessioni successive. Il legame tra gli obblighi è comunque sottolineato dal esplicito riferimento alla costituzione lateranense — che è rimasta in vigore — in ambedue i canoni del Concilio Tridentino. Inoltre grazie all'approfondimento dottrinale del concilio di Trento si può ricavare la struttura interna delle due leggi divino-ecclesiastiche. Ambedue le disposizioni risultano radicate nel diritto divino, determinato dal diritto ecclesiastico alla scadenza annuale, e infine precisato anche quanto al periodo dell'adempimento: pasquale per la Comunione, quaresimale per la confessione. Quest'ultima indicazione è una grande novità del Concilio Tridentino: anche se non si introduce un obbligo giuridico in senso stretto, si conferma in modo solenne la consuetudine di confessarsi in quaresima. La pratica del doppio precetto pasquale, regolata dalle norme del Rituale Romano e conosciuta dalla catechesi sui precetti della Chiesa, ordina la vita sacramentale dei fedeli ancora per i successivi tre secoli. Nelle terre di missione sono concessi numerosi privilegi che permettono di estendere il periodo della Comunione e della confessione pasquale. Tuttavia il limite annuale risulta infrangibile e la ricezione di ambedue i sacramenti in stretta vicinanza temporale è una prassi comune.

L'importante cambiamento avviene con il Codice Pio-Benedettino. Anche se la normativa codiciale riferisce alla lettera molti passi della costituzione lateranense *Omnis utriusque sexus* — cominciando dallo stesso incipit — i due obblighi sono definitivamente formulati in due luoghi differenti del Codice. Nello stesso tempo la legislazione sull'obbligo di comunicarsi parla del precetto della Comunione pasquale, mentre il can. 906 sulla confessione annuale non menziona più la consuetudine di confessarsi in Quaresima, neanche come raccomandazione. Inoltre dopo la promulgazione del Codice in 50 anni sono date concessioni sempre più larghe quanto al tempo della Comunione pasquale, fino ad esigere da alcuni fedeli soltanto la prassi annuale.

Forse tale allargamento del periodo utile per adempiere il precetto ha portato nel Codice latino di Giovanni Paolo II a formulare l'obbligo di comunicarsi in modo innovativo: si tratta del precetto della Comunione annuale, da compiere nel periodo pasquale. Tale enunciato permette di avvicinare ancora una volta il dovere di comunicarsi a quello di confessarsi: tutti e due vincolano con scadenza annuale. Molte espressioni usate nei can. 920 §1 e 989 del *CIC* sono identiche, e questa scelta redazionale sembra favorire anche la lettura unitaria dei due obblighi. Non dovrebbe sfuggire anche il rapporto tra i due sacramenti delineato nei cann. 914 e 916. Tali norme, che dispongono di confessarsi avanti la prima Comunione e poi prima di ogni Comunione se uno è consapevole del peccato grave, incidono in modo diretto anche sull'interpretazione congiunta dei cann. 920 e 989 sui due obblighi annuali.

Tuttavia il rapporto del doppio precetto annuale con il concreto tempo liturgico dal quale prende il nome non è stato dimenticato dalla legislazione ecclesiale. Il can. 920 §2 formula un vero obbligo giuridico della Comunione nel periodo pasquale. Anche nel Codice orientale si parla della Comunione nel tempo pasquale e inoltre si raccomanda la confessione nei determinati tempi del digiuno e della penitenza. Infine nel Catechismo della Chiesa Cattolica leggiamo che la confessione annuale «assicura la preparazione all'Eucaristia attraverso la recezione del sacramento della Riconciliazione» (*CCC*, n. 2042) mentre la Comunione pasquale «garantisce il minimo in ordine alla recezione del Corpo e Sangue del Signore in relazione con le feste pasquali, origine e centro della liturgia cristiana» (*CCC*, n. 2042). In tale maniera la Chiesa ritorna — almeno a livello catechistico e pastorale — alla prospettiva della costituzione lateranense: della Comunione a Pasqua e della confessione in vista della degna recezione dell'Eucaristia.

Tutta la ricerca svolta dimostra quindi che l'unicità del precetto pasquale e annuale è stata salvaguardata e l'essenza della normativa lateranense è rimasta immutata durante i secoli dell'evoluzione. Alcuni elementi importanti della legislazione hanno invece subito dei profondi cambiamenti e trasformazioni, fino alla completa deroga di alcune esigenze formulate nella costituzione lateranense.

Per la costituzione *Omnis utriusque sexus* il concetto del *sacerdos proprius* è di fondamentale importanza. Il fedele risulta obbligato a confessarsi al proprio parroco, il quale dovrebbe conoscere le sue pecore e vegliare sulla loro prassi sacramentale. Presto la lettura restrittiva di questo concetto è temperata dai privilegi pontefici circa la confessione concessi agli Ordini Mendicanti. Durante tutto il medioevo perdura comunque la discussione sull'eventuale obbligo di adempiere il precetto della confessione annuale dal proprio parroco. Infine nelle decisioni dei papi del secolo XVI troviamo una conferma della possibilità di confessarsi ad ogni sacerdote con le facoltà necessarie. Da questo momento il ruolo del parroco proprio rimane rilevante soltanto per il precetto della Comunione pasquale, la quale, secondo il Rituale Romano, si deve ricevere nella propria parrocchia. Il parroco controlla l'adempimento di questo obbligo, mentre l'avvenuta confessione deve essere spesso accertata da un attestato sottoscritto dal confessore. Il Codice del 1917 si limita a raccomandare di comunicarsi nella propria parrocchia, senza menzionare in nessun modo il controllo e la verifica esterna della confessione annuale. Infine nel Codice del 1983 non troviamo nessuna menzione del sacerdote proprio, e nessuna indicazione del luogo dell'adempimento del precetto pasquale.

Con la diminuzione del ruolo del sacerdote proprio e del suo controllo circa l'adempimento o meno del precetto pasquale, scompaiono anche le pene previste per la trascuratezza del canone lateranense: l'interdetto dall'entrare in chiesa durante la vita e la negazione della sepoltura ecclesiastica dopo la morte. Già al tempo della vigenza del canone *Omnis utriusque sexus*, queste pene erano difficilmente applicabili. Nel Codice del 1917 poi non ritroviamo dichiarata nessuna sanzione legata con il precetto pasquale, e nondimeno nel Codice di Giovanni Paolo II.

In tal modo, senza il controllo esterno e le sanzioni canoniche, la libertà del fedele risulta valorizzata. Viene accordata la libera scelta del ministro e del luogo per la ricezione di ambedue i sacramenti. Inoltre oggi ogni fedele può valutare da solo se esiste una giusta causa per comunicarsi fuori del tempo pasquale. La Chiesa ripropone quindi il precetto pasquale con tutta la sua forza vincolante, ma affida il suo adempimento alla responsabilità di ogni fedele.

Un'evoluzione differente riguarda l'età del soggetto obbligato dalla doppia normativa sacramentale. La costituzione lateranense obbliga a confessarsi ed a comunicarsi ogni fedele pervenuto all'età della discrezione. Alla luce della dottrina dei canonisti anteriori e contemporanei al Concilio Lateranense IV l'età della discrezione risulta uguale a quella del presunto uso di ragione, e cioè sette anni. Successivamente appare la tendenza ad alzare l'età richiesta, fino ad equiparare l'età della discrezione con l'età della pubertà. Nel tardo medioevo viene comunemente accettata anche la distinzione tra una minore età della discrezione per la confessione, e una maggiore richiesta per potersi accostare alla Comunione. Tale interpretazione dell'età della discrezione regola la prassi in molte regioni della Chiesa fino al decreto *Quam singulari* di Pio X. In quest'ultimo documento, si ritorna alla lettura genuina della costituzione lateranense: l'età della discrezione, cioè dell'uso di ragione, si presume verso il settennio, e risulta uguale per ambedue i sacramenti. Tale dottrina viene recepita dalla codificazione del 1917. Il Codice del 1983 è meno preciso nel formulare l'età nella quale iniziano a vincolare i due obblighi. Tuttavia gli anni della discrezione richiesti per la confessione annuale rimangono correlati con l'età dell'uso di ragione, nella quale si dovrebbe ricevere la prima Comunione.

Infine l'ultimo elemento importante della normativa, del quale cambiava sia l'interpretazione sia la stessa formulazione, riguarda i peccati da confessare annualmente. Infatti l'espressione adoperata dal canone lateranense *omnia peccata sua confiteri* non distingue espressamente se tratta dei peccati gravi o veniali. I primi glossatori aggiungono la parola *gravia* al margine della costituzione lateranense e la giustificano con l'impossibilità di confessare tutti i peccati veniali. Nello stesso tempo alcuni dichiarano che per il diritto ecclesiale formulato dal Laterano IV ogni fedele è vincolato a confessarsi, anche se non ha commesso peccati gravi. Dato che l'obbligo di accostarsi ad ambedue i sacramenti è sottoposto al controllo del parroco e la sua non osservanza è minacciata delle sanzioni nel foro esterno, nella prassi viene sottolineata l'universalità del precetto per ogni fedele. Qualche autore suggerisce che il fedele con soli peccati veniali dovrebbe andare al sacerdote e dichiarare di non avere commesso gravi colpe. Nondimeno la prassi di confessare almeno i più importanti peccati veniali dei quali uno si ricorda rimane fortemente consigliata. Quando il Concilio di Trento definisce il precetto della confessione annuale come una determinazione della disposizione divina di confessare i peccati gravi, tale impostazione comporta in modo implicito l'esclusione dall'obbligo giuridico dei fedeli che non hanno commesso tali peccati. L'opinione sulla non obbligatorietà della confessione annuale dei peccati veniali risulta infatti prevalente tra i canonisti ed i moralisti posttridentini. Tuttavia l'opinione contraria esiste e neanche Papa Benedetto XIV vuole dirimere la controversia al riguardo. Durante la prima codificazione il Cardinale Gasparri propone di vincolare espressamente tutti i fedeli ad accedere annualmente al sacramento della penitenza, ma alla fine si decide di utilizzare l'espressione lateranense senza modifiche. Il cambiamento arriva soltanto con il Codice del 1983: viene finalmente precisato che sotto l'obbligo ricadono soltanto i fedeli con peccati gravi. La raccomandazione di confessarsi regolarmente anche senza aver commesso peccati gravi viene fatta nel Codice dei Canoni delle Chiese Orientali. Il Catechismo della Chiesa Cattolica presenta invece il precetto di confessare i propri peccati senza distinguerli, sollecitando in tal modo alla confessione annuale tutti i fedeli.

Nel nostro studio non era possibile trattare tutti gli argomenti in modo ugualmente dettagliato e approfondito, ma l'indagine svolta apre nuovi orizzonti di ricerca. Senza dubbio una analisi più ampia dei commentatori della costituzione *Omnis utriusque sexus* durante i 700 anni della sua permanenza in vigore arricchirebbe la comprensione dei singoli elementi della normativa lateranense. Inoltre tre importanti temi appaiono aperti a futuri approfondimenti: il ruolo della consuetudine nell'interpretazione e nella prassi del precetto pasquale; la normativa orientale al riguardo, anche quella particolare, e la sua storia; infine il valore e la portata giuridica dei precetti della Chiesa, attualmente contenuti nel Catechismo della Chiesa Cattolica.

Quanto all'ultima problematica menzionata, si tratta della prima formulazione universale dei precetti della Chiesa e nello stesso tempo dell'ultima redazione del precetto pasquale che ne fa parte. Sembra necessaria una ulteriore investigazione sul significato e sul ruolo di questi precetti nell'ordinamento giuridico della Chiesa. Di recente è avvenuto un cambiamento nel Codice del 1983, motivato tra l'altro dalla dottrina esposta nel Catechismo della Chiesa Cattolica[1]. È possibile tale cambiamento quanto al precetto pasquale? Non sarebbe forse opportuna una simile modifica nel campo della confessione annuale, seguendo il Catechismo nella formulazione che richiederebbe a ogni fedele la confessione annuale dei peccati, senza ulteriori distinzioni? Non risulterebbe propizio almeno raccomandare fortemente tale prassi a tutti i fedeli, dato che secondo il cardinale Gasparri da simili raccomandazioni «in un codice canonico non si può pre-

---

[1] Cf. BENEDETTO XVI, motu proprio *Omnium in mentem*, 26 ott. 2009, 260.

scindere»[2]? Perché non riproporre la consuetudine della confessione quaresimale, in vista della Comunione pasquale, come aveva fatto — nello spirito della costituzione lateranense — il concilio di Trento?

Sia i risultati della ricerca svolta, sia le domande che ci si pone oggi al riguardo, dimostrano che la normativa sulla Comunione e confessione annuale è di grandissima importanza per la vita della Chiesa. Il ripristino della confessione regolare e della sollecitudine per una degna ricezione dell'Eucaristia dipende in parte dal posto del precetto pasquale sia nella dottrina canonica, liturgica e morale, sia nella catechesi a molteplici livelli. In sintesi, la rinnovata prassi di "fare Pasqua" appare anche oggi un elemento indispensabile della pedagogia della fede. La Chiesa in una prospettiva per eccellenza pastorale non può rinunciare ad esigere il minimo della vita sacramentale di ogni fedele. Come infatti acutamente ha osservato il cardinale *Hostiensis*, il precetto pasquale è «pro salute animarum inductum, ergo non est negligendum, nec contra ipsum praescribi potest»[3].

---

[2] ASV, *Commissione Cod. Diritto Canonico*, scat. 90, «Osservazioni generali di alcuni consultori», nt. al margine dell'osservazione n. 3.

[3] HOSTIENSIS, in X. 5, 38,12, v. salutare.

SIGLE ED ABBREVIAZIONI

AAS	*Acta Apostolicae Sedis*
AKathKR	*Archiv für katholisches Kirchenrecht*
AMNam	Analecta Medievalia Namurcensia
APUG	Archivio Storico della Pontificia Università Gregoriana
ASS	*Acta Sanctae Sedis*
ASV	Archivio Segreto Vaticano
BOP	*Bullarium Ordinis FF. Praedicatorum*
BR	*Bullarium Romanum*
CCC	*Catechismo della Chiesa Cattolica* (ed. tipica 1997)
CCC/1992	*Catechismo della Chiesa Cattolica*, ed. 1992
CCEO	*Codex Canonum Ecclesiae Orientalium*
CCSL	Corpus Christianorum. Series Latina, Turnhout, 1956-
CCQL	*Constitutiones Concilii quarti Lateranensis una cum Commentariis glossatorum*, ed. García y García
CIC	*Codex Iuris Canonici*, promulgatus 1983
CIC/1917	*Codex Iuris Canonici*, promulgatus 1917
CLSt	The Catholic University of America Canon Law Studies
COD	*Conciliorum Oecumenicorum Decreta*
Collectanea	*Collectanea S. Congregationis de Propaganda Fide*
Col. Hispana	*La Colección Canónica Hispana*
Comm.	*Communicationes*
Commissione Cod. Diritto Canonico	Fondo della Commissione per la Codificazione del Diritto Canonico nel ASV
Compendio	*Catechismo della Chiesa Cattolica. Compendio* (ed. 2005)
CCath	Corpus Catholicorum, Werke katholischer Schriftsteller im Zeitalter der Glaubensspaltung, Münster 1919-
CR	Corpus Reformatorum, Melanchtonus Opera, Halis Saxonum 1834-
CSEL	Corpus Scriptorum Ecclesiasticorum Latinorum, Vienna 1866-

CT	Concilium Tridentinum Diariorum, Actorum, Epistolarum, Tractatuum nova collectio, Friburgi Brisgoviae, 1901-
DDC	*Dictionnaire de droit canonique*, ed. R. Naz, Paris 1935-1958
DH	*Enchiridion Symbolorum*, ed. H. Denzinger – P. Hünermann
DSP	*Dokumenty Soborów Powszechnych*
DTC	*Dictionnaire de théologie catholique*, ed. A. Vacant – E. Mangenot – É. Amann, Paris 1930-1972
EB	*Enchiridion Biblicum*, Documenti della Chiesa sulla Sacra Scrittura, Bologna 2004³
ed.	edito a cura di
EV	*Enchiridion Vaticanum*. Documenti ufficiali della Santa Sede, Bologna 1966-
fasc.	fascicolo
Fondo Ojetti	Fondo nell'APUG composto dai documenti di B. Ojetti
Fontes	CIC Fontes, ed. P. Gasparri – J. Serédi
Funk I	*Patres Apostolici*, I, ed. F. X. Funk, Tubingae 1901
HCO	*Histoire des conciles oecuméniques*
IP	*The Irish Penitentials*, ed. L. Bieler
Joannou	*Fonti*, Fascicolo IX, ed. P.P. Joannou
Mansi	*Sacrorum Conciliorum Nova et amplissima collectio*, ed. J. D. Mansi
MGH	Monumenta Germaniae Historica inde ab a. 500 usque ad a. 1500, Hannover – Berlin 1826-
MGH Capit.	Legum Sectio II. Capitularia Regum Francorum
MGH Capit. Episc.	MGH Capitula Episcoporum
MGH Conc.	MGH. Legum Sectio III. Concilia
MIC.G	Monumenta Iuris Canonici. Series A. Corpus Glossatorum, Roma 1969-
Ochoa	*Leges Ecclesiae*, ed. X. Ochoa
PCCICR	Pontificia Commissio Codici Iuris Canonici Recognoscendo
PCCICOR	Pontificia Commissio Codici Iuris Canonici Orientalis Recognoscendo
Periodica	*Periodica de re canonica*, 1991- (Periodica de re morali canonica liturgica, 1903-1990)
Pitra	*Iuris Ecclesiastici Graecorum Historia et Monumenta*, ed. I. B. Pitra
Potthast	*Regesta Pontificum Romanorum*, ed. A. Potthast
prop.	Propositio

QDE	*Quaderni del Diritto Ecclesiale*
RDC	*Revue de droit canonique*
RevSPhTh	*Revue des Sciences philosophiques e théologiques*
Rituale Romanum	*Rituale Romanum Pauli Quinti Pontificis Maximi Iussu Editum*
Rituale Romanum/1925	*Rituale Romanum Pauli V Pontificis Maximi jussu editum aliorumque pontificium cura recognitum atque auctoritate Ssmi D.N. Pii Papae XI ad normam Codicis Iuris Canonici accomodatum*
Salm.	*Salmanticensis*
S.C.	Sacra Congregazione
SC	Sources chretiènnes
scat.	Scatola
Schema de Eucharistia	*Codex Iuris Canonici* (sub secreto pontificio), Liber III, De rebus, Pars I De sacramentis, Titulus III. De sanctissima Eucharistia
Schema de Poenitentia	*Codex Iuris Canonici* (sub secreto pontificio), Liber III, De rebus, Pars I De sacramentis, Titulus IV. De poenitentia
Schema 1909	*Codex Iuris Canonici* (Sub secreto pontificio), Schema, Liber III, De Rebus, Roma 1909
Schema 1913	*Schema Codicis Iuris Canonici* (Sub secreto pontificio), Liber III, De Rebus, Romae 1913
SMRT	Studies in Medieval and Reformation Thought, Leiden 1966-
TG.DC	Tesi Gregoriana. Serie Diritto Canonico
Thesaurus	*Thesaurus resolutionum Sacrae Congregationis Concilii*
WA	D. Martin Luthers Werke, Weimar, 1883-
ZKTh	*Zeitschrift für katholische Theologie*

BIBLIOGRAFIA

1. Fonti

1.1 *Concili ecumenici (ordine cronologico)*

CONCILIO DI NICEA (325), *Canones*, in *COD*, 6-16; *DSP*, I, 26-46.

CONCILIO LATERANENSE II (1139), can. 10, in *DSP*, II, 148.

CONCILIO LATERANENSE III (1179), can. 25, in *DSP*, II, 200.

CONCILIO LATERANENSE IV (1215), *Costitutiones*, in *CCQL* 41-118; *DSP*, II, 220-324.

CONCILIO DI VIENNE (1311-1312), decr. 10, *Dudum a Bonifacio*, in *DSP*, II, 546-554 = Clem. 3,7,2.

CONCILIO LATERANENSE V (1512-1517), Sessio 11, bolla *Dum intra mentis*, in *DSP*, IV, 158-168.

CONCILIO TRIDENTINO (1545-1563), *Acta genuina sub Paolo III. Julio III. et Pio IV*, I, ed. A. Thainer, Zagrabiae, 1874.

———, *Acta post sessionem tertiam usque ad Concilium Bononiam translatum*, Tomus V, Actorum pars II (CT V), ed. S. Ehses, Friburgi Brisgoviae, 1911.

———, *Acta Concilii Bononiensis a Masarello conscripta*. Tomus VI, Actorum Pars III, vol. 1 (CT VI/1), ed. T. Freudenberger, Friburgi Brisgoviae, 1950.

———, *Vota patrum et theologorum originalia in Concilio Bononiensi prolata vel in scriptis data quotquot inveniri potuerunt*, Tomus VI, Actorum Pars III, vol. 2 (CT VI/2), ed. T. Freudenberger, Friburgi Brisgoviae, 1972.

———, *Summaria sententiarum theologorum super articulis lutheranorum de sacramentis purgatorio indulgentiis sacrificio missae in Concilio Bononiensi disputatis*, Tomus VI, Actorum pars III, vol. 3 (CT VI/3), ed. T. Freudenberger, Friburgi Brisgoviae, 1972.

CONCILIO TRIDENTINO (1545-1563), *Acta Concilii Iterum Tridentum Congregati a Massarello conscripta (1551-1552)*, Tomus VII, Actorum pars IV, vol. 1 (CT VII/1), ed. I. Brikner, T. Freudenberger, Friburgi Brisgoviae, 1956.

CONCILIO TRIDENTINO (1545-1563), *Orationes et vota Theologorum patrumque originalia in Concilio iterum Tridentum congregato prolata vel in scriptis data quotquot inveniri potuerunt cum actis miscellaneis*, Tomus VII, Actorum pars IV, vol. 2 (CT VII/2), ed. T. Freudenberger, Friburgi Brisgoviae, 1976.

———, Sessio 13, De sanctissimo eucharistiae sacramento, in CT VII/1, 200-204; *DSP*, IV, 444-458.

———, Sessio 14, De sanctissimis poenitentiae et extremae unctionis sacramentis, in CT VII/1, 343-359; *DSP*, IV, 482-512.

———, Sessio 21, De communione sub utraque specie et parvulorum, in *DSP*, IV, 606-612.

———, Sessio 25, dies secunda (25/B), II. De delectu ciborum, ieiunniis et diebus festis, in *DSP*, IV, 846.

1.2 *Pontefici (ordine alfabetico)*

ALESSANDRO IV (1254-1261), bolla *Non insolitum est,* 31 dic.1254, in *BR* 3, 595.

———, cost. *Romanus Pontifex*, 5 ott. 1256, in DH, nn. 840-844.

———, bolla *Cum olim quidam,* 18 gen.1259, in *BOP* 1, 369.

BENEDETTO XI (1303-1304), bolla *Inter cunctas*, 17 febr. 1304, in Extrav. com. 5,7,1; riassunto in Potthast, II, n. 25370.

BENEDETTO XIV (1740-1758), lett. enc. *Inter omnigenas*, 2 febr.1744, in *Fontes*, I, 803-813, n. 339.

———, lett. enc. *Inter praeteritos*, 3 dic. 1749, in *Fontes*, II, 265-287, n. 404.

———, lett. enc. *Magno cum*, 2 giugno 1751, in *Fontes*, II, 318-331, n. 413.

BENEDETTO XVI, motu proprio, 28 giugno 2005, *AAS* 97 (2005) 801-802.

———, allocuzione, 22 dic. 2005, *AAS* 98 (2006) 40-53.

———, allocuzione, 7 marzo 2008, in *Insegnamenti di Benedetto XVI*, 4 (2008) 1, 374-376.

———, motu proprio *Omnium in mentem*, 26 ott. 2009, *Comm.* 41 (2009) 260-262.

BONIFACIO VIII (1294-1303), bolla *Super Cathedram*, 18 febr. 1300, in Extrav. Com. 3,6,2 = Clem. 3, 7, 2; riassunto in Potthast, II, n. 24913.

CLEMENTE IV (1265-1268), bolla *Quidam temere*, 20 giugno 1265, in *BOP* 1, 455.

CLEMENTE VIII (1592-1605), bolla *Significatum fuit Nobis*, 12 dic. 1592, in *BOP* 5, 502.

EUGENIO IV (1431-1447), lett. *Fide digna*, 8 luglio 1440, in *Fontes*, I, 77, n. 53.

GIOVANNI XXII (1315-1334), bolla *Vas electionis,* 25 luglio 1321, in Extrav. com. 5, 3, 2.

GIOVANNI XXIII (1958-1963), cost. ap. *Sollicitudo omnium Ecclesiarum*, 29 giugno 1960, *AAS* 52 (1960) 551-554.

GIOVANNI PAOLO II (1978-2005), cost. ap. *Sacrae disciplinae leges*, 25 gen. 1983, *AAS* 75/II (1983) VII-XIV.

———, cost. ap. *Fidei Depositum*, 11 ottobre 1992, *AAS* 86 (1994) 113-118.

———, lett. ap. *Laetamur magnopere*, 15 agosto 1997, *AAS* 89 (1997) 819-821.

GREGORIO IX (1227-1241), bolla *Quoniam abundavit iniquitas,* 21 aprile – 10 maggio 1227, in *BOP* 1, 18-19.

INNOCENZO I (401-417), lett. 6, *Consulenti tibi*, 20 febr. 405, in WURM, H., ed., «Decretales selectae», *Apollinaris* 12 (1939) 56-78; *Fontes*, I, 18, n. 17.

———, lett. 25, «Ad Decentium», 19 marzo 416, in CABIÉ, R., ed., *La lettre du Pape Innocent Ier à Décentius de Gubbio*, Louvain 1973, 18-33.

INNOCENZO III (1198-1216), lett. *Vineam Domini* Sabaoth, 19 aprile 1213, in *DSP*, II, 214-219.

———, lett. *Quia maior nunc*, 19-29 aprile 1213, riassunto in Potthast, I, n. 4725.

———, «Sermo de diversis VI. In Concilio Generali Lateranensi habitus», in PL 217, 673-680.

———, «Sermo de sanctis XV. In die sancto parasceves», in PL 217, 525-530.

INNOCENZO IV (1243-1254), bolla *Quoniam abundavit iniquitas,* 24 marzo 1244, in *BOP* 1, 137.

———, bolla *Cum hora undecima*, 23 luglio 1253, in *BOP* 1, 237.

———, bolla *Etsi animarum*, 21 novembre 1254, citata da LANOI, I., *Explicata Ecclesiae Traditio*, 24-25; riassunto in Potthast, II, n. 15562.

INNOCENZO X (1644-1655), bolla, 7 febr. 1645, in *BR* 15, 362-363.

LEONE MAGNO (440-461), lett. 168 *Magna indignatione*, in PL 54, 1209-1211.

LEONE X (1513-1521), bolla *Exsurge Domine*, 15 giugno 1520, in *Dokumente zur Causa Lutheri (1517-1521)*, II, CCath 42, 364-411; DH, nn. 1451-1492.

LEONE XIII (1878-1903), lett. enc. *Trans Oceanum*, 18 aprile 1897, in *Fontes*, III, 512-515, n. 633.

———, lett. enc. *Mirae caritatis*, 28 maggio 1902, in *Fontes*, III, 578-588, n. 648.

MARTINO IV (1281-1285), bolla *Ad fructus uberes*, 10 gen. 1282, in *BOP* 2, 1-2.

ONORIO III (1216-1227), bolla *Quoniam habundavit iniquitas*, 18 gennaio 1221, in *BOP* 1, 11.

PIO X (1903-1914), motu proprio *Arduum sane munus*, 19 marzo 1904, *ASS* 36 (1903-04) 549-551.

PIO X (1903-1914), cost. *Tradita ab antiquis*, 14 sett. 1912, *AAS* 4 (1912) 609-617.

PIO XI (1922-1939), lett. apost. *Litteris Apostolicis*, *AAS* 21 (1929) 554-557.

SISTO IV (1471-1484), bolla *Vices illius*, 17 giugno 1478, in Extrav. com. 1, 9, 2.

SISTO V (1585-1590), bolla, 9 agosto 1586, in *BR* 9, 249-250.

1.3 *Dicasteri della Santa Sede*

SEGRETERIA DI STATO, lett.circ. *Pregatum mihi*, 25 marzo 1904, *ASS* 36 (1903-1904) 603-604.

———, «De praescriptis aliquorum codicis canonum», 20 agosto 1917, *AAS* 9 (1917) 475.

———, «Vota Summi Pontificis circa Sacramentum Paenitentiae», 28 agosto 1975, *Notitiae* 11 (1975) 220-222.

S.C. DEL S. UFFICIO, 23 marzo 1656, in *Fontes*, IV, 8-13, n. 730.

———, decr. 24 sett.1665, in *Fontes*, IV, 16-19, n. 734.

———, 13 nov. 1669, in *Fontes*, IV, 22, n. 741.

———, decr. 4 marzo 1679, in *Fontes*, IV, 30-35, n. 754.

CONGREGAZIONE PER LA DOTTRINA DELLA FEDE, «Normae pastorales circa absolutionem sacramentalem generali modo impertinendam», 16 giugno 1972, *AAS* 64 (1972) 510-514.

CONGREGAZIONE PER LE CHIESE ORIENTALI, istruzione, 6 gen. 1996, in *EV* 15 (1996) 6-93, nn. 5/235.

S.C. DEI RITI, *Tifernaten.* 22 marzo 1806, in *Fontes*, VIII, 2-3, n. 5825.

S.C. PER LA DISCIPLINA DEI SACRAMENTI, decr. *Quam singulari*, 8 agosto 1910, *AAS* 2 (1910) 577-583. trad. italiana in ZERBA, C., ed., *Nel cinquantenario del Decreto*, Appendice II, 93-102.

CONGREGAZIONE PER LA DISCIPLINA DEI SACRAMENTI e CONGREGAZIONE PER IL CLERO, dichiarazione *Sanctus Pontifex*, 24 maggio 1973, *AAS* 65 (1973) 410.

———, lett. circolare, 30 aprile 1976, *EV* S1, 600-607, nn. 618-622.

———, lett. circolare, 31 marzo 1977, in Ochoa, V, 7316-7317, n. 4507.

———, risposta al dubbio, 20 maggio 1977, *AAS* 63 (1977) 427.

CONGREGAZIONE PER IL CULTO DIVINO, decr. *Reconciliationem*, 2 dic. 1973, in *AAS* 66 (1974) 172-173.

S.C. CONCISTORIALE, «Normae et facultates», 10 dic. 1954, *AAS* 47 (1955) 91-92.

———, decr. 8 agosto 1959, *AAS* 51 (1959) 915-918.

S.C. DI PROPAGANDA DELLA FEDE, (*Sinarum*), 12 sett. 1645, in *Fontes,* VII, 12-18, n. 4459.

———, (*Pro Sin.*), 20 febr. 1801, in *Collectanea*, 283, n. 720.

S.C. DI PROPAGANDA DELLA FEDE, (C. G.), 21 sett. 1840, in *Fontes,* VII, 299-300, n. 4784.

———, (C.G.), 12 gen. 1869, in *Collectanea*, 287, n. 737.

———,„ instr. (ad Deleg. Ap. Aegypti), 30 apr. 1862, in *Fontes,* VII, 390-393, n. 4857.

———, lett. enc., 26 fevr. 1896, in *Fontes,* VII, 540, n. 4934.

———, Part., 30 ott. 1937, in Ochoa, I, 1832, n. 1396.

———, Formula facultatum decennalium Ordinariis locorum in territoriis Missionum tributarum», 1 gen. 1971, in *EV* 4, 44-52, nn. 32-71.

S.C. DEL CONCILIO, 15 marzo 1851, in *Thesaurus* 147, 478.

———, *Annecien.*, 21 luglio 1888, in *Thesaurus* 147, 474-487.

———, Indult. part., 18 nov. 1924, in Ochoa, I, 727-728, n. 619.

———, decr. 27 marzo 1929, in *Concilium Plenarium Lusitanum*, 5.

———, Rescriptum Part., 2 febr. 1960, in Ochoa, II, 4018, n. 2879.

CONGREGAZIONE PER IL CLERO, *Directorium Catechesticum generale*, 11 aprile 1971, Addendum «De primo accessu ad sacramenta paenitentiae et Eucharistiae», *AAS* 64 (1972) 173-176.

PONTIFICA COMMISSIONE PER LA CURA DEI MIGRANTI E ITINERANTI, decr. *Apostolatus Maris*, 24 sett. 1977, *AAS* 69 (1977) 737-746.

PONTIFICIA COMMISSIONE BIBLICA, «L'interprétation de la Bible dans l'Église», 15 aprile 1993, in *EB*, 1182-1361.

1.4 *Concili particolari (ordine alfabetico)*

CONCILIO DI ADGE (506), can. 18, in CCSL 148, 202.
CONCILIO DI ALBI (1254), can. 29, in Mansi, 23, 840.
CONCILIO DI ANCIRA (314), can. 6, in Joannou, I/2, 62.
CONCILIO ANONIMO (1200 ca.), can. 45, Mansi, 22, 728.
CONCILIO ANONIMO (1200 ca.), can. 24, in Mansi, 22, 733.
CONCILIO DI ANTIOCHIA (341), can. 2, in Joannou, I/2, 105-106.
CONCILIO DI AQUISGRANA (836), can. 22, in MGH Conc., II/1, 722.
CONCILIO DI ARLES (813), can. 26, in MGH Conc., II/1, 253.
CONCILIO DI ARLES (1273), cap. 19-20, in Mansi, 24, 152-153.
CONCILIO IV PLENARIO DI AUSTRALIA E NUOVA ZELANDA (1937), n. 383, in *Concilium Plenarium IV Australiae*, 72.
CONCILIO DI AVIGNONE (1282), cap. 5, in Mansi, 24, 442.
CONCILIO DI BAYEUX (1300), cap. 16, in Mansi, 25, 63.
CONCILIO DI BÉZIERS (1351), can. 12, in Mansi, 26, 250.
CONCILIO DI BORDEAUX (1255), cap. 5, in Mansi, 23, 858.
CONCILIO DI BOURGES (1286), cap. 13-14, in Mansi, 24, 631-634.
CONCILIO DI CHÂLON-SUR-SAÔNE (647-653), can. 8, in CCSL 148 A, 304.
CONCILIO DI CHÂLON-SUR-SAÔNE (813), *Canones*, in MGH Conc., II/1, 274-285.
CONCILIO CINESE (1924), n. 310, in *Primum Concilium Sinense*, 123.
CONCILIO DI COLONIA (1280), cap. 8, in Mansi, 24, 353-355.
CONCILIO DI COLONIA (1310), cap. 20, in Mansi, 25, 242.
CONCILIO DI ESTREGOM (1114), cap. 4, in Mansi, 21, 100.
GIOVANNI DI FLANDRIA, *Statuta synodalia* (1288), cap. 4-5, in Mansi, 24, 890-899.
GUIDO DE LA TOUR, *Statuta synodalia* (1268), cap. 7, in Mansi, 23, 1193-1200.
CONCILIO DI LUCCA (1308 ca.), can. 57, in Mansi, 25, 189.
CONCILIO DI MAGONZA (1261), can. 26, in Mansi, 23, 1090.
CONCILIO DI MÜNSTER (1279), cap. 17, in Mansi, 24, 318.
CONCILIO DI NARBONNE (1227), can. 7, in Mansi, 23, 23.
ODONE DI SULLY, *Synodicae Constitutiones*, in PL 212, 57-68.
CONCILIO DI PARIGI (829), cap. 32, in MGH Conc., II/1, 633.
PIETRO DA SAMPSON, *Statuta synodalia* (1252), in PONTAL, O., ed., *Les statuts synodaux français*, II, 264-453.

PIETRO QUIVEL (QUINEL), *Statuta Synodalia* (1287), cap. 5, in *Councils and Synods*, II/2, 991-995.

CONCILIO DI PONT-AUDEMER (1279), cap. 5, in Mansi, 24, 222.

CONCILIO PLENARIO DI PORTOGALLO (1926), n. 218 §1, in *Concilium Plenarium Lusitanum*, 81.

RAIMONDO DI CALMONT D'OLT (1289), *Statuta synodalia*, cap. 16, in Mansi, 24, 996-1004.

CONCILIO DI RATISBONA (799), can. 6, in Mansi, 13, 1027.

CONCILIO DI REIMS (813), can. 31, in MGH Conc., II/1, 256.

RICCARDO POVERO, *Statuta synodalia*, (1217-1219), in *Councils and Synods*, II/1, 57-96.

CONCILIO ROMANO (1960), Pars II, nn. 415-448, in *Prima Romana Synodus*, [Città del Vaticano 1960], 166-175.

CONCILIO DI ROUEN (1223), cap. 9, in Mansi, 22, 1199.

CONCILIO DI ROUEN (1235), can. 19, in Mansi, 23, 376.

CONCILIO II DI SAN PATRIZIO (VII secolo), can. 22, in *IP*, 192.

CONCILIO DI SENS (1269), cap. 4, in Mansi, 24, 5.

Statuta synodalia Ecclesiae Gerundensis (1257 ca.), in Mansi, 23, 927-931.

STEFANO LANGTON, *Statuta de Canterbury* (1213-1214), in *Councils and Synods*, II/1, 23-36.

CONCILIO DI TARRAGONA (1329), can. 67, in Mansi, 25, 870.

CONCILIO I DI TOLEDO (400), can. 13, in *Col. Hispana*, IV, 334.

CONCILIO III DI TOLEDO (589), can.11, in *Col. Hispana*, V, 117-118.

CONCILIO IV DI TOLEDO (633), can. 7, in *Col. Hispana*, V, 193-194.

CONCILIO DI TOLOSA (1229), can. 13, in Mansi, 23, 197.

CONCILIO DI TREVIRI (1227), can. 3, in Mansi, 23, 27.

CONCILIO DI TREVIRI (1277), cap. 3, cann. 6-18, in Mansi, 24, 194-195.

UDALRICO DI AUGSBURG, *Sermo Synodalis*, in PL 135,1071-1074.

WALTER DA CANTILUPE, *Statuta synodalia* (1240), in *Councils and Synods*, II/1, 294-325

CONCILIO DI WÜRZBURG (1298), cap. 21, in Mansi, 24, 1195-1202.

1.5 Fonti bibliche e liturgiche

De Sacra Communione et de Cultu Mysterii Eucharistici extra Missam, ed. typica, Rituale Romanum ex Decreto Sacrosancti Oecumenici Concilii Vaticani II instauratum auctoritate Pauli PP. VI promulgatum, Vaticano 1973.

Liber Sacramentorum Gellonensis. Textus, ed. A. Dumas, CCSL 159, Turnholti 1981.

Nuovo Testamento Greco-Italiano, ed. E. Nestle – K. Aland, a cura di B. Corsani e C. Buzzetti, Roma 1996[27].

Ordo Poenitentiae, ed. typica, Rituale Romanum ex Decreto Sacrosancti Oecumenici Concilii Vaticani II instauratum auctoritate Pauli PP. VI promulgatum, Vaticano 1974.

Rituale Romanum Pauli Quinti Pontificis Maximi Iussu Editum, Urbini 1742.

Rituale Romanum Pauli V Pontificis Maximi jussu editum et a Benedicto XIV. auctum et castigatum cui novissima accedit Benedictionum et Instructionum Appendix, Tornaci Nerviorum, 1886.

Rituale Romanum Pauli V Pontificis Maximi jussu editum aliorumque pontificium cura recognitum atque auctoritate Ssmi D.N. Pii Papae XI ad normam Codicis Iuris Canonici accomodatum, Romae 1925.

Rituel Romain du pape Paul V a l'usage du diocese d'Alet. Avec les Instructions et les Rubriques en François, Paris 1667.

Sacramentarium Fuldese Saeculi X, ed. G. Richter e A. Schönfelder, Quellen und Abhandlungen IX, Fulda 1912.

1.6 *Fonti patristiche*

AMBROGIO, *De Sacramentis,* ed. O. Faller, in CSEL 73, Vinobonae 1955, 13-85.

AGOSTINO, *In Epistolam Ioannis ad Parthos tractatus decem,* in PL 35, 1977-2062.

AGOSTINO, lett. 54, «Ad inquisitiones Ianuarii. Liber primus», ed. A. Goldbacher, in CSEL 34, Pragae-Vindobonae-Lipsiae 1895, 158-168.

———, *Sermo IX (Tractatus sancti Augustini de decem chordis sermo habitus chusa),* ed. C. Lambot, in CCSL 41, Turnholti 1961, 105-151.

BASILIO, «Ek tēs pros kaisarian patrikian epistoles», cap. 94, *Peri kononias,* in Joannou, II, 191-193.

CIPRIANO, *Epistulae 1-57,* ed. G. F. Diercks, CCSL 3B, Turnhout 1994.

———, *De Dominica Oratione,* ed. C. Moreschini, in CCSL 3A, Turnhout 1976, 87-113.

———, *De Lapsis,* ed. M. Bévenot, in CCSL 3, Turnhout 1972, 215-242.

CIRILLO DI ALESSANDRIA, *Epistola canonica ad Domnum,* in Pitra, I, 650-653; Joannou, II, 276-381.

CLEMENTE D'ALESSANDRIA, *Quis dives salvetur,* in PG 9, 603-651.

CLEMENTE ROMANO, *I Epistola ad Corinthios,* in Funk I, 99-185.

ERMA, *Pastor,* in Funk, I, 414-639.

GIOVANNI CRISOSTOMO, *In epistolam ad Ephesios commentarius*. Omelia III, in PG 62, 23-30.

―――, *In epistolam primam ad Timotheum commentarius*. Omelia V in PG 62, 525-530.

GIROLAMO, *Commentariorum in Matheum*, ed. D. Hurst – M. Adriaen, CCSL 77, Turnhout 1969.

―――, lett. 49 (48), «Apologeticum ad Pammachium», ed. I. Hilberg, in CSEL 54, Vindobonae 1996², 350-387.

―――, lett. 71, «Ad Lucinum Beaticum», ed. I. Hilberg, in CSEL 55, Vindobonae-Lipsiae 1912, 1-7.

GREGORIO DI NISSA, *Epistola canonica ad sanctum Letoium Melitines episcopum*, in Pitra, I, 619-629; Joannou, II, 203-226.

IRENEO DI LIONE, *Adversus Haereses*, lib. III, ed. A. Rousseau – L. Doutreleau, SC 211, Paris 1974.

ISIDORO, *De ecclesiasticis officiis*, ed. C.M. Lawson, CCSL 113, Turnholti 1989.

ORIGENE, *Homeliés sur la Genèse*, ed. L. Doutreleau, SC 7bis, Paris 1976.

POLICARPO, *Epistula ad Philippenses*, in Funk I, 296-313.

SOCRATE SCOLASTICO, *Historia Ecclesiastica*, in PG 67, 32-842.

SOZOMENO, *Historia Ecclesiastica*, in PG 67, 843-1630.

TERTULLIANO, *De Idolatria*, ed. A. Reifferscheid, G. Wissowa, in CCSL 2, Turnhout 1954, 1099-1124.

―――, *De Oratione*, ed. G. F. Diercks, in CCSL 1, Turnhout 1954, 255-274.

―――, *De Paenitentia*, ed. J.G. Ph. Borleffs, in CCSL 1, 319-340.

TIMOTEO DI ALESSANDRIA, *Responsa canonica*, in Pitra, I, 634-643.

1.7 *Collezioni giuridiche (ordine alfabetico)*

ANSEGISO, *Capitularium*, in MGH Capit., I, ed. A. Boretius, Hannoverae 1883, 394-446.

ATTO DI VERCELLI, *Capitulare*, in PL 134, 27-52.

BIELER, L., ed., *The Irish Penitentials*, Sciptores Latini Hiberniae V, Dublin 1963.

Bullarium Maronitarum, complectens bullas, brevia, epistolas, constitutiones aliaque documenta a Romanis Pontificibus ad Patriarchas Antiochanos syro-maronitorum missa, ed. Tobiae Anaissi, Romae 1911.

Bullarium Ordinis FF. Praedicatorum, ed. T. Ripoll, I – V, Romae 1729-1733.

Bullarium Romanum. Bullarium Diplomatum et Privilegiorum sanctorum romanorum pontificum, ed. Taurensis, III-XV, Augustae Taurinorum 1858-1868.

BURCARDO DI WORMS, *Decretum,* in PL 140, 537-1058.

Clementinae (Clementis Papae V. Constitutiones), in *Corpus Iuris Canonici*, ed. A. Friedberg, Graz 1955, 1129-1200.

Collectanea S. Congregationis de Propaganda Fide seu Decreta Instructiones Rescripta pro apostolicis missionibus, Romae 1893.

COLOMBANO, *Paenitentiale*, versione "A" in *IP*, 98-106; versione "B", in *IP*, 96-98.

Concilia aevi Karolini, pars 1, MGH Conc., II, Legum sectio III, Hannoverae – Lipsiae, 1906.

Concilia Galliae, I (314-506), ed. C. Munier, CCSL 148, Turnholti 1963.

Concilia Galliae, II (511-695), ed. C.de Clercq, CCSL 148 A, Turhhout 1963.

Concilii Quarti Lateranensi Rubricae, in *CCQL* 139-172.

Conciliorum Oecumenicorum Decreta, ed. G. Alberigo – al., Bologna 2002^2.

Concilium Plenarium IV Australiae et Novae Zelandiae habitum apud Sydney a die 4^a ad diem 12^{am} mensis septembris Anno Domini 1937. Editio officialis [Sydney 1937].

Concilium Plenarium Lusitanum Olisippone actum an. 1926 Acta et decreta, editio officialis, Lisboa [1929].

Constitutiones Apostolorum, in *Didascalia et Constitutiones Apostolorum*, I, ed. F.X. Funk, Paderbornae, 1905; ed. critica: *Les Constitutions Apostoliques*, ed. M. Metzger, I-III, SC 320; 329; 336, Paris 1985-1987.

Constitutiones Concilii quarti Lateranensis una cum Commentariis glossatorum, ed. García y García, MIC.G II, Città del Vaticano 1981.

Councils and Synods with other documents relating to the English Church, II (1205-1313), ed. F.M. Powicke – C.R. Cheney, Oxford, 1964.

CRODEGANGO DI METZ, *Regula canonicorum,* in PL 89, 1059-1120.

Decretales D. Gregorii Papae IX suae integrati una cum glossis restitutae, Venetiis 1604.

Decretalium D. Gregorii Papae IX. Compilatio (Liber Extra), in *Corpus Iuris Canonici*, II, ed. A. Friedberg, Graz 1955, 3-928.

Decretum Gratiani una cum glossis domini Joannis Theutonici prepositi Alberstatensis, Venetiis 1514.

Decretum Magistri Gratiani, in *Corpus Iuris Canonici*, I, ed. A. Friedberg, Graz 1955.

Didachē (*Doctrina Duodecim Apostolorum*), in Funk I, 2-37; ed. critica: *Didachè* (*La doctrine des Douze Apôtres*), ed. W. Rordorf, A. Tuilier, SC 248, Paris 1978.

Digesta Iustiniani, ed. T. Mommsen – P. Krueger, in *Corpus Iuris Civilis*, I, Berolini 1922[14].

Dokumenty Soborów Powszechnych, I-IV, ed. A. Baron – H. Pietras, Kraków 2005.

Extravagantes communes (*Extravagantes decretales, quae a diversis romanis pontificibus post sextum emanaverunt*), in Corpus Iuris Canonici, II, ed. A. Friedberg, Graz 1955, 1237-1312.

GASPARRI, P. – SERÉDI, J., ed., *Codicis Iuris Canonici Fontes*, I-IX, Romae 1923-1939.

IVO DI CHARTRES, *Decretum*, in PL 161, 47-1022.

JOANNOU, P.P., ed., *Fonti, Fascicolo IX, Discipline Générale Antique (IVe – IXe)*, I-III, Grottaferrara (Roma), 1962-1964.

La Colección Canónica Hispana, IV-V, ed. G.M. Diez – F. Rodriguez, Madrid 1984-1992.

Liber sextus decretalium D. Bonifacii Papae VIII, Clementis Papae V Constitutiones, Extravagantes tum viginti D. Ioannis Papae XXII tum communes. Haec omnia cum suis glossis integrati restituta et ad exemplar Romanum diligenter recognita, Venetiis 1605.

MANSI, J.D., ed., *Sacrorum Conciliorum Nova et amplissima collectio*, Florentiae – Venetiis – Paris – Arnhem&Leipzig, 1759-1924.

OCHOA, X., ed., *Leges Ecclesiae post codicem iuris canonici editae*, I-VI, Roma 1966-1987.

Paenitentiale Cordubense, in CCSL 156 A, 45-79.

Paenitentiale Merseburgense, versione "a", in CCSL 156, 123-169; versione "b", in CCSL 156, 171-177.

Paenitentiale Oxoniense I, in CCSL 156, 87-93.

Paenitentiale pseudo-Theodori, ed. C. van Rhijn, CCSL 156 B, Turnhout 2009

Paenitentialia minora Franciae et Italiae saeculi VIII-IX, ed. R. Kottje, CCSL 156, Turnholti 1994.

Paenitentialia Hispaniae, ed. F. Bezler, CCSL 156 A, Turnholti 1998.

PITRA, B.I., ed., *Iuris Ecclesiastici Graecorum Historia et Monumenta. I. A primo p. c. n. ad VI saeculum*, Romae 1864-1868.

PONTAL, O., ed., *Les statuts synodaux français du XIIIe siècle. II. Les statuts de 1230-1260*, Paris 1983.

Prima Romana Synodus, [Città del Vaticano 1960].

Primum Concilium Sinense anno 1924 a die 14 maii ad diem 12 iunii in Ecclesia s. Ignatii de Shanghai (Zi – Ka – Wei) celebratum. Acta – Decreta et normae – Vota, Zi – Ka – Wei 1930.

Quinque Compilationes antique necnon collectio canonum lipsiensis, ed. Aemilius Friedberg, Graz 1956.

Statuta quaedam sanctii Bonifacii, in Mansi, 12, 383-388.

TEODULFO DI ORLEANO, *I Capitulare*, in MGH Capit. episc., pars I, ed. P. Brommer, Hannover 1984, 103-142.

Thesaurus resolutionum Sacrae Congregationis Concilii, vol. 147 (anno 1888), ed. C. Santori, F. Simoneschi, Romae [s.d.].

1.8 *Fonti codiciali e legislativi*

1.8.1 Codificazione del 1917

Animadversiones episcoporum et superiorum regularium in Lib. III Codicis (Riassunto delle Osservazioni dei vescovi e superiori regolari al libro III del Codice [ad Sch. 1913]), in APUG, fasc. 2033/III.

Archivio Segreto Vaticano (ASV), Fondo della Commissione per la Codificazione del Diritto Canonico (*Commissione Cod. Diritto Canonico*), scatole nn. 1-2; n. 6; n. 8; n. 32; nn. 43-44; nn. 49-50; n. 53; nn. 86-87; n. 90.

Archivio della Pontificià Università Gregoriana (APUG), *Fondo Ojetti*, fascicoli nn. 976-1977; n. 1980; nn. 1984-1987; nn. 2037-2040; n. 2048; nn. 2053-2055; nn. 2058-2060.

BUCCERONI, I., *Votum*, Codex Iuris Canonici, Liber Tertius, Titulus IV. *De poenitentia*, Romae, 1904, in ASV, *Commissione Cod. Diritto Canonico*, scat. 8; scat. 32; scat. 53.

Codex Iuris Canonici Pii X Pontificis maximi iussu digestus Benedicti Papae XV auctoritate promulgatus. Praefatione, fontium annotatione et indice analytico-alphabetico ab emo Pietro card. Gasparri auctus, Romae 1917.

Codex Iuris Canonici (sub secreto pontificio), Liber III, De rebus, Pars I De sacramentis, Titulus III. De sanctissima Eucharistia (Schema de Eucharistia) [s.d], in ASV, *Commissione Cod. Diritto Canonico*, scat. 8; scat. 43; scat. 53.

Codex Iuris Canonici (sub secreto pontificio), Liber III, De rebus, Pars I De sacramentis, Titulus IV. De poenitentia (Schema de Poenitentia) [s.d.], in ASV, *Commissione Cod. Diritto Canonico*, scat. 8; scat. 44; scat 53.

Codex Iuris Canonici (sub secreto pontificio) Liber III De rebus, Roma 1909 (*Schema 1909*), in APUG, *Fondo Ojetti*, fasc. 1976; ASV, *Commissione Cod. Diritto Canonico*, scat. 50.

COMMISSIONE CODIFICATRICE, lett. *Perlegisti*, 6 aprile 1904, ASS 37(1904-05) 130-131.

KLUMPER, B., ed., *Postulata Episcoporum in ordine digesta*, Romae 1905.

———, r.p. votum, *Appendix ad Postulata Episcoporum*, Romae 1908, in ASV, *Commissione Cod. Diritto Canonico*, scat. 6.

MANY, S., *Votum*, Codex Iuris Canonici, Liber Tertius, Pars I, Titulus III, *De Sanctissima Eucharistia*, Romae 1905, in ASV, *Commissione Cod. Diritto Canonico*, scat. 8; scat. 32; scat. 53.

MÜLLER, A., *Votum*, Codex Iuris Canonici, Liber Tertius, Titulus IV. *De poenitentia*, Romae 1905, in ASV, *Commissione Cod. Diritto Canonico*, scat. 8; scat. 32; scat. 53.

PEZZANI, H., *Votum*, Codex Iuris Canonici, LiberTertius, Pars I, Titulus III, *De Sanctissima Eucharistia*, Romae 1905, in ASV, *Commissione Cod. Diritto Canonico*, scat. 8; scat. 32; scat. 53.

PONTIFICIA COMMISSIONE PER L'INTERPRETAZIONE AUTENTICA DEL CODICE DEL DIRITTO CANONICO, *Resp. part. circa cc. 12, 859 et 906*, 3 gen. 1918, in Ochoa, I, 103, n. 70.

———, risposta, 24 febr. 1920, *AKathKR* 101(1921) 68.

Schema Codicis Iuris Canonici (Sub secreto pontificio) Sanctissimi Domini Nostri Pii PP. X Codex Iuris Canonici cum notis Petri card. Gasparri Liber Tertius De Rebus (*Schema 1913*), Romae 1913, in ASV, *Commissione Cod. Diritto Canonico*, scat. 86; APUG, Fondo Ojetti, fasc. 1985-1987.

Studi preparatori alla Codificazione del Diritto canonico II. Voti dei Consultori e schemi approvati dalla Consulta, in ASV, *Commissione Cod. Diritto Canonico*, scat. 8.

1.8.2 Codificazione del Codice 1983

PCCICR, «Acta Comissionis», *Comm.* 1 (1969) 32-55

———, *Codex Iuris Canonici. Schema novissimum*, Vaticano 1982.

———, «Coetus studiorum De Sacramentis», *Comm.* 4 (1972) 51-59; 10 (1978) 71;13 (1981) 417-418; 31 (1999) 144-145. 194. 206. 234. 275-276. 290-295. 305. 313; 32 (2000) 46. 125. 132.

———, «Relatio complectens synthesim animadversionum ab Em.mis atque Exc.mis Patribus Commissionis ad novissimum schema Codicis Iuris Canonici exhibitarum, cum responsionibus a Secretaria et Consultoribus datis. Liber IV *De Ecclesiae munere sanctificandi* (Cann. 789-1204)», *Comm.* 15 (1983) 170-253.

PCCICR, *Schema Codicis Iuris Canonici*, Vaticano 1980.

―――, *Schema documenti Pontificii quo disciplina canonica de sacramentis recognoscitur*, Vaticano 1975.

―――, «Syntesis Generalis Laboris Pontificiae Commissionis Codici Iuris Canonici Recognoscendo», *Comm.* 36 (2004) 183-236.

PONTIFICIA COMMISSIONE PER L'INTERPRETAZIONE AUTENTICA DEL CODICE DEL DIRITTO CANONICO, *Codex Iuris Canonici auctoritate Ioannis Pauli PP. II promulgatus*. Fontium annotatione et indice analytico-alphabetico auctus, Città del Vaticano 1989.

1.8.3 Codificazione del *CCEO* (ordine alfabetico)

PCCICOR, «*Denua recognitio* dello schema dei canoni sul Culto divino e Sacramenti», *Nuntia* 15 (1982) 3-97.

―――, «I canoni sulla Penitenza e sull'Unzione degli infermi (Archim. Giuseppe Ferrari – Relator)», *Nuntia* 6 (1978) 56-66.

―――, «Schema canonum de culto divino et praesertim de sacramentis», *Nuntia* 10 (1980) 3-64.

PONTIFICIO CONSILIO PER L'INTERPRETAZIONE DEI TESTI LEGISLATIVI, *Codex Canonum Ecclesiarum Orientalium auctoritate Ioannis Pauli PP. II promulgatus*. Fontium annotatione actus, Città del Vaticano 1995.

1.9 *Opere dei riformatori (ordine alfabetico dei nomi)*

BUCERO, M., *Refutatio locorum Eckii*, in *Opera Latina*, I, ed. C. Augutijn, P. Fraenkel, M. Lienhard, SMRT 30, Leiden, 1982, 239-256.

―――, *Epistola Apologetica*, in *Opera Latina*, I, ed. C. Augutijn, P. Fraenkel, M. Lienhard, SMRT 30, Leiden, 1982, 75-225.

―――, *Consilium Theologicum privatim conscriptum*, in *Opera Latina*, IV, ed. P. Fraenkel, SMRT 42, Leiden-New York-Kobenhavn-Köln, 1988.

―――, *Consilium de Pace Ecclesiae*, in *Opera Latina*, V, ed. P. Fraenkel, SMRT 83, Leiden-Boston-Köln, 2000, 143-154.

CALVINO, G., *Institutio Christianae religionis 1536*, in *Opera selecta*, ed. P. Barth, I, München 1926, 11-284.

―――, *Institutio Christianae religionis 1559*, lib. III, in *Opera selecta*, ed. P. Barth, G. Niesel, IV, München 1968[3].

LUTERO, M., *Instructio pro confessione peccatorum* (1518), in WA 1, 258-265.

―――, *Sermo de poentitentia* (1518), in WA 1, 319-324.

LUTERO, M., *Sermo de digna praeparatione cordis pro suscipendo Sacramento Eucharistie* (1518), in WA 1, 329-334.

———, *Confitendi ratio* (1520), in WA 6, 158-169.

———, *Responsio Lutherana ad condemnationem doctrinalem per Magistros Nostros Lovanienses et Colonienses factam* (1520), in WA 6, 181-195.

———, *De captivitate Babylonica ecclesiae praeludium* (*La cattività babilonese della Chiesa*, 1520), in *Opere scelte,* 12, ed. F. Ferrario – G. Quartino, Torino 2006, 53-348.

———, *Von der Beichte, ob die der Papst macht habe zu gepieten* (1521), in WA 8, 138-185.

———, *Unterricht der Visitatoren an die Pfarrherren im Kurfürstentum Sachsen* (1528), *in Herzog Heinrichs zu Sachsen Fürstentum* (1538, 1539), *im Bistum Naumburg* (1545), in WA 26, 195-240.

———, *Vom Abendmahl Christi Bekenntnis* (1528), in WA 26, 261-509.

———, *Il grande Catechismo* (1529), in *Opere scelte,* 1, ed. F. Ferrario, Torino 1998, 98-332.

MELANTONE, F., *Loci thelogici B*. Prima eorum aetas, 1521-1525 (*Loci communes rerum theologicarum seu Hypoteses theologicae*), in CR 21, ed. H. E. Bindseil, Brunsvigae 1854, 81-227.

———, *Loci thelogici C*. Secunda eorum aetas, 1535-1541 (*Loci communes theologici recens collecti et recogniti*), in CR 21, ed. H. E. Bindseil, Brunsvigae 1854, 331-560.

———, *Loci theologici D*. Tertia eorum aetas, 1543-1559 (*Loci praecipui theologici nunc denuo cura et diligentia summa recogniti, multisque in locis copiose illustrati*), in CR 21, ed. H. E. Bindseil,, Brunsvigae 1854, 601-1106.

———, *Catechesis puerilis*, (1532-1558), in CR 23, ed. H. E. Bindseil, Brunsvigae 1855, 117-190.

———, *Confessio Augustana Ipsa* (1530), in CR 26, ed. H. E. Bindseil, Brunsvigae, 1858, 263-415.

———, *Apologia Confessionis Augustanae. B. Altera* (1531), in CR 27, ed. H. E. Bindseil, Brunsvigae, 1859, 419-646.

———, *Doctrina de Poenitentia* (1549), in CR 23, ed. H. E. Bindseil, Brunsvigae 1855, 649-666.

1.10 *Altri fonti*

CASTIGLIONI, L. – MARIOTTI, S., *Vocabolario della lingua latina*, [Milano] 1996.

Catechisme de l'Église Catolique, Paris 1992; trad. italiana *Catechismo della Chiesa Cattolica*, Città del Vaticano 1992.

Catechismo della Chiesa Cattolica. Compendio, Città del Vaticano 2005.

Catechismo Maggiore (*Compendio della Dottrina Cristiana*), promulgato da san Pio X (1905), Milano 1981³.

Catechismus Ecclesiae Catolicae, Vaticano 1997, trad. italiana *Catechismo della Chiesa Cattolica*, Città del Vaticano 1999.

Catechismus Romanus seu Catechismus ex decreto Concilii Tridentini ad Parochos Pii Quinti Pont. Max. Iussu editus, ed. P. Rodrigez – al., Vaticano – Navarra, 1989.

DENZINGER, H. – HÜNERMANN, P., ed., *Enchiridion Symbolorum definitionum declarationum de rebus fidei et morum*, Bologna 2009⁴⁰ (quinta edizione bilingue).

Die Confutatio der Confessio Augustana vom 3. August 1530, ed. H. Immenkötter, CCath 33, Münster 1979.

Dokumente zur Causa Lutheri (1517-1521), I-II, ed. P. Fabisch und E. Iserloh, CCath 41-42, Münster 1988-1991.

POTTHAST, A., ed., *Regesta Pontificum Romanorum,* inde ab a post Christum natum 1198 ad A. 1304, I-II, Berolini 1874.

SONDEL, J., *Słownik łacińsko-polski dla prawników i historyków*, Kraków 2003.

2. Libri e articoli

ABBO, JA – HANNAN, J. D., *The sacred canons. A concise presentation of the current disciplinary norms of the Church*, St. Louis – London, 1960².

ALAIN DE LILLE, *Liber Poenitentialis*, II, ed. J. Longère, AMNam 18, Louvain – Lille, 1965.

ALBERIGO, G., ed., *Storia dei concili ecumenici,* Brescia 1990.

ALCUINUS, «Epistula 138», in MGH *Epistolarum* Tomus IV. Karolini aevi II, ed. E. Duemmler, Berolini 1895, 216-220.

ALEXANDER HALENSIS, *Glossa in Quatuor Libros Sententiarum Petri Lombardi*, IV. In librum quartum, Florentiae 1957.

ALLO, E.-B., *Saint Paul. Première épitre aux Corinthiens*, Paris 1934.

ALPHONSO MARIA DE LIGORIO, *Theologia Moralis*, ed. L. Gaudé, vol. III, lib. 6, Romae 1909.

ALTHAUS, R., «Commento al 920», in *Münsterischer Kommentar zum Codex Iuris Canonici*, ed. Klaus Lüdicke, 920/1-4.

AMATO, A., *I pronunciamenti tridentini sulla necessità della confessione sacramentale nei canoni 6-9 della sessione XIV (25 novembre 1551). Saggio di Ermeneutica Conciliare*, Roma 1974.

———, «Il catechismo: dalle origini al *CCC*», in *La catechesi al traguardo. Studi sul Catechismo della Chiesa Cattolica*, ed. A. Amato – E. dal Covolo – A.M. Triacca, Roma 1997, 11-26.

ANDRIEUX, L., *La Première Communion*, Paris 1911.

ANGELUS DE CLAVASIO, *Summa angelica de casibus conscientialibus*, Venetiis 1578.

ANNIBALDUS ANNIBALEDENSIS, *Scriptum secundum D. Thomae Aquinatis doctoris Angelici in quatuor libros sententiarum*, Romae 1570.

ANTONINUS FLORENTINUS, *Summa Theologica*, I-III, Verona 1740.

AUGUSTINE, C., *A commentary on the new canon law*. III/4. On the Sacraments and Sacramental (can. 726-1011, 1144-1153), St. Louis – London, 1920.

DE BACIOCCHI, J., *L'Eucharistie*, Tournai 1964.

BALLERINI, A. – PALMIERI, D., *Opus theologicum morale*, IV-V, Roma 1900^3.

BARBAGLIO, G., *La prima lettera ai Corinzi*, Bologna 1995.

BARRET, C.K., *The Gospel According to St John*, London^{2}1978.

BELLARMINUS, R., *De poenitentia*, in *Opera Omnia*, III, Neapoli 1858, 577-745.

———, *Dichiarazione più copiosa della Dottrina Cristiana composta in forma di dialogo*, in *Opera Omnia*, VI, Neapoli 1862, 163-204.

———, *Dottrina Cristiana breve perché si possa imparare a mente. Composta per ordine di n.s. Papa Clemente VIII*, in *Opera Omnia*, VI, Neapoli 1862, 143-162.

BENEDETTO XIV (LAMBERTINI, P.), *De sacramentis*, in *Opera inedita*, ed. F. Heiner, Friburgi Brisgoviae 1904, pars III, 193- 456.

———, *De synodo diocesana*, in *Opera omnia in tomos XVII distribuita*, XI, Roma 1844.

———, *Notificazioni, editti ed istruzioni pubblicate per il buon governo della sua diocesi*, I-II, Venezia 1792; trad. latina: *Institutiones ecclesiasticae*, in *Opera omnia in tomos XVII distribuita*, X, Roma 1844.

BENEDETTO XVI (RATZINGER, J.) – SCHÖNBORN, C., *Breve introduzione al Catechismo della Chiesa Cattolica*, Roma 2005^2.

BENEDETTO XVI (RATZINGER, J.), «De paenitentia et de prima Communione puerorum litterae archiepiscopi monacensis et frisingensis», *Notiatiae* 13 (1977) 603-608.

BENEDETTO XVI (RATZINGER, J.), «Il Catechismo della Chiesa cattolica e ottimismo dei redenti», in BENEDETTO XVI (RATZINGER, J.) – SCHÖNBORN, C., *Breve introduzione al Catechismo della Chiesa Cattolica*, Roma 2005², 9-35.

———, «Natura e finalità del Catechismo della Chiesa Cattolica e inculturazione della fede», in *Un dono per oggi. Il catechismo della Chiesa Cattolica*, ed. T. Stenico, [Milano] 1992, 29-39.

BERNARD, P., «Confession (Du Concile de Latran au Concile de Trente)», in *DTC* III/1, 894-924.

BERNARDUS PAPIENSIS, *Summa Decretalium*, ed. E.A.Th. Laspeyers, Ratisbonae 1860.

BERNHARD, J., «Le sacrament de pénitence au concile de Trente», *RDC* 34 (1984), 249-273.

BERTONE, T., *Il governo della Chiesa nel pensiero di Benedetto XIV (1740-1758)*, Biblioteca di scienze religiose 21, Roma 1977.

BETTI, U., «Appunto sulla mia partecipazione alla revisione ultima del nuovo Codice di Diritto Canonico» in D.J. ANDRÈS, ed., *Il processo di designazione dei vescovi. Storia, legislazione, prassi*. Atti del X Symposium Canonistico-romanistico, 24-28 aprile 1995, in onore del Rev.mo P. Umberto Betti, O.F.M., Città del Vaticano 1996, 27-45.

BETTI, U., «In margine al nuovo Codice di Diritto Canonico» *Antonianum* 58 (1983) 628-647.

BIELER, L., «Introduction», in *IP*, 1-51.

BILCZEWSKI, J., *Eucharystia w świetle najdawniejszych pomników piśmiennych, ikonograficznych, epigraficznych*, Lwów-Kraków 2004².

BLAT, A., *Commentarium textus iuris canonici*. Liber III. De rebus, pars I. De sacramentis, Romae 1924².

BONAVENTURA, *Commentaria in Quatuor Libros sententiarum magistri Petri Lombardi*, IV. In Quartum Librum Sententiarum, in *Opera Omnia*, IV, ed. PP. Collegii S. Bonaventura, Ad Aquas Claras 1889.

———, *Quare Fratres Minores praedicent et confessiones audiant*, Opusculum XIV, in *Opera Omnia*, VIII, ed. PP. Collegii S. Bonaventura, Ad Aquas Claras 1898, 375-386.

BOUIX, D., *Tractatus de Parocho ubi et de vicariis parochialibus. Institutiones Iuris Canonici in varios tractatus divisae*, Parisiis 1855.

BOURQUE, E., *Histoire de la Pénitence-Sacrament*, Québec 1947.

———, *Étude sur les sacramentaires romains*. I. Les textes primitifs, Studi di antichità cristiana pubblicati per cura del Pontificio Istituto di Archeologia Cristiana 20, Roma 1948.

BRAECKMANS, L., *Confession et communion au moyen âge et au concile de trente*, Gembloux 1971.

DE LA BROSSE, O. – al., *Latran V et Trente*, HCO 10, Paris 1975.

BROWE, P., «Die Kommunionvorbereitung im Mittelalter», *ZKTh* 56 (1932) 375-415.

——, «Die Pflichtbeichte im Mittelalter», *ZKTh* 57 (1933) 335-383.

——, *Die Pflichtkommunion im Mittelalter*, Münster 1940.

BROWN, R.E., *The Epistles of John*, New York 1982.

——, *The Gospel Accoding to John*, I-II, New York 1970.

CABIÉ, R., ed., *La lettre du Pape Innocent Ier à Décentius de Gubbio*. Texte critique, traduction et commentaire, Louvain 1973.

CALLIARI, P., «Perché fu negata la sepoltura ecclesiastica a Paganini?», *Laurentianum*, nuova serie, 9 (2001) 1, 118-135.

CANISIUS, P., *Catechismus Maior seu Summa Doctrinae Christianae Ante-Tridentina* (1555-1565), in *Catechismi Latini*, I/1, ed. F. Streicher, Romae – Monachii Bavariae, 1933, 3-207.

——, *Catechismus minimus* (1556-1568), in *Catechismi Latini*, I/1, ed. F. Streicher, Romae – Monachii Bavariae, 1933, 265-271.

——, *Catechismus Minor seu Parvus Catechismus Catholicorum* (1559-1597), in *Catechismi Latini*, I/1, ed. F. Streicher, Romae-Monachii Bavariae, 1933, 211-261.

CANO, M., *Relectio de sacramento Penitentiae*, in *Opera*, III, Romae 1890, 265-445.

CAPPELLO, F.M., *De aetate admittendorum ad primam Communionem eucharisticam seu Commentarium in decretum «Quam singulari»*, Romae 1911.

——, *De Sacramentis Tractatus Canonico-Moralis*, I. *De sacramentis in genere, de Baptismo, Confirmatione et Eucharistia*, Romae 1938^3; Romae 1962^7.

——, *De Sacramentis Tractatus Canonico-Moralis*, II/1, De Poenitentia, Romae 1938^3.

CARLOTTI, P., «La vita in Cristo. Considerazioni sulla terza parte del *CCC*», in *La catechesi al traguardo. Studi sul Catechismo della Chiesa Cattolica*, ed. A. Amato – E. dal Covolo – A.M. Triacca, Roma 1997, 367-398.

CARPIN, A., *La confessione tra il XII e il XIII secolo. Teologia e prassi nella legislazione canonica medievale*, Sacra Doctrina 51 (2006), n. 3-4, Bologna 2006.

CASEL, O., *Faites ceci en mémoire de moi*, Lex Orandi 34, Paris 1962.

Casus Parisienses in Conclium Quatrum Laternanense. Auctore forsan Vincentio, in *CCQL*, 465-475.

Casus Anonymi Fuldenses in Concilium Quatrum Lateranense, in *CCQL*, 483-490.

CHAINE, J., *Épitre de saint Jacques*, Paris 1927.

———, *Les épitres catholiques,* Paris 1939.

CHENDERLIN, F., *"Do this as my memorial". The semantic and Conceptual Background and Value of 'Anámnesis' in 1 Corinthians 11:24-25*, Analecta Biblica 99, Roma 1982.

CHIAPPETTA, L., *Dizionario del Nuovo Codice del Diritto canonico*. Prontuario teorico-pratico, Napoli 1986.

CHWASTYK, A., *Diritto e negazione delle esequie ecclesiastiche. Evoluzione storica e legislazione attuale*, Roma 2010 (non pubblicata).

DE CLERCQ, C., *Des sacrements, Traité de droit canonique*, II, ed. R. Naz, Paris 1954².

CLINTON, C., *The paschal precept. An historical synopsis and commentary*, CLSt n. 73, Washington D.C. 1932.

COLLINS, R.F., *First Corinthians*, Collegeville, Minnesota, 1999.

CONGAR, Y., «Comment Luther devint Luther», *Lumière et vie* 31 (1982) 77-86.

———, «"Ius divinum"», *RDC* 28 (1978), Études offertes à Jean Gaudemet, I, 108-122.

CONNELL, F.J., «A First Communion Problem», *The American Ecclesiastical Review* 152 (1965) 422-424.

———, «First Communion Without Confession», *The American Ecclesiastical Review* 151 (1964) 267-269.

CONTARINI, G., *Confutatio Articolorum seu Quaestionum Lutheranorum*, in *Gegenrefomatorische schriften* (1530 c.- 1542), ed. F. Hunermann, CCath 7, Münster 1923, 1-22.

CONTE A CORONATA, M., *De sacramentis*, I, Roma 1943.

COTHENET, E., *Exégèse et liturgie*, I, Lectio Divina 133, Paris 1988.

CROTTY, M.M., *The Recipient of First Holy Communion. A historical synopsis and commentary*, CLSt n. 247, Washington D. C. 1947.

DAMASUS, *Apparatus in Concilium Quartum Lateranense*, in *CCQL*, 419-458.

DAMIZIA, G., «Commento al can. 920», in *Commento al Codice del Diritto canonico,* ed. P.V. Pinto, Città del Vaticano 2001², 564.

DAVID, B., «Le sacrement de réconciliation. I. Confession annuelle», *Esprit et Vie* 103 (1993) 174.

DE PAOLIS, V., «Il sacramento della penitenza», in LONGHITANO A. – *al.*, *I sacramenti della Chiesa*, Bologna 1989, 163-234.

De vera et falsa poenitentia, in PL 40, 1114-1130.

DODD, C.H., *L'interprétation du quatrième évangile*, Lectio Divina 82, Paris 1975.

D'OSTILIO, F., *La Storia del nuovo Codice del Diritto Canonico. Revisione – Promulgazione – Presentazione*, Città del Vaticano 1983.

DOUTRELEAU, L., «Introduction. *Homélies sur la Genèse*», in SC 7 bis, 9-22.

DUARDO, L., *Commentaria in cap.* Omnis utriusque sexus, etc. *ubi varia disputantur et enucleantur*, I, Neapoli 1684².

DUBLANCHY, E., «Commandements de l'Eglise», in *DTC*, III/1, 388-393.

DUNGERSHEIM, H., *Articuli sive libelli triginta* (1525), in *Schriften gegen Luther*, ed. T. Freudenberger, CCath 39, Münster, 1987, 98-245.

DUNS SCOT, J., *Ordinatio*, lib. IV, in *Opera Omnia*, editio minor, III/2, ed. G. Lauriola, Alberobello 2001, 415-1399.

EBELING G., *Lutero: l'itinerario e il messagio*, in M. LUTERO, *Opere scelte. Introduzione*, Torino 1988.

ECK, J., *De sacrificio missae libri tres* (1526), ed. E. Iserloh, V. Pfnür, P. Fabisch, CCath 36, Münster 1982.

ERDÖ, P., *Storia delle Fonti del Diritto Canonico*, Venezia 2008.

ERICUS AB HOSZUFALU, *De obligatione confitendi et communcandi apud theologos et canonistas inde a Gratiano et Petro Lombardo usque ad Concilium Lateranense IV (1215). Studium iuridico-historicum*, Barcelona 1935.

ERNST, J., «Die Zeit der ersten hl. Kommunion und die "Jahre der Unterscheidung" seit dem IV. allgem. Konzil vom Lateran (1215)», *AKathKR* 1927 (107) 433-499.

ERRÁZURIZ, C.J., «Le disposizioni richieste per ricevere l'Eucaristia», *Ius Ecclesiae* 19 (2007) 37-54.

ESCUDE CASALS, G., *La doctrina de la confesiòn integra desde el Concilio de Letrán hasta el Concilio de Trento*. Excerpta ex dissertatione ad Lauream in Facultate Theologica PUG, Barcelona 1967.

FALSINI, R., «Il precetto pasquale», *Rivista di Pastorale Liturgica* 32 (1994) 5, 26-29.

FANTAPPIÈ, C., *Chiesa Romana e modernità giuridica*, I-II, Milano 2008.

FELICI, P., «A che punto è la preparazione del Codice?», *Comm.* 1 (1969) 71-75.

FERME, B.E., «*Quinque Compilationes Antiquae:* a turning-point in the history of canon law», in *Iustitia in caritate*, Fs. Velasio De Paolis, ed. J.J. Conn, L. Sabarese, Città del Vaticano 2005, 41-56.

FERRARIS, L., *Bibliotheca canonica iuridica moralis theologica nec non ascetica polemica rubricistica historica*, II-III, Romae 1886-1887.

FITZMYER, J.A., *First Corinthians,* New Haven – London 2008.

———, *The Gospel According to Luke (X-XXIV)*, New York 1985.

FONTAINE, J., «Pénitence publique e conversion personelle: l'apport d'Isidore de Séville à l'évolution médievale de la pénitence», *RDC* 28 (1978) 130-140.

FOREVILLE, R., *Lateran I, II, III et Lateran IV*, HCO 6, Paris 1965.

FRANSEN, F., «Réflexions sur anathème au Concile de Trente (Bologne, 10-24 settembre)», *Ephemerides Theologicae Lovanienses* 29 (1953) 657-672.

FRANSEN, G. – KUTTNER, S., «Avant-Propos», in *Summa "Elegantius in iure divino" seu Coloniensis*, ed. G. Fransen – S. Kuttner, MIC.G, I/1, New York, 1969, pp. XI-XIV.

GANOCZY, A., *Calvin, théologien de l'Eglise et du ministère*, Unam Sanctam 48, Paris 1964.

GARCÍA Y GARCÍA, A., *Historia del Concilio IV Lateranense de 1215*, Bibliotheca oecumenica salamanticensis 31, Salamanca 2005.

———, «Introducción. Casus Anonymi Fuldenses in Concilium Quartum Lateranense», in *CCQL*, 479-481.

———, «Introducción. Casus Parisenses in Concilium Quartum Lateranense», in *CCQL*, 460-464.

———, «Introducción. Concilii Quarti Lateranensis Constitutiones», in *CCQL*, 3-39.

———, «Introducción. Concilii Quarti Lateranensi Rubricae», in *CCQL*, 121-138.

———, «Introducción. Damasi Apparatus in Concilium Quartum Lateranense», in *CCQL*, 387-416.

———, «Introducción. Joannis Teutonici Apparatus in Concilium Quartum Lateranense», in *CCQL*, 175-185.

———, «Introducción. Vincentii Hispani Apparatus in Concilium Quartum Lateranense», in *CCQL*, 273-285.

GASPARRI, P., *Tractatus canonicus de Sanctissima Eucharistia*, II, Parisiis – Lungduni 1897.

GAUDEMET, J., «Un débat sur la confession au milieu du XIIe siècle», *RDC* 34 (1984) 246-248.

GAUDEMET, J., *Storia del Diritto Canonico*, Milano 1998.

GERSON, J., *Regulae morales*, in *Oeuvres comlètes*, ed. Glorieux, IX, Paris – Tournai – Rome – New York 1973, 94-132, n. 434

———, *Pro pueris Ecclesiae Parisiensis*, in *Oeuvres comlètes*, ed. Glorieux, IX, Paris – Tournai – Rome – New York 1973, 686-689, n. 478.

GILLMANN, F., «Die "anni discretionis" im Kanon Omnis utriusque sexus (c. 21 conc.Lat. IV)», *AKathKR* 1928 (108) 556-617 = ed. Mainz, 1929.

———, «Der Kommentar des Vincentius Hispanus zu den Kanones des vierten Laterankonzils (1215)», *AKathKR* 109 (1929) 223-274.

GOFFREDUS DE TRANO, *Summa in titulos Decretalium*, Venetiis 1586.

GRAMUNT, I., «Commento al can. 920», in *Commentario Exegético al Código de Derecho Canonico*, ed. A. Marzoa – J. Miras – R. Rodríguez Ocaña, Pamplona 1995, 639-640.

GRELOT, P., *Corps et sang du Christ en gloire*, Lectio divina 182, Paris, 1999.

GRĘŹLIKOWSKI, J., «Komunia wielkanocna w polskim ustawodastwie synodalnym XIII-XVIII wieku», *Prawo Kanoniczne* 57 (2014)/3, 127-163.

GUILLAUME DURAND, *Instructions et constitutions*, ed. J. Berthelé – M. Valmary, Montpellier 1905.

GUILLELMUS ALTISSIODORENSIS, *Summa Aurea*, IV, ed. Ribaillier, Paris-Roma, 1985.

GY, P.-M., «Latran IV e la confession de l'obligation», *RSPhTh* 82 (1998) 471-472.

———, «Le précepte de la confession annuelle (Latran IV, C. 21) et la détection des hérétiques. S. Bonaventure et S. Thomas contre S. Raymond de Peñafort», *RSPhTh* 58 (1974) 444-450.

———, «Le précepte de la confession annuelle et la necéssité de la confession», *RSPhTh* 63 (1979) 529-547.

HARTIN, P.J., *James*, Collegeville, Minessota, 2003.

HENRICUS VIII, *Assertio septem sacramentorum adversus Martinum Luterum*, ed. P. Fraenkel, CCath 43, Münster, 1992.

HENRICUS DE OLDENDORP, *Repetitio Capituli Omnis utriusq[ue] sexus de penitentijs et remissionibus*, Memmingen 1490.

HORTAL, J., *Os sacramentos da Igreja na sua dimensão canônico-pastoral*, [Rio de Janerio]1987.

HOSIUS, S., *Confessio Catholicae fidei Christiana*, in *Opera Omnia*, I, Coloniae Agrippinae 1639, 1-418.

HOSTIENSIS (HENRICUS DE SEGUSIO), *Aurea Summa*, Venetiis 1581

———, *In quintum decretalium librum commentaria*, Venetiis 1581.

HUELS, J.M., «Commento al can. 920», in *New commentary on the Code of Canon Law*, ed. J. P. Beal – J.A.Coriden – T.J. Green, New York – Mahwah, 1990, 1114.

IGNAZIO DI LOYOLA, *Esercizi Spirituali*, ed. G. Mucci, Roma 2006.

INNOCENZO IV (SINNIBALDUS FIESCHI), *In V. libros decretalium Commentaria*, Venetiis 1570.

IOANNES ANDREAE, *In quintum Decretalium librum Novella Commentaria*, Venetiis 1581.

IUNG, N., «Communion», in *DDC*, III, 1098-1180.

JEDIN, H., *Storia del Concilio di Trento*, I-III, Brescia 1973-1982².

JEREMIAS, J., *La dernière Cène. Les paroles de Jésus*, Lectio Divina 75, Paris 1975.

JOHANNES DE BREITENBACH, *Repetitio capituli 'Omnis utriusque sexus' De poenitentiis et remissionibus*, Leipzig 1493, [accesso: 11.05.2010], http://diglib.hab.de/inkunabeln/502-5-theol-2f-3/start.htm.

JOHANNES TEUTONICUS, *Apparatus in Concilium Quartum Lateranense*, in *CCQL*, 187-270.

JOHNSON, L.T., *The Gospel of Luke*, Collegeville, Minnesota, 1991.

———, *The letter of James*, New York 1995.

JOMBART, E., «Confession», in *DDC*, IV, 46-64.

JUNGMANN, J.A., *La liturgie des premiers siècles jusqu'à l'époque de Grégoire le Grand*, Lex Orandi 33, Paris 1962.

KELER, K., «Praktyka Pokuty i pojednania w świetle ewolucji historycznej», *Homo Dei* 53 (1984) 107-114.

KELLY, G.E., *The years of discretion for confession*, CLSt n. 466, Washington, D.C., 1968.

KIRSCH, P.A., «Der *sacerdos proprius* in der abendlandischen Kirche vor dem Jahre 1215», *AKathKR* 84 (1904) 527-537.

KOSECKI, B., «Wyznanie grzechów w praktyce pokuty Kościoła na Zachodzie», *Ruch Biblijny i liturgiczny* 29 (1976) 67-74.

KUBIAK, P., *L'assoluzione generale nel Codice di Diritto Canonico (cann. 961-963) alla luce della dottrina del Concilio di Trento sull'integrità della confessione sacramentale*, TG.DC 7, Roma 1996.

KUTTNER, S., *Harmony from Dissonance. An interpretation of Medieval Canon Law*, Latrobe 1960.

———, *Kanonistische Schuldlehre von Gratian bis auf die Dekretalen Gregors IX. Systematisch auf Grund der handschriftlichen Quellen dargestellt*, Città del Vaticano, 1935.

LANOI, I., *Explicata Ecclesiae Traditio circa canonem* Omnis utriusque sexus, Paris 1672.

LAURENTIUS, I., *Institutiones Iuris Canonici. Quas in usum scholarum*, Friburgi Brisgoviae 1914³.

LECLER, J., *Vienne*, HCO 8, Paris 1964.

LEFEBVRE, CH., «Damasus», in *DDC*, IV, 1014-1019.

LEGENDRE P., *La pénétration du droit romain dans le droit canonique classique de Gratien a Innocent IV (1140-1254)*, Paris 1964.

LONGÈRE, J., ed., *Alain de Lille. Liber Poenitentialis. I. Introduction doctrinale e littéraire,* AMNam 17, Louvain – Lille 1965.

LIGIER, L. – *al.*, *La penitenza. Dottrina, storia, catechesi e pastorale,* Quaderni di Rivista Liturgica n. 9, Torino 1967.

LIGIER, L., «Il sacramento della Penitenza secondo la Tradizione orientale», in LIGIER, L. – *al.*, *La penitenza*, Torino 1967, 145-175.

LONGHITANO A. – *al.*, *I sacramenti della Chiesa*, Bologna 1989.

LÓPEZ-ILLANA, F., *Il sacramento dell'Eucaristia. Riflessione teologico-canonica*, Roma 2007.

LORÌA, R., «La Penitenza nei secoli. Excursus storico sull'istituto penitenziale nella Chiesa», in LIGIER, L. – *al.*, *La penitenza*, Torino 1967, 177-224.

LOZANO ZAFRA, A. E., *La integridad de la confesion ¿Precepto Positivo Divino o Norma Eclesiástica?*. Excerpta ex Dissertazione ad Doctoratum in Facultate Iuris Canonici PUG, Roma 1977.

LLOBEL, J. – DE LEÓN, E. – NAVARRETE, J., *Il libro "De processibus" nella codificazione del 1917. Studi e documenti*, I, Milano 1999.

LÜDICKE, K., «Commento al can. 989», in *Münsterischer Kommentar zum Codex Iuris Canonici*, ed. Klaus Lüdicke, 989/1.

LUPI, M., «"Morosi al soddisfacimento". L'osservanza del precetto pasquale a Perugia negli ultimi anni dello Stato Pontificio», *Studi e materiali di storia delle religioni* 53 (1987) 205-218.

LYDON, P.J., *Ready Answers In Canon Law. A Practical Summary of the Code for the Parish Clergy*, New York – *al.*, 1948³.

MADEN, J., «Confession before Communion», *Australasian Catholic Record* 43 (1966) 217-222.

MCMANUS, F.R., «Commento ai cann. 988-989», in *New commentary on the Code of Canon Law*, ed. J. P. Beal – J.A.Coriden – T.J. Green, New York – Mahwah, 1990, 1169-1172.

MANZANAREZ, J., «L'eucaristia», in LONGHITANO A. – *al.*, *I sacramenti della Chiesa*, Bologna 1989, 77-162.

MARZOA, A., «Commento al can. 920», in *Codice di Diritto Canonico e leggi complementari commentato*, ed. J. I. Arrieta, Roma 2004, 621.

MARRANZINI, A. – DI MARINO, A., *Il sacramento della penitenza. Analisi storica e prospetttive pastorali*, Napoli 1972.

MARTINELLI, R., «Dall'edizione francese all'edizione latina del *CCC*», in *La catechesi al traguardo. Studi sul Catechismo della Chiesa Cattolica*, ed. A. Amato – E. dal Covolo – A.M. Triacca, Roma 1997, 473-479.

MELLONI, A., «I sette concili "Papali" medievali», in ALBERIGO, G., ed., *Storia dei concili ecumenici,* Brescia 1990, 194-204.

METZGER, M., «La pénitence dans les Constitutions Apotoliques», *RDC* 34 (1984) 224-234.

MICHAUD-QUANTIN, P., *Sommes de casuistique et manuels de confession au moyen âge (XII – XVI siècles)*, AMNam 13, Louvain – Lille – Montreal 1962.

MICHEL-JEAN, C., «Pénitence et confession», *Parole et Pain au service de renouveau* 25 (1968) 65-69.

MIGLIAVACCA, A., *La «confessione frequente di devozione»: studio teologico-giuridico sul periodo fra i Codici del 1917 e del 1983*, TG.DC 17, Roma 1997.

———, «La "confessione frequente di devozione": studio teologico-giuridico sul periodo fra i Codici del 1917 e del 1983», *Periodica* 87 (1998) 7-38.

———, «Prima Comunione dei fanciulli», in *Iniziazione cristiana: confermazione ed Eucaristia*, Quaderni della Mendola 17, Milano 2009, 153-191.

MOLONEY, F. J., *The Gospel of John,* Collegeville, Minnesota, 1998.

MOLDO, R., «Sens de la faute et/ou sens du péché. Les jeunes confrontés au processus individuel et collectif de la réconciliation», *RDC* 34 (1984) 274-290.

MOSCONI, M., «La condizione canonica del fedele incorso nelle sanzioni penali», *QDE* 12 (1999) 170-190.

MOUREAU, H., «Communion Eucharistique (dottrine generale)», in *DTC*, III/1, 480-514.

MUNIER, C., «La pastorale pénitentielle de saint Césaire d'Arles (503-543)», *RDC* 34 (1984) 235-246.

MUSSONE, D., *L'Eucaristia nel Codice di Diritto Canonico. Commento ai cann. 897-958*, Città del Vaticano 2002.

NÁJERA, F.B., *El Código de Derecho Canónico traducido y comentado*, II. Derecho sacramental, Cadiz 1945.

NAVARRETE, U. «Annotationes. *S.C. Consistorialis decretum de facultatibus et gratiis pro America Latina et pro Insulis Philippinis*», *Periodica* 49 (1960) 245-250.

NAZ, R., «Benoît XIV», in *DDC*, II, 742-761.

NICOLAU, M., «La comunión y la vida de la gracia», *Revista Española de Theologia* (1958) 35-59.

NIEDERWIMMER, K., *The Didache. A Commentary*, Minneapolis 1998.

NOCENT, A., «La riconciliazione dei penitenti nella Chiesa del VI e X secolo», in LIGIER, L. – al., *La penitenza*, Torino 1967, 226-240.

O'CALLAGHAN, D. F., «Questions on spiritual communion and the paschal precept», *The Irish Ecclesiastical Record* 105 (1966) 267-68.

OCHOA, X., *Vincentius Hispanus. Canonista boloñes del siglo XIII*, Romae 1960.

OHST, M., *Pflichtbeichte. Untersuchungen zum Busswesen im Hohen und Späten Mittelalter*, Tübingen 1995.

OJETTI, B., *Synopsis rerum moralium et iuris pontificii*, I, Romae 1909^3.

O'KANE, J. – FALLON, M. J., *Notes on the rubrics of The roman ritual. New edition completely revised in accordance with the latest (1925) editio typica of the rituale romanum, and decrees of the sacred congregations*, Dublin 1938.

OKULIK, L., «Pio X e la comunione eucaristica nelle celebrazioni nei riti orientale e latino», in *L'eredità giuridica di san Pio X*, ed. A. Cattaneo, Venezia 2006, 313-322.

ORLANDI, G., «Benedetto XIV, S. Alfonso Maria de Liguori e i Redentoristi», in *Benedetto XIV (Prospero Lambertini). Convegno Internazionale di studi storici, Cento 6-9 dic. 1979*, ed. M. Cecchelli, I, Cento (Ferrara) 1981, 607-627.

ORR, W.F. – WALTHER, J.A., *I Corinthians*, New York 1976.

PALLAVICINO, S., *Istoria del concilio di Trento*, II, Roma 1833.

PANORMITANUS (NICCOLÒ DI TEDEUSCHI), *Commentaria in quartum et quintum decretalium*, Venetiis, 1591.

PARK YANG-UNG, A., *La disciplina della confessione annuale in Corea dal secolo XVIII ai nostri giorni. Profilo storico, giuridico e pastorale*, Roma 1979 (Dissertazione al dottorato alla PUU, non pubblicata).

PASSAVANTI, I., *Lo specchio della vera penitenza*, Firenze^{2}1863.

PASTUSZKO, M., «Chrześcijanin jako penitent (kanony 987-991)», *Prawo Kanoniczne* 39 (1996) 3-4, 65-155 = *Sakrament pokuty i pojednania*, Kielce 2004, 434-522.

PASTUSZKO, M., *Najświętsza Eucharystia według Kodeksu Prawa Kanonicznego Jana Pawła II*, Kielce 1997.

———, *Sakrament pokuty i pojednania*, Kielce 2004.

———, «Wielkanocna Komunia Święta», *Prawo Kanoniczne* 30 (1987) 1-2, 77-91 = *Najświętsza Eucharystia według Kodeksu Prawa Kanonicznego Jana Pawła II*, Kielce 1997, 190-201.

PAUCAPALEA, *Summa über das Decretum Gratiani*, ed. J.F. von Schulte, Darmstadt 1965.

PAUL, J.J., *The recipient of the sacrament of penance*, CLSt n. 425, Washington D. C. 1962.

PAYEN, J.C., «La pénitence dans le contexte culturel des XIIe et XIIIe siècles. Des doctrines contritionistes aux pénitentiels vernaculaires», *RSPhTh* 61(1977) 399-428.

PAVIĆ, I., *De Communione Parvulorum et de initio usus rationis. Studium historico-iuridicum et novissimi iuris interpretatio*, Excerpta ex dissertatione ad lauream in facultate Iuris Canonici PUG, Romae 1952.

PERLASCA, A., «La prima confessione dei fanciulli nel dinamismo dell'iniziazione cristiana», *QDE* 18 (2005) 79-102.

PETRUS LOMBARDUS, *Sententiae in IV libris distinctae*, II, liber III et IV, ed. Ad Claras Aquas, Grottaferrata (Romae) 1981.

DEL POZZO, M., «I precetti della Chiesa sui sacramenti: obbligo personale e vincolo sociale», *Ius Ecclesiae* 25 (2013)/1, 13-34.

PRIVITERA, S., «Sez. I. La vocazione dell'uomo: la vita nello Spirito», in *Catechismo della Chiesa Cattolica. Testo integrale e commento teologico*, ed. R. Fisichiella, [Casale Monteferrato] 2004^2, 951-970.

PROVOST, J.H., «The reception of first penance», *The Jurist* 47 (1987) 294-340.

RAIMUNDUS DE PENNAFORTE, *Responsiones ad dubitabilia circa communicationem christianorum cum sarracenis*, in *Summa de matrimonio*, Universa Biblioteca Iuris, I/C, ed. X. Ochoa – A. Diez, Roma 1978, 1021-1036.

———, *Summa de Paenitentia*, Universa Biblioteca Iuris, I/B, ed. X. Ochoa – A. Diez, Roma 1976.

RAMOS-REGIDOR, J., *Il sacramento della penitenza. Riflessione teologica biblico-storico-pastorale alla luce del Vaticano II*, Torino 1972.

RATHERIUS VERONENSIS, «Epistula 25», in MGH *Die Briefe Der Deutschen Kaiserzeit*, I. Die Briefe des Bischofs Rather von Verona, ed. F. Weigle, Weimar 1949, 124-137.

REGATILLO, E.F., *Casos de Derecho Canónico*, II, Santander 1931.

———, *Ius sacramentarium*, Santander 1960^3.

REGATILLO, E.F., *Questiones canónicas de Sal Terrae ordenadas y acomodadas al nuevo código canónico*, I-II, Santander 1927-28.

Répertoire des statuts synodaux des diocèses de l'ancienne France, ed. A. Artonne – L. Guizard – O. Pontal, Paris 1969².

RINCÓN-PÉREZ, T., «Commento al can. 989», in *Codice di Diritto Canonico e leggi complementari commentato*, ed. J. I. Arrieta, Roma 2004, 659-660.

———, *La liturgia y los sacramentos en el derecho de la Iglesia*, Pamplona 1988.

ROBERT OF FLAMBOROUGH, *Liber Poenitentialis*, ed. J.J. Francis Firth, Toronto 1971.

ROLANDUS, *Summa*, ed. F. Thaner, Innsbruck 1874.

ROSSO, S., «Eucaristia e precetti tra storia e teologia», *Rivista di Pastorale Liturgica* 43 (2005) 6, 3-9.

ROUSSEAU, L. – REMIGGI, F.W., «Le renouveau religieux montréalais au XIXe siècle: une analyse spatio-temporelle de la pratique pascale», *Studies in Religion/Sciences Religieuses* 21 (1992) 431-454.

RUFINUS, *Summa decretorum*, ed. H. Singer, Paderborn 1902.

SALACHAS, D., «Commento al can. 708», in *Commento al Codice dei Canoni delle Chiese Orientali*, ed. P.V. Pinto, Città del Vaticano 2001, 595-596.

———, «Commento al can. 719», in *Commento al Codice dei Canoni delle Chiese Orientali*, ed. P.V. Pinto, Città del Vaticano 2001, 604.

———, *Teologia e disciplina dei sacramenti nei codici latino e orientale. Studio teologico-giuridico comparativo*, Bologna 1999.

SÁNCHEZ CARO, J.M., «"Probet autem seipsum homo"(1 Kor 11, 28). Influjo de la praxis penitencial eclesiastica en la interpretación de un texto biblico», *Salm.* 32 (1985) 293-334.

A SANCTIS FABREGAS, M., «Estne opportunum sola venialia confiteri?», *Periodica* 28 (1939) 5-24.

SCHEIBLE, H., *Filippo Melantone*, Torino 2001.

SCHNACKENBURG, R., *The Gospel according to St. John*, II-III, Kent 1980-1982.

SCHÖNBORN, C., «Breve introduzione alle quattro parti del Catechismo» in BENEDETTO XVI (RATZINGER, J.) – SCHÖNBORN, C., *Breve introduzione al Catechismo della Chiesa Cattolica*, Roma 2005², 63-105.

DA SILVA, A., «Tempus Communionis paschalis praesertim in missionibus», *Periodica* 1962 (51) 30-47.

SGUERZO, M.E., *Evoluzione storico-giuridica dell'istituto della sepoltura ecclesiastica*, Milano 1976.

SORDYL, K., «Kryzys nowacjański i jego wpływ na praktykę pokutną Kościoła», *Analecta Cracoviensia* 41 (2009), 301-331.

STELLING-MICHAUD, S., «Jean le Teutonique», in *DDC*, VI, 120-122.

STETSON, W. H., Commento al can. 989, in *Commentario Exegético al Código de Derecho Canonico*, ed. A. Marzoa – J. Miras – R. Rodríguez Ocaña, Pamplona 1995, 839-840.

STREICHER, F. «S. Petri Canisii Catechismi Latini. Prolegomena», in *P. Canisius, Catechismi Latini*, I/1, ed. F. Streicher, Romae – Monachii Bavariae, 1933, 27*-187*.

Summa "Elegantius in iure divino" seu Coloniensis, ed. Fransen, MIC.G, I/1-4, New York – Città del Vaticano, 1969-1990.

Summa Parisiensis (*The Summa Parisiensis on the Decretum Gratiani*), ed. T.P. McLaughlin, Toronto 1952.

TANNER, N., *I Concili della Chiesa*, Milano 1999.

TAPPER, R., *Explicatio articulum viginti, venerandae facultatis Sacrae Theologiae Generalis studii Lovaniensis, circa dogmata Ecclesiastica, nostro hoc tempore controversa, una cum responsione ad argumenta adversariorum*, in *Opera*, Coloniae Agrippinae 1572, 1-324.

THOMAS AQUINATIS, *Contra impugnantes Dei cultum et religionem*, in *Opera Omnia*, ed. Leonis XIII, vol. 41/A, Roma 1970.

———, *Scriptum Super Sententiis magistri Petri Lombardi*, IV, ed. M.F. Moos, Paris 1947.

———, *Supplementum Tertiae Partis Summae Theologiae*, in *Opera Omnia*, ed. Leonis XIII, vol. 12, Romae 1906.

THOMAS DE CHOBHAM, *Summa confessorum*, ed. F. Broomfield, AMNam 25, Louvain – Paris 1968.

THURIAN, M., *La confession*, Neuchatel 1962².

TREVISAN, G., «Commento al can. 920», in *Codice di Diritto Canonico commentato*, ed. Redazione di *Quaderni di diritto ecclesiale*, Milano 2009³, 770-771.

———, «Commento al. can. 989», in *Codice di Diritto Canonico commentato*, ed. Redazione di *Quaderni di diritto ecclesiale*, Milano 2009³, 812.

UGUCCIO, in C. XX, q. 1, citato da GILLMANN, F., «Die "anni discretionis" im Kanon Omnis utriusque sexus (c. 21 conc. Lat. IV)», *AKathKR* 1928 (108) 585, nt. 1.

VACANDARD, E., «Confession du Ier au XIIIe siècle», *DTC*, III/1, 879-894.

VERMEERSCH, A. – CREUSEN, I., *Epitome Iuris Canonici cum commentariis*. II. Liber III Codicis iuris canonici, Parisiis – Bruxellis 1954⁷.

VILLIEN, A., *Histoire des Commandements de l'Église*, Paris 1936³.

VINCENTIUS HISPANUS, *Apparatus in Concilium Quartum Lateranense*, in *CCQL*, 287-384.

VAN DEN BROECK, G.J., *Où en est la législation canonique aujord'hui? La législation canonique concernant les sacrements. Canons 731-910; 937-1011*, Rome 1976.

VOGEL, C., *Il peccatore e la penitenza nella Chiesa antica*, Torino 1967.

——, *Il peccatore e la penitenza nel medievo*, ed. italiana C.A. Cesarini, Torino, 1988.

——, *La discipline pénitentielle en Gaule des origines a la fin du VIIe siècle*, Paris 1952.

——, *Les «Libri Paenitentiales»*, Typologie des Sources du Moyen Âge occidental. Fasc. 27, Turnhout 1978.

——, «Réflexions de l'historien sur la discipline pénitentielle dans l'Église latine», *Cahiers du Cercle Ernest-Renan* 129 (1983) 29-37.

VULFADUS BITURICENSIS, *Epistola pastoralis*, in PL 121, 1136-1142.

WERCKMEISTER, J., «L'absolution collective. Évolution de la pratique en France», *RDC* 34 (1984) 291-321.

WERNZ, F.X., *Ius decretalium ad usum praelectionum in scholis textus canonici sive iuris decretalium*, III, Romae 1908^2.

WERNZ, F.X. – VIDAL, P., *Ius canonicum*, IV/1, Romae 1934.

WOESTMAN, W.H., *Sacraments. Initiation, Penance, Anointing of the Sick. Commentary on Canons 840-1007*, Ottawa 2004.

WOYWOD, S., «Is There Precept to Confess Once a Year When No Mortal Sin Has Been Committed?», *The Homiletic And Pastoral Review* 41 (1940) 170-172.

WURM, H., «Decretales selectae ex antiquissimis Romanorum Pontificium epistulis decretalibus praemissa introductione et disquisitione critice editae», *Apollinaris* 12 (1939) 40-93.

ZERBA, C., ed., *Nel cinquantenario del Decreto* Quam singulari, *circa l'età della prima Comunione dei fanciulli emanato dalla Congregazione dei Sacramenti per incarico del Papa S. Pio X l'8 agosto 1910*, Vaticano 1961.

ŽUŽEK, I., *Understanding the eastern code*, cap. 14. Qualche nota circa lo ius particulare nel Codex Canonum Ecclesiarum Orientalium, Roma 1997, 354-366.

INDICE DEGLI AUTORI

Abbo: 339, 340, 342, 353, 359
Agostino: 21, 34, 38, 43, 47, 73, 83, 166
Alain de Lille (Alano da Lilla): 54
Alcuinus (Alcuino): 45
Alessandro di Halès (Alexander Halensis): 65, 75, 77, 78
Alessandro IV: 145, 146
Alfonso Maria de Liguori (Alphonso Maria de Ligorio): 247, 269, 273
Allo: 16
Althaus: 393, 395, 396, 397, 398, 407
Amato: 183, 190, 207, 222-224, 227-231, 234, 240, 241, 243, 246
Ambrogio: 23
Andrieux: 120, 123, 125, 127, 234, 235
Angelus de Clavasio: 103
Annibaldo da Annibaldi (Annibaldus Annibaldensis): 125, 132, 133, 150
Ansegiso: 24, 26
Antoninus Florentinus: 103, 127
Atto di Vercelli: 24
Augustine: 339, 346, 350, 353, 359, 361
Baciocchi, de: 13
Ballerini: 343, 344, 352, 354
Barbaglio: 16

Barret: 12
Basilio: 22
Beda: 80, 130
Bellarmino (Bellarminus): 35, 257, 258
Benedetto XI: 155-159, 163
Benedetto XIV (Lambertini): 265-274, 406
Benedetto XVI (Ratzinger): 7, 19, 373, 374, 410, 415, 416, 419, 426
Bernard: 131
Bernardo di Bottone: 104, 118, 151
Bernardus Papiensis: 72, 73, 87, 94
Bertone: 265, 266, 268
Betti: 386
Bilczewski: 18, 21
Blat: 333, 335, 341, 343, 355, 357
Bonaventura: 131, 138, 148, 149, 150, 210
Bonifacio VIII: 153, 155, 157, 158, 163
Bonucci: 194
Bouix: 251
Bourque: 35-39, 43, 45-49, 53
Braeckmans: 74-76, 78, 112, 125, 169, 172, 173, 185, 189, 193, 196, 198, 200, 201, 204, 205, 207, 221, 225, 236, 241

Brosse, da la: 162, 163
Browe: 6, 78, 87, 113, 140, 142
Brown: 12, 13, 32, 34
Bucceroni: 302-305, 332
Bucero: 175, 179, 180, 182, 188
Burcardo di Worms: 24, 25, 27, 28, 47, 53
Cabié: 40, 49
Calliari: 359
Calvino: 175, 179, 180, 181, 182, 188
Canisio (Canisius): 255, 256, 257, 258
Cano: 188, 245
Cappello: 6, 313, 315-317, 333-342, 344, 346-348, 350-354, 356, 357, 361, 362, 406
Carlotti: 411
Carpin: 53-55, 98, 100, 105, 106, 143-147, 155
Casals: 243
Casel: 14
Castiglioni: 77, 85
Cesare di Arles: 24
Chaine: 34, 35
Chenderlin: 15
Chiappetta: 397, 399
Chwastyk: 96, 359
Cipriano: 21, 32, 37, 38, 41
Cirillo di Alessandria: 19
Clemente d'Alessandria: 20
Clemente IV: 152
Clemente Romano: 35
Clemente VIII: 159, 250, 257
Clercq, de: 336, 337, 341, 342, 344, 345, 349, 355, 361
Clinton: 5, 18, 23, 29, 53, 102, 107, 123, 141, 336, 337, 340-344, 348, 349, 359, 362
Collins: 16, 17
Colombano: 26, 30, 44
Congar: 243
Connell: 373

Consilii: 191
Contarini: 187
Conte a Coronata: 333-336, 339, 341, 344, 346, 350-354, 356, 361
Creusen: 334, 336, 337, 339, 342, 344, 346, 348, 356, 359
Crodegango di Metz: 52
Crotty: 120, 277
D'Ostilio: 379, 380
Damaso (Damasus): 73, 74, 82, 93, 96
Damizia: 393, 394, 397
David: 401
De Lai: 286
De León: 284-288, 293, 313, 321, 331
De Paolis: 404
del Pozzo: 6
Doutreleau: 20
Duardo: 244, 246, 253, 254, 263, 264
Dublanchy: 255, 256, 258, 259
Dungersheim: 185, 186, 187
Duns Scot: 133, 135
Ebeling: 166, 171
Eck: 185
Enrico di Odendorp (Henricus de Oldendorp): 102, 119, 127, 128, 136
Erdö: 99, 261, 332
Ericus ab Hoszufalu: 6, 25, 29, 116
Erma: 36
Ernst: 6, 125, 132
Errázuriz: 404
Escude Casals: 243
Eugenio IV: 116, 117, 197, 247, 270, 338, 344
Eugenius IV: 270
Fallon: 358, 359
Falsini: 407
Fantappiè: 283, 285, 290, 302

Felici: 380
Ferraris: 251, 268, 270, 273
Ferretti: 217
Fitzmyer: 14, 15, 17
Fontaine: 43
Foreville: 58, 59, 60, 63, 64
Francisco de Toro: 199
Fransen: 71, 236, 240
Ganoczy: 180, 181, 182
García y García: 6, 58-60, 64-66, 69, 72, 76, 98, 99, 108, 109, 113, 122
Gasparri: 248, 261, 271, 277, 278, 283, 284, 286, 295, 304, 313, 325, 327, 328-332, 335
Gaudemet: 44, 47, 48, 53, 85, 121, 248
Georg Flach: 203
Gerson: 127
Gillmann: 6, 65, 71, 118
Giovanni Crisostomo: 22, 36, 41, 42, 79, 177
Giovanni d'Andrea (Ioannes Andreae): 101, 102, 117, 118, 119, 128, 134, 140, 152, 160
Giovanni d'Ortega: 199
Giovanni da Poliaco: 159
Giovanni di Flandria: 114, 121, 125, 126
Giovanni Paolo II: 7, 372, 390, 391, 402, 405, 410, 414, 415, 417
Giovanni Teutonico (Johannes Teutonicus): 64, 66-70, 72-74, 79, 80, 88-92, 95, 96, 118, 123, 128
Giovanni XXII: 159, 160
Giovanni XXIII: 367, 370, 371, 379
Girolamo: 21, 39, 186, 191, 200
Goffredo da Trano: 128, 129, 150, 151
Gramunt: 394

Graziano: 28, 68, 74, 79, 80, 83, 84, 89, 91, 92, 116
Gregorio di Nissa: 19
Gregorio IX: 66, 99, 118, 143, 144
Grelot: 12
Gręźlikowski: 6
Guerrero: 201
Guglielmo di Auxerre (Guillelmus Altissiodorensis): 65, 75, 78, 81, 82
Guillaume Durand (Guglielmo lo Speculatore): 106, 140
Guido de la Tour: 100, 101
Gy: 48, 62-64, 95, 138, 139, 241
Hannan: 339, 340, 342, 353, 359
Henricus VIII: 184, 185
Hortal: 401
Hosius: 254
Hostiensis (Enrico da Segusio): 104, 105, 118, 119, 127-131, 138, 140, 150-152, 160, 427
Huels: 395, 396, 397, 398
Ignazio di Loyola: 5
Innocenzo I: 19, 20, 39, 49
Innocenzo III: 25, 58, 59, 74, 77, 115, 187, 200, 280
Innocenzo IV (Sinibaldo Fieschi): 128, 144, 145, 146, 158
Innocenzo X: 250
Ireneo di Lione: 35
Isidoro: 43
Iung: 63, 95, 98, 107, 117
Ivo di Chartres: 24, 25, 27, 28
Jedin: 166, 169, 183, 187-191, 193-196, 198, 199, 205, 220, 222, 230, 231
Jeremias: 14
Johannes de Breitenbach: 117, 119, 128
Johnson: 14, 35
Jombart: 121, 133
Jungmann: 39, 49, 50

Keler: 41, 42
Kelly: 67, 68, 70, 72, 123, 124, 372, 373
Kirsch: 6, 88
Klumper: 286, 288, 289, 290
Kosecki: 42, 44
Kubiak: 166, 170, 172, 183, 206, 207, 221, 223, 230, 231, 236, 237, 240, 241, 243, 244, 377, 402
Kuttner: 71, 74
Lainez: 192, 207, 208
Lanoi: 142, 145, 153, 159, 249, 251
Laurentius: 274
Lecler: 158
Lefebvre: 65
Legendre: 68
Leone Magno: 40
Leone X: 162, 183, 184
Leone XIII: 165, 262, 279, 280, 282, 364
Leone, da: 191
Lepicier: 286
Ligier: 43, 46, 50
Llobel: 284, 285, 286, 287, 288, 293, 313, 321, 331
Longère: 54
López-Illana: 28
Loria: 36, 37, 39, 44
Lüdicke: 399, 404
Lupi: 281
Lutero: 165-177, 179, 181-186, 188, 190, 206, 281
Lydon: 340, 342, 358, 359, 360
Maden: 373
Malo: 199
Many: 290, 292
Manzanarez: 395, 396, 397, 398
Mariotti: 77, 85
Martinelli: 410
Martino IV: 152, 153
Marzoa: 393, 394

Massarelli: 190, 197, 199, 201, 209, 210, 220
Melantone: 175, 176, 177, 178, 179, 181, 188
Melloni: 58, 63
Metzger: 36, 38
Michaud-Quantin: 74, 79, 134
Michel-Jean: 404
Migliavacca: 63, 97, 136, 241, 272, 277, 278, 400, 401
Moldo: 377
Moloney: 13, 33
Mosconi: 400
Moureau: 98, 117, 247
Müller: 302, 303
Munier: 24, 42, 43
Mussone: 394, 395, 401, 404
Nájera: 334, 335, 337, 340, 342, 344, 346, 352, 353, 363
Nausea: 229
Naval: 286
Navarrete: 284-288, 293, 313, 321, 331, 365
Naz: 265
Nicolau: 280
Niederwimmer: 17, 19, 20
Nocent: 50
O'Callaghan: 341, 343
O'Kane: 259, 358, 359
Ochoa: 65, 335, 363, 364, 367, 376
Odone di Sully: 54
Ohst: 6, 54, 55, 61, 103, 139, 175
Ojetti: 273, 284, 319, 320, 321, 329, 332
Okulik: 317
Oleastro, da: 191, 215
Onorio III: 143
Origene: 20
Orlandi: 269
Orr: 16
Otto di Bamberg: 53
Pallavicino: 193, 199, 205, 220

Palmieri: 343, 344, 352, 354
Panormitanus (Nicolò di Tudeuschi): 107, 114-116, 119, 126, 131, 140, 141, 144, 160, 161, 176
Paolo V: 259, 267, 340, 358
Paolo VI: 375, 379, 380
Park Yang-Ung: 5, 262, 350, 351, 358
Passavanti: 134, 135, 159, 161
Pastuszko: 26, 29, 35, 40, 43, 44, 46, 47, 51, 53, 63, 116, 117, 280, 340, 342, 351, 352, 357, 358, 360, 365, 392, 394-398, 400, 401
Paucapalea: 48, 73
Paul: 261, 353, 356
Pavić: 313
Payen: 48, 63
Pelargo: 193, 199
Perlasca: 372, 373, 374, 375, 399, 400
Pezzani: 290, 291, 292
Pietro da Sampson: 110, 114, 133
Pietro Lombardo (Petrus Lombardus): 48, 75, 125
Pietro Quivel (Quinel): 101, 106, 113
Pio X: 279, 282, 284, 285, 312, 317, 342, 349, 369, 374, 418
Pio XI: 365
Policarpo: 35
Pontal: 110
Potthast: 58, 145
Privitera: 411
Provost: 120, 123, 126, 314, 372, 373, 375, 376, 400
Raimondo de Peñaforte (Raimundus de Pennaforte): 65, 79, 80, 81, 83-87, 90, 93-95, 99, 115, 138
Raimondo di Calmont d'Olt: 106, 107, 110, 114, 121

Ramos-Redigor: 182
Ratherius Veronensis (Ratiero di Verona): 28, 52
Regatillo: 247, 336, 337, 339-342, 344-358, 360, 363
Remiggi: 281
Riccardo Povero (Richard Poore): 100, 105, 137
Rincón-Pérez: 393, 394, 400
Robert of Flamborough: 54
Rolandus: 71
Rosso: 142
Rousseau: 281
Rufino (Rufinus): 71, 73
Salachas: 407, 408
Salmeron: 192, 207, 208, 230
Sanchez: 269
Sánchez Caro: 18
Sanctis Fabregas, a: 272
Scheible: 175, 176, 178
Schnackenburg: 13, 32, 33
Schönborn: 411, 416
Seripando: 193, 206, 216
Sguerzo: 95, 137, 141
Silva, da: 340, 363, 364, 365, 366, 367, 369
Sisto IV: 161, 162, 163
Sisto V: 249
Socrate Scolastico: 36
Sondel: 77
Sordyl: 37
Sozomeno: 39, 41, 177
Stefano Langton: 55
Stelling-Michaud: 64
Stetson: 399
Streicher: 257
Tanner: 66, 143
Tapper: 188, 222, 235, 236, 238-241
Taulero: 166
Teodulfo di Orleano: 52
Tertulliano: 20, 36, 38, 39
Thurian: 181

Timoteo di Alessandria: 408
Tommaso d'Aquino (Thomas Aquinatis): 35, 111, 124, 125, 132, 133, 138, 147
Tommaso di Chobham (Thomas de Chobham): 65, 74, 75, 78
Trevisan: 394, 404
Udalrico di Augsburg: 27, 28, 52
Uguccio: 71
Van den Broeck: 379
Vermeersch: 334, 336, 337, 339, 342, 344, 346, 348, 356, 359
Vidal: 339
Villien: 28, 46, 48, 53, 55, 103, 141, 249, 255, 258, 359
Vincenzo Ispano (Vincentius Hispanus): 65, 70, 72, 74, 82, 84, 86, 89, 91, 92, 96, 97, 140
Visdomini: 190
Vogel: 29, 37, 38, 39, 40, 41, 47, 50, 377
Vosmediano, de: 190
Vulfado di Bourges (Vulfadus Bituricensis): 25
Walter da Cantilupe: 105, 114
Walther: 16
Werckmeister: 377
Wernz: 271, 286, 287, 298, 305, 332, 339
Woestman: 393, 394, 396, 397
Woywod: 353, 361
Zerba: 315, 316
Žužek: 406

INDICE GENERALE

INTRODUZIONE.. 5

CAPITOLO I: *Le norme circa la Comunione e la confessione
prima del Concilio Lateranense IV* 11

1. L'obbligo di comunicarsi dalle origini fino al XII secolo 11
  1.1 Il Nuovo Testamento circa la necessità di comunicarsi.................. 12
    1.1.1 L'insegnamento del Vangelo secondo Giovanni................... 12
    1.1.2 «Fate questo in memoria di me» 14
    1.1.3 San Paolo circa la degna ricezione della Comunione........... 16
  1.2 La prassi della Comunione eucaristica nei primi secoli 18
  1.3 L'obbligo di ricevere la Comunione dal VI al XII secolo 23
    1.3.1 Il concilio di Adge (506) e la sua ricezione.......................... 23
    1.3.2 Altre norme sull'obbligo di comunicarsi............................... 26
2. Il dovere di confessarsi prima del Concilio Laterano IV 31
  2.1 I fondamenti biblici 32
  2.2 Lo sviluppo della penitenza sacramentale..................................... 35
    2.2.1 La penitenza antica: tappe principali ed elementi importanti.... 36
    2.2.2 Dalla penitenza tariffata alla confessione-sacramento 44
  2.3 Dalle disposizioni liturgiche all'obbligo della confessione annuale..... 48
    2.3.1 L'amministrazione della penitenza prima della Pasqua 49
    2.3.2 Lo sviluppo dell'obbligo di confessarsi 52

CAPITOLO II: *L'obbligo di comunicarsi e di confessarsi
dal Concilio Lateranense IV al Lateranense V* 57

1. Il contesto della costituzione 21 del Concilio Lateranense IV 57
  1.1 Le circostanze storiche delle decisioni conciliari 58
  1.2 La *Omnis utriusque sexus* nell'insieme delle norme lateranensi..... 60
2. La costituzione *Omnis utriusque sexus* alla luce dei primi commenti ... 64
  2.1 *«fidelis, postquam ad annos discretionis pervenerit»* 65
  2.2 *«saltem semel in anno...ad minus in Pascha»* 74

472   IL PRECETTO PASQUALE

    2.3 «*Omnia sua solus peccata confiteatur fideliter*» 79
    2.4 «*proprio sacerdoti*» 87
    2.5 «*Christiana careat sepoltura*» 95
3. La recezione della normativa lateranense 98
    3.1 La divulgazione del precetto lateranense 99
    3.2 L'obbligo annuale in relazione con la legislazione precedente 103
    3.3 Due obblighi e un unico precetto 107
    3.4 Il luogo e il tempo dell'adempimento del duplice obbligo 112
    3.5 L'età della discrezione 117
    3.6 Quali peccati si devono confessare? 128
    3.7 La verifica e le sanzioni 137
4. Il sacerdote proprio e le facoltà dei religiosi tra i Concili Lateranensi . 141
    4.1 Il ruolo del parroco e i privilegi dei religiosi nel XIII secolo 142
    4.2 Lo status quaestionis da Bonifacio VIII fino al Laterano V 153

CAPITOLO III: *Il precetto pasquale ed annuale da Leone X a Leone XIII* .. 165

1. La controversia prima del Concilio di Trento 165
    1.1 Martino Lutero e la sua contestazione del canone lateranense 166
    1.2 La critica di altri riformatori all'obbligo di confessarsi 175
        1.2.1 Melantone e la negazione della confessione integra 175
        1.2.2 Bucero e Calvino contro il precetto pasquale 179
    1.3 La polemica cattolica 183
2. La normativa lateranense al Concilio Tridentino 188
    2.1 Il dibattito tridentino sull'obbligo della Comunione pasquale 189
        2.1.1 Il dibattito conciliare del 1547 190
        2.1.2 Il dibattito del 1551 e la formulazione del relativo canone ... 198
    2.2 Il dibattito tridentino circa l'obbligo della confessione annuale 205
        2.2.1 La fase bolognese 206
        2.2.2 La discussione a Trento 220
    2.3 L'interpretazione dei canoni e capitoli conciliari 232
        2.3.1 La Comunione pasquale 232
        2.3.2 La confessione annuale e quaresimale 236
        2.3.3 La struttura del doppio precetto lateranense-tridentino 242
3. Il precetto pasquale dal pontificato di Pio V agli inizi del XX secolo ... 248
    3.1 I due obblighi nel primo centenario dopo il Concilio 249
        3.1.1 I Pontefici Romani circa il *sacerdos proprius* 249
        3.1.2 L'insegnamento del Catechismo Romano 251
        3.1.3 Il duplice obbligo tra i precetti della Chiesa 255
        3.1.4 Il Rituale Romano sul precetto pasquale 259
    3.2 Il doppio precetto fino all'inizio del novecento 261
        3.2.1 Le decisioni dei dicasteri romani nel XVII secolo 262

    3.2.2 L'insegnamento di Benedetto XIV 265
    3.2.3 Alcune soluzioni adottate nel XIX secolo 274
    3.2.4 Due encicliche di Leone XIII 279

CAPITOLO IV: *La Comunione pasquale, la confessione annuale
            e il Codice Pio-Benedettino* 281

1. Il periodo della preparazione del primo Codice (1904-1917) 281
    1.1 La prima tappa dei lavori della codificazione (1904-1909) 285
        1.1.1 L'inizio dell'elaborazione della nuova normativa canonica . 285
        1.1.2 I *Postulata Episcoporum* 288
        1.1.3 La Comunione pasquale nei primi voti, schemi e dibattiti 290
        1.1.4 La confessione annuale nei primi voti, schemi e dibattiti 302
        1.1.5 Il precetto pasquale nello *Schema 1909* 308
    1.2 La seconda tappa della redazione del Codice (1910-1916) 312
        1.2.1 *Quam singulari* (1910) e *Tradita ab antiquis* (1912) 313
        1.2.2 I lavori della codificazione tra il 1910 e il 1913 318
        1.2.3 Le osservazioni dei vescovi (1913-1915) 321
        1.2.4 Ultima fase della redazione del Codice 325
2. Il Codice Pio-Benedettino e le norme posteriori 332
    2.1 L'obbligo della Comunione pasquale nel Codice del 1917 332
        2.1.1 La norma fondamentale 333
        2.1.2 Il tempo, il luogo e il rito della Comunione pasquale 338
        2.1.3 La normativa supplementare 345
    2.2 L'obbligo della confessione annuale nel Codice del 1917 349
        2.2.1 La norma fondamentale circa la confessione annuale 349
        2.2.2 La portata del can. 907 354
        2.2.3 La normativa assente 356
    2.3 Il precetto pasquale nel periodo postcodiciale (1918-1962) 362
        2.3.1 Il tempo della Comunione pasquale nella penisola iberica ... 363
        2.3.2 Il periodo per il precetto pasquale nei territori oltremarini ... 364
        2.3.3 L'obbligo soltanto annuale 366
        2.3.4 Il *Primo Sinodo Romano* (1960) sul precetto pasquale 367

CAPITOLO V: *Il doppio precetto annuale nella normativa vigente* 371

1. La formazione della legislazione attuale 371
    1.1 I mutamenti circa l'obbligo della confessione negli anni '60 e '70 372
        1.1.1 L'obbligo di confessarsi e la prima Comunione 372
        1.1.2 La confessione annuale
              nella prospettiva dell'assoluzione generale 377
    1.2 L'iter formativo del can. 920 379
    1.3 La storia della redazione del can. 989 386

2. La normativa del Codice di Diritto Canonico del 1983 391
   2.1 Il can. 920 sull'obbligo di comunicarsi 392
      2.1.1 Il precetto della Comunione annuale 392
      2.1.2 Il precetto della Comunione pasquale 395
   2.2 Il can. 989 sull'obbligo della confessione annuale 398
   2.3 La relazione tra i due precetti 492
3. Le formulazioni posteriori al Codice del 1983 405
   3.1 I precetti della Comunione e della confessione nel *CCEO* 406
      3.1.1 L'obbligo di comunicarsi 406
      3.1.2 La norma sul sacramento della penitenza 408
   3.2 Il precetto pasquale nel Catechismo della Chiesa Cattolica 410

CONCLUSIONE 421

SIGLE ED ABBREVIAZIONI 429

BIBLIOGRAFIA 434

INDICE DEGLI AUTORI 465

INDICE GENERALE 471

TESI GREGORIANA

Dal 1995, la collana «Tesi Gregoriana» mette a disposizione del pubblico alcune delle migliori tesi elaborate alla Pontificia Università Gregoriana. La composizione per la stampa è realizzata dagli stessi autori, secondo le norme tipografiche definite e controllate dall'Università.

Volumi pubblicati [Serie: Diritto Canonico]

[Voll. 1-40 cf. *http://www.unigre.it/TG/Diritto_canonico/index.php*]

40. BRUGNOTTO, Giuliano, *L'«aequitas canonica». Studio e analisi del concetto negli scritti di Enrico da Susa (Cardinal Ostiense)*, 1999, pp. 284
41. TINTI, Myriam, *Condizione esplicita e consenso implicitamente condizionato nel matrimonio canonico*, 2000, pp. 220.
42. KALLENBACH, Gerald A., *Ein Kirchenamt im Dienst der Verkündigung. Die Rechtsstellung des Religionslehrers*, 2000, pp. 388.
43. MIRAGOLI, Egidio, *Il Consiglio Pastorale Diocesano secondo il Concilio e la sua attuazione nelle diocesi lombarde*, 2000, pp. 260.
44. ROMANO, Maria Teresa, *La rilevanza invalidante del dolo sul consenso matrimoniale (can. 1098 C.I.C.): dottrina e giurisprudenza*, 2000, pp. 252.
45. MARCHETTI, Gianluca, *La curia come organo di partecipazione alla cura pastorale del Vescovo diocesano*, 2000, pp. 556.
46. MALECHA, Paweł, *Edifici di culto nella legislazione canonica e concordataria in Polonia*, 2000, pp. 328.
47. GHISONI, Linda, *La rilevanza giuridica del* metus *nella consumazione del matrimonio*, 2000, pp. 212.
48. MOSCARIELLO, Giovanni, *«Error qui versetur circa id quod substantiam actus constituit» (can. 126). Studio storico-giuridico*, 2001, pp. 284.
49. RAVA, Alfredo, *Il requisito della rinnovazione del consenso nella convalidazione semplice del matrimonio (can. 1156§2). Studio storico-giuridio*, 2001, pp. 340.
50. FERNÁNDEZ CONDE, María Teresa, *La misión profética de los laicos del Concilio Vaticano II a nuestros días. El laico, «signo profético» en los ámbitos de la Iglesia y del mundo*, 2001, pp. 356.

51. SALVATORI, Davide, *L'oggetto del magistero definitivo della Chiesa alla luce del m.p.* Ad Tuendam Fidem: *il can. 750 visto attraverso i Concilî vaticani*, 2001, pp. 466.
52. ZAMBON, Adolfo, *Il consiglio evangelico della povertà nel ministero e nella vita del presbitero diocesano*, 2002, pp. 400.
53. CELIS BRUNET, Ana Maria, *La relevancia canónica del matrimonio civil a la luz de la teoría general del acto jurídico. Contribución teórica a la experiencia jurídica chilena*, 2002, pp. 396.
54. PAWŁOWSKI, Andrzej, *Il «bonum fidei» nella tradizione canonica e la sua esclusione nella recente giurisprudenza rotale*, 2002, pp. 408.
55. GRAZIAN, Francesco, *La nozione di amministrazione e di alienazione nel Codice di Diritto Canonico*, 2002, pp. 324.
56. BOLCHI, Elena Lucia, *La consacrazione nell'*Ordo Virginum. *Forma di vita e disciplina canonica*, 2002, pp. 450.
57. MULLANEY, Michael J., *Incardination and the Universal Dimension of the Priestly Ministry. A Comparison Between CIC 1917 and CIC 1983*, 2002, pp. 276.
58. CABRERA LÓPEZ, Rubén, *El derecho de asociación del presbítero diocesano*, 2002, pp. 236.
59. HEINZMANN, Marcelo Cristian, *Le leggi irritanti e inabilitanti. Natura e applicazione secondo il CIC 1983*, 2002, pp. 232.
60. UGGÉ, Bassiano, *La fase preliminare/abbreviata del processo di nullità del matrimonio in secondo grado di giudizio a norma del can. 1682 § 2*, 2002, pp. 368.
61. SAJE, Andrej, *La forma straordinaria e il ministro della celebrazione del matrimonio secondo il Codice latino e orientale*, 2003, pp. 276.
62. COLOMBO, Giovanna Maria, *«Sapiens aequitas». L'equità nella riflessione canonistica tra i due codici*, 2003, pp. 452.
63. SEQUEIRA, Domingos, *Os presbíteros diocesanos e o seu envolvimento na política: proibição e excepção. Estudo histórico-canónico-teológico*, 2004, pp. 384.
64. GAVIN, Fintan, *Pastoral Care in Marriage Preparation (Can. 1063). History, Analysis of the Norm, and Its Implementation by Some Particular Churches*, 2004, pp. 240.
65. BESSON, Éric, *La dimension juridique des sacrements*, 2004, pp. 386.
66. WALKER VICUÑA, Francisco, *La facultad para confesar*, 2004, pp. 270.
67. TKHOROVSKYY, Mykhaylo, *Procedura per la nomina dei Vescovi. Evoluzione dal CIC 1917 al CIC 1983*, 2004, pp. 276.
68. MANTARAS RUIZ-BERDEJO, Federico, *Discernimiento vocacional y derecho a la intimidad en el candidato al presbiterado diocesano*, 2004, pp. 492.
69. DOTTI, Federica, *Diritti della difesa e contraddittorio: garanzia di un giusto processo? Spunti per una riflessione comparata del processo canonico e statale*, 2005, pp. 290.

70. DE BERTOLIS, Ottavio, *Origine ed esercizio della potestà ecclesiastica di governo in San Tommaso*, 2005, pp. 214.

71. DE OLIVEIRA, Mário Rui, *O direito a viver do Evangelho. Estudo jurídico-teológico sobre a Sustentação do Clero*, 2006, pp. 368.

72. CIERKOWSKI, Stanisław, *L'impedimento di parentela legale. Analisi storico-giuridica del diritto canonico e del diritto statale polacco*, 2006, pp. 584.

73. VANZI, Alberto, *L'incapacità educativa dei coniugi verso la prole come incapacità ad assumere gli oneri essenziali del matrimonio (can. 1095, 3°)*, 2006, pp. 344.

74. GIRAUDO, Alessandro, *L'impedimento di età nel matrimonio canonico (can. 1083). Evoluzione storica e analisi delle problematiche attuali della dottrina e della prassi*, 2007, pp. 470.

75. SOSNOWSKI, Andrzej, C.R., *L'impedimento matrimoniale del voto perpetuo di castità (can. 1088 C.I.C.). Evoluzione storica e legislazione vigente*, 2007, pp. 336.

76. DELLAVITE, Giulio, *«Munus pascendi»: autorità e autorevolezza. Leadership e tutela dei diritti dei fedeli nel procedimento di preparazione di un atto amministrativo*, 2007, pp. 388.

77. ANAYA TORRES, Juan Miguel, *La expulsión de los religiosos. Un recorrido histórico que muestra el interés pastoral de la Iglesia*, 2007, pp. 550.

78. MAZZOTTI, Stefano, *La libertà dei fedeli laici nelle realtà temporali (c. 227 C.I.C.)*, 2007, pp. 336.

79. PIŁAT, Zbigniew, *Rilevanza giuridica delle interpellazioni e delle cauzioni nello scioglimento del matrimonio*, 2007, pp. 302.

80. SMITH, Gregory N., *The Canonical Visitation of Parishes. History, Law and Contemporary Concerns*, 2008, pp. 366.

81. GORBATYKH, Vitaliy, *L'impedimento della parentela spirituale nella Chiesa Latina e nelle Chiese Orientali. Studio storico-canonico*, 2008, pp. 352.

82. HUBERT, Patrick, *«De praesumptionibus iurisprudentiae». Zur Entwicklung ständiger richterlicher Vermutungen in der neueren Rota-Rechtsprechung und deren Anwendung an untergeordneten Gerichten*, 2009, pp. 320.

83. HALLEIN, Philippe, *Le défenseur du lien dans les causes de nullité de mariage. Étude synoptique entre le code et l'Instruction «Dignitas connubii», fondée sur les travaux des commissions préparatoires de l'Instruction*, 2009, pp. 728.

84. CEREZUELA GARCÍA, Carlos A., *El contenido esencial del* bonum prolis. *Estudio histórico-jurídico de Doctrina y Jurisprudencia*, 2009, pp. 364.

85. PETIT, Emmanuel, *Consentement matrimonial et fiction du droit. Étude sur l'efficacité juridique du consentement après l'introduction de la fiction en droit canonique*, 2010, pp. 410.

86. GRIGORIȚĂ, Georgică, *L'autonomie ecclésiastique selon la législation canonique actuelle de l'Eglise orthodoxe et de l'Eglise catholique. Étude canonique comparative*, 2011, pp. 612.

87. SCOPONI, Paolo, *I divieti matrimoniali in casi singoli*, 2011, pp. 346.
88. IVANDIC, Petar, *Die verbindlich vorgeschriebenen Konsultationsorgane des Diözesanbischofs im universalen Recht der lateinischen Kirche und deren Verwirklichung in den Partikularnormen der Diözese Eisenstadt. Eine kanonistische Studie unter besonderer Berücksichtigung der diözesanen Gesetzgebung*, 2011, pp. 272.
89. POCAŁUJKO, Tomasz Paweł, *La prevenzione della nullità del matrimonio nella preparazione e nell'ammissione alle nozze con una considerazione del contributo dei tribunali ecclesiastici*, 2011, pp. 362.
90. SARTOR, Roberto, *Le convenzioni tra il Vescovo diocesano e il Superiore di un Istituto missionario a norma del can. 790 §1, 2° del CIC. Prassi della Congregazione dei Missionari Oblati di Maria Immacolata*, 2011, pp. 382.
91. FRANCHETTO, Fabio, *«Error in persona» (can. 1097 §1). Il dibattito sul concetto di persona nella trattazione dell'error facti. Analisi della dottrina e della giurisprudenza*, 2011, pp. 514.
92. MEZZOGORI, Ciro, *Vocazione sacerdotale e incardinazione nei movimenti ecclesiali. Una questione aperta*, 2012, pp. 520.
93. DANTO, Ludovic, *Le pouvoir des évêques en matière de dispense matrimoniale. Etude historico-canonique du Concile de Trente au Code de Droit Canonique de 1983*, 2012, pp. 336.
94. ALEXANDRE, Hélder Miranda, *A figura do penitenciário no desenvolvimento histórico-canónico do sacramento da penitência*, 2013, pp. 324.
95. NORD, Aaron Paul, Sede Vacante *Diocesan Administration*, 2014, pp. 396.
96. MILLOT, Guillaume, *La négligence dans l'exercice des charges. Approche en droit canonique pénal*, 2014, pp. 330.
97. HANSEN, Fredrik, *The Unity and Threefold Expression of the* Potestas Regiminis *of the Diocesan Bishop – Cann. 381 §1 And 391*, 2014, pp. 238.
98. ALBANESE, Emanuele, *Pornografia e consenso matrimoniale. La fruizione di pornografia oggi e il suo influsso sul consenso matrimoniale canonico*, 2014, pp. 270.
99. AROH, Prudentius Emeka, *Priestly Celibacy: A Gift and a Commitment (can. 277 §1). Adaptation to Igbo culture*, Nigeria, 2014, pp. 413.
100. DOHNALIK, Jan, *Il precetto pasquale. La normativa sulla Comunione e la confessione annuale (cann. 920 e 989) alla luce della tradizione canonica*, 2015, pp. 478.

Finito di stampare nel mese di gennaio 2015
presso Mediagraf Spa - Noventa Padovana (PD)